JN413232

한 권으로 끝내는 모질게 신토익 LC+RC

지은이 이명진

22만부 판매 토익 베스트셀러 저자

前 YBM education 대표강사
前 해커스 어학원 종로 1위
前 YBM e4u 어학원 종합반 1위 토익트레이너 RC 강사
前 에듀박스, EBS 인강 강사
前 재능방송 토익 강의
現 YBM Class 인강 RC 강사
現 EBS lang 토목달 과정 RC 강사
피츠버그 주립대학교 Computer Science 학사
피츠버그 주립대학교 대학원 교육학 석사

저서
한 권으로 끝내는 모질게 토익 LC+RC
모질게 토익 이코노미 4탄 RC 1000제
모질게 토익 ECONOMY RC 종합서
모질게 토익 TOEIC 공식문제 FINAL TEST 1 / TEST 2
모질게 토익 실전감각 모의고사
모질게 토익 RC

지은이 김진영

이화여대 졸업, SMU TESOL, USQ 석사 과정

現 해커스 어학원 LC 강사
現 EBS 토목달 LC 강사
現 EBS2 TV 한입토익 진행자
現 모질게 온라인 어학원 대표 강사
現 해커스 인강 LC 강사
現 YBM Class 인강 LC 강사
現 재능방송 토익 강의
前 YBM e4u 어학원 대표 LC 강사
前 플랜티어학원 토익 RC 대표 강사
前 해커스어학원 종로 1위
前 YBM e4u 어학원 해커스 토플 강사
前 YBM e4u 어학원 종합반 1위 토익트레이너 LC 강사
前 에듀박스, EBS 인강 강사

저서
〈한 권으로 끝내는 모질게 토익 LC+RC〉
〈모질게 토익 이코노미 4탄 LC 1000제〉 외 여러 권

중급자를 위한 가장 완벽한 新토익

한 권으로 끝내는
모질게 신토익 LC+RC

1판 1쇄 인쇄 2017년 8월 17일
1판 1쇄 발행 2017년 8월 24일

지은이 이명진 · 김진영
펴낸이 김영곤
펴낸곳 ㈜북이십일 21세기북스
영업팀 이준승
제작팀장 이영민

출판등록 2000년 5월 6일 제406-2003-061호
주소 경기도 파주시 회동길 201(문발동)
대표 전화 (031) 955-2100
팩스 (031) 955-2151
이메일 book21@book21.co.kr
홈페이지 www.mozilge.com

값 19,800원
ISBN 978-89-509-7096-3 13740

한 권으로 끝내는 모질게 신토익 LC+RC

이명진 · 김진영 지음

Preface

머리말

이 책은 '아직 원하는 점수를 얻지 못한' 수험자들과, '토익에 대한 부담감으로 구체적인 계획을 하지 못하는' 수험자들 모두를 위한 책입니다. 약간의 조바심과 두려움 섞인 의지를 지닌 수험자들 모두가 이 책이 쓰여진 이유입니다.

단기간에 기본적인 내용과 고득점을 쌓는 실전기술을 익힐 수 있도록 하기 위해 Day별로, 그리고 유형별로 문법을 정리했습니다. 시험에 꼭 나오는 문법만 '간단하지만, 정확하게' 정리해서 단시간에 모든 유형을 접할 수 있게 편성했습니다. 특히 '이것만은 꼭' section에서는 고득점자들도 꼭 알아야 하는 필수문법을 알기 쉽게 정리해서 기본을 놓치지 않는 학습을 꾀하도록 하였습니다.

문법의 난이도에 차별을 두어, 각 출제 유형마다 비슷하지만 어려운 유형을 익힐 수 있는 Check point section은 고득점자들도 기본기, 고득점 쌓기, 실수 줄이기와 같은 현장에서 강의할 때와 똑 같은 방식의 노하우를 접할 수 있도록 했습니다. Day별로 처음에는 쉬운 유형으로 시작해서, 뒤로 갈수록 어렵거나, 혼동하기 쉬운 유형으로 편성되어 있기 때문에 체계적인 학습이 가능합니다. 단, 모든 유형이 유기적으로 연결되어 있기 때문에, 아무리 쉬운 유형이라도, 정확하게 학습하고 다음 유형으로 넘어갈 것을 권장합니다.

Part 5&6 실전문제 section은 지난 20년 동안 토익 시험에 나왔던 기출유형의 문제를 철저히 분석하고 新유형으로 다시 조합한 새로운 문제들로 구성되어 있습니다. 시험에 꼭 나오는 쉬운 유형에서부터 현장에서 수강생들이 가장 많이 하는 실수와 질문들을 토대로 구성한 문제들을 담았습니다. 자주 틀리는 오답들은 꼼꼼하게 오답의 이유를 설명했기 때문에 기존의 토익책에서 볼 수 없는 '오답노트'의 효과까지 누릴 수 있습니다. 오답노트는 여러 번 반복적으로 틀리는 문제를 더 이상 틀리지 않도록 정리해 두는 것이니만큼, 필자가 오랜 세월 동안 시행착오를 겪으면서 정리한 수많은 노하우가 오롯이 녹아있습니다.

Part 7은 대부분의 초보자들에게 미지의 세계처럼 막연하기만 한 파트인 것이 현실입니다. 그래서 되도록 수험자의 입장에서 문제를 푸는 방식으로 접근했고, 막연한 번역과 해설이 아니라, 문제를 푸는 순서 위주로 접근하려고 노력했습니다. 특히 Part 7은 현장강의에서 가장 자주 나오는 질문(시간이 부족해요. 내용은 다 읽었는데 자꾸 오답을 골라요. 문제는 많이 푸는데, 틀리는 개수가 줄지 않아요.)들에 초점을 두어 Day별로 핵심포인트를 누적하였기 때문에, 꼭 Day 순서대로 학습해야 합니다.

제가 현장강의에서 가장 강조하는 점은 '많은 문제를 풀기 보다는 한 문제를 풀어도 제대로 풀어야 한다'는 것입니다. 좋은 문제는 얼마든지 다른 유형으로 문제화 될 수 있기 때문에 문제 속 정답의 근거만 보고 넘어가지 않도록, 모든 RC 문제를 소중히 정리해야 '한 문제에서 여러 가지 문제의 가능성'을 꿰뚫어 최소한의 노력으로 최대의 효과를 노릴 수 있습니다.

따라서 책 목차에 따라 순차적으로 학습한다면, '모르는 사이에, 하다 보니까, 어느새 점수가 마구 오르는' 경험을 할 수 있을 것입니다.

RC 이명진

이 책은 단기간에 토익의 유형을 정복하고 新토익 접근을 쉽게 하기 위한 효율적인 전략서입니다. 하나 하나 세부적인 유형을 정리하기 보다는 토익 문제를 풀기 위해 필요한 내용들만 20일 동안 정리할 수 있도록 효과를 극대화한 책입니다.

특히, 목표점수가 LC 400점인 경우 이 책은 빠른 시간 안에 목표점수를 이룰 수 있는 훌륭한 기본서가 되어 줄 것입니다. 13년 동안의 현장 강의와 수많은 인강을 통해서 토익이라는 시험이 얼마나 효율적으로 공부할 수 있는 시험인지를 터득한 제가 단시간 내에 가장 효율적인 공부법을 제시하기 위해 정리한 강의 노트 개념의 학습서라고 생각하시면 좋겠습니다.

교재는 크게 기본이론과 시험에 적용할 수 있는 단계별 스킬, 그리고 막판에 쭉 정리할 수 있는 "급하다" 부분이 있습니다. 차근히 교재의 문제 풀이법을 적용하면서 나가다 보면 논리적인 LC문제 풀이법에 접근할 수 있으실 거라고 장담합니다.

토익을 준비하시는 모든 분들에게 이 책이 좋은 길잡이가 되기를 바랍니다.

LC 김진영

Contents

목차

Preview

미리보기

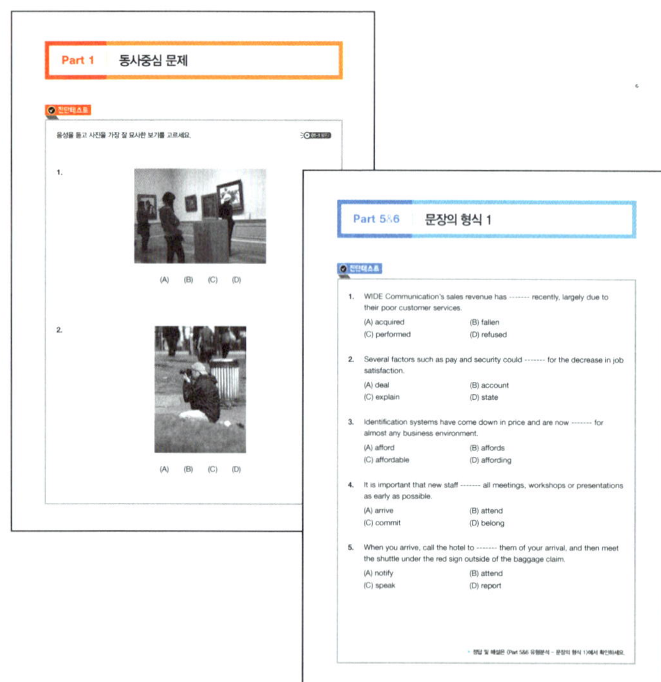

Part 1 동사중심 문제

진단테스트

음성을 듣고 사진을 가장 잘 묘사한 보기를 고르세요.

1.

(A) (B) (C) (D)

2.

(A) (B) (C) (D)

Part 5&6 문장의 형식 1

진단테스트

1. WIDE Communication's sales revenue has ------- recently, largely due to their poor customer services.
(A) acquired (B) fallen
(C) performed (D) refused

2. Several factors such as pay and security could ------- for the decrease in job satisfaction.
(A) deal (B) account
(C) explain (D) state

3. Identification systems have come down in price and are now ------- for almost any business environment.
(A) afford (B) affords
(C) affordable (D) affording

4. It is important that new staff ------- all meetings, workshops or presentations as early as possible.
(A) arrive (B) attend
(C) commit (D) belong

5. When you arrive, call the hotel to ------- them of your arrival, and then meet the shuttle under the red sign outside of the baggage claim.
(A) notify (B) attend
(C) speak (D) report

진단테스트

자가 진단을 통한 실력 파악하기

파트별 최신 출제 경향 분석을 토대로 매 시험마다 꼭 출제되는 문제 유형을 제시하였다. LC와 RC의 파트별 문제 유형을 얼마나 잘 알고 있는지 자가 진단하여 현재 실력을 파악해보자.

시험에 나오는 문법만 '간단하지만, 정확하게'

꼭 알아야 하는 필수문법을 알기 쉽게 정리해서 기본을 놓치지 않는 학습이 가능하도록 하였다.

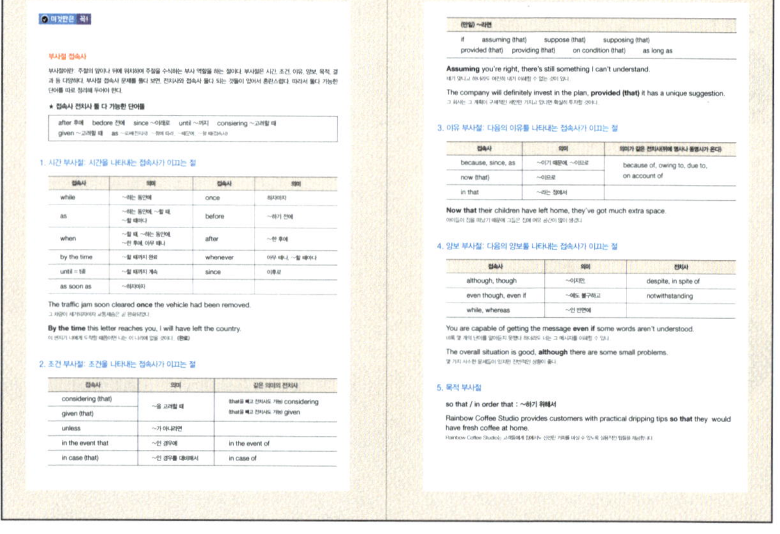

이것만은 꼭!

부사절 접속사

★ 접속사 전치사 둘 다 가능한 단어들

after 후에 bedore 전에 since ~이래로 until ~까지 consiering ~고려할 때
given ~고려할 때 as

1. 시간 부사절: 시간을 나타내는 접속사가 이끄는 절

접속사	의미	접속사	의미
while	~하는 동안에	once	하자마자
as	~하는 동안에, ~할 때, ~할 때마다	before	~하기 전에
when	~할 때, ~하는 동안에, ~한 후에, 아무 때나	after	~한 후에
by the time	~할 때까지 완료	whenever	아무 때나, ~할 때마다
until = till	~할 때까지 계속	since	이후로
as soon as	~하자마자		

The traffic jam soon cleared **once** the vehicle had been removed.

By the time this letter reaches you, I will have left the country.

2. 조건 부사절: 조건을 나타내는 접속사가 이끄는 절

접속사	의미	같은 의미의 전치사
considering (that)	~을 고려할 때	considering
given (that)		given
unless	~가 아니라면	
in the event that	~인 경우에	in the event of
in case (that)	~인 경우를 대비해서	in case of

(만일) ~라면
if assuming (that) suppose (that) supposing (that) provided (that) providing (that) on condition (that) as long as

Assuming you're right, there's still something I can't understand.

The company will definitely invest in the plan, **provided (that)** it has a unique suggestion.

3. 이유 부사절: 다음의 이유를 나타내는 접속사가 이끄는 절

접속사	의미	의미가 같은 전치사
because, since, as	~이기 때문에, ~이므로	because of, owing to, due to, on account of
now (that)	~이므로	
in that	~라는 점에서	

Now that their children have left home, they've got much extra space.

4. 양보 부사절: 다음의 양보를 나타내는 접속사가 이끄는 절

접속사	의미	전치사
although, though	~이지만	despite, in spite of
even though, even if	~에도 불구하고	notwithstanding
while, whereas	~인 반면에	

You are capable of getting the message **even if** some words aren't understood.

The overall situation is good, **although** there are some small problems.

5. 목적 부사절

so that / in order that : ~하기 위해서

Rainbow Coffee Studio provides customers with practical dripping tips **so that** they would have fresh coffee at home.

파트별 출제유형 분석

출제 유형별 특징과 실전 전략 익히기

진단 테스트에서 제시한 파트별 출제 유형을 자세하게 정리하였다. 유형별 특징과 실전에서 적용할 수 있는 전략을 학습해보자.

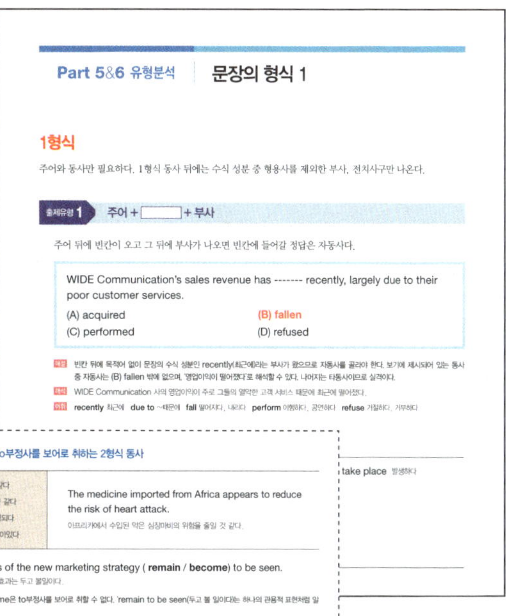

★ Check Point

문법의 난이도에 차별을 두어, 각 출제 유형마다 비슷하지만 어려운 유형을 익힐 수 있다. 고득점자들도 기본기, 고득점 쌓기, 실수 줄이기와 같은 현장에서 강의할 때와 똑 같은 방식의 노하우를 접할 수 있도록 했다.

EXERCISE

실력 점검하기

[진단 테스트]와 [파트별 출제 유형 분석]에서 익힌 출제 유형의 특징과 실전 전략을 적용하여 실력을 점검하는 코너이다.

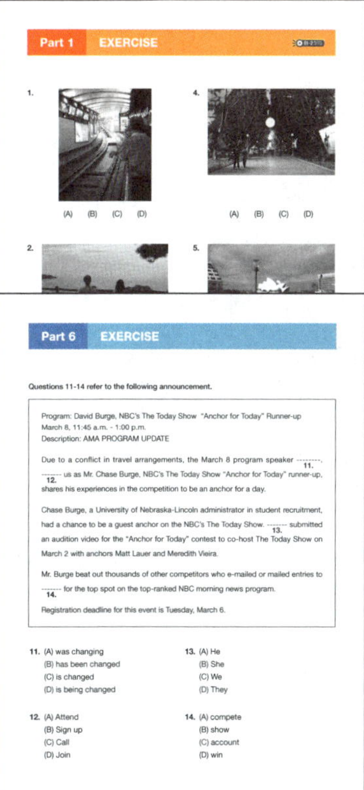

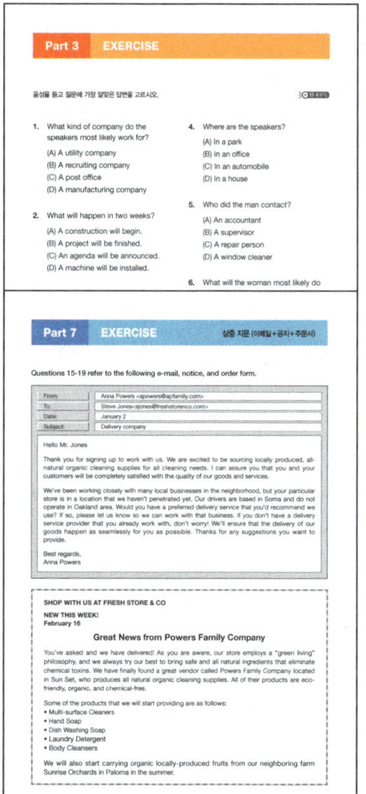

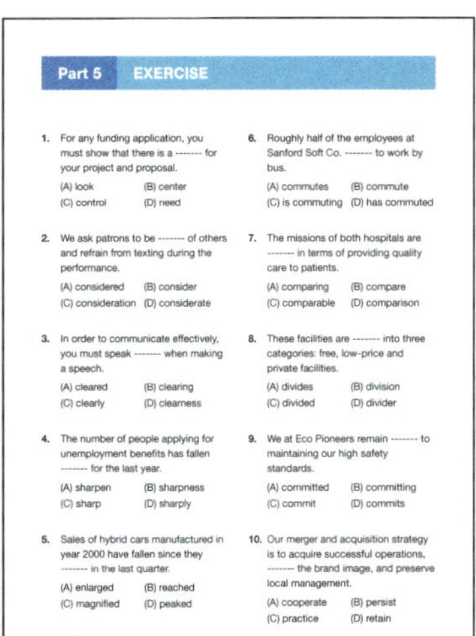

DAY 01

Part 1	• 동사중심 문제
Part 5&6	• 문장의 형식 1
Part 6	• 문맥을 통한 문제풀이
Part 7	• 싱글 passage 푸는 법

Part 1 동사중심 문제

진단테스트

음성을 듣고 사진을 가장 잘 묘사한 보기를 고르세요. 01-1.MP3

1.

(A) (B) (C) (D)

2.

(A) (B) (C) (D)

진단테스트 해설

1.

(A) People are looking at each other. 사람들이 서로 바라보고 있다.

- 서로 마주 보지 않고 작품만을 바라보고 있으므로 시선이 틀렸다. Each other라는 단어가 나오면 서로 항상 마주 보고 있어야 한다는 것을 기억한다.

  Ex. Smile each other 서로 마주 보며 웃고 있어야 한다.

(B) People are painting pictures. 사람들이 그림을 그리고 있다.

- 그림을 감상하고 있는 모습이지 그리는 모습이 아니라 동작이 틀렸다. 그림이 보이는 것을 사용해 pictures란 단어로 오답을 유도하기 위한 것이다.

(C) People are viewing some artworks. 사람들이 예술품을 감상하고 있다.

- 예술품이라는 artwork이라는 단어를 기억한다.

(D) People are drawing blueprints. 사람들이 청사진을 그리고 있다.

- 역시 drawing 하는 그리는 동작이 없으므로 오답이다. 그림을 보고 draw만 듣고 오답에 빠뜨리기 위한 함정이다.

2.

(A) A man is painting a picture. 한남자가 그림을 그린다.

- Take a picture (사진을 찍다)라는 표현과 헛갈리기를 바란 오답이다. 사진을 찍는 모습이지 그림을 그리는 모습이 아니므로 오답이 된다

(B) A man is paying for a camera. 한 남자가 카메라 값을 지불하고 있다.

- 돈이나 카드가 보이는 장면이 아니므로 오답이다. 돈이 보이는 장면은 별로 없으므로 pay는 거의 오답이 된다

(C) A man is developing the photograph. 한 남자가 사진을 현상하고 있다.

- 사진이라는 단어만 듣고 오답의 함정을 판 단어이다.
  - develop 사진을 현상하다

(D) A man is taking a picture. 한 남자가 사진을 찍고 있다.

- 사진을 찍는 모습이므로 정답이 된다.

Part 1 | 동사중심 문제 해결하기

포인트 1 Part 1은 99% 현재 시제를 사용한다.

▶ 사람중심의 사진의 95%는 현재진행형이 답이다.

사람이 중심이 되는 사진은 대부분 사람의 동작이 핵심이 된다. 사진 속의 사람들은 항상 뭔가를 하고 있는 중이기 때문에 사람이 등장하는 사진 속에서는 움직임을 묘사하는 진행형이 답이 된다. 따라서 진행형이 아닌 경우는 한번쯤은 의심하기.

▶ 사물중심 사진에서 진행형은 오답이 되는 경우가 많다.

사물의 경우 스스로 움직일 수 없고 머물러 있는 상태를 나타내므로 움직임을 뜻하는 진행형은 정답이 될 수 없다. 사물의 경우 위치나 상태를 보여주는 정답들이 많이 등장하므로 단순현재나 완료형태가 정답으로 등장한다.

주의하자 | 물론 움직임을 나타내는 진행형이 사물의 움직임을 나타내는 경우 오답이 되지만, 동사 중에서는 기본적으로 "~한 상태"를 나타내는 동사 들이 있다. 이런 사물의 움직임이 아닌 상태를 나타내는 경우의 동사들은 진행형이라 하더라도 "~한 상태이다" 정도의 느낌이 되므로 정답이 될 수 있다.

★ Memorize it! 상태를 표현하는 동사

(1) 대부분의 자동사

(2) 꼭 암기할 타동사 – attend / face / enjoy / wear / ride / hold(=grip/grab/grasp)

• The boat is **floating** on the water.
배가 물 위에 떠 있는 상태이다.

• Some shirts are **hanging** on the rack.
셔츠들이 진열대에 걸려있는 상태이다.

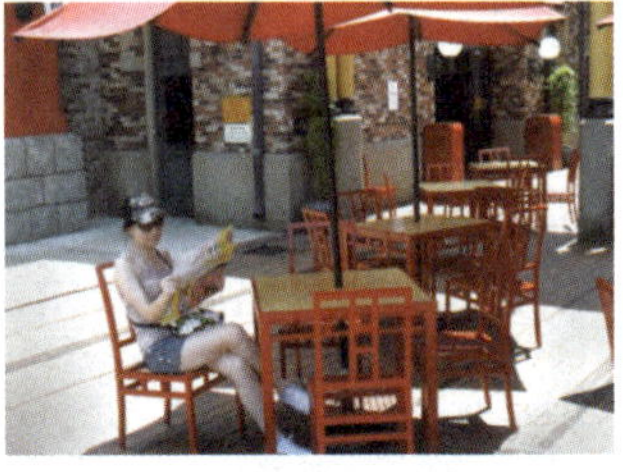

• She is **holding** a piece of paper.
그녀는 종이 한 장을 들고 있는 상태이다.

▶ 수동과 완료는 상태를 나타낸다.

Part 1에서의 수동과 완료는 해석하기가 간혹 까다로울 수가 있다. 이런 경우 이 시제와 태는 모두 "~한 상태이다"라고 해석하면 된다.

• Trees **are reflected** on the water.
나무들이 수면에 반사된 있는 상태이다.

• An airplane **has landed** on the ground.
비행기 한 대가 땅에 착륙한 상태이다.

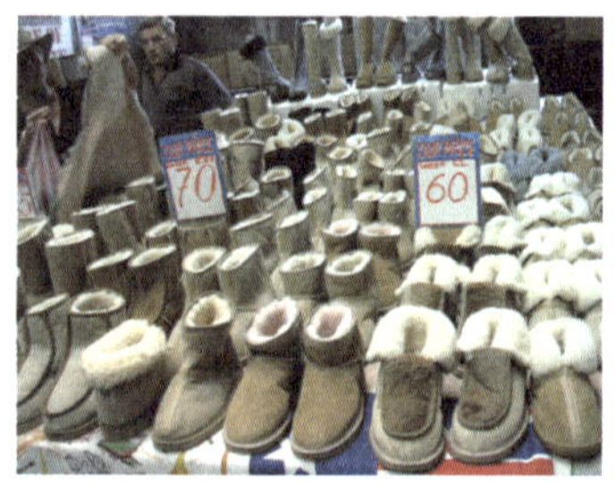

• Shoes **are displayed** in rows.
신발들이 여러 줄로 놓여있는 상태이다.

• The vehicles **are parked** in a row.
차들이 일렬로 주차되어 있는 상태이다.

▶ 진행형 수동태도 진행형이다. (따라서, 동작이다)

"be being p.p."의 형태를 취하는 것을 진행형 수동태라고 한다. 이 구문을 그냥 외우기에 앞서 어떤 구문인지를 한번쯤 이해한다면 왜 동작성이 있어야 하는지를 이해할 것이다.

★ 이 사진을 묘사한다면 A man is repairing the car.라고 묘사할 수 있을 것이다. 그럼 이제 이 구문을 수동태로 고쳐보자. 수동태에서는 능동태의 목적어가 주어가 되니 The car is repaired by a man.이라고 잘못 고칠 수도 있다. 하지만 주의하자. 원래 문장이 진행형이니 전환된 구문도 진행형이어야 한다. 따라서 바른 문장은 "The car is being repaired by a man"이 될 것이다. 하지만, 사진에서 보여지듯 고치는 사람이 너무 뻔하므로 by a man은 생략할 수 있다. 결국 A man is repairing the car는 The car is being repaired와 같은 문장이 된다. 따라서 이런 진행형 수동태의 문장은 원래 그림 속의 동작을 포함하고 있는 문장이라는 것을 기억해야 한다.

| 연습하기 |

(1) The trees are being planted. (×)
나무들이 심어지고 있는 중이다. (동작이 안 보인다)

(2) The trees are planted on both sides of the road. (○)
나무가 양쪽으로 심어져 있는 상태이다.

(1) Some barricades are being arranged in rows. (×)
바리케이트가 여러 줄로 놓여지고 있는 중이다.
(동작이 보이지 않는다)

(2) Some barricades are arranged in rows. (○)
바리케이트가 여러 줄로 놓여있다.

A man is using a telephone.
= One of the telephones is being used (by a man). (○)
한 남자가 전화기를 이용하고 있다.

★ 동작이 보이므로 정답이 된다.

★ Memorize it! be being p.p. 역시 상태를 나타낼 수 있다.

be being displayed / be being cast / be being exhibited / be being shown과 같이 뭔가를 보여주거나 드리워진 상태를 이야기하는 동사는 동작이 아닌 상태가 된다.

Some fruit is displayed.
Some fruit is on display.
Some fruit is being displayed.

★ 모두 과일이 진열되어 있음을 나타내는 상태의 표현이다.

포인트 2 너무 뻔한 자주 나오는 동사를 기억한다.

▶ "보다"

미묘한 차이를 가진 단어들이지만 Part 1에서는 모두 "보다"의 의미로 사용된다.

보다	look at, stare at, glance at, gaze at, view
조사[관찰]하다	examine , inspect, look into (=peer into), check , review, read
그 외의 '보다' 동사	admire 감상하다, browse 훑어보다

She is looking at a menu.
= She is studying a menu.
= She is examining a menu.
한 여자가 메뉴를 보고 있다.

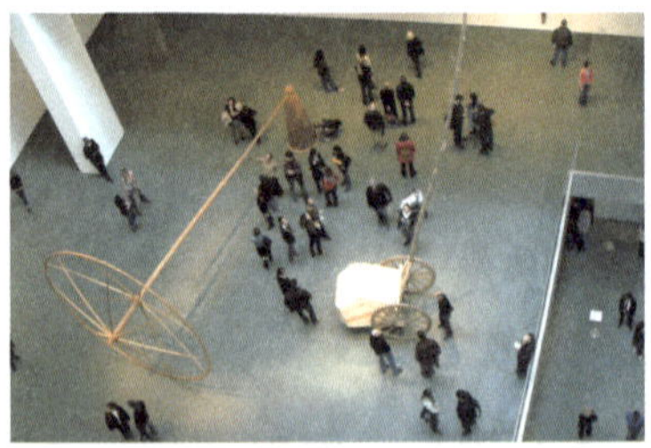

They are looking at some artwork.
They are admiring some artwork.
* admire 감상하다
They are examining some artwork.
They are viewing some artwork.
그들은 예술품을 보고 있다.

They are looking at the same direction.
그들은 같은 곳을 바라보고 있다.

▶ "진열하다"

주로 "물건들이 ~에 진열되어 있다"라는 표현으로 쓰인다. 아래의 구조를 기억해 두자.

(물건들이) are '진열되다' 동사의 p.p. (전치사) + (장소)   Ex. Books **are displayed** on the shelf.

<table>
<tr><th>명사</th><th colspan="3">be + 진열하다의 p.p. (진열되어 있다)</th><th>전치사 + 장소</th></tr>
<tr><td rowspan="2">물건들이</td><td>are displayed 진열하다
are arranged 정리하다</td><td>are set up 두다
are placed 두다</td><td>are put 두다
are laid 놓다</td><td rowspan="2">~에</td></tr>
<tr><td colspan="3">cf. on display 진열된</td></tr>
</table>

★ Memorize it!

능동으로 쓰이는 진열된 모습

명사 is resting/sitting 전치사 + 장소

Tables and chairs **are sitting** outdoors.
테이블과 의자들이 야외에 놓여져 있다.

Chairs **are placed** around the table.
테이블 주변에 의자가 놓여있다.

장소에 물건이 있는 모습을 묘사하는 동사들

장소 is filled(stocked) with / is full of 명사 :
장소가 명사로 채워져 있다.

Bottles **have been arranged** on the shelves.
병들이 선반에 정리되어 있다.

Bottles **have been displayed** in the store.
병들이 가게에 진열되어 있다.

Bottles **have been on display** on the rack.
병들이 진열대에 진열되어 있다.

= The shelves **are filled with** bottles.
= The shelves **are stocked with** bottles.
선반들이 병으로 채워져 있다.

▶ **"가리키다"**

손가락이나 지휘봉 등이 등장해서 뭔가를 뾰족한 것으로 가리키고 있는 그림이라면 여지없이 point at이나 point to를 떠올린다.

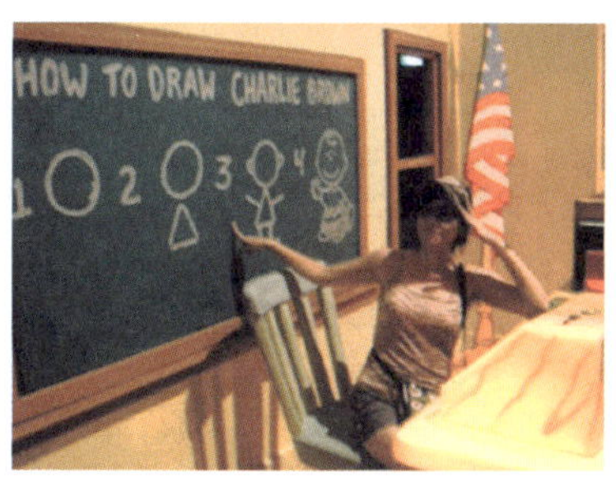

She is pointing at the black board.
여자가 칠판을 가리키고 있다.

▶ **"뻗다"**

손을 뻗어서 어딘가로 닿으려고 하고 있다면 reach for를 떠올린다.(뭔가에 닿기 위한 목적이 있는 상태를 설명하는 동사). 그냥 손을 뻗은 모습은 extend나 stretch를 사용한다.

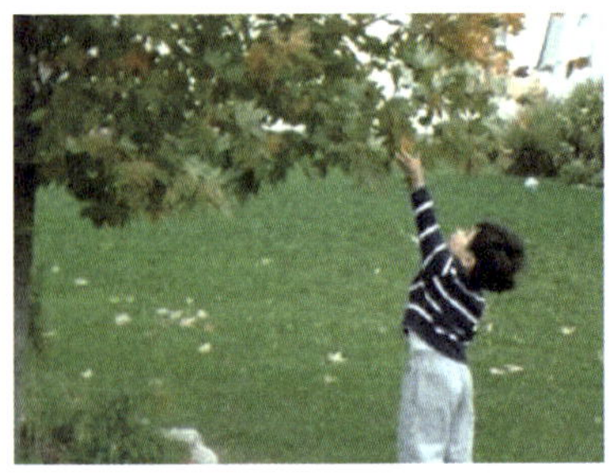

The boy is reaching for the tree.
소년이 나무에 손을 뻗고 있다.

The boy is extending his arm.
소년이 팔을 뻗고 있다.

★ 그냥 손을 뻗은 상태를 이야기할 때는 extend 혹은 stretch를 사용해도 된다.

▶ "잡고 있다"

무엇이든 들고 있는 그림이 나오면 "hold"를 떠올린다. 이 때 hold와 혼동되는 발음으로 "접다"라는 의미의 fold가 오답으로 자주 등장하므로 둘 사이의 서로 다른 발음을 연습해 두는 것이 중요하다. Hold는 또한 grip/grab/grasp이라는 동사와 동의어로 쓰여 물건을 들고 있는 상태를 묘사한다.

She is holding a book.
여자가 책을 들고 있다.

포인트 3 꼭 기억해야 하는 혼동되는 동사들

▶ 동작과 상태가 혼동되는 동사들

동작인지 상태인지는 진행형에서만 구별하는 것이 의미가 있다.

동작	상태
wearing riding holding	putting on boarding picking up

▶ 객관적인 묘사만이 정답이 된다. 눈에 보이지 않거나 주관적인 것은 오답이 된다.

예를 들어 pay/buy/purchase 등의 동사는 직접 돈이나 카드를 주고 받는 모습이 등장하지 않는다면 정답이 되지 않는다. 또한, 꼭 두 명의 사람이 있어야 한다는 것.

Part 1 EXERCISE

01-2.MP3

1.

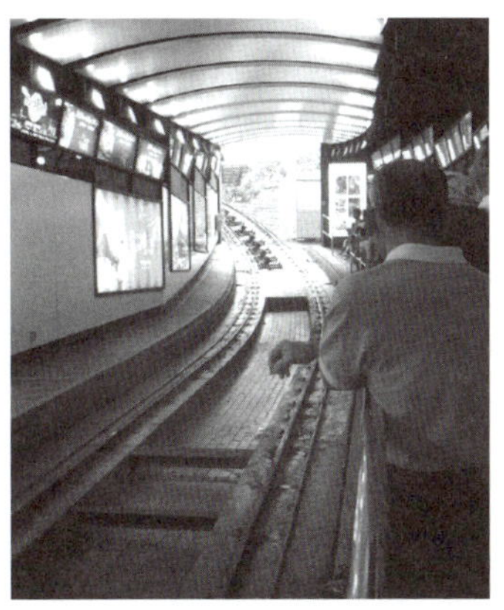

(A) (B) (C) (D)

2.

(A) (B) (C) (D)

3.

(A) (B) (C) (D)

4.

(A) (B) (C) (D)

5.

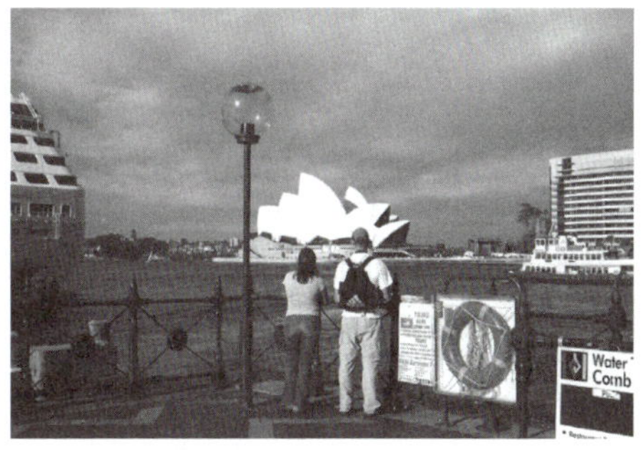

(A) (B) (C) (D)

6.

(A) (B) (C) (D)

Part 5&6 문장의 형식 1

진단테스트

1. WIDE Communication's sales revenue has ------- recently, largely due to their poor customer services.

(A) acquired (B) fallen
(C) performed (D) refused

2. Several factors such as pay and security could ------- for the decrease in job satisfaction.

(A) deal (B) account
(C) explain (D) state

3. Identification systems have come down in price and are now ------- for almost any business environment.

(A) afford (B) affords
(C) affordable (D) affording

4. It is important that new staff ------- all meetings, workshops or presentations as early as possible.

(A) arrive (B) attend
(C) commit (D) belong

5. When you arrive, call the hotel to ------- them of your arrival, and then meet the shuttle under the red sign outside of the baggage claim.

(A) notify (B) attend
(C) speak (D) report

★ 정답 및 해설은 〈Part 5&6 유형분석 – 문장의 형식 1〉에서 확인하세요.

이것만은 꼭!

● 8품사를 알고 있나요?

부정사, 분사, 동명사, 관계대명사, 관계부사!!

모두 다 품사가 아닌 것들이다. 나열된 문법적 표현들이 어느 품사에 속하는지 알려면 우선 8품사를 정확히 알고 있어야 한다.

8품사	명사, 대명사, 동사	형용사, 부사	접속사, 전치사	감탄사
	필수성분	수식성분	연결성분	

8품사는 모두 '~사'로 끝난다는 것도 기억하자. '주어, 목적어, 보어' 등은 품사가 아니라 문장 성분이다.

종류	해당 품사
부정사	명사 or 형용사 or 부사
분사	형용사 or 부사
동명사	명사
관계대명사	형용사절 접속사 and 대명사
관계부사	형용사절 접속사 and 부사

○ 각 문법용어들의 소속을 말할 수 없으면 문장분석이 불가능하고, 독해가 어려워진다.

● 자동사 + 목적어(×) → 뒤에 목적어가 나오지 않음

완전 자동사 (1형식)	보어가 없을 때	주어 + 동사
		The plane arrived. 비행기가 도착했다.
불완전 자동사 (2형식)	보어가 있을 때	주어 + 동사 + 보어 (명사 또는 형용사)
		The new CEO is Mr. Kim. 새로운 CEO는 Mr. Kim이다. The campaign is successful. 캠페인은 성공적이다.

● 타동사 + 목적어 → 반드시 뒤에 목적어가 옴

완전 타동사 (3형식)	목적어가 하나일 때	주어 + 동사 + 목적어 Mr. Kim received an invitation. 미스터 김은 초대를 받았다.
수여 동사 (4형식)	목적어가 두 개일 때	주어 + 동사 + 간접목적어 + 직접목적어 I gave him money. 나는 그에게 돈을 주었다.
불완전 타동사 (5형식)	목적어와 목적격 보어가 있을 때	주어 + 동사 + 목적어 + 목적보어 (명사나 형용사) We elected him a new president. 우리는 그를 새로운 사장으로 선출했다. Keep this document confidential. 이 서류는 기밀로 유지하세요.

★ Check Point

문장의 필수 성분	1. 명사	2. 동사	3. 보어역할을 하는 형용사
문장의 수식 성분	1. 수식역할을 하는 형용사	2. 부사	3. 전치사구

필수 성분과 수식 성분을 구별할 줄 알면 Part 5 문제 분석 능력이 좋아지고, 문장의 핵심 내용을 빠르게 파악할 수 있어, Part 6, 7 지문의 해석 속도도 빨라진다. 문제를 풀 때 수식성분을 제거하고 주어와 동사 목적어를 먼저 찾으면 빠른 정답 도출이 가능하다.

An financial **investment** **rose** steadily (in value) .
형 (N) (V) 부 전치사구

○ 동사 뒤에 수식성분인 부사와 전치사구를 제거하면, 주어와 동사로 이루어진 1형식 문장임을 알 수 있다.

Part 5&6 유형분석 | 문장의 형식 1

1형식

주어와 동사만 필요하다. 1형식 동사 뒤에는 수식 성분 중 형용사를 제외한 부사, 전치사구만 나온다.

출제유형 1 주어 + [ ] + 부사

주어 뒤에 빈칸이 오고 그 뒤에 부사가 나오면 빈칸에 들어갈 정답은 자동사다.

WIDE Communication's sales revenue has ------- recently, largely due to their poor customer services.

(A) acquired
(B) fallen
(C) performed
(D) refused

해설 빈칸 뒤에 목적어 없이 문장의 수식 성분인 recently(최근에)라는 부사가 왔으므로 자동사를 골라야 한다. 보기에 제시되어 있는 동사 중 자동사는 (B) fallen 밖에 없으며, '영업이익이 떨어졌다'로 해석할 수 있다. 나머지는 타동사이므로 실격이다.

해석 WIDE Communication 사의 영업이익이 주로 그들의 열악한 고객 서비스 때문에 최근에 떨어졌다.

어휘 **recently** 최근에 **due to** ~때문에 **fall** 떨어지다, 내리다 **perform** 이행하다, 공연하다 **refuse** 거절하다, 거부하다

★ 암기 미션 시험에 자주 나오는 자동사

appear 나타나다
disappear 사라지다
expire (기한이) 지나다
exist 존재하다
arrive 도착하다
speak / talk 말하다
happen / occur / take place 발생하다
proceed 나아가다
function 작동하다
stay 머무르다
peak 절정에 이르다
fall 떨어지다

The news of our product launch will (**appear** / **show**) soon.
우리의 상품 출시에 대한 소식이 지역 신문에 곧 실릴 것이다.

➲ 뒤에 부사가 있으므로 자동사 appear가 어울린다. appear는 1형식(나타나다), 2형식(~인 것 같다)가 모두 가능한 동사이다.

출제유형 2 주어 + [ ] + 전치사구

→ 자동사 자리

빈칸 뒤에 목적어가 없으므로 빈칸은 자동사 자리이다. 자동사가 전치사를 동반해서 명사를 취할 경우 의미상 '타동사구'의 역할을 하게 되는 경우가 있다.

Several factors such as pay and security could ------- for the decrease in job satisfaction.

(A) deal (B) account
(C) explain (D) state

해설 빈칸 뒤에 목적어가 없으므로, 자동사를 선택해야 한다. 보기 중 (A) deal(다루다), (B) account가 자동사라서 해석해 보아 의미상 적절한 동사를 골라야 한다. 의미상 '여러 가지 요인이 직업 만족도의 감소를 설명할 수 있다' 라고 해야 하므로 정답은 (B) account이다. account for는 '설명하다' 뒤에 숫자를 동반할 경우 '차지하다' 의 뜻이다. (C) explain(설명하다)와 (D) state(진술하다)는 타동사라서 전치사를 동반하지 않는다.

해석 급여와 직업의 안정성과 같은 여러 요인들이 직업 만족도의 감소를 설명해 줄 수 있다.

어휘 factor (= cause) 요인, 원인 account for 설명하다 state (= announce) 명시하다

★ 암기 미션 자동사 + 전치사 + 목적어

일부 자동사는 특정 전치사와 함께 쓰여 의미상 '타동사'의 역할을 한다.

accont for	~을 설명하다	graduate from	~을 졸업하다
agree with[to, on]	~와 동의하다	insist on	~을 의도하다
apply to	~에 적용되다	intefere with	~을 방해하다
appy for, to ~	~을 신청하다	look afer	~을 돌보다
ask for	~을 요청하다	object to	~에 반대하다
attend to	~에 주의를 기울이다	refer to	~을 나타내다, 참조하다
complain about	~대해 불평하다	rely on count on	~에 의존하다
concentrate on	~에 집중하다	reply to react to respond to	~에 응답하다/반응하다
contriute to	~에 기부하다	speak to talk to	~에게 말하다
deal with	~을 다루다	talk about	~에 대해 말하다

The person in charge will (**respond** / **answer**) to all the questions. 담당자는 모든 질문에 답할 것이다.

- answer는 타동사라서 전치사 to를 필요로 하지 않는다. 따라서 자동사 respond가 적절하다.

Our representatives should deal (**for** / **with**) customers' complaints.
우리 직원들은 고객들의 불만을 처리해야 한다.

- 자동사 deal은 전치사 with와 짝이다.

2형식

불완전 자동사 뒤에 보어인 명사나 형용사가 와야 한다. 명사보어는 주어와 동격이고, 형용사보어는 주어의 상태를 설명한다.

출제유형 3 주어 + [ ] + 형용사

동사 뒤에 형용사가 존재하면 2형식 동사가 답이다.

Identification systems have come down in price and are now ------- for almost any business environment.

(A) afford (B) affords
(C) affordable (D) affording

해설 빈칸 앞 수식성분인 부사 now를 제거하면 빈칸은 be동사의 보어자리이므로 명사나 형용사를 찾아야 한다., 보기에 명사가 없으므로 정답은 형용사 (C) affordable(저렴한)이다. be동사 뒤에 동사원형은 나올 수 없으므로 동사인 (A) afford와 (B) affords는 답에서 제외된다. (D) affording은 'be+ing'형태로 진행 형태는 가능하지만, afford는 타동사이므로 진행형일지라도 목적어를 동반해야 할 뿐더러 '~할 여유가 있고 있다'라는 진행형의 의미 또한 어색하다. 혹 동명사로 보면 되지 않을까 하는 생각이 들 수 있으나 동명사는 뒤에 목적어를 동반해야 한다.

해석 신원 확인 시스템은 가격인하 되었고, 지금은 모든 거의 업무환경에서 저렴하게 이용 가능하다.

어휘 **dentification** 신원 확인 **come down** (값이) 내리다 **afford** ~할 여력이 있다, 여유가 있다 **affordable** (가격이) 알맞은, 감당할 수 있는

★ 암기 미션 2형식 동사는 뒤에 나오는 보어의 종류를 기억해야 한다.

명사, 형용사 둘 다 취할 수 있는 동사	be become remain
형용사 보어만 취할 수 있는 동사	seem, appear ~인 것 같다 keep / stay ~한 상태로 남아있다 get / turn / go / fall / grow / run / come ~이 되다 prove / turn out ~로 판명되다
	5감각 동사 smell 냄새가 나다 feel 느끼다 sound 들리다 look 보이다 taste ~한 맛이 나다

The system (**becomes** / **makes**) available to the general public.
그 시스템은 일반 사람들이 사용할 수 있다.

◐ 동사 뒤에 형용사 available 이 명사를 수식하지 않고 혼자 있을 경우는 보어 역할을 한다. 따라서 2형식 동사 (becomes) 가 적절하다

★ Check Point **to부정사를 보어로 취하는 2형식 동사**

seem to v ~인 것 같다 appear to v ~인 것 같다 prove to v ~로 판명되다 remain to v ~로 남아있다	The medicine imported from Africa appears to reduce the risk of heart attack. 아프리카에서 수입된 약은 심장마비의 위험을 줄일 것 같다.

The long-term effects of the new marketing strategy (**remain** / **become**) to be seen.
새로운 마케팅 전략의 장기적인 효과는 두고 볼 일이다.

◐ 둘 다 2형식 동사지만 become은 to부정사를 보어로 취할 수 없다. 'remain to be seen(두고 볼 일이다)'는 하나의 관용적 표현처럼 알아두면 좋다.

3형식

동사 뒤에 목적어가 나온다.

주어 + [　　　] + 명사

주어와 명사가 동격이면 2형식 : 〈주어 + 동사 +보어〉
주어와 명사가 같지 않으면 3형식 : 〈주어 + 동사 + 목적어〉이다.

출제유형 4 주어 + [　　　] + 목적어

동사 뒤에 명사가 하나 있다면 목적어일 수도 있고, 보어일 수도 있다. 이 때는 주어와 명사와의 관계를 동등관계를 따져주면 된다. 주어와 동격(=) 관계이면 2형식, 동격이 아니면 (≠) 3형식 동사가 답이다. 막대기가 2개(=) 니까 2형식, 3개(≠)니까 3형식으로 기억해도 된다.

It is important that new staff ------- all meetings, workshops or presentations as early as possible.

(A) arrive　　(B) attend
(C) commit　　(D) belong

해설 new staff와 all meetings는 동격 관계가 아니다. 따라서 3형식 타동사가 답. (A) arrive와 (D) belong은 자동사이므로 실격이다. 타동사 (C) commit(헌신하다, 위탁하다)는 '모든 회의를 헌신하다' 라는 어색한 의미가 되어 실격. 정답은 (B) attend(참석하다)가 된다. (D) belong은 전치사 to 다음에 명사를 써야 하는 자동사이다.

해석 신입 직원이 모든 회의, 워크숍이나 발표회에 가능한 한 빨리 참석하는 것이 중요하다.

어휘 **staff** 직원 **meeting** 회의 **commit** ~을 헌신시키다 **belong** 속하다

★ 암기 미션 자동사로 착각하기 쉬운 타동사

괄호 안의 전치사는 쓰면 안된다.

타동사	×	뜻
access	to	~에 접근하다
accompany	with	~을 동반하다
address	to	~에게 연설하다
approach	to	~에게 접근하다
attend	in	~에 참가하다
await	for	~을 기다리다
compose	of	~을 구성하다
contact	with	~와 접촉하다
disclose	about	~에 대해 폭로하다
discuss	about	~을 토론하다
enter	into	~에 들어가다
exceed	over	~을 초과하다
join	to/in	~에 가입하다
marry	with	~와 결혼하다
mention	about	~을 언급하다
reach	at	~에 도착하다
regret	about	~을 후회하다
resemble	with	~을 닮다

⊙ 대개, 우리말로 하면 꼭 전치사를 써야 할 것만 같은 동사들이라서 틀린 표현에 신경 써서 암기해야 한다.

New employees must (**attend** / **participate**) in the meeting. 신입사원들은 회의에 참석해야 한다.

⊙ 전치사 in과 어울리는 자동사를 골라야 하므로 타동사인 attend는 실격이다.

The special committee will meet to (**discuss** / **talk**) the building's renovation project.
특별 위원회는 건물 개조 계획을 토론하기 위해서 모일 것이다.

⊙ 빈칸 뒤 명사와 어울리는 타동사를 골라야 하므로 discuss가 답이다. 자동사 talk는 '~토론하다'의 뜻으로 쓰이려면 전치사 about이 필요하다.

출제유형 5 주어 + [ ] + 목적어 + 전치사 + 명사

일부 타동사는 특정 전치사를 이용해 의미를 완성한다.

When you arrive, call the hotel to ------- them of your arrival, and then take the shuttle near the baggage claim area.

(A) notify (B) attend
(C) speak (D) report

해설 목적어 뒤에 있는 전치사 of와 어울리면서 의미도 통해야 하는 타동사를 골라야 한다. 의미상 '호텔에 도착을 통보하다'라는 의미가 되어야 하므로 (A) notify가 적절하다. 'notify A of B(A에게 B를 알리다)'

해석 도착하면 호텔에 전화해서 도착을 알려주세요 그리고 나서 수하물 찾는 곳 근처에서 셔틀 버스를 타세요.

어휘 baggage claim (공항) 수하물 찾는 곳

★ 암기 미션 '타동사 + 목적어 + 전치사' 구문

■ 타동사 + A + to + B (명사)

attribute / ascribe / owe / impute A를 B의 탓으로 돌리다

refer A를 B에게 물어보라고 보내다.

submit A를 B에게 제출하다

explain A를 B에게 설명하다

announce A를 B에게 발표하다

introduce A를 B에게 소개하다

mention A를 B에게 언급하다

attach A를 B에 첨부하다

mail A를 B에게 발송하다

transfer A를 B에게 보내다

describe A를 B에게 발표하다

confess A를 B에게 고백하다

suggest / propose A를 B에게 제안하다

add A를 B에 추가하다

subject A를 B에게 종속시키다 / 당하게 하다

■ 타동사 + A + of + B

rob / relieve / rid / clear / deprive A에게서 B를 빼앗다[제거하다]

accuse A를 B에 대해 고소하다/비난하다

inform A에게 B를 알리다

notify A에게 B를 통보하다

remind A에게 B를 상기시키다

■ 타동사 + A + with + B

supply / provide / furnish A에게 B를 공급하다

present A에게 B를 수여하다

fill A를 B로 채우다

charge A에게 B를 부과하다

confuse A를 B와 혼동하다

contrast A를 B와 대조하다

equip A에게 B의 설비를 갖추게 하다

replace A를 B로 대체하다

entrust A에게 B를 맡기다

compare A와 B를 비교하다

acquaint A를 B와 친숙하게 하다

■ 타동사 + A + for + B

blame / criticize A를 B에 대해 비난하다

punish A를 B에 대해 벌주다

exchange A를 B와 교환하다

mistake A를 B로 잘못 알다

praise A를 B에 대해 칭찬하다

scold A를 B에 대해 꾸짖다

compensate A에게 B에 대해 보상하다

substitute A를 B로 대신하다

thank A에게 B에 대해 고마워하다

■ 타동사 + A + from + B

keep / prohibit / stop / prevent / hinder / deter / dissuade / restrain A가 B하는 것을 막다

exempt A를 B로부터 면제해주다

detach A를 B에서 떼어내다

free A를 B로부터 벗어나게 하다

distinguish / tell / know / discern A를 B와 구별하다

DAY 01

■ 타동사 + A + on + B

impose B에게 A를 부과하다
congratulate A를 B에 대해 축하하다
confer A를 B에게 수여하다
compliment A를 B에 대해 칭찬하다
focus A를 B에게 맞추다

All tellers are expected to do is (**refer** / **tell**) customers to the right specialist within the bank.

의미상 '은행원이 해야 할 일은 고객을 은행 내 해당 전문가에게 안내하는 것이다'라는 의미가 되어야 적절하므로 **refer**가 답이다. '**refer** 목적어 to 명사'는 '목적어를 명사에게 (물어보라고) 보내다'의 뜻이다. **tell**은 목적어 뒤에 **to**부정사의 형태를 취해서 '목적어에게 ~하도록 말해주다'의 의미로 쓰인다.

The service will (**provide** / **offer**) doctors with crucial information they now can't always access.

그 서비스는 의사들에게 그들이 항상 접근할 수 없는 중대한 정보를 줄 것이다.

provide와 offer 둘 다 '제공하다' 의 의미가 있지만 provide는 3형식 동사이고 '~에게 …을 제공하다'의 의미로 쓰일 때 전치사 with와 함께 쓰인다. 따라서 provide가 적절하다.

Part 5 EXERCISE

1. For any funding application, you must show that there is a ------- for your project and proposal.
   (A) look (B) center
   (C) control (D) need

2. We ask patrons to be ------- of others and refrain from texting during the performance.
   (A) considered (B) consider
   (C) consideration (D) considerate

3. In order to communicate effectively, you must speak ------- when making a speech.
   (A) cleared (B) clearing
   (C) clearly (D) clearness

4. The number of people applying for unemployment benefits has fallen ------- for the last year.
   (A) sharpen (B) sharpness
   (C) sharp (D) sharply

5. Sales of hybrid cars manufactured in year 2000 have fallen since they ------- in the last quarter.
   (A) enlarged (B) reached
   (C) magnified (D) peaked

6. Roughly half of the employees at Sanford Soft Co. ------- to work by bus.
   (A) commutes (B) commute
   (C) is commuting (D) has commuted

7. The missions of both hospitals are ------- in terms of providing quality care to patients.
   (A) comparing (B) compare
   (C) comparable (D) comparison

8. These facilities are ------- into three categories: free, low-price and private facilities.
   (A) divides (B) division
   (C) divided (D) divider

9. We at Eco Pioneers remain ------- to maintaining our high safety standards.
   (A) committed (B) committing
   (C) commit (D) commits

10. Our merger and acquisition strategy is to acquire successful operations, ------- the brand image, and preserve local management.
    (A) cooperate (B) persist
    (C) practice (D) retain

Part 6 문맥을 통한 문제풀이

1 구성

Part 6는 각각의 공란 아래에 제시된 4개의 보기 중 가장 적당한 것을 골라 불완전한 장문을 완성시키는 문제로 구성되어 있다.

2 Part 6 출제 빈도

어휘 vs 문법 = 4:6

3 Part 6 어휘와 문법 출제 경향

▶ **시제문제** - 한 회당 2문제 이상

빈칸이 들어있는 문장에 시점을 제시하지 않아서, 글의 문맥 전체를 파악해야 한다.

▶ **대명사 문제**

빈칸이 들어 있는 문장이나, 바로 앞문장만 봐서는 풀 수 없는 대명사 문제들이 늘고 있다.

▶ **접속 부사 문제**

빈칸이 들어 있는 문장과 앞 문장과의 관계를 파악해야 한다.

앞 문장. **접속부사**, 주어 + 동사.

★ 암기 미션 꼭 알아두어야 하는 접속부사

양보	그럼에도 불구하고, 그러나	however, nevertheless, nonetheless, still
결과	따라서, 결과적으로	accordingly, consequently, hence, therefore, thus, as a result, finally
부가	더욱이, 게다가	besides, furthermore, moreover, above all, in addition
추가 설명	사실상	indeed, in fact
대조	반대로, 반면에	contrarily, in contrast

순서	그 다음에, 그 후에	then, therefore
가정	그렇지 않다면, 달리, 그와는 다르게	otherwise
화제 전환	그런데, 그건 그렇고	(in the) meantime, meanwhile, by the way

▶ 문맥의 흐름을 알아야 풀 수 있는 어휘 문제

첫 단락에서 언급된 중요 어휘를 마지막 단락에서 재 확인하는 '어휘'문제가 주로 등장한다.

★ 첫 단락에서 will be moving을 마지막 단락에서 transition으로 변형해서 표현

첫 단락 첫 문장

All employees from each office branch will be moving into the new building.

두번째 단락에서

The ------- will begin next week.

(A) renovation

(B) production

(C) transition

(D) negotiation

을 묻는 문제로 출제됨.

4 Part 6 학습 전략

▶ 전략 1

Part 5에 나오는 시제 문제는 특정 시점을 제시해 주지만, Part 6에 나오는 시제 문제는 빈칸이 들어 있는 문장만 보고는 알 수 없거나, 틀리기 쉽고, 심지어 빈칸이 들어 있는 문장의 앞문장과 뒷문장만 보아도 오답으로 빠지기 쉽다.

▶ 전략 2

Part 6는 Part 5처럼 빈칸의 앞뒤를 보고 문제를 풀면 틀리는 문제들이 많다. 설사 첫 번째 문제의 보기가 빈칸의 앞뒤만 보고 풀 수 있는 문제가 나와도 두 번째나 세 번째 문제의 답의 근거가 첫 단락부터 나오는 경우가 최근 경향이기 때문에 반드시 첫 단락부터 꼼꼼히 살펴야 한다.

▶ 전략 3

Part 7에 많은 시간을 할애할 수 있도록 Part 6는 5분 안에 모두 풀 수 있도록 연습해야 한다.

Part 6 EXERCISE

Questions 11-14 refer to the following announcement.

Program: David Burge, NBC's The Today Show "Anchor for Today" Runner-up
March 8, 11:45 a.m. - 1:00 p.m.
Description: AMA PROGRAM UPDATE

Due to a conflict in travel arrangements, the March 8 program speaker --------. **11.** ------- **12.** us as Mr. Chase Burge, NBC's The Today Show "Anchor for Today" runner-up, shares his experiences in the competition to be an anchor for a day.

Chase Burge, a University of Nebraska-Lincoln administrator in student recruitment, had a chance to be a guest anchor on the NBC's The Today Show. ------- **13.** submitted an audition video for the "Anchor for Today" contest to co-host The Today Show on March 2 with anchors Matt Lauer and Meredith Vieira.

Mr. Burge beat out thousands of other competitors who e-mailed or mailed entries to ------- **14.** for the top spot on the top-ranked NBC morning news program.

Registration deadline for this event is Tuesday, March 6.

11. (A) was changing
(B) has been changed
(C) is changed
(D) is being changed

12. (A) Attend
(B) Sign up
(C) Call
(D) Join

13. (A) He
(B) She
(C) We
(D) They

14. (A) compete
(B) show
(C) account
(D) win

Part 7 싱글 passage 푸는 법

독해는 전혀 어렵지 않다. 그냥 멀리 해서 되지 않을 뿐. 시간을 오래 투자한다는 생각보다는 하루에 한 지문이라도 제대로 정독하고 분석하는 것이 Part 7 때문에 발목 잡히지 않는 방법이다.

책에 나오는 1일치의 분량만큼이라도 문제의 핵심과 답이 나오는 위치, 그리고 답의 근거 찾기 연습을 꾸준히 하다 보면, 자기도 모르는 사이에, 실력이 늘어있는 신기한 경험을 하게 될 것이다.

포인트 1 '문제를 풀기 전에 알아두어야 할 재표현의 법칙 (paraphrasing)

정답은 본문에 나오는 단어들이 그대로 나오지 않고, 같은 의미를 지닌 다른 단어들로 변형되어 나온다. 따라서 본문을 읽으면서, 눈에 익었던 단어들을 답으로 하면, 오답일 가능성이 높다.

포인트 2 단계별 Part 7 단일 지문 공략법

▶ 1단계

지문의 속성(편지, 이메일, 기사, 회람, 안내문, 광고, 공지문 등)을 파악한다.

▶ 2단계

지문의 제목(제목이 없을 경우 처음 두세 문장)을 읽어서 주제파악을 한다.

▶ 3단계

첫 번째 문제를 읽고 문제에 나오는 키워드를 파악한다. (이때 보기는 미리 읽지 않는다.)

키워드란? 답을 찾을 때 가장 힌트가 되는 단어

★ Check Point 시간을 단축시키고 답의 근거가 되주는 절대 키워드들

1. 고유명사

문제에 고유명사가 나와 있으면, 지문에서도 해당 고유명사만 찾아서 답을 구하면 된다.
(단, 소재명사는 키워드가 될 수 없다. 반복해서 등장하니까)

2. 숫자와 수량형용사

재표현할 수 있는 단어의 제한이 있다.

3. 부정적인 단어

안 좋은 이야기는 글의 주제와 연관된다. (unsatisfied, defective, unavailable, damaged, however…)

4. 비교급과 최상급 표현

비교자체가 강조하기 위한 수단이 된다.

5. 강조

even, must, important, 비교급, 최상급

6. 한정

only, exclusive, except

7. 추가

another, more, further, also, additional

8. 변화

new, former, earlier

▶ 4단계

처음부터 지문을 정독하면서 키워드와 관련된 부분이 나오면 문제와 보기와 비교해가며 정답을 찾는다. 대개 지문 속 표현은 다른 단어로 재표현 되어 나오므로 주의해야 한다.

▶ 5단계

다음 문제를 읽는다. 문제는 한꺼번에 여러 개를 읽지 말고, 한 문제를 읽고 지문으로 가서 답을 찾은 다음, 또 그 다음 문제를 푸는 것이 좋다.

Part 7 EXERCISE

Questions 15-17 refer to the following letter.

Classic Couture
88 Oak St.
January 11
Quentin Low
17 Pine Street
Seattle, WA 98103

Dear Mr. Quentin Low,

We here at Classic Couture are delighted to inform you that we now stock pant sizes up to 42 for men with all of our clothing lines. This is due to the letter that you sent to us, dated October 1, which highlighted the fact that our clothing lines do not have enough variety in sizes.

We are always pleased to receive feedback from customers and you have been chosen to receive a complimentary gift certificate worth $50 to spend at our store. We have enclosed the gift certificate with this letter.

You can use this gift certificate at our store or our website, both of which offer a huge range of children's and men's apparel. Our website address is www.couture.com. When making a purchase, just enter the serial number printed on the back side of the gift certificate and the amount will be credited to your account with us.

Also, if you would like a copy of our company newsletter, then please register online and it will be sent to you. Don't forget that for every $100 you spend, your name goes in to our monthly draw for a meal for two at T.G. family restaurant. Should you have any other queries, don't hesitate to contact us. You are a valued customer and we will do our utmost to offer you a satisfying shopping experience.

Thanks again,

David Koll
Senior Customer Service Officer
Classic Couture
Enclosure

15. What does Classic Couture sell?

(A) Newspapers
(B) Classical music CDs
(C) Fabrics
(D) Clothing

16. What does Mr. Low receive as a compensation from Classic Couture?

(A) A $50 voucher
(B) Adult apparel
(C) A spring catalogue
(D) A meal for two at T.G. family restaurant

17. What did Mr. Low recommend to Classic Couture?

(A) That they carry larger-sized clothes
(B) That they renovate their store
(C) That they update their website
(D) That they make children's clothes

DAY 02

Part 1 · 명사중심 문제

Part 5&6 · 문장의 형식 2

Part 7 · 주제를 묻는 질문

Part 1 명사중심 문제

진단테스트

음성을 듣고 사진을 가장 잘 묘사한 보기를 고르세요.

02-1.MP3

1.

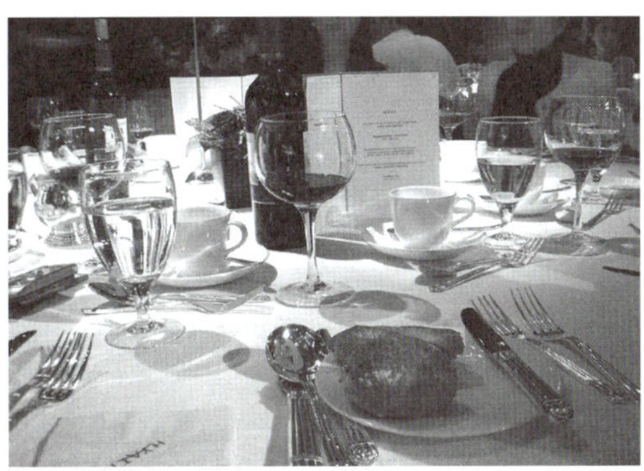

(A) (B) (C) (D)

2.

(A) (B) (C) (D)

진단테스트 해설

1.

(A) Chairs have been set outdoors. 의자들이 야외에 놓여있다.

➲ 의자들이 보이지 않으므로 오답이다.

(B) The silverware is being polished. 은식기들이 닦여지고 있다.

➲ 닦여지고 있는 동작이 보이지 않으므로 오답이 된다.

(C) Wine is being poured into a glass. 와인이 글라스에 따라지고 있는 중이다.

➲ 와인을 따르는 동작이 보이지 않으므로 오답이 된다.

(D) The table has been set for a meal. 테이블이 음식을 먹을 수 있게 세팅되어 있다.

2.

(A) Cans are stacked up on the counter. 카운터에 통조림들이 쌓여있다.

➲ 카운터가 보이지 않으므로 오답이 된다.

(B) Fruit is displayed in a basket. 과일이 바구니에 진열되어 있다.

➲ 과일과 바구니 모두 보이지 않는다.

(C) Dishes are arranged on shelves. 선반에 접시들이 진열되어 있다.

➲ 접시들이 보이지 않는다.

(D) Cans and bottles are lined up in rows. 통조림과 병들이 여러 줄로 놓여있다.

Part 1 명사중심 문제 해결하기

포인트 1 Part 1에서는 언제나 명사의 존재 여부를 기억한다.

가장 기본적인 오답의 유형은 바로 존재하지 않는 단어를 넣어서 오답을 만드는 형태이다. 분명히 사진 속에는 없지만 뭔가 답이 될 것 같아 보이는 경우가 대부분임을 기억한다.

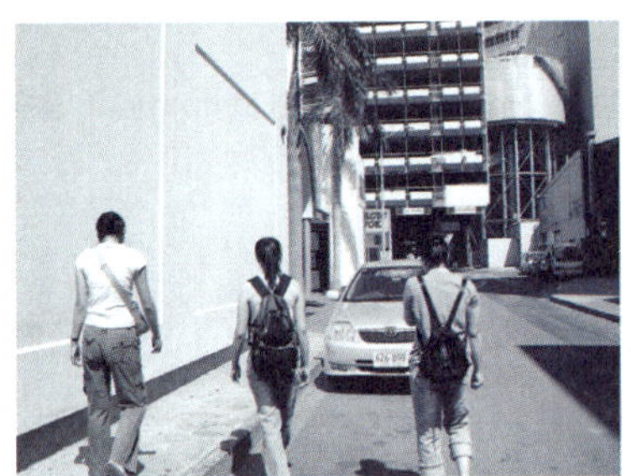

Bicycles have been parked on the road.

★ 자전거들이 길에 세워져 있다고 이야기했지만 사진 속에는 자전거가 없으므로 정답이 되지 않는다.

포인트 2 어느 위치에서든 명사가 등장하면 수일치를 주의한다.

명사에서 가장 흔하게 오답에 빠지는 것 중 하나가 바로 수일치이다. 사진 속에 나오는 사물은 어떤 것이든 일단 가장 먼저 수일치를 따져준다.

The trains are on the railway.

★ 여기서 언뜻 보면 문장 자체가 다 맞아서 옳은 문장인 것 같지만 사실은 기차가 한 대이므로 수 일치가 맞지 않는다. 지금 이런 경우처럼 다른 모든 것은 옳은데 수일치만 틀린 형태의 난이도 높은 오답이 보일 수 있으므로 주의한다.

포인트 3 Part 1에서는 일반적이면 일반적일수록 정답이 구체적이면 구체적일수록 오답이 된다.

너무 구체적인 동작이나 사물의 이름이 등장하면 정확하지 않은 경우는 정답이 되지 않는다. 따라서, Part 1에서는 사진 속에 나오는 사물을 뭉뚱그려 받아줄 수 있는 큰 범위의 포괄적 그룹의 단어들이 많이 사용된다.

▶ 자주 사용되는 포괄적 그룹의 단어

Item - 슈퍼에서 파는 모든 것들: cans , wine, juice, paper 등을 모두 포함한다.

Merchandise - 공장에서 나온 모든 것들, 심지어 book까지도 포함한다. (=goods, products)

Produce - 농산물: fruit과 vegetable이 모두 포함된다.

Food - 모든 음식물들을 포함한다.

Baked goods - bread, pastries, cookies 등 모든 제과를 포함한다.

Tool - 모든 공구를 포함한다: hammer, screwdriver

Instrument - 모든 악기를 포함한다.

Equipment - 모든 장비들을 포함한다.

Gear - 모든 몸에 착용하는 장비들을 포함한다.

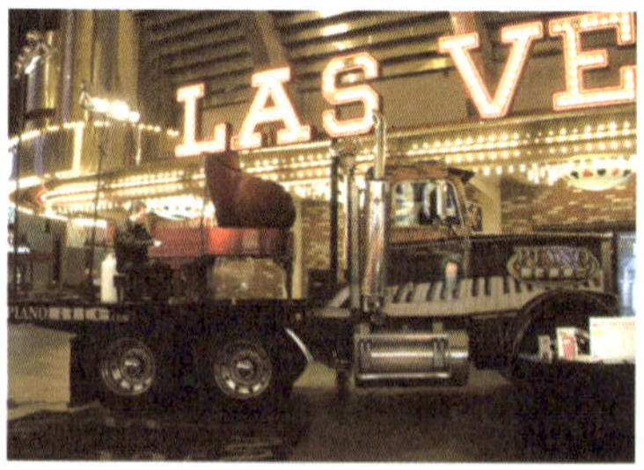

He is playing the piano.

★ 맞는 문장이지만 이 문장보다 He is playing an instrument. 혹은 He is performing indoors.라는 표현을 더 좋아한다.

He is using hammer.

★ 이 문장보다는 He is working with a tool. 혹은 He is using a tool.이 더 좋은 표현이다.

포인트 4 좌석이 보이면 그 자리에 사람이 있는지 없는지를 본다.

사용 중이다	사용 중이지 않다
being used occupied unavailable	unoccupied empty available not being used at the moment

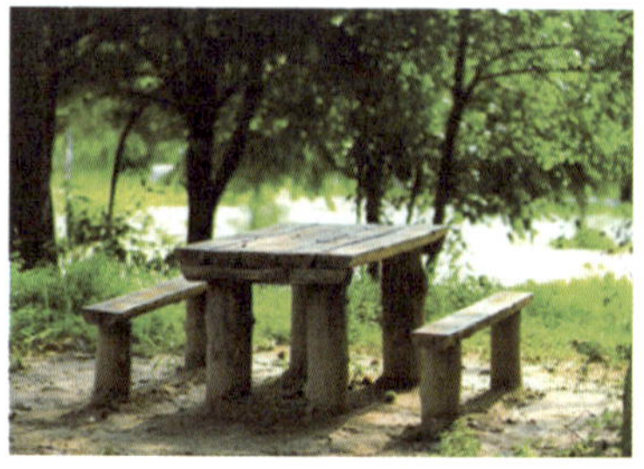

The benches are not being used.
The benches are empty.
The benches are unoccupied.
The benches are available.
벤치가 비어있다.

Some of the seats are occupied.
Some of the seats are being used.
자리 몇 개가 사용 중이다.

포인트 5 사람이 없는 사물만이 나오는 사진에서는 전치사와 결합된 명사의 위치가 중요하다.

▶ 자주 나오는 전치사

along ~을 따라서	over ~의 직각으로 위에
by ~의 옆에 (근처 모두 포함)	above ~의 위에
beside ~의 옆에	under ~의 아래에
near / next to 근처에 / 옆에	between ~의 사이에
across 건너서	in front of ~의 앞에
on ~의 위에	behind ~ 뒤에

There is a picture mounted above the bed.
= A picture is hanging above the bed.
침대 위에 걸린 액자가 있다.

- **mount** 핀이나 못으로 단단히 고정하다

A picture is hanging on the wall.

There is a lamp on one side of each bed.
각각의 침대의 옆에 램프가 있다.

There are pillows on the bed. 침대 위에 베개가 있다.

A lamp is standing by the table.
테이블 옆에 램프가 세워져 있다.

There is a TV set on the cabinet. 캐비닛 위에 티비가 있다.

There are chairs in front of the window.
유리창 앞에 의자들이 있다.

There are chairs around the table.
테이블 주위에 의자들이 있다.

Part 1 EXERCISE

02-2.MP3

1. 

(A) (B) (C) (D)

2. 

(A) (B) (C) (D)

3. 

(A) (B) (C) (D)

4. 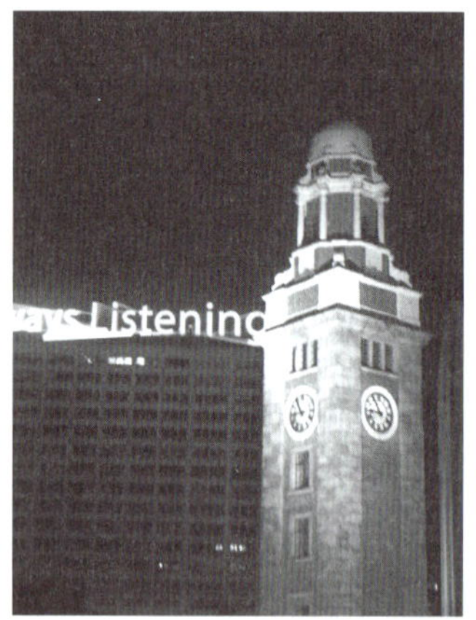

(A) (B) (C) (D)

5. 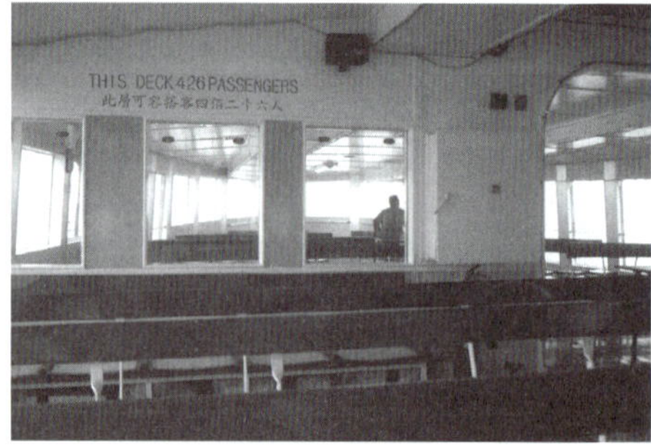

(A) (B) (C) (D)

6. 

(A) (B) (C) (D)

Part 5&6 문장의 형식 2

1. Books & Save will ------- you a 40% discount for your one-year subscription.

(A) serve (B) offer
(C) provide (D) supply

2. The human resource manager ------- the applicant that only successful candidates would be contacted.

(A) said (B) reminded
(C) proposed (D) gave

3. The company has definite rules and has ------- the employees aware of them.

(A) brought (B) remained
(C) provided (D) made

4. Mr. Dwight in management has ------- employees to become more familiar with customer services policy.

(A) asked (B) provided
(C) reacted (D) talked

5. Food labels provide nutrition information to ------- consumers choose foods to meet their nutrient needs.

(A) know (B) assist
(C) help (D) win

★ 정답 및 해설은 〈Part 5&6 유형분석 – 문장의 형식 2〉에서 확인하세요.

문장의 형식 2

4형식

출제유형 1 주어 + [ ] + 간접목적어 + 직접목적어

동사 뒤에 명사가 연달아 두번 나오면, 4형식 또는 5형식. 이때 명사끼리의 관계가 '=' 이면 5형식, ≠ 이면 4형식이다.

Books & Save ------- you a 40% discount for your one-year subscription

(A) serves
(B) offers
(C) provides
(D) supplies

해설 빈칸 뒤에 나오는 you와 a discount가 동격 관계가 아니므로 4형식이고, 보기중 4형식 동사는 (B) offer이다. (A) serves도 '제공하다'의 뜻은 있으나 3형식동사이고 (C) provides와 (D) supplies 의미상 4형식 동사로 착각하기 쉬우나 목적어 뒤에 전치사 with를 사용해서 명사를 취해야 하는 3형식 동사이다. provide/supply A with B : A에게 B를 공급하다

해석 Books & Save는 1년 정기구독시 당신에게 40% 할인을 제공한다.

어휘 **subscription** 구독 **serve** 제공하다 **offer** 제공하다 **provide**(= **supply**, **furnish**) **A with B** A에게 B를 공급하다

★ 암기 미션 시험에 잘 나오는 4형식 동사

offer 제공해주다
issue 발급해주다
show 보여주다
teach 가르쳐주다
grant 수여하다
charge 부과하다
bring 가져다주다
give 주다
send 보내다
owe 빚지다
cost 비용이 들게하다
hand 건네다
pass 건네주다

The company will (**issue** / **provide**) their employees a parking permit.
회사는 직원들에게 주차 허가증을 발급해줄것이다.

○ 직원들에게 주차 허가증을 발급하다 라고 해야 하므로 정답은 issue이다. provide는 3형식 동사.

Please note that we will (**charge** / **require**) travelers an additional fee for any item weighing more than the twenty-kilogram limit.
20킬로 제한 이상 나가는 모든 항목에 대해서는 여행객들에게 추가 비용을 부과한다는 사실을 숙지하세요.

○ 동사 뒤에 나오는 travelers와 an additional fee가 동격관계가 아니므로 4형식동사인 charge(부과하다)가 답이다. 의미상 require(요구하다)도 그럴 듯 하지만, 4형식 동사가 아니다.

★ **Check Point**

4형식 문장에서 간접목적어와 직접목적어의 위치가 서로 바뀌면 중간에 전치사가 삽입되어 3형식 문장으로 변경된다.

■ 전치사 to를 사용하는 동사

offer 제공해주다	grant 수여하다	owe 빚지다
issue 발급해주다	charge 부과하다	cost 비용이 들게하다
bring 가져오다	give 주다	lend 빌려주다
send 보내다	pass 건네주다	show 보여주다
teach 가르쳐주다		

Our policy is not to offer customers refunds.
→ Our policy is not to offer refunds to customers. 우리의 정책은 고객에게 환불을 해주지 않는 것이다

■ 전치사 for를 사용하는 동사

buy 사주다　　make 만들어주다

It may be more convenient to buy individual tickets for each member of the group.
= It may be more convenient to buy each member of the group individual tickets.
각각의 그룹멤버들에게 개인별 티켓을 사주는 것이 더 편리하다.

■ 전치사 of를 사용하는 동사

ask 요청하다

Can I ask you a favor? = Can I ask a favor of you?
부탁 좀 들어줄래?

출제유형 2 주어 + [　　　] + 사람 + that절

┈┈> 4형식 동사

모든 4형식 동사가 직접목적어로 that절을 취할 수 있는 것은 아니다. 시험에 잘 나오는 빈출동사를 꼭 알아두자.

The human resource manager ------- the applicant that only successful candidates would be contacted.

(A) said　　**(B) reminded**
(C) proposed　　(D) gave

해설 간접목적어(applicant) 뒤에 직접목적어로 that절을 취할 수 있는 4형식 동사는 따로 정해져 있기 때문에 우리말 해석으로 풀면 실수하기 쉽다. 보기에 있는 모든 동사가 의미상 통하지만, 보기 중 (B) reminded만 답이 될 수 있다.

해석 인사과장은 지원자에게 자격있는 후보자들만 연락이 갈 것이라고 상기시켰다.

어휘 **applicant** (= **candidate**) 신청자, 지원자 **remind** 상기시키다

★ 암기 미션 that절을 직접목적어로 취하는 4형식 동사

동사			뜻
inform notify	간접목적어 (~에게)	that 절 (~을)	통보해주다
assure convince			확신시키다
tell remind			말해주다
advise warn			충고하다

It is a great pleasure to (**say** / **inform**) Mr. Cruise that their entry has been selected as photograph of the year.

크루즈 씨에게 그들의 출품작이 올해의 사진으로 선택되었음을 알리게 되어 기쁘다.

- 우리말로는 둘 다 될 것 같지만, 간접목적어 뒤에 직접목적어로 명사절을 취할 수 있는 4형식 동사는 inform이다.

Bank IV (**assured** / **explained**) its customers that it will provide exceptional service.

뱅크 4는 고객들에게 이례적인 서비스를 제공할 것임을 확신시켰다.

- 고객들에게 that절을 확신시키다, 설명해주다 둘다 될 것 같지만, 4형식 동사만 가능하므로 assured가 어울린다. explain은 일반 3형식 동사라서 전치사 to를 넣어 to its customers 라고 하면 된다.

5형식

5형식 동사는 목적격보어 선택문제가 많이 나온다. 반드시 목적격 보어를 중심으로 동사를 정리해야 한다.

출제유형 3 주어 + [ ] + 목적어 + 형용사

목적격 보어가 형용사 일 땐 목적어의 상태를 설명한다. 시험에선 목적격 보어로 형용사를 취하는 5형식 동사를 주로 묻는다.

The company has definite rules and has ------- the employees aware of them.

(A) brought (B) remained

(C) provided **(D) made**

해설 목적어 (the employees)와 그 뒤에 나오는 aware of them이라는 형용사구의 관계가 의미상 'The employees are aware of them(직원들이 알고 있다)"의 관계로 서로 보조해준다. 따라서 정답은 5형식 동사 (D) made이다. (B) remained는 명사 또는 형용사를 보어로 취하는 2형식동사이고 (A) brought는 4형식 동사 (C) provided는 'provide A with B(A에게 B를 공급하다)'의 형태로 쓰이는 3형식동사이다.

해석 그 회사는 명확한 규칙이 있고 직원들이 그러한 규정들을 숙지하도록 했다.

어휘 **definite** (= **limited**, **restricted**) 한정된, 명확한 **rule** (= **regulation**) 규칙, 규정 **be aware of** (= **be cognizant/recognizant of**) ~을 알다, ~을 알아차리다

★ 암기 미션 목적보어로 명사를 취하는 동사

make 만들다 consider 간주하다 call 부르다 elect 선출하다 appoint 임명하다 name 이름 붙이다

The executive management (elected / selected) Mr. Depp new director of the shipping department.
경영 관리팀은 뎁 씨를 배송부의 신임부장으로 임명했다.

Mr. Depp과 new director가 동격관계 이므로 5형식동사 elected가 적절하다. selected는 의미는 비슷하지만, 3형식 동사이다.

★ 암기 미션 목적보어로 형용사를 취하는 동사

make 만들다 consider 간주하다 call 부르다 keep 유지하다 find 알게 되다 leave 남겨두다 paint 칠하다

Remember to keep the doors closed so as to conserve energy.
에너지를 아끼기 위해서 창문을 닫아두세요.

출제유형 4 주어 + [ ] + 목적어 + to부정사

→ to부정사를 목적보어로 취하는 5형식 동사

to부정사를 목적격 보어로 취하는 5형식 문장엔 의미상 주어와 동사가 두 세트이다. 목적어와 목적격보어의 '주어와 동사'의 관계로 해석된다.

Mr. Dwight in management has ------- employees to become more familiar with customer services policy.

(A) asked (B) provided
(C) reacted (D) talked

해설 의미상 '직원들이 고객서비스 규정에 더 익숙해지도록 요구하다' 의 의미가 되어야 하므로 (A) ask가 가장 적절하다. ask A to do는 'A가 ~하도록 부탁하다'의 의미. (C) react와 (D) talk는 자동사다 (C) react는 목적어를 취하려면 전치사 to를 써야 하고, (D) talk 또한 전치사 to, about, with와 어울려 사용된다.

해석 경영부서의 Mr. Dwight는 직원들에게 고객 서비스 정책에 좀 더 익숙해지도록 요청했다.

어휘 **familiar with** ~에 익숙한

★ 암기 미션 목적격보어로 to부정사를 취하는 5형식 동사들

require 요구하다	request 요청하다	ask 부탁하다
force 강제로 시키다	get 시키다	compel 강요하다
tell 명하다	cause 유발시키다	lead 이끌다
urge 촉구하다	persuade 설득하다	encourage 북돋우다
invite 권유하다	advise 충고하다	allow 허용하다
permit 허락하다	forbid 금지하다	expect 기대하다
want 원하다	would like ~하고 싶다	remind 상기시키다
enable 가능하게 하다	warn 경고하다	instruct 지시하다
order 명령하다	intend 의도하다	

We require all visitors (**to present** / **presenting**) photo identification when entering the premises.
우리는 모든 방문객들에게 건물로 들어올 때 사진이 있는 신분증을 제시하도록 요구한다.

➲ require는 to부정사를 목적격 보어로 취하는 5형식 동사이므로 to present가 적절하다

출제유형 5 주어 + help + 목적어 + 원형부정사[to부정사]

help 동사는 목적격 보어로 to부정사와 원형부정사를 모두 취할 수 있다.

Food labels provide nutrition information to ------- consumers choose foods to meet their nutrient needs.

(A) know (B) assist
(C) help (D) win

해설 동사를 선택하는 문제인데, consumer 뒤에 동사원형인 choose가 문제의 핵심이다. 보기 중 동사원형을 목적격보어로 취하는 동사는 (C) help이다. help 동사는 목적격 보어로 to부정사와 원형부정사 둘 다 취할 수 있다.

해석 식품 라벨은 소비자의 필요를 충족시키기 위해 소비자들이 음식을 선택하도록 돕기 위한 영양정보를 제공한다.

어휘 **food label** 식품 표시 라벨 **nutrition information** 영양 정보 **meet** 충족시키다 **nutrient** 영양이 있는 **assist** (= **help**) 돕다

★ Check Point help 동사의 쓰임

help 동사는 목적어로 to부정사/원형부정사를 둘 다 취할 수 있고, 목적격 보어로도 to부정사/원형부정사 둘 다 취할 수 있다.

This program will **help** (to) obtain funding opportunities.
이 프로그램은 융자를 받을 수 있는 기회를 확보하는데 도움을 줄 것이다.

Drinking much water can **help** you (to) stay healthy.
다량의 물을 섭취하는 것은 당신이 건강을 유지하는 데 도움이 될 수 있다.

Part 5 EXERCISE

1. Feel free to let me ------- what you need and I can send you an estimate.

(A) to know (B) knowing
(C) know (D) be known

2. In order to keep customers -------, businesses should build a long term relationship with them.

(A) satisfaction (B) satisfy
(C) satisfyingly (D) satisfied

3. The World Hospital is prepared ------- competitive compensation to the qualified applicant.

(A) offers (B) offering
(C) to offer (D) has offered

4. ------- our clients satisfied is not the result of one component, but the result of team effort performed correctly time after time.

(A) helping (B) bringing
(C) keeping (D) promoting

5. At Universal Consulting Company, we are always careful to ------- to safety regulations.

(A) observe (B) follow
(C) adhere (D) comply

6. Please ------- the immediate supervisor that you have applied for transfer to the head office.

(A) accept (B) notify
(C) deliver (D) present

7. Review the proposed seating chart and let me ------- what changes should be made.

(A) to know (B) knowing
(C) know (D) be known

8. Employees are ------- to use tobacco products in designated areas such as the parking lots or personal vehicles.

(A) associated (B) decided
(C) written (D) permitted

9. The management should ------- the marketing plan the main instrument for the successful business.

(A) elect (B) consider
(C) explain (D) prove

10. This rebate promotion ------- customers to upgrade to a high-quality product at an even better price.

(A) accepts (B) allows
(C) gives (D) promotes

Part 6 EXERCISE

Questions 11-14 refer to the following letter.

Dear Mr. Nugent,

We have received your letter of October 23 in which you expressed dissatisfaction with your new computer package. We are sorry to hear that the ENTER key on the computer's keyboard is not -------- (**11.**) properly. As you purchased the computer less than three months ago, we are delighted to ------- (**12.**) you a refund or a replacement.

Please use the complimentary shipping label enclosed with this letter to return your defective equipment in its original packaging, complete with operating instructions. Our customer service representative at Exel Computers is devoted to keeping ------- (**13.**) satisfied and satisfying customers' needs.

Please ------- (**14.**) free to contact us with any further concerns.

Sincerely,

Andrea Cho

Customer Service Manager

11. (A) function
(B) functions
(C) functioned
(D) functioning

12. (A) provide
(B) offer
(C) take
(D) place

13. (A) him
(B) you
(C) them
(D) us

14. (A) contact
(B) call
(C) respond
(D) feel

Part 7 주제를 묻는 질문

| 복습 |

단계별 Part 7 단일 지문 공략법

▶ 1단계 → 지문의 속성을 파악한다.

▶ 2단계 → 지문의 제목 (제목이 없을 경우 첫 번째 문장) 을 읽어서 주제파악을 한다.

▶ 3단계 → 첫 번째 문제를 읽고 문제에 나오는 키워드를 파악한다. 이때 보기는 미리 읽지 않는다.

▶ 4단계 → 처음부터 지문을 정독하면서, 키워드와 관련된 부분이 나오면, 문제와 보기와 비교해 가며 정답을 찾는다. 대개 지문 속 표현은 다른 단어로 재표현 되어 나오므로 주의해야 한다.

▶ 5단계 → 다음 문제를 읽는다. 문제는 한꺼번에 여러 개를 읽지 말고, 한 문제를 읽고 지문으로 가서 답을 찾은 다음, 또 그 다음 문제를 푸는 것이 좋다.

포인트 1 주제를 묻는 문제

글의 주제나 목적을 묻는 질문임을 알려주는 키워드

- 주제, 목적을 묻는 질문은 Why 또는 What으로 묻는다. 이때 질문에는 purpose, subject, topic, total, goal, intention, about 등의 어휘가 주로 쓰인다.

Why was the e-mail written? 이 메일을 쓴 이유는?

Why has this letter been sent? 이 편지를 보낸 이유는?

Why was the notice posted? 공지를 게시한 이유는?

What is the purpose of the notice? 공지의 목적은 무엇인가?

What is this information about? 이 정보는 무엇에 관한 것인가?

포인트 2 풀이 방법

글의 주제나 목적은 대개의 경우 글의 첫 부분에 나오는 경우에 많지만, 글의 내용이 부정적일 때는 '주제, 목적'이 후반부에 나오는 경우가 있다. 결론은? 주제 목적 문제가 나오면 맨 나중에 푼다.

포인트 3 주제를 묻는 문제가 나오면 지문에서 눈여겨 봐야 하는 표현들

We are pleased to V ~. ~하게 되어 기쁩니다.

I would be delighted to V ~. ~하게 된 것을 기쁘게 생각합니다.

I am writing to request ~. ~을 요청하려고 편지를 씁니다.

I am hoping you can V ~. ~해주실 수 있기를 바랍니다.

We would like to V ~. 저희는 ~하고자 합니다.

Could you possibly V ~? ~해주실 수 있으신가요?

I would be grateful if you could V~. ~해주실 수 있다면 감사하겠습니다.

I would appreciate it if you could V~. ~해주신다면 고맙겠습니다.

Please V~. ~해주세요.

You must[should] V. ~하셔야 합니다.

We urge you to V / We ask you to V / We would like you to V . ~해주시기를 부탁 드립니다.

포인트 4 글의 주제 또는 목적이 지문의 후반부에 언급되는 경우

▶ 행사 참가 권유 또는 요청하는 내용

행사 일정, 장소에 관한 정보

⬇

행사 세부 정보와 특징

⬇

행사 참가 권유, 요청

▶ 환불, 추가배송, 불만사항을 전달하는 내용

제품, 서비스 구입에 대한 경위 (날짜, 제품명)

⬇

제품, 서비스의 문제점 설명

⬇

글쓴이의 요구사항 (환불, 정정, 추가 배송 등)

Part 7 EXERCISE

Questions 15-18 refer to the following e-mail.

ID number: 293354
To: Kenneth Brown <kb68@yahoo.com>
From: Emily Sterling <emily0@booksrus.com>
Sent: February 23, 3:23 P.M.
Subject: Delay in shipping

Dear Mr. Brown,

Thank you for your continued patronage. We want you to know that we value all of our customers and do our best to ensure a quality shopping experience. However, sometimes circumstances beyond our control may lead to an inconvenience, and for that we must apologize.

We received your order (ref. 24536) but so far have been unable to complete your request. Two titles you ordered, *A Clockwork Orange* by Antony Burgess and *On the Road* by Jack Kerouac, are currently out of stock, and therefore there will be some delay in shipping. Our supplier promises they will be here by early next week, and fingers crossed, should arrive at your place by next Friday at the latest. We are sorry for any problems this may have caused you. On the bright side, *Dark Star Safari* by Paul Theroux and *Atonement* by Ian McEwan were sent to you this morning and should arrive sometime tomorrow or Wednesday.

Did you know that if you order any new release from within 30 days of receiving this letter you are entitled to a 10% discount? We have a huge range of contemporary literature available at very reasonable prices. Please visit our website to browse through our titles. We also offer games, puzzles, stationery and even a book binding service! In addition, you can use your accumulated shopping points on our website. Just type in your customer ID number at the top of this page and you will see how many points you have accumulated with us. The more you buy, the more you save! (Please keep in mind that purchases made with points do not earn you more points.)

Thanks again for your understanding and we hope you continue to use Books 'r' Us as your one-stop bookstore for all your literary needs!

Emily Sterling
Customer Service
Books 'r' Us

15. What is the purpose of the e-mail?

(A) To let Mr. Brown know that the company values him

(B) To inform Mr. Brown that part of his order will be shipped later than expected.

(C) To let Mr. Brown know how to use his accumulated shopping points

(D) To inform Mr. Brown of a special offer

16. When can Mr. Brown receive the rest of his order?

(A) Early next week

(B) By next Friday

(C) This morning

(D) Tomorrow or Wednesday

17. What can NOT Mr. Brown buy with his points?

(A) Books

(B) Paper

(C) A book binding service

(D) Computers

18. In which department does Emily Sterling work?

(A) Customer Service

(B) Books 'r' Us

(C) Deliveries

(D) Technical Support

DAY 03

Part 2 · when / where / who 의문문

Part 5&6 · 품사의 형태와 역할

Part 7 · Wh-Questions (육하원칙)

Part 2 when/where/who 의문문

진단테스트

음성을 듣고 질문에 가장 알맞은 답변을 고르시오.

03-1.MP3

1. (A) (B) (C)

2. (A) (B) (C)

3. (A) (B) (C)

진단테스트 해설

1. When did Mr. Kenneth phone us? 언제 Kenneth가 너에게 전화를 했니?

When 뒤의 과거 조동사에 주의한다. 따라서 과거의 정답이 나와야 한다.

(A) Probably six times. 아마도 6번쯤.

times는 시간이 아니라 횟수를 묻는 답변의 형태이므로 when이 아닌 how many times의 정답이다.

(B) Approximately half an hour ago. 대략 한시간 반 전에.

과거 시간을 이야기하는 정답이 된다.

(C) At her workplace. 그녀의 일터에서.

where과의 발음 혼동으로 인해 오답으로 고를 수 있는 유형이므로 주의한다.

· probably 아마도 = about, approximately

2. Who will lead the marketing training on Monday? 누가 월요일에 마케팅 교육을 담당하나요?

lead는 '이끌다'보다는 '담당하다'로 해석하는 편이 자연스럽다. 마케팅 교육을 담당하는 사람을 찾는 질문의 유형이므로 사람을 정답으로 고른다.

(A) Karen will be in charge of all the training. Karen이 모든 교육 담당자입니다.

Karen이 모든 교육을 담당하므로 마케팅 교육을 담당한다는 것을 알 수 있다.

(B) Yes, it's a leading marketing firm. 네, 그곳은 앞서나가는 마케팅 회사입니다.

의문사는 yes와 no가 나오는 경우 오답이 된다.

(C) I think Tuesday will be better. 제 생각에는 화요일이 더 나은 것 같습니다.

사람에 대해 묻는 질문이므로 시간은 정답이 되지 않는다.

3. Where is the nearest book store? 가장 가까운 서점이 어디에 있나요?

근거리의 장소 소재를 묻는 형태의 질문, 주로 장소전치사 across, in front of, near, around the corner, next to 등이 나오는 보기를 유도한다.

(A) There is one across the street. 거리 바로 건너에 한 곳이 있습니다.

장소전치사 across와 함께 장소를 알려주는 답변이므로 정답이 된다.

(B) To read novels. 소설책을 읽기 위해서.

질문에서 나온 book store와 연관된 행위(read novels)를 언급하여 혼동하게 만든 보기이다. 그러나 유념할 것은 질문은 where로 시작되는 장소를 묻는 것이다.

(C) Around 9 o'clock. 대략 9시경에.

수험자의 where와 when의 혼동을 겨냥한 보기이다.

Part 2 when/where/who 의문문 해결하기

의문사 When

when의 가장 핵심 포인트는 의문사를 잘 듣는 것과 조동사의 시제를 파악하는 것이다. 하지만, 최근 들어 Part 2의 난이도가 높아지면서 when에서 시간이 아닌 정답이 나오거나 동사의 의미를 잘 파악해서 보기 속 두 개의 시간 중 하나를 선택해야 하는 문제도 종종 등장하므로 주의가 필요하다.

포인트 1 When 의문문의 secret point!

When + **조동사** + 주어 + **동사원형** + 부가정보 ?

★ 표시된 세 단어를 듣는 연습을 한다.

포인트 2 When 문제의 단계별 풀이법

▶ 1단계 → 의문사를 기억한다.

의문사가 잘못된 오답의 형태가 나올 수 있다. 특히, when의 경우 where와의 발음 혼동 문제가 가장 흔하게 일어나는 오답이 pattern임을 잊지 않도록 한다.

| 예제 |

When is the report due?

(A) By the end of the week.

(B) At the port. ➲ When을 where로 들었을 사람들을 위한 보기.

(C) He will report it.

▶ 2단계 → 조동사를 듣고 시제를 기억한다.

When은 현재를 묻지 않는다. 우리가 모르는 시제만을 묻는다. 따라서, When은 과거와 미래 두 개의 시제만을 가지고 있다.

when 의문문의 생김새

Pattern 1 – 과거 시제의 when : when + 과거동사
Pattern 2 – 미래 시제의 when : when + 현재동사 or 미래동사

| 예제 |

When is the report due? 언제 레포트가 마감이니?

눈에 보이는 시제는 현재이지만 실제로 의미하는 것은 미래이므로 by the end of this week와 같은 미래의 시간으로 대답한다는 것을 기억한다. (참고: 질문이 과거이든 미래이든 상관없이 every / usually / always 등이 들어가면 언제나 현재로 답할 수 있다.)

Q: When did you wake up this morning? 오늘 아침 언제 일어났니? / When will you wake up tomorrow? 내일 언제 일어날 거니?

A: I usually wake up at 7. 나는 보통 7시에 일어나.

두 질문은 하나는 과거를 하나는 미래를 묻고 있지만 "저는 보통 7시에 일어나요"라는 현재의 답변으로 모두 받아줄 수 있다.

▶ 3단계 → 이제 의미의 중심체인 동사를 들어주자.

모든 답의 중심에는 동사가 있다. 최신 경향은 의문사에 의존하는 문제의 수가 줄어든 반면 본동사의 의미를 파악해 해결해야 하는 문제들이 늘어났다는 것이다. 모든 답변은 동사의 의미에 옳은 답이어야 한다. 보기 속의 동사와 질문 속의 동사가 잘 어울리는 지를 항상 비교한다.

포인트 3 When과 잘 어울리는 시제별 정답 족보

▶ 질문 속 시제와 상관없이 when이 가장 좋아하는 답변

(1) **시간의 접속사** – when / once / after / before / as soon as

(2) **in/on/at 시간** – 시간을 나타내는 대표적 전치사이다.

참고 | 'for 기간 / since 시간'은 how long과 어울리는 전치사이므로 when의 정답으로는 잘 사용되지 않음을 기억한다.

(3) **추가 정보를 반문하거나 혹은 모른다고 답하는 경우**

Q: When will you send the invitations for the opening event? 개업 이벤트의 초대장을 언제 보낼 거니?

A: Should I send them? 내가 보내야 하는 거야?

언제 보낼 것인지를 묻는 질문에 대해 내가 보내야 하는 거였는지를 묻는 것이므로 나는 몰랐다는 의미를 가진 정답이 된다.

▶ 과거 시제의 when의 정답족보

과거를 나타내는 when은 과거의 시간표현들과 어울린다. 다음 표현 중 하나가 과거의 조동사를 가진 질문의 보기 속에 등장한다면 정답이 될 가능성이 크다.

- **대표적 과거의 시간 표현**

(1) last + 시간 표현	ex. last year, last month
(2) yesterday	
(3) 기간 ago	ex. 2 weeks ago, 3 months ago
(4) when + 주어 + 과거동사 [등장시 정답확률 99%] ★★	ex. When I was born. / When I took my university entrance exam.

▶ 미래 시제의 when의 정답족보

미래의 조동사를 가지고 있는 when의 의문문은 미래의 시간 표현들과 잘 어울린다. 다음 표현들은 미래 시제가 나올 때 정답이 자주 되는 표현들이므로 이런 표현들이 들리면 정답이 아닌지 의심하자.

- **대표적 미래의 시간 표현**

(1) next + 시간 표현	ex. next Friday, next week
(2) Tomorrow	
(3) in + 기간 (기간 후에) ★	ex. in 3 months 3개월 후에, in 4 weeks 4주 후에
(4) not until + 시간 not for + 기간 not before + 시간 [등장시 정답확률 99%] ★★	ex. not until Friday 금요일 지나서야 not for another day 이틀후 쯤에야 not before Thursday 목요일 후에
(5) when + 주어 + 현재/미래 동사 [등장시 정답확률 99%] ★★	ex. when he comes / when the train arrives

⚠ 바쁠 땐 이것만이라도 꼭! | 급하다. 시험에서 When 90% 맞히기

1. 의문사 when과 where를 확실히 구분해 듣는다.
2. 의문사 바로 뒤에 나오는 조동사에 올인한다.
3. 답에서 시간을 표시하는 것들을 들어준다.
4. 비슷한 시간이 나온다면 발음과 시제에 주의한다.

의문사 Where

where는 장소만 묻는 것이 아니며 최근 문제들은 다양한 where를 구별하도록 묻는다. 따라서 where가 나오는 경우 뒤의 동사를 잘 듣고 (1) 장소와 위치 (2) 출처 (3) 방향중 무엇을 묻는 것인지를 잘 들어야만 한다.

포인트 1 Where 의문문의 secret point!

Where + 조동사 + 주어 + 동사원형 + 부가정보 ?

★ 표시된 두 단어를 듣는 연습을 한다.

포인트 2 Where 의문문의 단계별 풀이법

▶ 1단계 → 의문사를 기억한다.

의문사가 잘못된 오답의 형태가 나올 수 있다. where의 경우 when이라는 시간의 시제와의 발음 오류가 흔히 일어남을 기억한다.

| 예제 |

Where will the meeting be held?

(A) At City hotel.

(B) At 8 o'clock. ○ When으로 잘못 들었을 사람들을 위한 오답이다.

(C) We'll meet in the cafeteria.

▶ 2단계 → 본동사를 듣고 묻는 의미를 기억한다.

where는 장소와 위치만을 묻는 것이 아니라 출처와 방향을 묻기도 한다.

포인트 3 Where와 함께 잘 나오는 정답 족보

where 의 의문사를 가지고 있는 질문의 정답에는 자주 나오는 정답 힌트들이 있다. 이 정답들이 들리면 자주 답이 되므로 기억해둔다.

▶ 정답 힌트 1 → 장소의 전치사와 함께 나오는 장소 및 위치 표현

주로 20번 이전 문제의 정답으로 자주 나오는 유형이다.

Ex. **Across** the street 길건너, **At** Hilton hotel 힐튼 호텔에서

Tip! Tip! | **자주 나오는 장소의 전치사**
At 〈 On 〈 In
Across, Next to, Near, Close to, At, In front of, Behind

▶ 정답 힌트 2 → Go to + 장소, Try + 장소 (~에 가봐)

Q: **Where** can I buy a newspaper? 어디에 가면 신문을 살 수 있죠?
A: **Try** the newsstand across the street. 길 건너 가판대에 가보세요.

▶ 정답 힌트 3 → 방향의 질문의 경우 to 그리고 출처의 경우 from과 함께 자주 쓰인다.

Q: **Where** should I send the letter? 어디로 편지를 보내야 하죠?
A: **To** the address on the envelop 봉투에 있는 주소로요.

▶ 정답 힌트 4 → "몰라요"

모른닥 말하면 대부분 정답이 되며 다양한 형태로 표현할 수 있다.

포인트 4 Where의 정답을 미궁속으로 빠뜨리는 함정들

▶ Where의 질문에서 사람이 정답으로 나오는 경우

어떤 물건이나 혹은 소문등의 출처를 묻는 경우, 사람이 정답으로 쓰일 수 있다. 예를 들어, 맛난 과자를 먹는 우리 친구 똘똘이에게 " 너 그 과자 어디에서 났어?" 라고 묻거나 혹은 "너 누가 그 과자를 줬니?" 라고 묻는 것은 둘다 " 우리엄마" 라는 사람을 답으로 취할 수 있다는 것을 생각하면 간단할 듯 하다.

Q: **Where** did you hear the news about the director's retirement?
너 어디에서 이사님의 퇴직소식을 들었니?
A: **Someone** at the headquarter. 본사의 사람한테서

▶ Where의 질문에 대해 시간으로 답하는 경우

특히, when과 where는 오답으로 서로 잘 쓰이는 의문사들이기 때문에 이런 문제가 나오면 백발백중 오답에 빠지기 쉽다. 하지만, 최근 where 에서는 시간 표현이 들어간 문장을 정답으로 주는 경우가 늘고 있는 추세이다. 정답 문장이 질문속에서 묻고 있는 물건이 더 이상 없거나 혹은 아직 없는 "없다" 라는 의미를 가

지는 문장이라면 시간표현을 포함한 형태의 정답이 가능하다는 것을 기억한다.

Q: **Where** can I find the books on sale? 어디 가면 할인도서를 찾을 수 있나요?

A: The promotional event will start **next week**. (*promotional event – 할인/ 판촉행사)
그 판촉행사는 다음 주에 시작해요.

어디에 가면 할인하는 책을 찾을 수 있는 지를 묻는 질문에 대해 그 세일이 다음주부터 시작한다고 말하고 있는 마치 시간의 표현이라 오답이라고 착각할 수 있는 고난도의 문제이다.

Q: **Where** can I find the books that I ordered last week?
어디서 내가 지난주에 주문한 책을 찾을 수 있지요?

A: It **won't** be here **until** tomorrow. 그건 내일은 되어야 도착할 것입니다.

내일은 되어야 도착한다고 했으므로 '지금은 없다'라는 의미로 정답이 될 수 있다.

바쁠 땐 이것만이라도 꼭! | **급하다. 시험에서 Where 90% 맞히기**

1. 의문사 when과 where를 확실히 구분해 듣는다.
2. 의문사와 동사를 듣고 '어디에'로 해석되면 장소, '어디서'로 해석되면 출처, '어디로'로 해석되면 방향을 찾는다.
3. 사람이 답으로 나오면 버리지 않고 보류한다. 장소가 없을 때 답이 된다.
4. 비슷하거나 같은 발음은 모두 제거한다.

의문사 Who

who 의문문은 대부분 의문사와 연관되어 정답이 결정된다. 따라서 뒷부분의 내용보다는 의문사 자체를 듣는 것이 중요하다. 하지만 의문사에 따라오는 동사는 언제나 결정적인 힌트가 되므로 의문사와 더불어 동사까지 잘 듣고 기억해두자.

포인트 1 Who 의문문의 secret point!

Who + do[does/did] + 주어 + 본동사 + 부가정보 ?
Who + be동사 + 주어 + 본동사 + 부가정보 ?
Who + 일반동사 + 목적어 + 부가정보 ?

★ 의문사가 중요하다.

포인트 2 Who 의문문의 단계별 풀이법

▶ 1단계 → 의문사를 기억한다. 의문사 Who만 정확히 들어도 정답을 맞히는 데 어려움이 없다.

Who took this photograph? 누가 사진을 찍었나요? ⊙ 사진을 찍은 사람이 누구인지 묻는 질문이다.

(A) My friend did. ⊙ 의문사 who와 과거시제에 맞는 정답이다.

(B) With a good camera. 좋은 카메라를 가지고요.

⊙ 질문의 photograph에서 연상되는 camera를 이용한 오답 함정이다.

(C) Last weekend. 지난주에요. ⊙ 질문의 과거동사 took과 과거시점을 연결한 오답이다.

▶ 2단계 → 뒤에 나오는 동사의 의미를 기억한다.

Who called while I was out of the office? 제가 사무실에 없을 때 누가 전화했었나요?

⊙ 전화한 사람이 있었느냐는 질문이다.

(A) Sure, see you tomorrow. 그래요, 내일 봐요. ⊙ 의문사에서 Yes, No, Sure 등은 언제나 오답이다.

(B) There were no calls. 아무 전화도 없었어요.

⊙ called의 명사형 calls를 이용해 오답처럼 들리도록 유도한 정답이다.

(C) It's cold outside. 밖은 추워요. ⊙ called와 발음이 유사한 cold를 이용한 발음 혼동 함정이다.

▶ 3단계 → Who 의문문의 정답 패턴과 빈출 어휘를 알아둔다.

직업, 신분

assistant 조수 mechanic 정비공 colleague 동료 customer 고객 tenant 세입자
accountant 회계사 electrician 전기공 editor 편집자 technician 기술자 owner 소유주, 주인

직위, 직책

president 사장 CEO(Chief Executive Officer) 최고경영자 executive officer 중역, 간부, 임원
board members 임원, 이사진 board of directors 이사회 general manager 부장, 총지배인
manager 부장, 과장, 관리자 assistant manager 차장 immediate supervisor 직속 상관
personnel manager 인사 부장 sales representative 영업 담당자 sales director 영업 이사

부서

headquarters 본사 sales department 영업부 accounting department 회계부
planning department 기획부 overseas division 해외업무부 marketing department 마케팅부
public relations department 홍보부 human resources department 인사부

포인트 3 Who와 함께 잘 나오는 정답 족보

▶ 사람의 이름을 언급하는 경우

Q: Who called yesterday? 어제 누가 전화했었니?
A: It was Lisa. 리사였어.

▶ 사람의 직책이나 직위, 신분 등을 언급하는 경우

Q: Who is in charge of preparing for the annual meeting? 누가 연례 회의를 담당합니까?
A: The Marketing Director. 마케팅 부장님이요.

▶ 부서명을 언급하는 경우

Q: Who is responsible for advertising new products? 누가 신상품 홍보를 담당하나요?
A: Public Relations Department. 홍보부에서요.

▶ 회사명을 언급하는 경우

Q: Who won the bid for the building renovation? 누가 이 건물 개조 입찰을 따냈습니까?
A: Enterprise Construction. 엔터프라이즈 건설이요.

▶ 대명사를 사용하는 경우

Q: Who will prepare for the farewell party for Simon? 누가 사이먼의 송별 파티를 준비할 거니?
A: I can handle it. 내가 할 수 있어.

○ Who로 묻는 질문에 대명사로 답하는 경우는 I, we, anyone, no one, everyone, someone 등이 나온다.

▶ 모른다거나 우회적으로 대답하는 경우

Q: Who will send the letter to the Manager? 누가 매니저한테 편지를 보낼 거니?
A: I'll find out. 내가 알아볼게. / John would know. John이 알 거야.

⚠ 바쁠 땐 이것만이라도 꼭! | **급하다. 시험에서 Who 90% 맞히기**

1. 의문사 who만은 꼭 듣는다.
2. 사람과 관련된 정답만을 고른다. 사람의 이름이나 혹은 사람이 있어야만 가능한 모임(회사, 부서) 등이 바로 who 의문문과 관련된 정답이다.

Part 2 EXERCISE

03-2.MP3

음성을 듣고 질문에 가장 알맞은 답변을 고르시오.

DAY 03

1. (A) (B) (C)

2. (A) (B) (C)

3. (A) (B) (C)

4. (A) (B) (C)

5. (A) (B) (C)

6. (A) (B) (C)

Part 5&6 품사의 형태와 역할

진단테스트

1. Annual sales of KIN's water treatment system keeps on rising, though demands ------- over the last three years.

(A) have varied (B) varies
(C) varying (D) to vary

2. Botania Co. is willing to receive applications from potential students regardless of -------, religion, race, gender, color, or nationality.

(A) age (B) ageless
(C) aging (D) aged

3. Sun Rise Ville Gardening started its business last year, and provides a variety of plants ------- to the area.

(A) natively (B) nativity
(C) native (D) natives

4. While most customers will find the new model ------- to operate, those unfamiliar with digital cameras should review the manual before use.

(A) easy (B) easily
(C) ease (D) easiness

5. Students may enter the competition either ------- or as part of a team.

(A) individual (B) individually
(C) individualism (D) individuality

★ 정답 및 해설은 〈Part 5&6 유형분석 – 품사의 위치〉에서 확인하세요.

이것만은 꼭!

1. 동사의 형태

(1) 주어와 수 일치가 되어야 한다.

The owner of Seoul Metropolitan Galleries (**hires** / **hire**) salespeople to promote their exhibitions.

주어가 단수 (the owner)이므로 동사는 hires이어야 한다.

(2) 능동태와 수동태 결정을 위해 목적어의 유무를 확인해야 한다.

The manager (**is specified** / **has specified**) that only the executives should attend the conference on new trends in marketing.

뒤에 명사절 (that절)이 목적어 역할을 하므로 능동태 has specified가 적절하다.

(3) 의미상 시제 일치가 되어야 한다.

The department stores are undergoing repairs and (**are** / **will be**) shut down for two weeks next month.

next month라는 시점에 맞추어서 will be 시제가 어울린다.

(4) 동사의 결합을 알아야 한다.

★ 동사가 2단어 이상일 때 꼭 지켜야 하는 규칙

① 조동사 다음엔 동사 원형

Requests for travel reimbursement **must be** accompanied by relevant receipts.
출장경비처리 요청은 관련 영수증과 함께 제출되어야 한다.

② have/has와 had 다음엔 p.p. 형태

The editor-in-chief **has worked** for twenty years 그 편집장은 20년 동안 일해왔다.

③ be 다음엔 ing나 p.p. 형태

The building **was renovated**. 그 건물은 수리되었다.
The worker **is wearing** a hard hat. 노동자는 안전모를 쓰고 있다.

2. 명사의 위치

(1) 명사는 문장의 주성분인 주어, 목적어, 보어 자리에 나온다.

• 주어 자리	The **number** of employees has tripled. 직원 수가 세 배가 되었다.
• 목적어 자리	Please accept **our apologies**. 사과를 받아주세요.
• 주격보어 자리	To have a comprehensive understanding of climate change is **our goal**. 기후 변화에 대한 전반적인 이해를 하는 것이 우리의 목표이다.
• 목적격보어 자리	Analysts often consider slow profit growth **a characteristic** of a saturated market. 분석가들은 느린 수익성장을 포화상태 시작의 특징으로 간주한다.

(2) 명사는 전치사의 목적어로 쓰인다.

Employees must participate **in the reception**. 직원들은 리셉션에 참석해야 한다.

(3) 명사는 관사, 소유격 뒤에 나온다.

The factory supervisor conducted a tour of **the company's manufacturing facilities**.
공장장은 회사의 제조 시설 견학을 했다.

(4) 명사는 수식하는 형용사 뒤에 나온다.

Nobody anticipated the company's rapid **growth**. 아무도 회사의 빠른 성장을 기대하지 않았다.

3. 형용사의 역할

(1) 명사 수식

① 형용사 + 명사

The customer's **complete** satisfaction is our goal. 고객의 완전한 만족이 우리의 목표이다.

② 명사 + 형용사구

Customers can benefit from a new service **available at a reasonable price**.
고객들은 합리적인 가격에 이용가능한 새로운 서비스로부터 혜택을 누릴 수 있다.

(2) 보어 역할

① 2형식에서 주어를 보조해 주는 주격보어 역할 (Day 1의 2형식 동사 참조)

Application forms are **available** at the reception desk. 신청서는 접수처에서 이용 가능하다.

② 5형식에서 목적어를 보조해주는 목적격보어 역할 (Day 1의 5형식 동사 참조)

I am writing to make you **aware** of a special offer.
나는 당신에게 특별 제공을 알리기 위해 글을 쓰고 있다.

4. 부사의 역할 (명사 빼고 다 수식)

(1) 형용사 수식

Profit is a **relatively small** part of overall sales revenue.
수익은 전체 판매 수익에서 상대적으로 작은 부분을 차지한다.

(2) 부사 수식

Prices are **only minimally** affected by the ups and downs of the stock market.
가격은 주가 변동에 의해 아주 미미하게 영향을 받는다.

(3) 동사 수식 (가장 많이 출제)

Leaders should be prepared to speak **clearly**. 지도자들은 명확히 말하기 위해 준비되어야 한다.

Mr. Keith **finally decided** to sign a research agreement with Monica Ltd.
키스 씨는 모니카 사와 연구 계약서에 서명하기로 마침내 결정했다.

(4) 절 전체 수식

Regrettably, crime has been increasing in this area. 유감스럽게도 이 지역의 범죄가 점점 증가하고 있다.

Part 5&6 유형분석 품사의 형태와 역할

출제유형 1 주어 + ☐

동사의 형태 문제는 수일치 → 태일치 → 시제일치의 순서로 풀어야 가장 빠르고 정확하다

Annual sales of KIN's water treatment system keeps on rising, though demands ------- over the last three years.

(A) have varied (B) varies
(C) varying (D) to vary

해설 접속사(though) 다음에는 절(S+V)이 나와야 한다. 빈칸은 동사 자리이다. 따라서 (C) varying (D) to vary는 실격. 먼저 수일치를 살펴야 하므로 복수주어(demands)에 알맞은 동사를 골라야 한다. 따라서 (B) varies도 실격 정답은 (A) have varied이다.

해석 KIN의 수질 처리 시스템의 연간 매출은 비록 지난 3년 동안 수요는 다양해 왔지만 지속적으로 오르고 있다.

어휘 **annual sales** 연간 매출 **keep on -ing** 계속 ~하는 중이다 **though** (= **although**) 비록 ~일지라도 **vary** (= **alter**, **change**, **modify**) 다양하다, 변화하다

출제유형 2 전치사 + ☐

전치사의 뒤에는 명사, 명사구, 명사절이 올 수 있다.

Botania Co. is willing to receive applications from potential students regardless of -------, religion, race, gender, color, or nationality.

(A) age (B) ageless
(C) ages (D) aged

해설 빈칸은 전치사의 목적어자리. 명사가 연달아 나열되어 있으므로 다른 명사의 모양도 살펴야 한다. 모든 명사가 단수형태를 띠고 있으므로 단수 형태의 명사 (A) age가 적절하다.

해석 보타니아 사는 나이, 지역, 인종, 성별, 피부색, 국적에 상관없이 잠재력있는 학생들의 신청서를 기꺼이 받을 것이다.

어휘 **potential** 잠재적인, 장래의 가능성이 있는; 잠재력 **regardless of** ~와 상관없이 **ageless** 늙지 않는, 불로의, 영원의 **aging** 노화, 숙성

출제유형 3 [형용사의 위치] 명사 + ☐

형용사 뒤에 전치사구나 to부정사가 이어져, 수식어가 길어지게 되면 꾸밈을 받는 말, 즉 명사 뒤에 위치한다.

Sun Rise Ville Gardening started its business last year, and provides a variety of plants ------- to the area.

(A) natively
(B) nativity
(C) native
(D) natives

해설 plants 뒤에 들어갈 적절한 품사를 찾아야 한다. 목적어인 plants가 있기 때문에 명사 형태는 불가능하다. 따라서 (B) nativity와 (D) natives는 실격. 주어, 동사, 목적어 다음에 부사도 나올 수 있으나 의미상 (A) natively(선천적으로)도 실격. 문맥상 '그 지역에게는 토착인, 그 지역이 원산지인'라고 해야 어울리므로 native to the area라는 형용사구가 plants를 후치 수식하는 구조가 어울리므로 정답은 (C) native이다.

해석 Sun Rise Ville Gardening은 작년에 문을 열었고, 지금은 마을에서 나는 다양한 식물들을 제공한다.

어휘 **native** 태어난, 원산의, 토착의

출제유형 4 [형용사의 위치] 5형식 동사 (불완전 타동사) + 목적어 + ☐

목적어 뒤에 빈칸이 나오면 동사에 따라 부사, 형용사, 명사를 취할 수 있으므로 동사의 특성을 잘 파악하여 빈칸에 맞는 품사를 골라야 한다.

While most customers will find the new model ------- to operate, those unfamiliar with digital cameras should review the manual before use.

(A) easy
(B) easily
(C) ease
(D) easiness

해설 find는 3형식 동사와 5형식 동사로 쓰일 수 있다. 3형식으로 쓰일 경우, 목적어 뒤에 부사가 올 수 있고, 5형식 동사일 경우는 목적어 뒤에 목적보어로 형용사를 취할 수 있다. 해석상 '새로운 모델이 사용하기에 편하다'라는 의미가 적절하므로 빈칸은 목적어를 보조해주는 목적격 보어가 적절하다. 동사 find는 5형식으로 쓰일 경우 형용사를 목적격 보어로 취하므로 (A) easy가 정답이다. easily는 '쉽게 찾을 것이다'의 어색한 뜻이 된다.

해석 대부분의 고객들은 새로운 모델이 작동하기 쉽다고 알게 될 것이지만, 디지털 카메라에 익숙하지 않은 사용자들은 사용전 설명서를 보아야 한다.

어휘 **operate** 작동하다, 작동시키다 **unfamiliar** 익숙하지 않은

★ 암기 미션 형용사보어를 취하는 5형식 동사 (day2 참조)

keep, make, find, leave, consider, hold, call, paint

The company is trying to **keep** employees **motivated** in stressful situations.
회사는 직원들이 긴장감이 많은 상황에서 고무되도록 노력하고 있다.

출제유형 5 [부사의 위치] 주어 + 타동사 + 목적어 + [ ]

부사는 절의 끝에 와서 동사나 절 전체를 수식할 수 있다.

Students may enter the competition either ------- or as part of a team.

(A) individual (B) individually
(C) individualism (D) individuality

해설 동사 enter를 수식하는 부사를 골라야 한다. or 뒤에 나오는 전치사구 역시 부사역할을 하고 있다. 따라서 정답은 (B) individually이고 '개인적으로 또는 팀의 일원으로서 참가하다'의 뜻이다. 상관접속사인 either A or B가 부사와 부사 역할을 하는 전치사구를 연결해주고 있다.

해석 학생들은 개인적으로 또는 팀의 한 일원으로서 시합에 참가할 수 있다.

어휘 **enter** (= **participate in**) 가입하다, 참가하다 **competition** (= **contest**) 시합, 경쟁 **as** (자격) ~로서 **individually** 개인적으로 **individualism** 개인주의, 자립주의 **individuality** (= **personality**) 개성, 개인적 성격, 개인성

★ Check Point 전치사구의 역할: 전치사구는 형용사나 부사로 쓰인다.

(1) 형용사 역할을 하는 전치사구

It is the responsibility **of the organizers** to arrange for the equipment **in all meeting rooms.** 모든 회의실 내의 장비를 준비하는 것은 기획자들의 책임이다.

- 전치사구인 of the organizers(기획자의)가 명사인 the responsibility를 수식해주는 형용사 역할을 하고 in all meeting rooms(모든 회의실 내의)가 명사인 the equipment(장비)를 수식하는 형용사 역할을 한다.

(2) 부사역할을 하는 전치사구

The schedule is hanging **on the wall** in the second floor conference room.
일정표는 2층 회의실 벽에 걸려 있다.

- 전치사구인 on the wall(벽에)이 동사 is hanging(걸려 있다)을 꾸며주는 부사 역할을 한다.

Part 5 EXERCISE

1. Considering the great number of employees at the workshop, we should ------- into smaller teams to deal with the topic more efficiently.

   (A) dividing (B) division
   (C) divide (D) divisible

2. To satisfy the demands of domestic customers for fine furniture, the public relations and production departments are ------- by very experienced experts.

   (A) management (B) manage
   (C) managing (D) managed

3. The party preparation team was ------- the tables with white tablecloths when the manager came to check the progress of the event.

   (A) drape (B) drapable
   (C) draped (D) draping

4. Even though I have ------- not to transfer to the New York office at this time, I'll keep the possibility in mind.

   (A) deciding (B) decided
   (C) decidedly (D) decision

5. The current growth rate of China's economy and its fixed asset investment may lead to ------- and other risks.

   (A) inflated (B) inflate
   (C) inflating (D) inflation

6. Most people think that the food ------- in stores today is highly processed and full of a lot of preservatives.

   (A) avail (B) available
   (C) availability (D) availably

7. Please be ------- of other passengers by keeping your voice low and keeping conversations to a minimum.

   (A) consider (B) considered
   (C) considerate (D) considering

8. This year's ------- educational forum will feature daily presentations by world-renowned plant experts.

   (A) innovate (B) innovations
   (C) innovation (D) innovative

9. We ------- analyze all investments before we commit any capital on behalf of our clients.

   (A) thorough (B) through
   (C) throughout (D) thoroughly

10. Plus Four Grocery Store chains have ------- recalled meat that might be contaminated.

    (A) volunteer (B) voluntarily
    (C) volunteered (D) voluntary

Part 6 EXERCISE

Questions 11-14 refer to the following email.

From: Sterling, Dax (dax77@online_security.net)
To: Schmitt, Ken (goken@enterp.org)
Sent: March 5
Re: Workshop Information

Dear Dr. Schmitt,

Thank you for your interest in the upcoming 10th semi-annual workshop on Online Security Applications. We look forward to receiving your registration form by March 20 for proper ------- (11.) of the July 3 event.

Attached to this message is a ------- (12.) schedule for the workshop. We will e-mail you an updated one when the keynote speaker is selected. Please ------- (13.) that we serve a complimentary lunch, but you do have to pay ------- (14.) for the activities involved.

Thank you.

Dax Sterling

11. (A) arrangement
(B) arrange
(C) arranging
(D) arranged

12. (A) complete
(B) tentative
(C) ultimate
(D) updated

13. (A) to note
(B) note
(C) be noted
(D) noted

14. (A) separation
(B) separate
(C) to separate
(D) separately

Part 7 Wh-Questions (육하원칙)

의문사별 특징

포인트 1 Who Questions

▶ 질문과 일치하는 본문 속 표현의 앞뒤에 답이 있다.

▶ 질문의 유형

Who requested the expenditure data from Ms. Foster?

Who does this advertisement most likely target?

Who asked Ms. Chen to organize the discussion group?

Who might Ms. Jackson consult about Mr. McDonald's personality?

▶ 지문에서 눈 여겨 봐야 할 표현들

> 키워드와 일치하는 부분의 앞과 뒤에 나오는 사람의 직위, 직업을 찾는다.
> 편지에서는 I, You, He/She, They를 잘 알아둔다.

포인트 2 When Questions

▶ 시간 관련 전치사나 접속사에 주목하면서 글을 읽는다.

▶ 질문의 유형

When will the fees (for the event) be collected?

When does David Marshall receive an error message?

▶ 지문에서 눈 여겨 봐야 할 시간관련 표현들

> in / on / at (~에) / by (= no later than) (~까지) + 시간 표현 찾기
> 시작을 알리는 단어 from = begin, start, commence
> 끝을 알리는 단어 to = end, finish, complete
> 그 밖의 시간 관련 표현 찾기: before / prior to / after / when / since / as soon as / not ~ until
> from A to[through] B / between A and B

포인트 3 Where Questions

▶ 질문과 일치하는 장소 표현에 집중한다.

▶ 질문의 유형

Where did Ms. Brown meet with Mr. Gonzales?

▶ 지문에서 눈여겨 봐야할 장소 관련 표현들

본사: main office, headquarters, be based in/on (~에 본사를 두다)
지사: branch offices, satellite offices
장소: location, place, venue, here, there
장소 전치사: in, on, to
동사: be held, take place (개최되다, 열리다)

포인트 4 Why Questions

▶ '이유, 원인, 목적, 결과'를 나타내는 표현을 찾는다.

▶ 질문의 유형

Why did Mr. Lee send the package back to the store?

Why does the candy shop close earlier than usual tonight?

Why do you look down today?

▶ 지문에서 눈 여겨 봐야 할 표현들

1. 접속사 (때문에) because / as / since
2. 전치사 (때문에) because of / due to / owing to / thanks to / for
3. 전치사 (~한 후에) after / following
4. 부정사 (~하기 위해서) in order to / so as to v
5. 부사 (그래서) so / therefore / thus / as a result / consequently, accordingly
6. 명사 (원인) reason, cause, factor
7. 동사 make(만들다), contribute to (공헌/기여하다), lead to (~로 이끌다), result in (결과가 ~이 되다)
   5형식 동사 중 cause (유발시키다), prompt (촉진하다), drive (~하게 하다)

포인트 5 How Questions

▶ 단독으로 쓰일 때: 방법(수단)을 묻는다. → 글의 하단을 주목한다.

▶ 질문의 유형

How can you get to the department store?

How did Ms. Lopez open the bottle?

How will the committee's recommendations benefit businesses?

▶ 지문에서 눈여겨 봐야 할 표현들

수단을 의미하는 전치사 by (~에 의해서)/through/via (~를 통해)에 주목
글의 하단에 명령문을 주목

Part 7 EXERCISE

Questions 15-18 refer to the following advertisement.

Plato Cafe

About Plato and its proprietors, Jan and Michael White:
Jan and Michael White have over 30 years' experience in the culinary trade. Michael founded the renowned Sails restaurant on the Auckland marina and has worked as head chef at numerous establishments throughout the country and abroad. Jan is regarded as an expert in international cuisine, from Indian to Moroccan, and together they create a wonderfully unique, but surprisingly simple and mouth-watering menu.
Their passion for good food and simplicity is evident in the decor of Plato Cafe which may remind one of a seafarer's mess hall. And, the truth is, it is exactly that. Up until 2005, the building was owned by Port Otago and used as a boardinghouse and cafeteria for visiting seamen from around the globe. Jan and Michael decided to maintain the maritime theme, with memorabilia from the vessels which carried these ocean travelers and photographs from the port's history. You can almost taste the sea air and feel the loneliness of life on the great oceans!
There is a strong focus on seafood, but you can be sure of a wide selection of local produce and beverages to suit any palate. Jan and Michael's aim is to provide great food with impeccable service and all in a comfortable environment.

Simplicity is the key!
As part of a strategy to reward frequent visitors, every tenth bottle of wine is on the house - just be sure to get a stamp each time you purchase. This month they are offering an amazing deal. Just bring in this advertisement and you will have 20% off from your bill and a complimentary dessert for two! There has never been a better time to treat your tastebuds - just call 455-3540 to make a reservation today!

15. Where is the advertisement most likely found?

(A) In a cooking magazine
(B) In a history book
(C) On a ship
(D) In a fishing magazine

16. What is Ms. Jan famous for?

(A) Her knowledge of Plato
(B) Sailing around the world
(C) International culinary skills
(D) Her expertise in Indian philosophy

17. What is the feature of the establishment mentioned?

(A) Views of the harbor
(B) Luxurious furniture and surroundings
(C) The smell of sea air
(D) The nostalgia of fishermen and vessels

18. How can a free dessert be received?

(A) By simply showing the advertisement
(B) By singing a traditional sea shanty
(C) By eating there ten times
(D) By finding a lucky key

DAY 04

Part 2 • why / what / which 의문문

Part 5&6 • 관사와 명사

Part 7 • 사실 관계 확인 질문 (NOT / True Questions)

Part 2 why/what/which 의문문

진단테스트

음성을 듣고 질문에 가장 알맞은 답변을 고르시오. 04-1.MP3

DAY 04

1. (A) (B) (C)

2. (A) (B) (C)

3. (A) (B) (C)

진단테스트 해설

1. **What**'s the **estimated expense** for the business trip to Chicago?
시카고로 가는 출장에 대해 예상하는 경비는 얼마입니까?

   what의문사와 그것이 물어보고 있는 대상을 빠르게 파악하는 것이 중요하다. 따라서, 이 질문의 핵심은 예상되는 지출경비를 물어보는 것으로 질문의 앞 절반을 듣고 보기에서 답을 고르고 있을 수 있어야 한다.

   - expense 비용

   (A) The food is usually expensive. 음식은 대체로 비쌉니다.

   질문의 expense에서 파생되는 단어, expensive를 언급하여 만든 오답형태.

   (B) We're going on the trip in February. 우리는 2월에 그 여행을 갈것입니다

   what 을 when과 잘못 들었을 경우를 염두에 두고 만든 오답보기이다. 질문의 핵심은 '경비'에 대한 것임을 주의.

   (C) Approximately four thousand dollars. 대략 4천달러입니다.

   경비에 대한 질문은 돈과 관련된 것이므로, 돈의 수치를 언급하고 있는 (C)가 정답.

2. **Which parking lot** is for women? 어떤 주차장이 여성전용입니까?

   어성을 위한 주차장의 위치를 물어보는 것이 핵심이다.

   (A) There are about 60 people in the park. 공원에는 대략 60명이 있습니다.

   park의 반복으로 혼동시키는 오답형태.

   (B) The one in front of the building. 건물 앞에 있는 것입니다.

   장소를 물어보는 질문에 장소전치사구 in front of와 함께 위치를 정확히 알려주고 있는 정답.

   (C) He'll shut the door. 그가 문을 닫을 것입니다.

   동문서답. He는 정확하게 지칭하는 사람이 앞에서 등장하지 않으면 오답이 된다.

3. Why does Mr. Simon need a bilingual assistant manager?
왜 Mr. Simon은 2개국어를 구사하는 보조 매니저를 필요로합니까?

   (A) Many of his customer speak French. 그의 손님 중 많은 사람들이 불어를 합니다.

   Mr. Simon은 불어와는 다른언어를 사용하는 것을 암시하며, 불어를 사용하는 고객들을 위해 필요하다는 이유를 잘 설명해주고 있다.

   (B) By next Tuesday. 다음 화요일까지.

   의문사 오류. when의 정답이다.

   (C) He knows his clients' needs. 그는 그의 고객들의 요구를 압니다.

   need라는 동의어를 사용한 오답패턴. 그러나 질문에서의 need는 동사로 ~를 필요로 하다'를 뜻하며, 보기에서는 need가 명사로서, '요구사항' 등을 의미한다.

   - **bilingual** 두 나라 말을 하는

Part 2 why/what/which 의문문 해결하기

의문사 Why

Why의 핵심 포인트는 의문사를 잘 듣는 것과 동사의 의미를 잘 파악하는 것이다. 하지만, 최근 들어 Part 2의 난이도가 높아지면서 흔히 생각하는 이유가 아닌 why가 자주 등장한다는 것을 기억한다.

포인트 1 Why 의문문의 secret point!

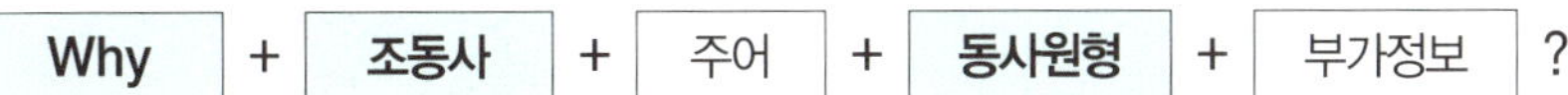

★ 진하게 표시된 부분을 듣는 연습을 한다.

포인트 2 Why 문제의 단계별 풀이법

▶ 1단계 → 이유인지 제안인지 구별한다.

제안의 why는 why don't' you / we / I 밖에 없으므로 나머지는 다 이유이다.

▶ 2단계 → 조동사를 듣고 시제를 기억한다.

시제를 묻는 문제가 많이 나오지는 않지만 결정적인 순간 정답을 결정하는 힌트가 되기도 하므로 언제나 시제를 기억한다.

★ 조금 더 살펴보자!

■ **제안의 why**

제안을 나타내는 why는 딱 3개 밖에 없음을 명심하자.

- Why don't you ~?
- Why don't we ~?
- Why don't I ~?

제안을 나타내는 why의 경우 아직 일어나지 않은 미래에 대한 제안이므로 다른 제안의 의문문이 그러하듯 과거시제의 답변은 데리고 올 수 없다. 제안의 의문문의 정답은 수락이나 혹은 거절로 이루어진다. 자세한 답변들은 'Day 7 제안의 질문' 편에서 살펴보도록 한다.

■ 이유의 why

이유를 나타내는 why의 경우 대부분의 답변들은 because 따위의 흔한 이유의 구문들을 숨긴 채 일반 문장으로 보여지는 경우가 흔하다. 따라서 문장이 들리면 이유로 해석해 주는 연습이 필요하다는 것을 기억하자.

▶ 3단계 → 이제 의미의 중심체인 동사를 들어주자.

제안과 이유의 why 모두 정답은 동사 속에 숨어있다. 언제나 동사의 의미와 어울리는 대답인지를 생각한다.

▶ 4단계 → Why가 꼭 이유와 제안이 아닌 불만을 이야기할 수도 있다.

Ex. Why is the door locked? 왜 문이 잠긴 거야?

(1) 이유로서 – To clean the room, 처럼 청소를 하기 위해서라고 쓰이기도 하지만

(2) 불만에 대해 문제해결 혹은 맞장구로 답하는 경우로 최근 자주 출제된다.

I have the key. 나한테 열쇠가 있어. (해결하는 패턴의 정답이 된다)

포인트 3 Why가 좋아하는 정답의 족보

▶ because/because of → 정답 확률 50%

Q: Why is the traffic so heavy? 왜 차가 이렇게 막히니?

A: **Because of** road repairs. 길을 공사하기 때문이야.

▶ to 부정사 → 정답 확률 80%

Q: Why do you take a trip to Florida? 왜 플로리다로 여행을 가는 거야?

A: **To attend** the convention 회의에 참석하기 위해서야.

▶ for + 명사 → 정답 확률 70%

Q: Why do you take 2 days off ? 왜 이틀 휴가를 받았니?

A: **For** personal business. 개인적인 일로.

▶ So I can/could → 등장시 정답 확률 100%

Q: Why do you leave so early? 너 왜 그렇게 빨리 떠나니?

A: **So I can** beat the traffic. (= To beat the traffic) 교통 체증을 피하기 위해서.

▶ 가장 흔한 정답 형태

사실 가장 많이 나오는 정답의 형태 중에 하나는 because가 생략된 일반 문장의 형태이다. 이런 경우 답을 해결하기가 은근히 어려우므로 동사의 의미를 꼭 기억해야 한다는 것을 잊지 않는다.

▶ 불만과 불평을 이야기하는 why에 대한 해결책이나 맞장구의 정답 형태

Q: Why are they vacuuming the floor now? 왜 지금 바닥 청소기를 돌리는 거야?

A: **Isn't it noisy?** 시끄럽지 않니? (맞장구쳐주는 정답의 형태)

⚠ **바쁠 땐 이것만이라도 꼭!** | **급하다. 시험에서 Why 80% 맞히기**

1. Why 뒤의 본동사를 꼭 잘듣는다.
2. Because는 삼각형이다. 정답률은 50%
3. 명사는 답이 되지 않는다!
4. 문장이나 부정적인 구문은 정답률 80%

의문사 What과 which

What은 뒤에 나오는 동사를 잘 듣는 것이 관건이다. 의문형용사 what과 which는 바로 뒤에 명사를 가져온다. 이때 뒤의 명사가 정답을 결정한다.

포인트 1 What/which 의문문의 secret point!

What	+	조동사	+	주어	+	동사원형	+	부가정보	?
What	+	be동사	+	보어	+	부가정보	?		
What	+	명사	+	동사	+	부가정보	?		
Which	+	명사	+	동사	+	부가정보	?		

★ 표시된 부분을 듣는 연습을 한다.

포인트 2 의문 형용사로서의 what과 which 문제의 단계별 문제 풀이법

의미의 중심은 뒤에 수식을 받는 명사에 있다는 것을 기억하자. 따라서 의문사 자체 보다는 뒤에 나오는 명사가 중요하고 그 명사의 범주 안에 해당하는 명사를 골라주는 것이 정답의 핵심이다.

▶ 질문의 형태

What / Which + 명사 + do / be동사 + 조동사 ~?

▶ 1단계 → 의문사와 바로 뒤 명사만 듣는다.

▶ 2단계 → 의문사 뒤의 명사의 범주 안에 들어가는 정답을 고른다.

what과 which는 그러면 무엇이 다른가?

(1) what: 뒤에 나오는 명사에 해당하는 것이라면 어떤 것이든 고를수 있다. 따라서, '어떤~'으로 해석한다.

(2) which: 이미 어떤 옵션이 주어진 상태이다. 따라서, which는 해석을 '이 중에 어떤 ~'으로 해석한다.

○ which로 물었을 때 보기에 the(형) one(전치사구)이 있다면 정답률 99%이다.

Q: **Which** movie theater do you prefer? 어떤 극장이 더 좋니?

A: **The one** on the park road. 파크 로드에 있는 것.

Q: **What** color do you like? 너는 어떤 색깔을 좋아하니?

A: I love purple. 나는 보라색이 좋아.

▶ 3단계 → 함정 피하기

it은 언뜻 해석하기엔 정답이 될 듯 하지만, 정답이 되지 않는다.

포인트 3 의문 대명사로서의 what 문제의 단계별 문제 풀이법

▶ 질문의 형태

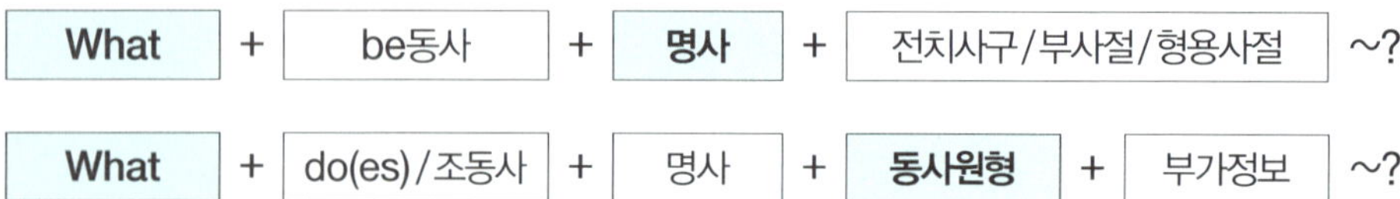
What + be동사 + 명사 + 전치사구/부사절/형용사절 ~?
What + do(es)/조동사 + 명사 + 동사원형 + 부가정보 ~?

▶ 1단계 → 명사를 들을지 동사를 들을지를 결정한다.

(1) what 뒤의 명사를 들어야 하는 문제

- What + be동사 + 명사 ~?

  명사 보어가 등장한다는 것은 주어와 보어가 동격이라는 것이다. 따라서, 우리가 찾아야 하는 답과 what이 동격이라는 것. 보기 중에서 what be동사 뒤의 명사와 가장 잘 어울리는 답을 골라준다.

Q: What is the one-way fare from Seoul to Osaka? 서울에서 오사카로 가는 편도가 얼마입니까?

A: 300 dollars. 300달러입니다.

○ What 뒤에 명사가 나왔으므로 명사와 어울리는 답을 골라야 한다. One-way fare = 300 dollars이므로 정답이 될 수 있다.

(2) what 뒤의 동사를 들어야 하는 문제

- What + 일반동사 or what be동사 + 진행형/보어?

  What 뒤에 일반동사를 데리고 오는 것은 what이 주어이건 목적어이건 상관없이 동사와 어울리는 정답을 찾아야 함을 의미한다. 동사를 듣고 동사에 가장 적절한 정답을 골라준다.

Q: What are these T-shirt made of? 티셔츠는 무엇으로 만들어졌습니까?

A: It is 100% cotton. 100% 면입니다.

○ 의미를 가지고 있는 동사가 made of이므로 이와 어울리는 면을 골라준다.

Q: What should I do to remove this stain on my coat? 제 옷의 얼룩을 지우려면 어떻게 해야 하죠?

A: You can use this detergent. 이 세제를 써보세요.

▶ 2단계 → 관용적 용법인지를 파악한다.

what의 관용적 용법은 Day 5에서 자세히 다루어집니다. 관용 용법은 what이 아닌 다른 외워야 하는 구조입니다.

▶ 3단계 → 어울리는 명사정답을 고른다.

What은 기본적으로 동사와 어울리는 명사를 찾는 문제이므로 명사가 없는 경우 정답이 잘 되지 않는다. 물론 예외는 있지만 대부분의 경우 명사 혹은 명사가 있는 문장이 정답이 된다. 하지만 it과 같은 대명사 정답은 사용하지 않는다.

⚠ 바쁠 땐 이것만이라도 꼭! | **급하다. 시험에서 what/which 90% 맞히기**

1. 뒤에 명사가 나오는지 동사가 나오는지 구별한다.
2. 명사가 나오면 명사만 듣는다.
3. 동사가 나오면 동사만 기억한다.
4. 비슷하거나 같은 발음은 모두 제거한다.

Part 2 EXERCISE

04-2.MP3

음성을 듣고 질문에 가장 알맞은 답변을 고르시오.

1. (A) (B) (C)

2. (A) (B) (C)

3. (A) (B) (C)

4. (A) (B) (C)

5. (A) (B) (C)

6. (A) (B) (C)

Part 5&6 관사와 명사

진단테스트

1. ------- to the street leading to the Timeless Square will be limited when load construction starts next week.

(A) Access (B) Accesses
(C) Accessible (D) Accessing

2. ------- at the upcoming conference is by invitation only.

(A) Attended (B) Attendee
(C) Attendance (D) Attendant

3. The Galaxy Business Center has special ------- for all events taking place at the center and provides the best of what it has to offer.

(A) rates (B) rater
(C) rate (D) rated

4. Bank First has accounts designed to fit into every ------- plan, with highly competitive rates with no monthly fees.

(A) save (B) saved
(C) safely (D) savings

5. All research proposals being submitted for ------- must be reviewed and approved by the Campus Research Center.

(A) fund (B) funding
(C) funded (D) fundable

★ 정답 및 해설은 〈Part 5&6 유형분석 – 관사와 명사〉에서 확인하세요.

이것만은 꼭!

1. 한정사와 명사

(1) 가산 단수명사 앞엔 반드시 한정사가 와야 한다. 불가산 명사는 한정사 없이 쓸 수 있다.

한정사			+	명사	→	
한정사	관사	a(n), the				**a** car
	소유격	my, your, its				**my** car
	지시형용사	this, that, these, those				**this** car
	수량형용사	some, no, one, many …				**some** cars, **no** money, **one** card
	의문형용사	whose, which, what				**Whose** book is this? **What** problem do you have? **Which** cup is yours?

한정사란 명사 앞에서 명사의 의미를 한정시키는 것인데, 위와 같이 5개의 한정사가 있고 한정사는 중복 해서 쓸 수 없다.

ex) a my car (×) my that car (×) some our books (×)

2. 시험에 잘 나오는 가산 명사

모든 명사를 가산 불가산으로 외워서 쓸 수 는 없다. 그러나 시험에서 묻는 명사는 많이 쓰이는 것만 묻기 때문에 잘나오는 표현만 알아두면 된다.

(1) 사람을 지칭하는 단어들은 모두 가산명사

accountant 회계사
arbitrator 중재인
authority 권위자, 대가
consultant 상담전문가, 컨설턴트
editor 편집자
founder 설립자
manager 관리자
operator 운영자
president 대통령, 의장
relative 친척
rival 경쟁자
translator 번역자

analyst 분석가
architect 건축가
beneficiary 수익자
contributor 기부자
employee 고용인
interpreter 통역자
manufacturer 제조업자
owner 소유자
producer 제작자
representative 대표자, 직원
subscriber 구독자, 기부자

applicant 응모자
attendant 수행원
attendee 참석자
donor 기증자
engineer 기술자
journalist 보도 기자
occupant 거주자
photographer 사진가
receptionist 응접원, 접수원
resident 거주자
supervisor 감독

(2) 시간 관련 명사

day 일, 하루	week 주	month 월	year 년

(3) 서류 관련 명사

report 보고서 estimate 견적서	statement 성명서 bill 청구서	proposal 제안서

(4) 규칙 관련 명사는 주로 복수형

regulations 규제 directions 방침 measures 수단, 방법	standards 기준 steps 방책	codes 규정 procedures 절차

(5) 돈 관련 명사 (money, cash, change 빼고 모두 가산)

refund 환불 cost 비용 bonus 보너스 income 소득	price 가격 salary 월급 wage 월급 profit 수익, 이익	account 계좌 benefit 수당 revenue 수입

(6) 증가/감소/변화 관련 명사들도 모두 가산 명사

증가	감소	변화
increase boost hike rise jump soar	decrease decline drop fall reduction plummet	change advance improvement

3. 복합명사: 명사 + 명사

원래 명사 앞엔 형용사가 와야 하지만 형용사가 없을 때 형용사 대신 명사를 쓰는 경우를 말한다. 따라서 앞의 명사는 형용사 역할을 하고 단수형을 써준다. 그러나 원래 -s를 취하는 명사는 그대로 써준다.

performance appraisal 업무 수행 평가　　employee participation 직원 참여

energy efficiency 에너지 효율　　savings account 저축계좌

Part 5&6 유형분석 | 관사와 명사

출제유형 1 불가산 명사는 부정관사(a/an)가 붙지 않고, 복수형도 없으며 단수로 취급한다.

------- to the street leading to the Timeless Square will be limited when load construction starts next week.

(A) Access (B) Accesses
(C) Accessible (D) Accessing

해설 주어자리인데 명사가 들어갈 자리 앞에 한정사(이것만은 꼭 참조)가 없는 것이 문제의 핵심이다. 가산명사는 한정사 없이 단수로 쓸 수 없지만, 불가산 명사는 한정사 없이 가능하다. 따라서 (A) Access가 정답이다. 시험에 잘 나오는 불가산 명사를 외워두면 쉽게 풀 수 있는 문법 문제다. 불가산 명사는 단수 취급 하기 때문에, have remained가 아니라 has remained이다.

해석 Timeless Square로 가는 길로의 접근이 다음주 공사가 시작되면 제한될 것이다.

어휘 **access** 접근, 이용 **lead to** + 명사 ~로 이끌다 **limt** 세한하다

★ 암기 미션 시험에 잘 나오는 불가산 명사

영어는 가산과 불가산의 개념이 우리말과 다르다. 가산 명사는 같은 것이 불가산일 수도 있고 그 반대의 경우도 많아서 한국 학생들이 어려워하는 부분이다. 모든 가산과 불가산 명사를 다 외울 수는 없지만, 토익에서 잘 나오는 불가산 명사를 우선 외워두면 관사 문제는 의외로 쉽다.

information 정보	furniture 가구	luggage 수화물
baggage 수화물	equipment 장비	merchandise 상품
work 일	advice 충고	access 접근, 이용

출제유형 2 사람명사 vs. 사물명사 vs. 추상명사 중에서 의미에 맞는 것 고르기

의미가 비슷해도 관사의 유무 또는 문맥에 따라 답이 달라진다. 모든 명사를 가산, 불가산으로 구별해서 외울 수는 없지만, 사람이나, 거의 모든 사물 명사는 가산명사라는 사실을 이용해서 보기를 소거하며 문제를 푸는 것도 좋은 방법이다.

------- at the upcoming conference is by invitation only.

(A) Attended (B) Attendee
(C) Attendance (D) Attendant

해설 전치사구(at ~ conference)가 수식해주는 명사를 찾아야 하는데 빈칸 앞에 한정사가 없다. 따라서 가산명사의 단수형은 실격. 사람은 가산명사 이므로 (B) Attendee(참석자)와 (D) Attendant(수행원)은 당연히 실격. 남은 보기중 명사는 (C) Attendance(참석) 뿐이다.

해석 다가오는 회의의 참가는 초대에 의해서만 가능하다.

어휘 **upcoming** 다가오는 **conference** 회의 **invitation** 초대(장) **attend** 참석하다 **attendee** 참석자 **attendance** 참석 **attendant** 수행원, 참석자

출제유형 3 한정사 없는 가산 명사는 복수형을 써야 한다.

가산 명사는 한정사가 없을 경우 반드시 복수형을 써야 한다. 시험에 잘 나오는 불가산 명사는 거의 정해져 있는 만큼, 빈출 불가산 명사 (이것만은 꼭 참조)를 외운 다음 나머지를 가산명사로 보고 문제를 풀어보자.

The Galaxy Business Center has special ------- for all events taking place at the center and provides the best of what it has to offer.

(A) rates (B) rater
(C) rate (D) rated

해설 rate은 '속도, 비율, 요금' 등 다양한 뜻을 가지고 있는 가산명사다. 빈칸 앞 형용사 special 앞에 한정사가 없으므로 복수형으로 써야 하므로 정답은 (A) rates이다. (B) rater(평가자)도 사람이므로 가산명사라서 복수형으로 해야 한다. (D) rated를 have p.p.의 형태로 쓰려면 뒤에 목적어도 있어야 하고, 앞에도 부사가 와야한다.

해석 The Galaxy Business Center는 센터 내에서 일어나는 모든 이벤트에 특별할인을 해주고, 최고의 서비스를 제공한다.

어휘 **take place** 발생하다 **speicial rates** 특별 요금 **rater** 평가자

출제유형 4 '명사 + 명사' 형태의 복합명사

의미가 있는 '명사 + 명사' 형태의 복합명사는 앞에 나오는 명사가 형용사처럼 쓰이기 때문에 한정사나 복수형을 쓸 경우 뒤에 나오는 명사를 기준으로 해야 한다. 앞에 나오는 명사형은 단수형태를 써야 한다.

Bank First has accounts designed to fit into every ------- plan, with highly competitive rates with no monthly fees.

(A) save (B) saved
(C) safely **(D) savings**

해설 빈칸 뒤에 나오는 명사 plan을 수식해주는 형용사도 보기에 있고, 복합명사를 이룰 명사도 눈에 보인다. 문법적으로 둘 다 가능하면 해석해 보아야 한다. 의미상 '모든 저축계획에 맞도록 디자인된 계좌'라고 해야 어울리므로 정답은 (D) savings이다.

해석 퍼스트 은행에는 모든 저축계획에 맞도록 디자인된 계좌가 있는데, 월 수수료가 전혀 없고 이율이 아주 경쟁력이 좋다.

어휘 **accont** 계좌, 계정 **fit into** 들어 맞다 **highly** 매우, 상당히 **competitive** 경쟁력 있는

★ 복수형으로 쓰여야 의미가 맞는 단어들은 Ns+N의 형태로 쓰인다.
savings bank 저축은행 **sales representative** 판매직원 **sales department** 영업부

★ 암기 미션 시험에 잘 나오는 복합명사

account number 계좌번호
application fee 신청비
application form 신청서
attendance record 출석 기록
baggage allowance 수화물 중량 제한
communication skills 대화 기술
communications network 통신망
course evaluation 과정 평가
customer needs 고객 요구사항
customer satisfaction 고객 만족
customs clearance 통관
customs declaration 세관 신고
customs duties 관세
customs officials 세관 직원
earnings growth 수익 성장
electronics company 전자 회사
employee productivity 직원 생산성
expansion project 확장 계획

fee collection 요금 징수
holiday sale 휴일 세일
human resources department 인력 자원부
insurance coverage 보험 보상 범위
job appraisal 업무 평가
maintenance section 관리부
media coverage 방송 보도 범위
pay increase 임금 인상
personnel information 인사 정보
production schedule 생산 일정
public relations 홍보
research program 조사 프로그램
safety procedure 안전 절차
sales figures 판매 수치
savings account 예금 계정
sports complex 스포츠 단지
tax return 납세 신고서

출제유형 5 형태가 비슷해서 혼동하기 쉬운 명사

All research proposals being submitted for ------- must be reviewed and approved by the Campus Research Center.

(A) fund (B) funding
(C) funded (D) fundable

해설 전치사 뒤에 들어갈 명사를 찾아야 한다. 보기 중 명사는 (A) fund(자금)와 (B) funding(자금지원)이 있는데, fund는 가산명사라서 한정사 없이 단수로 쓰일 수 없어서 실격이다. (이것만은 꼭 참조) 따라서 정답은 (B) funding이다. funding을 동명사로 생각하면 뒤에 목적어가 없어서 오답으로 생각하기 쉽지만, funding은 '자금 지원'이란 뜻의 명사로도 존재한다.

★ parking(주차) / smoking(흡연) / waitng(대기) 등도 흔히 볼 수 있는 '-ing형' 명사이다.

해석 자금 지원을 위해 제출되고 있는 모든 연구 제안서는 Campus Reacher Center에 의해 검토 및 승인되어야 한다.

★ 암기 미션 **혼동하기 쉬운 명사들**

가산 명사	뜻	불가산 명사	뜻
a machine *	기계	machinery	기계류
works *	작품	work	일
a process *	진행, 과정	processing	처리, 가공
a permit *	허가증	permission	허가
an account	계좌	accounting	회계학
an advertisement	광고	advertising	광고업
goods	상품	merchandise	상품
a seat	좌석	seating	좌석배치
approach	접근/이용	access	접근/이용
a ticket	티켓	ticketing	발권

* machinery는 불가산 명사이고, machine은 '기계'란 의미로 가산 명사이다.
* work가 '일'의 의미를 가질 경우 불가산 명사이지만 '작품'을 의미할 때는 가산 명사가 되며, 참고로 job(직업, 업무)은 가산 명사이다.
* processing은 '정보나 서류의 처리, 가공'의 의미로 불가산 명사로 쓰이나, process는 '진행, 과정'의 의미로 가산 명사로 쓰인다.
* permission는 '허가, 인가'의 뜻으로 불가산 명사이고, permit은 '허가증'으로 가산 명사로 쓰인다.

Part 5 EXERCISE

1. All attendees must bring their own set of documentation as there will be no hard copies available for -------.

   (A) distribution (B) distributed
   (C) distributor (D) distribute

2. The study found that online provision proved to be an effective ------- of offering educational advice, guidance and information.

   (A) technique (B) approach
   (C) instrument (D) means

3. For your protection, observe the following safety ------- when setting up your heavy equipment.

   (A) rules (B) assignments
   (C) abilities (D) machines

4. Key Employment Office offers great career ------- to talented people who thrive in an innovative environment.

   (A) occurrences (B) occasions
   (C) actions (D) opportunities

5. Each participant in the conference must complete the certificate request -------.

   (A) bill (B) receipt
   (C) form (D) claim

6. Improved quality standards and technological upgrades will increase ------- and access to the new market.

   (A) productivity (B) produces
   (C) productively (D) producer

7. The goal of our program is to help participants to achieve economic independence through long term -------.

   (A) employer (B) employed
   (C) employs (D) employment

8. These discount ------- and special offers may change or end at any time.

   (A) tickets (B) ticketing
   (C) ticketed (D) ticket

9. A written ------- must be provided when the vehicle is left at the repair facility.

   (A) estimate (B) guess
   (C) suggestion (D) judgment

10. For replacement parts for your engine, please contact the ------- directly.

    (A) manufacturer (B) manufactured
    (C) manufacture (D) manufacturing

Part 6 EXERCISE

Questions 11-14 refer to the following information.

Roles of the Contact Center and Customer Representatives

The Contact Center responds swiftly and accurately ------- (11.) customer inquiries and requests for product service or repair, and at the same time communicates customer opinions to relevant departments so that they can be utilized for product development.

------- (12.), through an extensive service network of 72 service centers and almost 600 sales partner companies throughout Japan, our representatives provide product support services to customers. To enhance the value of the services provided to our customers, customer representatives seek to think and act from the customer's ------- (13.), while at the same time promoting the standardization of services.

They also seek to acquire the ------- (14.) skills needed to accurately understand customers' needs and desires, the solution skills needed to propose appropriate solutions, and the technical skills to ensure the safe and reliable operation of Apex Hera products for customers.

11. (A) for
(B) to
(C) on
(D) at

12. (A) In fact
(B) However
(C) Nevertheless
(D) Thereby

13. (A) performances
(B) properties
(C) presentations
(D) perspectives

14. (A) communicative
(B) communication
(C) communicating
(D) communicate

Part 7 사실 관계 확인 질문 (NOT/True Questions)

지문에서 언급한 여러 정보 중에서 사실인 것과 사실이 아닌 것을 묻는 유형이다. NOT/True 질문은 지문과 질문의 보기를 하나씩 대조하면서 사실 여부를 확인해야 한다. 당연히 문제를 푸는 데 오래 걸리므로 다른 문제를 풀면서 얻은 정보를 이용해서 맨 나중에 푸는 것이 좋다.

포인트 1 문제 풀이 전략

▶ 질문에 키워드가 있는 경우

고유명사, 숫자, 날짜 등의 키워드의 동의어를 지문에서 찾는다.

▶ 질문에 키워드가 없는 경우

What is (NOT) (true, stated, mentioned, said, learned in 지문?

① 보기에서 키워드 먼저 찾는다.

② 키워드가 있는 부분을 지문에서 빠르게 찾아서 하나씩 대조하며 지워나가기

포인트 2 질문 유형

▶ 지문에 언급되지 않은 사항을 묻는 NOT Questions

Which of the following is NOT true? 다음 중 사실이 아닌 것은?

What will be NOT included in the email? 이메일에 포함되지 않는 것은 무엇인가?

What is NOT stated in the passage? 지문에 언급되지 않은 것은 무엇인가?

What is NOT mentioned as an advantage of the product? 제품의 이점으로 언급되지 않은 것은 무엇인가?

▶ 지문에 언급된 사항을 찾아야 하는 True Questions

What is true about the article? 기사에 관련해 사실인 것은?

What is said about the information? 정보와 관련해 언급된 것은 무엇인가?

What is indicated about the museum? 박물관에 관하여 언급된 것은 무엇인가?

What is stated about the room service? 룸 서비스에 관하여 언급된 것은 무엇인가?

What is learned about the advertised product? 광고 제품에 대해 알 수 있는 것은 무엇인가?

★ **True 문제는 보기가 길고 문장에 뚜렷한 키워드가 보이지 않기 때문에 대부분 난이도가 높다. 따라서 따라서 맨 마지막에 푼다.**

포인트 3 전형적인 문제 마스터하기

앞으로 취해야 할 행동(당부, 요청)을 묻는 문제는 반드시 나오기 때문에하나의 공식처럼 암기하자.

Q. "글을 읽고 나서 무엇을 해야 하는가?" (문제)

라는 질문으로 귀결되는 다양한 표현들

What should employees do?

What are employees + asked [expected / encouraged / invited / requested / advised / urged / told / instructed] to do?

What did the manager [ask / expect / encourage / invite / request / advise / urge / tell / instruct] employees to do?

A. 당부, 요청 문제가 나오면 반드시 답이 되는 표현들 (본문)

Please ~
Would you / Could you ~ ?
Is it possible to ~?
I would appreciate it if you could[would] ~
I was wondering if you could[would] ~
We plan to, hope to, need to, have to, decide to, offer to ~
You must, should ~

Part 7 EXERCISE

Questions 15-18 refer to the following letter.

Dreamvisions
224 Kaikorai Valley Road
Dunedin
New Zealand
Web: www.dreamvisions.com
E-mail: info@dreamvisions.co.nz

To whom it may concern:

Dreamvisions is able to offer high-quality floor materials at unbeatable prices. For kitchens, dining areas, bathrooms, patios and more, Dreamvisions meets the high standards which you demand: visual appeal, high-performance practicality, and consistency. Dreamvisions delivers the most popular flooring materials, such as mahogany and chestnut in the wooden floor category, granite and Indian slate in the stone category, and numerous Italian designs in the tile category. From the elegance of fine hardwood to the practicality of bamboo, Dreamvisions is able to deliver the style you want and expect. We even offer a free estimate service. You provide us with the exact measurements of the floor area to be covered and the material you desire for the job, and we can calculate the price including shipping!

This month only, Dreamvisions is offering all new customers a complementary floor polishing certificate, redeemable within six months from the day of purchase. Explore the wide range of flooring materials from Dreamvisions, and get a free estimate today!
Please consult a local Dreamvisions sales representative for more details. Telephone numbers are available on our website at www.dreamvisions.com. Let Dreamvisions help you with your building or renovation plans.

Sincerely yours,

John Carpenter
John Carpenter
Marketing Director
Dreamvisions

15. What is the purpose of the letter?

(A) To encourage people to dream
(B) To explain the benefits of shopping at Dreamvisions
(C) To explain why wooden floors are better than tiles
(D) To encourage consumers to beat their price

16. What is NOT a feature of the products mentioned?

(A) Fine appearance
(B) Excellent quality
(C) Big discount
(D) Durability

17. What is the reader asked to do?

(A) Contact a representative
(B) Visit a store
(C) Try a sample
(D) Call Mr. Carpenter

18. What is offered this month only?

(A) A free repair service
(B) A free estimate
(C) A free polishing voucher
(D) A free sample

DAY 05

Part 2	• How 의문문과 관용적 용법
Part 5&6	• 대명사 1
Part 7	• 동의어 찾기

Part 2 How 의문문과 관용적 용법

진단테스트

음성을 듣고 질문에 가장 알맞은 답변을 고르시오.

05-1.MP3

1. (A) (B) (C)

2. (A) (B) (C)

3. (A) (B) (C)

진단테스트 해설

1. **How** did Ms. Kawaski **get** to the convention center?
가와사키 씨는 어떻게 회의장에 올 겁니까?

○ How + 오다, 가다 동사 (get /commute/go/travel)이 나왔으므로 교통 수단을 묻는 질문.

(A) By mail. 편지로.

○ 수단이긴 하지만 교통수단이 아니다.

(B) She took a subway. 지하철을 타고 올 겁니다.

○ 정답

(C) Yes, tell me about your car. 네 당신차에 대해 말해보세요.

○ 교통 수단인 차를 언급했지만 동사가 전혀 다른 오답.

2. **How often** do you have a meeting? 얼마나 자주 회의를 하니?

○ How 뒤에 형용사나 부사가 나오면 형용사 부사에 의해 의미가 결정된다.

(A) To meet with clients. 고객을 만나기 위해서.

○ Meet 과 meeting 을 이용한 오답

(B) The door is opened. 문은 열려있어.

○ Open 과 often의 발음혼동을 이용한 오답

(C) Two or three times a month. 한달에 두세 번.

○ 정답

3. **What**'s the **weather** like in Moscow? 모스코바의 날씨는 어떻니?

○ 관용적 표현은 알고 있어야만 문제를 해결할 수 있다. What ~ like = how의 의미로 날씨를 묻는 문제이다.

(A) I have no idea whether she will leave. 나는 그녀가 떠날지 아닐지 모르겠어요.

○ 동일한 발음이 나오는 두 단어, weather, whether를 헷갈리지 않도록 해야 한다. 이때의 whether는 항상 주어와 동사를 수반하므로 날씨의 의미와는 전혀 상관 없음을 알 수 있어야 한다.

(B) It's chilly there. 그곳은 춥습니다.

○ chilly는 cool보다는 춥고 cold보다는 좀 덜 추운 날씨를 뜻한다. 현재의 모스코바의 날씨를 알려주는 정답.

(C) I like the moderate weather. 저는 온화한 기후를 좋아합니다.

○ 질문에서 전치사로 쓰인 like와 핵심단어인 weather를 재언급하여 연관 있어 보이게 만든 오답.

Part 2 How 의문문과 관용적 용법 해결하기

의문사 How

How는 의문사를 듣는 것도 중요하지만 바로 뒤에 나오는 정보가 어떤 것인가를 기억하는 것이 백만 배 더 중요하다. How는 뒤에 동사를 데리고 나오는 '어떻게'의 의미와 바로 뒤에 형용사나 부사를 꾸미는 '얼마나'의 의미 두 가지가 있으므로 뒷구조를 기억해 준다.

포인트 1 How 의문문의 secret point!

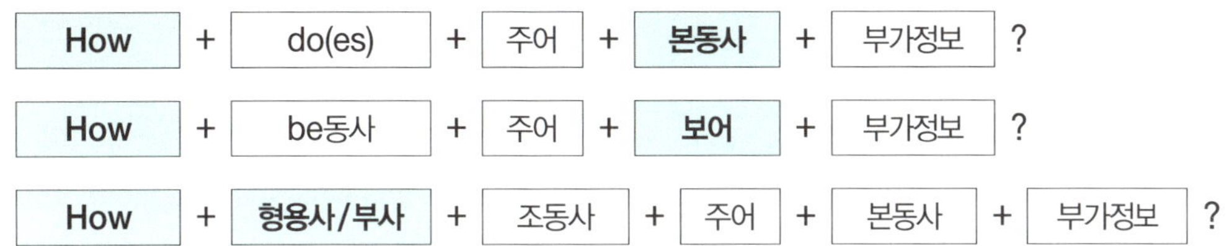

How + do(es) + 주어 + 본동사 + 부가정보 ?
How + be동사 + 주어 + 보어 + 부가정보 ?
How + 형용사/부사 + 조동사 + 주어 + 본동사 + 부가정보 ?

★ 뒤에 오는 구조에 따라 강조된 부분을 들어서 의미를 파악해 주는 것이 중요하다.

포인트 2 How 문제의 단계별 풀이법

▶ 1단계 → 의문사 뒤의 구조를 기억한다.

'얼마나'와 '어떻게' 그리고 '어떠한'을 혼동한 오답이 나올 수 있다.

▶ 2단계 → 뒤에 일반동사가 나온다면 수단인지 방법인지를 가린다.

▶ 3단계 → 뒤에 be동사가 나온다면 상태나 진행을 나타내는 정답을 고른다.

▶ 4단계 → 뒤에 형용사나 부사가 나온다면 형용사나 부사를 잘 듣는다.

▶ 5단계 → 혹시 관용적 용법이 아닌지 파악한다.

포인트 2 How의 구조별 좋아하는 정답 족보

▶ How + 형용사/부사

how는 뒤의 형용사와 부사를 강조하는 '얼마나'라는 의미의 부사이므로 결국 전체 의문사의 의미는 뒤에 있는 형용사나 부사가 가지게 된다

(1) **How much**	■ How much + 동사 → 가격 ◎ 돈이 언급된 것이 답이 된다. ■ How much + 명사 → 명사의 양 ◎ 뒤에 나온 명사에 따라 답이 달라진다. – How much money → 돈이 답으로 나와야 한다 – How much time → 시간이 답으로 나와야 한다
(2) **How many + 복수 명사** → 얼마나 많이	■ **정답 패턴** 숫자 Q: How many students will attend the conference? 얼마나 많은 학생들이 회의에 올 거니? A: Over 30. 30명 이상. 수량 표현 Q: How many questions do you need to make the tool? 도구를 만드는데 얼마나 많은 질문이 필요하니? A: Quite a few 꽤 많이
(3) **How long** → 기간	■ **정답 패턴:** for + 기간, since + 시점 , by 미래시간 ■ **주의할 오답 패턴:** 2시, 3시 같은 시간의 답, 길이를 물어보는 3미터 등을 주의 ★ How long은 99% 기간을 묻는 문제로 쓰이지만, 길이로 문제가 출제된 예외의 경우가 있으니 기억하자. Q: How long is your report? 레포트 길이가 얼마나 되니? A: It's 15 pages. 15페이지 정도 돼.
(4) **How often** → 얼마나 자주인가 하는 빈도수	■ **정답 패턴:** 숫자 times , 빈도부사 , every ____, whenever 주어 + 동사 Ex. Three times a month / Every Monday
(5) **How far** → 거리	■ **정답패턴** 거리의 단위인 meter, miles, block Ex. 4 meters, 3 miles , 2 blocks 시간 away Ex. 10 minutes away
(6) **How soon/late** → 미래시간을 알려주는 when과 정답의 형태가 동일하다.	

▶ How + be동사 + 주어 → 상태나 진행 상황을 묻는 문제

how 뒤에 be동사가 나오는 가장 대표적인 질문은 How are you?이다. 이 때의 답이 되는 나의 상태를 말하는 대답인 fine, not bad, great… 등의 주관적 형용사는 상태나 진행의 훌륭한 대답이 된다. 동일한 표현으로 'How is 사물 going?'과 'How does 사물 go(come)?'도 잘 나오는 질문의 유형이므로 기억하도록 하자.

Q: How was your interview going? 인터뷰는 잘 되었니?
A: It was okay. 괜찮았어.

Q: How was the seminar? 세미나는 어땠어?
A: It was very useful. 정말 유용했어.

▶ How + do(es) + 주어 + 동사

(1) 수단

▪ 교통수단	질문 유형 1.	How can I get there? How do I get to 장소? How can I commute to 장소? How can I go to 장소?
	질문 유형 2.	How can 명사 be transported? 답변은 언제나 train, bus 같은 교통수단이다
▪ 지불수단	질문 유형	How can I pay for ?

(2) **방법** – 가장 많이 나오는 how의 질문의 형태이다.

- 독특한 정답을 가지고 오는 방법의 how

Q: How did you finish that project on time? 어떻게 제시간 안에 프로젝트를 끝냈니?
A: I got some help. / Someone helped me. 도움을 받았어 / 누가 도와줬어.

Q: How did you know that? 어떻게 그것을 알았어?
A: Someone told me. 누가 말해줬어.

정말 신기하게도 힘든 일을 끝낸 사람에게 어떻게 끝냈냐고 물으면 언제나 누군가의 도움을 받았다고, 비밀스러운 일을 어떻게 알았냐고 물으면 누군가 말해줬다고 이야기하는 pattern을 토익은 가지고 있다는 것. 잘 기억해두자. 유용하게 써먹을 날이 있을 것이다. 또한 Here's a copy of ~ 라고 말하며 '읽어봐라'라는 구조도 최근 빈출하는 정답 구조이다.

의문사의 관용적 용법

포인트 1 How의 관용적 용법

▶ **How about? → 제안의 표현으로 수락과 거절의 답변을 데리고 온다.**

▶ **How do you like? → 의견을 묻는 표현**

참고 | How do you like your coffee? 커피에 크림이나 설탕을 넣는지를 묻는 질문이다.

▶ **How come은 Why이다.**

'어떻게 갑니까?'라고 묻고 싶다면 How do you come으로 사용해야 한다는 것을 기억한다.

Q: How come you didn't call me? 왜 나한테 전화 안 했어?
A: I was so busy last night. 내가 어제 너무 바빴어.

이유를 묻는 how come 에 대해 바빴다는 이유를 이야기하는 정답의 유형이다.

포인트 2 What의 관용적 용법

▶ **What do you do? = what kind of work do you do for a living? = What do you do for a living? → 직업이 뭡니까?**

Q: What do you do? 직업이 뭡니까?
A: I'm a lawyer. 저는 변호사입니다.

▶ **What ~about? → 주제를 묻는 질문**

Q: What is the meeting about? 미팅의 주제가 뭡니까?
A: About the company's new policy. 회사의 새로운 정책에 관한 겁니다.

▶ **What ~ like? → 묘사를 원하는 질문**

다음과 같은 세가지 종류가 있다.

(1) What be동사 사람 like? → 사람의 성격을 묻는 문제

Q: What is your new manager like? 너네 새로운 매니저는 어때?
A: He is very demanding. 요구하는 게 많고 까다로워.

(2) What does 사람 look like? → 사람의 생김새를 묻는 문제

Q: What does Prof. Lee look like? 이 교수님은 어떻게 생겼죠?
A: He is tall. 키가 커요.

(3) What is the weather like? → 날씨를 묻는 문제

Q: What is the weather like? 날씨가 어때요?
A: It is rainy. 비가 와요.

▶ What do you think of ~? → 의견을 묻는 문제

Q: What do you think of the applicant? 그 지원자가 어떻던가요?
A: He is promising. 전도유망하죠.

▶ What about~? → 제안의 질문

Q: What about going out for dinner tonight? 오늘 저녁 외식하면 어때?
A: That is wonderful. 좋아.

▶ What should I do? → 어떻게 하면 좋죠?

Q: What should I do to remove this stain? 이 얼룩을 빼려면 어떻게 하면 좋죠?
A: Try using the new detergent. 새로운 세제를 써보세요.

▶ What makes / causes / brings you ~? → 원인을 묻는 문제

Q: What brings you here? 여기 왜 온 거야?
A: I have a meeting tomorrow. 내일 미팅이 있어.

⚠ 바쁠 땐 이것만이라도 꼭! | 급하다. 시험에서 How 90% 맞히기

1. How의 바로 뒷구조에 올인한다.
2. 1단계 – '얼마나'인지 '어떻게'인지 구별한다.
3. 2단계 – '진행'인지 '수단/방법'인지 즉, 'be동사'인지 '일반동사'인지 구별한다.
4. 3단계 – '수단'인지 '방법'인지 구별한다.
5. 관용용법에 해당하는 것일 수 있으므로 주의한다.

Part 2 EXERCISE

05-2.MP3

음성을 듣고 질문에 가장 알맞은 답변을 고르시오.

1. (A) (B) (C)

2. (A) (B) (C)

3. (A) (B) (C)

4. (A) (B) (C)

5. (A) (B) (C)

6. (A) (B) (C)

Part 5&6 대명사 1

진단테스트

1. Although Ms. Elvis has tried to reach the copier manufacturer, ------- remained out of contact with her.

(A) his (B) himself
(C) he (D) him

2. This food cooker both cooks and heats and is more versatile than any other appliance of ------- kind.

(A) your (B) its
(C) their (D) our

3. The newly hired manager has asked several employees to help ------- with a new customer service program.

(A) she (B) hers
(C) her (D) herself

4. Many local distributors have already tried the program ------- and found it works.

(A) myself (B) himself
(C) themselves (D) herself

5. The client can easily manage the contents of the website by -------.

(A) themselves (B) himself
(C) myself (D) itself

★ 정답 및 해설은 〈Part 5&6 유형분석 – 대명사 1〉에서 확인하세요.

이것만은 꼭!

1. 인칭대명사

- 명사구와 명사절은 반복될 경우 대명사 it으로 바꿀 수 있고 단수 취급한다.
- 명사구 – 부정사, 동명사
- 명사절 – that절, if나 whether절, 의문사절

[How customers will react to our new products] **is** important.
주어 동사

어떻게 고객들이 우리 신제품에 반응할 지가 중요하다.

주어가 의문사절(명사절)이므로 단수 취급해야 해서 동사가 are가 아니라 is이다.

- 긴 주어(명사구, 명사절) 대신 쓰는 가주어도 대명사 it이다.

It was decided **that** our staff should make a presentation at the conference.
우리 직원들이 컨퍼런스에세 프리젠테이션을 해야한다고 결정되었다.

2. 소유대명사 = 소유격 + 명사

His car is black but **mine** is white. (mine = my car)
그의 차는 검은색이지만 내차는 흰색이다.

3. 이중 소유격

소유의 전치사 of와 소유대명사가 나란히 나오는 경우

a friend of my friends

friend의 반복을 피하기 위해 a friend of mine으로 줄이면 이중 소유격

a customer of our customers

customer의 반복을 피하기 위해 a customer of ours로 줄이면 이중 소유격.

4. 재귀대명사

재귀대명사는 같은 절 내에서 반복될 때 쓴다.

(1) 재귀 용법 - 목적어 자리가 빈칸일 때

행위의 주체와 대상이 같은지 확인하고, 같으면 목적어 자리에 재귀대명사를 쓴다.
목적어 자리이니만큼 생략할 수 없다.

She asked **herself**.

(2) 강조 용법 - 부사자리가 빈칸일 때

주어 또는 목적어를 강조하고자 할 때 재귀대명사를 쓸 수 있다. 행위의 대상인 목적어가 이미 있으므로 주체와 대상을 따지지 않고 같은 절 내에서 반복되는지만 확인한다. 이때 재귀대명사는 자신이 직접'이라고 해석하면 된다. 강조용법은 강조하기 위해 한번 더 재귀대명사를 써준 형태이므로 부사 역할을 하고, 생략이 가능하다.

The manager **himself** welcomed the new recruits.
부장님이 직접 신입 직원들을 환영했다.

(3) 관용적 용법

〈전치사 + 재귀대명사〉 형태를 취한다. 전치사에 따라 의미가 달라진다.

by oneself = on one's own = alone 혼자서
of oneself 저절로
in itself 그 자체로

DAY 05

Part 5&6 유형분석 | 대명사 1

출제유형 1 [   ] + 동사

주어 자리에 올 수 있는 인칭대명사는 주격(I, you, he, she, it, they)이다.

Although Ms. Elvis has tried to reach the copier manufacture, ------- remained out of contact with her.

(A) his
(B) himself
(C) he
(D) him

해설 주어의 자리에 올 수 있는 인칭대명사는 주격 (C) he뿐이다. (A) his는 소유격으로 뒤에 명사가 있어야 하고, (B) himself, (D) him은 목적격 대명사로 주어 자리에 나올 수 없다.

해석 Ms. Elivs는 복사기 제조업자에게 연락을 시도해 보았지만, 그는 연락이 닿지 않았다.

어휘 **reach** ~와 연락하다 **remain** 남아 있다, ~한 상태로 있다 **out of contact** 연락 없이

★ Check Point

someone/anyone/no one/everyone 등의 부정 대명사는 전통적으로는 he로 대신한다. they가 대신할 수도 있다.

Everyone knows that **they** are not allowed to carry a gun.
총을 소지해서는 안 된다는 것을 모든 사람들이 다 안다.

출제유형 2 인칭대명사의 성과 수일치

해당 명사가 단수인지 복수인지, 남성인지 여성인지에 따라 이들을 받는 인칭대명사의 종류가 달라진다.

This food cooker both cooks and heats and is more versatile than any other appliance of ------- kind.

(A) your
(B) its
(C) their
(D) our

해설 of one's kind(동급의)라는 표현의 선행사를 찾아야 한다. 의미상 food cooker와 동급이어야 하므로 소유격 (B) its가 어울린다.

해석 이 요리 기구는 요리도 가능하고 가열도 고 다른 어떤 종류의 가전기기보다 더 성능이 뛰어나다.

어휘 **cooker** 요리 도구 **versatile** 다목적의, 다용도의, 다재 다능한 **appliance** 전기 제품 **kind** 종류

출제유형 3 행동의 주체와 대상이 같을 때 목적어 자리엔 재귀대명사

목적어 자리가 빈칸일 때 행동의 주체를 꼭 확인해 보아야 한다.

The newly hired manager has asked several employees to help ------- with a new customer service program.

(A) she (B) hers
(C) her (D) herself

해설 help 동사의 목적어 자리이므로 명사가 나와야 한다. 보기 중 목적어 자리에 나올 수 없는 (A) she는 실격. (B) hers(그녀의 것)도 의미상 오답. 남은 보기에 재귀대명사가 있으므로 help의 주체를 생각해보고 주체와 대상이 같으면 빈칸엔 재귀대명사, 그렇지 않으면 인칭 대명사가 와야 한다. 5형식 동사 ask는 'ask 목적어 to부정사(목적어가 ~하도록 요청하다라)'라는 5형식 구조로 쓰인다. 목적어인 employees가 help의 주체이고 대상은 매니저이므로 빈칸엔 재귀대명사가 아닌 인칭 대명사가 와야 한다.

해석 새로 고용된 매니저는 몇몇의 직원들에게 새로운 고객 서비스 프로그램에 관하여 자신을 돕도록 요청했다.

어휘 newly 새롭게 ask A to B A가 B하도록 요청하다

★ Check Point 재귀용법과 강조용법은 푸는 방식이 다르다.

■ **목적어 자리가 빈칸일 때**

목적어가 행위의 대상이므로, 행위의 주체와 대상이 같은지 따져 본다.

You may use this forum topic to introduce **yourself**.
당신은 자신을 소개하기 위해 이번 포럼 주제를 사용할 수 있다.

◯ introduce의 주체가 You이므로 introduce 의 목적어 자리엔 재귀대명사 yourself가 알맞다.

■ **그 밖의 자리가 빈칸일 때**

앞에 나왔던 명사가 반복되는지만 확인하면 된다.

The manager **himself** welcomed the new recruits.

◯ 선행사인 manager를 강조하므로 himself가 온 것이다.

Be kind to **yourself**! 자기 자신에게 친절해라

◯ 동사의 목적어 자리가 아니므로 반복 여부만 살피고, 반복되면 재귀대명사를 쓴다. 명령문의 주어가 you이므로 to 다음엔 재귀대명사를 쓴다.

출제유형 4 주어 + 타동사 + 목적어 + ☐

문장의 필수 성분이 다 갖춰지면 그 다음은 수식어 (형용사, 부사)가 나온다. '주 + 동 + 목' 다음엔 형용사 (구, 절) 의 후치 수식도 가능하고 부사 (구, 절) 도 가능하다.

DAY 05

Many local distributors have already tried the program ------- and found it works.

(A) myself (B) himself
(C) themselves (D) herself

해설 보기가 모두 재귀대명사이고 재귀대명사가 문미에 와서 부사 역할을 할 수 있다는 내용을 확인하는 문제이다. 의미상 주어인 local distributors가 직접 프로그램을 이미 사용해 보았다라는 내용이므로 빈칸엔 재귀대명사 (C) themselves가 와야 한다.

해석 많은 지역 배급업자들은 직접 이미 그 프로그램을 사용해 보았고 그것이 효과적이라는 것을 알아냈다.

어휘 **distributor** 배급업자 **already** 이미, 벌써

★ Check Point 강조 용법

강조하고 싶은 말 바로 뒤에 쓰거나 절의 끝에 올 수 있고, 부사 역할을 하며 강조용이니 만큼 생략 가능하다.

To save on moving expenses, the president has decided that we (**ourselves**) should move the office equipment
생략가능
이사 비용을 절감하기 위하여 사장은 우리가 직접 사무실 장비를 옮기기로 결정했다.

출제유형 5 주어 + 동사 + (목적어) + 전치사(by) + [ ]

재귀대명사가 전치사와 함께 쓰여 뜻이 달라지는 관용표현을 알아두자.

The client can easily manage the contents of the website by -------.

(A) themselves **(B) himself**
(C) myself (D) itself

해설 전치사 by 뒤에 목적어 역할을 할 수 있는 목적격 대명사나 재귀대명사가 와야 한다. 해석상 주어 The client와 일치하는 재귀대명사 (B) himself가 정답이 된다. by oneself는 '혼자서, 홀로'라는 뜻이다.

해석 고객은 웹사이트의 내용을 혼자서 쉽게 다룰 수 있다.

어휘 **easily** 쉽게 **manage** 다루다, 취급하다 **content** 내용물, 내용

★ 암기 미션 관용적 표현

- by oneself = alone, on one's own (혼자서)

  He managed to repair the car **on his own**. 그는 혼자서 그 차를 수리해냈다.

- of oneself (저절로)

  The door closed **of itself**. 문이 저절로 닫혔다.

Part 5 EXERCISE

1. Our mission is to provide ------- with the most accurate and up-to-date information available regarding diet and exercise.

   (A) yourself (B) you
   (C) yours (D) your

2. If you notice any errors in ------- correspondence or if your personal information changes, please contact our box office.

   (A) us (B) ours
   (C) our (D) we

3. The oil and natural gas industry is taking additional steps to secure ------- facilities.

   (A) its (B) it
   (C) them (D) their

4. ------- can reserve a book by calling in person or phoning any Edinburgh City Libraries and a staff member will reserve an item for you.

   (A) You (B) Your
   (C) Yours (D) Yourself

5. This is an audio/workbook program and ------- comes with a 132 page workbook that is visually stimulating.

   (A) it (B) he
   (C) she (D) its

6. Ed and Michelle offer art workshops across the country and ------- will join us with new classes including hands-on silversmithing.

   (A) we (B) it
   (C) I (D) they

7. JJ Consulting presents innovative solutions to the customers and hopes to set ------- apart from other service companies.

   (A) hers (B) itself
   (C) theirs (D) its

8. There are advantages to using trained interviewers instead of having respondents take the survey by -----.

   (A) herself (B) himself
   (C) itself (D) themselves

9. A group of students said that ------- have already made a video outlining the reasons why the physics department should stay.

   (A) them (B) theirs
   (C) their (D) they

10. Carry sharp instruments in a tray or case and always cut in a direction away from -------.

    (A) yours (B) yourself
    (C) your own (D) your

Part 6 EXERCISE

Questions 11-14 refer to the following announcement.

An application letter that could impress your future boss!

Employers often receive hundreds of applications for one job, and ------- (11.) cannot possibly interview each person who applies. ------- (12.), personnel recruiters use the letter of application and ------- (13.) written documents as a basis on which they select ------- (14.) who will be called for a personal interview. An effective application letter can open doors to a bright future; a poor one could quickly close those same doors. However, an application letter alone will rarely get you a job. Obviously, an employer needs more than your letter to decide whether to hire you. But your letter can make you stand out from other applicants. Its main purpose is to get your foot on the door. Let your letter express your own personality.

11. (A) it
(B) they
(C) theirs
(D) its

12. (A) Therefore
(B) However
(C) In addition
(D) Moreover

13. (A) other
(B) another
(C) others
(D) one

14. (A) those
(B) them
(C) they
(D) these

Part 7 동의어 찾기

포인트 1 질문 유형

지문에 나온 단어와 뜻이 가장 유사한 단어를 고르는 문제이다. 질문은 아래와 같이 제시된다.

The word “imperative” in paragraph 3, line 7, is closest in meaning to.

포인트 1 접근 방법

문맥에서 단어가 쓰인 뜻을 파악한 후, 그 의미와 같은 단어를 보기에서 골라야 한다. 해당 단어의 동의어이기는 하나, 문맥상 뜻과는 어울리지 않는 단어를 보기로 제시하는 경우가 있기 때문에 반드시 문맥에 어울리는 뜻을 찾아야 한다.

토익 어휘를 동의어와 함께 공부하면 더욱 도움이 된다. 한 가지 이상의 뜻이 있는 단어는 각 의미의 차이와 동의어를 예문과 함께 알아두는 것이 좋다.

포인트 1 주요 Paraphrasing 표현

▶ 동사를 유의어로 바꾸기

- attend 출석하다, 참석하다 → present / visit / go to
- book 예약하다 → arrange / reserve
- build 만들다, 구축하다 → develop / design / cr eate / invent
- check 검사하다 → examine / look at
- choose 고르다, 선택하다 → pick out / select
- consume 소비하다 → spend / use up
- cooperate 협력하다 → work together / collaborate
- decide 결심하다 → come to decision / determine / make up one’s mind
- decrease 감소하다 → drop / decline / reduce
- delay 연기하다, 뒤로 미루다 → postpone / put off
- launch (제품) 내놓다, 출시하다 → release / start
- submit 제출하다 → hand in / send
- supply 공급하다, 주다 → provide / give
- tolerate 참다, 견디다 → endure / bear / put up with / stand

- try 노력하다 → strive / make an effort / endeavor / exert
- upkeep 유지하다 → keep up / maintain / hold down
- preserve 보호하다, 보존하다 → protect
- purchase 사다 → buy / acquire
- recommend 추천하다, 제안하다 → make a suggestion
- recruit 채용[고용]하다 → hire / employ
- save 저축하다 → lay aside / store up / set aside
- show 보이다, 제시하다 → present
- show up 나타나다 → come out / appear / emerge
- account for ~을 설명하다 → explain / describe
- attend to ~에 주의[유의]하다 → pay[give] attention to / be cautious of -ing / take notice of
- bring about 일으키다, 발생시키다 → cause / happen / lead to
- call for ~을 요구하다 → demand / request / claim / require
- care for 돌보다 → take care of / look after
- figure out ~을 이해하다 → understand / grasp / comprehend
- fill out 작성하다 → fill in / complete
- go through 겪다, 경험하다 → undergo / experience
- regard A as B A를 B로 여기다, 간주하다 → consider A as B / think of A as B
- result in 결국 ~이 되다 → lead to
- run out of ~을 다 써버리다 → use up / consume completely
- set up 세우다, 건설하다 → establish / found
- stand for ~을 뜻하다, 나타내다 → represent / mean
- carry out 실행하다, 성취하다 → accomplish / perform / fulfill
- object to ~에 반대하다 → oppose / be against
- point out 지적하다, 가리키다 → indicate
- take account of ~을 고려하다 → take into consideration[account] / consider / think over
- take effect 효력을 발생하다 → come into force / become active
- take part in ~에 참가하다 → attend / participate in / join in
- take place 개최되다, 일어나다 → be held / happen
- tend to ~하기 쉽다, ~하는 경향이 있다 → be likely to / be subject to / have a tendency to
- watch out 주의하다 → look out / be cautious
- be broken 고장 나다 → be out of order / break down
- be responsible for ~을 담당하다 → be in charge of / take[have] charge of / take[assume] responsibility for
- leave the company 회사를 그만두다 → quit the firm[job/position] / resign / retire
- make a speech 연설하다 → give a talk / deliver a presentation

- look for 찾다, 검색하다 → search / check / examine / inspect / investigate / go through
- reach 달성하다, 성취하다 → achieve / accomplish / work out
- produce 생산하다 → manufacture
- relocate in 이전시키다, ~로 이동하다 → move to / shift
- cover 다루다, 보도하다 → include / report
- attract tourists 여행객을 끌어들이다 → draw visitors
- pick up all copies 서류들을 모으다 → collect documents
- complete a questionnaire 설문지를 작성하다 → ask for someone's opinion
- reschedule 일정을 재조정하다 → postpone / delay
- advance one's career 경력을 진보시키다 → move on to the next stage of one's career

▶ 명사를 유의어로 바꾸기

- failure 고장 → error / problem / malfunction
- fee 비용 → charge / price / cost / payment
- harm 상처, 손해, 손상 → injury / damage / hurt / ruin
- headquarters 본부, 본사 → main office / head office
- salary 월급 → pay / wage
- staff (member) 직원, 사원 → personnel / employee / worker / representative
- colleague 동료, 같이 일하는 사람 → coworker
- outcome 결과 → result
- stock 주식 → shares
- strategy 전략, 계획 → plan / scheme / device / tactic
- target 목적, 목표 → goal / aim
- workforce 노동력 → manpower
- appointment 약속 → booking / arrangement
- support 후원 → donation / financial contribution / sponsorship
- look 외관, 겉모습 → physical appearance
- store credit 상품권, 할인권 → coupon / voucher / gift certificate / gift card / discount ticket
- atmosphere 주변 환경 → environment / surroundings
- prospective customer 잠재 고객 → potential[promising] customer
- study 조사, 연구 → survey / search / investigation
- tournament 대회 → competition / contest
- proceeds 수익 → profits
- privilege 특권 → special right / exclusive / benefit
- experience 경력, 이력 → record / career

- material 재료, 구성요소 → element / component / part / ingredient
- area 지역 → district / region / sector
- item 제품 → object / product / goods
- annual anniversary party 연례 기념일 → yearly celebration
- membership privilege 회원 특권 → membership benefits
- conference 회의 → meeting / session / convention
- executive 임원 → director
- expenses 비용, 예산 → budget / allowance
- job 일자리, 직업 → position
- job responsibilities 직무 → obligations / duties / tasks
- poor service 불쾌한 서비스 → unpleasant experience
- shuttle service 운송 서비스 → transportation service
- special discount 특별할인 → reduced rate / special offer
- budget 예산 → financial document
- tour schedule 여행일정 → itinerary
- free monthly newsletter 무료 월간 소식지 → free publications
- requirement 자격, 자질 → qualification
- kitchen appliances 주방용품 → refrigerator / dishwasher / stove
- problem 결함 → defect / error
- electric company 전기회사 → utilities company
- conference program 회의 프로그램 → schedule of events
- concert 콘서트, 공연 → performance
- handout 유인물, 문서 → document
- limited time 제한된 시간 → specific period
- opinion 의견 → feedback
- rule 규칙 → regulation
- price 가격, 요금 → rate
- excellent communication 훌륭한 의사소통 → the ability to write and speak clearly
- nominal processing fee 약간의 처리비 → small fee
- 20 percent discount 할인 → reduced store prices
- agenda 안건 → information about a meeting
- ree coffee or tea 무료 음료수 → complimentary beverage
- restaurant 음식점 → dining facilities

▶ 형용사/부사/전치사를 유의어로 바꾸기

- important 중요한, 결정적인 → major / main / critical / essential
- previous 이전의 → former / past / prior

- downward 하락하는, 쇠퇴하는 → declining / falling
- drastic 격렬한, 과감한 → extreme / strong
- durable 내구성이 있는, 오래 가는 → long-lasting
- excellent 훌륭한, 뛰어난 → outstanding / exceptional / remarkable
- exclusive 독점적인, 단지, 유일한 → only / sole / unique
- nationwide 전국적인 → national / countrywide
- sturdy 단단한, 견고한, 튼튼한 → strong / sound
- enclosed 첨부된 → included / attached
- not present 부재의, 결석의 → absent
- prospective 가능성 있는 → likely / probable
- minimum 최소의 → at least
- located in ~에 기지를 둔, ~에 위치한 → based in
- most attractive 가장 매력 있는, 인기 있는 → most popular / most wanted
- released 발표된 → publicized
- immediately 즉시 → at once / instantly / promptly
- recently 최근, 요즘 → lately / these days / currently
- sometimes 때때로 → at times / occasionally / from time to time
- particularly 특히 → specifically / in particular / especially
- at first hand 직접, 몸소 → directly / personally / in person / firsthand
- by oneself 자기 혼자서, 자기 힘으로 → alone / without anyone's help
- for certain 확실히, 틀림없이 → undoubtedly
- free of charge 무료로, 추가 비용 없이 → complimentary / for free / at no cost[charge]
- out of order (기계 등이) 고장 난 → broken / malfunctioning
- in advance 미리 → beforehand
- in public 공공연히, 공개적으로 → publicly / openly
- in search of ~을 찾아서 → in pursuit of / looking for
- of use 유용한 → useful
- once a year 1년에 한 번 → annual / every year / each year
- on purpose 고의로, 일부로 → intentionally / purposely
- out of date 시대에 뒤떨어진, 구식의 → behind the times / old-fashioned / antiquated
- state-of-the-art 최신식의, 최첨단의 → up-to-date / latest / cutting-edge / leading-edge / most advanced
- under way 진행 중인 → in progress
- over the phone 전화로 → by phone / call
- on line 온라인으로 → through the Internet

DAY 05

Part 7 EXERCISE

Questions 15-18 refer to the following letter.

Portland licensing Center
Motor Vehicle Division
Oakland St.
Portland, OR 97202

Mr. Karl Cint
2 Walla Rd
Campletown

Dear Mr. Cint,

Your application to upgrade your current haulage limit by an extra 20 tons has been received and reviewed by our office. However, we cannot process your application right now, as your truck license has not been renewed after expiring in January of this year. Please keep in mind that this matter must be attended to before we can process any further upgrades.

Our records show that you have always been prompt in your payments in the past and therefore we will not penalize you for this small oversight if you pay in full the cost of the license renewal within 30 days of receiving this letter.

Please bear in mind that you must not drive any truck until you receive your new license from our office. Delivery of the license will be within five working days of receiving your payment, or you can come to our office and pick it up directly. We are sorry for any inconvenience this may cause you, but it is imperative that you have a valid license when operating any vehicle on the road. I see no problem in allowing you to upgrade your haulage limit by 20 tons as long as you pay in full the cost of the license renewal and upgrade within 30 days of receiving this letter.

The cost of renewal will be $165 and the upgrade $110. We look forward to hearing from you soon and hope this hasn't caused any major inconvenience.

Should you have any questions about any of the information above, please contact our office at 234-2335 or e-mail me directly at tp@licensing.com.

Sincerely,

Tom Peek

Tom Peek

Director of Licensing

15. What information is announced in this letter?

(A) Mr. Cint's request to upgrade his license was rejected.
(B) Mr. Cint needs to renew his truck license.
(C) Mr. Peek needs to pay $110 to validate his license.
(D) Mr. Cint and Mr. Peek know each other.

16. What does Mr. Peek ask Mr. Cint to do?

(A) Renew his truck license
(B) Validate his truck license
(C) Pay a fine
(D) Stop by his office

17. What is indicated about Mr. Peek?

(A) He is a new staff member.
(B) He wants to validate his license.
(C) He works for the Department of Motor Vehicles.
(D) He helped Mr. Cint renew his truck license.

18. The word "imperative" in paragraph 3, line 4, is closest in meaning to

(A) sincere
(B) congruent
(C) important
(D) contrary

DAY 06

Part 2 • 일반/부정/부가 의문문

Part 5&6 • 대명사 2

Part 7 • 편지 & 이메일 (Letter & E-mail)

Part 2 일반/부정/부가 의문문

진단테스트

음성을 듣고 질문에 가장 알맞은 답변을 고르시오. 06-1.MP3

1. (A) (B) (C)

2. (A) (B) (C)

3. (A) (B) (C)

✔ 진단테스트 해설

1. He worked overtime everyday last month, didn't he?
그는 지난달에 매일 초과근무를 했습니다, 그렇지요?

- 평서문에 부가 의문문 didn't he?를 넣어 확인을 하고자 하는 의문 형태이다. 따라서, 앞의 문장이 맞는지 안 맞는지를 확인시켜주는 대답을 요구한다.

(A) He'll become a good staff. 그는 훌륭한 직원이 될 것입니다.

- 매일 초과근무를 한 사람이 훌륭한 직원이 될 것이라는 듯한 연상을 유도하는 오답형태. 그러나, 질문이 원하는 답은 매일 초과근무를 한 것이 맞는지에 대한 답변이라는 점을 유의.

(B) It didn't work. 그것은 작동하지 않습니다. / 그것은 효과가 없습니다.

- 이러한 표현에서의 work는 여러가지 뜻(작동하다, 효과가 있다)을 가질 수 있다. 그렇지만, 이 질문에 대한 답으로는 전혀 맞지 않으며, 단지 질문에서 나온 단어 work의 반복으로 혼동을 유발하려는 오답패턴이다.

(C) Just a couple of days in fact. 실제로는 단지 며칠 정도(그랬습니다).

- 매일 밤은 아니고, 단지 며칠 밤만 그렇게 일했다는 사실을 언급해주고 있으므로 적절한 대답이 될 수 있다.

2. Wasn't the stove cheaper last week? 그 가스렌지가 지난주에는 더 싸지 않았나요?

(A) Yes, it's very cheap. 네, 그것은 쌉니다.

- 질문에서 나온 cheap의 반복으로 혼동을 유발시키려는 오답 형태.

(B) I wasn't there last night. 저는 지난 밤에 거기에 없었습니다.

- 지난 과거를 뜻하는 last night으로 질문에서 묻는 last week와의 유사성을 들려주어 정답처럼 들리게 하려는 오답 패턴이므로 주의해야 한다.

(C) We had a bargain sale that time. 그때는 바겐세일을 했었습니다.

- that time = last week를 뜻하며 바겐세일이었기 때문에 더 저렴했었다는 이유가 설명되므로 정답.

3. Have you thought about registering for the course this semester?
이번 학기에 그 수업을 수강하는 것에 대해 생각해보았습니까?

- register for는 "~을 등록하다"라는 의미이다.

(A) Do they offer marketing class? 마케팅 수업이 제공되나요?

- 특정 course에 대해 문의하는 경우로, yes, no로 질문에 대답하고 있지 않지만 적절한 대응이 될 수 있다. 이렇게 우회적으로 표현하거나 되물어 대답하는 것에 주로 답이 숨어있는 경우가 있으므로 주의해서 들어야 한다.

(B) We registered at a hotel.

- register라는 동일한 동사를 사용하여 듣는 이로 하여금 헷갈리게 하는 오답 형태. 그러나 여기서 register는 장소와 같이 나와 "~에 숙박하다"라는 다른 뜻을 나타낸다.

(C) The semester begins in January.

- 질문의 끝부분에 잘 들릴 수 있는 semester라는 동일한 단어를 보기로 들려주어 혼동시키는 오답형태

Part 2 일반/부정/부가 의문문 해결하기

일반 의문문과 부정 의문문

의문사가 없는 의문문들은 동사가 문장 전체의 중심이 된다. 예를 들어, '그 영화 재밌었니?' 했을 때 우리의 반응을 생각해보자.

1) 응, 재미있었어.
2) 아니, 재미 없었어.

어떤 대답이든 중심에는 위에서 등장했던 동사에 대한 반응을 골라주게 된다는 것.

또 하나의 예를 들어보자.

너 밥 먹었니?
1) 응, 먹었어.
2) 아니, 먹지 않았어.

둘 중 하나의 답변이 된다. 역시 동사인 "먹었어"에 초점을 맞추어 대답하게 된다는 것.

일단 기본적으로 일반 의문문이라고 하는 것은 그렇다거나 아니라는 두가지의 답변 만을 가지게 되는 yes, no의 답변을 가지는 질문의 형태이나 이 답변의 중심에는 항상 동사에 대한 반응을 가지고 와야 한다는 특징을 가지고 있다는 것을 잊지 말자. 따라서 일반 의문문의 경우, 문장의 시제와 주어를 잽싸게 파악한 후 이 문장이 가지고 있는 동사의 의미를 파악하는 것이 전체의 대답의 흐름을 찾는 중요한 키워드임을 기억하는 것이 가장 중요하다.

포인트 1 일반 의문문의 secret point!

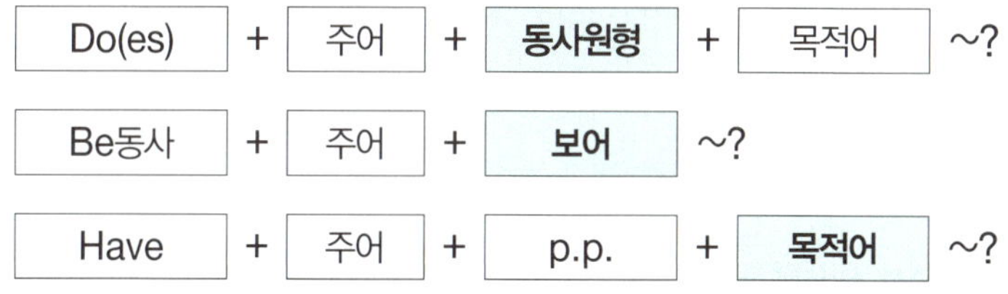

★ 동사가 가장 중요한 포인트임을 잊지 말자.

포인트 2 일반과 부정 의문문 동사에 따른 단계별 풀이법

▶ 1단계 → 시제 주어를 기억한다.

▶ 2단계 → 동사 원형 혹은 보어에 해당하는 본동사의 의미에 집중한다.

▶ 3단계 → 본동사와 반대되거나 동일한 의미의 정답을 고른다.

▶ 4단계 → 동일한 동사가 반복되기도 한다.

▶ 5단계 → 동사를 생략하는 경우가 흔하다는 것을 기억한다.

★ **부정 의문문이란?**
질문의 맨 앞에 나오는 not은 아무 의미가 없다. 따라서 언제나 무시하고 문제를 푼다. 비영어권의 사람들은 not이 나오는 질문의 경우 yes와 no를 종종 혼동하곤 한다. Not이 있든 혹은 없든 정답은 동일하다.

포인트 3 일반과 부정 의문문 구조별 좋아하는 정답 족보

▶ be동사 의문문

be동사는 기본적으로 동사 자체가 가지고 있는 의미가 없이 보어에 의지하는 동사이다. 따라서 이 경우 뒤에 나오는 보어에 대한 옳고 그름을 찾는 것이 핵심이다.

Are / Is / Was / Were + 주어 + **보어** + 부가정보 ~?

★ 앞쪽의 be동사에서 시제를 뒤의 보어에서 중심의미를 찾는다.

▶ do동사 의문문

do라고 하는 동사가 가지고 있는 시제를 파악하고 나면 재빨리 뒤의 동사의 원형을 들어주자. 이때 주의할 사항은 가끔 관계 대명사 따위의 수식을 받는 아주 긴 주어가 따라 나올수 있다는 것. 끝까지 가서 동사 원형을 찾아내자.

Do / Does / Did + 주어 + **본동사(동사원형)** + 부가정보 ~?

★ 앞쪽의 do동사에서 시제를 뒤의 동사원형에서 의미를 찾아주자.

▶ have동사 의문문

have동사가 가지고 있는 의미는 거의 경험을 묻는 경우가 많다. 따라서 시제에 주의하며 뒤에 나오는 p.p.와 어울리는 동사를 찾아준다.

Have/Has/Had + 주어 + **본동사(p.p.)** + 부가정보 ~?

★ 앞의 have 동사에서 시제를 뒤의 p.p.에서 의미를 찾아준다.

▶ 조동사 의문문

조동사가 Part 2에서 하는 기능은 제안의 의미가 가장 크다는 것을 기억한다. 따라서 뒤에 나오는 제안 의문문의 답변 형태가 조동사 의문문의 답변 형태와 동일하다는 것을 기억하는 것이 중요하다.

조동사 + 주어 + **본동사(동사원형)** + 부가정보 ~?

★ 조동사에서는 조동사의 시제뿐 아니라 각각의 조동사가 가지고 있는 기본적인 의미들을 찾아주는 것도 매우 중요하다. 또한 뒤의 동사 원형에서 의미를 찾아주자.

부가 의문문

부가 의문문은 일반 의문문과 동일하게 푼다. 단, 앞쪽 평서문에서 동사를 찾아내야만 한다.

DAY 06

포인트 1 부가 의문문의 secret point!

주어 + 조동사 + **동사원형** + 목적어/부가정보 , 조동사 + not + **주어(대명사)** ?

주어 + be동사 + **보어** + 부가정보 , be동사 + not + **주어(대명사)** ?

주어 + **일반동사** + 목적어/부가정보 , Do + not + **주어(대명사)** ?

★ 내가 말한 내용에 대한 확인이나 동의를 위해 평서문 뒤에 짧은 질문의 형태를 붙여 주는 것

★ 뒤에 나온 질문의 형태는 앞에 나온 평서문의 동사가 생략된 꼴이다.

포인트 2 부가 의문문에 따른 단계별 풀이법

▶ 1단계 → 시제 주어를 기억한다.

▶ 2단계 → 앞쪽 평서문의 동사를 잘 기억한다.

▶ 3단계 → 뒤쪽 질문의 주어와 동사의 시제를 기억한다.

▶ 4단계 → 평서문의 동사와 동일하거나 반대가 되는 보기를 고른다.

▶ 5단계 → 동일 동사가 반복되기도 한다.

포인트 3 부가 의문문 구조별 좋아하는 정답 족보

기본적으로 부가 의문문은 일반 의문문과 정답 패턴이 동일하다. 따라서, 일반 의문문과 마찬가지로 동사의 의미를 파악하는 것이 중요하다. 또한, 뒷 부분에 덧붙여진 질문 속의 주어의 성수일치와 동사의 시제 일치도 오답을 가려내는 데 결정적인 역할을 한다.

예를 들어, The picture is nice, isn't it?이라는 문장이 있다면 그림이 멋진지를 확인받거나 동의를 구하기 위한 질문 형태이다. 생략된 문장을 살펴보면, The picture is nice, isn't it nice?라는 문장이다. 이때 결국 우리가 대답을 해야 하는 것은 뒤에 나오는 질문의 형태이므로 동사 역할을 하는 nice가 핵심어구가 된다는 점에서는 변화가 없다.

이때부터 해결은 일반 의문문과 동일하다는 것, 그러므로 앞 부분의 평서문을 들을 때 동사 부분에 주의해서 들어줘야 함을 기억한다.

★ 부가 의문문에서 정말 주의해야 할 한가지는 주어가 뒤에서 대명사로 다시 한번 언급됨에 따라 주어에 대한 집착이 강하다는 것을 기억해 준다. 따라서 언제나 부가 의문문의 문제를 해결할 때는 주어의 일치가 일어났는지를 가장 먼저 보는 것이 중요하다.

⚠ 바쁠 땐 이것만이라도 꼭! | 급하다. 시험에서 일반/부정/부가 의문문 80% 맞히기

1. 평서문으로 시작해도 동사는 무조건 듣는다.
2. 뒷 부분 질문과 주어가 다르면 제거한다.
3. 뒷 부분 질문과 시제가 다르면 보류한다.
4. 동사가 생략된 정답이 많다.
5. 질문속 동사의 의미와 동일하거나 반대가 되는 것을 고른다.

Part 2 EXERCISE

06-2.MP3

음성을 듣고 질문에 가장 알맞은 답변을 고르시오.

1. (A) (B) (C)

2. (A) (B) (C)

3. (A) (B) (C)

4. (A) (B) (C)

5. (A) (B) (C)

6. (A) (B) (C)

Part 5&6 대명사 2

진단테스트

1. Extensive media coverage of Ms. Lee's new exhibition will help make ------- her most popular one soon.

(A) those (B) this
(C) these (D) itself

2. When your product costs more than ------- of your competitors, you must justify the reason.

(A) those (B) that
(C) them (D) this

3. ------- who have not completed secondary education may not be registered for the advance course.

(A) Every (B) Those
(C) That (D) They

4. Law firms assist clients who have suffered injuries or damages as the result of an accident or ------- negligence.

(A) the other (B) other
(C) others (D) one

5. ------- who is interested in participating in the nutrition study should contact Niko Papas at Levy Hospital. 201109

(A) Anyone (B) Yourself
(C) One another (D) Those

★ 정답 및 해설은 〈Part 5&6 유형분석 – 대명사 2〉에서 확인하세요.

이것만은 꼭!

1. 지시대명사

(1) that [those]

앞에 나온 명사의 반복을 피하기 위해 인칭대명사를 쓰지만 뒤에 수식어가 따라 나오면 it 대신 that을, they 대신 those를 쓴다.

The opinions expressed in this paper are **those** of the author and do not necessarily reflect the views of the organization.

이 신문에 표현된 의견들은 작가의 의견이고 반드시 조직의 의견을 반영하는 것은 아니다.

- the opinions 라는 표현의 반복을 피하기 위해 인칭대명사 they로 대신해야 하지만 뒤에 of the aurthor 라는 수식어가 따라 나와서 they 대신 those를 사용했다.

The company claims that their service is better than **that** of their competitors.

회사는 그들의 서비스가 그들 경쟁자들의 서비스보다 낫다고 주장한다.

- service 라는 단어의 반복을 피하기 위해 보통은 it를 쓰지만 바로 뒤에 수식어 (of their competitors) 가 따라 나왔으므로 it 대신 that을 사용했다.

(2) those – 선행사가 없는 대명사

those는 앞에 선행사 없이 '사람들 (=people)'이란 뜻을 지닌다.

Those (=people) who are involved in recruiting experienced employees are required to be fully aware of the importance of their experience.

숙련된 직원들을 모집하는데 관련된 사람들은 경험의 중요성을 잘 알아야 한다.

2. 부정대명사

(1) one / another / other / the other

부정대명사를 만드는 원리

처음 지칭하는 하나는 one, 처음 지칭하는 여러 개는 some으로 대신한다. 그 다음부터는 other를 활용하는데 또 다른 하나일 때는 하나의 의미이므로 부정관사 an을 써서 another로, 또 다른 몇 개일 경우는 복수이기 때문에 other뒤에 -s를 붙여주어 others로 만든다. 그리고 나머지일 경우는 항상 특정이므로 the를 써주고 단수일 때는 the other만, 복수일 때는 the others를 써주면 된다.

(2) 범위가 정해져 있는 경우

○	●	○	★	●
one	the other	one	another	the other
○	●●	○○○	●●●	
one	the others	some	the others	

He has three sisters; one is 20 years old, **another** is 16, the other is 14.
그는 3명의 여자형제들이 있다. 한 명은 20살이고, 또 한 명은 16살 나머지 한 명은 14살이다.

Only one employee submitted the report, and **the others** didn't.
단 한 명만 보고서를 제출했다. 나머지 직원들은 제출하지 않았다.

Prices vary from **one** shop to **another**. 가격은 가게마다 다르다.

Some Koreans like football and **others** like basketball.
몇몇 한국인들은 축구를 좋아하고 또 다른 한국인들은 야구를 좋아한다.

(3) 범위가 정해져 있지 않은 경우

○	●	▲▲
one	another	others
○○	●●●	▲▲
some	others	others

○	●●●	▲▲
one	others	others

★ one의 복수형이 ones가 아닌 이유
one의 복수형은 some이다. ones는 관사나 형용사 없이 단독으로 쓸 수 없기 때문이다.

By this month, newer and faster computers will be installed in place of the current **ones** (some ×) in each department.
이번 달까지 더 새롭고 빠른 컴퓨터가 각 부서의 현재 컴퓨터들 대신에 설치될 것이다.

one의 복수형은 단독으로 쓰일 경우는 some이고 관사나 형용사의 수식을 받는 경우는 ones이다.

Some (ones ×) are American and the others are Canadian.
몇 명은 미국인들이고 나머지는 캐나다인들이다.

(4) 부정대명사의 관용적 표현

each other와 one another (서로 서로)
– 명사와 부사의 역할을 할 수 있으나, 주어자리에 올 수 없다.

Weekly staff meetings provide an opportunity for employees to collaborate with **each other**.
주간직원회의는 직원들이 서로서로 협동할 기회를 제공한다

Team members preparing for their first project are expected to help **one another** by practicing together.
첫 번째 프로젝트를 준비하는 팀 멤버들은 같이 연습함으로써 서로 도와야 한다.

Part 5&6 유형분석 | 대명사 2

출제유형 1 지시 대명사, 지시 형용사 모두 되는 this 와 that

Extensive media coverage of Ms. Lee's new exhibition will help make ------- her most popular one soon.

(A) those (B) this
(C) these (D) itself

해설 빈칸 뒤에 her라는 한정사(소유격)가 있으므로 빈칸에는 한정사 역할을 하는 지시형용사가 올 수 없다. 따라서 보기가 빈칸에 온다면 목적어인 지시대명사 역할을 해야 하고 make가 5형식으로 쓰인 경우이다. make는 목적격 보어로 '명사, 형용사, 동사원형, p.p.'를 모두 취할 수 있다. 'make _____ = her most popular exhibiton'의 관계이므로 빈칸엔 단수명사가 와야 한다. 따라서 (A) those와 (C) these는 실격. help (to) make의 주체는 미디어 취재이고 대상은 exhibition이므로 재귀대명사 (D) itself는 실격. '미디어의 취재가 이번 전시회를 가장 인기있는 전시회로 만들어 줄것이다' 라고 해야 어울리므로 정답은 (B) this이다.

해석 Ms. Lee의 새로운 사진에 대한 미디어의 광범위한 취재가 이번 전시회를 곧 가장 인기있는 전시회로 만들어 줄것이다.

어휘 extensive 광범위한 coverage 취재

★ Check Point 지시형용사로 쓰일 땐 한정사 역할

Due to its higher response rate, this survey captured employee views more accurately .

높은 응답률 때문에, 이 설문조사는 직원의 견해를 더 정확하게 알아냈다.

○ survey를 수식하는 지시형용사 역할, 가산 단수명사 survey 앞에서 관사 대신 한정사 역할을 한다.

출제유형 2 뒤에 수식어가 나오면 인칭 대명사 대신 지시 대명사

앞에 나온 명사의 반복을 피하기 위해 인칭대명사를 쓰지만, 후치 수식어가 따라나오면 지시대명사 that, those로 대신한다.

When your product costs more than ------- of your competitors, you must justify the reason.

(A) those (B) that
(C) them (D) this

해설 '당신의 제품이 경쟁자의 제품보다 비용이 더 든다면, 그 이유를 정당화 해야 한다.' 라는 의미인데, 제품이라는 단어의 반복을 피하기 위해 두 번째 제품을 대명사 it으로 변경하는 것이 보통이다. 그런데 빈칸 뒤에 바로 수식어(of your competitors)가 나오므로 it 대신 that이 적절하다.

해석 당신의 제품이 경쟁자의 제품보다 비용이 더 든다면, 그 이유를 정당화 해야 한다.

어휘 **cost** (비용이) 들게하다 **competitor** 경쟁자 **justify** 정당화하다

출제유형 3 선행사 없이도 쓸 수 있는 대명사 those

선행사 없이 문두에 나와도 전혀 어색함이 없는 대명사. "사람들"의 뜻을 지니고 있는 복수로만 존재하는 대명사이다.

------- who have not completed secondary education may not be registered for the advanced course.

(A) Every (B) Those

(C) That (D) They

해설 관계대명사 who 절의 수식을 받는, 주어 역할을 하는 명사가 와야 한다. 형용사로만 쓰이는 (A) Every는 실격. 선행사가 없는 (D) They도 실격. (C) That은 who 뒤에 나오는 동사 have와 수일치가 되지 않는다. 선행사 없이 '사람들' 이란 복수로 쓰이는 (B) Those가 정답이다.

해석 중등교육 과정을 끝마치지 않은 사람들은 고급 과정에 등록 될 수 없다.

어휘 **secondary education** 중등교육 **register** 등록하다 **advanced** 고급의, 진보된

★ Check Point it vs. that / they vs. those

	선행사를 대신하는 대명사 역할	수식어 동반 가능 여부
it / they	O	X
that / those	O	O

출제유형 4 another + 가산 단수명사 / other + 가산 복수명사/불가산명사

another는 'an + other'의 형태가 결합된 형태로 ' 또 하나의, 또 하나' 의 뜻이면 대명사, 형용사 모두 가능하다. other는 형용사만 가능하고 가산 복수나 불가산명사를 취한다.

Law firms assist clients who have suffered injuries or damages as the result of an accident or ------- negligence.

(A) the other (B) other

(C) others (D) one

해설 보기 중에 negligence(부주의) 앞에 들어갈 한정사나 형용사를 찾으면 된다. 명사의 복수형인 (C) others는 실격. 문법적으로 나머지 보기는 모두 가능하므로 해석해서 가장 적절한 보기를 골라보자. 의미상 ' 사고나 그 밖의 다른 부주의로 인한 손상' 이라고 해야 하므로 '하나의' 란 뜻의 (D) one은 실격. 나머지 하나의 뜻을 지닌 (A) the other도 실격. 정답은 '불특정한 다른'이란 뜻의 (B) other이다. negligence는 불가산 명사라서 관사 없이 단독으로 쓸 수 있다.

해석 법률 사무소는 사고나 다른 부주의의 결과로 손해나 피해로 고통 받고 있는 고객들을 돕는다.

어휘 **assist** 돕다, 원조하다 **suffer** 고통을 겪다, 경험하다, 견디다 **injury** 상처 **damage** 손해, 손상 **as the result of** ~의 결과로 **negligence** 태만

★ Check Point 부정대명사는 부정형용사로도 쓰일 수 있다.

■ 부정대명사로 쓰이는 경우

PAVE Tech will not disclose your personal information to **others**.

페이브 테크는 당신의 개인 정보를 다른 사람에게 공개하지 않을 것이다.

■ 부정대명사가 형용사로도 쓰이는 경우

Could you change our conference date to **another** date?

우리의 회의 날짜를 다른 날로 바꿔주실 수 있습니까?

출제유형 5 부정 대명사의 관용적 표현 – each other / one another

'서로 서로' 의 뜻을 지닌 each other와 one another는 명사와 부사자리에 올 수 있지만, 주어 자리엔 올 수 없다.

------- who is interested in participating in the annual conference should email the coordinator.

(A) Anyone (B) Yourself
(C) One another (D) Those

해설 관계대명사 who절의 수식을 받는 주어자리에 올 수 있는 명사를 고르는 문제. 주어 자리에 올 수 없는 재귀대명사 (B) Yourself와 (C) One another는 실격. Those는 선행사 없이도 쓸 수 있는 대명사이긴 하지만 '사람들'이란 복수 명사라서 who 뒤에 나오는 동사 is와 어울리지 않는다. 따라서 (A) Anyone(누구나)이다.

해석 연례 회의에 참가하는 데 관심이 있는 사람은 누구나 담당자에게 이메일을 보내야 한다.

어휘 **coordinator** 진행자, 담당자

Part 5 EXERCISE

1. The Postal Service delivered my package last Thursday to the wrong address and the person who received the package thought it was -------.

   (A) he (B) his
   (C) him (D) himself

2. ------- vendors are required to clean up their assigned area in the park on an ongoing basis.

   (A) Every (B) Each
   (C) All (D) Others

3. Researcher Mr. Kim's technical argument is similar to -------, but the economic one is quite different.

   (A) my (B) mine
   (C) myself (D) me

4. Opinions expressed in this report are ------- of the authors and do not necessarily reflect the views of the editing department.

   (A) those (B) them
   (C) that (D) they

5. If you would like some information, nearly ------- booth has brochures, pamphlets and information sheets to take home.

   (A) all (B) every
   (C) most (D) whole

6. If you have any problems with the cartridge, we will immediately replace it with ------- or refund your money.

   (A) the other (B) other
   (C) another (D) each other

7. Some cheeses will only be available seasonally while ------- are available throughout the year.

   (A) others (B) other
   (C) another (D) the other

8. The provision of quality services is the main focus of ------- organization, which should be reflected on the work of every staff.

   (A) some (B) other
   (C) this (D) most

9. A half-day workshop suitable for ------- who are planning to start a new business is scheduled to be held in May.

   (A) those (B) themselves
   (C) whose (D) whichever

10. The Inventory Transfer Inc. specializes in a service allowing clients to perform stock transfer from one shop to -------.

    (A) other (B) another
    (C) one (D) one another

Part 6 EXERCISE

Questions 11-14 refer to the following article.

The government has decided to upgrade the entire length of Interstate Highway 1. Drivers welcomed the news. The upgrade of Interstate Highway 1 will coincide with ------- **11.** of Interstate Highway 2.

The Minister of Transportation said today she had full confidence that the construction ------- **12.** successful, and she would hold ------- **13.** personally responsible if there were any delays.

The Minister also said the Ministry of Transportation had hired certified workers, and that ------- **14.** could complete the upgrade on schedule.

The new paved longer highway will be accessible to the public staring from the fourth of July!

11. (A) that
(B) it
(C) those
(D) them

12. (A) will be
(B) would be
(C) is
(D) was

13. (A) she
(B) hers
(C) her
(D) herself

14. (A) them
(B) their
(C) they
(D) themselves

Part 7 | 편지 & 이메일 Letter & E-mail

포인트 1 Letter & E-mail의 접근 전략

▶ 글의 속성을 파악할 때

편지와 이메일은 수신자, 발신자 및 기본정보를 먼저 파악한다.
이메일의 경우 제목(Subject, Re)에서 "주제"를 쉽게 파악할 수 있고,
편지는 제목이 따로 없으므로 상투적인 격식을 갖춘 표현들을 제거하고
첫 두세 문장을 읽어 글이 분위기를 파악한다.

이메일의 도메인에서 보내는 사람이나 받는 사람이 일하는 회사 이름을 추측할 수 있다. 어떤 경우는 회사 이름을 통하여 회사의 종류를 유추할 수 있고, 수신인이나 발신인의 직업을 묻는 질문에 답도 가능하다.

DAY 06

▶ 자주 묻는 문제에 익숙해지기

- 편지와 이메일을 쓴 목적
- 동봉 내용
- 발신인의 요구
- 수신인이 할 일

편지와 이메일에 나오는 전형적인 문제이므로 글을 읽을 때 염두하면서 읽어두면 전체적인 글의 흐름을 빨리 파악할 수 있다.

포인트 2 시험에서 자주 다루는 주제

편지/이메일은 주로 알리거나, 부탁하거나, 요청하는 내용을 담고 있다. 대상은 개인, 단체, 가게, 회사, 기관, 고객, 회원 등이다.

▶ 개인이 단체, 가게, 회사, 기관으로 보내는 경우

잡지 구독 요청, 서비스 요청, 서비스나 제품 불만에 대한 시정 또는 보상 요구, 문의, 일자리 지원, 수락, 허가요청에 관련된 글들이 나온다.

▶ 단체, 가게, 회사가 고객, 회원들에게 보내는 경우

서비스나 상품 소개, 서비스 변경 알림, 주문 · 배송 관련 알림, 회원 자격 갱신 안내, 수리 안내, 워크숍이나 컨퍼런스 등 참가 청 또는 연설자로 청하는 경우 등이 있다.

포인트 1 질문 유형

▶ 보내는 사람의 정보를 묻는 질문

개인 이름, 부서명, 또는 회사명, 번지, 거리 이름, 도시명, 국가명 등으로 유추

What is indicated about Mr. Peek? 피크 씨에 관해 유추할 수 있는 것은 무엇인가?

Who should be contacted about the matter? 이 문제에 대해서 누구에게 연락해야 하는가?

Who wrote this letter[e-mail]? 누가 이 편지를[이메일을] 작성했는가?

▶ 받는 사람의 정보를 묻는 질문

개인 이름, 부서명, 또는 회사명, 번지, 거리 이름, 도시명, 국가명 등으로 유추

Where is the travel agency located? 여행 업체는 어디에 위치해 있는가?

Who will receive this letter[e-mail]? 누가 이 편지를[이메일을] 받겠는가?

▶ 목적을 묻는 질문

편지/이메일 의 목적과 관련된 부가 내용, 추가 전달 내용 등으로 유추

What is the purpose of the letter?

What is this letter about?

Why was the e-mail written?

Why has this letter been sent?

▶ 전반적인 이해를 묻는 질문

What service is NOT mentioned in the letter[e-mail]? 편지[이메일]에서 언급되지 않은 서비스는 무엇인가?

What is NOT true about Vijay Rajnathan? 비제이 라즈나탄에 관한 사실이 아닌 것은?

▶ 구체적인 정보를 묻는 질문

Who gave the African artifacts to the museum? 누가 박물관에 아프리카 공예품을 주었는가?

What is requested form Mr. Kim? 김 씨로부터 무엇이 요청되는가?

Where should Mr. Reno call? 레노씨는 어디에 전화해야 하는가?

How can one receive a discount? 어떻게 할인을 받을 수 있는가?

포인트 1 지문 분석

① Portland licensing Center
Motor Vehicle Division
Oakland St.
Portland, OR 97202

② Mr. Karl Cint
2 Walla Rd
Campletown

② Dear Mr. Cint,

③ Your application to upgrade your current haulage limit by an extra 20 tons has been received and reviewed by our office. However, we cannot process your application right now, as your truck license has not been renewed since it expired as of January this year. So, please keep in mind that this matter must be attended to before we can process any further upgrades.

④ Our records show that you have always been prompt in your payments in the past and therefore we will not penalize you for this small oversight if you pay in full the cost of license renewal within 30 days of receiving this letter.

④ Please bear in mind that you must not drive any truck until you receive your new license from our office. Delivery of the license will be within 5 working days of receiving your payment, or you can come to our office and pick it up directly. We are sorry for any inconvenience this may cause you but it is ⑤ imperative that your license is current when operating any vehicle on the road. I see no problem in allowing you to upgrade your haulage limit by 20 tons as long as you pay in full the cost of license renewal and upgrade within 30 days of receiving this letter.

The cost of renewal will be $165 and the upgrade $110. We look forward to hearing from you soon and hope this hasn't caused any major inconvenience.

Should you have any questions about any of the information above, please contact our office at 234-2335 or e-mail me directly at tp@licensing.com.

Sincerely,

⑥ Tom Peek
Tom Peek
Director of

① 편지를 보내는 사람의 주소. 생략되는 경우는 글의 하단에 주소가 나온다.

② 두개의 주소가 편지 윗부분에 나오는데 Dear 수신인과 붙어 있는 주소가 받는 사람 주소다

③ 편지의 목적은 주로 앞부분에 나온다. 목적 이외에 부가로 추가되는 내용에 대하여 목적을 혼동하지 않도록 한다. 목적은 편지를 왜 썼는가이다. 불만을 토로하고 시정을 요청하는 경우에는 시정 요청이 편지의 목적이 되며 주로 뒷부분에 온다.

④ 편지의 목적과 그에 관련된 부분이 나오고 추가 내용이 따라나오는 경우가 많다. 편지를 쓰면서 중요한 다른 정보도 같이 전달하고자 함이다. 이때 편지의 목적과 혼동해서는 안 된다. 글의 전반적인 내용을 묻는 질문은 주로 이 부분에서 출제된다. 편지, 이메일, 메모, 팩스 등에는 부탁하는 내용이 무엇인지, 즉 앞으로 취해야 할 행동을 묻는 질문들이 자주 등장한다.

이 경우 글의 중후반부에 Please, You must, You should, Would you? 등 있다. (Day 04 part 7 설명 참조)

⑤ The word "imperative" in paragraph 3, line 6 is closest in meaning to와 같은 동의어를 묻는 질문은 주로 두 지문 독해에서 나오나 가끔 한 지문 독해에서 나오기도 한다.

⑥ 편지 하단에 편지를 보내는 사람의 구체적인 정보가 나온다. 이름과 직책, 부서명, 회사 이름 등이 나온다.

▶ Encl.는 Enclosure의 약자로 '동봉'이란 뜻이다. 동봉한 문서가 있다는 것을 알려주는 표시이다.

DAY 06

Part 7 EXERCISE

Questions 15-18 refer to the following e-mail.

Date:	January 2
From:	Ken Hard
To:	Jenny Kang
Subject:	Ticket to Barcelona extension

Dear Jenny,

I purchased an open ticket, valid for one year, from your office on January 14, 2010 and was hoping to travel to Barcelona with that ticket. I have been delayed due to work and cannot leave until the 31st of January 2011. I am under the impression that a ticket can only be used within the 1 year time frame.

What I would like to know is if it is possible to extend the ticket for another 30 days. I really appreciate the service that you have provided in the past and if you can help me with this matter it would be much appreciated. You can reach me at 435-2564 from 9:00 A.M. to 3:00 P.M., Monday through Friday, or through e-mail at any time.

I have also seen your advertisement in this month's edition of Fine Travel magazine. It provides a special package for Hawaii, including round-trip airfare, luxury hotel accommodation, complimentary breakfast, car rental from the airport with unlimited mileage, guided tours to museums and attractions without extra charge. Does the price include the airport tax? Actually, I thought I must be mistaken. The price was unbelievably cheap, only $1,220 for three nights and four days. Is this a typo or is this the real deal? I'd like to get more details about the package. Please send me a complete itinerary because I am definitely interested.

Thank you,

Ken Hard

15. According to the letter, what is Mr. Hard concerned about?

(A) He thinks he works too hard.
(B) He thinks he makes a lot of mistakes.
(C) He wants to delay his travel plans.
(D) The tickets to Hawaii are sold out.

16. When will the ticket Mr. Hard now has expire?

(A) Jan. 14, 2010
(B) Jan. 2, 2011
(C) Jan. 14, 2011
(D) Jan. 31, 2011

17. Who does Ms. Kang most likely work for?

(A) A travel agency
(B) An airline
(C) Fine Travel Magazine
(D) A car rental company

18. According to what Mr. Hard mentioned, what is NOT stated about the special package to Hawaii?

(A) The price
(B) The duration
(C) The meals
(D) The departure tax

DAY 07

Part 2	• 제안 의문문과 간접 의문문
Part 5&6	• 형용사
Part 7	• 상품 광고 (Advertisement)

Part 2 제안 의문문과 간접 의문문

진단테스트

음성을 듣고 질문에 가장 알맞은 답변을 고르시오. 07-1.MP3

1. (A) (B) (C)

2. (A) (B) (C)

3. (A) (B) (C)

DAY 07

진단테스트 해설

1. Why don't you go home early and have a rest? 당신은 집에 일찍 가서 휴식을 취하는 게 어때요?

(A) I am going on a trip. 여행을 갈 겁니다.

- 휴식을 취하는 것(have a rest)과 연관되어 보이는 trip을 넣어 헷갈리게 만드는 오답.

(B) No, I have a meeting in the evening. 아니요, 저는 저녁에 회의가 있습니다.

- 저녁에 회의가 있기 때문에 일찍 집에 가서 쉴 수가 없다는 우회적인 표현으로 답이 되기에 적절하다.

(C) I am not feeling well. 저는 몸이 좋질 않습니다.

- 집에 일찍 가야 할 사유가 되나, 여기서는 적절한 대답이 될 수 없다.

2. Would you like to drink beer instead? 대신에 맥주를 드시겠습니까?

(A) In the bar. bar 안에서.

- beer와 연관있는 단어 bar를 들려주어 혼란시키는 오답패턴.

(B) What do you carry? 무슨 종류가 팝니까?

- 여기에서의 carry는 "~나르다/운반하다"라는 뜻 외에 "(물품을) 팔다, 가게에 놓고 있다"는 뜻으로 어떠한 종류의 맥주를 갖고 있는가를 되묻는 표현이 될 수 있다. 따라서 정답.

(C) No, I am not. 아니요, 저는 아닙니다.

- 일반동사 질문에 be 동사로 대답하지 않는다.

3. Do you know who was promoted as the new project manager?
당신은 누가 새로운 프로젝트 매니저로 승진되었는지 아십니까?

- 간접의문문으로 do you know / think / guess ~ 등의 뒤에 나오는 문장이 실제 묻고자 하는 질문임을 간파해야 한다. 따라서, 질문의 핵심은 "누가 매니저가 됐습니까?"라는 것이다.

(A) They haven't selected anyone yet. 그들은 아직 아무도 택하지 않았습니다.

- 여기서 they는 승진을 담당하는 사람들을 일컫는 것이 될 것이며, 특정한 사람이 아직 결정되지 않았다는 표현으로 적절한 답을 하고 있다.

(B) No, the project wasn't managed well. 아니요, 그 프로젝트는 잘 되지 않았습니다.

- project와 manage라는 단어를 사용해 질문과 관련된 듯, 들리게 만드는 오답의 형태를 취하고 있다.

(C) I know Jason works at the restaurant. 나는 Jason이 그 식당에서 일한다고 알고 있습니다.

- Do you know로 시작되는 질문에 적절한 답이 될 것 같이, 보기를 I know로 시작하며 특정인의 이름을 들려주고 있으나 내용을 보면 전혀 관련 없는 식당얘기를 하고 있다. 따라서, 오답.

  - **manage** 관리하다

Part 2 제안 의문문과 간접 의문문 해결하기

제안 의문문

제안 의문문은 '~하는 게 어때'를 물어보는 질문의 형태로 대답은 수락하거나 거절하는 형태를 취하는 의문문의 종류이다.

포인트 1 제안 질문의 종류

- Why don't we / you / I ~?
- What about ~? / How about ~?
- Would ~? / Should ~? / Could you ~? 등의 조동사 의문문
- Let's / Let me ~
- 주어 + 조동사 + 주어
- 명령형
- How would you like ~?
- Would you like ~?
- What if ~?
- I'd ~ / I'd like you to / I want you to ~

포인트 2 제안의 의문문 단계별 풀이법

▶ 1단계 → 제안임을 구별하는 것이 첫번째이다. (제안의 질문 유형을 외운다)

▶ 2단계 → 과거와 현재완료는 오답처리한다.

▶ 3단계 → 3인칭 주어는 오답처리한다.

▶ 4단계 → 수락하거나 거절하는 구문을 정답으로 고른다.

▶ 5단계 → 반문이나 다른 제안은 정답이 된다.

포인트 3 제안 의문문 구조별 좋아하는 정답 족보

수락	거절
★ That's a good idea. (빈도 98%) ★ That sounds great. (빈도 98%) ★ That would be nice. (빈도 98%) Okay / Sure / Of course I'd be glad / happy / delighted to ~ I'd love/like to. Thank you. / I'd appreciate it. (뒤의 목적 중요) Why not? We can do that. ~ first. 끝나는 시간을 알려주는 정답	Thanks, but No, Thanks I wish I'd like/love to, but
상황에 따라 수락과 거절이 가능한 답변	
I can handle [take care of / manage] it. = I'll do it. ★★ 반문 혹은 다른 제안 (빈도 99%)	

Q: Why don't you go out for dinner tonight? 오늘 저녁 먹으러 나가면 어떨까?

A: **That sounds great.** 좋은 생각이야.

Q: Let's go to the new Italian restaurant tonight? 오늘 저녁에 새로 생긴 이탈리안 레스토랑에 가자.

A: **How about** Fujiyama for Sushi? 스시 먹으러 후지야마에 가는 건 어때?

포인트 4 주의해야 할 질문의 유형

▶ 질문유형

- Would you / Do you mind -ing / if S + V?

mind는 동사 자체가 부정의 의미를 가진 "꺼리다"라는 동사 이므로 대답을 주의해야 한다. 만약 Would you mind opening a window? 유리창 여는거 싫으세요? 했는데 yes라고 대답하면 결국 열면 안된다는 대답이 되므로 유의한다. 실제 mind를 사용하는 질문의 형태는 상당히 공손한 질문이기 때문에 Part 2의 문제에서 mind 질문의 답변으로 yes 같은 긍정을 보긴 힘들다. 하지만, sure이라는 것은 허락을 이야기하는 표현이므로 yes와는 다르게 정답이 될 수 있다.

▶ 답변 형태

- Not at all(70%) , of course not, certainly not
- (Sure) go ahead , Here we/you go.
- 반문

  그리고 아주 간간히 어쩔수 없는 상황을 설명하며 거절하는 유형이 등장하기도 한다.

Q: Would you mind giving me a ride? 나 좀 태워주실래요?

A: Sorry, my car is in the shop. 미안합니다. 제 차가 수리중이라서요.

어쩔 수 없는 상황을 설명하며 거절하는 정답의 유형이다.

바쁠 땐 이것만이라도 꼭! | **급하다. 시험에서 제안 의문문 80% 맞히기**

1. 제안의 질문을 바로 파악한다.
2. 과거/현재완료 시제 보기는 제거한다.
3. 3인칭 주어로 된 보기는 제거한다.
4. 수락하거나 거절하는 정답을 찾는다.
5. Yes, but / No, and / if 처럼 주어와 동사가 생략된 보기는 정답이 잘된다.

DAY 07

간접 의문문

일반 의문문이나 제안 의문문의 뒤에 의문사 의문문 혹은 that과 if의 절이 등장하는 구조를 이야기한다.

포인트 1 간접 의문문의 secret point!

일반 의문문 + 의문사 + 주어 + 동사 ~?
제안 의문문 + that/if + 주어 + 동사 ~?

★ 이런 질문의 경우 일반 의문문이나 제안 의문문 뒤에 나오는 절이 훨씬 더 중요하다. 의문사라면 의문사의 정답유형에 that이나 if절이라면 '주어 + 동사' 부분에 초점을 맞춘다.

포인트 2 간접 의문문에 따른 단계별 풀이법

▶ 1단계 → 질문은 항상 끝까지 듣는다.

★ 대표적인 간접의문문을 가지고 오는 질문의 유형은 Do you know / Do you think / Can you tell me 등이다.

▶ 2단계 → 간접 의문문이라면 뒤쪽 내용에 핵심을 둔다.

▶ 3단계 → 뒷 구문이 의문사라면 의문사 해당정답을 찾는다.

▶ 4단계 → 뒷 구문이 that과 if라면 뒤쪽의 해당 구문과 어울리는 정답을 고른다.

포인트 3 간접 의문문이 좋아하는 정답 족보

간접 의문문은 뒷 구조에 따라 정답이 달라진다. 뒷 부분이 의문사라면 해당 의문사와 어울리는 정답을 골라야 한다. 하지만, 이때 앞쪽의 질문에 대해 yes 혹은 no라고 답할 수 있다는 것이 의문사 의문문이랑 다른 점이다. that과 if절이 뒤에 나오는 경우 종종 접속사가 생략되고 주어 동사만 나오는 경우도 있으므로 주의한다. 이때는 뒷 절을 일반 의문문처럼 생각하고 문제를 풀어주면 된다.

⚠ 바쁠 땐 이것만이라도 꼭! | **급하다. 시험에서 간접 의문문 80% 맞히기**

1. Do you know / Do you think / Can you tell me가 나오면 뒤에 의문사나 혹은 다른 주어동사가 나오는지 듣는다. 만약 다른 뒷 절이 나온다면 뒷부분이 중요하다.
2. 뒤에 의문사가 나오면 의문사에 어울리는 정답을 고른다.
3. 뒤에 다른 주어동사가 나오면 뒤의 동사를 잡고 어울리는 답을 고른다.

Part 2 EXERCISE

07-2.MP3

음성을 듣고 질문에 가장 알맞은 답변을 고르시오.

1. (A) (B) (C)

2. (A) (B) (C)

3. (A) (B) (C)

4. (A) (B) (C)

5. (A) (B) (C)

6. (A) (B) (C)

Part 5&6 형용사

진단테스트

1. California First Company now ------- for sale is well positioned in the metal fabrication industry.

   (A) direct (B) common
   (C) available (D) cooperative

2. Employers at Continent Highway Constructions are responsible for providing, replacing, and paying for personal ------- equipment.

   (A) protection (B) protects
   (C) protecting (D) protective

3. Bio Secure Lab's assistants perform many ------- tasks so that the researchers may concentrate on higher-level work.

   (A) interested (B) confident
   (C) aware (D) routine

4. ------- vendors are requested to register with the receptionist when entering the building.

   (A) All (B) Each
   (C) Every (D) much

5. ------- of the new employees was given information on company policies and performance appraisal.

   (A) All (B) Many
   (C) Every (D) Each

6. Ed has been a ------- colleague of mine for the last ten years and I want to thank him for the great contribution he has made to the Treasury's work.

   (A) closure (B) close
   (C) closed (D) closely

★ 정답 및 해설은 〈Part 5&6 유형분석 – 형용사〉에서 확인하세요.

이것만은 꼭!

1. 한정사의 종류

한정사			+	명사	→	
한정사	관사	a(n), the	+	명사	→	**a** car
	소유격	my, your, its				**my** car
	지시형용사	this, that, these, those				**this** car
	수량형용사	some, no, one, many …				**some** cars, **no** money, **one** card
	의문형용사	whose, which, what				**Whose** book is this? **What** problem do you have? **Which** cup is yours?

★ Day 4 '이것만은 꼭' 참조

2. 대부분의 수량형용사는 대명사로 쓰일 수 있다.

(1) 일반 형용사와 달리 수량형용사는 가산명사와 불가산명사를 구분한다.

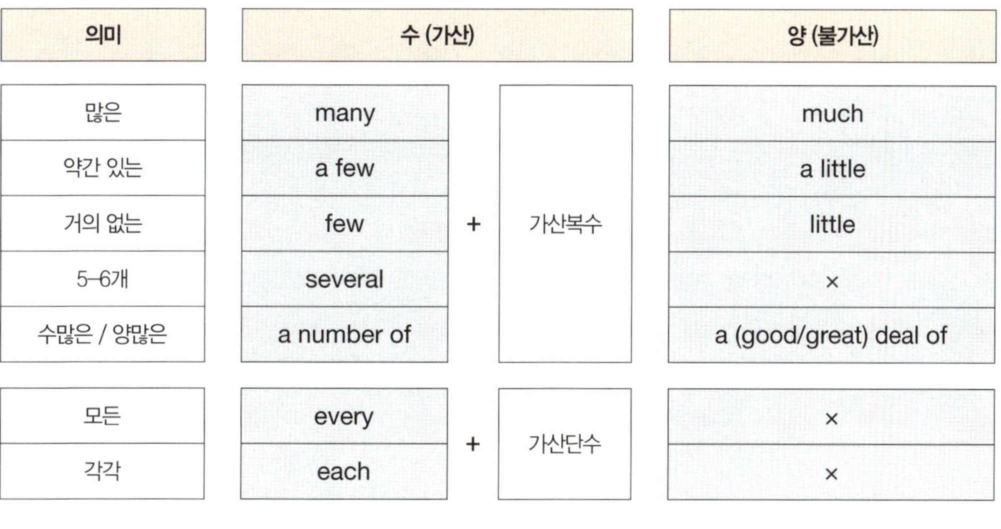

의미	수 (가산)			양 (불가산)
많은	many	+	가산복수	much
약간 있는	a few			a little
거의 없는	few			little
5–6개	several			×
수많은 / 양많은	a number of			a (good/great) deal of
모든	every	+	가산단수	×
각각	each			×

★ 나머지 수량형용사는 가산, 불가산에 관계없이 쓸 수 있다.

all 모든	most 대부분의	
enough = plenty of 충분한	a lot of / lots of 많은	no 없는
some 약간의	any 약간의 / 모든	

The notice will be sent to **all** branch managers in the state.
그 공지는 주에 있는 모든 지사 매니저들에게 보내질 것이다.

(2) 수량형용사는 한정사라서 수식어(부사/일반형용사) 보다 앞에 나온다.

some exceptionally brillianct students

(3) 한정사는 겹쳐 쓸 수 없다. 나란히 올 경우 전치사 of를 사용한다.

Many the cars (×) are used cars.

→ **Many of** the cars (○) are used cars.
주어역할

Much the water (×) is contaminated.

→ **Much of** the water (○) is contaminated.
주어역할

수식어 역할을 하는 전치사구를 제거하면 many와 much가 문장의 주어 역할을 한다. 따라서 수량형용사가 대명사 역할을 할 수 있게 된다.

Part 5&6 유형분석 | 형용사

출제유형 1 긴 형용사구는 뒤에서 수식한다.

형용사의 덩어리가 길어지면 명사를 후치 수식한다. 대표적인 형용사구는 ' 형용사 + 전치사구', '형용사 + to부정사구'가 있다.

California First Company now ------- for sale is well positioned in the metal fabrication industry.

(A) direct　　(B) common
(C) available　　(D) cooperative

해설 의미상 '현재 팔려고 나와있는' 이란 뜻의 형용사는 하나의 형용사구를 이루므로 명사를 후치수식하고 있는 구조이다. 'now available for sale'이라고 해야 어울리므로 정답은 (C) available(이용가능한)이다.

해석 현재 매각이 가능한 California First 사는 금속 제작 산업에서 잘 자리잡은 회사이다.

어휘 **position** 놓다, 배치하다 **fabrication** 제작, 제조 **direct** 직접의, 똑바른 **common** 흔한, 평범한 **available** 이용 가능한, 사용할 수 있는 **cooperative** 공동의, 협력의

출제유형 2 형용사가 연달아 나오는 경우

형용사가 의미상 덩어리 표현으로 나오는 것이 아니라, 각각의 형용사가 따로 따로 명사를 수식하는 경우는 명사 앞에 쓴다. 즉, '형용사 + 형용사 + 명사'의 형태도 가능하다.

Employers at Continent Highway Constructions are responsible for providing, replacing, and paying for personal ------- equipment.

(A) protection　　(B) protects
(C) protecting　　**(D) protective**

해설 우리말로 해석해서 풀다 보면 (A) protection equipment(보호장비)도 맞는 것 같고, (C) protecting equipment(보호하는 장비)도 맞는 것 같지만 정답은 (D) protective(보호의)이다. 명사를 수식하는 형용사가 있다면, 굳이 복합명사나 분사형용사를 만들어 쓸 필요가 없다. 특히 우리말로 하면, 빈칸 앞에 형용사 personal(개인의)이 있어서 빈칸엔 명사가 나오고 의미상으로 '개인의 보호 장비(형용사 + 복합명사)'가 최고의 조합처럼 보여서 실수 하기 쉽다. 보호장비는 'protective equipment'가 맞는 표현이고, 앞에 나오는 형용사 personal은 개별적으로 명사 equipment를 수식하고 있다. 따라서 정답은 (D) protective(보호의)이다.

해석 Continent Highway Constructions 의 직원들은 개인의 보호장비를 갖추고, 교체하고, 구입할 책임이 있다.

어휘 **position** 놓다, 배치하다 **fabrication** 제작, 제조 **direct** 직접의, 똑바른 **common** 흔한, 평범한 **available** 이용 가능한, 사용할 수 있는 **cooperative** 공동의, 협력의

출제유형 3 명사수식이 불가능한 보어로만 쓰이는 서술적 형용사

서술 형용사는 보어로만 쓰이는 형용사를 말한다. 2형식에서 주격보어와 5형식 목적격보어로 쓰인다.

Bio Secure Lab's assistants perform many ----- tasks so that the researchers may concentrate on higher-level work.

(A) interested (B) confident
(C) aware **(D) routine**

해설 보기가 모두 형용사이므로 해석해 보아 적절한 의미를 고른다. (A) interested(흥미있는)은 사물을 수식할 수 없고, (C) aware(잘 알고 있는)은 명사를 수식할 수 없는 보어로만 쓰이는 형용사이다. 의미상 (D) routine(일상적인, 판에 박힌) 업무가, (B) confident(자신감있는, 확신하는) 업무 보다 자연스러우므로 정답은 (D) routine이 된다.

해석 Bio Secure Lab 의 보조 연구원들은 연구원들이 좀더 높은 레벨의 연구에 집중 할 수 있도록 일상적인 업무를 처리한다.

어휘 **confident** 자신감 있는, 전적으로 확신하는 **aware** 잘 알고 있는 **routine** 판에 박힌, 일상적인

★ Check Point 서술 형용사(보어로만 쓰이는 형용사)

afraid 두려운, aware 알고 있는, alike 똑 같은, asleep 잠들어 있는, alive 살아 있는, ashamed 부끄러운, awake 깨어 있는, alone 외로운, worth 가치 있는, unable 할 수 없는, liable 책임 있는

Farmers should be made **aware** of benefits. 농부들은 혜택을 인식해야 한다.

출제유형 4 가산명사와 불가산명사를 구분하는 수량형용사

한정사에 속하는 수량형용사는 일반 형용사와 달리 가산명사를 수식하는 형용사와 불가산 명사를 수식하는 형용사가 다르다.

------- vendors are requested to register with the receptionist when entering the building.

(A) All (B) Each
(C) Every (D) much

해설 빈칸 뒤에 복수 명사 vendors(상인)와 어울리는 수량형용사를 찾아야 한다. (D) much(많은)는 불가산 명사만 수식해서 실격. (B) each(각각의)와 (C) Every(모든)는 가산 단수 명사만 취한다. 따라서 가산과 불가산 명사에 공통으로 쓸 수 있는 (A) All(모든)이 정답이다. All은 공통의 수량형용사이지만, 뜻이 '모든'이니 만큼 가산명사를 취할 경우 복수형을 취해야 한다.

해석 모든 상인들은 건물에 들어가기 전에 접수부 직원에게 등록해야 한다.

어휘 **vendor** 상인 **register** 등록하다 **receptionist** 접수부 직원

★ 암기 미션

가산 복수형만 취하는 수량형용사	many, several, a few, few, a number of(=numerous)
가산 단수만 취하는 수량 형용사	every, each, one
불가산 명사만 취하는 수량형용사	much, a little, little
가산 불가산 모두 취하는 수량 형용사	all, some, any, no, most, a lot of, lots of …

★ 뜻은 '이것만은 꼭' 참조

출제유형 5 수량형용사는 대명사도 가능하다.

대부분의 수량형용사는 대명사로 쓰일 수 있다. 단 every 와 no 는 형용사만 가능하다.

------- of the new employees was given information on company policies and performance appraisal.

(A) All (B) Many
(C) Every **(D) Each**

해설 빈칸은 동사 was given의 주어자리이므로 명사로 쓰일 수 없는 (C) Every는 실격. 대명사일 때 복수 취급하는 (B) Many는 동사 was와 어울리지 않는다. (A) All은 가산, 불가산을 다 취할 수 있지만, 가산명사와 함께 쓸 경우 복수취급 하므로 실격. 따라서 정답은 대명사로 쓰일 수 있으며 단수 취급하는 (D) Each가 정답이다.

해석 신입사원들 각각에게 회사 정책들과 업무평가에 관한 정보가 주어졌다.

어휘 **performance** 실적, 공연, 성능 **appraisal** 평가

★ 암기 미션 가산 단수명사만 수식하는 표현

대명사로 쓰일 수 없는 every와 no	**Every** of the students passed the exam. (×) ○ of the students를 제거하고 every를 주어로 쓸 수 없다. 따라서 대명사 역할도 불가능. 뜻이 똑 같은 each of the + 복수명사로 대신한다. **No** of the books are mine. (×) ○ of the books를 제거하고 No를 주어로 쓸 수 없다. 따라서 대명사 역할이 불가능. 대신 None of the books are mine. 로 대체한다.
any가 평서문에 나오면 every/all의 강조 표현이다. 뒤에 가산단수, 가산복수, 불가산 명사 모두 가능하다.	**Any** employee [employees] interested in attending the annual meeting should register at the marketing department. 연례회의에 참가하는데 관심이 있는 직원은 누구나 마케팅 부서에서 등록해야 한다.

DAY 07

출제유형 6 비슷하게 생겨서 헷갈리는 형용사

Ed Stuart has been a ------- colleague of mine for the last ten years and I want to thank him for the great contribution he has made to the Treasury's work.

(A) closure (B) close
(C) closed (D) closely

해설 빈칸은 명사 colleague를 수식하는 형용사 자리이다. 명사 (A) clossure(마감, 폐쇄)와 부사 (D) closely(면밀히)는 실격. (B) close(가까운)와 (C) closed(닫힌) 둘 다 형용사 역할을 할 수 있으므로 해석해서 알맞은 형용사를 고르면 된다. '가까운 내 동료'라고 해야 어울리므로 정답은 (B) close이다.

해석 에드 스튜어트는 지난 10년 동안, 나의 가까운 동료였고, 그가 회계업무에 기여한 엄청난 공로에 감사하길 원한다.

어휘 **colleague** (= fellow, associate) 동료 **contribution** 기여, 기부 **closure** 폐쇄, 종결 **close** 가까운, 정밀한 **closed** 닫친, 마감된 **closely** 면밀히

★ 암기 미션 헷갈리기 쉬운 형용사 어휘

considerable 상당한 considerate 사려 깊은	successful 성공적인 successive 연속해서 일어나는
beneficial 유용한 beneficent 자선심이 많은, 유익한	reliant 의지하는 reliable 믿을 만한
economic 경제의 economical 경제적인	healthy 건강한 healthful 건강에 좋은
confidential 기밀의 confident 자신감 있는	impressed 감명 받은 impressive 인상적인
desirous 바라는 desirable 바람직한	respective 각각의 respectful 존경심을 보이는, 공

Part 5 EXERCISE

1. Internships in statistics are available through ------- universities and cover many fields of application in both large and small companies.

   (A) various (B) single
   (C) the number of (D) another

2. Several ------- agreed that financing and commercialization are at the heart of many of the problems.

   (A) participate (B) participated
   (C) participation (D) participants

3. The city government expects further social and ------- progress in the next five years.

   (A) economy (B) economic
   (C) economical (D) economist

4. Andy's Auto Rentals is a young and progressive company ------- to expand its operations through a committed approach to customer service.

   (A) eager (B) common
   (C) frequent (D) large

5. Sweet Home Interiors recommends to its customers tile roofs that are low maintenance and require ------- repairs.

   (A) quite (B) often
   (C) any (D) few

6. Outfitters provide their knowledge of the area and the opportunity for you to experience and enjoy ------- outdoor activities.

   (A) number (B) numerous
   (C) numbering (D) numerously

7. As our customers may use our products for critical transactions, ------- system failures could result in damage to their businesses.

   (A) which (B) many
   (C) every (D) any

8. One should be ------- of others by not talking aloud while in public places.

   (A) considerable (B) considerably
   (C) considerate (D) consideration

9. Nature Drop's record sales of mineral water have been noticeably recognized but its profit margins are ------- to decline due to its reduced prices.

   (A) proper (B) capable
   (C) owing (D) liable

10. All images contained on this web site are copyrighted property of their ------- owners.

    (A) respectful (B) responsive
    (C) respective (D) responsible

Part 6 EXERCISE

Questions 11-14 refer to the following notice.

Traveling in and around London and the UK

The London Underground, or the Tube, is the fastest and most ------- **11.** way to travel around London. You can purchase a daily, weekly, monthly or even yearly Travelcard, which also covers buses. The Travelcard operates on a system using a series of six zones, so ensure you purchase the correct zone ticket; ------- **12.** you may incur a fine.

Buses are a popular means of transport outside central London and for areas not serviced by the Tube or other rail services. However, they can be a ------- **13.** means of transport within the city. Night buses are ------- **14.** after midnight when the Underground.

Tube closes. Timetables and general transport information are available at www.tfl.gov.uk.

Outside London

Although London is the obvious destination for many people when they arrive in the UK, there's a lot more to see and do outside the capital. Page Personnel has offices throughout the UK. So if you're after something a bit different, why not ask us about positions outside London?

11. (A) economically
(B) economy
(C) economics
(D) economical

12. (A) moreover
(B) instead
(C) otherwise
(D) therefore

13. (A) popular
(B) fast
(C) fine
(D) slow

14. (A) available
(B) affordable
(C) free
(D) considerable

Part 7 상품 광고 Advertisement

제품, 회사, 식당, 호텔, 휴양지, 여행상품, 가게, 폐업, 세일 등 광고는 내용이 광범위하지만 광고하는 상품, 상품의 특징, 광고를 기념한 특별행사가 빠지지 않고 등장하므로 지문의 유형에 빨리 익숙해지기로 하자.

포인트 1 질문의 유형을 보고 찾아가는 Advertisement의 구조

초반부	상품소개, 광고대상 • What is being advertised? • For whom is this advertisement intended? 제품(상품) • products, merchandise, goods, wares, appliances
중반부	상품의 특징, 장점등 소개 • durable = sturdy = long lasting = strong 튼튼한, 내구성 있는 • warranty 보증서 compatible with ~와 호환 가능한 state-of-the-art 최첨단의 • 특별행사 (special offers) • 가격인하 → discount, ~% off, price reduction, savings, on sale, special price • 저렴한 → affordable = reasonable = competitive= moderate = economical • 주의해야 할 단어 competitive (경쟁력 있는) competitive prices 경쟁력 있는 가격 = lower prices 더 낮은 가격 competitive wages 경쟁력 있는 가격 = higher wages 더 높은 가격
후반부	구매 방법 / 구매처 • buy = purchase = place an order = obtain = acquire • 점포의 위치(location)나 길안내(direction)가 궁금하면 연락주세요~

DAY 07

▶ 아래의 질문이 나오면 → 광고 초반부

• 어떤 상품이 광고되고 있는지 묻는 질문

What is being advertised? 무엇이 광고되고 있는가?

What is this advertisement about? 이 광고는 무엇에 관한 것인가?

What kind of business is Wave Straight? 웨이브 스트레이트는 어떤 업체인가?

• 어떤 사람들을 대상으로 한 광고인지 묻는 질문

For whom is this advertisement intended? 이 광고는 누구를 대상으로 하고 있는가?

▶ 광고하고 있는 상품의 특징 (features) 을 물으면 → 중반부

• 광고되는 제품의 특징에 대해 묻는 질문

What is NOT mentioned as an advantage of these classes?
이러한 수업에 대한 장점으로 언급되지 않은 것은?

What's the special offer from Los Angeles to Oahu Island?
로스앤젤레스에서 오아후 섬에 한 특별한 제안은?

According to the advertisement, why should people enroll by January?
광고에 따르면 사람들은 왜 1월까지 등록해야 하는가?

What's the last date the discount is available? 할인을 해주는 마지막 날짜는?

동종의 다른 제품 또는 영업장과 비교해서 무엇이 더 나은지, 무엇을 특징으로 내세우는지 확인한다. 상품의 특징은 광고에서 주로 질문하는 내용이므로 반드시 확인한다.

광고를 기념한 special offer(특별행사, 특가제공) 주로 할인 행사나 선물 증정이 언급된다. 특별행사의 기간은 주로 정해져 있다. 할인행사에 관한 질문이나, 무엇을 증정하는지, 또는 언제까지 특별 할인이 가능한지를 묻는 질문들이 종종 출제된다.

▶ 구매 방법과 연락처 → 후반부

포인트 2 〈상품 광고〉 지문 분석

❶ Z-Travel is an Internet-based travel company that provides you with all the information you need to research, plan and purchase your whole trip, whether it is a quick business meeting in Busan or a family getaway in New Zealand! ❷ Through this website, you have access to one of the largest databases of travel - related products on the web. We have partners in Europe, America and throughout Asia guaranteeing you will get the best deal wherever you wish to travel. Z-Travel has thousands of satisfied customers and we hope that you allow us to give you that satisfaction too.

❸ Each month here at Z-Travel we have special offers that you won't believe! But you have to be quick as the opportunity doesn't knock twice. These deals are exclusively on a first come-first - served basis as availability is strictly limited. This month we have some very special deals for our North American customers. Book now and you can fly return from Chicago to Las Vegas for as little as $213. Can you believe that? How about Los Angeles to Oahu Island return for $319? Crazy? Maybe we are, but hurry because seats are filling up fast. Check out our list of other deals below and book your flight today!

You can book all your arrangements through this webpage, including accommodation, but should you wish to contact us for any other reason, our details are as follows:

❹ Customer Service
customerservice@ztravel.com
Phone (Business Hours) (013) 09 479 1945
Phone (After Hours) 011 4327 8932

❶ 광고하는 상품이 무엇인지는 글의 첫 문단에 나오며, 첫 줄에 언급되는 경우가 많다. 상품은 아주 다양한데 토익에 나온 것들을 보면, 가게의 할인, 개장, 폐업 광고, 식당 광고, 호텔 광고, 여행 상품 광고, 회사 광고 등을 비롯하여 아주 다양한 내용들이 광고되고 있다.
광고하는 상품을 보고 광고 대상을 추측해볼 수 있다. 광고 대상을 묻는 문제도 나온다.

❷ 광고에 빠지지 않는 것이 광고하는 상품의 특징이다. 특징은 제품을 처음에 소개하면서 같이 언급될 수도 있고, 따로 특징만 소개하는 문단이 나올 수도 있으며, 항목으로 나열되는 경우도 있다.
offer, special features, pride, provide, one of the 최상급, best, most 등이 상품의 특징을 소개할 때 꼭 나오는 단어들이다.

❸ 광고 기념 특별 행사로는 주로 할인이 많이 언급된다. 또는 특정 조건을 만족했을 때 제공하는 선물 증정도 있다. special offer란 말이 주로 사용이 되는데 특별할인을 지칭하는 말이다. 행사가 지속되는 기간과 관련된 문제들도 종종 출제된다.

❹ 웹사이트 주소, 이메일 주소, 우편 주소, 전화번호 등이 언급될 수 있다. 웹사이트나 이메일 주소의 도메인에서 회사의 이름이나 종류를 짐작해볼 수도 있다.

Part 7 EXERCISE

Questions 15-17 refer to the following advertisement.

MacKenzie and Willis
Grand Opening
July 1

Looking to spruce up your home? We have all the home furnishings you need from bedding, tableware and glassware to wall art, furniture, home decor, rugs and home lighting. We offer one-stop shopping.

Come and look around! There is something for everybody! Our new store is located in the Cashel St. Mall, beside Bunnings Warehouse. Just look for the bright red and yellow sign. You can't miss us! We are open 7 days a week from 10 a.m. to 8 p.m., even on Sundays! Our price range is from $1 to over $2,000.

We are offering a huge discount on certain items to celebrate the grand opening: all comforters are 50% off and rugs are 30% off. One-hundred piece sets of dinnerware are being given out to those who spend over $500, but this is limited to the first 50 customers. If you want to catch our opening specials, then make sure you come and visit us before the 16th of July, as these discounts are too good to go on forever.

For more information about our product range or to make general enquiries, please visit our website at www.mackenzieandwillis.com.

We hope to see you soon!

15. What is being advertised?

(A) A home furnishings store

(B) A hardware store

(C) A house cleaning company

(D) A book store

16. What is the last date the discount is available?

(A) By June 7th

(B) By June 30th

(C) By July 1st

(D) By July 16th

17. What is given for free to those who spend more than $500?

(A) A comforter

(B) A rug

(C) A dinnerware set

(D) A piece of furniture

DAY 08

Part 2 • 평서문과 선택 의문문

Part 5&6 • 부사

Part 7 • 구인 광고 (Job Advertisement)

Part 2 평서문과 선택 의문문

진단테스트

음성을 듣고 질문에 가장 알맞은 답변을 고르시오. 08-1.MP3

1. (A) (B) (C)

2. (A) (B) (C)

3. (A) (B) (C)

DAY 08

진단테스트 해설

1. That road construction is so noisy. 저 도로 공사는 매우 소란스럽네요.

◯ 불평을 하고 있다.

(A) You'd better close the window. 창문을 닫는 게 좋겠네요.

◯ 불평에 대한 해결책을 주는 정답 패턴.

(B) No, the building is still under construction. 아니요, 그 건물은 여전히 공사중입니다.

◯ construction의 동일 발음을 이용한 오답.

(C) Yes, you should take a different road. 네, 당신은 다른 도로로 가야 합니다.

◯ road라는 동일 발음을 이용한 오답.

2. The performance starts at 9 o'clock. 그 공연은 9시에 시작합니다.

◯ 사실만을 전달하는 가장 어려운 패턴의 평서문이다.

(A) He is performing outside. 그는 밖에서 공연합니다.

◯ Performance의 유사발음을 이용한 오답이다.

(B) We'd better hurry then. 그러면, 우리는 서두르는 게 좋겠습니다.

◯ 9시에 시작하므로 늦지 않게 서두르자는 자연스러운 내용연결이다.

(C) She didn't start the project. 그녀는 그 프로젝트를 시작하지 않았습니다.

◯ Start라는 동일 발음을 이용한 오답이다. 또한 she나 he가 나오는 경우 대명사 앞에 꼭 지칭하는 명사가 있어야 한다.

3. Would you rather study as a group or individually?
당신은 그룹으로 공부하길 원하십니까? 아니면 개인적으로 공부하길 원하십니까?

◯ Would you rather/ prefer ~ 또는 which would you like ~ 등의 질문은 반드시 뒤의 두 가지 중 하나를 선택하길 원하는 의문문이므로 그 두 가지가 무엇인지 잘 들어야 한다.

(A) In the classroom. 교실에서.

◯ study와 관련된 단어 classroom을 넣어 만든 오답형태.

(B) I will do a group work this time. 이번에는 그룹워크를 하겠습니다.

◯ group study, group work를 선택하여 적절한 대답을 하고 있다.

(C) He is a good student. 그는 훌륭한 학생입니다.

◯ study와 관련하여 student를 언급하여 혼동시키고 있으나, 선택을 요구하는 질문에 적절치 못한 대답이므로 오답.

· **rather** 어느 쪽이 나은가

Part 2 평서문과 선택 의문문 해결하기

평서문

평서문은 유형이나 패턴이 없이 의미를 다 듣고 가장 알맞은 반응을 골라야 하는, 사실 가장 어려운 문제 중 하나이다. 그렇다면 평서문은 무엇을 듣고 무엇에 대한 반응을 골라야 하는 걸까? 일단 잊지 말아야 하는 가장 중요한 포인트는 평서문에서 과연 전달하고자 하는 핵심을 어디에다가 두었을까 하는 것이다. 평서문에서 전달하고자 하는 핵심은 우리가 문장을 읽을 때의 그것과 다르지 않다.

평서문을 들을 때는 문장의 핵심이 되는 주어, 동사, 목적어를 듣는 것이 중요하다. 허나, 말이 쉽다. 처음부터 들을 때 주어, 동사를 구별한다면 뭐가 문제란 말인가? 일단 처음에 나오는 명사가 주어이다. 생각 외로 Part 2 문장에서 주어가 앞에서 수식받는 경우는 거의 없으므로 쉽게 주어를 찾을 수 있다. 그후 부사의 사운드인 '~리(~ly)' 사운드를 제거하고 나면 거의 대부분 바로 동사가 나오므로 주어 동사는 어렵지 않게 대부분은 찾을 수 있다.

평서문의 경우, 오답 패턴의 가장 중요한 부분이 바로 사운드의 함정, 소리의 오답을 골라내는 것이다. 따라서, 의미도 의미이지만 소리를 기억해서 제거하는 것이 매우 중요하다는 것을 기억한다.

포인트 1 평서문의 secret point!

주어 + (부사) + 동사 + 목적어

★ 주어와 동사를 잘 듣는 것이 포인트이다.

포인트 2 평서문의 단계별 풀이법

▶ 1단계 → 주어와 동사를 찾는다.

▶ 2단계 → 발음의 오답을 제거한다.

▶ 3단계 → 시제의 오류를 제거한다.

▶ 4단계 → 명사와 전치사구를 제거한다.

▶ 5단계 → 미래와 반문 혹은 제안을 고른다.

포인트 3 평서문이 좋아하는 정답 족보

평서문의 기본은 맞장구이다. 따라서, 맞장구가 되는 느낌표 혹은 반문과 제안이 언제나 1순위 정답이다. 자주 나오는 맞장구 표현에는 I know, That's not what I heard, I think so 등의 표현이나 혹은 great!, What a relief!와 같은 감탄문도 자주 등장한다. 또한, 미래지향적인 것을 제시하는 형태로 정답이 자주 등장한다.

포인트 4 평서문에서 자주 나오는 오답족보

맞장구가 되기 힘든 명사와 전치사구 그리고 과거형은 정답으로 그닥 좋아하지 않는다.

★ Memorize it! 평서문에서 자주 나오는 흔한 형태

▶ 예약하고 싶은데요. / 예약을 취소하고 싶은데요.

I'd like to make a reservation. 저는 예약을 하고 싶어요.

I want to cancel my reservation. 저는 예약을 취소하고 싶어요.

이렇게 예약 하고 싶거나 혹은 취소하고 싶다는 질문이 나오면 대답은 보통 4가지이다.

(1) What's your name? 이름이 뭔가요?

(2) How many people? 몇 명이죠?

(3) What's your reservation number? 예약번호가 뭔가요?

(4) I can help you with that. 제가 도와드릴게요.

이처럼 주로 도와 주겠다거나 혹은 예약을 하거나 취소할 때 필요한 추가 질문들이 정답으로 나온다.

▶ ~ 씨는 정말 훌륭한 사람이군요.

Tom sure is a great leader for this team. Tom은 정말 이 팀의 훌륭한 리더예요.

이렇게 사람을 칭찬하는 내용이 질문으로 나오면 언제나 답은 그 사람이 능력이 있다는 맞장구치는 대답이 나온다.

Yes, he is very good. 네, 그는 정말 훌륭해요.

Yes, he is very organizing. 네, 그는 매우 조직적이예요.

▶ 환경에 대한 불만

(1) 공사장 소리가 너무 시끄러워요.

The sound from the construction site is so noisy. 공사장소가 너무 시끄러워요.

(2) 이 사무실이 너무 더워요 혹은 추워요. / 날씨가 너무 더워요 혹은 추워요.

The office is so hot. 사무실이 너무 더워요.

This place is so cold. 이 곳은 너무 추워요.

The weather is too hot these days. 요즘 날씨가 너무 더워요.

이런 종류의 질문이 나오면 대답은 같이 맞장구치며 불만을 드러내거나 혹은 달래면서 대안책을 주는 형태로 보여진다.

Why don't you wear your sweater? 스웨터를 입지 그러세요?
Why don't we close the window? 창문을 닫는 게 어때요?
Why don't you close the door? 문을 닫는 게 어때요?
I can't stand it either. 나도 역시 못 참겠어요.
It's the humidity that annoys me. 나는 습도가 너무 짜증나요.

▶ 아직 안 가셨군요.

I thought는 의외나 놀라움을 나타내는 동사표현이라고 보면 된다.

I thought you left for Kyoto. 나는 네가 교토에 간줄 알았는데.

답변은 언제나 일정이 취소되었다는 형태로 등장한다.

My meeting was cancelled. 미팅이 취소되었거든.

▶ 제안이나 부탁을 하는 경우

Let's / Let me ~
I'd like you to ~
I want you to ~
I can ~
You should ~

이런 제안 류의 질문이 나오면 앞서 제안에서 배웠던 수락이나 거절의 답변들이 필요하다.

DAY 08

▶ 간접적 질문

직접 질문을 하는 것은 아니지만 의문문 취급해야 하는 유형들이며 정답은 일반 의문문의 답변과 다르지 않다.

I wonder if he could come tonight. 그가 오늘밤에 올 수 있는지 궁금해요.
= Could he come tonight? 그가 오늘밤에 올 수 있나요?

사실 위 아래 두 개의 질문은 같은 질문이다. 대답은 일반 의문문과 마찬가지로 그가 올 수 있는지 없는지로 하면 된다.

⚠ 바쁠 땐 이것만이라도 꼭! | 급하다. 평서문 반은 맞히는 법

1. 위에 제시한 패턴들을 숙지한다.
2. 평서문은 발음의 오답이 가장 많이 나온다. 동일발음은 제거한다.
3. 주어와 동사를 무조건 듣는다.
4. 많이 나오는 제안을 잘못 해석하지 말자.
5. 명사와 전치사구는 버리고 미래, 제안, 반문을 고른다.

선택 의문문

A or B의 형태로 연결되어 둘 중의 하나를 고르도록 하는 질문의 형태이다.

포인트 1 선택 의문문의 Secret Point!

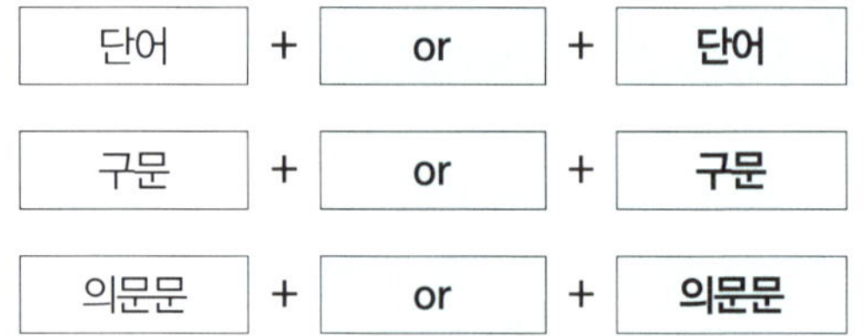

단어 + or + 단어
구문 + or + 구문
의문문 + or + 의문문

★ or가 나오고 난 뒤를 놓치지 말고 동일한 종류를 고르는 것이 포인트이다. 하지만, 의문문과 의문문의 질문의 경우 선택이 아니라 상황을 파악하는 것이라는 것이 중요하다.

포인트 2 선택 의문문의 단계별 문제 풀이법

▶ 1단계 → 앞의 질문의 주어 동사를 잡다가 or가 나오면 그 뒤를 집중한다.

▶ 2단계 → yes와 no가 있는 답변은 버린다.

▶ 3단계 → or 뒤와 동일한 종류를 정답으로 고른다.

▶ 4단계 → '의문문 or 의문문'의 경우 둘 중 하나에 답한다.

▶ 5단계 → 둘 다 좋거나 둘 다 싫은 것은 정답이다.

포인트 3 선택 의문문의 종류 파악하기

선택의문문을 해결하기 어려운 이유는 문장의 중간에 or를 듣기 전까지는 이 문제가 선택 의문문인지를 모른다는 데 있다.

▶ 명사와 명사 혹은 동사와 동사와 같은 단어 사이에서의 선택

단어 사이의 선택이라면 or가 나오는 순간의 앞뒤를 빨리 비교해서 나오는 단어 사이를 고르면 되는 비교적 단순한 패턴이다. 단, 둘 중 하나를 고르라는 대답이기 때문에 yes나 no는 정답 속에 나올 수 없다.

Would you prefer **tea or coffee**? 차와 커피 중 무엇이 더 좋으세요?

○ 커피와 티 중 하나를 고르면 된다.

▶ 문장과 문장을 선택하게 하는 조금 긴 선택의 의문문

문장과 문장, 두 개의 의문문을 or로 묶어서 물어보는 질문 형태의 목적은 두 개의 의문문 사이의 진정한 선택을 바란다기 보다는 앞에 나오는 의문문에 대한 대답자의 상황을 듣기 위한 것이 목적이다. 따라서, 두 문장을 다 들으려고 노력하지 말고 앞이나 뒤 어느 한쪽의 의문문에 or not을 붙여서 '그러니 아니니?' 이렇게 해결하는 것이 훨씬 쉬운 방법이다. 이런 문장끼리의 비교의 경우 상황을 묻는 질문이므로 yes 혹은 no가 정답 속에 나올 수 있다.

Can I give you a ride or do you want to walk home? 태워 드릴까요? 아님 걸어 가실 건가요?

차를 탈 것인지 말 것인지를 고르면 된다.

포인트 4 선택 의문문이 좋아하는 정답 족보

▶ A와 B 중 하나를 직접 선택하는 경우 → prefer / better 등의 비교급과 자주 나온다.

이런 경우 다른 질문의 형태와는 다르게 질문 속에 나왔던 단어가 들리더라도 정답이 될 수 있다는 것을 기억한다.

Q: Do you prefer coffee or tea? 커피와 차 중 무엇이 좋으시겠어요?

A: I want some coffee. 저는 커피가 좋겠어요.

▶ A와 B의 의미 동의어(paraphrasing)의 형태를 고르는 경우

누가 들어도 둘 중에 어떤 것을 선택하는지 알 수 있는 의미의 동의어를 넣어주고 이 아이들의 정답을 고르는 유형이다.

Q: Do you want to walk home or can I give you a ride? 집에 걸어가실래요? 아님 태워드릴까요?

A: I think I have to have some fresh air. 저는 상쾌한 공기가 좀 필요한 거 같아요.

상쾌한 공기가 필요하다고 했으므로 누가 들어도 걸어가겠다는 말을 하고 있다는 것을 알 수 있다.

▶ '둘 다 좋아'의 유형 → both, either 등이 들어가서 '어떤 것이든 좋다'는 의미를 가지는 유형

정답표현	Either way is fine with me. 둘 다 좋아요. Both sound good. 둘다 좋네요. It makes no difference. 차이가 없어요. I don't care. 신경 안 써요.

DAY 08

참고 | "네 맘대로 하라"는 유형도 엄밀히 보면 "둘 다 좋다"는 것과 비슷하다는 것을 알 수 있다.

정답표현	It's up to you. 당신한테 달렸어요. You decide. 당신이 결정하세요. Whatever / Whichever. 아무거나요.

Q: Which day do you prefer Monday or Tuesday? 월요일과 화요일 중 언제가 좋으세요?

A: **You decide**. It doesn't matter. 당신이 결정하세요. 저는 상관없습니다.

▶ '둘 다 싫다'는 유형 → 어떤 쪽도 선택할 수 없다는 유형

Neither / I don't like either.

참고 | 이때 발음을 주의하자. neither는 미국발음으로는 '니덜'이지만 영국발음으로는 '나이더'라고 발음난다는 것을 기억하자.

Q: Does the manager visit here today or tomorrow? 매니저가 여기는 오늘 온대니? 아님 내일 온대니?

A: **Neither**, he changed the schedule. 둘다 아냐. 그가 계획을 바꿨대.

▶ 제3의 답변을 하는 경우 → 둘 다 아닌 다른 답변을 주는 경우

Q: When does he come, tomorrow or today? 그가 오늘 오니? 아님 내일 오니?

A: Actually, he will arrive next week. 사실은 그는 다음 주에 와.

▶ 언제나 천하무적 '모른다'

언제 어떤 질문이든 Part 2의 모든 경우 답변이 되는 것이 바로 '모른다'이다.

⚠ 바쁠 땐 이것만이라도 꼭! | **급하다. 시험에서 선택 의문문 70% 맞히기**

1. or를 잘듣고 뒤를 잡는다.
2. yes와 no를 버린다.
3. 뒤와 동일한 종류를 고른다.
4. '둘 다 좋아'가 나오면 일단 선택한다.
5. 비교급이 나오면 정답이 된다.

Part 2 EXERCISE

08-2.MP3

음성을 듣고 질문에 가장 알맞은 답변을 고르시오.

1. (A) (B) (C)

2. (A) (B) (C)

3. (A) (B) (C)

4. (A) (B) (C)

5. (A) (B) (C)

6. (A) (B) (C)

Part 5&6 부사

진단테스트

1. Our mission of the customer service department is to address all customer complaints in a ------- manner.

(A) timely (B) separate
(C) coming (D) near

2. The Electoral Commission has ------- not released official election results from Saturday's vote.

(A) once (B) yet
(C) almost (D) still

3. The new play station video games had ------- been on the store shelves for an hour before they all sold out.

(A) shortly (B) minutely
(C) rapidly (D) hardly

4. Audience present at the annual scientific conference said they found Mr. Lee's speech much -------.

(A) interesting (B) interestingly
(C) more interesting (D) interested

5. As our brand new hybrid vehicle uses an electric motor, it became ------- popular among those looking to limit their gasoline usage.

(A) quite (B) often
(C) much (D) well

★ 정답 및 해설은 〈Part 5&6 유형분석 – 부사〉에서 확인하세요.

1. 혼동하기 쉬운 부사

	형용사	부사
hard	어려운	열심히
hardly		거의 ~하지 않다
near	가까운	가까이
nearly		거의
high	높은	높이(물리적 높이)
highly		상당히, 매우 (정도를 나타냄)
late	늦은, 최근의	늦게
lately		최근에
close	가까운	가까이
closely		세심히, 면밀히

2. 강조 부사 well, quite, highly

(1) just

① 동사 앞에서 '방금, 막'이라는 뜻

You **just** missed the station. (동사 수식)
방금 그 역을 지나쳤어요.

② before나 after 앞에서 '바로(= right)'라는 뜻

This choice will take effect **just** before leaving time. (before 수식)
이 선택은 떠나기 바로 전에 효과를 발휘할 것이다.

③ 전치사구나 명사구 앞에서 '단지(= only)'라는 뜻

$1 trillion is **just** a part of the cost. 1조 달러는 단지 부분적인 비용이다.

(2) even ~까지도, 심지어

① 명사, 형용사, 부사, 동사 등 모든 품사를 강조할 수 있다.

Even a minor lapse in operating procedure of manufacturing products can cause serious injury.
제품 제조과정의 작동 절차 중 심지어 작은 실수 하나라도 심각한 부상을 유발시킬 수 있다.

② 비교급 앞에서 '훨씬'이라는 뜻

Rainbow Bridge Town became an **even** more desirable place to live with the construction of a modern wastewater treatment plant.
Rainbow Bridge Town은 현대적인 폐수 처리 공장의 건설과 함께 훨씬 더 살기 좋은 장소가 되었다.

DAY 08

(3) well 훨씬, 아주; 잘

① 다음의 전치사구 앞에서 '훨씬'이라는 뜻

well above (~보다 훨씬 위에)	well over (~보다 훨씬 위에)
well below (~보다 훨씬 아래에)	
well in advance (훨씬 미리)	well worth (훨씬 가치있는)

Rebuilding the headquarters cost over a billion dollars, but the result was **well** worth the expense.
본사를 다시 짓는 것은 십억이상이 들지만, 결과는 비용보다 훨씬 가치가 있었다.

Rooms with a view of the ocean at Sun Beach Hotel are required to reserve **well** in advance.
Sun Beach Hotel의 바다를 바라보는 방들은 훨씬 미리 예약해야 한다.

② 동사나 과거분사를 수식해서 '잘'

Negotiations on a salary and compensation package are proceeding very **well**.
급여와 보너스 패키지에 관한 협상은 잘 진행되고 있다.

Despite the implement weather, the marathon for a good cause was **well** attended by local people.
궂은 날씨에도 불구하고, 복지 단체를 위한 마라톤은 지역 주민들에 의해서 잘 참석되었다.

(4) quite 꽤, 상당히

We have heard **quite** a few complaints from the residents concerning litter, and illegal dumping in the park.
우리는 공원 내 쓰레기와 불법 투기와 관한 꽤 많은 불평을 주민들로부터 받아왔다.

3. 빈도부사

0%		50%			100%
not never (부정)	little rarely scarcely hardly seldom 거의 ~하지 않다 (부분부정)	sometimes 때때로	often 종종	usually 주로	always 항상

부정의 빈도부사는 동사만 수식한다. 따라서 문두에 나올 수 없다. 강조하기 위해 문두에 오는 경우 주어와 동사가 도치된다.

MJ Supply's newest gadget **hardly** requires any additional equipment.
MJ Supply 사의 새로운 디지털 카메라는 추가 장비를 거의 필요로 하지 않는다.

= **Hardly** does MJ supply's newest gadget require any additional equipment.

○ 강조시 주어와 동사가 도치된다.

4. 숫자 앞에 나오는 부사

숫자 앞에 나오는 부사들은 뒤에 형용사와 명사를 동반하여 하나의 명사구를 이룬다.

대략	approximately, about, around
적어도	at least
이상	more than, over
미만	less than, nearly
최대	up to

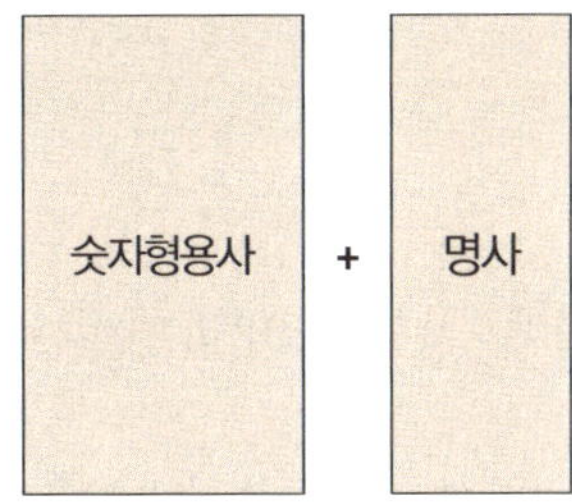

More than 30 percent of the customers have already purchased additional batteries for new toys.
고객의 30퍼센트 이상은 이미 새로운 장난감에 대한 추가 배터리를 구매했다.

Professionals with **at least** one year of relevant work experience are welcome to apply for the position.
적어도 1년 정도의 관련직 경험이 있는 전문가들은 지원이 환영된다.

The banquet room of Hotel MJ can accommodate **up to** 200 people.
MJ 호텔의 연회실은 최대 200까지 수용할 수 있다.

Part 5&6 유형분석 | 부사

출제유형 1 명사에 -ly를 붙이면 형용사

형용사에 ly 를 붙이면 부사이고, 명사에 ly를 붙인 형태는 형용사가 많다.

Our mission of the customer service department is to address all customer complaints in a ------- manner.

(A) timely (B) separate
(C) coming (D) near

해설 보기가 모두 형용사이므로 해석해서 명사 manner(태도, 방식)를 수식하는 정답을 골라야 한다. 의미상 '시기적절하게 해결하다'라고 해야 어울리므로 정답은 (A) timely(시기적절한)이다.

해석 고객 서비스 부서의 목표는 모든 고객의 불평을 시기적절하게 해결하는 것이다.

어휘 **address** (= **deliver**, **settle**) 연설하다, 주소를 겉봉투에 쓰다, 처리하다 **timely** 시기 적절한 **separate** 분리된, 개별적인 **coming** 다가오는 **near** 가까운

★ 암기 미션 '명사 + -ly'는 형용사'

timely 시기 적절한	orderly 질서정연한	friendly 다정한, 우호적인
elderly 나이든	lovely 사랑스러운	

출제유형 2 not 앞에는 still, not 뒤에는 yet이 온다.

부정문에서 still과 yet 둘 다 '아직'이라는 뜻이어서 혼동하기 쉽다. 이럴 땐 not이 기준이 된다. still은 not 앞에 오고 yet은 not 뒤에 온다.

The Electoral Commission has ------- not released official election results from Saturday's vote.

(A) once (B) yet
(C) almost (D) still

해설 빈칸은 has와 released 사이에 들어갈 부사를 선택하는 문제이다. '선거 위원회는 공식적인 선거 결과를 아직 발표하지 않았다'로 해석되어야 가장 자연스럽다. 보기 중'아직'의 의미를 가진 (B) yet과 (D) still 중 부정을 나타내는 부사 not 앞에 들어갈 수 있는 것은 (D) still이다. 부정어 not이 있을 경우 보기에 yet과 still이 모두 나왔다면, still not, not yet을 생각해보자!

ex) It's **still not** done. = It's **not** done **yet**. (아직 안 끝났다.)

해석 선거 위원회는 토요일에 있었던 공식 선거 결과를 투표의 아직 발표하지 않았다.

어휘 **Electoral Commission** 선거 위원회 **release** 발표하다, 공개하다, 석방시키다 **once** 한때, 한 번 **yet** (부정문, 의문문에서) 아직 **almost** 거의 **still** 아직

★ 암기 미션 still vs. yet

- still은 모든 문장(긍정, 부정, 의문)에 쓰인다.

  The investment group **still** has a considerable amount of work to do on the share market.
  투자 그룹은 아직 주식 시장에서 수행할 엄청난 양의 일이 있다.

- yet은 부정이나 의문문에 쓴다.

  The contractors have not **yet** renewed the contract. 계약자들은 계약을 아직 갱신하지 않았다.

  단, 긍정의 형태로 쓰이는 〈have yet to + 동사원형〉은 예외이다.

  All local governments in the country have **yet** to reach the stage of financial self-sufficiency.
  모든 지역의 지역 자치는 아직 경제적으로 자급자족 단계에 이르지 못했다.

출제유형 3 부정을 나타내는 빈도부사는 동사만 수식한다.

부정의 빈도부사는 다른 부사와 달리 형용사, 부사, 절을 수식하지 않는다. 부사는 동사를 꾸밀 경우 be동사 뒤, 일반동사 앞, 조동사와 본동사 사이에 온다.

The new play station video games had ------- been on the store shelves for an hour before they all sold out.

(A) shortly (B) minutely
(C) rapidly **(D) hardly**

해설 조동사 had와 본동사 been 사이에 와서 동사를 수식하는 부사를 골라야 하는데, 보기가 모두 부사이므로 해석해서 답을 골라야 한다. 직역하면 '비디오 게임이 다 팔리기 전에 가게 선반에 한시간도 채 못있었다'라는 뜻이다. 따라서 부정의 부사인 (D) hardly(거의 ~하지 않다)가 정답이다.

해석 새로운 플레이 스테이션 비디오 게임은 진열되자마자 한 시간도 안 되어 다 팔려나갔다.

어휘 **sell out** (상품 등이) 다 팔리다 **shortly** 간단히, 짧게 **minutely** 1분마다, 상세하게 **rapidly** 빠르게, 재빨리 **hardly** (= **seldom**) 거의 ~하지 않다

DAY 08

출제유형 4 very vs. much

very와 so는 일반 형용사를 수식하고, much는 형용사/부사의 비교급을 수식한다.

Audience present at the annual scientific conference said they found Mr. Lee's speech much -------.

(A) interesting (B) interestingly
(C) more interesting (D) interested

해설 빈칸 앞쪽에 있는 동사 found는 목적격 보어로 형용사를 취하는 5형식 동사도 가능하고, 목적어 뒤에 부사를 취하는 3형식 동사도 가능하다.

주어 + 동사 + 목적어 + **형용사**
주어 + 동사 + 목적어 + **부사**

즉, 빈칸엔 형용사, 부사 모두 가능하므로 해석해서 정답을 골라야 한다. '스피치가 흥미롭다'라는 해석이 '흥미롭게 발견했다' 보다 적절하므로 5형식의 구조가 더 어울리고, '스피치가 흥미를 느끼는(interested) 것이 아니라, 흥미롭게 만드는(interesting) 것이므로 interesting이 어울린다. 그런데 빈칸 앞에 있는 부사 much는 비교급을 수식하므로 정답은 (C) more이다.

해석 연례 과학 컨퍼런스에 참석한 청중들은 Mr. Lee 의 연설이 훨씬 더 흥미롭다고 말했다.

어휘 **audience** 청중 **annual** 연례의, 1년 마다의 **scientific** 과학의 **interested** 흥미를 느끼는

출제유형 5 비교급 강조부사

much, far, even, still, a lot은 '훨씬'의 뜻이다. a little(약간)은 비교급 more나 ~er 앞에 와서 비교급을 강조하는 뜻으로 쓰인다.

As our brand new hybrid vehicle uses an electric motor, it became ------- popular among those looking to limit their gasoline usage.

(A) quite (B) often
(C) much (D) well

해설 (C) much는 일반 형용사를 수식하지 못하고 비교급을 수식하므로 실격. well도 일반 형용사 부사를 수식하지 못해서 실격. (이것만은 꼭 참조) 나머지 quite(꽤, 상당히)와 often(종종) 중 해석해서 정답을 골라야 한다. '상당히 인기가 있었다'라고 해야 어울리므로 정답은 (A) quite이다. 부사 quite는 동사를 수식하지 않는다는 것도 알아두자.

해석 신상품인 하이브리드 차량은 전기 모터를 사용하므로, 가솔린 사용을 제한하고 싶어하는 사람들 사이에 상당히 인기가 있게 되었다.

어휘 **hybrid** 잡종, 혼성체, 혼합물 **electric** 전기의 **limt** 제한하다 **gasoline** 석유 **usage** 사용

Part 5 EXERCISE

1. The rental company reserves the right to charge the customer for any revenue lost as a result of a vehicle being returned -------.

   (A) late (B) later
   (C) lately (D) lateness

2. ------- those with handicapped plates or tags can use these parking spaces.

   (A) Entirely (B) Neither
   (C) Only (D) Almost

3. The president clearly stated that ------- permanent staff were entitled to the travel allowance.

   (A) only (B) easily
   (C) simply (D) merely

4. It will take ------- one hour or even more to reach the conference center depending upon the traffic conditions.

   (A) enough (B) somewhat
   (C) exceedingly (D) approximately

5. It is very important that you check this e-mail ------- since the University will send all relevant information to this address.

   (A) exactly (B) regularly
   (C) timely (D) evenly

6. These presentations are ------- more exciting and easier to follow than books and newsletters.

   (A) much (B) very
   (C) so (D) well

7. The firm is well known for its superior level of service, and is ------- regarded by its competitors.

   (A) highly (B) high
   (C) highest (D) higher

8. BALKANS GOLD Inc. admits it ------- has a considerable amount of work remaining before it launches a new line of gold rings.

   (A) still (B) always
   (C) usually (D) yet

9. By lowering employee turnover, you can make your business ------- more profitable.

   (A) all (B) very
   (C) so (D) even

10. Nanotechnology has become one of the most ------- funded and fastest growing areas of science.

    (A) heavy (B) heaviest
    (C) heaviness (D) heavily

Part 6 EXERCISE

Questions 11-14 refer to the following response.

Thank you very much for taking the time to record your positive comments regarding your recent stay at The Scotsman.

We like to pride ourselves on our professionalism, relaxing atmosphere and service throughout the hotel; I am pleased to see that you experienced all of these and enjoyed your stay.

Andy from my Concierge team is, as you have said, ------- (**11.**) knowledgeable about attractions around the hotel and I am pleased to hear that he was able to assist you and make your stay more enjoyable. I have passed your kind compliments on to Andy ------- (**12.**) as well as to my Front of House Manager, Andrew Boe.

With respect to your comments about the buzzer on the door, I'm sorry that you found this disturbed your stay and I have ------- (**13.**) spoken to my Maintenance Manager, Paul McNamara, who ------- (**14.**) me the buzzer is now working as it should be.

I am pleased to hear that you enjoyed your stay so much and will be returning to the Scotsman Hotel; I look forward to welcoming you back in the future.

Kind Regards,
Thomas Graham

11. (A) high
(B) just
(C) well
(D) extremely

12. (A) director
(B) direct
(C) directly
(D) directively

13. (A) already
(B) yet
(C) still
(D) once

14. (A) will ensure
(B) has ensured
(C) ensure
(D) was ensured

Part 7 구인 광고 Job Advertisement

구인 광고는 다른 어떤 글보다도 내용 구성이 일정하기 때문에 글의 흐름을 유추하기가 쉽다. 채용을 하는 회사도 다르고, 직업의 종류도 다르고, 내용도 다르지만 일정한 구성과 형식을 따르기 때문에 문제 유형도 비슷하고 정답을 찾기도 용이하다. 공고 중인 일자리, 업무 설명, 지원자 자격요건은 구인 광고에서 빠지지 않는 내용이며 가장 중요하게 챙겨야 하는 정보이다.

포인트 1 Job advertisement의 형식과 접근 전략

답이 나오는 부분	질문의 유형
직종/직책	Q. What opening(=vacancy) is available? What kind of position(=job) is being advertised?
근무지/회사	Q. Where is the job located? Where will the ideal (successful) applicant (candidate) work?
담당업무	Q. What is stated/ indicated/ /listed as a responsibility/ job/ task /duty/ obligation of the position?
직속상사	Q. Who will be the immediate supervisor?
필수자격조건	Q. What is indicated/mentioned/stated/listed as a requirement/ qualification/(pre)requisite/skill for this job? Q. What is the most important quality for successful candidates
	1. 학력(education) ① 대학(college, university) = degree(학위) = diploma(졸업장) = bachelor(학사) ② master(석사) * doctorate(박사) ③ 고등 교육 : higher education = advanced education 2. 경력(experience) – at least(minimum) 10 years of experience – entry level (신입) 3. 능력, 기술 (skill, ability, competence, proficiency) – computer skill, communication skill, interpersonal skill(대인관계능력) 4. 우대 조건 – plus, preferable, advantage

	★ [학력,경력,능력] knowledge, background, expertise, familiarity
급여/복지	Q. What is mentioned about the salary / compensation / benefits?
지원방식 제출장소	Q. How should candidates apply for the job? Q. How should the applications be submitted? Q. Where must the applications be sent to?
제출서류와 마감일 추천서	Q. What must the applicant submit? Q. By what date should the candidate submit the application? Q. What are interested candidates asked to send? resume 이력서 cover letter 자기소개서 reference letter 추천서 ★ a list of references 추천인 명단

포인트 2 〈구인 광고〉 지문 분석

❶→ • South Australia
• Managing and inspiring a quality team
• Developing a successful business to even greater successes
• Technical Sales Environment

Doitwell Automation is in search of a true leader of sales people, a person who leads from the front, gains respect from his team and customers and strives to reach the goals of the company. We owe our success to our people, service and product and to be chosen for this role the respect you have gained in previous industries and employment will go a long way.

❷→ Doitwell Automation is a Carnes based company with over 20-years of history in the supply and support of industrial automation, control and IT solutions to the resources, utilities and power generation industries. To continue the company's rapid South Australian growth, we need to recruit a suitably experienced Sales Manager.

❸→ With direct report to the General Manager, you will be responsible for the profitable growth of the business through the development of a structured, strategic and targeted sales culture. You will lead by example working closely with key accounts and acting as a coach and mentor to drive your sales team to success.

❹→ You will have highly developed interpersonal leadership, organizational skills, and the passion to be successful. This role requires someone who is decisive, results oriented, and an effective negotiator.

❺→ This senior pivotal role provides an excellent opportunity to join a progressive, growing and innovative organization. To match the importance of this role an attractive compensation package will be offered to the right applicant.

❻→ To apply for this position, e-mail your cover letter, resume, and two reference letters from previous supervisors to humanresources@Doitwell.net.au. No phone calls please. For more information, please visit the Doitwell website www.Doitwell.net.au.

❶ 문단 첫 부분에 어떤 일자리를 공고하고 있는지가 언급된다.

❷ 채용회사에 관한 간략한 소개가 나온다. 회사가 위치한 곳이 언급될 수 있는데 이 곳이 채용된 사람이 일하는 곳이 될 수 있다.

❸ 업무설명이 나온다. 고용된 사람이 하게 될 업무와 책임 등이 소개된다. be responsible for, responsibilities, acting as 등의 단어가 사용된다.
업무설명은 목록으로 열거되기도 하고, 서술형으로 나열되기도 한다. 어떤 일을 주로 하게 될지, 가장 중요한 책임은 무엇인지를 유의해서 본다.

❹ 지원자 자격 요건이 나온다. 목록으로 열거되기도 하고, 서술형으로 나열되기도 한다. 필수 조건과 우대 조건이 있다. 구분할 줄 알아야 한다.
requirements, will have, must, is required, necessary 이런 단어들이 나오면 필수조건을 언급하는 것이다. is preferred, plus, advantage 등의 단어가 사용되면 우대조건을 말하는 것이다.

❺ 받게 될 혜택이 언급되는 경우가 있다. offer, benefit 등의 단어가 사용된다.

❻ 지원서류는 자기소개서(cover letter), 이력서(resume), 이전 직장 상사로부터의 추천서(reference letter) 등 거의 일정하다. 지원 방법은 주로 이메일이나 우편이 된다. 지원 절차는 언급이 되는 경우도 있고 생략되는 경우도 있다. 마감일, 인터뷰에 관한 내용, 근무 시작 일 등이 관련되어 나온다. 회사의 웹사이트와 담당자의 이메일 주소가 주어진다. 전화번호도 주어지지만 전화는 사절되는 경우도 종종 있다.

Part 7 EXERCISE

Questions 15-19 refer to the following advertisement.

Otago Museum is currently taking submissions for the post of curator due to the upcoming retirement of our long-serving curator, Jim Magoo. Jim has been with us for 25 years and has left a legacy of professionalism and passion that will be hard to match. Otago Museum is New Zealand's oldest museum, dating back to 1875, and has maintained an outstanding reputation as a chronicler of New Zealand's early colonial period, as well as housing one of the largest permanent exhibits of South Pacific culture in the world. In addition to this, the natural history department is the envy of many international institutions, with an extensive fossil record from the Mesozoic period all the way up until the present day.

Candidates for the job must hold a Ph.D., a master's degree in Museum Studies and a master's degree in South Pacific history. A comprehensive knowledge of database systems, copyright law, and grant submissions is essential. Excellent writing and presentation skills are also highly desirable. Of course any relevant experience will help your chances greatly, but is not a pre-requisite.

The successful candidate will be expected to travel on a regular basis, sometimes for extended periods. They will work together with various institutions and technicians to develop, design and maintain exhibits. Applications for government grants will also be the curator's responsibility. Finally the successful applicant will be in charge of public relations, developing workshops and other community-based projects. This is a challenging job and requires an outstanding person to take the role. Should you pass initial screening, we will inform you of the remuneration.

Submit a cover letter, resume and two reference letters from previous employers. Submit your documents via e-mail or by post. No phone calls please. Short-listed candidates will be informed by January 31. Interviews will begin in the first week of February.

Applications will not be returned. We will make out decision no later than February 28. The successful candidate should be prepared to start work from March. For further information, visit our website at www.otagomuseum.govt.nz/applicationscurator, or send an e-mail to personnel@otagomuseum.govt.nz.

15. What is a stated requirement for the job?
(A) A master's degree in archeology
(B) A comprehensive knowledge of computers
(C) Broad familiarity of copyright law
(D) Relevant experience

16. What responsibilities are NOT relevant?
(A) Recruiting curators
(B) Publicizing exhibitions
(C) Raising funds
(D) Holding exhibitions

17. How should the candidate apply for the job?
(A) By phone
(B) By visiting the museum
(C) By e-mail
(D) By telling a friend

18. From when should the future employees be available to work?
(A) February
(B) March
(C) April
(D) May

19. Who is Jim Magoo?
(A) The current curator of Otago museum
(B) The future interviewer of candidates
(C) One of the board members of Otago Museum
(D) One of the candidates

DAY 09

Part 2 · REVIEW TEST

Part 5&6 · 수동태

Part 7 · 이중 지문 (발표문+편지)

Part 2 REVIEW TEST

Part 2 실전 문제로 마무리해보자.

Part 2의 문제를 풀기 위해 꼭 기억할 10가지

1. 문장의 본동사(동사원형)까지는 정답을 만들고 후반부는 오답을 만든다. 따라서, 뒷 부분에서 나온 단어와 비슷하거나 연상되는 단어들은 오답이다.

2. 의문사가 있는 경우, 의문사를 들어주는 것은 전체 답을 결정하는 70% 이상이 된다는 것을 기억해 주자. 하지만, 최근 출제되는 문제는 의문사만 가지고 푸는 것이 아니라 동사까지 듣고 정답을 찾아야 하는 것이 많으므로 항상 주의를 기울여야 한다.

3. 일반 의문문의 경우, 대화 속의 두 번째 사람이 대답하는 것은 항상 질문의 동사에 대한 반응이다. 따라서 언제나 동사를 듣고 정답을 찾는 연습을 한다. 이때 기억할 것 중 하나가 보기 속에 대화 속 동사의 동의어가 들어가 있으면 거의 대부분 정답이 된다는 것.

4. 제안의 의문문인 그 질문이 제안인지를 가리는 게 가장 중요한 초점이다. 이 문제를 해결하기 위해서는 제안의 의문문의 형태를 기억하고 있는 것이 결국은 핵심이라고 할 수 있다. 또한, 제안의 질문은 대답이 언제나 수락이나 거절의 표현으로 등장한다는 것을 잊지 말아야 한다. 또한 제안은 미래형과 1~2인칭의 주어형으로 주로 답변을 만든다는 것을 잊지 않는다!

5. 선택 의문문의 경우 단어 사이의 선택은 기본적으로 yes나 no를 쓸 수 없다. 또한 대부분의 질문과는 달리 문제 속에서 들렸던 단어가 정답으로 나올 수도 있다는 것을 기억한다. 하지만, 주의할 것은 언제나 답은 아니라는 것.

6. 선택 의문문 중 문장선택의 경우는 앞의 질문이 결국 질문하고자 하는 중점이 되므로 yes 혹은 no로 앞 질문에 대한 정답을 언급할 수도 있다는 것도 중요하다.

7. 평서문은 문장 안의 중심이 되는 주어, 동사, 목적어가 의미의 핵심이 된다. 대화 속 핵심어들을 듣고 문제에 대한 가장 적절한 반응을 고르는 것이므로 난이도가 상당하다.

8. 기본적으로 Part 2는 문제를 해결할 때 소거법을 쓰는 게 가장 중요한 원칙이다. 소거법을 쓰기 위해 꼭 기억해야 하는 오답은 의미의 혼동과 발음 오답이다. Part 2에서는 같은 발음으로 나온 단어가 정답이 되는 경우는 25문제 중 하나 내지는 두 개밖에 되지 않으므로 비슷하거나 같은 발음은 다 제거한다.

9. 평서문보다는 반문형의 정답을 좋아한다.

10. 모른다고 말하거나 동사를 생략하면 정답 가능성이 높아진다.

PART 2

Directions: You will hear question or statement and three responses in English. They will not be printed in your test book and will be spoken only one time. Select the best response to the question or statement and mark the letter (A), (B), or (C) on your answer sheet.

09-1.MP3

7. Mark your answer on your answer sheet.

8. Mark your answer on your answer sheet.

9. Mark your answer on your answer sheet.

10. Mark your answer on your answer sheet.

11. Mark your answer on your answer sheet.

12. Mark your answer on your answer sheet.

13. Mark your answer on your answer sheet.

14. Mark your answer on your answer sheet.

15. Mark your answer on your answer sheet.

16. Mark your answer on your answer sheet.

17. Mark your answer on your answer sheet.

18. Mark your answer on your answer sheet.

19. Mark your answer on your answer sheet.

20. Mark your answer on your answer sheet.

21. Mark your answer on your answer sheet.

22. Mark your answer on your answer sheet.

23. Mark your answer on your answer sheet.

24. Mark your answer on your answer sheet.

25. Mark your answer on your answer sheet.

26. Mark your answer on your answer sheet.

27. Mark your answer on your answer sheet.

28. Mark your answer on your answer sheet.

29. Mark your answer on your answer sheet.

30. Mark your answer on your answer sheet.

31. Mark your answer on your answer sheet.

Part 5&6 수동태

진단테스트

1. Last year, the ACE automotive manufacturing company ------- over 1000 new customers due to the new marketing strategy.

(A) attracts
(B) was attracted
(C) has attracted
(D) attracted

2. When a paper jam occurs, the printer will not ------- properly until the paper has been manually removed.

(A) function
(B) be function
(C) be functioned
(D) functions

3. Distant-learning courses have been designed ------- for working professionals.

(A) specific
(B) specifically
(C) specify
(D) specification

4. The newly hired manager ------- a bonus of one month basic salary as part of the promotion.

(A) to offer
(B) were offering
(C) were offered
(D) offering

5. Employees are ------- to attend the annual conference to be held in Pittsburgh.

(A) invitation
(B) invite
(C) invited
(D) inviting

★ 정답 및 해설은 〈Part 5&6 유형분석 – 수동태〉에서 확인하세요.

이것만은 꼭!

목적어가 주어 자리로 나온 형태가 수동태이다. 따라서 자동사는 수동태가 불가능하다.

1. 능동태 → 수동태 변환 과정

① 목적어를 주어로

② 동사를 'be + p.p.' 형태로 바꾸어준다.

③ 주어를 'by + 명사(목적격)' 형태로 바꾸어준다.

2. 3형식의 수동태

The company will **charge** a late fee if the payment is made later than the due date.
회사는 만기일보다 지불금이 늦어지면 과태료를 부과할 것이다.

→ A late fee will **be charged** (by the company) if the payment is made later than the due date.
만기일보다 지불금이 늦어지면 과태료가 부과될것이다.

3. 4형식(주어+동사+간접목적어+직접목적어)의 수동태

The human resources department will **offer** Jennifer Lee the engineer job.

① 간접목적어가 주어가 된 수동태

Jennifer Lee will **be offered** the engineering job by the human resources department.

② 직접 목적어가 주어가 된 수동태

The engineering job will **be offered** (to) Jennifer by the human resources department.

③ 시험에 잘나오는 4형식 동사

issue, offer, grant, award, buy, get…

★ 직접 목적어로 that절을 취하는 4형식 동사

inform	notify	tell	remind	advise	warn

Applicants **have been informed** that only five positions will be offered due to high competition.
지원자들에게 높은 경쟁 때문에 단지 5개의 포지션들이 제공될 것이다.

4. 5형식(주어+동사+목적어+목적격보어)의 수동태

① 목적격 보어로 명사를 취하는 동사

make	consider	call	elect	appoint	name

People call him Tom. (능동)
→ He **is called** Tom. 그는 Tom이라고 불리운다. (수동)

② 목적격 보어로 형용사를 취하는 동사

keep 유지하다	make 만들다	find 알게 되다, 남기다	leave 남겨두다
consider 간주하다	hold ~하게 하다	call 부르다	paint 색칠하다

People consider him honest. 사람들은 그를 정직하다고 여긴다. (능동)
→ He **is considered** honest. 그는 정직하다고 여겨진다. (수동)

5. 특정 전치사와 어울리는 수동태 동사

일반 타동사는 'be p.p. by N'의 형태를 취하지만, 어떤 타동사들은 특정 전치사와 함께 관용적으로 쓰이므로 꼭 알아두어야 한다.

★ 암기 미션 be + p.p. + 전치사

be acquainted with ~와 알고 지내다, ~을 잘 알다
be applied to ~에 적용되는
be based on/upon ~에 기초하다
be attributed to ~덕분으로 돌리다
be composed of ~으로 구성되다
be directed to ~로 안내되다
be distributed to ~에게 배포되다
be entitled to ~에 대한 자격이 있다
be included in ~에 포함되다
be promoted to ~로 승진되다
be satisfied with ~에 만족하다
be made of ~으로 만들어지다
be known as ~로서 알려져 있는
be known to ~에게 알려져 있다
be known for ~때문에 알려져 있다

be associated with ~와 관련이 있다
be accustomed to N ~에 익숙해지다
(= be used to N)
be involved in ~에 연루되다
be dedicated to N/-ing ~에 헌신적이다
be disappointed with/in/about 실망하다
be engaged in ~에 종사하다 (= engage in)
be faced with ~을 직면하다
be interested in ~에 관심이 있다
be related to ~에 관련이 되어 있다
be surprised at/by ~에 놀라다
be made up of ~로 구성되다
(=be composed of = be comprised of = consist of)

Part 5&6 유형분석 | 수동태

출제유형 1 목적어의 유무에 따라 결정되는 태

목적어가 있으면 능동태, 목적어가 없으면 수동태. 일반 3형식 타동사는 목적어의 유무에 따라서 태가 결정된다.

Last year, the ACE automotive manufacturing company ------- over 1000 new customers due to the new marketing strategy.

(A) attracts (B) was attracted
(C) has attracted **(D) attracted**

해설 빈칸 뒤에 over 1000 new customers는 전치사구가 아니라 명사구이다. over는 숫자 앞에 나올 경우 부사로 '~이상'이란 뜻을 가진다. 즉 '1000명 이상의 새로운 고객들'이라는 목적어가 있는 형태이므로 수동태가 아닌 능동태 동사가 답이다. 따라서 (B) was attracted는 실격. 시점이 Last year이므로 현재 (A) attracts와 (C) has attracted도 실격. 따라서 정답은 (B) attracted이다.

해석 작년에 ACE 자동차 제조 회사는 새로운 마케팅 전략 때문에 1000명의 새로운 고객들을 유치했다.

어휘 **automotive** 자동차 회사의, **manufacturing** 제조 **strategy** 전략

출제유형 2 주어 + be + ☐

be동사 다음에 나오는 동사의 형태는 -ing와 p.p.뿐이다. 이때 보기의 동사가 자동사인지 타동사인지를 따져봐야 한다. 자동사는 수동태가 불가능하므로 -ing만 쓸 수 있고 타동사는 뒤에 목적어가 없으면 p.p.가 답이 된다.

When a paper jam occurs, the printer will not ------- properly until the paper has been manually removed.

(A) function (B) be function
(C) be functioned (D) functions

해설 be동사 다음에 나올 수 있는 동사의 형태는 -ing와 p.p. 뿐이다. 보기가 자동사이므로 수동태가 불가능한 동사이다. 조동사 다음엔 동사 원형이 나오므로 정답은 (A) function이다.

해석 종이 걸림이 발생하면, 종이가 수동으로 제거될 때까지 프린터가 제대로 작동하지 않을 것이다.

어휘 **remove** 제거하다 **manually** 수동으로

★ 암기 미션 목적어를 취할 수 없어 수동태가 불가능한 자동사들

take place 발생하다	remain 남아 있다	function 작동하다
happen/occur 발생하다	deteriorate 악화되다	arrive 도착하다
work 일하다	appear 나타나다	rise 오르다
expire 만기가 되다	disappear 사라지다	

The accident **has** just **been taken place**. (×)
→ The accident **has** just **taken place**. (○) 그 사건이 방금 발생했다.

The package **was arrived** in damaged condition. (×)
→ The package **arrived** in damaged condition. (○) 소포가 손상되어 도착했다.

The prices **have been risen** by 20 % since 1990. (×)
→ The prices **have risen** by 20 % since 1990. (○) 1990년 이래로 가격이 20%까지 상승했다.

★ 암기 미션 '자동사 + 전치사'가 타동사처럼 쓰여 뒤에 목적어를 취하는 경우는 수동태가 가능하다.

interfere with 방해하다	pay for 지불하다	look at ~을 보다
deal with 취급하다, 다루다	listen to ~을 듣다	agree to/with 동의하다
dispose of 처리하다	depend/rely on 의지하다	look after 돌보다
reply to 대답하다		

These items should **be dealt with** separately. 이 품목들은 별개로 다뤄져야 한다.
(= We should deal with these items separately.)

출제유형 3 be + p.p. + [ ]

수동태 뒤에 빈칸이 나오면 몇 형식 동사인지부터 살핀다. 3형식 동사이면 부사가 답이고, 4형식 동사이면 명사가 답이고, 5형식 동사이면 명사나 형용사가 답이다.

Distant-learning courses have been designed ------- for working professionals.

(A) specific
(B) specifically
(C) specify
(D) specification

해설 동사 design이 3형식 동사이므로 수동태 다음엔 부사가 나와야 한다. 시험에 잘 나오는 4형식, 5형식 동사(이것만은 꼭 참조)를 제외하고는 대부분의 타동사는 3형식 동사이다. 정답 (B) specifically가 적합하다.

해석 원격 학습 과정은 특별히 일하는 전문가들을 위해 디자인되었다.

어휘 distance learning 원격 학습

★ 암기 미션 부사 이외에 부사 역할을 하는 부사 상당어구

아래의 부사 상당어들도 수동태 뒤에 나올 수 있다.

■ to부정사	A lot of technology information is used **to manage** customers. 많은 정보 기술은 고객을 관리하기 위해서 사용된다.
■ 전치사구	The new mayor is described **by the local media** as a feminist. 새로운 시장은 여성주의자로 지역 미디어에 의해 묘사된다.
■ 부사절	Its third-floor ceiling was severely damaged **when a pipe burst**. 파이프가 터졌을 때 3층 천장이 심하게 손상되었다.
■ 분사구문	The window of his car was broken, **causing a $200 damage**. 그의 차 창문이 깨졌고 200달러의 피해를 입었다.

출제유형 4 목적어가 2개인 4형식 동사의 수동태 문장의 형태를 익혀둔다.

4형식 동사는 목적어가 두 개이므로, 수동태가 되었을 때 동사 뒤에 간접목적어나 직접목적어가 남아 있을 수 있다. 따라서 보기에 4형식 동사가 있을 때, 뒤에 목적어가 있다고 3형식 동사의 경우처럼 능동태를 선택해서는 안 된다. 4형식의 수동태도 가능하기 때문이다.

The newly hired manager ------- a bonus of one month basic salary as part of the promotion.

(A) to offer　　(B) was offering
(C) was offered　　(D) offering

해설 offer는 전형적인 4형식동사다. 뒤에 목적어가 있다고 수동태를 답으로 해서는 안되고, 해석해 보아 능동인지 수동인지 결정해야 한다. 새로 고용된 매니저가 보너스를 제공하는 것이 아니라, 매니저에게 보너스가 '제공되었다'라고 해야 어울리므로 정답은 (C) was offered이다.

해석 새로운 매니저에게 승진의 일부로 1개월 분 기본 급여만큼의 보너스가 제공되었다.

어휘 **organize** 조직하다 **staff** 직원, 직원들(단 · 복수 동형)

★ 암기 미션 수동태로 잘 나오는 4형식 동사 'give, offer, issue, grant'

이들 동사로 이뤄진 4형식 문장은 수동태가 되어도 목적어가 나올 수 있다.

We suggest the staff should **be given** substantial pay raises.
우리는 직원들에게 상당한 봉급 인상을 해주어야만 한다고 제안한다.

Employees who take college courses to improve their job performance **are offered** reimbursement for the cost of tuition.
업무 성과를 향상시키기 위해서 대학 과정을 수강하는 직원들은 수업료를 상환받을 수 있다.

You will **be issued** a permit, which must be displayed clearly in every parked vehicle.
허가증을 발급받게 되며 이 허가증은 당신은 주차된 모든 차량에 대해 명확하게 제시해야 한다.

출제유형 5 be + [ ] + to부정사

목적보어로 to부정사를 취하는 5형식 동사는 Part 5, 6, 7에 걸쳐 능동, 수동의 형태로 자주 등장하므로, 철저하게 정리해 두어야 한다.

Employees are ------- to attend the annual conference to be held in Pittsburgh.

(A) invitation (B) invite
(C) invited (D) inviting

해설 be동사 다음에 나올 수 있는 형태는 명사, 형용사, -ing, p.p.이다. 따라서 보기 중 (B) invite는 실격. "직원들이 초대"라는 뜻은 어색하므로 의미상 (A) invitation은 실격. invite은 목적어로 to부정사를 취할 수 있는 동사가 아닐 뿐더러, '직원들이 참가할 것을 초대하고 있다' 라는 의미 또한 어색하므로 능동 진행형인 are inviting이 불가능하므로 (D) inviting은 답이 될 수 없다. 따라서 정답은 (C) invited이다. 'invite 목적어 to부정사'는 '목적어가 ~하도록 초대하다'의 의미이고, 수동으로 해석하면 '~하도록 권장된다'는 뜻이다.

해석 직원들은 Pittsburgh에서 열릴 연례 컨퍼런스에 참가하도록 권장된다.

어휘 invite 목적어 to부정사 : 목적어가 to부정사 하도록 초대하다, 권장하다

★ 암기 미션 to부정사를 목적보어로 취하는 동사들(5형식 동사 + 목적어 + to부정사)의 수동태

tell (말하다) → be told to V
persuade (설득하다) → be persuaded to V
require (요구하다) → be required to V
invite (대하다) → be invited to V
compel (강요하다) → be compelled to V
force (강요하다) → be forced to V
oblige (강요하다) → be obliged to V
intend (의도하다) → be intended to V
advise (조언하다) → be advised to V
suppose (예상하다) → be supposed to V
allow (허락하다) → be allowed to V
lead (이끌다) → be led to V
ask (요구하다) → be asked to V
request (요구하다) → be requested to V
remind (상기시키다) → be reminded to V
instruct (지시하다) → be instructed to V
urge (촉구하다) → be urged to V
expect (예상하다) → be expected to V
entitle (자격을 주다) → be entitled to V
encourage (북돋우다) → be encouraged to V
enable (가능케 하다) → be enabled to V
permit (허락하다) → be permitted to V

The consultants **are expected to win** the contract. 그 컨설턴트들은 그 계약을 체결할 것으로 기대된다.

You must **be required to notify** us within one month of commencing operations.
당신은 사업을 시작하고 한 달 이내에 우리에게 알릴 필요가 있다.

A patient **is entitled to receive** appropriate care from the certificated individual facility.
환자는 인증받은 개인 시설에서 적절한 보살핌을 받을 자격이 있다.

DAY 09

Part 5 EXERCISE

1. A stop sign for northbound traffic at the right side of the intersection on Express Way ------- by a tree.

(A) obstructs
(B) was obstructed
(C) obstruct
(D) has been obstructing

2. The growing number of participants joining the Litter Less project ------- that the environmental campaign will be successful. .

(A) imply (B) was implied
(C) implies (D) have implied

3. If the parking spaces in front of the library are all -------, visitors may also park in the garage auxiliary lot.

(A) take (B) took
(C) taking (D) taken

4. Invoices are payable within 2 weeks of receipt, with a 5% discount available if your payment is ------- within 10 days of receipt.

(A) remitted (B) remittance
(C) remitting (D) remit

5. All students will be ------- for the yearbook and school records at the end of the month.

(A) photographed (B) photography
(C) photographs (D) photograph

6. If your personal appearance is inappropriate, you may be asked to leave the workplace until you are properly -------.

(A) dress (B) dresses
(C) dressed (D) to dress

7. All required documents specified above must be ------- to the Administration Office of the Graduate School before the deadline.

(A) submission (B) submitting
(C) submitted (D) to submit

8. As of next month, Mr. Eugene Cigas will ------- as a manager at the human resource department for fifty years.

(A) be worked (B) has worked
(C) working (D) be working

9. Please be ------- Gallery Alpha will be closed tomorrow for a routine maintenance.

(A) advise (B) advised
(C) advice (D) advising

10. A&C professionals are fully ------- to share their extensive experience and knowledge with you to reduce tax costs.

(A) prepare (B) prepared
(C) prepares (D) preparation

Part 6 EXERCISE

Questions 11-14 refer to the following information.

Wood fiber - where does it come from?

You may be surprised to learn that about one-third of the raw material used to make paper in the U.S. is residue - wood chips and scraps left behind from forest and sawmill operations. These "leftovers" would probably be burned or discarded if not used by the paper industry.

------- (11.) third of the raw material is recovered paper. Although some papers contain 100 percent recycled fiber, papermakers often ------- (12.) various amounts of recycled and new fiber to produce the desired quality and grade of paper.

Only about one-third of the fiber used to make paper in the U.S. is from whole trees, which the industry calls "round wood." It is not ------- (13.) economical to use large logs for paper when they could instead be used for lumber.

-------, (14.) only trees smaller than eight inches in diameter, or larger trees not suitable for solid wood products, typically are harvested for papermaking.

11. (A) Other
(B) Another
(C) One
(D) The other

12. (A) combined
(B) combines
(C) are combined
(D) combine

13. (A) considered
(B) considering
(C) considerable
(D) considerate

14. (A) Besides
(B) However
(C) Nevertheless
(D) Therefore

Part 7 이중 지문

포인트 1 이중 지문

서로 다른 두개의 지문을 읽은 후 총 5개의 관련 문제를 푸는 유형으로 176 번부터 186번까지 10문제가 나온다. 지문 2개을 읽고 풀어야 하는 부담감은 있으나, 싱글 지문보다 난이도가 낮고 짧게 구성되는 경우가 많으므로 전략적으로 잘 접근하면 많은 점수를 얻을 수 있는 유형이다. .

포인트 2 시험에서 자주 다뤄지는 내용들

(1) 기사와 서신

기사와 그 기사 내용에 관한 의견, 시정 요구 등의 내용이 연결되기도 한다. 기사와 그 기사에 관련한 내용을 제삼자와 이야기하는 내용이 연결된다.

(2) 공고와 서신

채용공고와, 그에 대한 문의사항, 자기소개서, 지원 후의 진행 상황 문의, 인터뷰 문의 등의 내용이 연결된다.

(3) 광고와 서신

상품, 서비스, 사업장 광고와, 그것에 관한 문의, 주문, 이용 후의 불만 또는 감사의 내용이 연결된다.

(4) 정보와 서신

정보와 정보에 관한 추가 문의를 하는 내용이 연결된다.

(5) 알림과 서신

컨퍼런스, 워크숍, 행사, 전시, 쇼, 축제 등의 알림과, 그것에 관한 문의사항, 티켓 예매, 등록 변경, 등록 취소, 또는 참가 경험의 내용이 연결된다.

(6) 설문지와 서신

설문 응답지와, 그에 관련된 서신이 연결된다.

포인트 3 접근 전략

▶ 문제 푸는 순서

두 지문의 속성 및 관계를 파악한다.

⬇

문제 2~3개 정도를 미리 읽는다.

⬇

각 문제의 키워드를 염두해 두면서 첫 번째 지문을 읽는다.

⬇

두 번째 지문으로 가기 전에, 첫 번째 지문을 완독한다.
★ 이유는 두 지문의 정보가 연결되어야 풀 수 있는 문제가 대부분 읽지 않고 넘어가는 부분에서 나오기 때문이다.

⬇

나머지 문제를 읽고, 두 번째 지문을 읽는다.

Questions 15-19 refer to the following announcement and letter.

Perth Craft & Quilt Fair 2011
Perth Convention & Exhibition Centre
South Bank, QUEENSLAND
Open Daily from 10 a.m. to 5 p.m.
April 15 - May 15, 2011

As Australia's premier craft event, the Perth Craft & Quilt Fair is more than just an arts & crafts exhibition.

It's a creative experience for anyone interested in crafting. Come and try scrapbooking, beading, embroidery, decorative artwork for your home, and countless other creative experiences you can have at the fair. You're sure to find something you will love! With a multitude of retailers specializing in different crafts, live demonstrations by industry experts showing you how to use the latest tools and products to create almost anything, the Perth Craft & Quilt Fair is the perfect destination to discover or rejuvenate the creative side in you!

Quite simply, it's Australia's biggest craft shop! Learn with experts in daily workshops and see displays of superb craftwork. Whatever your craft passion is, indulge yourself at our convention! Small ornaments will be given as a souvenir to those who visit the fair on opening day.

For more information, visit our website at www.perthcraftquilt.com. Call 334-6756 or e-mail us at inquiries@perthcraftquilt.com, should you have any inquiries. Our courteous staff will answer your questions.

May 21, 2011

Dear Lisa,

Thank you for your warm hospitality during our visit to your convention. The guide you assigned us, Evelyn, was simply wonderful. From the moment we walked into the center she took us to the best scrapbooking exhibits, knowing they were our primary interest. My wife especially enjoyed Loretta Stein's work, with its bold colors and pattern combinations, combined with an eclectic mix of designs. It's no wonder she took home the Best Scrapbook. I look forward to your publications in Scrapbook Creations, as well as next year's convention.

Also, I'd like to thank you for the souvenir I received at the fair. It fits on my dinner table perfectly.

Best,
Bill and Amy

15. What is NOT stated about the fair?

(A) It exhibits handmade products.
(B) Visitors can have a hands-on experience.
(C) It's held biannually.
(D) There are classes teaching crafts.

16. What was Bill and Amy's primary interest?

(A) Scrapbooks
(B) Embroidery
(C) Beading
(D) Decorative artwork

17. Why was Evelyn a great guide?

(A) She picked them up at the airport.
(B) She was great at making scrapbooks.
(C) She won the Best Scrapbook prize.
(D) She showed them the best scrapbook exhibits.

18. When did Bill and Amy visit the fair?

(A) It is not mentioned.
(B) April 15
(C) May 15
(D) May 21

19. In the letter, the word "eclectic" in paragraph 1, line 5 is closest in meaning to

(A) safe
(B) significant
(C) diverse
(D) clear

DAY 10

Part 3&4 · 주제 문제

Part 5&6 · 시제 1

Part 7 · 이중 지문 (이메일+이메일)

Part 3&4 # 주제 문제

진단테스트

음성을 듣고 질문에 가장 알맞은 답변을 고르시오.
(한 지문당 한 문제씩 등장합니다.)

10-1.MP3

1. What are the speakers talking about?

(A) An international business
(B) A branch abroad
(C) Investments
(D) A new building construction

2. Why is the man calling?

(A) To report a billing problem
(B) To inform a coworker of a schedule change
(C) To notify a representative of computer errors
(D) To order some office supplies

3. What is the main topic of this announcement?

(A) A test of the power system
(B) An upgrade of computer hardware
(C) An office celebration
(D) A company closing

진단테스트 해설

Question 1 refers to the following conversation.

M: **I hear you opened a new branch in Hanoi. How's business there?**

W: We're now settled and doing pretty good. It was hard in the beginning, having to translate all the documents, but we were lucky enough to hire some great local employees.

M: You should give us some advice on that, because we too, are planning to open a branch in Indonesia.

W: It would be a pleasure. We'll set up a proper meeting if you just give my secretary a call.

남: 하노이에 새로운 사무실을 오픈했다는 소식을 들었습니다. 그곳에서의 사업은 어떠세요?

여: 지금은 모든 것이 정착되어 잘 운영되고 있습니다. 초기에는 모든 서류들을 옮겨야 해서 힘들었습니다만, 훌륭한 현지 직원들을 고용할 수 있었던 것은 행운이었습니다.

남: 저희도 인도네시아에 사무실을 오픈할 예정인데 조언을 좀 주세요.

여: 네. 물론이죠. 제 비서에게 전화를 하시면 적당한 미팅 시간을 정해줄 겁니다.

1. (A)

What are the speakers talking about?

(A) An International business
(B) A branch abroad
(C) Investments
(D) A new building construction

화자들은 무엇에 대해 이야기하고 있는가?

(A) 해외사업
(B) 해외지점
(C) 투자
(D) 새로운 건물 건설

해설 화자들이 무엇에 관해 이야기하는 지를 묻는 주제 문제이다. 대화의 맨 처음에서 고른다. 첫 문장에서 하노이에의 새로운 지점 이야기를 하고 있으므로 외국에서의 사업에 관한 이야기를 한다는 것을 알 수 있다.

어휘 **pretty** 매우 **translate** 번역하다 **proper** 적절한 **secretary** 비서

Question 2 refers to the following conversation.

W: Rittman office supplies. How may I help you?

M: Hello, I ordered some supplies from your store yesterday, and **I noticed that there's a mistake on my bill.** I just ordered a box of paper but I was charged two.

W: Oh, I'm terribly sorry. Wait a second. I'll check our record.

M: Okay.

M: Yes, there might be a computer error. I'll correct it and then send you a new one.

W: Thanks.

여: Rittman 사무용품점입니다. 무엇을 도와드릴까요?

남: 안녕하세요. 제가 어제 당신 가게에서 사무용품을 주문했는데요. 제 계산서에 문제가 있는 것을 알아챘어요. 저는 종이를 한 박스를 시켰는데 2개가 청구되었습니다.

여: 아. 너무 죄송합니다. 잠시만요. 제가 저희 기록을 확인해보겠습니다.

남: 네.

남: 컴퓨터 에러가 있었나봐요. 제가 수정해서 새 것으로 보내드리겠습니다.

여: 감사합니다.

2. (A)

Why is the man calling?

남자는 왜 전화하는가?

(A) To report a billing problem
(B) To inform a coworker of a schedule change
(C) To notify a representative of computer errors
(D) To order some office supplies

(A) 청구서 관련 문제를 알리기위해
(B) 동료에게 스케쥴 변화를 알리기 위해서
(C) 직원에게 컴퓨터 에러를 알리기 위해서
(D) 사무용품을 주문하기 위해서

해설 대화 초반에서 남자가 청구서에 문제가 있다고 이야기하고 있으므로 주제는 청구서의 문제가 된다. 컴퓨터 문제는 여자의 회사에 있었던 것이므로 혼동하지 않는다.

어휘 **coworker** 동료

Question 3 refers to the following announcement.

Attention, please. **There will be a test conducted on the new electric system starting at 5 o'clock.** The system will be replaced by back-up generators during the test meaning there will not be any blackout. It isn't necessary to shut down computers, however, all the documents are strongly recommended to be properly saved at least 15 minutes before the test. Also, personal electronic appliances should all be unplugged since only the company owned equipment is insured against damage from the test. You have now 30 minutes to prepare.

주목해주세요. 5시에 시작되는 새로운 전기 시스템에 대한 테스트가 실행될 것입니다. 그 시스템은 실험하는 동안 보완 발전기로 대체될 것이므로 어떤 정전상태도 있지 않을 것입니다. 컴퓨터를 끄실 필요는 없지만, 모든 서류들은 적어도 테스트 15분 전에 저장해 놓으시길 권고합니다. 또한, 단지 회사가 소유한 기기들만이 테스트로부터 발생할 수 있는 손상에 대해서만 보험에 들어있기 때문에 개인적인 전자기기들은 모두 코드를 뽑아놓으십시오. 지금부터 여러분들은 30분정도 준비하실 시간이 남았습니다.

3. (A)

What is the main topic of this announcement?

이 발표의 주제는 무엇인가?

(A) A test of the power system
(B) An upgrade of computer hardware
(C) An office celebration
(D) A company closing

(A) 전력시스템의 테스트
(B) 컴퓨터 하드웨어의 성능향상
(C) 사무실 축하파티
(D) 회사 폐쇄

해설 연설문의 주제를 묻고 있는 질문의 형태이므로 담화의 첫부분에서 정답을 찾아 주어야 한다. 주제를 묻는 질문의 형태는 대화의 처음 세 문장 안에서 보통 정답을 찾을 수 있다. 담화 첫부분에서 새로운 전기 시스템에 대한 테스트가 시작될 것이라고 했으므로 정답은 전기에 대한 테스트에 관련된 것이라는 것을 알 수 있다.

어휘 **blackout** 정전 **appliance** 기구

DAY 10

Part 3&4 | 주제 문제 해결하기

Part 3에서의 주제 문제

포인트 1 Part 3 주제 문제의 Secret Point!

Part 3 주제 문제는 두 사람 첫마디에서 등장한다.

포인트 2 Part 3 주제 문제 풀이법

▶ 1단계 → 주제 문제임을 파악한다.

▶ 2단계 → 초반을 잘 듣고

▶ 3단계 → 주제의 힌트어에 집중한 후

▶ 4단계 → 청취한 구문의 동의어를 고른다.

포인트 3 Part 3의 주제를 묻는 질문의 유형

아래의 질문은 주제를 묻는 전형적인 질문이므로 보자마자 주제임을 알 수 있도록 익혀둔다.

What are they talking about?

What is the main topic of the talk?

What are the speakers discussing?

What is the conversation about?

Why is the man calling?

Why does the man call the woman?

What are the speakers discussing?

포인트 4 Part 3 주제 문제의 정답위치와 정답 힌트

▶ 문제의 특성 파악하기

■ **문제의 위치는 어디인가?**

주제를 묻는 위와 같은 질문의 형태는 대부분의 경우 지문에 관련된 3개의 문제중 첫번째에 등장한다. 하지만, 화자나 장소를 묻는 문제가 먼저 나오고 두번째에 나오는 경우도 종종 있음을 기억한다.

■ **정답의 위치는 어디인가?**

이렇게 첫번째나 두번째에 나온 주제의 문제는 두 화자의 첫번째 말에서 답이 등장함을 기억한다.

궁금해요 |

Q: 만약에 세명의 화자가 나온다면? 그때는 주제는 어디 나오나요?
A: 동일하게 첫 두사람의 첫 마디에서 나옵니다.

참고 | 그렇다면, 마지막 질문이 주제 문제라면?

– 하지만 간혹, 주제의 문제가 마지막 문제로 등장한다면 대부분의 경우 대화를 다듣고 힌트들안에서 유추해야 하는 비교적 난이도가 있는 문제라는 것을 기억합니다.

▶ 정답을 알려주는 결정적인 힌트

- Part 3 주제 문제의 기본은 두 사람 혹은 세사람이 공통적으로 이야기하는 내용을 고르는 것이다.
- 두 사람의 첫 마디에서 질문하거나, 문제를 이야기하거나 하고싶은 것을 말하면 주로 주제가 된다.

| 예제 | 10-2.MP3

M1(영): How is the Indian factory going now that you're in charge? Is **production** high?	남1: 네가 책임지고 있는 인도공장은 요즘 어때? 생산성은 높니?
M2(미): Not really, we've been suffering from a few problems recently. I think we need to upgrade some of the machinery.	남2: 사실 별로 그렇지 않아. 우리는 최근에 여러가지 문제로 고생을 좀 하고 있어. 내 생각에는 기계들을 좀 업그레이드 해야 할 것 같아.
M1: Do you think management will agree?	남1: 경영진에서 허락할까?
M2: I hope so, or we'll keep having problems.	남2: 그러길 바라야지. 안 그러면 계속 문제가 지속될 거야.

What are the men discussing?	두 남자는 무엇에 관해 이야기 하는가?
(A) Indian food	(A) 인도음식
(B) New workers	(B) 새로운 직원
(C) The management	(C) 경영진
(D) Production	(D) 생산성

해설 주제가 나오는 부분은 대화의 처음 부분이다. 이렇게 문장이 아닌 단어로 주제를 물어보는 경우는 대화 첫부분에 언급된 단어를 골라준다. 대화의 첫부분에 production이 등장하므로 정답은 생산성이 된다.

★ Memorize it! **독특한 주제를 묻는 유형인 전화주제 확인하기**

보통 전화의 목적은 주어의 처음 말 속에

- I'm calling to부정사 / about 명사 / because 주어 + 동사
- I'd like to ~
- I need / want / wish / hope to ~
- I need to ~

등의 구문을 힌트로 그 뒤에서 정답을 주는 경우가 대부분이다.

| 예제 | 10-3.MP3

M: Hello, **I'm calling because** I mailed a package from here last week but it still hasn't arrived.	남: 제가 지난주에 보낸 소포가 아직도 도착하지 않아서 전화 드렸습니다.
W: Do you have a tracking number? I need to enter it into my computer system.	여: 추적 번호가 있으세요? 제가 번호를 컴퓨터에 입력해 봐야 알 수 있습니다.
M: I'm afraid I don't.	남: 음, 그 번호가 없는 거 같은데요.
W: Oh, oh! I'm afraid I really can't help you without the number.	여: 이런, 그 번호가 없다면 도와 드릴 수가 없어요.

Why is the man calling?	남자가 전화한 이유는?
(A) To check the status of an order	(A) 주문 상태를 확인하기 위해서
(B) To complaint about a late fee	(B) 연체료에 대해 불평하기 위해서
(C) To ask a phone number	(C) 전화번호를 요청하기 위해서
(D) To install a program	(D) 프로그램을 설치하기 위해서

해설 남자가 전화한 목적을 묻고 있으므로 남자의 첫번째 말 속에서 정답이 나올 것이다. 남자의 첫번째 말속에서 I'm calling because가 들어가 있는 뒷 구문이 전화한 목적이 될 것이므로 남자는 남자가 보낸 우편물의 배송 상태를 알고 싶어서 전화를 한 것임을 알 수 있다. 따라서 정답은 (A)가 된다.

Part 4에서의 주제 문제

포인트 1 Part 4 주제 문제의 secret point!

Part 4 주제문제는 첫 세문장에서 나온다.

포인트 2 Part 4 주제 문제 풀이법

▶ 1단계 → 주제 문제임을 파악한다.

▶ 2단계 → 첫 세문장을 잘 듣고

▶ 3단계 → 주제의 힌트어에 집중한 후

▶ 4단계 → 청취한 구문의 동의어를 고른다.

포인트 3 Part 4의 주제를 묻는 질문의 유형

아래의 질문은 주제를 묻는 전형적인 질문이므로 보자마자 주제임을 알 수 있도록 익혀둔다.

What is the topic of the announcement?

What are the speaker talking about?

What is the main topic of the talk?

What is the talk about?

Why is the man calling?

Why does the speaker contact the listener?

포인트 4 Part 4 주제 문제의 정답위치와 정답 힌트

▶ 문제의 특성 파악하기

■ **문제의 위치는 어디인가?**

주제를 묻는 위와 같은 질문의 형태는 대부분의 경우 지문에 관련된 3개의 문제 중 첫번째에 등장한다. 하지만, 화자나 장소를 묻는 문제가 먼저 나오고 두번째에 나오는 경우도 종종 있음을 기억한다.

■ **정답의 위치는 어디인가?**

Part 4 담화의 첫 세 문장이 주제의 핵심이다.

▶ 정답을 알려주는 결정적인 힌트

- Part 4 주제 문제의 기본은 무엇을 이야기할 것인지를 찾는 것이다.
- 따라서, 첫 세문장에서 "말하다" 라는 의미를 가진 단어에서 정답이 자주 나온다.

DAY 10

| 예제 | 

Hello, this is Matilda Langs. **I'm calling because** my newly purchased microwave oven from your store last week is already having problem. As soon as I plugged in and tried to use it, it started making weird noises. I don't think it's supposed to make such sounds. I want this repaired, or replaced with a new one right away. If you are going to repair my microwave, is it possible if you can come to pick it up at my place? I won't be able to drive all the way. If you get this message please call me back at 555-7567. Thank you.

안녕하세요. Matilda Langs입니다. 지난주에 당신 가게에서 전자레인지 오븐을 구입했는데 제품에 이미 문제가 있는 것 같아요. 플러그 꼽고 사용하려고 하자 이상한 소리를 내기 시작했어요. 그런 소리가 나면 안될 것 같은데요. 지금 즉시 수리를 해주시던지 새 걸로 바꿔주세요. 수리해 주실 거면 우리 집으로 물건을 가지러 와주실 수 있나요? 가게로 운전해서 갈 수 없을 것 같네요. 이 메시지 받으면 555-7567로 다시 전화주세요. 고맙습니다.

What is the purpose of the message ?

(A) To reschedule a delivery
(B) To answer a letter
(C) To report a problem
(D) To ask a directions

전화한 목적은 무엇입니까?

(A) 배달 일정 다시 잡기 위해서
(B) 편지 답장 하기 위해
(C) 문제점을 보고 하기 위해
(D) 방향을 물어보려고

해설 I'm calling 이라는 목적을 이야기하는 표현 뒤에서 전자레인지를 샀는데 물건에 문제가 생겼다고 했으므로 정답은 (C)가 된다.

★ Memorize it! Part 4 대표 구조별 주제의 위치와 관련표현

(1) 전화 메시지 – 매달 2~3개 이상이 등장하는 최빈출 종류이다. ★★

도입부분	자기 소개를 하고 간단한 인사를 하는 부분.
목적부분	말하고자 했던 주제들을 들려준다. • I'm calling to 동사원형 / because 주어 + 동사 • The reason why I call 동사 • I'd like to / I want to / I need to / I hope to 동사원형 | 예제 | Hello, Mr. Azumi. **I'm calling to** let you know that you've been selected as a steward trainee for Pacific Air. You can start training for the position next Thursday at our facilities outside Osaka; therefore, you'll experience a 3-month physical, academic, and psychological training period to become one of our crew. Relying on your performance during this period, you will be assigned to one of routes. 안녕하세요 Azumi씨. 저는 당신에게 당신이 Pacific air 스튜어드 교육생으로 뽑혔다는 것을 알려드리려고 전화걸었습니다. 오사카 외곽에 있는 우리 기관에서 다음주 목요일부터 그 직책 관련 교육을 시작할거예요. 그러므로 당신은 우리 직원이 되기 위해서 3개월간의 신체적, 학구적, 그리고 정신적인 교육 기간을 가지게 될 것입니다. 이 기간 동안의 당신의 업무수행에 따라 우리 노선중의 하나에 배정될 것 입니다.

	해설 I'm calling to 뒷 부분에 나오는 스튜어드 트레이니로 뽑혔다는 것이 주제이다.
목적과 관련된 세부적인 사항	시간, 장소, 이유등을 잘 들어주자.
다음에 전화받는 사람이 해야 할 일	전화를 끊고 나서 그 다음에 해야 할 일, 연락 방법 등을 준다.

(2) **광고 –** 두 달에 한번 정도 출제되는 빈도를 가지고 있다.

hook	사람들이 광고에 집중할 수 있도록 사람들을 끌어 들이는 부분. 보통 질문이나 it의 형태로 시작하며 이 부분에서 광고대상을 언급하는 것이 보통의 구조다.
광고 대상의 언급	광고하고자 하는 물건이 무엇인지를 광고 하고자 하는 물건의 이름과 더불어서 언급해 준다. | **예제 1** | Are you looking for a travel agency with a solid reputation and skilled staff? **Then look no further than *Best Travel Agency* located in Downtown Seoul.** 능력있는 직원들과 좋은 평판을 가지고 있는 여행사를 찾고 계신가요? 그렇다면 서울 시내에 있는 Best Travel Agency 보다 좋은 곳은 없습니다. | **예제 2** | Are you sick of all the same beverages? Are you looking for a healthy alternative? **Well, *Lion Beverages* has something you want called Powerup.** 모두 같은 음료가 지겨우신가요? 건강한 대안책을 찾고 계세요? 그렇다면 Lion Beverages가 Powerup이라고 불리우는 당신이 원하는 것을 가지고 있습니다.
광고 대상의 장점	보통 나열식으로 장점들을 언급해 주는 형태로 등장하는 경우가 대부분이며 가끔은 이전의 제품들의 언급을 통해 그렇지 않다는 것을 강조하는 방법으로 장점을 보여주기도 한다. 따라서 부정어구들을 잘 들어주는 것이 중요하다.
광고 대상의 구입법이나 further information을 얻을 수 있는 곳 언급	보통 명령형이나 가정법으로 더 많은 정보를 원하거나 제품을 구입하고 싶다면 전화를 하거나 웹페이지를 방문할 것 혹은 직접 방문할 것들을 제안하는 형태로 구성이 된다.

(3) 사내방송 – 매달 2개씩은 나오는 중요한 주제이다. ★

Attention __청자__	보통 대상으로 하는 사람들이 누구 인지 혹은 〈I'm ________ a director of 부서〉의 형태로 말하는 사람이 누구인지 혹은 어떤 부서에서 하는 방송인지를 먼저 보여준다.
사내방송의 목적	• I'd like to (inform) ___________ • I'll be showing you ___________ • I want to share ___________ information ___________ • I want to let you know ___________ 빈출 사내 방송의 목적은 다섯 가지 정도가 있다. 1) 회사내의 renovation / maintenance / repair 등을 알리는 공지 2) 회사내의 인사이동 (changing positions) – promotion / retirement 등을 알리는 공지 3) 회사의 새로운 정책(policy)을 알려주는 공지 4) 회사의 이윤이나 부진 등 회사의 실적과 관련된 것을 알리는 공지 5) 사내의 이벤트를 알리는 공지: 인사이동과 함께 나오는 경우도 많다. 예를 들어 인사이동이 있은 후 reception과 같은 이벤트가 같이 있을 것을 알려주는 공지 등을 들 수 있다.
사내방송의 목적	| 예제 | The Security Department wants to **let all employees know** that a new antiviral software will be installed on Wednesday. This software is to protect your desktops against Internet infection, and to protect the company systems as well. 보안부서에서는 모든 직원들에게 수요일에 새로운 바이러스 프로그램을 설치할 것이라는 걸 알려드립니다. 이 프로그램은 당신의 컴퓨터를 인터넷 감염으로부터 보호해 줄 것이며 회사의 시스템 또한 지켜줄 것입니다. 해설 let all employees know 뒷 부분에 있는 새로운 바이러스 프로그램을 설치한다는 것이 주제이다.
사내 방송과 관련된 구체적 사항들 언급	방송과 관련된 구체적인 사항들, 수치, 인사이동하는 사람들의 직책, 새로운 정책의 구체적 시행시기, 이벤트의 장소, 공사의 날짜와 소요시간, 대처방안 등의 구체적 내용들이 언급된다.
이후에 있을 행사 혹은 직원들이 주의해야 하는 사항 언급	

(4) 라디오 방송 - 뉴스

본인과 방송프로그램 소개	I'm your host ___________ / This is the ___________ radio.
방송의 주제와 guest 소개	guest가 등장하는 경우: guest의 직업, 경력, 업적 등 사람의 소개에 관한 내용이 꼭 하나정도 나온다는 것을 기억하자. 이 경우 사람의 이름이 등장하면 이 사람의 직업은 이 사람의 이름이 처음 언급되는 부분의 앞뒤에서 고유명사로 언급되는 경우가 99%이므로 'Who is 사람 이름?'의 질문형태가 나오면 이 사람의 이름이 처음으로 언급되는 부분을 주의한다. | 예제 | Good morning, my name is Candace Anders from WI Classic, your classical music station. **We'd like** to give you a reminder of an upcoming Jane Watanabe's violin concert. 좋은 아침입니다. 저는 여러분의 클래식 음악 방송인 WI Classic의 Candace Anders입니다. 저희는 여러분께 다가오는 Jane Watanabe의 바이올린 공연에 대해 다시 한 번 알려드립니다. **해설** would like to 뒤에 있는 Jane의 concert에 대한 소개를 하는 것이 주제이다. 이 이후 나올 내용이 watanabe에 대한 소개일 것이라는 것도 유추할 수 있다.
주제에 대한 구체적인 언급	주제에 따른 자세한 내용들을 언급한다.
다음 방송이나 이 이후에 이루어지게 될 순서에 대한 소개 등이 언급	

(5) 그 외의 자잘한 글의 종류들은 대부분 앞부분에서 주제가 나오므로 앞부분을 주의해서 들어준다.

바쁠 땐 이것만이라도 꼭! | **급하다. 시험에서 주제 문제 90% 맞히기**

1. 주제를 묻는 문제는 Part 3의 경우, 첫 두 사람의 첫 마디를 듣고 Part 4의 경우 첫 세 문장을 듣고 푼다.
2. 만약 주제를 묻는 문제의 보기가 단어로만 구성되어 있다면 첫 문장 속에서 들린 단어를 답으로 고른다.
3. 문제점과 전화의 목적도 주제다. Part 3 첫 사람과 Part 4 소개 이후 문장에 집중한다.
4. 주제를 묻는 질문의 종류는 한정되어 있다. 다음 네개의 질문이 보이면 주제라는 것을 굳이 읽지 않아도 알 수 있게끔 자꾸 봐둔다.
   - What are the speakers discussing?
   - What are the speakers talking about?
   - What is the man's problem?
   - Why is the woman calling?

Part 3 EXERCISE

음성을 듣고 질문에 가장 알맞은 답변을 고르시오.

10-5.MP3

1. Why is the woman calling?
   (A) To invite a coworker
   (B) To book a restaurant
   (C) To make an order
   (D) To change a reservation

2. What does the man say is the problem?
   (A) He can't fulfill the woman's request.
   (B) A reservation is incorrect.
   (C) A meeting has been postponed.
   (D) Credit cards can't be accepted.

3. What does the man suggest?
   (A) Dropping by sometime
   (B) Checking for cancellations later
   (C) Trying a different location
   (D) Booking another day

Part 4 EXERCISE

음성을 듣고 질문에 가장 알맞은 답변을 고르시오. 10-6.MP3

4. What is the main purpose of the speech?

(A) To address an opening of a store
(B) To introduce a new employee
(C) To describe a new product
(D) To explain data analysis

5. What type of goods does the speaker's company produce?

(A) Instant food
(B) Electric goods
(C) Women's apparel
(D) Kitchen appliances

6. What does the company want Ms. Via to do?

(A) Design new appliances
(B) Work at an overseas branch
(C) Translate Company's manual
(D) Share the customer's preferences

DAY 10

7. What is the purpose of the message?

(A) To promote a gallery opening
(B) To announce a game schedule
(C) To provide information about production
(D) To honor a director

8. According to the message, how can the listeners get tickets?

(A) By calling the ticket booth
(B) By visiting near by book store
(C) By visiting the website
(D) By visiting the theater

9. What is available for children?

(A) A spcial welcome event
(B) Discounted prices
(C) Special seating
(D) A free product

Part 5&6 시제 1

진단테스트

1. We ------- a template last month that can be used for the description of each register data request.
   (A) has created (B) create
   (C) created (D) will create

2. Dishes and silverware are ------- stored in cabinets near the eating area or dishwasher for easy access.
   (A) relatively (B) slightly
   (C) usually (D) vaguely

3. Starlites' steady sales and earnings growth have made the company's shares soar ------- it went public in 1992.
   (A) if (B) since
   (C) how (D) than

4. As of next month, Anna Powers of the maintenance department ------- assistant director for five years.
   (A) will have been (B) to be
   (C) had been (D) was

5. While state funding for our roads and bridges ------- over the last year, the needs are still tremendous.
   (A) have doubled (B) doubled
   (C) has doubled (D) would double

6. Auto Lab Supply & Co. has manufactured quality laboratory products ------- half a century.
   (A) for (B) since
   (C) from (D) to

★ 정답 및 해설은 〈Part 5&6 유형분석 – 시제 1〉에서 확인하세요.

이것만은 꼭!

12시제

시제는 크게는 단순시제 3개(과거, 현재, 미래)와 완료시제 3개(과거완료, 현재완료, 미래완료)로 나누어지고, 6개의 시제를 진행형으로 만들 수 있으므로, 총 12시제가 가능하다.

1. 단순 현재

어제도, 오늘도, 내일도, 언제나 일어나는 습관적 행동, 변하지 않는 사실, 진리를 이야기할 때 사용한다. 주로 '언제나, 항상, 주로'의 의미를 가지고 있는 부사들과 사용된다.

The employees **always commute** to work by train.
직원들은 항상 기차로 통근한다.

2. 단순 과거: V-ed

현재와 연결되지 않은 과거에서 시작해 과거에 끝난 일에 사용하는 시제. 과거를 나타내는 시간 표현 (last + 시점 / 기간 + ago / yesterday / in + 과거연도 / previous / in the past / once) 등과 어울려 사용된다.

Mr. Lee **established** the science museum **ten years ago**.
이 씨는 10년 전에 과학 박물관을 설립했다.

3. 단순 미래: will + 동사원형

조동사 will 뒤에 동사원형을 사용한다.

Next year, the government **will focus** on research and development activities.
내년에 정부는 연구 개발 활동에 중점을 둘 것이다.

4. 현재완료: have[has] + p.p.

현재를 기준으로 과거의 일을 서술 할 때 현재완료를 쓰고, 과거의 시점을 강조하면 과거시제를 쓴다. 예를 들면 '그 영화 본 적 있니?'라고 물어볼 때 화자가 알고 싶은 사실은 과거 특정 시점이 아니라 현재를 기준으로 했을 때 영화를 본 사실이 있냐는 것이다. 따라서 기준 시점이 현재이므로 절대로 과거 시점을 언급해선 안 된다. 단, 과거 시점 앞에 since가 나오면 주절은 현재완료가 된다.

I **have seen** the movie yesterday. (×)
I **have seen** the movie since yesterday. (○)
I **saw** the movie yesterday. (○)

My phone number **has been changed**. 내 전화번호가 바뀌었다.

◎ 전화 번호가 바뀐 과거 시점이 중요한 것이 아니라 현재 바뀐 번호를 쓰고 있다는 사실이 중요하므로 현재완료 시제가 적절하다.

★ Check Point 현재완료와 과거의 비교

I **lost** my key. 나는 열쇠를 잃어버렸다.

단순 과거 사실 (과거에 열쇠를 잃어버렸는데 지금 찾았는지는 알 수 없다.)

I **have lost** my key. 나는 열쇠를 잃어버렸다.

열쇠를 과거 어느 시점에 잃어버렸고 현재까지 아직 못 찾은 상태임을 의미한다.

5. 과거완료: had + p.p.

비교가 되는 과거 시점보다 더 이전에 일어난 시점을 강조할 때 사용한다. 과거완료 시제를 쓰려면 비교가 되는 과거 동사나 과거 시점을 나타내는 표현이 있어야 한다.

He **had been** sick for a week when I **called** him.
내가 전화를 했었을 때 그는 1주일간 아팠다.

He **had been fired** when I **came** back from the business trip.
내가 출장에서 돌아왔을 때 그는 해고가 되어 있었다.

They **had taken** the paintings before **midnight**.
그들은 자정 전에 그림들을 가져갔다.

6. 미래완료: will have p.p.

현재나 과거에서 시작된 일이 미래의 어느 시점까지 계속되거나 미래의 주어진 시점 전에 동작이 완료될 것을 기대할 때 사용하는 시제로 will have + p.p.의 형태를 사용한다.

The sales manager **will have worked** for 10 years **next year**.
세일즈 매니저는 내년이 되면 근무한 지 10년이 된다.

지금 시점보다는 10년이 되는 next year를 중심으로 서술했다.

7. 진행 시제

어떤 특정 시점에서 진행되고 있는 일을 표현할 때 진행 시제 (be동사 + -ing)를 사용한다. 단, 상태동사는 진행형 동사를 쓰지 않는다.

The company **is making** significant improvements in its sales profits.
그 회사는 판매 수익에 있어서 상당한 증가를 보이고 있다.

Part 5&6 유형분석 | 시제 1

출제유형 1 yesterday, ago, last ~ 와 어울리는 과거시제

보기에 시제만 다른 동사들이 나오면 문장에서 시점을 표현하는 부사구나 전치사구를 재빨리 찾아야 한다. last + 시점 / 기간 + ago / yesterday / in + 과거연도 / previous / in the past / once(한때) / then(그때) 등이 있으면 과거시제를 정답으로 고른다.

We ------- a template last month that can be used for the description of each register data request.

(A) has created (B) create
(C) created (D) will create

해설 시간부사 last month와 어울리는 시제는 과거시제이므로 (C) created가 답이다.

해석 우리는 지난달에 각각의 등록 데이터 요청에 대해 설명하는 데 사용할 수 있는 템플릿을 만들었다.

어휘 **template** 템플릿, 형판 **description** 설명, 묘사 **request** 요청 **create** 창조하다, 만들어내다

★ Check Point 과거의 시간: 과거시제와 함께 쓰이는 특정한 과거시제 부사들을 꼭 암기해두자.

The proposal for the full benefits was completed yesterday.
최고의 혜택에 대한 제안서는 어제 완성되었다.

Last week, the site manager disapproved the new project.
지난주에 현장 관리자는 새로운 프로젝트를 거절했다.

출제유형 2 every, usually, always가 보이면 단순현재시제가 답이다.

단순 현재시제는 현재 진행형과 엄격히 구별해서 써야 한다. 현재 진행형은 순간적인 동작을 강조한다면, 단순 현재시제는 과거, 현재, 미래를 넘나드는 무한대에 가깝다. 매일 반복되거나, 일반적인 사실에 주로 쓰인다.

Dishes and silverware are ------- stored in cabinets near eating area or dishwasher for easy access.

(A) relatively (B) slightly
(C) usually (D) vaguely

해설 단순 현재 시제 are stored(보관된다)는 반복되거나, 일반적인 사실을 서술할 때 사용된다. 보기 중 (C) usually(주로)가 가장 어울린다.

해석 식기류와 은그릇은 보통 이용하기 쉽도록 식당 또는 식기세척기 근처에 있는 캐비닛에 보관된다.

어휘 **silverware** 은그릇 **store** 저장하다, 보관하다 **access** 이용, 접근, 접근방법 **relatively** 상대적으로 **slightly** 약간, 조금 **usually** 보통은, 대개 **vaguely** 모호하게

★ Check Point 단순 현재

변하지 않는 진리, 일반적 사실, 반복되는 습관 등을 나타낸다.

The earth **goes** around the sun. 지구는 태양을 돈다. **(불변의 진리)**

The delivery company **usually charges** $3.00 per order for shipping.
배송 회사는 대개 배송 주문당 3달러의 요금을 청구한다.

Qualified employees **always exercise** good judgment in the work they undertake.
자격 있는 직원들은 착수하는 업무에서 적절한 판단을 한다.

- 반복적인 일을 서술할 때 주로 사용되는 단순 현재 시제는 빈도부사 (always, usually, often, sometimes, seldom, rarely, hardly, never)와 잘 어울린다.

출제유형 3 since 다음에 과거이면, 주절은 현재완료다.

Starlites' steady sales and earnings growth have made the company's shares soar ------- it went public in 1992.

(A) if (B) since
(C) how (D) than

해설 보기가 모두 접속사이므로 해석해서 답을 고르면 되는데, since는 해석하지 않고도 한눈에 알아볼 수 있는 공식 같은 시제가 정해져 있다. since가 '~이래로'의 뜻으로 쓰일 때에는, since 다음엔 과거가 나오고, 주절에 현재완료가 와야 한다. 따라서 보기에 since가 있으면 양쪽의 시제를 비교해 보는 것도 좋은 방법이다. 빈칸 뒤에 과거시제(went, 1992)가 있고, 주절이 현재완료이므로 정답은 (B) since이다.

해석 스타라이트의 지속적인 판매와 수입의 증가는 회사가 1992년에 상장한 이후에 회사의 주가를 치솟게 했다.

어휘 **sales** 판매 **earning** 소득, 수입 **share** 주식 **soar** 치솟다, 상승하다 **go public** 주식을 공개하다, 상장하다

출제유형 4 미래에 시작이면 단순미래, 미래까지 계속하거나, 미래에 끝나면 미래완료

미래완료는 미래시점과 '계속' 이나 '완료'를 나타내는 표현이 필요하다.

As of next month, Anna Powers of the maintenance department ------- assistant director for five years.

(A) will have been (B) to be
(C) had been (D) was

해설 기준 시점이 미래(As of next month)이고, 다음달을 기준으로 시작이 아니라 다음 달까지 5년 동안이라고 했으므로 '미래완료' 시제가 어울린다. 정답은 (A) will have been이다.

해석 다음 달부로 관리부서의 Anna Powers는 부관리인이 된 지 5년이 된다.

어휘 maintenance 관리

★ Check Point 완료를 나타내는 전치사는 by, 완료를 나타내는 접속사는 by the time이다.

by 다음엔 명사가 나오고 by the time 다음엔 주어와 동사가 나온다.

Mr. Honda **will have worked** for 30 years **by next month**.
혼다 씨는 다음 달까지 30년을 근무하게 되는 것이다.

Mr. Honda **will have worked** for 30 years **by the time he retires**.
혼다 씨는 은퇴할 때까지 30년을 근무하게 되는 것이다.

출제유형 5 last 시점이면 과거, last 기간이면 현재완료

last라는 표현이 나오면 과거로 생각하기 쉽지만, '지난 몇 년 동안'이라는 기간을 나타낼 때에는 현재완료와 어울린다. 따라서 'last + 시점'인지 'last + 기간'인지 잘 구별해야 한다.

While state funding for our roads and bridges ------- over the last year, the needs are still tremendous.

(A) have doubled (B) doubled
(C) has doubled (D) would double

해설 last year는 '지난해'이지만, over the last year는 '작년 1년 동안'이라는 기간을 나타내는 표현이다. 기간을 나타낼 때에는 반드시 앞에 기간을 나타내는 전치사 'for, in, over'가 있기 때문에 쉽게 알아볼 수 있다. '지난 1년 동안'이란 표현은 '1년 전부터 지금까지'라는 표현으로 '현재완료'와 잘 어울린다. 따라서 정답은 (C) has doubled이다.

해석 도로와 다리에 대한 정부 지원금이 지난 1년 동안 두 배가 되었지만, 아직도 필요는 상당하다.

어휘 funding 자금지원 tremendous 막대한

★ Check Point 현재완료와 함께 잘 쓰이는 표현

since + 과거시점[과거동사]
in [during / for / over] the last year for + 기간
so far
until now
just / still / never / ever / often / already / yet / recently / lately / these days

The company **has conducted** little research about the employee turnover and pension **lately**.
최근에 회사는 직원 이직률과 연금에 대한 연구를 거의 하지 않아왔다.

Enrollment in the new evening management classes **has nearly tripled over the last 2 years**.

새로운 저녁 경영 수업의 등록이 지난 2년 동안 거의 세 배가 되었다.

MJL are specialists in air technologies, and **have manufactured** equipment and media **since 1972**.

MJL은 항공기술 전문가들이고 1972년 이래로 관련 장비를 제조해 왔다.

출제유형 6 for 다음엔 기간, since 다음엔 시점

주절의 동사가 현재완료라고 해서 무조건 since를 답으로 하면 안된다. since가 전치사일 경우 반드시 since 뒤에 과거시점을 동반해야 한다. 기간이 나오면 당연히 for를 답으로 해야 한다.

Auto Lab Supply & Co. has manufactured quality laboratory products ------- half a century.

(A) for (B) since

(C) from (D) to

해설 동사의 시제가 현재완료(has manufactured)라서 보기중 (A) for와 (B) since 모두 잘 어울린다. since 다음엔 과거시점이 나와야 하고, (A) for 다음엔 기간이 나와 한다. 빈칸 뒤 'half a century'는 50년이라는 기간이므로 정답은 (A) for이다.

해석 Auto Lab Supply & Co는 질좋은 실험실 제품을 50년 동안 관련 장비를 만들어왔다.

어휘 **quality** 질좋은 **laboratory** 실험실

Part 5 EXERCISE

1. Facilities ------- air-conditioned dining room and common room, as well as a computer lab with 24-hour access to PCs.
   (A) includes (B) include
   (C) are including (D) be included

2. For the remainder of the semester, the class ------- to discuss specific research projects and their progress soon.
   (A) met (B) meeting
   (C) meet (D) will meet

3. Daniel Yannick has been involved in the environmental campaign ------- over three years.
   (A) since (B) for
   (C) up (D) from

4. Nicole ------- sports stories for a lot of newspapers and magazines until she retired.
   (A) had written (B) wrote
   (C) writes (D) written

5. By the time she retires at 65, Eve's desired annual income ------- from $50,000 to $160,000.
   (A) rises (B) will have risen
   (C) was rising (D) has been rising

6. A bell ------- five minutes before the line starts to alert workers to be ready to begin work.
   (A) be rung (B) ringing
   (C) rings (D) to ring

7. Revenues from sales of new furniture ------- much higher than anticipated over the last ten months.
   (A) were (B) have been
   (C) had been (D) was

8. The Board of Directors ------- sometime next week to lay out plans for finding a new chief executive.
   (A) convened (B) convening
   (C) will convene (D) to convene

9. Next year Mr. Meats ------- working for the company for ten years.
   (A) was (B) have been
   (C) will have been (D) will be

10. When she returned to work from vacation, she ------- from jet lag.
   (A) will suffer
   (B) was suffering
   (C) suffers
   (D) will have suffered

Part 6 EXERCISE

Questions 11-14 refer to the following letter.

To the Head of the Personnel Department:

I am writing to notify you that I plan to resign from my position as customer service manager at VIPS department store.

My last day of employment ------- **11.** June 30. If a replacement can be hired before that date, I would be happy to assist in training that person.

I would like to express my gratitude for the opportunities I ------- **12.** in my time here at VIPS. My decision to ------- **13.** is purely for personal matters and does not reflect any dissatisfaction with the company.

I ------- **14.** a great deal while working at VIPS and I will always appreciate the experience.

Sincerely,

Todd Miller

11. (A) will be
(B) was
(C) has been
(D) had been

12. (A) will be offered
(B) was offered
(C) offered
(D) had offered

13. (A) stay
(B) contribute
(C) leave
(D) celebrate

14. (A) was learned
(B) have learned
(C) will learn
(D) learning

DAY 10

Questions 15-19 refer to the following e-mails.

From:	Paul Ports <mydream@u.washington.edu>
To:	Hezstyle.com
Subject:	Order delivery

I was wondering about the status of my order. I placed an order for a wind jacket ($ 50) about a week ago, but I haven't received it yet. I paid the additional fee for next-day shipping so I should have gotten it about four or five days ago. I received a confirmation e-mail after I placed the order, but there was no tracking number for the package. Please let me know what happened to my order. If it was lost in the mail, what do I have to do? Do I have to reorder it?

Thanks,
Paul

From:	Hezstyle.com
To:	Paul Ports <mydream@u.washington.edu>
Subject:	Re: Order delivery

Dear Mr. Ports,

Thanks for shopping at Hezstyle.com. Your order number is #12W0PMW. Please print this page or write this number down for future reference. This order should arrive within two business days.

The reason your package was delayed was that we experienced system errors last week. We had to reinstall our entire order receiving system. As a result, a number of orders have been delayed up to five days.

Because of the delay, we will refund two dollars and also offer a coupon that will take 10% off the next time you order at Hezstyle.com. We may also send you additional updates regarding the status of your order.

If we may be of further assistance, please contact us at custserv@Hezstyle.com or 1-800-222-5454. Our customer service consultants are here to help 24 hours a day, 7 days a week.

We apologize for any inconvenience this may have caused. We hope you will continue to shop at Hezstyle.com

Sincerely,
Hezstyle.com Customer Service

15. What is the purpose of the first e-mail?

(A) To reorder a jacket
(B) To cancel an order
(C) To ask for the status of an order
(D) To get the tracking number for an order

16. How much did Mr. Ports most likely pay for total amount?

(A) $52
(B) $50
(C) $192
(D) $40

17. What caused the delay of the order?

(A) Network upgrade
(B) Misplaced order
(C) Order receiving system error
(D) Wrong order

18. What did Hezstyle.com offer Mr. Ports to make up for the delay?

(A) Free shipping
(B) A discount on his next order
(C) A discount on the jacket order
(D) Next-day shipping

19. In the first e-mail, the word "status" in paragraph 1, line 1 is closest in meaning to

(A) happenings
(B) delivery
(C) error
(D) state

DAY 11

Part 3&4 • 장소와 직업 문제

Part 5&6 • 시제 2

Part 7 • 이중 지문 (구인 광고+자기소개서)

Part 3&4 장소와 직업 문제

진단테스트

음성을 듣고 질문에 가장 알맞은 답변을 고르시오.
(한 지문당 한 문제씩 등장합니다.)

11-1.MP3

1. Who most likely is the woman?
   (A) An operator
   (B) A receptionist
   (C) A telemarketer
   (D) A travel agent

2. Where is this conversation take place?
   (A) In a hotel
   (B) At a bank
   (C) At a travel agency
   (D) In a train

3. Where does the announcement probably take place?
   (A) A musical performance
   (B) A sports event
   (C) A film showing
   (D) A dinner party

진단테스트 해설

Question 1 refers to the following conversation.

M: Hello. **I need to know the phone number of a travel agency near Vanguard Street.** I have to make a flight reservation.

W: There are 4 travel agencies on the street. If you give me your exact address, I can find the nearest one from you.

M: Oh, my place is 8918 on Vanguard Street.

W: Then, I recommend you call Hanson Travel. **The number is 555-3109.**

남: 여보세요. 저는 Vanguard street에 있는 여행사의 전화번호가 필요합니다. 비행기 예약을 할 필요가 있어서요.

여: 그 거리에는 4개의 여행사가 있습니다. 만약에 정확한 주소를 주신다면 가장 가까운 곳을 찾아드릴 수 있을 것 같아요.

남: 아, 저희 집은 Vanguard Street의 8918번지입니다.

여: 그러시다면 Hanson Travel을 추천해 드릴께요. 전화번호는 555-3109입니다.

1. (A)

Who most likely is the woman?

(A) An operator
(B) A receptionist
(C) A telemarketer
(D) A travel agent

여자는 누구인가?

(A) 교환원
(B) 리셉션 직원
(C) 텔레마케터
(D) 여행사 직원

해설 말하는 사람이 누구인지를 묻는 질문이므로 대화 전체에 나오는 힌트 단어를 듣고 정답을 골라준다.전화번호를 불러 주는 사람이므로 교환원이라는 것을 알고 있다.

Question 2 refers to the following conversation.

M: I'd like to **deposit some money** and check my **balance**, please.

W: Sure, sir. Currently, your balance is $1,473.25. That is after your deposit. Are you willing to **change your account** to a higher **interest rate**?

M: Do I have the kind of money to do that? My balance normally drops to approximately $500 by the end of each month.

W: Oh, well in that case, it probably is best for you to keep your current account.

남: 이 돈을 예금하면서 제 잔액이 얼마인지 알아보고 싶습니다.

여: 네, 고객님. 현재 잔액은 좀 전 예금을 합하여 $1,473.25입니다. 좀 더 이율 높은 예금으로 바꾸시겠습니까?

남: 그렇게 할 만한 돈이 있나요? 보통 제 잔액은 매달 말에 $500 정도로 떨어집니다.

여: 아 그런 경우라면 현재 예금을 그냥 가지고 계시는 것이 가장 좋습니다.

2. (B)

Where is this conversation take place?

(A) In a hotel
(B) At a bank
(C) At a travel agency
(D) In a train

이 대화는 어디에서 일어나는가?

(A) 호텔에서
(B) 은행에서
(C) 여행사에서
(D) 기차에서

해설 대화가 일어나는 장소를 묻는 일반적 문제이므로 대화를 전체를 다 듣고 나오는 힌트어구들을 찾아서 정답을 찾는다. Deposit, balance, account, interest rate 등의 단어로 보아 은행을 이야기하는 것이다.

어휘 **deposit** 예금하다

Question 3 refers to the following announcement.

Good evening, we are pleased and honored to present to you the world's **best singer Susan Cho**. It is her **farewell performance tonight** with John Cooper on the piano. The performance will begin shortly, at 9 o'clock, and after the first session, **there will be a 10-minute-break before the second session starts.** Food and beverages will be in the main lobby for purchase including Susan Cho's records. The performance will last approximately 2 hours, and after the show, there will be an autograph session for Susan Cho to sign your records.

안녕하십니까. 우리는 세계에서 가장 유명한 가수인 수잔 조를 여러분께 소개하게 된 것을 기쁘고 영광으로 생각합니다. 오늘밤은 그녀의 피아노의 존 쿠퍼 씨와 함께 하는 그녀의 마지막 공연입니다. 이 공연은 조금 뒤인 9시에 시작되며 첫번째 세션이 끝난 후 두번째 세션이 시작되기 전까지 10분간의 휴식이 있을 예정입니다. 음식과 음료는 수잔 조의 음반을 포함해 메인 로비에서 구입하실 수 있습니다. 이 공연은 2시간가량 지속될 예정이며 쇼가 끝난 후 수잔 조가 그녀의 음반에 사인해 주는 행사가 있을 예정입니다.

3. (A)

Where does the announcement probably take place?

(A) A musical performance
(B) A sports event
(C) A film showing
(D) A dinner party

이 발표는 어디에서 일어나는가?

(A) 음악공연
(B) 스포츠 이벤트
(C) 영화상영
(D) 저녁 파티

해설 대화가 일어나는 장소를 묻는 질문의 형태이다. 대화의 장소를 묻는 문제는 대화의 첫부분에서 정답이 나오는 경우도 많지만 대화를 다 들어야 하는 경우도 많으므로 대화를 마지막까지 듣고 반복되거나 혹은 비슷한 종류의 단어들을 듣고 정답을 찾아주는 것이 중요하다. 가수, 피아노, 공연, 휴식등의 단어가 들리는 것으로 보아 이곳은 공연을 하는 곳임을 알 수 있다.

어휘 **autograph** 유명인의 사인

Part 3&4 장소와 직업문제 해결하기

Part 3에서의 장소와 직업 문제

포인트 1 Part 3 장소와 직업문제 secret point!

Part 3 장소와 직업문제는 두 사람 첫마디에서 등장한다.
하지만, 간접적으로 등장하므로 대화를 다 듣고 마지막에 푸는 것도 좋은 방법이다.

포인트 2 Part 3 장소와 화자 문제 풀이법

▶ 1단계 → 질문유형을 파악한다.

▶ 2단계 → 초반을 잘 듣고

▶ 3단계 → 주제의 힌트어에 집중한 후

▶ 4단계 → 간접적 힌트들을 통해 유추해 마지막에 푼다.

포인트 3 Part 3의 장소와 사람을 묻는 질문의 유형

아래의 질문은 전형적인 질문이므로 보자 마자 파악할 수 있도록 익혀둔다.

▶ 장소를 묻는 질문

Where are the speakers?
Where does this conversation most likely take place?
Where most likely are the speakers?

▶ 직업을 묻는 질문

Who most likely is the woman?
Who most likely are the speakers?
Who are the speakers?
Who is the woman?
Who is the man talking to? (청자) ★★★
○ 남자가 누구에게 이야기 하는가를 묻는 듣는 사람을 찾는 문제이므로 해석에 주의한다.

DAY 11

포인트 4 Part 3 장소와 사람문제의 정답위치와 정답 힌트

▶ 문제의 특성 파악하기

■ **문제의 위치는 어디인가?**

장소와 사람의 직업을 묻는 문제는 대부분 대화의 첫문제로 등장하지만, 아주 가끔 두번째 문제로 등장하기도 한다.

■ **정답의 위치는 어디인가?**

장소와 화자의 문제는

1) 대화의 처음 두 사람의 대화에서 직접적인 힌트가 등장하거나

2) 대화 전체를 다 듣고 나오는 여러가지 힌트들을 듣고 문제를 해결하는 두가지 패턴이 있다. 앞쪽에서 직접적인 힌트가 꼭 나오는 것은 아니므로 언제나 마지막에 푸는 것이 좋다.

궁금해요 |

Q: 만약에 세 명의 화자가 나온다면, 그때는 정답이 어디 나오나요?
A: 동일하게 첫 두 사람의 첫 마디에서 나옵니다.

▶ 정답을 알려주는 결정적인 힌트

- 초반부에서 두 사람이 언급하는 단어들이 포함되는 보기가 힌트이다.
- 아무런 힌트가 들리지 않으면 사무실이거나 동료관계이다.

| 예제 |

M: Hello, I'd like to **mail** this **package** to Hong Kong. How long does it take?	남: 안녕하세요. 저는 이 소포를 홍콩으로 보내고 싶습니다. 얼마나 오래 걸릴까요?
W: It depends on what kind of service you take. By **regular mail**, it can take about a week, but if you use **express mail service**, your package will be delivered within 2 days.	여: 그것은 어떤 서비스를 선택하는가에 따라 다릅니다. 일반 우편으로는 일주일 정도가 걸리지만 특급 우편을 이용하면 2일 안에 도착합니다.
M: Then, I'd better pay more. How much should I pay for express?	남: 그렇다면 돈을 더 내는 것이 낫겠네요. 특급은 얼마인가요?

Where are the speakers?	화자들은 어디에 있나요?
(A) A post office	(A) 우체국
(B) A bank	(B) 은행
(C) A real estate office	(C) 부동산
(D) A travel agency	(D) 여행사

해설 mail / package / regular mail / express mail 등의 힌트어에서 post office라는 것을 알 수 있다.

★ Memorize it! Part 3와 4 공통 장소와 사람의 직업을 이야기하는 힌트어들

- **airport**
  check-in counter, window seat, aisle seat, boarding pass , gate, carousel , baggage claim area, customs office, passport, embarkation card, customs declaration, immigration, flight attendant, captain , transit
- **Hotel**
  front desk, check in/out, reservation, ocean view, reception, concierge ,Guest relations office, bellboy, lobby
- **Restaurant**
  cook, chef, Order, recipe, appetizer, main course (Entrée), Dessert, bill (check), waiter/waitress, serve, menu, (daily) special
- **Hospital**
  physician, doctor, surgeon, dentist, patient, Medication, fill the prescription, take medicine, symptom, signs, shot, injection, surgery
- **Pharmacy**
  vitamin, OTC drug (over the counter medication), bandage, prescription, pharmacist
- **Store**
  return, refund, exchange, Warranty, receipt, Out of stock, Shipment, inventory, store credit , size, color, ware house
- **Travel Agency**
  trip/travel/tour, catalogue, Itinerary, flight ticket, book/reserve, confirm/reconfirm, accommodation
- **Post office**
  express mail, regular mail, overnight mail, package/parcel, courier service, postage, stamp
- **Bank**
  open an account, account number, balance, bank statement, Teller, Automatic Teller Machine (ATM) ,Deposit, withdraw, transfer, cash a check, Loan, interest rate, exchange rate , remit, checking account, savings account , personal check , money order, bank book

Part 4에서의 장소와 사람(화자와 청자) 문제

포인트 1 Part 4 주제 문제의 Secret Point!

Part 4의 장소와 화자 청자문제는 첫 세 문장에서 나온다.
주의! 이중 청자문제는 첫 문장에서 많이 등장하므로 첫 문장을 무조건 잘 잡는다. 하지만, 힌트가 명확하지 않은 경우가 있으므로 다 듣고 마지막에 푸는 것이 좋다.

포인트 2 Part 4 장소와 사람문제 풀이법

▶ 1단계 → 문제 유형을 파악한다.

▶ 2단계 → 첫 세문장을 잘듣고

▶ 3단계 → 힌트가 되는 관련어를 들은 후

▶ 4단계 → 담화 마지막에 담화 내내 들린 단어들을 포함하는 보기를 고른다.

포인트 3 Part 4의 장소와 화자/ 청자를 묻는 질문의 유형

아래의 질문은 주제를 묻는 전형적인 질문이므로 보자 마자 의미파악이 되어야 한다.

▶ 장소를 묻는 질문

Where is this talk taking place?
Where most likely is the speaker?

▶ 화자를 묻는 질문

Who most likely is the speaker/caller?
Who is the speaker?
Where is the presenter working for?
What is the speaker's job?

▶ 청자를 묻는 질문

Who is this talk for?
Who is this speech probably for?
Who is the intended audience?
Who is the listener?
Who is the speaker talking to? ★★★
Who is the speaker calling? ★★★

포인트 4 Part 4 장소와 직업 문제의 정답위치와 정답 힌트

▶ 문제의 특성 파악하기

■ **문제의 위치는 어디인가?**

화자와 청자 그리고 장소문제는 대부분의 경우 세 문제 중 첫번째 자리에 위치한다. 하지만, 주제와 더불어 등장하는 경우 두번째 문제로 등장하기도 함을 정리한다.

■ **정답의 위치는 어디인가?**

Part 4 담화의 첫 세 문장이 장소와 직업의 핵심이다. 하지만, 담화 전체를 들어야 정답이 나오는 경우도 흔하므로 담화를 끝까지 듣고 정답을 찾는 것이 오답에 빠지지 않는 방법이다.

▶ 정답을 알려주는 결정적인 힌트

- Part 4 장소와 화자를 알려주는 문제는 세문장에서 결정적 힌트어가 나온다.
- 던져주는 힌트를 포함하는 보기를 골라야 하지만, 혹 아무런 힌트가 없다면 그곳은 Part 3와 마찬가지로 사무실이다.

| 예제 | 11-3.MP3

Thank you for coming to our grand opening of International Science Museum. I would like to start of by expressing our gratitude to Herman foundation and Mr. Christopher Wool, who have greatly supported us financially for the opening of this museum. We thank Herman foundation for supporting the funding of the museum's construction, and Mr. Christopher Wool for sponsoring our first major photography exhibit, "Scenes from Space" featuring photographs taken from the space. And Now, I would like to invite all of you to the grand opening ceremony, which will soon begin from 2 o'clock in the south room. We have prepared refreshments and music performances for you to enjoy as you go along with the ceremony. Thank you so much again for coming to our grand opening and I hope you enjoy your evening.

International Science Museum의 개관에 와주셔서 감사합니다. 저는 이 박물관의 개관에 재정으로 커다란 도움을 주신 Herman foundation 과 Christopher Wool 씨께 우리의 감사를 드리는 것으로 시작하려고 합니다. 우리는 Herman foundation에게 우리 박물관 건립 자금을 도와준 것에 감사 드리고 Christopher Wool 씨에게는 우리의 첫 사진 전시회인 "scenes from space"를 지원해 준 것을 감사드립니다. 그리고 지금 우리는 곧 남쪽 방에서 2시에 시작하게 될 우리의 개관 행사에 여러분 모두를 초대하려고 합니다. 우리는 간식과 음악 공연을 여러분 모두 행사에 함께 즐기실 수 있도록 준비했습니다. 우리 개업에 와주셔서 다시 한번 감사드리고 이 밤을 즐기시길 바랍니다.

Who is this speech probably for?

(A) University professor
(B) Photographers
(C) Museum visitors
(D) Government officials

이 연설은 누구를 대상으로 한 것인가?
(듣는 사람은 누구인가?)

(A) 대학교수
(B) 사진 작가
(C) 박물관 관람객
(D) 공무원들

해설 첫 문장에서 박물관에 와주신걸 감사한다고 인사를 했으므로 박물관 관람객이 청자가 된다.

★ Memorize it! 청자와 화자 구별하기

Who is the speaker? 화자는 누구인가? (화자)

Who is the speaker calling? 화자는 누구에게 전화하는가? (청자)

Who is calling? 누가 전화하는가? (화자)

Who is the talk intended for ? 누구를 대상으로 하는 대화인가? (청자)

Where is the speaker calling? 화자가 어디에 전화하는가? (청자)

Where is the speaker calling from? 화자는 어디에서부터 전화를 거는가? (화자)

위의 질문들을 정확하게 해석하고 화자인지 청자인지를 해석하는 연습이 필요하다.

바쁠 땐 이것만이라도 꼭! | 급하다. 시험에서 장소와 사람 문제 90% 맞히기

1. 장소와 사람을 묻는 문제는 Part 3의 경우, 첫 두사람의 첫 마디를 듣고 Part 4의 경우 첫 세문장을 결정적 힌트는 찾아 내며 마지막까지 듣고 푼다.
2. 만약 , 어디인지를 찾을 수가 없다면, 사무실이나 동료를 고른다.
3. Part 4의 경우 화자인지 청자인지 제대로 파악한다.
4. 장소와 화자별로 좋아하는 단어들을 자주 봐서 외워둔다.

Part 3 EXERCISE

음성을 듣고 질문에 가장 알맞은 답변을 고르시오.

11-4.MP3

1. What kind of company do the speakers most likely work for?
   (A) A utility company
   (B) A recruiting company
   (C) A post office
   (D) A manufacturing company

2. What will happen in two weeks?
   (A) A construction will begin.
   (B) A project will be finished.
   (C) An agenda will be announced.
   (D) A machine will be installed.

3. According to the woman, what has not been completed?
   (A) Packing products
   (B) Hiring more staff
   (C) Installing some new equipment
   (D) Training employees

4. Where are the speakers?
   (A) In a park
   (B) In an office
   (C) In an automobile
   (D) In a house

5. Who did the man contact?
   (A) An accountant
   (B) A supervisor
   (C) A repair person
   (D) A window cleaner

6. What will the woman most likely do next?
   (A) Visit a repair shop
   (B) Purchase a new appliance
   (C) Cancel a meeting
   (D) Open up windows

Part 4 EXERCISE

음성을 듣고 질문에 가장 알맞은 답변을 고르시오. 11-5.MP3

7. What is the purpose of the meeting?
   (A) To give some information
   (B) To report a problem
   (C) To discuss a new policy
   (D) To introduce a coworker

8. Where is the meeting being held?
   (A) In a park
   (B) In a restaurant
   (C) In an office
   (D) In a hotel

9. Who is Jane Smith?
   (A) A faculty member
   (B) An executive director
   (C) A city official
   (D) An author

Part 5&6 시제 2

진단테스트

1. When the inspection ------- completed, your right of access to this information will be restored.

(A) will be (B) was
(C) would be (D) is

2. After she ------- the work, Ms. Geena Travis entered into business for herself and rapidly became an outstanding representative of the building business.

(A) masters (B) is mastering
(C) had mastered (D) has mastered

3. Mr. Roseland from the customer service department asked that we ------- more attention to our customer complaints and handle them more efficiently.

(A) pay (B) paid
(C) will pay (D) would pay

4. If our new digital camera had been introduced earlier, downsizing -------.

(A) can be avoided (B) had been avoided
(C) could be avoided (D) could have been avoided

5. ------- you have any questions regarding the completion of this form, please contact our office at this number.

(A) Should (B) Can
(C) Could (D) May

★ 정답 및 해설은 〈Part 5&6 유형분석 – 시제 2〉에서 확인하세요.

이것만은 꼭!

1. 시제 일치 - 주절이 과거면 종속절도 과거다

동사가 두 개 이상 있을 때에는 동사끼리 시제를 일치 시켜야 한다.

(1) 주절이 현재일 때 종속절은 모든 시제 가능

주절	종속절	
I **am** sure that	she **was** a teacher. (○) she **is** a teacher. (○) she **will be** a teacher. (○)	주절이 현재이면 종속절을 모두 가능

(2) 주절이 과거일 때 종속절은 과거나 과거완료

주절	종속절	
I **was** sure that	she **had been** a teacher. (○) she **was** a teacher. (○) she **would be** a teacher. (○)	주절이 과거이면 종속절은 과거나 과거 완료만

The country's economy **grew** at a faster rate in the second quarter than **had** originally **been predicted**.
그 도시의 경제는 원래 예상했었던 것보다 2분기에 더 빠른 속도로 성장했다.

주절이 과거(grew)이고 종속절은 과거보다 앞선 과거완료(had been predicted)이다.

Local news services **reported** that the government **would begin talks** with postal workers on strike in the early morning.
지역 뉴스 보도에 따르면 정부는 파업을 하고 있는 우체국 직원들과 아침 일찍 회담을 할 것이라고 한다.

reported가 과거이므로 시제를 일치시키기 위하여 would begin talks을 쓴다.

2. 시제 일치의 예외

(1) 시간, 조건의 부사절에서는 현재가 미래를 대신한다.

시간절 접속사	when, whenever, every time, as soon as, even as, by the time, before, after, while, as, since, until, till
조건절 접속사	if, unless, provided (that), providing(that), once, as long as, so long as / in case

We **will send** you a copy **as soon as** it **becomes** available.
복사본이 나오면 곧 보내드릴게요.

(2) 주절이 과거라 하더라도 종속절의 내용이 일반적인 진리이거나 현재에도 지속되는 사실일 때에는 종속절의 시제를 현재로 표현한다.

I **was** told that the CEO **wakes** up at 5 and goes jogging.
나는 CEO가 5시에 일어나서 조깅을 한다고 들었다.

(3) 주장/제안/요구의 동사 + that + S (+ should) + 동사원형

주장 / 제안 / 요구의 뜻을 가진 동사 뒤에 나오는 'that 주어 + should + 동사원형' 에서 should는 생략 가능하다.

주장	insist 주장하다
제안	suggest 제안하다 propose 제안하다 recommend 추천하다
요구	ask 요청하다 demand 요구하다 require 요구하다 request 요구하다

The construction manager asked that she be kept informed of developments.
그녀는 개발에 관한 내용을 계속해서 업데이트 받기를 요청했다.

주절이 과거이지만 종속절의 시제가 was kept가 아닌 be kept이다. should be kept에서 should가 생략된 형태이다.

(4) 중요한, 필수의, 의무의 형용사 + that + S (+ should) + 동사원형

It is	important 중요한 necessary 필요한 imperative 중요한, 꼭 되어져야 하는 essential 중요한, 필수의 mandatory 강제의	+ that S + (should) + 동사원형

It is important the toner (should) **be shaken** before use. 토너를 사용하기 전에 흔드는 것이 중요하다.

Part 5&6 유형분석 | 시제 2

출제유형 1 시간이나 조건 부사절에서는 현재시제가 미래를 대신한다.

시간/조건 부사절을 이끄는 접속사에는 as soon as, after, before, by the time, until, when, while, if, once, unless 등이 있다.

When the inspection ------- completed, your right of access to this information will be restored.

(A) will be　　(B) was
(C) would be　　**(D) is**

해설 '검사가 끝날 때 정보 사용도 가능할 것이다' 라고 해야 한다. 검사가 아직 끝나지 않은 상태이므로 when 절에도 미래가 와야 하나, 시간 조건부사절에서는 현재시제가 미래를 대신 하므로 정답은 (D) is이다.

해석 검사가 완료 될 때, 이 정보에 대한 귀하의 이용권한도 다시 살아날 것입니다.

어휘 **inspection** 검사 **restore** 복구하다

Unless our supplier gives us a discount on the price of sugar, our bakery will be forced to raise the price of cakes.
공급업체가 설탕가격을 할인 해주지 않는다면, 우리 베이커리는 케익의 가격을 올려야 할 것이다.

출제유형 2 주절이 과거면 종속절도 과거나 과거완료다.

등위접속사 (and, but, or, so, for, nor, yet) 을 제외한 나머지 모든 접속사로 시작하는 절을 종속절이라 한다. 주절은 접속사가 없다.

After she ------- the work, Ms. Geena Travis entered into business for herself and rapidly became an outstanding representative of the building business.

(A) masters　　(B) is mastering
(C) had mastered　　(D) has mastered

해설 문장안에 시점의 표현이 없으므로 주절에 있는 동사의 시제를 참고해야 한다. 주절의 시제가 과거(became)이므로 종속절의 시제도 과거나 과거완료이어야 한다. 따라서 정답은 (C) had mastered이다. 이 경우 after는 문맥의 전후 관계를 명백하게 나타내므로 과거완료 대신 과거를 써도 상관없다.

해석 그녀는 업무를 마스터한 후에 혼자서 건설업계에 들어갔고 빠르게 대표자가 되었다.

어휘 **enter into business** 사업을 시작하다 **rapidly** 빠르게, 신속히 **outstanding** 눈에 띄는, 현저한 **master** 습득하다, 통달하다

Galaxy Airways **announced** that it **would launch** direct flights from Seoul to Prague and to Amsterdam starting December 1st. (○)
Galaxy Airways s는 서울에서 프라하와 암스테르담으로 가는 직항편 서비스를 12월 1일부터 시작하기로 했다로 발표했다.

○ 주절의 시제가 과거 (announced) 이므로 종속절의 시제도 과거나 과거 완료 이어야 하므로 미래일은 will이 아니라 would로 해야 한다. 단, 12월 1일이 아직 다가오지 않은 미래시점 이라면, would 대신에 will 을 써도 된다.

Galaxy Airways **announced** that it will launch direct flights from Seoul to Prague and to Amsterdam starting December 1st. (○)
Galaxy Airways s는 서울에서 프라하와 암스테르담으로 가는 직항편 서비스를 12월 1일부터 시작하기로 했다로 발표했다.

○ 항공사가 발표한 시점뿐만 아니라 이 내용을 읽는 사람에게도 미래의 일이면 will이 가능하다.

출제유형 3 주장/제안/요구 동사는 시제 일치 법칙이 적용되지 않는다.

'주장, 제안, 요구의 동사가 that안에 ~해야 한다 (should)는 의미를 가질 때, should를 생략할 수 있다.

Mr. Roseland from the customer service department asked that we ------- more attention to our customer complaints and handle them more efficiently.

(A) pay (B) paid
(C) will pay (D) would pay

해설 보기를 보고 시제 문제를 인식 했으면, 먼저 주절동사의 시제를 확인해야 한다. 주절의 시제가 과거라서 종속절의 시제도 과거인 경우가 보통이지만, ask 동사는 '~해야 한다는 의미의 that절을 취할 경우, should를 생략한 동사원형을 취할 수 있으므로 정답은 (A) pay 이다.

해석 고객서비스 부서의 로즈랜드 씨는 우리가 좀 더 고객들의 불만에 주의를 귀울이고 효율적으로 다루어야 한다고 요청했다.

어휘 **ask** 요구하다 **pay attention to** + 명사 ~에 집중하다 **handle** 처리하다 **efficiently** 효율적으로

★ Check Point 주장, 제안, 요구의 동사

주절에 주장, 명령, 제안, 요구 등의 동사가 왔다고 해서 that절에서 반드시 should가 생략되고 동사원형이 쓰이는 것은 아니다. 의미상 주절의 시제에 종속절의 시제를 일치를 시켜야 할 때도 있다.

The witness **insisted** that the accident **had taken** place at the crosswalk. (○)
목격자는 사고가 횡단보도에서 발생했었다고 주장했다.

The witness **insisted** that the accident **(should) take** place at the crosswalk. (×)
목격자는 사고가 횡단보도에서 발생해야 한다고 주장했다.

○ 위 예문에서는 의미상 that절에 과거완료가 적절하다.

출제유형 4 if절이 과거완료면, 주절은 would/could/have p.p.이다.

가정법 문제에서 가장 자주 나오는 형태이다. if절이 had p.p.면 가정법 과거완료이다. 이때 주절에 조동사 would, could, should, might를 써주고 뒤에 have p.p.를 붙이면 된다.

If our new digital camera had been introduced earlier, downsizing -------.

(A) can be avoided (B) had been avoided
(C) could be avoided **(D) could have been avoided**

해설 이 문제 역시 가정법 공식만 잘 외우고 있으면 간단하게 풀 수 있는 문제다. if 절의 동사가 had come이니까, 가정법 과거완료임을 알 수 있다. if절이 과거완료이면 주절에는 would have p.p. 형태가 오면 된다. 그러므로 정답은 (D) could have been avoded이다.

해석 우리의 새로운 디지털 카메라가 더 일찍 소개되었다면, 규모축소는 피할 수 있었을 텐데.

어휘 downsizing 규모축소

★ Check Point 가정법 과거와 과거완료

① 가정법 과거: '~한다면 …할 텐데'의 의미로 현재 사실의 반대를 표현

if 주어 + 과거, 주어 + would + 동사원형

If I had time, **I would help** you. 내가 시간이 있다면, 너를 도울 텐데. **(시간이 없어서, 못 돕는다.)**

② 가정법 과거 완료: '~했다면 …했을 텐데'의 의미로 과거 사실의 반대를 표현

If 주어 + had + p.p., 주어 + would+ have + p.p.

If I had had time, **I would have helped** you.
내가 시간이 있었다면, 너를 도왔을 텐데. **(시간이 없었어서, 못도왔다.)**

③ 가정법 미래: 불확실한 미래에 대한 표현 (혹시 ~라면)

If 주어 + should + 동사원형, please 동사원형 / will 동사원형 / would 동사원형

If you should have any problem, **please contact** us immediately.
혹시 무슨 문제라도 생기면, 즉시 우리한테 연락하세요.

출제유형 5 가정법 과거, 과거완료, 미래는 if를 생략하고 주어, 동사 도치가 가능하다.

2개 이상의 절이 있는데 접속사가 없는 경우에 if 의 생략 가능성을 살펴야 한다.

------- you have any questions regarding the completion of this form, please contact our office at this number.

(A) Should (B) Can
(C) Could (D) May

해설 절이 두개인데 접속사가 없는 것이 특징이다. 이럴 때 가정법에서 if가 생략되는 경우를 떠올려야 한다. if가 생략되고, 주어와 동사의 도치가 가능한 경우는 if 절에 과거동사나, had pp, should가 있는 경우다. 주절의 시제가 please인 것도 그렇고, 보기에 should가 있는 것으로 보아 가정법 미래인 문장이다. 'If + 주어 + should + 동사원형, please 동사원형, will 동사원형, would 동사원형' 형태를 갖는 가정법 미래는 if를 생략하고 주어, 동사의 도치가 가능하고, 도치전의 형태는 If you should have any questions regarding the completion of this form, 이었으며 if를 생략하고 you와 should를 도치시킨 문장이다. 따라서 정답은 (A) should이다.

해석 혹시 양식 작성에 관한 질문이 있다면, 사무실로 번호로 연락해주세요.

어휘 **regarding** (= **concerning**) ~에 대해서 **completion** 완성, 완공 **form** 양식, 서식 **contact** 연락하다

★ Check Point 가정법 도치

가정법 현재를 제외한 가정법 과거, 가정법 과거완료, 가정법 미래는 도치가 가능하다.

1. 가정법 과거의 도치

- If + 주어 + 과거동사 ~ → Did + 주어 + 동사원형

If I did not have much money, I could not buy the car.
→ **Did I** not I have much money, I could not buy the car.
내가 만약 많은 돈을 가지고 있지 않았다면, 차를 살 수 없었을 텐데.

2. 가정법 과거완료의 도치

- If + 주어 + had + p.p. ~ → Had + 주어 + p.p.

If we had known that he was a spy, we would not have given him data.
→ **Had we known** that he was a spy, we would not have given him data.
그가 스파이였던 것을 알았더라면, 그에게 데이터를 주지 않을 것이다.

3. 가정법 미래의 도치

- If + 주어 + should + 동사원형 ~ → Should + 주어 + 동사원형

If you should finish the presentation earlier than you expected, give me a call.
→ **Should you finish** the presentation earlier than you expected, give me a call.
만일 당신이 예상한 것보다 발표가 일찍 끝난다면, 나에게 전화해주세요.

★ 암기 미션 가정법 유형별 문장 구조

가정법 종류	If절의 형태	주절의 형태	뜻
조건문	If + 주어 + 현재형 동사	주어 + will + 동사원형	실현 가능한 현재 사실 (50% 가능)
가정법 과거	If + 주어 + 과거형 동사	주어 + would + 동사원형	현재 사실의 반대 (실현불가능)
가정법 과거완료	If + 주어 + had p.p.	주어 + would have p.p.	과거 사실의 반대 (실현불가능)
가정법 미래	If + 주어 + should + 동사원형	주어 + will[would] + 동사원형	미래의 희박한 가능성
혼합 가정법	If + 주어 + had p.p. (then)	주어 + would + 동사원형 (now)	과거에 ~했다면, 지금은 ~일텐데.

Part 5 EXERCISE

1. ------- the company moves to Newark, you will be entitled to a commuting allowance of up to $100 per month.

   (A) If (B) Whom
   (C) Whenever (D) So

2. Official records at the college ------- not released to unauthorized persons without the consent of the students.

   (A) are (B) will be
   (C) was (D) having been

3. If you ------- more advice, please feel free to call the Help Desk at extension 207.

   (A) will need (B) needed
   (C) should need (D) be need

4. Recently more teams from around the world ------- in the K-Pop Star Competition than ever before.

   (A) were participated
   (B) are to participate
   (C) have been participating
   (D) will have participated

5. If buyers knew about our new data processing program in further detail, they ------- ours more than those of our competitors.

   (A) purchase
   (B) will purchase
   (C) would purchase
   (D) have purchased

6. Had Mr. Samuel -------, the government would have launched a new campaign to raise awareness of domestic violence.

   (A) be elected (B) elected
   (C) been elected (D) electing

7. The newly elected president insisted that immediate steps ------- to ensure formation of a government in the state.

   (A) took (B) takes
   (C) take (D) be taken

8. Mr. Jones didn't arrive for the groundbreaking ceremony on time because his train ------- 20 minutes late.

   (A) had left (B) have left
   (C) leave (D) would leave

9. ------- you find any inaccuracies or experience any problems, please report them to the Director right away.

   (A) Had (B) Should
   (C) If should (D) Shall

10. No child will be given any medication, prescription or over the counter, ------- written permission is given by the parent.

    (A) as if (B) except
    (C) unless (D) whether

Part 6 EXERCISE

Questions 11-14 refer to the following announcement.

Dec. 30, 2011

Congratulations to Linda Carpenter from Information Technology!

Ms. Carpenter, an employee of the Information Technology Department, ------- (**11.**) the Employee of the Year 2011 Award at the December 15, 2011 Commission Meeting.

She ------- (**12.**) an employee with the City for three years. Currently, she is working in Client

Support Services for Information Technology. Client Support Services handles the troubleshooting phone calls made to Information Technology, also known ------- (**13.**) the "Help Desk."

Based upon a nomination from several of her co-workers for her "can-do" attitude, Ms. Carpenter received the Employee of the Month Award for July 2011 as well. The Employee Recognition Committee ------- (**14.**) her as the Employee of the Year 2011.

11. (A) was awarded
(B) has awarded
(C) is awarded
(D) awarded

12. (A) is
(B) will be
(C) was
(D) has been

13. (A) to
(B) as
(C) for
(D) by

14. (A) will select
(B) selected
(C) was selected
(D) selects

Questions 15-19 refer to the following advertisement and cover letter.

Busy upscale insurance firm in Midtown Manhattan is seeking a Customer Service Representative to add to its Customer Care team. Ideal candidate will be able to multi-task and have excellent communication skills.

Responsibilities:

- Taking and processing claims from customers over the phone.
- Communicating claims to insurance agents.
- Organizing and keeping track of current orders.
- Resolving any customer complaints that may arise.

Requirements:

- Must have a bachelor's degree or previous Customer Service experience.
- Must have good computer skills.
- Must be personable and work well under pressure.
- A flexible schedule is highly preferred.

This position is full time and offers medical benefits. Salary is $30-40K, depending on experience. If interested, please fax resume and cover letter to Michael Woodson at the Human Resources Dept. at (212) 845-2245.

Dear Hiring Manager,

In today's customer service-oriented society, timely, friendly, proactive service is sought to enhance future business growth. Customer loyalty is always impacted when you employ the right service retail professional to represent you when assisting your valued customers.

My long-term experience in the service industry has taught me how to meet and exceed each customer's expectations with service that sells. I have assisted all types of customers in all types of settings, using expert multi-tasking skills. I realize that acquiring and maintaining loyal repeat business as well as spreading the word of your business through these loyal patrons is of the utmost importance at every company. Positioning a company for better exposure and greater marketability is a task that I have performed with success many times.

I am an excellent trainer who achieves ongoing success with my teams by building morale, maintaining a team's self-confidence, and training them to build the sale by improving their people skills. My ability to communicate effectively with my team has been essential to overall team success.

It would be a pleasure to interview with you and I look forward to hearing from you soon.

Very Sincerely,

Linda Schwartz

15. What is the job posting for?

(A) Insurance agent
(B) Communication officer
(C) Customer Care representative
(D) The ideal candidate

16. What skills does the applicant possess that fulfill the job requirements listed in the advertisement?

(A) Long-term experience in the service industry
(B) Ability to multi-task and communicate
(C) Ability to multi-task and exceed customer expectations
(D) Building morale and team confidence

17. Which documents must be submitted for application?

(A) Resume and cover letter
(B) Processed claims
(C) Resume and mission statement
(D) Reference letters

18. What part of the company will the applicant work?

(A) Agent team
(B) Claims department
(C) Computer maintenance team
(D) Customer Care team

19. In the cover letter, the word "utmost" in paragraph 2 line 5, is closest in meaning to

(A) loyal
(B) greatest
(C) original
(D) broad

DAY 12

Part 3&4 • 미래 문제

Part 5&6 • 부정사

Part 7 • 이중 지문 (사내공지+사내공지)

Part 3&4 미래 문제

진단테스트

음성을 듣고 질문에 가장 알맞은 답변을 고르시오.
(한 지문당 한 문제씩 등장합니다.)

12-1.MP3

1. What will the man do next?

(A) Check the travel documents
(B) Repack the baggage
(C) Purchase a bigger bag
(D) Pay an extra fee

2. What will happen next?

(A) Brainstorming some ideas
(B) Distributing some lists
(C) Submitting an application
(D) Visiting a potential client

3. What will happen next?

(A) The flight will take off.
(B) The seat belt sign will be turned on.
(C) Some beverages will be served.
(D) The flight will land.

진단테스트 해설

Question 1 refers to the following conversation.

W: Good evening, sir. Do you want to check all of your bags in, or would you like to hand-carry one of them?

여: 안녕하세요. 고객님. 가방 전부를 부치시겠습니까? 아니면 한 개는 기내로 핸드-캐리 하시겠습니까?

M: I'd like to check these bigger bags, and I'll hand-carry the rest of the two bags.

남: 큰 가방들은 부치고 나머지 가방 두 개는 핸드-캐리 하겠습니다.

W: I'm sorry, sir. Due to the safety regulations, we can only permit one carry-on luggage per passenger.

여: 죄송합니다만 고객님. 안전규정상 승객 한 분 당 한 개의 짐만 기내 반입이 가능합니다.

M: Oh, then **I'll move my valuables into one bag, and then check the other bag and carry only one.**

남: 그러면 제 귀중품을 가방 하나로 옮겨야 할 것 같습니다. 이 가방 하나는 부치고 다른 것은 기내로 가지고 가겠습니다.

1. (B)

What will the man do next?

남자는 다음에 무엇을 할것인가?

(A) Check the travel documents
(B) Repack the baggage
(C) Purchase a bigger bag
(D) Pay an extra fee

(A) 여행 서류를 확인한다.
(B) 수하물을 다시 싼다.
(C) 더 큰 가방을 산다.
(D) 추가 금액을 낸다.

해설 미래에 일어날 일을 묻는 질문이므로 대화의 마지막 두 사람의 대화에 집중한다. 마지막 사람의 말에서 I'll이라는 표현에서 정답을 찾는다. 귀중품을 한 가방에 담고 나머지를 부친다고 했으므로 정답은 가방을 다시 싼다라는 의미의 (B)를 골라야 한다.

어휘 regulation 규정 permit 허가하다 luggage 짐 valuable 귀중품

Question 2 refers to the following notice.

And now, we are going to talk about the next item on the agenda, which is the upcoming Twincity National Application Contest. As you know, the deadline for submission is on March 1st. Since this is one of the most prestigious awards in computing, we want to make sure we submit our best work. Last year, we won 2nd place, thanks to the hard work that you'd all put in. This year, we would like to raise the bar and go for the first place. **Let's start by coming up with potential lists of Apps that we could submit.** Do you have any suggestions?

자, 이제, 우리는 안건의 다음 주제인 다가오는 트윈시티 국제 애플리케이션 콘테스트로 넘어가겠습니다. 모두들 아시다시피, 3월 1일이 제출 마감일입니다. 이것이 컴퓨터와 관련된 가장 명망 있는 상의 하나이므로, 우리가 최선의 작품을 낼 수 있길 바랍니다. 지난해, 여러분이 쏟아 부은 노고 덕에 2위를 차지했습니다. 올해는 조금 더 기대치를 높여서 1등을 차지하길 원합니다.우리가 제출할 수 있는 잠재적 앱의 목록을 떠올리는 것부터 시작해봅시다. 의견 있습니까?

2. (A)

What will happen next?

(A) Brainstorming some ideas

(B) Distributing some lists

(C) Submitting an application

(D) Visiting a potential client

다음에 무슨 일이 일어나겠는가?

(A) 아이디어를 생각해내기

(B) 리스트를 나눠주기

(C) 애플리케이션을 제출하기

(D) 잠재고객들을 방문하기

해설 마지막 문장에서 제안의 구문인 'let's ~' 부분부터 정답이 시작되는 힌트임을 알고 귀를 기울이면 리스트를 보고 제안을 해달라고 했으므로 list를 come up with 한다는 것이 결국 아이디어를 생각해내는 것임을 알고 come up with의 동의어인 brainstorm이 들어가 있는 (A)를 정답으로 골라야한다.

어휘 **prestigious** 명망 있는, 일류의 **win first/second place** 1등/2등을 하다 **raise the bar** 기대치를 높이다 **come up with** (아이디어를) 생각해내다

Question 3 refers to the following announcement.

Good Morning, ladies and gentlemen, this is your captain speaking. Now that we've reached a safe cruising altitude, and the weather is calm, nice, and cool. The seat belt sign will be turned off. However, I strongly recommend that you remain seated with your seatbelt buckled when you're not moving around the cabin. In a few minutes, **our crew will be offering drinks and a light snack.** Please sit back, relax, and enjoy your flight.

안녕하세요 신사 숙녀 여러분. 저는 이 비행기의 기장입니다. 지금은 안전한 항해 고도에 올랐고 날씨는 고요하고 맑으며 시원합니다. 좌석 벨트의 사인은 곧 꺼질 것입니다. 하지만, 좌석에 앉아서 움직이지 않으실 때는 좌석 벨트를 메고 계실 것을 강하게 추천합니다. 몇 분 후에 저희 승무원들이 음료와 가벼운 스낵을 나눠 드릴 것입니다. 편안하고 즐거운 여행 되시길 바랍니다.

3. (C)

What will happen next?

(A) The flight will take off.

(B) The seat belt sign will be turned on.

(C) Some beverages will be served.

(D) The flight will land.

다음에는 어떤 일이 일어날까요?

(A) 비행기가 이륙한다

(B) 좌석벨트의 사인이 켜진다.

(C) 음료가 나온다

(D) 비행기가 착륙한다.

해설 다음번에 일어날 일을 묻고 있는 질문이다. 다음번에 일어날 일을 묻는 질문은 언제나 대화의 마지막에서 정답이 나오므로 대화의 맨 마지막을 듣고 그 속에서의 미래나 제안의 표현을 들어준다. 승무원들이 음료와 가벼운 스넥을 제공해 줄것이라는 내용은 미래형인 will을 사용해 이야기하고 있으므로 정답은 (C)번이 된다.

어휘 **altitude** 고도 **cabin** 선실

Part 3&4 미래 문제 해결하기

Part 3에서의 미래 문제

포인트 1 Part 3 미래문제 secret point!

Part 3의 미래 문제는 마지막 두 사람의 말에서 정답이 나온다. 마지막 부분의 제안이나 미래 표현을 듣는 것이 핵심이며, 언제나 끝까지 듣고 푼다.

포인트 2 Part 3 미래 문제 풀이법

▶ 1단계 → 질문유형을 파악한다.

▶ 2단계 → 대화를 끝까지 잘 듣고

▶ 3단계 → you / we / I로 시작하는 미래형 구문에 집중해서

▶ 4단계 → 간접적 힌트들을 통해 유추해 마지막에 푼다.

포인트 3 Part 3의 미래를 묻는 질문의 유형

아래의 질문은 전형적인 질문이므로 보자 마자 파악할 수 있도록 익혀둔다.

What will the man do next?
What will happen next?
What is the man going to do now?
What will the speakers go after the meeting?

포인트 4 Part 3 미래를 묻는 질문의 정답위치와 정답 힌트

▶ 문제의 특성 파악하기

■ **문제의 위치는 어디인가?**

Part 3와 같은 긴 대화는 시간순의 대화의 흐름을 가진다. 따라서, 미래를 묻는 문제는 대화의 마지막 부분에 등장하는 것이 일반적이므로 대화를 다 듣고 문제를 해결하는 것이 좋다.

■ **정답의 위치는 어디인가?**

미래 문제의 경우 대화의 마지막 두 사람의 말에서 정답이 나온다.

1) 스스로가 다음에 할 일을 이야기하는 경우 I'll / I can / Let me 등의 미래의 시제로 이야기한다.

2) 상대방이 다음에 해야 할 일을 이야기해 주는 경우는 제안하는 패턴으로 정답을 이야기한다. 꼭 마지막 사람이나 스스로 할 일을 말하는 것은 아니므로 제안과 미래형을 꼼꼼히 듣는다.

궁금해요 |

Q: 만약에 세명의 화자가 나온다면? 그때는 정답이 어디 나오나요?
A: 여전히 맨 마지막 대화에서 정답이 나옵니다.

▶ 정답을 알려주는 결정적인 힌트

- 마지막 두 사람 말속의 I/we/you로 시작하는 단어에 집중한다.
- 미래와 제안의 표현이 결정적인 힌트가 된다.

| 예제 |　　12-2.MP3

M: Do you know what this afternoon's seminar is going to be about?

W: I heard Mr. Nakamura from Sakura Bank is going to speak at the seminar. It's going to be about current trends in electric banking.

M: Oh, I guess I got it all wrong because I thought the seminar was about the ways to improve customer satisfaction. Do we have to sign up for it?

W: Yes, I think so. You need to call the training department to sign up. I heard they're serving dinner after the seminar. That's why they need a head count of the attendance.

남: 오늘 오후에 있는 세미나가 무엇에 대한 건지 아십니까?

여: 제가 듣기론 Sakura 은행에서 온 Nakamura가 그 세미나에서 연설할 거라던데요. 인터넷뱅킹에 대한 최신 경향에 관한 것일 겁니다.

남: 오, 제가 완전히 잘못 알고 있었네요. 저는 세미나가 고객만족을 향상시키기 위한 방법들에 관한 것이라고 생각했었거든요. 우리가 그것에 참가해야 하나요?

여: 네, 그런 것 같네요. 참가서명을 하기 위해 교육개발부에 전화해야합니다. 제가 듣기로 그 세미나 후에 저녁을 제공하는 것 같아요. 그래서 그들이 출석인원 파악을 하려고 하는 것 같네요.

What will take place after the meeting?

(A) A dinner
(B) An award ceremony
(C) A tour
(D) A visit from some customers

회의 후에 무엇이 있을 것인가?

(A) 저녁식사
(B) 시상식
(C) 견학
(D) 몇몇고객들의 방문

해설 미팅 후에 일어날 일을 물어보고 있으므로 대화의 마지막 부분에서 미팅후 라는 단어와 연결된 정답을 골라야 한다. Serving dinner after the seminar라고 했으므로 미팅이 끝난 후 저녁을 먹을 것이라는 것을 알 수 있다.

★ Memorize it! Part 3와 4 미래를 말하는 시제와 힌트

미래문제의 결정적인 힌트: 미래를 말하는 시제를 확인한다.

- Will
- Be going to
- Be scheduled to
- Be supposed to
- Be due to
- Be planning to
- I can (조동사류)
- Let me

Part 4에서의 미래 문제

포인트 1 Part 4 미래 문제의 secret point!

Part 4의 미래 문제는 대화의 마지막 두 문장에서 주로 등장한다.
마지막 문장의 I'll / I can / Let me가 결정적인 힌트가 된다.

포인트 2 Part 4 미래 문제 풀이법

▶ 1단계 → 질문유형을 파악한다.

▶ 2단계 → 대화를 끝까지 잘 듣고

▶ 3단계 → I'll / I can / Let me로 시작하는 미래형 구문에 집중해서

▶ 4단계 → 동사의 paraphrasing 을 잘 듣고 동의어를 고르는 것이 포인트다.

포인트 3 Part 4의 미래를 묻는 질문의 유형

아래의 질문은 미래를 묻는 전형적인 질문이므로 보자 마자 의미파악이 되어야 한다.

What will the speaker do next?
What will happen next?
What is the speaker going to do now?
What will the speaker do after the meeting?

포인트 4 Part 4 주제 문제의 정답위치와 정답 힌트

▶ 문제의 특성 파악하기

■ **문제의 위치는 어디인가?**

Part 4와 같은 긴 대화는 시간순의 대화의 흐름을 가진다. 따라서, 미래를 묻는 문제는 대화의 마지막 부분에 등장하는 것이 일반적이므로 대화를 다 듣고 문제를 해결하는 것이 좋다.

■ **정답의 위치는 어디인가?**

미래 문제의 경우 대화의 마지막 두 문장에서 정답이 나온다. Part 4는 화자가 한 명이므로 스스로 다음에 일어날 일을 이야기한다. 따라서 1인칭의 미래 시제를 잘 듣는 것이 중요하다.

▶ 정답을 알려주는 결정적인 힌트

- Part 4 마지막 두 문장에서 결정적인 힌트가 등장한다.
- 대화 마지막 부분의 I'll / I can/ Let me 등의 단어 바로 뒤의 동사가 가장 중요한 핵심어가 된다.

DAY 12

| 예제 |

Good morning everyone. Thank you for joining our new employee orientation. My name is Anita Martinez, your instructor today. I understand you'll be working in different parts like accounting, production, and other divisions of our company, but everyone begins with the same orientation here. Before starting the orientation, I'd like to give you an explanation on the question about the fitness center many of you asked. The fitness center is located on the tenth floor and it's free for all full-time employees. It opens at 7 in the morning, and closes at 8 in the evening. And aside from the fitness center, all of you should get your photo taken for ID before the end of the day. Now let's go on to the health and insurance plans available here at Walthom Corporation.

좋은 아침입니다. 신입직원 오리엔테이션에 참석해주셔서 감사합니다. 제 이름은 Anita Martinez이고 여러분들의 오늘 강사입니다. 저는 여러분들이 각기 다른 분야, 즉 회계부, 상품개발부, 그리고 우리 회사의 다른 부서들에서 일할 것이라는 것을 알고있습니다만 모두 여기에서 똑같은 오리엔테이션을 받으며 시작할 것입니다. 오리엔테이션을 시작하기 전에 저는 여러분들중 많은 사람들이 물어보았던 피트니스센처에 대한 질문들에 설명을 해드리고 싶군요. 피트니스 센터는 10층에 위치해있고 모든 정규직원들에게는 무료입니다. 오전 7시에 개장하며, 저녁 8시에 닫습니다. 그리고 피트니스 센터와 관계없이 여러분 모두 오늘이 끝나기 전에 ID(신분증)을 위해 사진을 찍어야 합니다. 그럼, 이제 이곳 Walthom 회사에서 이용가능한 의료보험계획으로 얘기를 옮겨보겠습니다.

What will happen next?

(A) Insurance plans will be explained.
(B) Employee will tour the fitness
(C) Some pictures will be taken for ID badges.
(D) The orientation will be end.

무엇이 다음에 일어날 것인가?

(A) 보험계획이 설명될 것이다.
(B) 직원들은 피트니스센터를 둘러볼 것이다.
(C) ID 뱃지 때문에 사진을 찍을 것이다.
(D) 오리엔테이션이 끝날 것이다.

해설 마지막에 의료보험 계획을 이야기 해준다고 했으므로 let's라는 힌트 뒤의 정답을 고른다.

⚠ 바쁠 땐 이것만이라도 꼭! | 급하다. 시험에서 미래문제 90% 맞히기

1. 미래 문제의 경우, 대화를 끝까지 듣고 푼다.
2. You / We / I가 핵심이 되는 주어이다.
3. Part 4의 경우 미래 시제가 결정적 힌트이다.
4. 미래의 시제에 집중하며 동사를 잘 듣는다.

Part 3 EXERCISE

음성을 듣고 질문에 가장 알맞은 답변을 고르시오.

1. Where is the conversation taking place?
   (A) At a kitchen supply store
   (B) At a hotel front desk
   (C) At a travel agency
   (D) At a catering business

2. What is the problem?
   (A) An employee was absent.
   (B) An event was canceled.
   (C) A delivery is not on time.
   (D) A customer made a complaint.

3. What does the man say he will do?
   (A) Call the client later
   (B) Request supplies from another store
   (C) Cancel the order
   (D) Apologize for a delay

4. What did the woman do today?
   (A) She led a training session.
   (B) She installed a new program.
   (C) She updated some software.
   (D) She inspected a facility.

5. What problem do some employees have?
   (A) They couldn't attend the training.
   (B) Their flight has been cancelled.
   (C) They didn't analyze sales data.
   (D) They won't come back next week.

6. Why does the woman say "I'll be on a business trip all of next week."?
   (A) To decline a request
   (B) To express her absence
   (C) To share her schedule
   (D) To reschedule a meeting

Part 4 EXERCISE

음성을 듣고 질문에 가장 알맞은 답변을 고르시오.

7. What is the purpose of the talk?

(A) To honor an employee
(B) To launch a new product
(C) To welcome a new employee
(D) To train new hires

8. What industry did John Brady most likely work in?

(A) Finance
(B) Energy
(C) Pharmaceutical
(D) Automotive

9. What will most likely happen next?

(A) A gift will be presented.
(B) A video will be shown.
(C) A speech will be given.
(D) An interview will be held.

Part 5&6 부정사

진단테스트

1. The government wants ------- jobs by developing the environmental industry.

   (A) created (B) to create
   (C) creation (D) creating

2. It is the policy of the agency to expect its employees ------- to the basic obligations of public service.

   (A) adherence (B) adhered
   (C) to adhere (D) be adhesive

3. It is recommended that you take the time ------- your notes before presenting at the executives meeting.

   (A) review (B) reviewing
   (C) to review (D) reviewed

4. It is mandatory ------- trainees to participate in H&S training at each training site every year.

   (A) so (B) for
   (C) that (D) because

5. Many corporations and institutions have found it beneficial ------- an ergonomics consultant on site to evaluate working conditions.

   (A) bring (B) to bring
   (C) bringing (D) brought

★ 정답 및 해설은 〈Part 5&6 유형분석 – 부정사〉에서 확인하세요.

이것만은 꼭!

to부정사(to+동사원형)는 명사, 형용사, 부사 역할을 모두 할 수 있다.

1. 명사 역할: 주어, 목적어, 보어 역할

① 주어

To write a report will be the first thing to do tomorrow. 보고서를 쓰는 것이 내일 해야 할 첫 번째 일이다.

② 목적어

I expect **to submit** the proposal by tomorrow. 내일까지는 그 제안서를 낼 것으로 예상한다.

③ 주격보어

My goal is **to speak** English fluently. 내 목표는 영어를 유창하게 하는 것이다.

④ 목적격 보어

He allowed me **to take** a break before the next presentation.
그는 다음 발표를 하기 전에 나에게 휴식을 취하도록 해주었다.

2. 형용사 역할

① 명사 수식 (후치수식)

There have been many efforts **to improve** the environment. 환경을 개선하기 위한 많은 노력이 있었다.

② be to 용법: 'be + to v'가 '~것이다' 로 해석이 안되면 'will'이나 'must'의 뜻이다.

The train **is to leave** soon. **〈예정: ~할 예정이다〉**
= The train **will leave** soon. 기차는 곧 떠날 예정이다.
You **are to listen** to your parents. **〈의무: ~해야 한다〉**
= You **must listen** to your parents. 부모님 말씀을 들어야 한다.

3. 부사 역할: 형용사, 부사, 동사, 절 전체를 수식하고, 문두나 문미에 나온다.

해석에 따라 다양한 의미를 가지며, 목적이나 원인의 뜻으로 가장 많이 쓰인다.

① 목적: ~하기 위하여

She is on a diet **to look** gorgeous. 그녀는 멋지게 보이기 위하여 다이어트 중이다.

② 이유: ~하니, ~해서

He was pleased **to hear** the news that he would be promoted. 승진할 것이라는 소식을 듣고 그는 기뻤다.

③ 정도: ~할 정도로

This car is cheap enough for him **to buy**. 이 차는 충분히 싸서 그가 살 수 있다.

④ 결과

He awoke **to find** himself famous. 그는 일어나보니 유명해져 있었다.

⑤ **양보: ~했지만**

To do my best, I could not win the contract. 최선을 다했지만 나는 그 계약을 따지 못했다.

4. to부정사와 동사와의 관계

동명사를 목적어로 취하는 3형식 동사	**과거지향적**	finish 끝내다 quit 그만두다 discontinue 중단하다 stop 멈추다
	부정적	mind 꺼리다 dislike 싫어하다 avoid 피하다 delay 미루다 postpone 연기하다 risk 모험하다 miss 놓치다 deny 부인하다
	기타	suggest 제안하다 propose 제안하다 recommend 추천하다 consider 고려해보다 involve 포함하다 include 포함하다 appreciate 감사하다
To부정사를 목적어로 취하는 3형식 동사	**미래지향적**	want 원하다 (=would like) wish / hope 희망하다 choose / opt 선택하다 decide / determine 결심하다 promise 약속하다 agree 동의하다 propose 제안하다 manage 그럭저럭~해나가다 afford ~할 여유가 있다 fail 실패하다 refuse 거절하다 expect 예상하다 intend 의도하다 mean 의도하다 plan 계획하다 attempt 시도하다 pretend ~인 체하다 tend ~하는 경향이 있다 ask ~을 요구하다 help (to) v
To부정사를 보어로 취하는 2형식 동사	seem ~인듯하다 appear ~로 보이다 prove ~로 증명되다 remain ~로 남아있다	

5. 5형식 동사

to부정사	5V A to B : A가 B하도록 ~하다	advise 조언하다 allow, permit 허락하다 ask, require, request 요구하다 cause 유발하다 compel 강요하다 direct 지시하다 enable 할 수 있게 하다 encourage 용기를 주다 expect 예상하다 forbid 금지하다 force 강요하다 instruct 지시하다 intend ~할 작정이다 invite 초대하다 lead 이끌다 order 명령하다 persuade 설득하다 remind 상기시키다 tell 말해주다 urge 촉구하다 want, would like 원하다
동사원형	5형식 사역동사	let 해주다 make 만들다 have 시키다
동사원형 / -ing	5형식 지각동사	see 보다 watch 자세히 보다 hear 듣다
동사원형 / to부정사	5형식 help 동사	help 돕다

Part 5&6 유형분석 | 부정사

DAY 12

출제유형 1 to부정사를 목적어로 취할 수 있는 동사는 정해져 있다.

모든 동사가 to부정사를 목적어로 취할 수 있는 것이라, 일부 동사만 부정사를 목적어로 취할 수 있다. 명사 목적어가 없을 경우 to부정사나 동명사를 취하는 빈출 동사를 반드시 알아두자.

The government wants ------- jobs by developing the environmental industry.

(A) created (B) to create
(C) creation (D) creating

해설 동사의 목적어 자리이므로 명사가 와야 한다. (C) creation은 뒤에 나오는 jobs와 어울리지 않는다. job를 목적어로 취하면서 동시에 명사 역할을 할 수 있는 to부정사와 동명사중 골라야 한다. want는 to부정사를 목적어로 취하지만, 동명사는 취할 수 없다. 따라서 정답은 (B) to create이다.

해석 정부는 환경 산업을 개발함으로써 직업을 창출하기를 원한다.

어휘 **develop** 개발하다, 발전시키다 **environmental industry** 환경 관련 산업

★ 암기 미션 목적어로 to부정사를 취하는 타동사 (이것만은 꼭 참조)

You can't **expect to learn** a foreign language in a few months.
몇 달 안에 외국어를 배울 것을 기대할 수는 없다.

The technicians **decided to perform** a specific analysis.
그 기술자는 구체적인 분석을 행하기로 결정했다.

★ 암기 미션 to부정사와 동명사를 모두 취할 수 있는 동사들

■ **의미 차이 없이 to부정사와 동명사 모두 목적어로 취하는 동사들**

start, begin, continue, attempt, intend, like, love, hate, prefer, propose

The light **began blinking**(= to blink). 신호등이 깜박거리기 시작했다.

Some people received a notice to **propose to cancel**(= canceling) the contract.
몇몇 사람들이 계약을 취소하라고 제안하는 통지를 받았다.

■ 둘 다 목적어로 취할 수 있으나 의미의 차이가 있는 동사들

동사	to부정사가 목적어일 때	동명사가 목적어일 때
remember	앞으로 할 일을 기억하다	과거에 한 일을 기억하다
forget	앞으로 할 일을 잊어버리다	과거에 한 일을 잊어버리다
regret	안 좋은 소식을 전하게 되어 유감이다	과거에 한 일을 후회한다
try	~하려고 열심히 노력하다	이것저것 해보다
stop	~하기 위하여 멈추다	~을 중단하다

We **regret to** inform passengers that the 8:30 train is one hour late.
8시 30분 기차가 한 시간 연착되었음을 알려드리게 되어 유감스럽게 생각합니다.

She **stopped talking** about that and went on to describe her other problems.
그녀는 하던 이야기는 그만두고 그녀의 다른 문제들을 설명하는 것으로 넘어갔다.

출제유형 2 목적격 보어로 to부정사를 취할 수 있는 5형식 동사들

5형식 동사는 목적격 보어 중심으로 동사의 종류를 알아 두어야 한다. 목적격보어로 명사, 형용사, 부정사, 원형부정사(동사원형) 을 취하는 동사들을 암기해야 문장의 구조 파악이 빨라진다.

It is the policy of the agency to expect its employees ------- to the basic obligations of public service.

(A) adherence (B) adhered
(C) to adhere (D) be adhesive

해설 문두에 나오는 It은 가주어이고, to expect its employees ______ to the basic obligations of public service가 진주어이다. 동사 expect는 목적격 보어로 to부정사를 취하는 동사이므로 정답은 (C) to adhere이다.

해석 공공서비스의 기본적인 의무를 직원들이 잘 지켜주길 기대하는 것이 회사의 정책이다.

어휘 **policy** 정책, 방침 **agency** 회사, 대리점, 기관 **basic** 기초의, 근본적인 **obligation** (= **duty**) 의무, 책임 **public** 공공의, 공적인 **adherence** 고수, 집착 **adhere** (= **stick to**, **attach to**) 접착하다, (주의, 신념에) 충실하다 **adhesive** 점착성의, 잘 붙는

★ 암기 미션 to부정사를 목적격 보어로 취하는 5형식 동사들 (이것만은 꼭 참조)

동사 + A + to B(동사원형) : A가 B하도록 ~하다

○ 목적어와 목적격 보어의 관계가 주어와 동사의 관계다.

All employers should **warn** employees **to be** careful when handling hazardous materials.
모든 고용주들은 **직원들이 위험 물질을 다룰 때** 조심하도록 주의를 주어야 한다.

We **would like** you **to verify** your contact information in the telephone directory.
우리는 **당신이** 전화번호부에 있는 당신의 연락처를 **확인해주셨으면 합니다**.

★ 암기 미션 5v A to B 의 수동태는 'must 또는 should'의 우회적 표현으로 자주 사용된다.

be advised to v ~하도록 권장되다 be allowed to v ~하도록 허락되다 be asked to v ~하도록 부탁되다 be encouraged to v ~하도록 장려되다 be expected to v ~할 것으로 기대되다 be instructed to v ~하도록 지시받다 be intended to v ~하도록 의도되다 be invited to v ~하도록 권장되다 be permitted to v ~하도록 허락되다 be reminded to v ~하도록 상기되다 be requested to v ~하도록 요구되다 be required to v ~하도록 요구되다 be told to v ~하라는 말을 듣다	→ **must의 우회적인 표현** (Part 7에서 중요표현이므로 반드시 암기할 것)

The students **are asked to register** the first level courses.
학생들은 초급 단계로 등록하도록 요청된다.

The teachers **were requested to answer** questions about the new regulation.
선생님들은 새 규칙에 대해 질문에 답변하도록 요청되었다.

출제유형 3 주어 동사 목적어 다음에 나오는 to부정사는?

① 목적어를 후치 수식하는 형용사일 수도 있고, ② 목적어를 보조해주는 목적격 보어일 수 있고, ③ 목적이나 원인을 나타내는 부사일 수도 있다.

It is recommended that you take the time ------- your notes before presenting at the executives meeting.

(A) review (B) reviewing
(C) to review (D) reviewed

해설 that절 안에 동사 take가 있으므로 동사 (A) review와 (D) reviewed는 실격. your notes를 목적어로 취하고 빈칸 뒤에서 time을 후치 수식해서 '노트를 검토할 시간' 이라는 뜻을 가진 (C) to review가 정답이다. 혹 현재분사 (B) reviewing도 time을 후치 수식해서 '검토하는 시간' 이라는 뜻으로 가능하지 않나 라는 생각을 할 수 도 있겠지만, 현재분사가 명사를 꾸미려면 그 명사와 현재분사 사이엔 의미상 주어 동사의 관계가 성립되어야 하는데 '시간이 검토하다' 라는 뜻이 성립될 수 없기 때문에 현재분사 (B) reviewing은 답이 될 수 없다. 주절의 동사가 제안(recommend) 동사여서, that절 안에 should가 생략된 형태이다.

해석 중역회의에서 발표하기 전에 노트를 검토할 시간을 가져야 한다고 제안된다.

어휘 **recommend** 제안하다, 추천하다 **review** 검토하다 **excutive** 중역, 중역의

★ 암기 미션 '주어 + 동사 + 목적어' 다음에 to부정사가 나오는 경우

<table>
<tr><td rowspan="3">주어 + 동사 + 목적어</td><td rowspan="3">+</td><td rowspan="3">to부정사</td><td>① 부사 (목적, 원인)

Travelers should call the airline to confirm their flight 24 hours before departure.
여행객들은 출발 24시간 전에 항공편을 확인하기 위해 항공사에 전화해야 한다.</td></tr>
<tr><td>② 후치 수식 형용사 (미래의 뜻)

Applicants must have the ability to work in a fast-paced environment.
지원자들은 빠르게 변화하는 환경에서 일할 능력이 있어야 한다.</td></tr>
<tr><td>③ 목적격 보어 (목적어와 주어동사관계)

MJL Inc. encourages qualified candidates to apply for any available positions.
MJL Inc는 자격 있는 후보자들이 모든 가능한 직책에 지원하도록 권장한다.</td></tr>
</table>

출제유형 4 to부정사는 동사출신이라서 의미상의 주어가 있다.

to부정사의 의미상의 주어는 문맥상의 주어를 따라가지만, 따로 명시할 경우는 to부정사 앞에 for + 명사로 표현한다.

It is mandatory ------- trainees to participate in H&S training at each training site every year.

(A) so (B) for
(C) that (D) because

해설 부정사 앞에 전치사 넣기 문제가 나오면, 의미상의 주어부터 떠올려야 한다. 'H&S에 참가하는 주체가 trainees'이므로 의미상의 주어가 맞다. 따라서 정답은 (B) for이다.

해석 훈련생들은 매년 각각의 훈련 장소에서 H&S 훈련에 참석하는 것이 의무이다.

어휘 **mandatory** 의무적인, 강제의 **trainee** 훈련생 **participate** 참여하다 **training site** 훈련 장소

★ Check Point to부정사의 의미상의 주어

① 문맥상의 주어와 일치하는 경우는 생략한다.

Studies on the vast damage continue **to be carried out** in the country.
엄청난 피해에 대한 조사가 그 도시에서 계속 행해지고 있다.

continue의 주체도 to be carried out(실행되다)의 주어는 studies(연구)이다.

② to부정사를 목적보어로 취하는 5형식 문장에서는 목적어가 to부정사의 의미상의 주어다.

My boss encouraged **me to give a speech** at the conference.
내 상사는 **내가 회의에서 연설하도록** 나를 고무시켰다.

- to give a speech(연설하다)의 주체는 목적어인 me(나)이다.

③ 위의 두 경우가 아니라면 to부정사 앞에 'for + 명사'를 붙인다.

In order **for our clients to be satisfied**, sometimes we have to take risks.
우리 고객들이 만족하도록 하기 위해서 우리는 가끔 위험을 감수해야 한다.

DAY 12

출제유형 5 목적어도 길어지면 가목적어, 진목적어 형식을 취한다.

5형식에서 목적어(to부정사)가 목적보어(명사, 형용사) 보다 길 경우, to부정사를 가목적어 it으로 대신하고 진목적어인 to부정사를 목적보어 뒤로 보낸다.

Many corporations and institutions have found it beneficial ------- an ergonomics consultant on site to evaluate working conditions.

(A) bring (B) to bring
(C) bringing (D) brought

해설 빈칸 앞 동사 found는 목적격 보어로 형용사를 취하는 5형식 동사로 시험에 자주 나오는 동사이다. 목적어 it이 대명사이므로 선행사를 찾아야 하는데, 선행사가 없다면, 가목적어 진목적어 구조를 생각해내야 한다. 목적어가 길어서 뒤로 빠진 형태로 이해하면 된다. 따라서 정답은 (B) to bring이다.

해석 많은 회사들과 협회들은 근무 환경을 평가하기 위해서 현장에 인체 공학 컨설턴트를 데리고 오는 것이 유익하다는 걸 알게 되었다.

어휘 **corporation** 법인 회사 **institution** 협회, 제도 **beneficial** 유익한, 이로운 **ergonomics** 인체 공학 **consultant** 고문, 상담가 **on site** 현장에서, 현지에서 **working conditions** 근무 환경

★ Check Point 가목적어 진목적어 구문들

- keep / make / find + it + 형용사 + to부정사
- make it(목적어) + 명사 + to부정사

The construction team **found it** difficult **to meet the deadline for construction**.
건설 팀은 공사 마감일자를 맞추기 어렵다는 걸 알았다.

He **made it** clear **to evaluate their roles and how to change them**.
그는 그들의 역할을 평가하고 어떻게 변화시킬지를 명백히 했다.

HR Department **made it** a rule **to always ask** candidates to discuss their former jobs.
인력자원부서는 항상 지원자들에게 그들의 이전 직업에 대해 논하도록 요청하는 것을 규칙으로 만들었다.

Part 5 EXERCISE

1. This notice is ------- you that you have been awarded a cash prize of $2,500,000.

   (A) information (B) inform
   (C) to inform (D) informed

2. When connected with the appropriate office, ask ------- with the staff member who handles tax issues.

   (A) spoke (B) has spoken
   (C) to speak (D) speaking

3. In an effort ------- sales of the product in the country, the company has decided to try innovative marketing methods.

   (A) improved (B) improving
   (C) to improve (D) has improved

4. It is mandatory ------- all employees to submit completed time sheets to their supervisors for verification and approval.

   (A) on (B) from
   (C) at (D) for

5. ------- fine furniture, fine sanding is the next step you should undertake before cutting the joints.

   (A) To build (B) Build
   (C) Built (D) Has built

6. Work requires strong analytical ability ------- complex technical issues in addition to effective phone communication skills.

   (A) to resolve (B) resolve
   (C) resolving (D) resolved

7. Whether there will truly be a return on investment in the cosmetics industry remains -------.

   (A) seen (B) to be seen
   (C) to see (D) seeing

8. We offer a variety of times and dates for the training in order to ------- a wide range of schedules.

   (A) accommodate
   (B) accommodation
   (C) accommodates
   (D) accommodating

9. It is essential to ------- a proper plan before using credit cards.

   (A) make (B) making
   (C) made (D) be made

10. As machine production is ------- to exceed consumption next year, stocks will increase by nearly 20 percent from last session.

    (A) expect (B) expects
    (C) expected (D) expecting

Part 6 EXERCISE

Questions 11-14 refer to the following letter.

UNIVERSITY OF RIVER
College of Tropical Agriculture and Human Resources
Department of Human Nutrition, Food and Animal Sciences

Dear Internship Provider,

Thank you for agreeing ------- **11.** an on-the-job experience for our students through this internship program. We appreciate your willingness ------- **12.** alongside the College of Tropical Agriculture and Human Resource's Animal Science Internship program to prepare our students in their areas of professional expertise.

By means of this letter, we would like to ask you ------- **13.** to be responsible for any actions or omissions that arise out of your own employees'/agents' actions or negligence.

We do not anticipate any problems to occur, but want to make sure that while our students are under your supervision, you understand that ------- **14.** are considered your agents and you are responsible for their safety. Students covered by this agreement are also aware they are responsible for their own actions and negligence.

We look forward to a fruitful experience and thank you for your participation in our internship program.

Yours truly,Halina M. Zaleski, Ph.D.

11. (A) providing
(B) provided
(C) to provide
(D) to providing

12. (A) working
(B) work
(C) to work
(D) to working

13. (A) agreeing
(B) agreement
(C) agree
(D) to agree

14. (A) you
(B) they
(C) we
(D) he

Questions 15-19 refer to the following memorandums.

From: Information Technology Department
To: All staff
Subject: Service notice

In order to further enhance the Internet Broadband Service, we will conduct a series of upgrades to the broadband network on May 20, from 6:00 a.m. to 7:00 a.m. During the aforementioned period, Internet access via the broadband network will be interrupted intermittently approximately every 5 to 10 minutes.

The following will be upgraded:
- Upgrade of the SMTP e-mail server
- Installation of a fiber-optic network
- Upgrade of Internet firewall

We apologize for any inconvenience this may cause. Should you have any questions regarding this network upgrade or need any help for anything caused by this inconvenience, please contact our department representatives at extension 23. We will do our utmost to minimize any troubles you might have.

IT Dept.

From: Human resources department
To: All staff
Re: Service notice

Technician Bob Casteel will be conducting a series of upgrades to our network system on May 20, from 6:00 a.m. to 7:00 a.m. Please be advised that during this period your network access will be disconnected in intervals of 5 to 10 minutes. The BUSI system will, however, be in operation, so you can still access client accounts via your computer. All other systems will be experiencing periodic interruptions, so please plan accordingly.

In addition, a reminder to all staff:
Under the Employment Standard Code, employees must have 52 consecutive weeks of employment with their current employer to be eligible for maternity or parental leave. This requirement applies to both full-time and part-time employees. However, if a pregnant employee has less than 52 consecutive weeks of employment, an employer cannot lay her off, terminate her employment, or require her to resign because of pregnancy or childbirth. This is the only allowable exception to the Code.

Thank you,
HR Dept.

15. Which of the following is being upgraded?

(A) Employee computers
(B) Network firewall
(C) Employee Standard Code
(D) BUSI system

16. When will the upgrade start?

(A) 6:00 a.m.
(B) 7:00 a.m.
(C) 6:00 p.m.
(D) 7:00 p.m.

17. Which of the following is NOT true about the network upgrade?

(A) The firewall will be upgraded.
(B) A fiber-optic network will be installed.
(C) Internet access will be turned on and off during the upgrade.
(D) Employees will not have access to any company systems.

18. Where does Bob Casteel work?

(A) Human resources
(B) Customer service
(C) IT
(D) Maintenance department

19. Which of the following is true of the Employment Standard Code?

(A) Employees may be fired for getting pregnant with less than a full year of employment.
(B) Employees are eligible for parental or maternity leave after a full year of employment.
(C) Part-time employees may not be eligible for parental leave even after a full year of employment.
(D) Employers can fire pregnant women.

DAY 13

Part 3&4 • 제안 문제

Part 5&6 • 동명사

Part 7 • 이중 지문 (기사+편지)

Part 3&4 제안 문제

진단테스트

음성을 듣고 질문에 가장 알맞은 답변을 고르시오.
(한 지문당 한 문제씩 등장합니다.)

13-1.MP3

1. What does the woman ask the man to do?

(A) Rent a car
(B) Suggest a place to eat
(C) Recommend a place to shop
(D) Give her a key

2. What does the man suggest?

(A) Canceling the meeting
(B) Using another machine
(C) Repairing a copier
(D) Purchasing a new copier

3. What does the caller ask Ms. Kim to do?

(A) Read a news article
(B) Wait for a call from a doctor
(C) Arrive at the office early
(D) Make a payment

진단테스트 해설

Question 1 refers to the following conversation.

M: Here's the key to your room, ma'am. We hope you enjoy your stay here at Seaview Hotel.

W: Thank you. Oh, and one more thing. **Is there any restaurant around here you could recommend?**

M: Many people like the Japanese restaurant across the Ridge department store. It's called Fujiyama and it's about half a mile from this hotel. Here, I'll mark it on the map so you can drop in, in case you are interested. Can you see where I've circled? Fujiyama is right next to this art museum. You can't miss it.

W: How kind of you. Thank you.

남: 방 열쇠는 여기 있습니다. Seaview 호텔에서 즐거운 시간이 되시길 바랍니다.

여: 감사합니다. 아, 그런데 한가지 더 (물어볼게요). 이곳 근처에 당신이 추천해 줄 만한 식당이 있나요?

남: 많은 사람들이 Ridge 백화점 건너편에 있는 일식당을 좋아합니다. '후지야마'라는 식당이고, 이 호텔에서 대략 반 마일거리에 있습니다. 여기, 관심있으실 경우를 대비해서, 한번 들러보실 수 있도록 지도에 제가 표시해 드릴께요. 제가 어디에 동그라미 쳤는지 알아보시겠어요? '후지야마'는 이 미술관 바로 옆입니다. 꼭 찾으실 수 있을겁니다.

여: 정말 친절하시네요. 감사합니다.

1. (B)

What does the woman ask the man to do?

(A) Rent a car

(B) Suggest a place to eat

(C) Recommend a place to shop

(D) Give her a key

여자는 남자에게 무엇을 하라고 요구합니까?

(A) 차를 빌리다.

(B) 식사할 장소를 제안하다.

(C) 쇼핑할 장소를 추천한다.

(D) 그녀에게 키를 주다.

해설 여자가 남자에게 제안하는 것을 묻는 질문이므로 여자의 말속에서 제안의 표현을 듣고 정답을 찾는다. Recommend라는 제안의 표현이 따라 나오므로 같은 문장안에 있는 레스토랑을 정답으로 골라준다.

Question 2 refers to the following conversation.

W: What's wrong with the copier? It's not working.

M: It's out of ink.

W: Oh no. I have to make copies of my report for the meeting today. Is there any new cartridge left in the storage?

M: No, I'm afraid not. This was our last one. I've made the order for new cartridges this morning, but they won't arrive until tomorrow afternoon. **If you have to make any copies for today, there's one downstairs that you could use until tomorrow.**

여: 복사기가 뭐가 잘못 되었나요? 작동되질 않아요.

남: 잉크가 다 떨어졌습니다.

여: 오늘 회의를 위한 제 보고서를 복사해야만 하는데요. 창고에 새 카트리지가 남아 있는 게 없을까요?

남: 아니오, 제가 알기론 없을 것 같네요. 이것이 마지막 것이었습니다. 오늘 아침에 제가 새로운 카트리지를 주문해놓았습니다만, 내일 오후에나 도착할 것 같네요. 오늘 꼭 복사를 하셔야 한다면, 내일까지 사용하실 수 있는 복사기가 한대 아래층에 있습니다.

2. (B)

What does the man suggest?

(A) Canceling the meeting
(B) Using another machine
(C) Repairing a copier
(D) Purchasing a new copier

남자는 무엇을 제안하고 있습니까?

(A) 회의를 취소하는 것
(B) 다른 기계를 사용하는 것
(C) 복사기를 고치는 것
(D) 새로운 복사기를 구입하는 것

해설 남자가 제안하는 것을 묻고 있으므로 남자의 말속에서 제안의 표현을 듣고 정답을 골라준다. If라는 제안의 표현 뒤에서 아래층에 복사기가 있다고 이야기 하므로 정답은 다른 복사기를 사용하라는 것임을 알 수 있다.

DAY 13

Question 3 refers to the following telephone message.

Good morning. I am leaving this message for Michelle Kim. This is Bill Gray from Dr. Lang's office, and I'm his receptionist. I'm calling to confirm your dental appointment with Dr. Lang at 2 o'clock on Monday, December13th. The doctor will be with you for about an hour. **I would like to ask you to come 10 minutes early to fill out some paper work since it is your first visit here.** If by any chance, you can't make it on time, I'll appreciate it if you call and let us know a day before. Thank you.

안녕하십니까? Michelle Kim씨에게 메시지를 남기고 싶습니다. 저는 Lang's office의 접수원 Bill Gray 입니다. 12월 31일 월요일 오후 2시의 치과 예약을 확인하고자 전화했습니다. 의사 선생님은 약 1시간 정도 당신과 함께 하실 예정입니다. 당신께서 이번에 저희병원을 처음 방문하시기 때문에, 몇가지 서류를 작성하셔야 하므로 10분 일찍 오셨으면 좋겠습니다. 불가피하게 제시간에 도착하실 수 없으시다면, 하루 전에 연락주시면 감사하겠습니다. 감사합니다.

3. (C)

What does the caller ask Ms. Kim to do?

(A) Read a news article
(B) Wait for a call from a doctor
(C) Arrive at the office early
(D) Make a payment

발신자는 김씨에게 무엇을 요청하고 있는가?

(A) 새 기사를 읽는다
(B) 의사에게 올 전화를 기다린다
(C) 사무실에 일찍 도착한다
(D) 지불한다

해설 전화한 사람이 김씨에게 요구하는 것이 무엇인지를 묻는 제안의 질문이므로 전화한 사람의 말속의 제안의 표현을 듣고 문제를 해결한다. 대화속에서 화자가 직접 ask 라는 표현으로 제안을 언급하고 있으므로 정답은 come early가 될 것이다.

Part 3&4 | 제안 문제 해결하기

Part 3에서의 제안 문제

포인트 1 Part 3 제안문제 secret point!

Part 3의 제안 문제는 1번이나 2번 문제에서 등장한다면 중반부에, 그리고 마지막 문제로 등장한다면 대화를 끝까지 듣고 풀어야 한다.

질문 속에서 suggest / ask / recommend / propose / invit e/ instruct / advise / encourage 등을 본동사로 가지고 오는 질문은 제안을 묻는 질문이다.

포인트 2 Part 3 제안 문제 풀이법

▶ 1단계 → 본동사를 찾아 질문의 유형을 파악한다.

▶ 2단계 → 정답의 위치를 확인하고

▶ 3단계 → 제안의 구문을 듣고 정답을 찾는다.

▶ 4단계 → 제안의 구문 바로 뒤의 동사의 paraphrasing에 주의한다.

포인트 3 Part 3의 제안을 묻는 질문의 유형

아래의 질문은 전형적인 질문이므로 보자 마자 파악할 수 있도록 익혀둔다.

What does the woman ask the man to do?

What does the woman suggest (doing)?

What does the man encourage the woman to do?

What does the woman recommend?

What is the man asked to do?

What is the man invited to do?

참고 | What has the woman been asked?

- has been asked는 지금 제안을 받고 있는 것이 아니라 이미 들었던 이야기를 전달하는 질문의 유형이므로 남자가 여자에게 무엇을 제안하는가를 묻는 것이 아니라 여자는 무슨 제안을 받았었는가? 라고 하는 과거의 일을 여자가 설명하는 유형의 문제라는 것을 잊지 말아야 한다. 따라서, 여자에게 뭔가를 제안하는 제3자의 등장이 흔하다.

포인트 4 Part 3 제안을 묻는 질문의 정답위치와 정답 힌트

▶ 문제의 특성 파악하기

■ **문제의 위치는 어디인가?**

2/3의 질문은 마지막 문제에 등장해서 주제가 되는 문제점을 해결하는 방법에 대해 설명한다. 하지만 첫번째나 두번째에서 제안의 질문이 나오는 경우 중반에서 정답이 등장하는 경우도 있으므로 조심해야 한다.

■ **정답의 위치는 어디인가?**

1) 마지막 질문이라면 대화를 끝까지 듣고 마지막에서 정답을 찾는 것이 포인트이다.

2) 첫번째나 두번째 질문이라면 정답을 말한 성별의 초반의 말부터 집중해서 들어야 한다.

궁금해요 |

Q: 만약에 세명의 화자가 나온다면? 그때는 정답이 어디 나오나요?
A: 여전히 맨 마지막 대화에서 정답이 나옵니다.

▶ 정답을 알려주는 결정적인 힌트

- 문제속 주어의 말속에서 'you / 명령문'에 집중한다.
- 제안의 구문이 들릴 때 바로 뒤를 경청한다.

| 예제 | 13-2.MP3

W: Have you phoned the technical department yet? Its contracts should be emailed to the headquarter today and the computer is still down.

M: I reached them this morning but they said they couldn't send a technician until next Wednesday.

W: The due date of these contracts is today. I guess I'll have to deliver them myself but I don't know I'm available. **Could you drop them off?**

여: 기술부서에 아직 연락 안했니? 계약서들을 오늘까지 본사로 이메일을 보내야 하는데 컴퓨터가 아직도 고장난상태야.

남: 내가 오늘 아침에 전화했었는데 다음주 수요일까지는 기술자를 보낼수가 없데.

여: 이 계약서들의 마감은 오늘까지야. 내 생각에 내가 가져다 줘야 할 것 같은데 내가 시간이 있을지 모르겠다. 네가 좀 가져다 줄래?

What does **the woman** ask the man to do?
→ What is the man asked to do **(by the woman)** ?

(A) Reschedule a meeting
(B) Contact a technician
(C) Deliver some contracts
(D) Make some copies

여자는 남자에게 무엇을 요청하는가?

(A) 미팅 시간을 다시 잡는다
(B) 기술자와 연락한다
(C) 계약서를 전달한다
(D) 복사한다

해설 제안의 질문이므로 대화의 마지막에 나오는 여자의 말을 잘 들어 준다. 대부분 제안의 질문은 세개의 문제중에서 마지막 문제에 등장하며 마지막에 등장하는 경우 뒤쪽에서 답이 나온다. 마지막 여자가 Could you라는 제안의 표현 뒤에서 drop off라고 말했으므로 동의로 deliver를 골라준다.

★ Memorize it! Part 3와 4 제안을 말하는 힌트구문

1. Why don't you 동사원형?
2. What about / How about -ing?
3. Let's / Let me 동사원형
4. 조동사 의문문

   Would/Should/Could you 동사원형?
   Shall we 동사원형?
   Can I / May I 동사원형?
5. 조동사를 포함하는 평서문

   You would /should/ could/ must/ have to 동사원형
   You might want to / You might need to 동사원형
   I/We can 동사원형
   주어 might be able to 동사원형
6. If S + V, S + 조동사 + 동사원형
7. You'd better 동사원형
8. I suggest / recommend / ask to부정사 혹은 -ing
9. May I suggest / recommend / ask to부정사 혹은 -ing
   (Please) 명령형 [동사원형]

Part 4에서의 제안 문제

포인트 1 Part 4 제안문제 secret point!

Part 4의 제안 문제는 1번이나 2번 문제에서 등장한다면 중반부에, 그리고 마지막 문제로 등장한다면 대화를 끝까지 듣고 풀어야 한다.

질문속에서 suggest/ ask / recommend / propose / invite / instruct / advise / encourage 등을 본동사로 가지고 오는 질문은 제안을 묻는 질문이다.

DAY 13

포인트 2 Part 4 제안 문제 풀이법

▶ 1단계 → 본동사를 찾아 질문의 유형을 파악한다.

▶ 2단계 → 정답의 위치를 확인하고

▶ 3단계 → 제안의 구문을 듣고 정답을 찾는다.

▶ 4단계 → 제안의 구문 바로 뒤의 동사의 paraphrasing 에 주의한다.

포인트 3 Part 4의 제안을 묻는 질문의 유형

아래의 질문은 전형적인 질문이므로 보자 마자 파악할 수 있도록 익혀둔다.

What does the speaker ask the listener to do?
What does the speaker suggest (doing)?
What does the speaker encourage the listener to do?
What does the speaker recommend?
What is the listener asked to do?
What is the listener invited to do?

포인트 4 Part 4 제안을 묻는 질문의 정답위치와 정답 힌트

▶ 문제의 특성 파악하기

■ **문제의 위치는 어디인가?**

2/3의 질문은 마지막 문제에 등장해서 주제가 되는 문제점을 해결하는 방법에 대해 설명한다. 하지만 첫번째나 두번째에서 제안의 질문이 나오는 경우 중반에서 정답이 등장하는 경우도 있으므로 조심해야 한다.

■ **정답의 위치는 어디인가?**

1) 마지막 질문이라면 대화를 끝까지 듣고 마지막에서 정답을 찾는 것이 포인트이다.

2) 첫번째나 두번째 질문이라면 상대방에게 뭔가를 제안하는 you나 명령문에 주의해서 정답을 찾는다.

▶ 정답을 알려주는 결정적인 힌트

- 화자의 말 속에서 'you / 명령문'에 집중한다.
- 제안의 구문이 들릴 때 바로 뒤를 경청한다.

| 예제 |

Thank you for visiting the Tomas Theater. The show you are going to watch this morning is called "The Night Stars Adventure" and it is a simulated journey throughout the space. With the advanced technique, the film gives you a glimpse of the outer space and some of the mysterious phenomena seen in the night sky. The film is narrated by the award winner Ajay Khan, who has willingly taken this job for his huge interest in the space. It will be a 70-minute-film, so we kindly ask you to remain in your seats until the end of the show. If you must leave the theater, please let the theater attendants know so that they could escort you.

Tomas Theater를 방문해 주셔서 감사합니다. 오늘 아침에 여러분이 보실 영화는 "The Night Stars Adventure"이며, 우주를 여행하는 영화입니다. 고도의 기술을 사용한 이 영화를 통해 외부세계(우주)와 밤하늘에 보이는 신기한 현상을 보시게 됩니다. 이 영화는 오스카 상 수상자인 Ajay Khan 께서 나래이터를 해주셨는데 그는 우주에 대해 큰 관심이 있어 기꺼이 이에 응해주셨습니다. 영화 상영시간은 70분이며 영화가 끝날 때까지 자리에 앉아 주시기를 바랍니다. 만약 영화관 밖으로 나가셔야 한다면, 영화관 도우미들이 에스코트 할 수 있도록 미리 알려주시기 바랍니다. .

What does the speaker ask the audience to do?

(A) Turn off their mobile phones
(B) Ask questions later
(C) Stay in their seats
(D) Exit through a rear door

화자는 청중들에게 무엇을 하기를 요청하는가?

(A) 핸드폰을 끄시오.
(B) 질문은 나중에 하시오.
(C) 자리에 앉아 계세요.
(D) 뒷문으로 나가세요.

해설 질문속에 'ask A to do'가 있으므로 제안의 질문 형태이다. 제안의 질문이 나오면 정답은 주로 후반부에 있으므로 후반부에서 제안의 표현을 들어준다. 제안 표현의 하나인 'I[We] ask ~ to부정사' 구문의 부정사 부분에 있는 동사원형의 동의어인 (C)번이 답이 된다.

어휘 phenomena 현상

★ Memorize it! Part 3와 4 제안의 독특한 구조 "offer"

대부분의 제안은 상대방에게 뭔가를 제안하고 부탁하는 형태이지만, 본인이 해주겠다는 제안 형태의 의문문이 있다.

(1) 의문문의 형태

What does the man offer to do (for the woman)? 남자가 여자를 위해서 무엇을 해 주겠다고 제안하는가?

○ 이런 형태의 질문의 경우 간혹 남자가 무엇을 주겠다고 하는가로 잘못 해석하는 경우가 있으므로 주의하자.

(2) 정답의 패턴

일반 제안의 의문문과는 달리 내가 하겠다고 하는 의문문이므로 정답이 될 수 있는 패턴이 정해져 있다. 또한, 언제나 주어의 말속에서 정답이 나온다. 다음 단어들의 뒤가 정답을 가지고 오는 힌트들이므로 잘 들어주자.

'내가 하겠다'는 제안의 표현

1) I'll + 동사원형
2) I'm going to + 동사원형
3) I can + 동사원형
4) Let me + 동사원형
5) Would you like me to + 동사원형
6) Why don't I + 동사원형

DAY 13

| 예제 |

W: Tom, do you know where the job applicants' résumés are? I want to look over, but I can't seem to locate them.

여: 탐, 지원자들의 이력서들이 어디있는지 아니? 이력서들을 한번 훑어보고 싶은데 찾을 수가 없어.

M: Well, I'm not sure where they are, but I've seen Mr. Jefferson with them this morning. Did you check him?

남: 음, 어디 있는지 난 확실히 모르겠는걸, 하지만 오늘 아침에 제퍼슨 씨가 그것들을 가지고 있는 것을 보았어. 제퍼슨 씨에게 물어봤니?

W: I've already come by his office just a minute ago, but he's not in the office.

여: 몇 분 전에 그분 사무실에 들렀었는데, 사무실에 안계시더라고.

M: I don't think you can find them any time soon. But don't worry. I'll just fax you copie of the résumés. I think I have all the applicants' résumés in my folder.

남: 금방 찾기는 힘들 것 같다. 하지만 걱정마. 내가 모든 지원자들의 이력서를 내 폴더에 가지고 있으니까 팩스로 보내줄게.

What does the man offer to do?

(A) Attend a meeting
(B) Send her some documents
(C) Go out for lunch
(D) Look for a folder

남자는 무엇을 해주겠다고 제안합니까?

(A) 미팅에 참석한다
(B) 여자에게 서류를 보내준다
(C) 점심을 먹으로 나간다
(D) 폴더를 찾는다

해설 남자가 여자에게 제안을 한 것이므로 남자의 말을 잘 듣고 그 말속에 제안의 힌트가 되는 것들이 나오는지 듣는다. 마지막 말속에서 I'll 구문이 나왔으므로 그 뒤에 나오는 동사를 듣고 그 동사의 동의어를 가지고 있는 (B)번을 골라준다.

어휘 **résumé** 이력서

바쁠 땐 이것만이라도 꼭! | **급하다. 시험에서 제안문제 90% 맞히기**

1. 제안의 문제의 경우, 시키는 것이므로 'you / 명령문'이 핵심이 된다.
2. 제안의 구문이 들리면 바로 뒤 동사를 잘 듣는다.
3. 동사가 직접 들리는 것보다 동의어로 전환이 잘된다.
4. If와 제안의 동사 역시 결정적인 힌트가 된다.

Part 3 EXERCISE

음성을 듣고 질문에 가장 알맞은 답변을 고르시오. 13-5.MP3

1. What are the speakers mainly discussing?
   (A) Hiring a landscaper
   (B) Ordering more materials
   (C) Purchasing a new air-conditioner
   (D) Securing the construction site

2. When will the new building finished?
   (A) Next week
   (B) Next month
   (C) In two months
   (D) In a year

3. What does the woman suggest?
   (A) Stop the construction
   (B) Plant trees for shade
   (C) Ordering more plants
   (D) Pay for the new materials

4. What caused the problem for the man?
   (A) He misplaced his library card.
   (B) He lost his password.
   (C) He is out of town.
   (D) He cannot access the library's website.

5. What does the woman offer to do?
   (A) Renew his loan over the telephone
   (B) Order a new library card
   (C) Place a book on reserve
   (D) Give the man a registration form

6. Why does the woman ask the man to visit the library?
   (A) To get a personal identification code
   (B) To sign up for a loyalty program
   (C) To extend a deadline
   (D) To find out more information

Part 4 EXERCISE

음성을 듣고 질문에 가장 알맞은 답변을 고르시오.

13-6.MP3

7. Who most likely is the speaker?

(A) A computer technician
(B) A plumber
(C) A building manager
(D) An electrical contractor

8. What is the problem?

(A) The plumbers couldn't find the problem.
(B) The sprinklers are activated.
(C) The employees can't log in their computers.
(D) The storm is coming.

9. What are the employees advised to do?

(A) Cover the computers
(B) Leave the building
(C) Turn off the water
(D) Go to the top floor

Part 5&6 동명사

진단테스트

1. For more information on ------- a password policy, refer to the security handbook.

   (A) creative (B) created
   (C) creating (D) creation

2. Experts recommend ------- savings equal to at least six month worth of expenses.

   (A) keep (B) kept
   (C) to keep (D) keeping

3. Your broken word kills your employees' confidence in you, but ------- them of your failures in advance will strengthen their trust.

   (A) you warn (B) you are warning
   (C) your warning (D) you warned

4. Ms. Homes is enjoying spending her free time ------- the city, finding fun places to eat and shop, and taking relaxing walks in the city's many parks.

   (A) explores (B) explored
   (C) exploring (D) explorer

5. ------- managing your debt is one of the first and most important steps toward good financial health.

   (A) Effective (B) Effectively
   (C) More effective (D) Most effective

★ 정답 및 해설은 〈Part 5&6 유형분석 – 동명사〉에서 확인하세요.

Part 5&6 유형분석 | 동명사

출제유형 1 전치사 + [　　　] + 명사

전치사 다음엔 명사가 나와야 한다. 그러나 뒤에 목적어 (명사) 가 있을 경우는 동명사를 써야 한다. to부정사는 전치사 뒤에 쓸 수 없다.

For more information on ------- a password policy, refer to the security handbook.

(A) creative (B) created

(C) creating (D) creation

해설 전치사 on에 대한 목적어를 선택하는 문제이다. 보기 중 목적어 역할을 할 수 있는 것은 (C) creating과 (D) creation뿐이다. 빈칸 뒤에 명사인 a password가 이미 있으므로 (D) creation은 답이 될 수 없다. 그러므로 정답은 (C) creating이 되고 전치사의 목적어로 동명사가 쓰인 경우이다. create는 타동사로 동명사가 되어도 반드시 목적어를 동반해야 한다.

해석 더 많은 정보를 위해 비밀번호 정책에 대한 9장을 참조해라.

어휘 **information** 정보 **policy** 정책, 방침 **refer to** + 명사 언급하다, 참조하다 **create** 창조하다, 만들어내다

출제유형 2 동명사를 목적어로 선호하는 동사들이 있다.

토익은 특정 동사의 목적어로 to부정사와 동명사 중 선택하는 문제를 묻는다.

Experts recommend ------- savings equal to at least six month worth of expenses.

(A) keep (B) kept

(C) to keep **(D) keeping**

해설 recommend는 동명사를 목적어로 취하는 타동사이다. 따라서 동명사 (D) keeping이 정답이다. 뒤에 나오는 savigngs는 동명사의 목적어이다. 동사 keep은 형용사를 목적보어로 취하는 5형식 동사로 savings가 목적어, equal이 목적보어인 구조이다.

해석 전문가들은 적어도 6개월 동안 소비와 저축을 동일하게 유지할 것을 추천한다.

어휘 **expert** 전문가 **recommend** (= **suggest**, **propose**) 권고하다, 추천하다 **savings** 저금, 저축 **equal to** ~와 동등한, 적하는, 공평한 **at least** 적어도 **expense** 비용, 경비, 지출

★ 암기 미션 동명사를 목적어로 취하는 3형식 동사

admit 인정하다, 허락하다	mind 꺼리다
appreciate 감사하다	include 포함시키다
avoid 피하다	involve 관련시키다
anticipate 예상하다, 기대하다	postpone/delay 연기하다
consider 고려하다	discontinue 중단하다
deny 부인하다	quit 끝마치다
enjoy 즐기다	give up 포기하다
finish 끝마치다	recommend 추천하다
keep 유지하다, 지키다	suggest/propose 제안하다

The factory **discontinued producing** parts of a car.
그 공장은 자동차 부품을 생산하는 것을 중단했다.

Drivers should **avoid using** cell phones while driving.
운전자들은 운전하는 동안 휴대폰을 사용하지 말아야 한다.

★ Check Point deserve, need, require 다음의 동명사는 수동의 의미를 갖는다.

I don't think this article **deserves reading**(= to be read). 이 기사는 읽을 가치가 없다고 생각한다.
This pencil **needs sharpening**(= to be sharpened). 이 연필은 깎을 필요가 있다.
The redbeans don't **require soaking**(= to be soaked) before cooking.
이 팥은 요리하기 전에 물에 불릴 필요가 없다.

출제유형 3 동명사의 의미상의 주체는 소유격을 쓴다.

동명사는 동사의 기능을 일부 유지하고 있기 때문에 행동의 주체인 의미상의 주어가 존재한다. 따로 명시할 필요가 있을 경우 동명사 앞에 소유격을 쓴다.

Your broken word kills your employees' confidence in you, but ------- them of your failures in advance will strengthen their trust.

(A) you warn (B) you are warning
(C) your warning (D) you warned

해설 to부정사의 의미상의 주어는 'for + 명사'형태로 나타내고, 동명사의 의미상의 주어는 따로 명시할 필요가 있을 때 소유격으로 나타낸다. 그러므로 정답은 (C) your warning. 의미상의 주어이므로 '당신이 그들에게 당신의 실패를 알리는 것'이라고 해석할 수 있다.

해석 당신의 낙담한 말투는 당신에 대한 신용을 잃게 하지만 그들에게 당신의 실패를 미리 알리는 것은 그들의 신뢰를 강화해줄 것이다.

어휘 **confidence** 자신감, 확신, 신용 **in advance** 미리 **strengthen** 강하게 하다, 강화하다

★ Check Point 동명사의 의미상의 주어 – 동명사의 동작을 행하는 주체를 뜻함.

1. 따로 명시되어 있지 않으면 해석해서 문맥상의 주어를 따라간다.
2. 따로 명시할 경우 동명사 앞에 소유격으로 나타낸다.

Do you mind **my smoking**? 제가 담배 피워도 될까요?

➲ my를 따로 표시하지 않으며, smoking의 주체가 you가 되는 어색한 문장이 된다.

주의사항 |
격식을 차리지 않는 자리(informal)인 경우에는 소유격 대신 목적격을 주로 쓰며 특히 동사나 전치사 다음에 올 때는 더욱 그렇다.

출제유형 4 동명사만을 취하는 관용표현이 있다.

명사의 자리가 아니거나 전치사가 생략되어서 명사의 자리가 아닌 것처럼 보이는 자리에 동명사가 답이 되는 경우가 있다. 관용표현을 잘 외워두자.

Ms. Homes is enjoying spending her free time ------- the city, and taking relaxing walks in the city's many parks.

(A) explores (B) explored
(C) exploring (D) explorer

해설 'spend + 시간+ (in) –ing'는 '~하는 데 …시간이 걸리다'라는 의미로 목적어 이하에 전치사 in을 동반하여 동명사를 목적어로 취할 수 있는 표현이다. 전치사 in은 생략이 가능하므로 시간 뒤에 동명사가 바로 올 수 있다는 점에 주의해야 한다. 그러므로 전치사 in이 보이지 않더라도 동명사를 선택할 수 있어야 한다. 정답은 동명사인 (C) exploring이 된다.

해석 홈즈 씨는 도시를 돌아다니면서 여가 시간을 보내고 공원에서 산책하는 것을 즐긴다.

어휘 **enjoy** 즐기다 **spend** 시간 + (**in**) –**ing** ~하는 데 …시간이 걸리다 **find** 알아내다, 찾다 **take relax** 휴식을 취하다 **explore** 탐험하다, 답사하다

★ 암기 미션 동명사의 관용적 표현

go -ing ~하러 가다
It is no use[good] -ing ~해도 소용없다
can't help -ing ~하지 않을 수 없다
(= cannot help but do sth)
feel like[inclined] -ing ~하고 싶다
have fun -ing 재밌게 ~하다
keep (on) -ing 계속 ~하다
be on the point[verge] of -ing 막~하려고 하다
never ~ without -ing ~하면 반드시 …한다
have a good time (in) -ing ~하는 데 좋은 시간을 갖다
have a difficult time (in) -ing / have a hard time (in) -ing /

far from -ing 결코~하지 는다
up(on) -ing ~하자마자
There is no -ing 도저히 ~할 수 없다
be worth -ing ~할 가치가 있다
be busy (in) -ing ~하느라 바쁘다
instead of -ing ~하는 대신
make a point of -ing 반드시 ~을 하다
come near -ing 거의 ~할 뻔하다

have difficulty (in) -ing / have trouble (in) V-ing ~하는 데 어려운 시간, 어려움, 문제 등을 갖다
spend time/money (in, on) -ing 시간이나 돈을 ~에 소비하다

We **are busy preparing** for the report. 우리는 보고서를 준비하느라 바쁘다.

Upon/On seeing me, he ran away. 그는 나를 보자마자 도망쳤다.

It is no use correcting the mistakes. 그 실수를 고쳐도 소용이 없다

I **had a good time being** with you. 당신과 함께 즐거운 시간을 보냈습니다.

I **spent the holiday (in) visiting** my sister in Seoul. 서울에 사는 언니를 방문하며 휴가를 보냈다.

The result **was well worth trying.** 그 결과는 시도할 만한 충분한 가치가 있었다.

Television advertisements **are** arguably **worth** the high cost simply because we watch a lot of television.
단지 우리가 텔레비전을 많이 본다는 이유 하나만으로도 텔레비전 광고는 거의 틀림없이 높은 비용에 대한 가치가 있을 것이다.

DAY 13

출제유형 5 동명사는 부사의 수식을 받고, 앞에 관사가 나올 수 없다.

동명사가 문장 내에서 명사의 역할을 하지만, 명사와 달리 부사의 수식을 받고, 목적어를 취할 수 있으며, 앞에 관사가 올 수 없다.

------- managing your debt is one of the first and most important steps toward good financial health.

(A) Effective
(B) Effectively
(C) More effective
(D) Most effective

해설 주어로 쓰인 동명사구 (managing your debt) 를 수식하는 품사는 부사이어야 한다. 따라서 정답은 (B) Effectively이다. .

해석 부채를 효과적으로 관리하는 것이 재정 건전성을 위하여 가장 먼저해야 하고, 가장 중요한 단계들 중 하나이다.

어휘 **manage** 관리하다, 경영하다 **debt** 빚, 채무 **financial health** 재정 건전성 **effective** 유효한, 효력이 있는, 효과적인

★ Check Point 동명사는 부사의 수식을 받는다.

문장 내에서 명사 역할을 하지만, 동사 출신이므로 부사의 수식을 받고 목적어를 취할 수 있고, 관사를 붙일 수 없다.

부사 동명사 목적어
Our consultants suggested constantly **changing** the technology we implement.
동명사구
우리의 자문가들은 우리가 실행하고 있는 기술을 지속적으로 변화시킬 것을 제안했다.

형용사 명사
We are expecting **constant change** in the technology we deal with.
명사구
우리는 우리가 다루고 있는 기술상에 지속적인 변화를 기대하고 있다.

Part 5 EXERCISE

1. Airlines often change flight numbers without ------- passengers in advance.

   (A) notified (B) notifies
   (C) notification (D) notifying

2. The Executive Director will closely monitor travel requests for the ------- of the year.

   (A) remain (B) remained
   (C) remaining (D) remainder

3. As the survey results demonstrate, almost 60 percent of respondents consider ------- their existing IT contracts.

   (A) renegotiate (B) renegotiated
   (C) to renegotiate (D) renegotiating

4. Brenda Loube allows her staff to spend 30 minutes ------- every work day.

   (A) exercise (B) exercised
   (C) exerciser (D) exercising

5. The President states that all promotional material be subject to ------- by Conference Committee.

   (A) approved (B) approvingly
   (C) approving (D) approval

6. Cover letters are critical to helping you stand out by drawing attention to the ------- on your resume.

   (A) accomplishes
   (B) accomplished
   (C) accomplishing
   (D) accomplishments

7. Doctors at Miracle Skin Clinic suggest ------- sun exposure for a week prior and 3 weeks post treatment.

   (A) avoid (B) avoided
   (C) avoiding (D) would avoid

8. Some of the world's greatest investors have made their fortune by ------- in real estate.

   (A) invest (B) invests
   (C) investing (D) invested

9. Brooklyn Society for Ethical Culture is accepting ------- of children's clothes through Dec. 20.

   (A) donates (B) donated
   (C) donations (D) donating

10. We at Pearson International Airport look forward to ------- you and hope that you have a pleasant flight.

    (A) serve (B) served
    (C) service (D) serving

Part 6 EXERCISE

Questions 11-14 refer to the following information.

Bollington Health & Leisure

You might not know, but Bollington Health & Leisure is a self-funding registered charity. It means that all the money we make is ------- (11.) in our friendly, helpful staff and superb facilities so that you, our members and customers, are the ones who benefit from our success by ------- (12.) the very best leisure facilities right on your doorstep.

------- (13.) a charity gives us a special relationship with our local community, as we're here for you and because of you. Our goal is to provide all you need to improve your health and fitness no matter who you are or what you want to achieve.

If you want to know more about us, we always like to meet new people so why not visit us and say hello and have a look around. We want to know what you think about us, too. That way, we can keep improving and providing the services and facilities that you want, so feel free ------- (14.) us an email.

11. (A) repaid
(B) reinvested
(C) reentered
(D) repented

12. (A) have
(B) to have
(C) having
(D) had

13. (A) Being
(B) Be
(C) To being
(D) what is

14. (A) drop
(B) dropping
(C) to drop
(D) drops

Questions 15-19 refer to the following article and letter.

New look for Cashel Mall area

Christchurch: Following the announcement that our city's casino will be relocated to the currently unoccupied Regent Theatre on Tobias Street, the mayor's office has been actively seeking proposals for a new use of the casino's space at Cashel Mall. Due to its prime location, the council has received numerous proposals from local and national developers. After months of review, the field has been narrowed to just two competitors.

On the one hand, we have Arrow Construction, which plans to build an office building on the site. This could possibly stimulate the development of new businesses in the area and provide many new jobs. One potential drawback is the size of the construction, which is estimated to take three years to complete. In addition, traffic congestion is already a major issue in this area, and Arrow hasn't yet addressed how they plan to deal with the additional traffic flow. The fledgling firm is currently completing similar building projects in Auckland and Wellington Fulton Hogan, the country's largest developer of commercial buildings, is the other competitor for the tender.

They have submitted a bold plan to create a new shopping centre and entertainment venue. This project would include department stores, restaurants and movie theaters. The centralizing of a shopping and entertainment district is an attractive option for many residents, due to the inconvenience of the current spread out nature of the city. Fulton Hogan is best known for its renovation of the Watson Bay area in Wellington.

In a recent survey, Christchurch residents were asked which plan they prefer. Out of the 1,000 people surveyed, 60% said they would choose the shopping centre over the office building, but the general consensus was that both plans would be good for the city. However, one group of residents strongly opposes any commercial development and is petitioning the city to reserve the space for a community park.

- by Daniel Lewis

This is in response to Daniel Lewis's article (Jan.10).
This article was misleading and I feel that I must publicly correct it.
Arrow Construction's office plan is estimated to take two years to complete, not the three mentioned in his article. Not only that, but while construction is going on, the first floors of the building will be available for use within one year.

As the article said, parking in the city is a big problem. But the article failed to mention that Arrow has several contingency plans already outlined to deal with the problem, and has submitted these to the Council for approval.

Sincerely,

Steven Dixon
President, Arrow Construction

15. What is the main purpose of this article?

(A) To announce a sporting event
(B) To describe the new stores at Cashel Mall
(C) To encourage residents to write letters about the article
(D) To provide some information on a possible new building project

16. What is NOT mentioned as a new use of Cashel Mall area?

(A) A public park
(B) A casino
(C) A shopping center
(D) An office building

17. What is implied about Christchurch?

(A) Christchurch is in need of renovation.
(B) The city has used Arrow Construction before.
(C) It is known for its shopping district.
(D) They have a problem with traffic flow.

18. What is Mr. Dixon's main complaint about the article?

(A) It announced an inaccurate timetable.
(B) It misquoted him.
(C) It didn't provide the result of the poll.
(D) It didn't discuss the benefits of his company's plan.

19. What is suggested about Mr. Dixon?

(A) He has an office in Christchurch.
(B) He recently built a shopping center.
(C) He is involved with a project in Auckland.
(D) He previously worked for Daniel Lewis.

DAY 14

Part 3&4	• 키워드 문제
Part 5&6	• 분사
Part 7	• 삼중 지문 (이메일+공지+주문서)

Part 3&4 키워드 문제

진단테스트

음성을 듣고 질문에 가장 알맞은 답변을 고르시오.
(한 지문당 한 문제씩 등장합니다.)

14-1.MP3

1. What does the woman say she's doing right now?

(A) Writing a report
(B) Making a phone call
(C) Leaving for lunch
(D) Revising some plans

2. When will the store close?

(A) In 15 minutes
(B) In 30 minutes
(C) In 1 hour
(D) In 2 hours

3. Who is Maria Simbalby?

(A) A designer
(B) A tour guide
(C) An art collector
(D) An architect

Question 1 refers to the following conversation.

M: Sarah, Mr. Parker from Protech Engineering called you to hear about the status on the remodeling project. He wanted to know when the **floor plans** going to be finished.

W: I'm still working on **them right now**. They still need small revisions. I'll probably hand in the completed plans to Mr. Parker on Friday morning. Do you want me to email him the status report?

M: No, that's okay. I need to talk to him about the project anyway. I'll call him this afternoon.

남: 사라, 프로텍 엔지니어링의 파커 씨가 리모델링 프로젝트의 상황에 관해 듣고 싶어 전화하셨었어요. 그는 언제쯤 층별 계획이 끝나는지 알고 싶어하세요.

여: 저는 아직 그 작업을 하고 있는 중이에요. 아직 좀 개정이 필요해서요. 금요일 아침에는 파커씨에게 완성된 계획을 보내드릴 수 있을 거 같아요. 상황 보고서를 이메일로 보내드릴까요?

남: 아니요, 괜찮습니다. 어쨌든 제가 파커씨와 프로젝트에 관해 이야기를 해야 하니까 제가 오후에 그분께 전화 드릴게요.

1. (D)

What does the woman say she's doing **right now**?

(A) Writing a report
(B) Making a phone call
(C) Leaving for lunch
(D) Revising some plans

여자가 지금 무엇을 하고 있다고 말합니까?

(A) 레포트를 쓰기
(B) 전화를 하기
(C) 점심을 먹으러 가기
(D) 계획을 수정하기

해설 질문속에서 대표적 키워드인 right now가 보이므로 대화속에서 이 키워드가 들리는 부분을 주의해서 들어준다. 여자가 아직도 그것을 하고 있다고 말했는데 여기서 말하는 them은 바로 앞에 나오는 floor plan이므로 정답은 (D)번이 된다.

어휘 revise 수정하다

Question 2 refers to the following announcement.

Attention shoppers, thank you for shopping with us today. We inform you that **our store is closing in about 30 minutes.** At this time, we are selling our displayed best selling novels at half the price, so please take a look at the book section before you leave. The book section is in front of the cash registers on the first floor. Also, we will have Amy Chen at our store tomorrow to sign her new book, Teeries, her new autobiography, so come visit us again and get Amy Chen's signed autobiography. Thank you again and we hope you have a safe trip back home.

쇼핑객 여러분 주목해 주세요. 저희 가게에서 오늘 쇼핑해 주신 것을 감사드립니다. 저희는 저희 가게가 30분후에 영업을 끝냄을 알려드립니다. 지금 우리는 전시된 베스트셀러 소설들을 반값에 판매합니다. 그러므로 떠나시기 전에 책이 있는 섹션을 둘러봐 주십시오. 책판매대는 1층에 있는 계산대 앞쪽에 있습니다. 또한 우리는 내일 Amy Chen을 초대해 그녀의 새책, 그녀의 자서전인 Teeries의 사인회를 개최할 예정입니다. 그러므로 다시 저희 가게를 방문하시어 Amy Chen의 사인된 자서전을 받으시길 바랍니다. 다시 한번 감사드리며 집으로 안전히 돌아가시길 바라겠습니다.

2. (B)

When will the store close?

(A) In 15 minutes
(B) In 30 minutes
(C) In 1 hour
(D) In 2 hours

언제 가게가 문을 닫는가?

(A) 15분 후
(B) 30분 후
(C) 1시간 후
(D) 2시간 후

해설 언제 가게 문을 다는 지를 묻는 질문이다. 시간의 의문사가 나오는 경우 보기속의 시간이 정답의 힌트가 된다는 것을 기억하고 보기속 시간이 나올 때 귀를 기울인다. 이경우 문제속의 동사가 두번째 키워드가 된다. 대화의 첫부분에서 30분 후라는 시간과 close 라는 키워드가 동시에 들리고 있다. 또한 보기속의 다른 시간들은 언급되지 않으므로 쉽게 정답을 찾을 수 있다.

어휘 **autobiography** 자서전, 자선문학

Question 3 refers to the following talk.

Good morning. **I am Maria Simbalby, your tour guide today**, and welcome to the Peter Mitchell's house. This house you are now in was Peter Mitchell's residence from 1860 to 1901, the year of his death. As you might already know, Peter Mitchell was one of the richest men on earth gaining his fortune from his shipping industry, Mitchell Shipping. Even after his death, his remaining family continued to live in this house for almost two more decades before the house was open to the public. Fredric Brahma, a well known architect, designed this house for Peter Mitchell, and it is not only known for its structure, but also for its furniture and art works inside the house. These were Mr. Mitchell's own collections made while he was alive. We will now take a look around the house, and I hope you enjoy Mr. Mitchell's collections too as you go along.

안녕하세요. 저는 Maria Simbalby, 오늘 여러분의 투어 가이드입니다. Peter Mitchell의 집에 오신 것을 환영합니다. 지금 여러분이 계신 이 집은 Peter Mitchell이 1860년에서 1901년 그가 사망할 때까지 거주했던 곳입니다. 여러분이 이미 알고 계신 것과 같이 Peter Mitchell은 그의 선적 사업인 Mitchell shipping으로부터 재산을 모은 지구상에서 가장 부유한 사람 중의 한 명입니다. 그의 사망 후에도 그의 남은 가족들은 이 집이 대중에게 공개되기 전까지 거의 20년 이상을 이 집에서 살아왔습니다. 잘 알려진 건축가인 Frederic Brahma 씨가 이집을 Peter Mitchell 씨를 위해서 디자인했고 이것은 이곳의 구조뿐만 아니라 집안에 있는 예술품과 그 가구들까지도 유명해지게 되었습니다. 이것들은 Mitchell 씨가 살아있는 동안 모은 그의 소장품들입니다. 우리는 지금부터 집 주변을 둘러볼 것입니다. 저는 여러분이 구경하시는 동안 Mitchell 씨의 소장품 또한 즐기시길 바랍니다.

3. (B)

Who is Maria Simbalby?

(A) A designer
(B) A tour guide
(C) An art collector
(D) An architect

Maria Simbalby는 누구인가?

(A) 디자이너
(B) 투어 가이드
(C) 예술품 수집가
(D) 건축가

해설 Maria Simbalby라는 특정인의 이름이 언급되었으므로 이사람의 이름이 처음 나오는 바로 앞뒤에서 정답을 찾아준다. Maria Simbalby라는 사람의 이름 바로 뒤에서 tour guide 라고 직업을 밝혀 주고 있으므로 정답이 B)번이라는 것을 알 수 있다.

Part 3&4 키워드 문제 해결하기

Part 3에서의 키워드 문제

포인트 1 키워드 문제의 secret point!

Part 3의 키워드 문제의 절반 이상은 두번째 문제에서 등장한다. 동의어가 거의 없는 '고유명사 / 시간 / 장소 / 숫자'와 같은 단어가 문제 속에 나오면 그 단어를 중심으로 앞뒤에서 정답이 나온다는 것을 기억한다. 이때, 키워드 앞쪽에서 정답이 나오는 유형이 가장 난이도가 있는 유형이므로 주의한다.

포인트 2 Part 3 키워드 문제 풀이법

▶ 1단계 → 질문속에 키워드가 있다면 찾아 동그라미 친다.

모든 문제가 키워드가 있는 것은 아니다. 주제를 묻거나 미래에 일어날 일을 묻는 문제의 경우 질문 속에는 키워드가 없다.

▶ 2단계 → 보기를 꼼꼼히 보고 보기의 중요내용에 밑줄을 쳐둔다.

▶ 3단계 → 질문의 키워드가 나오지 않더라도 보기속에서 본 단어가 들리면 표시하며 듣는다.

▶ 4단계 → 질문 키워드 앞 뒤에서 들린 보기속 중요단어가 포함된 보기가 정답이며 정답은 대부분 paraphrasing 된다.

포인트 3 Part 3의 키워드를 묻는 질문의 유형

질문 자체는 전형적이지 않으나 질문속에 '고유명사 / 시간 / 장소 / 숫자' 등이 대부분 포함되어 있다.

What will happen tomorrow?
Who is Jose Santiago?
Where will the woman go next week?
What did the man do yesterday?
Why does the woman go to the school?

참고 | Why로 묻는 질문의 경우, why의 문장 전체가 대부분은 키워드로 쓰여 그대로 반복되는 경우가 흔하다는 것을 기억한다.

포인트 4 Part 3 키워드로 푸는 문제의 정답위치와 정답 힌트

▶ 문제의 특성 파악하기

■ **문제의 위치는 어디인가?**

절반 이상의 키워드 문제가 두번째 문제로 등장하지만, 제안이나 미래의 질문에서 키워드가 함께 등장하거나 과거의 상황을 묻는 형태로 초반에서 등장하기도 한다.

■ **정답의 위치는 어디인가?**

정답의 위치는 정해져 있지 않지만, 대부분의 경우 Part 3&4는 대화와 문제의 순서가 동일하므로 순서대로 풀어가면 된다. 하지만, 최근 들어 순서가 바뀌는 문제들도 많으므로 키워드를 기억해 두었다가 키워드가 들리기 전후에서 빠르게 반응해서 문제를 푸는 것이 무엇보다 중요하다.

▶ 정답을 알려주는 결정적인 힌트

- 문제 속 키워드가 들리는 앞뒤에서 정답이 나온다.
- 문제 속 키워드가 들리지 않았더라도 보기에서 읽은 표현이 등장하는 경우 꼭 기억해둔다.

| 예제 |

W: Good morning, Weeden's medical supplies, this is Tamara speaking. How may I help you?

M: Hi, I'm Larry Matthews from the Pleasance Health Center. I called to check upon the status of our order. We ordered some medical supplies from your company last week, and they were supposed to arrive yesterday, but we don't have them yet.

W: Oh, I'm sorry about the inconvenience, sir. Can I get your order number?

M: It's R1230981.

W: Hmm... we've been having problems with our system lately, and I think that's why the delivery is delayed. You'll **have your order by no later than 2 o'clock this afternoon**.

M: Good. Thanks for your help.

여: 안녕하세요, Weeden의 의료품회사의 Tamara 입니다. 무엇을 도와드릴까요?

남: 안녕하세요, 저는 Pleasance Health Center의 Matthews입니다. 저는 우리 주문의 상태를 확인하기 위해서 전화 드렸어요. 우리는 당신 회사에 지난주 몇몇 의료품을 주문했는데요, 어제 왔어야 하는 물건들이 아직도 도착하지 않았네요.

여: 이런, 불편을 드려서 죄송합니다. 주문번호가 어떻게 되세요?

남: R1230981입니다.

여: 흠, 우리는 요즘 우리 시스템에 많은 문제들이 있어서 그것 때문에 늦어진 게 아닌가 합니다. 오늘 2시까지는 주문을 받으시게 될 겁니다.

남: 다행이군요, 도와주셔서 감사합니다.

What should take place **this afternoon**?

(A) The delivery of some goods
(B) The order of supplies
(C) The appointment of his doctor
(D) The installation of a computer

오늘 오후에는 어떤 일이 일어날 것인가?

(A) 상품배달
(B) 물건 주문
(C) 병원 예약
(D) 컴퓨터 설치

해설 문제속에 나온 시간을 키워드로 삼을 수 있다. 오후 2시라는 시간의 키워드가 있는 문장에서 주문이 도착한다고 했으므로 배달이 된다는 것이 정답이 될 것이다.

★ Memorize it! Part 3와 4의 키워드의 비밀 연구

1. 키워드란 무엇인가?

키워드란, 힌트가 되는 문제를 풀기 위해 문제와 보기에서 미리 알려주는 열쇠. 즉, 대화와 문제속에 공통으로 등장하는 단어들을 말한다.

2. 키워드에는 어떤 것들이 있는가?

키워드는 앞서 말했듯, 가능한 한 바뀌지 않아야 한다. 즉, 동의어가 적을수록 좋은 키워드이다.

고유명사와 사물의 이름

대문자로 쓰이는 고유명사들은 절대로 바뀔 수 없는 명사들이므로 대화 속에서도 그대로 밖에는 나올 수가 없다. 따라서 고유명사가 문제속에 나온다면 그 단어가 분명히 들리게 될 것이므로 고유명사가 들리는 문장의 앞뒤에서 귀를 쫑긋 세운다. 사물의 이름도 마찬가지다. 에어컨이나 책상, 컴퓨터 등 사물의 이름은 다른 이름으로 바뀔 수 없다. 물론 간혹 사물의 이름을 대표하는 전체 표현, 예를 들어 책상이라면 가구로 바뀔 수는 있지만 크게 전환되는 경우는 없다.

시간

시간을 언급하는 것은 바뀔 수 있는 단어가 극히 제한적이다. 예를 들어 오후 2시라면 오늘 오후 정도로 바뀌거나 금요일이라면 이번주 늦게 정도로 바뀔 수는 있으나 전혀 다른 유추할 수 없는 단어로 바뀌지는 않는다.

장소

학교나 병원 등의 장소를 말하는 단어들은 바뀔 수 있는 다른 단어들이 없으므로 항상 그대로 나온다.

숫자

숫자표현들은 바뀌기 힘들다. 예를 들어 25라면 quarter 정도로 바뀔 수는 있지만 다른 표현은 불가능하므로 숫자들은 거의 문제에 있는 그대로 들리게 된다.

동사 혹은 목적어의 동의어

주어는 모든 문제들에서 공통으로 등장하는 경우가 많기 때문에 키워드로 쓰이기는 사실 힘들다. 하지만, 동사나 목적어의 동의어들은 대화속에서 동의어를 많이 익혀두는 것이 매우 중요하다.

If

LC의 감초 If. If의 뒤에서는 항상 구체적인 조건과 정답이 나온다. 따라서 if가 문제속에 나온다면 대화속에서도 if 절 뒤에서 답이 나온다. 단, 주의할 것은 if가 2개 이상 나올 수 있으므로 뒷 절의 의미가 문제속 절과 동일한 지를 확인해야 한다는 점이다.

Part 4에서의 키워드 문제

포인트 1 Part 4 키워드 문제의 secret point!

Part 4의 키워드 문제 역시 절반 이상은 두번째 문제에서 등장한다. 동의어가 거의 없는 '고유명사/시간/장소/숫자'와 같은 단어가 문제 속에 나오면 그 단어를 중심으로 앞뒤에서 정답이 나온다는 것을 기억한다. 이때, 키워드 앞쪽에서 정답이 나오는 유형이 가장 난이도가 있는 유형이므로 주의한다.

포인트 2 Part 4 키워드 문제 풀이법

▶ 1단계 → 질문속에 키워드가 있다면 찾아 동그라미 친다.

- 모든 문제가 키워드가 있는 것은 아니다. 주제를 묻거나 미래에 일어날 일을 묻는 문제의 경우 질문 속에는 키워드가 없다.

▶ 2단계 → 보기를 꼼꼼히 보고 보기의 중요내용에 밑줄을 쳐둔다.

▶ 3단계 → 질문의 키워드가 나오지 않더라도 보기속에서 본 단어가 들리면 표시하며 듣는다.

▶ 4단계 → 질문 키워드 앞 뒤에서 들린 보기속 중요단어가 포함된 보기가 정답이며 정답은 대부분 paraphrasing 된다.

DAY 14

포인트 3 Part 4의 키워드를 묻는 질문의 유형

질문 자체는 전형적이지 않으나 질문속에 '고유명사/시간/장소/숫자' 등이 대부분 포함되어 있거나 why로 묻는 질문의 경우 why 뒤의 문장 전체가 키워드로 쓰이는 경우가 대부분이다.

What will the speaker do next week?
Why will the speaker visit the library?
Why should a listener report to the information desk?

- a listener라고 묻는 경우 듣는 사람 중에 조건에 일치하는 사람을 이야기하는 표현으로 꼭 한 명을 이야기하는 것이 아님이 포인트이다. 또한, report to 뒤에 장소가 나오면 "가다"의 의미로 쓰인다는 것을 기억한다. 따라서, 위의 질문은 '왜 어떤 사람은 인포메이션 데스크에 가야합니까?'라고 해석해야 한다.)

포인트 4 Part 4 키워드로 푸는 문제의 정답위치와 정답 힌트

▶ 문제의 특성 파악하기

- **문제의 위치는 어디인가?**

  절반 이상의 키워드 문제가 두번째 문제로 등장하지만, 제안이나 미래의 질문에서 키워드가 함께 등장하거나 과거의 상황을 묻는 형태로 초반에서 등장하기도 한다.

- **정답의 위치는 어디인가?**

  정답의 위치는 정해져 있지 않지만, 대부분의 경우 Part 3&4는 대화와 문제의 순서가 동일하므로 순서대로 풀어가면 된다. 하지만, 최근 들어 순서가 바뀌는 문제들도 많으므로 키워드를 기억해 두었다가 키워드가 들리기 전후에서 빠르게 반응해서 문제를 푸는 것이 무엇보다 중요하다.

▶ 정답을 알려주는 결정적인 힌트

- 문제 속 키워드가 들리는 앞뒤에서 정답이 나온다.
- 문제 속 키워드가 들리지 않았더라도 보기에서 읽은 표현이 등장하는 경우 꼭 기억해둔다.

| 예제 |

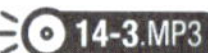

Hi, this is Julia Chang from Chang Financial Services in Seoul, Korea. I'm leaving a message for Jessy wang. I am calling about your response made recently to our job advertisement finding a person for an accounting executive officer. Thank you for sending in your resume and we are very impressed with your work background in both Beijing and Bangkok. According to the letter you've sent us, you said **you are visiting Seoul for business, next week.** If the time allows, I would like to meet with you in person to discuss any possibilities available. If you get this message please give us a call back at 011-82-2-444-4570. We look forward to hearing from you soon. Thank you.

안녕하세요. 저는 대한민국 서울에 있는 Chang Financial Services의 Julia Chang입니다. 이 메시지는 Jessy wang 씨께 남기는 메시지입니다. 저는 회계 중역 자리에 알맞은 사람을 찾는 구인 광고에 대해 말씀하신 것에 관해 전화드렸습니다. 이력서를 보내주신 것에 감사드립니다. 그리고 저희는 베이징과 방콕 두 군데 모두에서의 당신의 경력에 매우 감명 받았습니다. 당신이 저희에게 보낸 편지에 따르면 사업 차 다음 주에 서울에 오신다고 들었습니다. 만약 시간이 괜찮으시다면 개인적으로 만나서 다양한 가능성에 관해 이야기를 나누고 싶습니다. 만약에 메시지를 받으신다면 011-82-2-444-4570로 전화 주십시오. 빠른 연락 기다리겠습니다. 감사합니다.

Where will Ms. Wang be next week?

(A) Bangkok
(B) Beijing
(C) Seoul
(D) Tokyo

왕 씨는 다음 주에 어디에 갈 것인가?

(A) 방콕
(B) 베이징
(C) 서울
(D) 동경

해설 문제 속에 다음 주라는 시간표현이 나온다. 시간의 표현은 언제나 가장 중요한 키워드가 되므로 대화 속에서 다음 주라는 시간표현을 듣고 정답을 찾아준다. 다음 주라는 시간표현과 더불어 사업을 위해 서울에 방문한다고 했으므로 정답은 보기 속에 있는 장소 중 하나인 서울을 골라준다. 이런 문제의 경우 문제 속에 나오는 다음 주라고 하는 시간도 중요한 키워드이지만 보기 속에 있는 고유명사들도 중요한 키워드가 되므로 두 개의 키워드가 한꺼번에 들렸을 때 정답을 골라주는 것이 중요하다.

바쁠 땐 이것만이라도 꼭! | 급하다. 시험에서 Where 90% 맞히기

1. 질문속의 '고유명사 / 시간 / 장소 / 숫자' 등에 동그라미를 친다.
2. 보기속의 동사와 명사에 밑줄을 친다.
3. 보기의 밑줄과 질문의 동그라미가 바로 근처에서 함께 들리면 답이 된다.
4. Why의 경우 질문 뒤의 문장이 그대로 반복된 앞뒤에서 정답이 나온다.
5. 언제나 앞에서 정답이 나오는 경우를 주의한다.

Part 3 EXERCISE

음성을 듣고 질문에 가장 알맞은 답변을 고르시오.

14-4.MP3

1. What are the speakers most likely discussing?

(A) A business loan
(B) Hiring decisions
(C) A building project
(D) A customer's orders

2. What change does the woman mention?

(A) The production factory will be relocated.
(B) Few types of shoes will be available.
(C) Orders will be ready sooner than before.
(D) The products will be custom-made.

3. According to the woman, what will happen in six months?

(A) A constriction work will be finished.
(B) A budget will be reduced.
(C) An office will be moved.
(D) Some more employees will be hired.

DAY 14

Part 4 EXERCISE

음성을 듣고 질문에 가장 알맞은 답변을 고르시오. 14-5.MP3

4. What is this advertisement for?

(A) A biscuit
(B) A healthy supplement
(C) A new beverage
(D) An Instant meal

5. What is convenient about the product?

(A) It is easy to carry.
(B) It can be prepared easily.
(C) It is sold in vending machines.
(D) It is easy to eat.

6. Why do the listeners visit the website?

(A) To order some products
(B) To file a complaint
(C) To get a direction
(D) To get more information

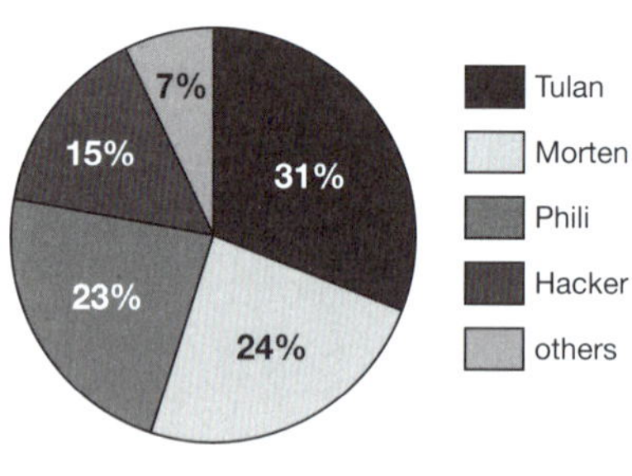

7. What kind of business does the speaker work for?

(A) A telecom company
(B) A computer manufacturer
(C) A automobile manufacturer
(D) A construction firm

8. Why did the company win an award?

(A) For its customer service
(B) For its innovative design
(C) For its scholarship
(D) For its employee satisfaction

9. Look at the graphic. Which company does the speaker work for?

(A) Tulan
(B) Phili
(C) Hacker
(D) Morten

Part 5&6 분사

진단테스트

1. The airports are designed to meet ------- traffic in cargo and passengers.

(A) grow (B) growing
(C) grown (D) to grow

2. Employees ------- reimbursement are required to fill out expense reports and attach receipts.

(A) seek (B) seeks
(C) will seek (D) seeking

3. Green University has been recognized as having some of the most -------, yet affordable residence life options in the city.

(A) invite (B) invitation
(C) inviting (D) invited

4. At the conference, senior executives discussed new ways to keep employees ------- to increase the productivity.

(A) inspired (B) be inspired
(C) inspiring (D) have inspiration

5. SWBC is ------- to announce the promotion of three employees in its Human Resources department.

(A) pleased (B) pleasant
(C) pleasure (D) pleasing

6. Our mission is to find the most ------- companies in the country, invest in them and help them to grow on their own.

(A) promising (B) promised
(C) promises (D) promise

★ 정답 및 해설은 〈Part 5&6 유형분석 – 분사〉에서 확인하세요.

이것만은 꼭!

1. 분사의 종류

자동사에서 나온 분사와 타동사에서 나온 분사는 뜻이 다르다.

	타동사		자동사		
현재분사	능동	a man **reading** a book 책을 읽고 있는 남자	능동 진행	**falling** leaves 떨어지고 있는 나뭇잎	수동태가 불가능한 자동사는 분사도 수동의 의미가 없다. 항상 능동이다
과거분사	수동	**written** consent 서면으로 된 동의서	능동 완료	**fallen** leaves 떨어진 나뭇잎 **(이미 완료)**	

2. 자동사의 분사

(1) 자동사의 현재분사 – 진행 또는 능동(상태동사는 진행의 뜻이 없으므로)의 뜻

existing health benefits 기존의 의료 혜택 **remaining** equipment 남아있는 장비

자동사는 주로 현재분사를 많이 사용한다.

(2) 시험에 나오는 자동사의 과거분사

expired milk 유효기간이 지난 우유 a **retired** CEO 은퇴한 CEO

3. 타동사의 분사는 전치수식과 후치수식에 따라 푸는 방식이 다르다.

(1) 후치수식의 경우 → 목적어의 유무로 결정한다.

① 목적어가 있으면 -ing

the man **leading** a discussion 토론을 이끄는 남자
the man **arranging** the bookshelf 서가를 정리하는 남자
people **discussing** cultural diversity 문화적 다양성에 대해 토론 중인 사람들

② 목적어가 없으면 p.p.

the car **repaired** by the man 남자에 의해 수리되는 자동차
he bookshelf **arranged** by the man 남자에 의해 정리된 서가

(2) 전치 수식의 경우 → 수식어구가 길어지면 후치수식을 하기 때문에, 전치수식은 한단어 수식 이다.

한단어 이므로 타동사라도 목적어 동반을 못하기 때문에 문법적으로 접근할 수 없고, 해석해서 풀어야 한다.

수식어	피수식어	뜻	분사
동사	주어	~가 하다	-ing
동사	목적어	~를 하다	p.p.

① 수식어와 피수식어가 주어 동사 관계이면 -ing

approaching storm 다가오는 폭풍 → 폭풍**이** 다가오다

misleading information 잘못된 정보 → 정보**가** 잘못 이끌다

rewarding jobs 보람을 주는 일 → 일**이** 보람을 느끼게 하다

neighboring (= surrounding cities) 주변**의** 도시들 → 도시가 둘러싸다

inviting atmosphere 매혹적인 분위기 → 분위기**가** 초대하다 (사람들을 끌어들이기에 충분하다)

② 수식어와 피수식어가 동사 목적어 관계이면 p.p.를 쓴다

the most frequently **visited** park 가장 많이 방문되는 장소 → 장소**를** 방문하다

confirmed reservations 확인된 예약 → 예약**을** 확인하다

customized solutions 맞춤 제작된 솔루션 → 솔루션**을** 맞춤 제작하다

DAY 14

4. 감정유발 타동사

(1) 감정유발 타동사의 분사 문제를 일반 타동사와 다르게 풀어야 하는 이유.

일반 타동사와 달리 목적어를 동반하지 않고 -ing를 붙인다. 따라서 목적어의 유무로 문제를 풀 수 없고 해석해서 풀어야 한다.

(2) 사람의 감정을 유발시키는 타동사이므로 목적어가 항상 사람이 되어야 한다.

something + 감정유발 타동사 + somebody

The class **bores** the student. 수업은 학생을 지루하게 만든다.

즉, '수업이 학생을 지루하게 만들고, 학생은 수업에 의해 지루하게 된다.'

따라서 The student is **bored**.(사람 = p.p.) 학생은 지루하게 되는 것이고

The class is **boring**.(사물 = -ing) 수업은 지루하게 만드는 것이다.

(3) 보어일 때나 수식할 때나 사람은 p.p. 사물은 -ing

the **bored** student 지루한 학생

the **boring** class 지루한 수업

Part 5&6 유형분석 분사

출제유형 1 자동사는 전치 후치에 관계없이 푸는 방식이 똑같다.

자동사는 전치 수식이나 후치 수식에 관계 없이 '능동진행이나 상태'이면 ing, '능동완료'이면 p.p.를 쓴다. (이것만은 꼭 참조) 자동사는 대부분 현재분사로 많이 쓰인다는 것도 기억하자.

The airports are designed to meet a ------- traffic in cargo and passengers.

(A) grow (B) growing
(C) grown (D) to grow

해설 부정관사 a와 명사인 traffic 사이에 들어갈 수 있는 품사는 형용사이다. 보기에서 형용사 역할을 할 수 있는 것은 현재분사인 (B) growing과 과거분사인 (C) grown이다. 자동사은 현재분사(growing)일 경우 '진행의 뜻(점점 커가고 있는)' 과거분사일 경우 완료(이미 커진)의 뜻이다. 의미상 '점점 늘어나고 있는 수송량'이라고 해야 어울리므로 정답은 (B) growing이다. 자동사는 현재분사형으로 거의 쓰인다는 것도 기억하자. .

해석 공항은 화물과 승객의 점점 늘어나고 있는 수송량을 충족시키기 위해 디자인 되었다.

어휘 **design** (= **plan**, **create**) 고안하다, 계획하다 **meet** (= **satisfy**) 충족시키다, 만족시키다 **growing** 자라나는, 증대하는 **traffic** 교통(량), 수송량 **cargo** 화물, 짐 **grow** 증대하다, 성장하다

★ 암기 미션 자동사의 분사형은 현재분사가 많다.

existing equipment 기존 장비
a lasting peace 지속되는 평화
remaining staff 남아 있는 직원들
culminating events 마지막 행사
rising costs 증가하는 비용
increasing needs 증가하는 수요
a presiding officer 사회자

★ 암기 미션 시험에 잘 나오는 자동사의 과거분사

expired milk 유효기간이 지난 우유
a **retired** CEO 은퇴한 CEO

출제유형 2 타동사의 후치 수식은 목적어의 유무가 결정한다.

타동사의 경우 후치 수식할 땐, 뒤에 목적어가 있으면 -ing이고 목적어가 없으면 p.p.이다.

Employees ------- reimbursement are required to fill out expense reports and attach receipts.

(A) seek (B) seeks
(C) will seek **(D) seeking**

해설 동사는 are required이므로 동사인 (A) seek, (B) seeks, (C) will seek는 실격이다. 당연히 정답은 (D) seeking이지만, 빈칸 뒤에 목적어가 있으므로 현재분사형이어야 하고, 뒤에서 앞에 있는 employees를 수식하는 구조이다.

해석 상환을 요구하는 직원들은 경비 보고서를 작성하고 영수증을 첨부하도록 해야 한다.

어휘 **seek** (= **look for**, **search for**) 찾다, 요구하다, 노력하다, 추구하다 **reimbursement** 변상, 환불 **fill out** (= **write**, **draw up**) 기입하다 **attach** (= **add**) 첨부하다, 덧붙이다 **receipt** 영수증

★ Check Point 타동사가 후치수식하는 예들

■ **목적어가 있으면 -ing**

the restaurant **serving** Mexican 멕시코 음식을 제공하는 레스토랑
N -ing N

the company policy **governing** the dress code 복장 규정을 적용하는 회사정책
N -ing N

the train **approaching** the station 역으로 들어오는 열차
N -ing N

■ **목적어가 없으면 p.p.**

the project **approved** by the board of directors 이사회에 의해 승인된 프로젝트

a resolution **adopted** by the committee 위원회에 의해 채택된 결의안

출제유형 3 타동사가 전치수식 할 땐 해석해서 푼다.

해석해서 '주어와 동사' 의 관계가 성립되면 현재분사, '동사와 목적어'의 관계가 성립되면 과거분사를 택한다. (이것만은 꼭 참조)

Green University has been recognized as having some of the most -------, yet affordable residence life options in the city.

(A) invite (B) invitation
(C) inviting (D) invited

해설 보기에 있는 'invite'가 타동사이고, 빈칸이 뒤에 나오는 명사를 전치 수식하는 자리이다. 타동사가 전치 수식을 할 때에는 목적어 동반을 못하기 때문에, 목적어의 유무로 답이 가려지는 것이 아니라, 피수식어와의 관계를 해석해 보아 답을 골라야 한다. 피수식어와 수식어의 관계가 '주어동사' 이면 현재분사 '동사 + 목적어' 관계이면 과거분사이다 '피수식어 resilife life options(거주조건들)이 유혹하다'라고 해야 적절하므로 정답은 (C) inviting이다.

해석 Green University는 시에서 가장 유혹적이지만, 저렴한 입주조건을 몇몇 가지고 있다.

어휘 **recognize** 인식하다 **affordable** 저렴한 **residence** 거주

★ **Check Point** -ing와 p.p. 중 고르기

The most (**visiting** / **visited**) place on earth is currently the Dubai Mall, which has over 75 million visitors on a yearly basis.
지구상에서 가장 많이 방문 되는 곳은 일년에 7천 5백만 이상의 방문객을 가지는 Dubai Mall이다.

- 타동사 visit가 전치수식을 하고 있으므로 뒤에 나오는 피수식어(place)와의 관계를 따져보아 적절한 분사를 선택해야 한다. '장소가 방문하다'와 '장소를 방문하다' 중 '장소를 방문하다'가 더 어울리므로 과거분사 visited가 답이다.

Our specialists at Design House are committed to making your home the most (**inviting** / **invited**) place.
Design House의 전문가들은 당신의 집이 가장 유혹적인 장소가 될 수 있도록 최선을 다합니다.

- 타동사 invite의 전치수식 분사 찾기 문제다. '장소가 (사람들을) 초대하다, 끌어모으다'가 '장소를 초대하다'보다 적절하다. 따라서 현재분사 inviting이 답이다.

출제유형 4 keep / make / find + 목적어 + -ing / p.p.

분사는 형용사의 역할을 하므로 수식뿐 아니라, 보어역할도 한다. 목적격 보어로 형용사를 취하는 5형식동사 keep, make, find는 빈출 동사이다.

At the conference, senior executives discussed new ways to keep employees ------- to increase the productivity.

(A) inspired	(B) be inspired
(C) inspiring	(D) have inspiration

해설 빈 칸 앞쪽에 있는 동사 keep은 목적보어로 형용사를 취할 수 있는 5형식 동사이다. 보기중 형용사 역할을 할 수 있는 것은 (A) inspired와 (C) inspiring이다. 목적어와 목적격 보어의 관계는 '주어와 주격보어의 관계' 와 흡사하므로 해석해 보아 분사의 형태를 결정한다. 의미상 '직원들이 생산성을 증가시키도록 고무되어야' 하므로 과거분사 (A) inspired가 답이다.

해석 회의에서 고위간부들은 생산성을 증가시키기 위해서 직원들이 고무되도록 유지시켜줄 새로운 방법을 논의했다.

어휘 senior executives 고위간부 productivity 생산성 inspire 고무하다, 격려하다

★ **Check Point** keep / make / find + 목적어 + -ing/p.p.

Keep the door **shut**. 문을 닫아두세요.

I **found** him **dozing**. 나는 그가 졸고 있는 것을 발견했다.

출제유형 5 감정유발 타동사의 분사

감정 유발 타동사는 분사 선택 방법이 일반 타동사와 다르다. (이것만은 꼭 참조) 수식할 때나 보어 역할을 할 때나 사람이 p.p. 사물은 -ing.

SWBC is ------- to announce the promotion of three employees in its Human Resources department.

(A) pleased (B) pleasant
(C) pleasure (D) pleasing

해설 감정유발 타동사의 분사형은 보어역할을 할 때는 주어가 사람인지 아닌지 확인해야 하고, 수식하는 역할을 할 때면, 수식받는 명사가 사람인지, 사물인지 확인 해야 한다. 빈칸은 be동사의 보어자리이므로 주어인 SWBC를 기준으로 해야 한다. 의미상 'SWBC가 발표하게 되어서 기쁘다'의 뜻이고, SWBC는 의인화된 회사명 정도로 보면 되겠다. 따라서 사람이 p.p. 즉, (A) pleased가 정답이다. (B) pleasant(유쾌한, 기쁨을 주는)는 pleasing과 유사한 의미이다.

해석 SWBC는 인사부의 세 명의 직원이 승진했음을 알리게 되어 기쁘다.

어휘 **be pleased to V** ~하게 되어 기쁘다 **announce** (= **inform**) 알리다, 공고하다 **promotion** 승진 **pleasant** 즐거운, 유쾌한 **pleasure** 만족, 즐거움

★ 암기 미션 감정유발 타동사의 현재분사와 과거분사

동사	현재분사	과거분사
amaze 깜짝 놀라게 하다	amazing 놀라게 하는	amazed 놀란
astonish 놀라게 하다	astonishing 놀라게 하는	astonished 놀란
confuse 혼동하다	confusing 혼란을 주는	confused 혼란스러운
disappoint 실망시키다	disappointing 실망을 주는	disappointed 실망한
distract 산만하게 하다	distracting 산만하게 하는	distracted 산만한
embarrass 당황하게 하다	embarrassing 당황하게 하는	embarrassed 당황한
excite 흥분시키다	exciting 흥분시키는	excited 흥분된
fascinate 매혹시키다	fascinating 매혹적인	fascinated 매혹된
frighten 놀라게 하다	frightening 놀라게 하는	frightened 놀란
interest 흥미를 일으키다	interesting 흥미로운	interested 흥미를 느끼는
please 기쁘게 하다	pleasing 기쁘게 하는	pleased 기쁜
shock ~에게 충격을 주다	shocking 충격을 주는	shocked 충격을 받은
overwhelm 압도하다	overwhelming 압도하는	overwhelmed 압도당한

출제유형 6 관용적 표현의 분사

전치, 후치, 목적어의 유무, 의미에 관계 없이 항상 정해져 있는 관용적인 분사 표현들은 따로 정리해 두어야, 분사 푸는 방식이 헷갈리지 않는다.

Our mission is to find the most ------- companies in the country, invest in them and help them to grow on their own.

(A) promising (B) promised
(C) promises (D) promise

해설 '유망한'이라는 표현은 사람, 사물, 관계 없이 항상 'promising'이다.

해석 우리의 임무는 국내에서 가장 유망한 회사들을 찾고, 투자해서, 그들이 스스로 자립할 수 있도록 돕는 것이다.

어휘 **be pleased to V** ~하게 되어 기쁘다 **announce** (= **inform**) 알리다, 공고하다 **promotion** 승진 **pleasant** 즐거운, 유쾌한 **pleasure** 만족, 즐거움

★ 암기 미션 분사의 관용적 표현

demanding supervisor 까다로운 상사
promising members 유망한 직원들
challenging work 힘든 일
opposing point of view 반대하는 견해
rewarding jobs 보람있는 직업
identifying details 식별할 수 있는 자세한 정보

Part 5 EXERCISE

1. According to industry analysis report, Pinnacle Automotive Technology announced ------- profits last quarter.

(A) impress (B) impressed
(C) impressive (D) impressing

2. This school management system is specifically designed for recently ------- school administrators.

(A) appoint (B) appointed
(C) appointing (D) appointment

3. Employers must ------- committed to keeping the workplace safe and healthful to prevent injuries and fatalities.

(A) remain (B) exist
(C) plan (D) make

4. Following an initial review, a group ------- of representatives from every department is currently meeting to discuss areas for potential collaboration.

(A) consisting (B) to be consisted
(C) consists (D) will consist

5. Many renters have a harder time moving into their own homes and must spend a growing share of their incomes on ------- rent.

(A) rose (B) rising
(C) arisen (D) rise

6. We are looking for a talented and ------- graphic artist with an interest in both print and web design.

(A) motivating (B) motivator
(C) motivated (D) are motivated

7. Besides financial problems, the academic standard was too ------- to attract talented students.

(A) frustrated (B) frustrate
(C) frustration (D) frustrating

8. Heavy rains ------- by gusty winds lashed this city and its suburbs while intermittent rainfall continued in surrounding areas.

(A) will accompany (B) accompanying
(C) to accompany (D) accompanied

9. The declining current sales could have ------- impacts on financial and economic markets.

(A) worrying (B) worried
(C) worry (D) worries

10. Denis Cooper, the founder of DC Electronics, was invited to give a keynote speech at the ------- event celebrating the fiftieth anniversary.

(A) culmination (B) culminated
(C) culminating (D) culminate

Part 6 EXERCISE

Questions 11-14 refer to the following excerpt.

Parking on Campus

IU Southeast has more than 2,000 on-campus parking spaces. Permits are required for all on-campus parking.

Student Parking (Red Permit)

All IU Southeast students are -------(11.) to purchase a Red parking permit. These permits give students access to all parking areas -------(12.) with red "Student Parking Permits" signs. Students must -------(13.) a valid "Student" permit in their vehicle.

Student Semester Permit: $21.00

Faculty/Staff Parking (Blue Permit)

Faculty/Staff parking areas are marked with blue signs and are restricted to those vehicles -------(14.) a valid "Faculty/Staff." All full and part-time staff and faculty are eligible to purchase Blue parking permits.

Faculty/Staff Annual Permit: $69.00
Faculty/Staff Semester Permit: $23.00

11. (A) eager
(B) legal
(C) eligible
(D) likely

12. (A) marking
(B) marked
(C) to mark
(D) mark

13. (A) display
(B) report
(C) present
(D) print

14. (A) displayed
(B) display
(C) displaying
(D) to display

Part 7 삼중 지문

포인트 1 삼중 지문

서로 다른 세 개의 지문을 읽은 후 총 5개의 관련 문제를 푸는 유형으로 186번부터 200번까지 15문제가 나온다. 지문 3개를 읽고 풀어야 하지만, 지문이 짧고, 양식지문이 많아서, 많은 시간을 요구하지는 않는다. 연계문제가 기본적으로 2개는 나온다.

DAY 14

포인트 2 접근 전략

▶ 세 지문의 기본정보 파악 및 지문간의 관계를 파악한다.

지문의 기본적인 제목과 수신자 발신자 확인, 제목이 없을 경우 첫 문장 등을 읽어 파악할 수 있다.

▶ 문제는 2 / 1 / 2 로 나누어서 읽는다.

지문이 총 3개이고, 각 지문은 적어도 한 개 이상의 답의 근거를 가지고 있기 때문에 미리 문제를 다 읽지 않고, 2개, 1개, 2개로 나누어 읽는다. 즉, 문제 1과 문제 2를 먼저 일고 첫 번째 지문으로 들어간다. 문제를 읽으면서 문제의 키워드가 무엇인지 파악한다.

▶ 각 문제의 키워드를 염두해 두면서 첫 번째 지문을 읽고 답의 근거를 찾는다.

지문 속 키워드에 밑줄 하면서 정답이 나올 때까지 읽고, 답의 근거나 나오면 멈추고 정답을 고른 다음, 다시 멈춘 지점부터 다시 읽어 내려가면 다음 문제의 키워드를 찾는다.

지문 속 키워드는 'Day 1 Part 7 싱글지문 푸는법'을 꼭 참조할 것.

▶ 두 번째 지문으로 가기 전에, 첫번째 지문을 완독한다.

세 지문의 정보를 연결해서 풀 수 있는 문제는 대부분 답이 나오지 않았던 부분(내가 읽지 않은 부분)에서 나오기 때문이다.

▶ 첫번째 지문을 완독하고 문제 3을 읽은 다음, 두번째 지문으로 내려가서 키워드에 밑줄 해가며 정독한다.

답의 근거를 찾으면 보기에서 정답을 고르고, 그렇지 않으면 완독한다.

▶ 두 번째 지문을 완독한 후, 나머지 두 문제 4,5 를 읽고 세번째 지문을 읽는다.

항상 문제를 먼저 읽고 지문으로 가야 한다는 사실을 기억할 것.

Questions 15-19 refer to the following e-mail, notice, and order form.

From:	Anna Powers <apowers@apfamily.com>
To:	Steve Jones<sjones@freshstorenco.com>
Date:	January 2
Subject:	Delivery company

Hello Mr. Jones

Thank you for signing up to work with us. We are excited to be sourcing locally produced, all-natural organic cleaning supplies for all cleaning needs. I can assure you that you and your customers will be completely satisfied with the quality of our goods and services.

We've been working closely with many local businesses in the neighborhood, but your particular store is in a location that we haven't penetrated yet. Our drivers are based in Soma and do not operate in Oakland area. Would you have a preferred delivery service that you'd recommend we use? If so, please let us know so we can work with that business. If you don't have a delivery service provider that you already work with, don't worry! We'll ensure that the delivery of our goods happen as seamlessly for you as possible. Thanks for any suggestions you want to provide.

Best regards,
Anna Powers

SHOP WITH US AT FRESH STORE & CO

NEW THIS WEEK!
February 16

Great News from Powers Family Company

You've asked and we have delivered! As you are aware, our store employs a "green living" philosophy, and we always try our best to bring safe and all natural ingredients that eliminate chemical toxins. We have finally found a great vendor called Powers Family Company located in Sun Set, who produces all natural organic cleaning supplies. All of their products are eco-friendly, organic, and chemical-free.

Some of the products that we will start providing are as follows:
- Multi-surface Cleaners
- Hand Soap
- Dish Washing Soap
- Laundry Detergent
- Body Cleansers

We will also start carrying organic locally-produced fruits from our neighboring farm Sunrise Orchards in Paloma in the summer.

Powers Family Company Order form

Customer: Fresh Store & Co.
Order date: February 27
Delivery date: March 3

Delivery Descriptions:

Repeat last month's order with the changes below:

- add 10 orders of aroma oil diffusers
- hand soap or body cleansers urgent this week
- Instead of liquid type laundry detergent, replace it with powder type (like the sample you showed us last week)

Also, you asked us about any feedback for Huns Delivery services. So far, I've had only positive experiences. They were punctual, the driver was professional and all products were in mint condition.

Name: Steve Jones, Merchandising Manager
Signature: Steve Jones

15. What did Ms. Powers write the e-mail for?

(A) To update the location of her business
(B) To ask for a recommendation
(C) To complain about a late delivery
(D) To sign a new business contract

16. Where is Fresh Store & co. most likely located in ?

(A) In Soma (B) In Oakland
(C) In Paloma (D) In Sun Set

17. What can you infer about Sunrise Orchards from the notice?

(A) It is located near the grocery store.
(B) Its local produce is expensive.
(C) It will start selling from next year.
(D) It will launch a promotion in the summer.

18. What does Mr. Jones indicate in the order form?

(A) He liked the product samples that he saw last week
(B) He was not satisfied with Huns Delivery services.
(C) Dishwashing soap was not selling as well as expected.
(D) The products were damaged during the delivery.

19. What will Fresh Store & Co. continue to receive on March 3?

(A) Dish Washing Soap
(B) Liquid Laundry Detergent
(C) Hand Soap
(D) Body Cleansers

DAY 15

Part 3&4 • 시각정보 문제

Part 5&6 • 등위절과 명사절

Part 7 • 삼중 지문 (정보문+이메일+주차허가증)

Part 3&4 시각정보 문제

진단테스트

음성을 듣고 질문에 가장 알맞은 답변을 고르시오.
(한 지문당 한 문제씩 등장합니다.)

15-1.MP3

Sakura Bank Seminar schedule on May 10th		
Session	Subject	Time
1	Mobile app design for financial service	09:00-11:00
2	Protecting customer information	11:00-13:00
	Lunch break	13:00-14:00
3	Developing products	14:00-16:00
4	Current trends in electric banking	16:00-18:00

1. Look at the graphic. Which session will the woman attend?

(A) session 1
(B) session 2
(C) session 3
(D) session 4

Monday	Tuesday	Wednesday	Thursday

2. Look at the graphic. What day will the Charity Bazaar be held?

(A) Monday
(B) Tuesday
(C) Wednesday
(D) Thursday

Pinker Airlines
Destination : Boston seat : 13E
Flight number: KE078
Gate number: 30
Departure time: 10:00

3. Look at the graphic. Which information has to be updated?

(A) Boston
(B) KE078
(C) 30
(D) 10:00

DAY 15

진단테스트 해설

Question 1 refers to the following conversation and the schedule.

M: Hey Melisa, did you hear about the seminars on May 10th? Are you going to attend?

W: Yes, of course, I heard it's held in OTP Bank and I think I can get some useful information . **I'm going to attend the one on mobile app design.**

M: Oh, that's good to know. Do you happen to have the seminar schedule?

W: Yes, here it is. Don't forget you need to call the training department to sign up. They need a head count of the attendance.

남: 안녕하세요 Melisa, 5월 10일 세미나에 관해 들으셨어요? 참석하실 건가요?

여: 네 물론이죠. 그것은 OTP 은행에서 열린데요. 유용한 정보가 있을 거라고 생각해요. 저는 모마일 앱 디자인을 다루는 것에 참석할 거예요.

남: 오, 좋은 정보이네요. 혹시 세미나 스케쥴 있으세요?

여: 네, 여기 있어요. 잊지 마실 건 참가서명을 하기 위해 교육개발부에 전화해야 합니다. 그들이 출석인원을 미리 파악해야 한데요.

1. (A)

Look at the graphic. Which session will the woman attend?

(A) session 1
(B) session 2
(C) session 3
(D) session 4

시각정보를 보시오. 여자는 어떤 세션에 참석할 것인가?

(A) session 1
(B) session 2
(C) session 3
(D) session 4

해설 여자가 대화 중반에 mobile app design을 주제로 하는 session에 참석한다고 이야기 하므로 정답은 해당 주제를 다루고 있는 세션인 (A)가 된다.

Question 2 refers to the following telephone message and weather forecast.

Hi, Jose, this is Rachel. I'm calling about the Charity Bazaar we're planning. I just checked the weather report for next week, and it's expected to rain on the day we originally scheduled. **On Tuesday, most of our employees will have to attend the training seminar. How about postponing the event for the next day of the seminar? It will be partly sunny so will be suitable for the bazaar.** Oh one more thing, can you contact the vendors about this delay.

안녕 Jose. Rachel이야. 우리가 계획하고 있는 자선 바자회 때문에 전화했어. 내가 막 다음 주 일기예보를 확인했는데 우리가 원래 계획한 날짜에 비가 내린데. 화요일에는 대부분의 직원들이 교육 세미나에 참석을 해야 해. 세미나 다음날 하는 건 어떨까? 그날은 부분적으로 맑아서 바자회에 적합할 것 같아. 아 그리고 하나 더, 상인들에게 이 연기 소식을 좀 전해주겠어?

2. (C)

Look at the graphic. What day will the Charity Bazaar be held?

(A) Monday

(B) Tuesday

(C) Wednesday

(D) Thursday

시각정보를 보시오. 자선 바자회는 무슨 요일에 열리는가?

(A) 월요일

(B) 화요일

(C) 수요일

(D) 목요일

해설 날씨가 언급되는 부분을 잘 듣고 행사가 열리는 날짜를 찾아야 한다. 대화 중에 원래 예정한 날짜에 비가 오기로 되어 있어서 날짜를 옮겨야 하는데 화요일에는 직원들 교육이 있으므로 교육 세미나 다음날 부분적으로 맑은 날에 하자고 했으므로 행사가 열릴 날짜는 수요일 (C)번이 된다는 것을 알 수 있다.

Question 3 refers to the following announcement.

Attention, passengers of flight KE078 to Boston. Due to inclement weather condition, **our flight has been delayed.** However, you'll still use gate 30 for boarding the airplane. If you need to use a connecting flight, please report to the check in counter in front of gate 4 right away. As a token of apology, we'll offer you a meal voucher that can be used any restaurant in the airport, so while you're waiting, have some snacks and drinks.

Boston으로 가는 KE078편 탑승객 여러분. 궂은 날씨 때문에 우리 비행기가 연착이 되었습니다. 하지만, 여전히 여러분들은 비행기 탑승에 30번 게이트를 이용하시게 될 것입니다. 만약에 연결 항공편을 이용하시는 경우 4번 게이트 앞의 창구로 즉시 와주시기 바랍니다. 사과의 의미로 공항에 있는 어떤 식당에서든 이용하실 수 있는 음식상품권을 제공해 드리겠습니다. 따라서, 기다리시는 동안 간식과 음료를 드세요.

3. (D)

Look at the graphic. Which information has to be updated?

(A) Boston

(B) KE078

(C) 30

(D) 10:00

시각정보를 보시오. 어떤 정보가 바뀌어야 하나요?

(A) Boston

(B) KE078

(C) 30

(D) 10:00

해설 비행기가 연착되었다고 했으므로 비행기 표에서 시간을 정답으로 찾아야 한다. 따라서 (D)번이 정답이 된다.

DAY 15

Part 3&4 | 시각정보 문제 해결하기

포인트 1 Part 3&4 시각정보 문제의 Secret Point!

시각정보 문제는 62~70번 사이 혹은 92~100번 사이에 등장하며 Part 3에서 2문제가 등장하면 Part 4에서는 3문제가 등장하거나 Part 3에서 3문제가 등장하면 4에서는 2문제가 등장하는 형태로 매달 5문제가 등장하는 것이 보통이다. 한 지문에 해당하는 세 개의 문제 중 1문제가 시각정보 연계문제에 해당하며 질문의 시작이 Look at the graphic으로 시작하는 것이 힌트임을 기억한다.

포인트 2 Part 3&4 시각정보 문제 풀이법

▶ 1단계 → Part 1 direction에서 시각정보 문제들을 재빨리 훑어보고 파악해둔다.

▶ 2단계 → 시각정보에 해당 보기 동일한 단어 옆에 A/B/C/D를 미리 표시해 두고 해당 질문도 역시 정리해 둔다.

▶ 3단계 → 대부분은 순서대로 나오므로 해당 문제의 순서가 되었을 때 시각정보를 보며 문제를 푼다.

▶ 4단계 → 보기 속 단어가 직접 언급되면 거의 대부분 오답이 됨을 기억한다.

포인트 3 Part 3&4의 시각정보를 묻는 질문의 유형

질문의 시작이 Look at the graphic이다.

Look at the graphic. How much should the man pay?

Look at the graphic. Where is the man's office?

Look at the graphic. Where are the speakers work?

Look at the graphic. Which building does the man mention?

포인트 4 Part 3&4 시각정보로 푸는 문제의 정답 위치와 정답 힌트

▶ 문제의 특성 파악하기

■ 문제의 위치는 어디인가?

문제는 3문제 중 어디에서든 등장할 수 있고 정답의 위치 또한 정해져 있지 않다. 다만 시각정보를 미리 파악해 둔 상태에서 시각정보 속 단어가 하나라도 들린다면 바로 표시해가며 듣는 연습을 하는 것이 중요하다.

■ 정답의 위치는 어디인가?

정답의 위치는 정해져 있지 않지만, 시각정보가 들어가 있는 문제는 문제의 순서와 대화의 순서가 대부분 일치하며 시각정보 속의 결정적 단어나 혹은 you can see in the chart처럼 직접 시각정보를 언급하는 경우도 있으므로 이런 힌트들을 놓치지 않는 것이 중요하다.

▶ 정답을 알려주는 결정적인 힌트

- 시각정보 속의 단어가 들리면 표시해 둔다.
- 질문 속의 키워드 또한 잘 확인하고 놓치지 않도록 주의 깊게 들어야 한다.

DAY 15

| 예제 1 |

15-2.MP3

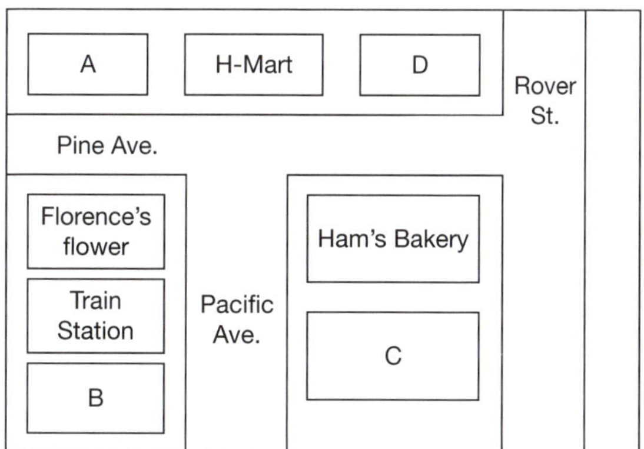

W: Good morning. Welcome to Ham's bakery. Can I help you with anything?	여: 좋은 아침입니다. Ham's 제과점에 오신 걸 환영합니다. 제가 어떤 걸 도와드릴까요?
M: Hi, I'm sorry to bother you, but I think I got lost on my way to Canadian Bank. Do you know how to get to the bank from here?	남: 이렇게 번거롭게 해서 죄송하지만 제가 Canadian Bank로 가는 도중에 길을 잃어버렸거든요. 여기서 어떻게 은행으로 가는지 아시나요?
W: Canadian Bank? You should cross the street in front of this bakery and walk left onto Pacific Avenue. It's located right next to the train station.	여: Canadian Bank요? 이 제과점 앞에서 거리를 건너셔서, 왼쪽 Pacific 애비뉴로 걸어가세요. 기차역 바로 옆에 위치해 있습니다.
M: Thank you so much. I was worried I might be late for my job interview. So, it's next to the train station, right?	남: 정말 고맙습니다. 제가 취업면접에 늦을까봐 걱정했었는데. 그러니까 기차역 옆에 있는 거죠?
W: Yes, you can't miss it.	여: 네, 아마 찾기 쉬울 거예요.

Look at the graphic. Where does the woman want to go?

(A) A
(B) B
(C) C
(D) D

시각정보를 보시오. 여자는 어디로 가고 싶어 하는가?

(A) A
(B) B
(C) C
(D) D

해설 기준이 되는 제과점에서 길을 건너면 꽃가게가 나오고 그 길이 Pacific 애비뉴이므로 길을 따라 쭉 내려와서 기차역 옆에 있는 장소를 골라야 한다. 따라서, 정답은 (B)가 된다. 마지막에 you can't miss it.이라는 표현이 주어진 정보를 혹은 장소를 찾기 쉽다라는 의미임도 기억한다.

| 예제 2 |

Product list

Product name	The number of shelves	Material
Oak Line	2	Oak
Maple Glossy	2	Maple
Maple Press	3	Maple
Dark Woody	4	Pine

Hi Emily, this is Mike from ED furniture. I'm afraid the bookcase you ordered for your office is out of stock right now. If you want, I could try putting in a special order for you, but that will take another 6 weeks to be delivered. If that's going to be too long to wait, I suggest you order a different one in the product list. We have another bookcase with a similar style with three shelves. Of course it also made with maple, and if you order that, we'll deliver it to you within the end of the week. If you get this message, could you give me a call back and tell me how you want to change your order? I'll probably be out of my office tomorrow helping out with the inventory in the warehouse, so if I don't pick up the phone, just leave a message on my answering machine, and I'll get back to you as soon as I get back.

안녕하십니까? Emily씨, ED furniture의 Mike입니다. 당신의 사무실에서 주문하신 책장의 재고가 떨어졌습니다. 원하신다면, 당신을 위해 특별히 주문을 해 드릴 수 있습니다만, 배달되는 데 앞으로 6주가 걸립니다. 6주가 기다리기에 너무 길다면, 저는 카탈로그에 있는 다른 책장을 추천해드리고 싶습니다. 우리는 주문하신 것과 비슷한 선반이 3개 있는 다른 책장을 가지고 있습니다. 물론 그것도 단풍나무로 만들어졌어요. 만약 당신이 이것을 주문하신다면, 이번 주 말까지 배달해드리겠습니다. 이 메시지를 받으시면, 저희에게 전화하셔서 어떻게 주문을 변경하실지 말씀해주시겠습니까? 저는 재고 조사차 창고일을 도와야 해서 자리에 없을 수도 있습니다. 만약 제가 전화를 받지 않으면 메시지를 남겨주십시오. 제가 메시지를 받는 즉시 전화를 걸겠습니다.

Look at the graphic. Which bookcase did the woman originally order?

(A) Oak Line
(B) Maple Glossy
(C) Maple Press
(D) Dark Woody

시각정보를 보시오. 여자가 원래 주문한 책장은 무엇인가?

(A) Oak Line
(B) Maple Glossy
(C) Maple Press
(D) Dark Woody

해설 주어진 시각정보를 보면서 문제를 해결해야 한다. 직접적으로 보기를 읽어 주지 않고 보기에 해당하는 주변 정보를 통해 정답을 찾아내야 한다. 대화 초반에서 주문한 물건이 재고가 없다고 말하며 We have another bookcase with a similar style with three shelves. Of course it also made with maple, and if you order that, we'll deliver it to you within the end of the week. 구문에서 보여지듯 비슷한 스타일로 3단짜리 책장이 있다고 말하며 동일한 단풍나무라는 정보를 통해 원래 주문하고자 했던 것이 단풍나무로 만든 다른 스타일이라는 것을 알 수 있다. 따라서, 정답은 (B)번이 된다.

어휘 inventory 재고 leave 남기다

★ Memorize it! 대표적인 자주 나오는 시각정보별 꼭 들어야 하는 힌트

(1) 도표(chart/list)

보기 속에 있는 열이 아니라 다른 열을 본다

(2) 막대 그래프(bar graph)와 선 그래프(line graph)

최상급과 두 수치 간의 비교, 그리고 증가와 감소의 표현이 중요하다.

참고 | 최상급 뿐만 아니라 두번째로 많은 것을 이야기하는 second most 혹은 next highest 등의 표현에도 주의한다.

★ 진영샘의 꿀정보 – 꼭 기억할 증가 / 감소의 단어

증가하다 – increase / incline / boom / boost / grow / rocket / peak / uplift

감소하다 – decrease / decline / drop / dive / plunge / plummet

(3) 파이 차트(pie chart)

두 수치간의 비교가 많이 등장하므로 surpass(능가하다)와 같은 비교동사가 중요하다. 막대 그래프와 마찬가지로 최상급 표현에 주의하며 직접적인 퍼센트를 언급하는 경우도 흔하므로 숫자를 잘 듣는다.

(4) 지도(map) / 평면도(floor plan) / 좌석배치도(seating chart)

우측과 좌측의 표현과 방향을 잘 잡아야 한다. 이 때 보고 있는 내가 중심이 아니라 대화속 등장인물의 방향임을 잘 잡아야 한다. Map의 경우 무엇보다도 길의 이름이 중요하고 어렵다. 고유명사로 나오는 단어들을 지도속에서 잘 찾으며 들어야 한다.

(5) 쿠폰(coupon)

할인율을 묻는 경우 구매 물품이나 구매량에 집중하고 쿠폰 적용이 안되는 이유를 묻는 경우는 보기를 꼼꼼히 해석해야 한다.

(6) 그외 다양한 시각정보

주차장 표시, 영수증, 비행기 티켓, 이메일 메시지, 간판 등 다양한 시각정보가 등장하므로 다양하게 연습을 해보는 것이 필요하다.

⚠ 바쁠 땐 이것만이라도 꼭! | **급하다. 시험에서 시각정보 문제 90% 맞히기**

1. 질문 속의 키워드에 표시한다.
2. 시각정보에 A / B / C / D를 표시한다.
3. 시각정보 문제의 보기 속 단어가 직접 들리면 오답 처리한다.
4. 시각정보 속에 시각정보 주변의 정보가 들리면 정답으로 찾는다.

DAY 15

Part 3 EXERCISE

음성을 듣고 질문에 가장 알맞은 답변을 고르시오.

15-4.MP3

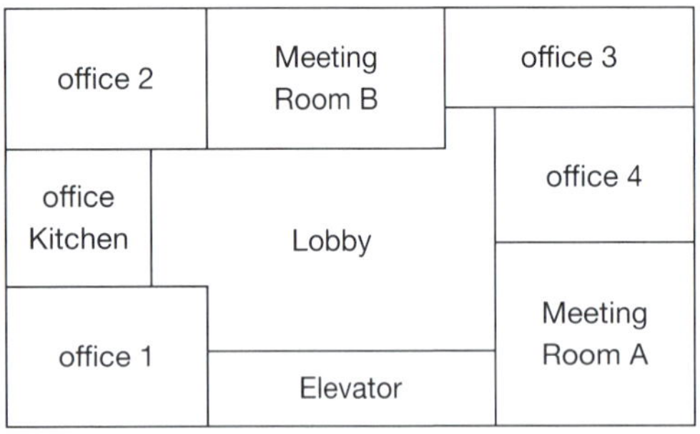

office 2	Meeting Room B	office 3
office Kitchen	Lobby	office 4
office 1	Elevator	Meeting Room A

1. Who most likely is the man?
   (A) A security officer
   (B) A cleaning person
   (C) A travel agent
   (D) A repair person

2. What is the woman requesting
   (A) The address of an office
   (B) Directions to a travel agency
   (C) Help with opening a door
   (D) The phone number for building security

3. Look at the graphic. Which is the woman's office?
   (A) office 1
   (B) office 2
   (C) office 3
   (D) office 4

Part 4 EXERCISE

음성을 듣고 질문에 가장 알맞은 답변을 고르시오.

Office painting work schedule		
Scheduled work day	**Floor**	**Department**
Tuesday	3	Payroll
Wednesday	5	Accounting
Thursday	4	Technical support
Friday	2	Maintenance

4. Who is the speaker talking to?

(A) Painters
(B) Doctors
(C) Office workers
(D) Librarians

5. What is causing the delay?

(A) The movers have not arrived.
(B) Work is not finished in another place.
(C) Some computers have been damaged.
(D) Offices are closed.

6. Look at the graphic. On which floor does the speaker work?

(A) Floor 2
(B) Floor 3
(C) Floor 4
(D) Floor 5

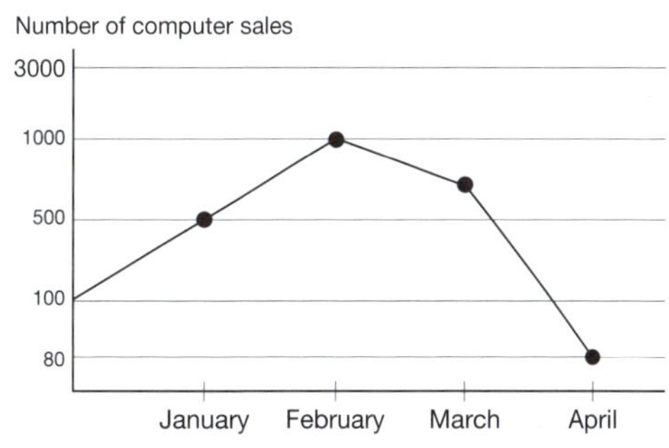

7. Where most likely does the speaker work?

(A) At an advertising agency
(B) At an electronics store
(C) At a manufacturing plant
(D) At a research company

8. Look at the graphic. When was the discount event ended?

(A) In January
(B) In February
(C) In March
(D) In April

9. What will probably happen next?

(A) Attend a reception
(B) Find some products
(C) Come back to the office
(D) Share some ideas

Part 5&6 등위절과 명사절

진단테스트

1. As part of our commitment to developing business partnerships, we are involved in various projects to facilitate the exchange of knowledge ------- expertise.

   (A) as (B) and
   (C) because (D) after

2. The vendors will not let you return any goods for a refund ------- will they replace any broken items without original packaging.

   (A) but (B) and
   (C) nor (D) or

3. ------- JW Motors builds another automobile factory in Asia depends on the money status being analyzed by its financial researchers.

   (A) Whether (B) While
   (C) Although (D) Despite

4. Our specialist at Space Services will review your workspace and help you evaluate ------- well it suits your needs.

   (A) most (B) how
   (C) there (D) very

5. In addition to quality and price, consumers consider cleanliness when they decide ------- to shop for groceries.

   (A) where (B) where
   (C) why (D) whether

★ 정답 및 해설은 〈Part 5&6 유형분석 – 등위절과 명사절〉에서 확인하세요.

이것만은 꼭!

절은 주어와 동사를 나타내고, 문장이란 대문자로 시작해서 마침표로 끝나는 의미전달이 가능한 것을 말한다. 한 문장에 절이 두 개면 접속사가 있어야 한다. 명령문의 경우 주어가 안 나올 수도 있기 때문에, 절의 개수를 알기 위해서는 동사의 개수만 세면 된다.

절의 개수 = 동사의 개수
접속사의 개수 = 동사의 개수 − 1

접속사의 종류

등위접속사와 종속접속사

1. 등위접속사 (위치는 항상 가운데)

종속접속사가 항상 주어와 동사를 동반하는 반면, 등위 접속사는 단어, 구, 절을 대등하게 연결하기 때문에 항상 가운데에 위치한다.

	뜻	연결 어구
and	그리고,	단어, 구, 절 연결
but = yet	그러나	단어, 구, 절 연결
or	또는	단어, 구, 절 연결
nor	~도 아니다	V + S의 어순
so	그래서	절만 연결
for	왜냐하면	절만 연결

★ 등위 상관접속사: 항상 짝을 이루어 쓰이는 접속사. 등위 접속사가 들어 있으므로 단어, 구, 절을 연결한다.

both A and B	A와 B 둘 다
either A or B	A와 B 둘 중에 하나
neither A nor B	A와 B 둘 다 아닌
not only A but (also) B	A뿐만 아니라 B도
A as well as B	B뿐만 아니라 A도
not A but B = B but not A	A가 아니라 B인

2. 종속접속사

– 문장의 성분으로 종속되는 접속사

– 명사, 형용사, 부사절을 이끄는 접속사

■ 명사절 접속사

명사 역할을 하며 주어, 목적어, 보어, 접속사의 목적어 자리에 온다.

① that(~것)

For security reasons, we require **that** all online credit card orders be subject to address verification.
보안상의 이유로, 우리는 모든 온라인 신용카드 주문이 주소 확인를 받아야 한나도 요구한다.

② if / whether (~인지, 아닌지) – if는 동사의 목적어 자리에만 나올 수 있다.

가주어 / 진주어
It remains to be seen **whether** [if(×)] the new marketing strategy will result in a boost in sales.
새로운 마케팅전략이 판매 증가로 이어질지는 두고 볼일이다.

③ 의문사 (what, who, which, where, when, why, how)

Review the seating chart and let me know what should be changed.
좌석표를 보고 무엇이 변경되어야 하는지 알려주세요.

접속사역할	품사	뒤에 나오는절	명사절
who	명사	불완전	누가 ~하는지
what	명사	불완전	무엇이/울 ~하는지
which	명사	불완전	어느것이/을 ~하는지
when	부사	완전	언제 ~하는지
where	부사	완전	어디서 ~하는지
why	부사	완전	왜 ~하는지
how	부사	완전	어떻게 ~ 하는지

★ 의문사가 접속사역할을 할 때는 절이 두 개일 때

What did you do? → 절이 한 개
① 의문대명사 (동사 do의 목적어 역할)

I know **what** you did. → 한 문장에 절이 두 개
① 의문대명사 (동사 did의 목적어 역할)
② 명사절 접속사 역할

완전절
Visitors will tour the factory to see **how** our products are made.
방문객들이 어떻게 우리의 제품이 만들어 지는지 알아보기 위해 공장을 둘러 볼것이다.

불완전절
The employee manual explains **what** new employees must know about company benefits.
직원설명서는 회사 혜택에 관한 신입사원들이 무엇을 알아야 하는지 설명해 준다.

■ 형용사절 접속사 (Day 18)

■ 부사절 접속사 (Day 16, 17)

Part 5&6 유형분석 | 등위절과 명사절

출제유형 1 등위접속사는 단어, 구, 절을 모두 연결할 수 있다.

종속 접속사와 달리, 빈칸 뒤에 꼭 절이 나오지 않아도 and, but, or는 답이 될 수 있다. 등위접속사는 같은 품사끼리라면 모든 품사를 연결할 수 있다.

As part of our commitment to developing business partnerships, we are involved in various projects to facilitate the exchange of knowledge ------- expertise.

(A) as　　(B) and
(C) because　　(D) after

해설 (A) as(~함에 따라, ~ 때문에, ~할 때)와 (D) after (C) because 모두 종속 접속사이므로 주어 동사가 나와야 하고, 그 중 (A) as (~로서)와 (D) after는 전치사로 쓰일 수 도 있지만, 의미상 어울리지 않는다. '지식과 전문기술의 교환'이라고 해야 어울린다. 따라서 정답 등위접속사 (B) and이다. 등위접속사 and, but, or는 단어와 단어, 절과 절, 구와 구를 모두 이어줄 수 있다.

해석 사업제휴를 발전시키려는 우리의 노력의 일환으로 우리는 지식과 전문기술의 교환을 용이하게 하기 위해 다양한 프로젝트에 참여한다.

어휘 **commitment** 헌신, 위임, 약속 **partnership** 제휴, 협력 **be involved in** ~에 관여하고 있다 **scheme** (= **plan**) 계획 **facilitate** 촉진하다, 쉽게 하다 **exchange** 교환 **expertise** 전문지식, 전문기술

★ Check Point 등위접속사의 쓰임

모든 품사를 대등하게 연결할 수 있다.

→ 형용사와 형용사 연결

The company's new warehouse is **spacious and convenient**.
회사의 새 창고는 넓고 편리하다.

→ 전치사와 전치사 연결

You have to submit this report **before or on** the deadline.
당신은 마감일전이나 마감일에 이 보고서를 제출해야 한다.

출제유형 2 nor 뒤에는 '동사 + 주어'의 어순을 취한다.

nor는 '~도 아니다'의 뜻으로 앞 절의 부정적 내용을 연결해준다. nor가 접속사로 쓰일 때 뒤에 나오는 절은 항상 도치된다는 것을 명심하자.

The vendors will not let you return any goods for a refund ------- will they replace any broken items without original packaging.

(A) but (B) and
(C) nor (D) or

해설 절과 절을 연결해주는 접속사를 선택하는 문제이다. 빈칸 뒤에 will they가 답에 대한 단서가 될 수 있다. 주어와 동사를 도치시킬 수 있는 접속사는 (C) nor뿐이다. 본래 문장은 they will replace any broken items가 되어야 하지만, 부정어의 의미를 가진 nor가 문두에 오면 주어와 동사를 도치시켜야 한다. nor가 답이 되려면, 반드시 앞에 나오는 절도 부정의 표현이 있어야 한다는 것을 명심하자.

해석 상인들은 원래 포장 없이는 당신이 환불받도록 하지 않을 것이며, 손상된 상품도 교환해주지 않을 것이다.

어휘 **vendor** 상인 **return** 돌아오다, 돌려주다 **goods** (= **product**) 상품 **refund** 환불 **replace** 대체하다, 교체하다 **broken** 손상된, 부러진 **original** 원래의, 독창적인 **packaging** 포장

★ Check Point nor

① 등위접속사 (~도 아니다)

nor가 답이 되려면 뒤에 나오는 절의 순서가 도치 되어야 할 뿐만 아니라, 앞에 나오는 절에도 부정의 의미가 있어야 한다.

The interior benches are **not** included in the price, **nor** are they available.
인테리어용 벤치는 비용에 포함되어 있지 않고 구입할 수도 없다.

No action was ever taken **nor** was the investigation continued.
지금까지 조치가 취해지지 않았고 조사도 지속되지 않았다.

② 등위 상관 접속사

neither A nor B : A도 아니고 B도 아닌

Neither the manager **nor** his assistant attended the closing of the business conference.
매니저도 그의 보조도 비즈니스 컨퍼런스의 폐회식에 참석안했다.

③ 부사로도 가능한 nor

A: I didn't finish my assignment. 나 과제 못 끝냈어.

B: **Nor** did I. 나도 못 끝냈어.

◯ 뒤에 나오는 주어와 동사를 수식하는 부사

출제유형 3 맨 앞이 빈칸일 때 간단하게 접속사 넣는 법

문장의 맨 앞이 빈칸이면, 등위접속사는 나올 수 없고, 명사절과 부사절을 이끄는 종속접속사만 가능하다. 문장의 중간에 콤마가 있는지 확인한 후 결정하면 된다.

------ JW Motors builds another automobile factory in Asia depends on the money status being analyzed by its financial consultants.

(A) Whether (B) While
(C) Although (D) Despite

해설 문장의 처음에 빈칸이 나오고 중간에 콤마가 있으면, 부사절이고, 그렇지 않으면 명사절인 경우다. 처음부터 쉬지 않고 길어지면 명사절이 주어로 쓰인 경우다. 빈칸부터 두 번째 동사인 depends 앞까지가 주어자리이고, 빈칸엔 주어 역할을 할 수 있는 명사절 접속사가 와야 한다. 보기 중 명사절 접속사는 (A) Whether 뿐이다. 명사구나 명사절은 단수취급 하므로 동사가 depends인 것도 기억해 두자. 절이 두 개라서 접속사가 필요하므로 전치사 (D) Despite는 실격. 나머지 (B) While, (C) Although는 모두 부사절을 이끄는 접속사이다.

해석 JW Motors가 또 다른 공장을 아시아에 지을지는 재정 컨설턴트들에 의해 분석되고 있는 재정문제에 달려있다.

어휘 analyze 분석하다

DAY 15

★ Check Point 부사절, 명사절, 형용사절의 위치

① [명사절] + 동사 + 목적어

의문사절(명사절) → 주어 역할

[How customers will react to our new products] remains to be seen.

고객들이 신제품에 어떻게 반응 할지는 두고 볼일이다.

② [부사절], 주어 + 동사 + 목적어

부사절 → 주절을 수식

[Although Mr. Craig expressed interest in the advanced computer class], he has not decided whether to register.

Mr. Craig가 고급컴퓨터 과정에 관심을 표현했지만, 아직 등록할지 말지는 결정 안했다.

③ 명사 + [형용사절 = 관계사절]

선행사 / 형용사절 → 선행사를 후치 수식

This award is designed to recognize **employees [who are devoted to customer services]**.

이 상은 고객서비스에 헌신하는 직원들을 인정하기 위해 만들어졌다.

형용사절은 앞에 형용사절의 수식을 받는 명사가 있어야 한다.

출제유형 4 다양한 의문사의 품사를 알아야 한다.

의문사도 절이 두 개일 경우는 명사절 접속사로 쓰일 수 있다. (이것만은 꼭 참조) 의문대명사, 의문부사, 의문형용사별로 뒤에 나오는 절의 구조를 알아야 쉽게 답을 구할 수 있다.

Our specialist at Space Services will review your workspace and help you evaluate ------- well it suits your needs.

(A) most (B) how
(C) there (D) very

해설 동사의 개수가 review, help, sutis 이렇게 3개 인데 접속사가 1개 (and) 뿐이어서 빈칸 뒤에 나오는 주어와 동사를 연결해줄 접속사가 필요하다. 보기중 접속사 역할을 할 수 있는 것은 의문사 (B) how뿐이다. 의문부사 how는 명사절 접속사역할을 해서 원형부정사 evaluate의 목적어 역할을 함과 동시에 뒤에 나오는 부사 well를 수식하는 2가지 역할을 한다. (이것만은 꼭 참조) how 다음에 형용사나 부사가 나오면 '얼마나' 의 뜻이다.

해석 Space Services 의 전문가들은 작업공간을 검토하고 그 공간이 얼마나 당신의 필요에 맞는지 평가하도록 돕는다.

어휘 **help** 목적어 (**to**) 동사원형(=원형부정사) 목적어가 ~하도록 돕다

★ Check Point 의문대명사, 의문형용사, 의문부사와 절의 구조

- 의문대명사 (who, what, which) + 불완전절
- 의문부사 (when, where, why, how) + 완전절
- 의문형용사 (whose, what, which) + 명사

= 명사절

의문형용사는 한정사 역할을 할 수 있다. – what problem? which color? whose car?

who + 불완전절
[Who will deliver a keynote speech] is not yet decided.
누가 기조연설을 할지는 아직 정해지지 않았다.

what + 불완전절
Job applicants do not know **[what will happen on their job interview]**.
구직지원자들은 인터뷰에서 무슨일이 일어날지 모른다.

where + 완전절
Mr. Davis crossed the room to **[where his supervisor was sitting]**.
Mr. Davis는 방을 건너 그의 상사가 앉아 있는 곳으로 갔다.

which(한정사) + 명사
With only one week left until the mayoral election, voters must decide **[which candidate has the greatest appeal]**.
시장선거까지 한 주만 남은 시점에서, 투표자들은 어느 후보자가 가장 호소력이 있는지 결정해야 한다.

출제유형 5 의문사/whether + to 부정사도 명사취급할 수 있다.

의문사나 whether 다음에 to 부정사가 나와도 명사역할을 할 수 있다.

In addition to quality and price, consumers consider cleanliness when they decide ------- to shop for groceries.

(A) where (B) where
(C) why (D) whether

해설 decide의 목적어 역할을 하는 명사를 골라야 한다. 보기중 why를 제외한 모든 단어들이 to 부정사와 같이 쓰여서 명사 역할을 할 수 있다. 문법적으로 구별이 불가능 하면 해석해서 답을 골라야 한다. 의미상 '가격과 품질 이외에도, 어디서 식료품을 살지 결정 할 때 청결함을 고려한다'라고 해야 어울리므로 정답은 (A) where이다.

해석 품질과 가격 이외에도, 고객들은 어디서 식료품을 살지 결정할 때 청결함을 고려한다.

어휘 grocry 식료품

★ Check Point 의문사 + to 부정사

의문사나 whether 다음에 나오는 to 부정사의 의미는 보통 'should'의 의미를 갖는다.

When you are away from the office, leave your colleagues clear instructions about **how to handle** (= how you should handle) your tasks.
사무실에 없을 때 동료에게 업무를 처리하는 방법에 대한 깔끔한 지침을 남겨놓아라.

I have to decide **what to do** (= what I should do) first.
나는 무엇을 먼저 시작할지 결정해야 한다.

Part 5 EXERCISE

1. A review of the decisions indicates that each case was not decided arbitrarily ------- based on legal analysis.

   (A) both (B) but
   (C) or (D) with

2. Neither smoking ------- eating is permitted during the course of examinations.

   (A) or (B) nor
   (C) and (D) but

3. A person considering a position would weigh ------- the salary but also satisfaction obtained from the work itself and working conditions.

   (A) as well as (B) either
   (C) not only (D) though

4. Both advertising ------- price policies are shown to have the potential to substantially reduce adolescent alcohol consumption.

   (A) and (B) also
   (C) moreover (D) either

5. Inexpensive furniture can be bought or rented, but you may need a car to carry it home ------- pay a small fee for delivery.

   (A) or (B) when
   (C) besides (D) also

6. Companies often have difficulty determining ------- their activities contravene a particular law or regulation.

   (A) after (B) both
   (C) than (D) if

7. The supervisor has concerns as to ------- the prospective alternate work site is adequate in terms of safety or health.

   (A) however (B) yet
   (C) although (D) whether

8. A firm usually uses a market survey to gauge consumer interest in a given product and decides about ------- to launch that product.

   (A) which (B) that
   (C) when (D) if

9. The department head wants to know ------- employee designed the company website, as he found it unprofessional and inappropriate.

   (A) how (B) who
   (C) when (D) which

10. While browsing around the new office building, the director asked ------- was in charge of building maintenance.

    (A) who (B) that
    (C) whose (D) whom

Part 6 EXERCISE

Questions 11-14 refer to the following advertisement.

Booklet Makers

Guaranteed Lowest Prices on a Large Selection of Booklet Makers

Booklet making ------- (11.) is designed to take a number of sheets of paper, staple them in the center, ------- (12.) fold them into a booklet. We carry a number of different booklet makers and booklet making systems from MBM, Martin Yale and Akiles.

The sprint series model of booklet maker enjoys a solid reputation in the finishing industry for high performance and dependability. You may also want to consider the Akiles Bookletmac booklet maker ------- (13.) the new Martin Yale BM101 semi-automatic booklet maker.

No matter what booklet maker you choose, it will certainly be faster and easier than folding those booklets by hand. Check out our ------- (14.) of booklet making machines today.

11. (A) equipments
(B) the equipment
(C) an equipment
(D) equipment

12. (A) and
(B) but
(C) so
(D) then

13. (A) but
(B) for
(C) or
(D) so

14. (A) collection
(B) position
(C) registration
(D) ranking

DAY 15

Questions 15-19 refer to the following information, e-mail and parking permit.

Hamilton School of Continuing Education

Class Curriculum - June

Hamilton School of Continuing Education courses are open to all residents of Hamilton County who are 18 years or older. Our courses are held on our main campus at the Hamilton City Center, unless otherwise indicated. If you'd like to get more information around registration schedules, fees, and available courses, please refer to page 3 of this booklet.

How to use Photoshop
Mondays, 5pm to 7pm
Stranton Building, Room 201
Instructor: M. Amber, IT Associates

Managing Your Personal Finances: Step-by-step guide
Mondays, 8pm to 10pm
Gregory Hall, Room 102
Instructor: J. Lawrence, CPA

Training Your Pet 101
Tuesdays, 8pm to 10pm
Stranton Buliding, Room 201
Instructor: B. James, Lead Instructor at Pets & Co.

Everyday Meditation
June 18-20
Marriott College Gym
Instructor: C. Tran, Lots Yoga Studio

To:	Jessica Olay <jolay@mymail.com>
From:	Scott Taylor <taylor@hamilton.edu>
Date:	June 21st
Subject:	Class Rescheduled

Dear all,

Unfortunately Ms. Amber can no longer make the course as planned due to a personal emergency. We will try to reschedule the class as soon as possible. Once we have an updated schedule, we will email you with the dates as well as send you an updated parking sticker since your current permit will no longer be valid. We apologize for any inconvenience.

From, Scott

Express Parking - One Day Parking Pass

Lot A

Valid: June 30th

Time: 6:45 p.m.

Please display your parking pass on the dashboard of your vehicle so that it's visible from outside

15. Who most likely is C. Tran?

(A) An IT professional
(B) A health instructor
(C) A college professor
(D) A financial expert

16. What is NOT indicated about participants in the continuing education classes?

(A) They pay a registration fee.
(B) They are students of Hamilton School
(C) They must be 18 years of age and over.
(D) They need a parking pass to park in the facility

17. What is Ms. Olay most likely want to learn about?

(A) Pet Care
(B) Finances
(C) Meditation
(D) Photoshop

18. In the e-mail, the word "make" in paragraph 1 in line 1 is closest in meaning to

(A) attend
(B) create
(C) cancel
(D) discover

19. On what date did the rescheduled meeting take place?

(A) June 18
(B) June 20
(C) June 21
(D) June 30

DAY 16

Part 3&4 · 의도파악 문제

Part 5&6 · 부사절 1

Part 7 · 삼중 지문 (카드내역서 + 이메일 + 이메일)

Part 3&4 의도파악 문제

진단테스트

음성을 듣고 질문에 가장 알맞은 답변을 고르시오.
(한 지문당 한 문제씩 등장합니다.)

16-1.MP3

1. What does the man mean when he says "I already read the manual,"?
   (A) He already knows how to use the machine.
   (B) He cannot solve the problem by himself.
   (C) He didn't understand the instruction.
   (D) He wants to get a newer version.

2. What does the man mean when he says "not at all"?
   (A) The woman's sister will be welcomed.
   (B) He doesn't like the play at all.
   (C) He doesn't want to go to the theater.
   (D) He doesn't like the woman's sister.

3. What does the man imply when he says, "Do not hesitate"?
   (A) Move quickly
   (B) Hurry to visit their exhibit
   (C) Try to find what they have.
   (D) Make comments on their website

DAY 16

진단테스트 해설

Questions 1 refers to the following conversation.

M: Hello, I purchased this coffee machine there at the store last week. **However, since yesterday it has made a strange noise like "beeep". And I already read the manual.**

남: 안녕하세요. 제가 이 커피 기계를 그 매장에서 저번 주에 구매했어요. 그러나, 어제부터 "삐" 같은 이상한 소리를 내서요. 그리고 전 이미 설명서도 읽었어요.

W: Oh really?

여: 오 진짜요?

M: Yes, and following the manual doesn't make any improvement at all.

남: 네, 그리고 설명서를 따르는 것은 아무것도 개선 되지 않았어요.

W: Oh, I'm so sorry for the inconvenience. Well, I don't tell you anything before we check the machine. Can you come to the store with the machine? If you can't , I can send a person to pick it up.

여: 오, 불편을 드려 정말 죄송해요. 음, 우리가 기계를 확인하기 전까지는 아무 것도 말 못해요. 매장에 기계를 가져 오실 수 있나요? 만약 안 된다면, 제가 사람을 보내서 가져 올 수도 있어요.

M: Don't need to do. My place is just a block away, so it's easy to get there. I'll bring it tomorrow.

남: 그럴 필요 없어요. 제 집은 한 블록 떨어져 있거든요. 그래서 거기에 가기 쉬워요. 제가 내일 가져오죠.

W: Nice. And bring your receipt in case of exchange or refund.

여: 좋아요. 그리고 당신의 영수증을 교환 또는 환불할 경우를 위해 가져오세요.

1. (B)

What does the man mean when he says "I already read the manual."?

남자가 "전 이미 설명서를 읽었어요."라고 말했을 때에 무엇을 의미하는가?

(A) He already knows how to use the machine.
(B) He cannot solve the problem by himself.
(C) He didn't understand the instruction.
(D) He wants to get a newer version.

(A) 그는 이미 그 기계를 어떻게 사용하는지 알고 있다.
(B) 그는 스스로 그 문제를 해결 할 수 없다.
(C) 그는 그 설명을 이해하지 못했다.
(D) 그는 그는 더 새로운 버전을 갖길 원한다.

해설 첫번째 대화에서 남자가 문제가 생겼다고 말하면서 이미 매뉴얼을 읽었다고 말하고 다음 말 속에서 나아진 것이 하나도 없다고 했으므로 남자 스스로 문제를 해결할 수 없음을 알 수 있다. 따라서 첫번째 문제의 정답은 (B)가 된다.

Questions 2 refers to the following conversation.

W: Oh, no! It's pouring outside. I have a plan to go hiking with some coworkers today.

여: 오, 안돼! 밖에 비가 오고 있잖아. 나는 오늘 몇몇의 직장동료와 함께 하이킹을 갈 예정이었는데.

M: Well, the weather report said it'll rain all day. Q4 You'd better change your plan anyway. What about going to the theater? John Galliano wrote a new story and it's playing now at Memorial theater. I bet it'll be fun.

남: 음, 날씨 보도가 오늘 하루 종일 비가 온다고 말했어요. 당신의 계획은 어쨌거나 바꾸는 게 좋을 거예요. 극장에 가는 건 어때요? John Galliano가 새로운 이야기를 썼고 요즘 Memorial Theater에서 공연중이래요. 틀림없이 재미있을 거에요.

W: That sounds interesting. When does the play start? And how long it will take? My sister is a huge fan of Galliano. **Would you mind if I bring her with us?**

M: Not at all. Why don't we grab some food before watching the performance?

여: 흥미롭네요. 연극은 언제 시작하죠? 그리고 얼마나 걸리죠? 제 여동생이 Galliano의 열렬한 팬이거든요. 그녀를 우리와 함께 데리고 가도 괜찮나요?

남: 전혀요. 공연을 보기 전에 음식을 먹으러 가는 거는 어때요?

2. (A)

What does the man mean when he says "not at all"?

(A) The woman's sister will be welcomed.

(B) He doesn't like the play at all.

(C) He doesn't want to go to the theater.

(D) He doesn't like the woman's sister.

남자는 "전혀 아니다" 라는 말에서 무엇을 의미하는가?

(A) 여자의 동생을 환영한다.

(B) 그는 그 연극을 전혀 좋아하지 않는다.

(C) 그는 극장에 가고 싶지 않다.

(D) 그는 여자의 여동생을 싫어한다.

해설 마지막 문제에서 not at all이라는 표현은 다양한 의미를 가질 수 있다. 앞에서 여자가 동생이 가면 싫으냐는 질문에 대해 전혀 그렇지 않다고 대답하고 있으므로 정답은 (A)번이 된다.

Question 3 refers to the following advertisement.

This summer at Victorian History Museum, the ancient daily implements used by Australian Aborigine over 10,000 years ago will be on display. These ancient implements were discovered by Newzealander researcher Matthew Oostergo in South Australia. Kitchen tools, hunting kit, and even ancient medical instruments will be revealed for the viewers of the museum. **So do not hesitate and simply visit our Web site to find out what great lists of artifacts will be exhibited and also check more details about this amazing opportunity.**

이번 여름 Victorian History Museum에선, 10,000년 전에 오스트레일리아 원주민이 사용하던 고대 일상도구들이 전시 될 것입니다. 그 고대 도구들은 뉴질랜드 연구원 Matthew Oostergo에 의해 남부 오스트레일리아 에서 발견 됐습니다. 주방도구들, 사냥도구 그리고 심지어 고대 의학 기구들까지 박물관 관람객에게 공개될 예정입니다. 그리고 주저하지 말고 우리의 웹사이트에 방문하여 어떤 위대한 유물목록이 전시될 것인지 알아보고 이 놀라운 기회에 대한 자세한 정보 또한 확인해보세요.

3. (C)

What does the man imply when he says, "Do not hesitate"?

(A) Move quickly

(B) Hurry to visit their exhibit

(C) Try to find what they have.

(D) Make comments on their website

그가 "주저하지 마세요"라고 말했을 때 무엇을 의미하는가?

(A) 빨리 움직여라

(B) 그들의 전시 방문을 서둘러라

(C) 그들이 무엇을 가졌는지 찾아보아라

(D) 웹사이트에 후기를 남겨라

해설 마지막 문제에서 주저하지 말라는 단어는 빨리 움직이라는 의미도 혹은 웹사이트에 가보라는 의미도 될 수 있으므로 대화의 앞뒤 문맥을 잘 파악하고 문제를 풀어야 한다. 대화 뒷 부분에서 웹사이트에 가서 앞으로의 전시들을 알아보라고 이야기 했으므로 정답은 (C)번이 된다. Website만 듣고 (D)번을 정답으로 고르지 않도록 주의한다.

Part 3&4 의도파악 문제 해결하기

포인트 1 Part 3&4 시각정보 문제의 secret point!

화자의 의도파악 문제는 " "와 함께 등장하며 " " 안의 의미를 빠르게 파악하는 것이 많은 도움이 된다. 보통 보기가 길고 어려우며 대화의 맥락을 이해하는 것이 중요하므로 대부분의 수험자에게 가장 난이도 있는 문제의 유형이다.

포인트 2 Part 3&4 의도파악 문제 풀이법

▶ 1단계 → Part 1 direction에서 " " 안의 문제 의미와 보기의 의미를 꼼꼼히 파악해둔다.

▶ 2단계 → 보기 내용속에 꼭 들어야할 명사가 나온다면 표시해둔다.

▶ 3단계 → 정답은 해당하는 문장의 바로 앞뒤에 있다. 전체 문맥을 파악하는 문제는 아님을 기억한다.

▶ 4단계 → 같은 문장이 뉘앙스에 따라 전혀 다른 의미를 가지는 경우가 많으므로 뉘앙스까지 파악해야 한다.

포인트 3 Part 3&4의 의도파악을 묻는 질문의 유형

질문속에 " "가 있다.

What does the man mead when he says "______________"?

Why does the man say, "______________"?

What does the man imply when he says "______________"?

포인트 4 Part 3&4 시각정보로 푸는 문제의 정답위치와 정답 힌트

▶ 문제의 특성 파악하기

■ 문제의 위치는 어디인가?

문제는 3문제중 어디에서든 등장할 수 있고 정답의 위치 또한 정해져 있지 않다. 다만 미리 문제와 보기의 의미를 잘 파악해 두는 것이 문제 풀이의 핵심이다. 꼼꼼히 보기를 해석해보고 혹시 " "안에 있는 문장의 의미를 모른다면 해당 문장의 바로 앞뒤 문맥과 가장 비슷한 보기를 골라야 한다.

■ 정답의 위치는 어디인가?

정답의 위치는 정해져 있지 않지만, " " 속의 문장을 키워드로 바로 앞뒤를 듣고 문제를 풀어야 한다. 앞쪽에서 정답이 나온 것 같다고 해서 방심하지 않고 꼭 뒤까지 듣고 문제를 해결한다.

▶ 정답을 알려주는 결정적인 힌트

- 보기 속에 특정 명사가 똑같이 반복되면 주의한다.
- 정반대의 뉘앙스를 가진 두 개의 보기가 보이면 특히 주의해서 듣는다.

| 예제 |

W: Excuse me. How much do you charge for parking per an hour?

M: I'm afraid to say this parking lot is all full right now.

W: OK. Could you recommend me another parking lot nearby that I could use? I need to park my car and get to an appointment, but I am new here. I may not make it to the appointment in time.

M: Why don't you check out the garage at the Carlton Theater across the street. The theater is closed today and the parking fee there is reasonable.

W: Can you give me a direction?

여: 실례합니다. 시간당 주차비가 얼마인가요?

남: 안타깝지만 이 주차장은 현재 만석입니다.

여: 아 네. 이 근처에 제가 사용할 수 있는 다른 주차장이 있나요? 제가 약속이 있어서 차를 세워야 하는데 이곳이 처음이라서요. 약속에 늦을 수도 있을 것 같아요.

남: 길 건너에 있는 칼튼 극장의 주차장을 확인해 보시는 게 어떨까요? 극장 문을 오늘은 닫았고 주차비도 저렴하거든요.

여: 길 좀 알려주실 수 있을까요?

What does the woman mean when she says "I'm new here."?

(A) She is trouble finding a parking place.
(B) She wants to inform him that she moved recently.
(C) She doesn't know how much she should pay.
(D) She starts working here recently.

"여자가 저는 이곳에 새로운 사람이에요"라는 말을 했을 때 무슨 의미였을까?

(A) 주차장을 찾는 데 문제가 있다.
(B) 남자에게 여자가 새로 이사 왔다는 것을 알리고 싶다.
(C) 여자는 얼마를 내야 하는지 모른다.
(D) 여자는 이곳에서 일을 시작한지 얼마 안되었다.

해설 윗 문제의 경우 4가지 보기 모두 " " 속에 있는 말과 어울린다. 여자가 최근에 이사 왔다면 동네를 몰라서 이사 왔음을 알리고 싶을 수도 있고 여자가 이 동네가 처음이라면 주차장을 모를 수도 있고 또 신입사원임을 알리기 위해서 새로 왔다고 이야기 할 수도 있다. 따라서 앞뒤의 이야기를 듣고 여자가 하고 싶은 말을 찾는 것이 가장 중요한 포인트가 된다. 대화 속에서 남자와 여자는 주차장에서 주차장소가 만석이 된 것에 대한 이야기를 하고 있고 그 이야기 도중에 처음 왔다고 이야기하고 있으므로 여자는 주차장소를 찾는 것에 문제가 있음을 알 수 있다. 이렇게 의도파악 문제는 문제만 읽고는 힌트를 찾을 수 없으므로 앞뒤의 상황을 파악하는 것이 중요하다.

바쁠 땐 이것만이라도 꼭! | **급하다. 시험에서 의도파악 문제 90% 맞히기**

1. 보기 속의 키워드를 표시 해둔다.
2. " " 문장을 잘 해석해 둔다.
3. " " 문장 앞뒤에 바로 나온 단어들에 주의한다.
4. 뉘앙스까지 파악한다.

Part 3 EXERCISE

음성을 듣고 질문에 가장 알맞은 답변을 고르시오.

16-3.MP3

1. What are the speakers talking about?

   (A) An office building
   (B) A meeting agenda
   C) A work schedule
   (D) A job opening

2. What does the man imply when he says " You can say that again"?

   (A) He didn't hear what the woman said.
   (B) He wants the woman to suggest the idea to the management.
   (C) He wants the woman say again what she just said.
   (D) He also thinks that there is not enough parking space.

3. What does the management plan to offer?

   (A) car pool
   (B) Subway tickets
   (C) Free transportation
   (D) Another parking lot

4. Who is Jane Parker?

   (A) A technical support staff
   (B) A human resources manager
   (C) A maintenance worker
   (D) A new recruit

5. Why does the man need access code?

   (A) Retrieving personal information
   (B) Signing in to the computer system
   (C) Setting up the new software
   (D) Putting work hours into the system

6. What does the woman imply when she says " the workers at the technical support are on the way"?

   (A) They are not available right now.
   (B) They have to wait for the technical support team.
   (C) They'll set up his computer in an hour.
   (D) He should go to his desk.

Part 4 EXERCISE

음성을 듣고 질문에 가장 알맞은 답변을 고르시오. 16-4.MP3

7. What kind of event is taking place?

(A) A film showing
(B) A food festival
(C) A debate competition
(D) A fund-raising

8. What does the speaker mean when he says "Now there's even more."?

(A) There are more books about vegans.
(B) There are more people attending the event.
(C) There are more events related health.
(D) There are more prizes for event participants.

9. What should people do to sign up for the event?

(A) Purchase a book
(B) Register online
(C) Go to the main building.
(D) Call the agency

Part 5&6 부사절 1

진단테스트

1. ------- the factory was founded in 1990, none of the workers interviewed knew about the existence.

(A) But (B) Yet
(C) Although (D) Meanwhile

2. ------- these books are viewed, downloaded, or printed rather than checked out, they are always available and cannot be lost or damaged.

(A) Since (B) Thus
(C) Although (D) Therefore

3. ------- their purchases are expensive or not, all Brothers customers deserve the same high-quality service.

(A) As (B) Whether
(C) if (D) considering

4. The work has been rescheduled ------- that the rest of it can be completed in the new year.

(A) concerning (B) since
(C) so (D) over

5. ------- uncomfortable they may be, drivers and passengers must wear seat belts while driving.

(A) Almost (B) Nevertheless
(C) Seldom (D) However

★ 정답 및 해설은 〈Part 5&6 유형분석 – 부사절 1〉에서 확인하세요.

이것만은 꼭!

부사절 접속사

부사절이란: 주절의 앞이나 뒤에 위치하며 주절을 수식하는 부사 역할을 하는 절이다. 부사절은 시간, 조건, 이유, 양보, 목적, 결과 등 다양하다. 부사절 접속사 문제를 풀다 보면, 전치사와 접속사 둘다 되는 것들이 있어서 혼란스럽다. 따라서 둘다 가능한 단어를 따로 정리해 두어야 한다.

★ 접속사 전치사 둘 다 가능한 단어들

after 후에　bedore 전에　since ~이래로　until ~까지　consiering ~고려할 때
given ~고려할 때　as ~로써(전치사): ~함에 따라, ~때문에, ~할 때(접속사)

1. 시간 부사절: 시간을 나타내는 접속사가 이끄는 절

접속사	의미	접속사	의미
while	~하는 동안에	once	하자마자
as	~하는 동안에, ~할 때, ~할 때마다	before	~하기 전에
when	~할 때, ~하는 동안에, ~한 후에, 아무 때나	after	~한 후에
by the time	~할 때까지 완료	whenever	아무 때나, ~할 때마다
until = till	~할 때까지 계속	since	이후로
as soon as	~하자마자		

The traffic jam soon cleared **once** the vehicle had been removed.
그 차량이 제거되자마자 교통체증은 곧 완화되었다.

By the time this letter reaches you, I will have left the country.
이 편지가 너에게 도착할 때쯤이면 나는 이 나라에 없을 것이다. **(완료)**

2. 조건 부사절: 조건을 나타내는 접속사가 이끄는 절

접속사	의미	같은 의미의 전치사
considering (that)	~을 고려할 때	(that을 빼고 전치사도 가능) considering
given (that)		(that을 빼고 전치사도 가능) given
unless	~가 아니라면	
in the event that	~인 경우에	in the event of
in case (that)	~인 경우를 대비해서	in case of

(만일) ~라면			
if	assuming (that)	suppose (that)	supposing (that)
provided (that)	providing (that)	on condition (that)	as long as

Assuming you're right, there's still something I can't understand.
네가 맞다고 하더라도 여전히 내가 이해할 수 없는 것이 있다.

The company will definitely invest in the plan, **provided (that)** it has a unique suggestion.
그 회사는 그 계획이 구체적인 제안만 가지고 있다면 확실히 투자할 것이다.

3. 이유 부사절: 다음의 이유를 나타내는 접속사가 이끄는 절

접속사	의미	의미가 같은 전치사(뒤에 명사나 동명사가 온다)
because, since, as	~이기 때문에, ~이므로	because of, owing to, due to, on account of
now (that)	~이므로	
in that	~라는 점에서	

Now that their children have left home, they've got much extra space.
아이들이 집을 떠났기 때문에 그들은 집에 여유 공간이 많이 생겼다

4. 양보 부사절: 다음의 양보를 나타내는 접속사가 이끄는 절

접속사	의미	전치사
although, though	~이지만,	despite, in spite of
even though, even if	~에도 불구하고	notwithstanding
while, whereas	~인 반면에	

You are capable of getting the message **even if** some words aren't understood.
비록 몇 개의 단어를 알아듣지 못했다 하더라도 너는 그 메시지를 이해할 수 있다.

The overall situation is good, **although** there are some small problems.
몇 가지 사소한 문제들이 있지만 전반적인 상황이 좋다.

5. 목적 부사절

so that / in order that : ~하기 위해서

Rainbow Coffee Studio provides customers with practical dripping tips **so that** they would have fresh coffee at home.
Rainbow Coffee Studio는 고객들에게 집에서도 신선한 커피를 마실 수 있도록 실용적인 팁들을 제공합니다.

6. 결과 부사절

so ~ that … / such ~ that … : 너무 ~해서 …하다.

> **so + 형용사 / 부사 + that절 vs. such + (형용사) + 명사 + that절**
>
> that 앞에 명사가 있으면 such를 쓰고, that 앞에 명사가 없으면 so를 쓴다고 생각하면 편리하다.

Kantz and Schreiber write **so** well **that** they make many complex ideas appear straightforward.
칸츠와 슈라이버는 아주 훌륭하게 글을 잘써서 많은 복잡한 아이디어가 잘 전달되도록 만든다.

Vermont has **such** nice winter **that** many people want to have their vacations there.
Vermont 주는 너무 아름다운 겨울을 가지고 있어서 많은 사람들은 거기서 그들의 휴가를 보내기를 원한다.

★ 단, many 앞에는 항상 so가 답이다.

There are **so many** things to do **that** they should work over the weekend.
너무 할 일이 많아 그들은 주말 동안 일해야 한다.

Part 5&6 유형분석 | 부사절 1

출제유형 1 부사절은 문장의 맨 앞이나 맨 뒤에서 주절을 수식한다.

문장의 맨 앞이 빈칸이고, 콤마 뒤에 주절이 나오면 빈칸엔 부사절을 이끄는 접속사가 답이다.

------- the factory was founded in 1990, none of the workers interviewed knew about the existence.

(A) But (B) Yet
(C) Although (D) Meanwhile

해설 동사는 was founded와 knew로 두 개. 즉, 절이 두 개이므로 빈칸에 접속사가 필요하다는 것을 알 수 있다. 보기 중 접속부사인 (D) Meanwhile을 제외한 나머지 보기가 모두 접속사지만, (A) But과 (B) Yet은 등위접속사로 문두에 나올 수 없으므로 정답은 부사절 접속사인 (C) Although. although는 '비록 ~일지라도'라는 의미를 가지며 though, even though, even if와 동의어이다.

해석 그 공장은 1990년에 세워졌지만 인터뷰한 노동자들 어느 누구도 그 실체에 대해 알지 못했다.

어휘 **found** (= **establish**) 설립하다 **interview** 인터뷰하다, 면접보다 **existence** 존재, 실체 **but** (= **yet**) 하지만 **although** 비록 ~일지라도 **meanwhile** 그 동안에

출제유형 2 Since 뒤에 과거시제가 나오고 주절이 현재완료이면 "이래로"의 뜻이고, 그렇지 않으면 "때문에"의 뜻이다.

since 가 '~때문에'라는 뜻으로 쓰이 때는 접속사만 가능하다, 따라서 전치사로 쓰일 경우는 오로지 '~이래로'의 뜻만 있다는 것을 기억하자.

------- these books are viewed, downloaded, or printed rather than checked out, they are always available and cannot be lost or damaged.

(A) Since (B) Thus
(C) Although (D) Therefore

해설 빈칸은 절과 절을 연결하는 접속사를 선택하는 문제이다. '도서들이 대출 이외의 모든 일들을 할 수 있기 때문에 항상 이용 가능하고 분실되거나 손상되지 않는다'라고 해석된다. 따라서 접속사가 있는 종속절에서 이유를 설명하고 있으므로 이유 부사절 접속사를 선택해야 한다. 보기 중 이유의 의미를 갖고 있는 접속사는 (A) Since 뿐이다. (B) Thus와 (D) Therefore는 접속부사로 접속사 기능이 없음을 알아두자.

해석 이 도서들은 대출되는 것 대신에, 열람되고, 다운로드 되고, 출력될 수 있기 때문에, 항상 이용 가능하고 분실되거나 손상될 일이 없다.

어휘 **view** 보다, 조사하다 **rather than** ~보다 오히려 **available** 이용 가능한, 시간이 있는 **damage** 손상시키다, 손해를 입다 **since** 주어 + 동사 ~이후로, ~때문에 **thus** (= **therefore**) 그러므로 **although** 주어 + 동사 비록 ~일지라도 **therefore** 그러므로

출제유형 3 부사절도 가능하고, 명사절도 가능한 whether

명사절도 이끌고, 부사절도 이끄는 접속사 whether. whether가 부사절을 이끌 땐 반드시 or가 함께 쓰여야 한다.

------- their purchases are expensive or not, all Brothers customers deserve the same high-quality service.

(A) As
(B) Whether
(C) if
(D) considering

해설 처음부터 콤마까지가 부사절이고, 접속사가 붙지 않은 all Brothers 이하가 주절이다. 보기 모두 부사절 접속사여서 해석해 보아 답을 골아야 한다. 뒤에 나오는 or not이라는 표현을 보면 더 빠르게 정답이 (B) Whether라는 것을 알 수 있다. Whether가 명사절을 이끌 땐 or(not)이라는 표현이 없어도 되지만, 부사절을 이끌 땐 꼭 있어야 한다.

해석 Brothers의 고객들은 그들의 구매가 비싸든 그렇지 않든, 똑 같은 고퀄러티의 서비스를 받을 자격이 있다.

어휘 **purchase** 구매 **deserve** ~을 받을 만 하다

출제유형 4 so that이 붙어서 나오면 '~하기 위해서'의 뜻이고, so와 that이 떨어져 있으면 ' 너무 ~해서 …하다'의 뜻이다.

The work has been rescheduled ------- that the rest of it can be completed in the new year.

(A) concerning
(B) since
(C) so
(D) over

해설 빈칸 뒤에 나오는 that과 어울려져 부사절을 이끌어야 한다. 따라서 so that(~하기 위해서)가 가장 잘 어울린다. 정답은 (C) so.

해석 나머지 업무가 새해에 완성될 수 있도록 하기 위해서 일정이 재조정 되었다.

★ Check Point so ~ that / such ~ that 예문

The program has been **so** organized **that** none of the talks have overlapped.
그 프로그램은 아주 잘 조직이 되어서 겹치는 토론이 없었다.

She is **such a** kind **woman** that everybody likes her.
그녀는 너무 친절해서 모두가 그녀를 좋아한다.

출제유형 5 의문사 뒤에 ever를 붙이면 부사절이 된다.

why를 제외한 모든 의문사 뒤에 ever를 붙이면 부사절로 쓰일 수 있고, '의문사 ~이더라도'란 뜻의 접속사가 된다.

------- uncomfortable they may be, drivers and passengers must wear seat belts while driving.

(A) Almost
(B) Nevertheless
(C) Seldom
(D) However

해설 절이 두 개라서 접속사가 필요하다는 사실만 알아도 정답이 (D) However임을 알 수 있다. however가 접속사로 쓰일 때는 문두에 나올 수 있으며 〈However + 형용사/부사 + 주어 + 동사~〉 형태를 취하고 '아무리 ~할 지라도'라고 해석한다. 그러므로 정답은 (D) However.

해석 아무리 불편할지라도 운전자와 승객들은 운전 중에 안전벨트를 착용해야 한다.

어휘 **uncomfortable** 불편한, 기분이 좋지 않은 **almost** 거의 **nevertheless** 그럼에도 불구하고 **seldom** (= **rarely**, **hardly**) 거의 ~ 않다 **however** + 형용사/부사 + 주어 + 동사 아무리 ~해도

★ Check Point 의문사 + ever : ~할 지라도 (부사절) = no matter 의문사

whatever (무엇이 ~할지라도) = no matter who
whichever (어느 것이 ~할지라도) = no matter which
whoever (누가 ~할지라도) = no matter who
wherever (어디서 ~할지라도) = no matter where
whenever (언제 ~할지라도) = no matter when

Whichever you choose, you can expect the highest quality.
= **No matter which** you choose, you can expect the highest quality.
당신이 어느 것을 선택할지라도 최상의 품질을 기대할 수 있다.

★ however(아무리 ~할 지라도) 뒤에 형용사와 부사가 바로 나온다.

However rich a man may be, he should not be idle. (접속사)
= **No matter how rich** a man may be, he should not be idle.
사람이 아무리 부자여도 게을러서는 안 된다.

★ however는 '그러나'의 뜻을 지닌 부사로도 쓰인다.

The situation is getting better day by day. **However**, the employment rate is still a serious issue.
최근 상황이 나날이 좋아지고 있지만 고용률은 여전히 심각하다.

Part 5 EXERCISE

1. ------- local community members are generally aware of the value of the natural ecosystem, they have a poor understanding of the processes that threaten its ecosystem.

(A) So that (B) Although
(C) Whether (D) Despite

2. The best way to find out ------- customers are satisfied is to ask them directrly.

(A) after (B) both
(C) whether (D) then

3. That contract is renewable for another three years, ------- the faculty member makes satisfactory progress toward earning tenure.

(A) as if (B) whereas
(C) whether (D) assuming that

4. David Green joined DAQ in 1992 and has served ------- the company's president since 2005.

(A) as (B) of
(C) in (D) on

5. ------- you know that the company dress is casual these days, you should remain dressed up.

(A) Yet (B) Even if
(C) Considering (D) In such

6. Most manufacturers did not have sufficient capital to accumulate large supplies of cheap raw tobacco ------- the price was low.

(A) what (B) which
(C) when (D) why

7. Most local businesses were reluctant to expand and add more jobs ------- business uncertainties mounted and the gap between large and small businesses also expanded.

(A) as (B) which
(C) if (D) that

8. ------- you are buying or selling a house, you should see your lawyer before signing the agreement through the real estate company.

(A) Due to (B) If
(C) So (D) That

9. The situation is getting worse, and will continue to deteriorate, ------- something is done.

(A) unless (B) also
(C) except (D) therefore

10. Our brand new interactive game was a critical success, ------- the sales figures didn't really reflect the brilliance of the game.

(A) as a result (B) even though
(C) that (D) so

Part 6 EXERCISE

Questions 11-14 refer to the following advertisement.

Job Hunting

Directly contacting employers is one of the most successful means of job hunting. Through library and Internet research, develop a list of potential employers in your desired career field. ------- **11.** call these employers and check their websites for job openings. Websites can tell you how to apply for a position or whom to contact.

------- **12.** no open positions are posted, do not hesitate to contact the employer, as you never know ------- **13.** a job might become available. Consider asking for an informational interview with people working in the career you want to learn more about. Ask them how they got started, what they like and dislike about the work, what type of qualifications are necessary for the job, and what type of personality succeeds in that position. In addition to giving you career information, they may be able to put you in contact with other people who might hire you, and they can keep you in mind ------- **14.** a position opens up.

11. (A) So
(B) Besides
(C) Therefore
(D) Then

12. (A) Even if
(B) And
(C) Moreover
(D) Despite

13. (A) when
(B) why
(C) how
(D) that

14. (A) that
(B) if
(C) since
(D) how

Questions 15-19 refer to the following credit-card statement and e-mails.

Jason Hsiao

Account number XXXX XXXX XXXX 1928 Jan 3 - Feb 2

Summary of Transactions		
Date	Merchant	Amount ($)
Jan 4	Tartine Bistro	25.19
Jan 4	Code Hair Salon	45.24
Jan 5	Wako Sushi Restaurant	123.19
Jan 15	Mary Electronics Co.	85.25
Jan 23	Max Digital Shop	9.75
Jan 28	Arirang Barbeque	35.10
Feb 1	Office Depot Store	88.45

To: customersupport@maryelectronics.com
From: jhsiao@email.com
Date: Feb 3
Subject: Question about charge

Dear whoever it may concern,

I was checking my credit card statement and realized discrepancy. I placed an order online for a camera from your store last month. Even though the price of the camera was $80, I was incorrectly charged the additional $5.25. I know that there is shipping charge of $10, but I used a special coupon that offers free shipping on all orders over $50. Can you please provide a refund of $5.25?

Thanks,
Jason Hsiao

To:	jhsiao@email.com
From:	slimon@maryelectronics.com
Date:	Feb 4
Subject:	Answer about your question

Hi Jason,

This is a response to your email sent on Feb 3. Thanks for reaching out about your order. I checked our records, and it seems you asked for expedited shipping. While our standard shipping rate has been waived due to your coupon, because you asked for same-day delivery, we added the additional charge. I apologize if there was any misunderstanding. Our expedited shipping charge is clearly stated on our website and in the order form. However, in order to make up for any confusion, we would like to offer you a $10.00 credit towards your future purchases that are over $50. Please just respond to this email when you are ready to use this discount, and I can send you the online coupon code to use.
Thank you for shopping at our store, and we look forward to continuing to serve you in the future. Thanks!

Best regards,
Sarah Limon
Customer Support Agent

15. What did Mr. Hsiao use his credit card for most often in ?

(A) Dining
(B) Electronics
(C) Personal care
(D) Office supplies

16. When did Mr. Hsiao place an order for the camera?

(A) Jan 4 (B) Jan 15
(C) Jan 23 (D) Feb 1

17. In the 2nd e-mail, what is the phrase "make up" in paragraphe 1, line 5 the closest meaning to?

(A) Provide (B) Dispute
(C) Compensate (D) Identify

18. How much does the expedited shipping cost?

(A) $5 (B) $5.25
(C) $10 (D) $50

19. What did Ms. Limon want to ask Mr. Hsiao to do ?

(A) Let her know when he wants the offer activated
(B) Tell her which website he ordered from
(C) Indicate whether he was satisfied with the shipping
(D) say Which online coupon he used

DAY 17

Part 3	• 3인 대화 문제
Part 5&6	• 부사절 2
Part 7	• 삼중 지문 (기사+이메일+안내도)

Part 3 3인 대화 문제

진단테스트

음성을 듣고 질문에 가장 알맞은 답변을 고르시오. 17-1.MP3

1. Who is the man?

(A) An engineer
(B) A driver
(C) A mechanic
(D) A security guard

2. What does the woman ask about?

(A) When the task will be finished
(B) Where the car should be picked up
(C) How much she should pay
(D) Whether she needs to rent a car or not

3. What does the man suggest Marian do?

(A) Drive her car
(B) Check the car engine
(C) Buy a new car
(D) Buy some replacement parts

4. Why is Makoto calling?

(A) To loan a book
(B) To make an appointment
(C) To inquire about a financial service
(D) To check an account balance

5. What does the woman offer to do?

(A) Transfer a call
(B) Send an application
(C) Postpone a meeting
(D) Hand out some forms

6. What does Mike suggest Makoto do?

(A) Mail a document
(B) Apply online
(C) Send an e-mail
(D) Buy another product

7. What does the woman ask about?

(A) Payment options

(B) Payment due

(C) The status of an order

(D) A shipping date

8. What product are the speakers talking about?

(A) Office furniture

(B) Printers

(C) Copy machines

(D) Computers

9. What does the man offer to do?

(A) Return the woman's call

(B) Send her an e-mail

(C) Check the woman's phone number

(D) Cancel the order

✔ 진단테스트 해설

Questions 1 through 3 refer to the following conversation with three speakers.

M: Hello, you must be Jen. **You say that your engine is making a strange sound?**	남: 안녕하세요. Jen이시군요. 엔진에서 이상한 소리가 난다고 하셨죠?
W1: That's right. Every time I drive, I hear a funny noise coming from the engine.	여1: 네. 운전을 할 때마다 희한한 소리가 엔진에서 들립니다.
M: Hmmm. I think you might need to leave your car here for a few days for me to examine it.	남: 음. 제가 차를 살펴 볼 수 있도록 며칠 동안 여기에 맡기시는 편이 좋겠습니다
W1: **How long does it take to mend it?**	여1: 고치는 데 얼마나 걸리나요?
M: Marian, **can you check her engine and tell her how long it takes?**	남: Marian, 이 분 엔진 확인하고 얼마나 걸릴지 알려주실래요?
W2: No problem. Which one?	여2: 네, 어떤차죠?

1. (C)

Who is the man?	남자는 누구인가?
(A) An engineer	(A) 개발자
(B) A driver	(B) 기사
(C) A mechanic	(C) 정비사
(D) A security guard	(D) 경비원

해설 화자를 묻는 질문이므로 대화의 처음을 듣거나 혹은 다듣고 힌트구문으로 해결한다. 엔진의 소리에 대해 묻는 사람이므로 자동차 수리공이라는 것을 알 수 있다.

2. (A)

What does Jen ask about?	Jen이 무엇을 질문합니까?
(A) When the task will be finished	(A) 언제 작업이 끝날것인지
(B) Where the car should be picked up	(B) 어디서 차를 픽업할 것인지
(C) How much she should pay	(C) 얼마를 지불해야 하는지
(D) Whether she needs to rent a car or not	(D) 여자가 차를 렌트해야 하는지

해설 여자가 질문하는 것을 묻고 있으므로 여자의 질문에서 정답을 찾아야 한다. 여자의 말속에서 How long does it take to mend it? 부분의 질문에서 얼마나 시간이 걸리는 지를 묻고 있으므로 일이 끝나는 시간을 묻는다는 A번을 정답으로 골라야 한다.

3. (B)

What does the man suggest Marian do?

남자는 매리엔에게 무엇을 하라고 제안하는가?

(A) Drive her car
(B) Check the car engine
(C) Buy a new car
(D) Buy some replacement parts

(A) 차를 운전해라
(B) 차의 엔진을 확인해라
(C) 새차를 구입해라
(D) 교체 부품을 구입해라

해설 남자가 매리엔에게 제안하는 것을 묻고 있으므로 남자의 말속에서 매리엔의 이름과 제안의 표현을 찾는다. 남자의 말속에 Marian, can you check her engine and tell her how long it takes? 제안의 표현 뒤에 있는 check her engine을 듣고 정답을 고를 수 있다.

Questions 4 through 6 refer to the following conversation with three speakers.

W: Hello, Clarkson Bank. How may I help you?	여: 안녕하세요. 클락슨 은행입니다. 무엇을 도와드릴까요?
M1: Hello, This is Makoto Abe and **I'm calling to ask about getting a loan for a new business.**	남1: 안녕하세요. 저는 마코토 아베입니다. 새로운 사업을 위한 대출을 받는 것에 대해 묻기 위해 전화했어요.
W: **I can't handle it so I'll put you through our loan officer.**	여: 저는 그것을 도와드릴수가 없네요. 전화를 대출 매니저에게 돌려드릴게요.
M: sure.	남1: 네
M2: Mike is speaking. What can I do for you?	남2: 마이크입니다. 무엇을 도와드릴까요?
M1: I want to get a loan for my new business, and I was wondering if there is a way that I could apply this online.	남1: 저는 새로운 사업을 위한 대출을 받고 싶은데요. 온라인으로 신청할 수 있는 방법이 있는지 궁금합니다.
M2: I'm afraid not, Makoto. But **I can send you the form online** and then you should mail the filled out form to us. Don't forget to sign the form with handwriting.	남2: 안타깝게도 없네요.마코토. 하지만 제가 양식을 온라인으로 보내드릴게요. 양식을 채우셔서 저희에게 우편으로 보내주세요. 손으로 사인하는 것을 잊지마십시오.

4. (C)

Why is Makoto calling?

마코토는 왜 전화했는가?

(A) To loan a book
(B) To make an appointment
(C) To inquire about a financial service
(D) To check an account balance

(A) 책을 대출하려고
(B) 약속을 잡으려고
(C) 금융서비스에 대해 물어보려고
(D) 계좌 잔고에 대해 물어보려고

해설 전화의 목적을 묻는 질문의 경우 전화한 사람의 말에서 정답을 찾는다. I'm calling의 뒤에서 대출을 받는 것에 대해 궁금하다고 했으므로 정답은 C번이 된다. 대출이라는 loan이라는 단어를 듣고 A번을 고르지 않도록 주의한다.

5. (A)

What does the woman offer to do? 여자는 무엇을 제공해 주겠다고 하는가?

(A) Transfer a call (A) 전화를 돌려준다
(B) Send an application (B) 지원서를 보내준다
(C) Postpone a meeting (C) 미팅을 연기해준다
(D) Hand out some form (D) 양식을 나눠준다

해설 여자가 무엇을 제공하겠다고 하는가를 묻는 질문에 대해서는 I'll이 가장 중요한 힌트가 된다. I'll 뒤에서 put you through라는 표현이 전화를 연결해 주겠다는 표현이므로 정답은 A번이 된다.

6. (A)

What does Mike suggest Makoto do? 마이크는 마코토에게 무엇을 하라고 제안하는가?

(A) Mail a document (A) 서류를 우편으로 보내라
(B) Apply online (B) 온라인으로 지원해라
(C) Send an e-mail (C) 이메일을 보내라
(D) Buy another product (D) 다른 물건을 사라

해설 두명의 사람이름이 등장하므로 질문이 3인 대화임을 알려주는 결정적인 힌트이다. 따라서, Mike라는 남자가 하는 제안의 질문을 잘 들어야 한다. 마지막 남자가 마코토의 이름을 불렀으므로 이 사람이 마이크라는 것을 알 수 있고 따라서, 이 사람이 제안하는 우편으로 서류를 고르라는 것을 답으로 골라야 한다.

Questions 7 through 9 refer to the following conversation with three speakers.

W: Hi, this is Alice Miller from ECG Company. I'm calling about the ten copiers we ordered two weeks ago. **Can you tell me the status of our order?**	여: 안녕하세요. 저는 ECG社의 Alice Miller 입니다. 2주전에 주문했던 10대의 복사기 관련해서 문의 차 전화 드립니다. 주문 진행 상황에 관해 알려주실 수 있으세요?
M1: Oh sure, Ms. Miller. Your order has been sent to our shipping department a week ago. It was Wednesday, last week.	남1: 물론입니다. Miller양. 그 주문 건은 일주일 전인 지난주 수요일에 우리의 선적부서로 보내졌습니다.
W: Oh, great. **And did the copiers leave the shipping department?**	여: 네. 알겠습니다. 그럼 그 복사기들이 선적부서를 출발했나요?
M1: I'll transfer your call to shipping department.	남1: 제가 배송부로 연결해 드리겠습니다.
M2: This is Jake from shipping department.	남2: 배송부의 제이크입니다.
W: I want to know when my order will be arrived.	여: 제 주문이 언제 도착할 예정인지 알고 싶어요.
M2: Can you give me an order number?	남2: 저한테 주문번호를 주실래요?
W: 908901	여: 908901입니다.
M2: Okay, **I'll check it right away and then call you back.**	남2: 네, 제가 확인을 빨리 해보고 전화드리겠습니다.

DAY 17

7. (C)

What does the woman ask about?
(A) Payment options
(B) Payment due
(C) The status of an order
(D) A shipping date

여자는 무엇에 관하여 문의하고 있나?
(A) 지급 방법
(B) 지불 날짜
(C) 주문 상태
(D) 선적 날짜

해설 여자가 무엇에 관해 묻고 있는 지를 물었으므로 여자의 말에서 정답이 나온다. 주의하자: ask for 요청하다, ask about 질문하다. 어떤 전치사가 붙는가에 따라 의미가 바뀌므로 잘못 해석하지 않도록 주의한다. 여자가 첫번째 말에서 주문에 대해 질문하고 있으므로 주문의 상태가 정답이 된다.

8. (C)

What product are the speakers talking about?
(A) Office furniture
(B) Printers
(C) Copy machines
(D) Computers

화자는 어떤 제품에 대해 이야기하고 있는가?
(A) 사무실 가구
(B) 프린터기
(C) 복사기
(D) 컴퓨터

해설 두 사람이 이야기 하고 있는 주제를 묻고 있으므로 대화의 첫부분에서 정답이 나올 것이다. 대화 첫부분에 여자가 ten copiers에 대해 언급하고 있고 남자가 다시 반복하고 있으므로 정답이 된다.

9. (A)

What does Jake offer to do?
(A) Return the woman's call
(B) Send her an e-mail
(C) Check the woman's phone number
(D) Cancel the order

Jake가 제안한 것은 무엇인가?
(A) 여자에게 다시 전화하기
(B) 여자에게 이메일을 보내기
(C) 여자의 전화번호를 확인하기
(D) 주문 취소

해설 Jake가 무엇을 해주겠다고 하는 지를 묻고 있으므로 Jake의 말 속에서 제안의 표현을 가진 것이 정답으로 나올 것이다. 두번째 남자 Jake의 말속에 I'll이라고 하는 미래의 제안 표현이 있으므로 이 부분뒤에 있는 check and call을 정답으로 골라준다.

Part 3 | 3인 대화 문제 해결하기

Part 3에서의 3인 대화 문제

포인트 1 3인 대화 문제의 Secret Point!

남자 둘 여자 하나, 혹은 여자 둘 남자 하나의 대화형태가 매회 시험에서 1~2개씩 등장한다. 이 경우 한 명이 등장하는 성별이 보통은 중요한 키를 쥐고 있으며 두 명씩 등장하는 사람들의 경우 본인의 이름이 들리는 경우에만 정답을 말할 수 있음을 기억한다. 따라서, 질문 속에서 사람의 이름이 주어로 등장하는 경우나 men, women 등의 복수가 등장하는 경우 3인 대화를 의심하고 주의해서 들어야 한다. 하지만, 주로 정답은 두 명의 대화 속에서만 등장하고 세번째 사람은 역할 없이 끝나는 경우도 흔하므로 기본적인 문제 풀이법은 두 명이 등장하는 대화의 Part 3와 동일하다.

포인트 2 3인 대화 문제 풀이법

▶ 1단계 → 질문 속에서 주어가 사람의 이름 혹은 질문과 보기에 men/women이 등장하면 3인 대화일 수 있음을 생각한다.

▶ 2단계 → 대화 시작 전 refer to the following conversation with three speakers가 나오면 3인 대화이므로 주의한다.

▶ 3단계 → 기본적인 전 – 중 – 후반부로 나뉘는 문제의 패턴은 두 명의 대화와 동일하다.

포인트 3 3인 대화 문제임을 알려주는 질문 속 힌트

Why does Katherine ask Luna to do?

What are the men working on?

Where are the women heading to?

What will the woman give Ms. Johnson?

포인트 4 3인 대화 문제 푸는 문제의 정답위치와 정답 힌트

▶ 문제의 특성 파악하기

■ 문제의 위치는 어디인가?

일반 두 명의 대화와 마찬가지로 대화의 전반부에서 주제 / 화자/ 장소 문제가 중반부에서 키워드 문제가 그리고 후반부에서 미래와 제안의 문제가 등장한다.

■ 정답의 위치는 어디인가?

세 명이 등장한다고 해도 두 명의 대화와 전혀 다른 것이 없다. 다만 질문 속에서 사람의 이름이 등장하는 경우, 그 사람의 이름이 들린 후에 정답이 나온다는 것을 기억하고 사람의 이름이 나올 때 집중한다.

▶ 정답을 알려주는 결정적인 힌트

- 문제 속에 사람의 이름으로 주어가 나오는 경우를 주의한다.
- 문제와 보기 속에서 men과 women이 나오면 3인 대화를 의심한다.

| 예제 |

17-2.MP3

Questions 1 through 3 refer to the following conversation.

W: Hi, Jimmy and Karl. Are you planning to join the company outing this weekend?

M1: Well, I cleared my schedule open for the picnic, but I hear it's going to rain that day. I hope it doesn't get rescheduled.

M2: I'm sure it won't. I heard there's a covered area in the park, so we are still going to hold the picnic even if it rained that day.

W: Great. I heard there's also going to be a jazz band playing on Saturday afternoon.

여: 안녕, Jimmy. 이번 주말 회사 야유회에 참석할 예정이니?

남1: 그 건으로 스케쥴을 비워 놓기는 했는데 그날 비가 올 거라는 예보를 들었어. 부디 계획이 변경되지 않기를 바랄 뿐이야.

남2: 그럴 일은 없을 거야. 그 공원에 천막을 씌운 장소가 있다고 들었어. 그래서 만약 그날 비가 오더라도 야유회를 진행할 수 있을 것 같아.

여: 좋아. 오후에는 재즈 밴드의 연주도 있을 예정이래.

• **reschedule** 스케쥴을 다시 잡다 • **clear the schedule** 스케쥴을 비우다

1. (A)

What are the speakers discussing?

(A) A company picnic
(B) A business trip
(C) An upcoming meeting
(D) A budget report

화자들이 이야기하고 있는 것은 무엇인가?

(A) 회사 피크닉
(B) 출장
(C) 다가올 미팅
(D) 예산 보고서

해설 두 사람이 이야기하는 주제를 묻고 있으므로 대화의 첫부분에서 정답을 찾는다. 대화의 첫부분에서 company outing이 언급되고 있으므로 동의어인 company picnic이 정답이 된다.

2. (B)

What might be the problem?

(A) The revised schedule
(B) The weather
(C) The place
(D) The due date

무엇이 문제가 될 수 있나?

(A) 변경된 스케쥴
(B) 날씨
(C) 장소
(D) 최종기한

해설 문제가 될 수도 있는 것을 묻고 있다. 질문속에서는 별다른 힌트가 없으므로 보기속에 나온 내용들과 연결시켜 문제를 풀어준다. 문제를 묻는 것이므로 부정적인 단어들이나 혹은 직접적으로 worry, concern, problem등과 함께 답이 나올 수 있음을 기억한다. 정답을 가지고 오는 부정적 어구인 but이 들렸으므로 뒷 부분을 잘 듣는다. But 뒤에 나오는 rain을 포함하는 날씨가 정답이 된다.

3. (D)

According to the woman, what will happen on Saturday?

(A) The hours are changed.
(B) There will be another event.
(C) Employees will leave the company early.
(D) A band will play music.

여자에 의하면, 토요일에 일어날 일은 무엇인가?

(A) 영업시간이 바뀔 것이다
(B) 다른 행사가 있을 것이다.
(C) 직원들이 일찍 일을 끝낼 것이다.
(D) 밴드가 음악을 연주할 것이다.

해설 여자의 말에 따르면, 'I heard there's also going to be a jazz band playing on Saturday afternoon.'이라고 언급했으므로 여자의 말에서 정답이 나온다. 질문 속에 시간의 표현인 Saturday가 나왔으므로 대화 속에 키워드인 토요일이 들리는 부분을 듣고 문제를 푼다. 토요일 오후라는 시간의 키워드 앞에 재즈밴드의 공연이 있을 것이라고 했으므로 정답은 밴드의 공연이 된다.

바쁠 땐 이것만이라도 꼭! | **급하다. 시험에서 3인대화 문제 90% 맞히기**

1. 주제/ 화자/ 장소는 전반부를 듣는다.
2. 미래문제는 후반부에서 나온다.
3. 사람의 이름이 문제속에 있으면 이름이 가장 중요한 키워드이다.
4. 세번째 사람은 이름이 언급되지 않으면 대부분 아무 역할이 없다.

Part 3 EXERCISE

음성을 듣고 질문에 가장 알맞은 답변을 고르시오.

17-3.MP3

1. What are the speakers talking about?
   (A) To welcome a new employee
   (B) To honor an employee
   (C) To organize an annual party
   (D) To prepare a family gathering

2. What will happen on Friday?
   (A) A present will be given.
   (B) There will be a big announcement.
   (C) An office will be temporarily closed for an event.
   (D) The men are going to go a business trip to India.

3. Where will the event be held?
   (A) A restaurant
   (B) A hotel
   (C) An office
   (D) A conference room

---

4. Where is the conversation taking place?
   (A) A restaurant
   (B) A parking garage
   (C) An electronics store
   (D) An office

5. What is the woman's problem?
   (A) Her apartment is too old.
   (B) She didn't get enough rest.
   (C) Her laptop isn't working well.
   (D) She needs a new computer.

6. Why does the Jannet say, "Hyunseo used to work at the tech supprt"?
   (A) To inform the woman of hyunseo's job
   (B) To suggest that Hyunseo can offer a help.
   (C) To nominate Hyunseo for an award
   (D) To propose a new position

---

7. What are the speakers discussing?

(A) Store hours
(B) Taxi fare
(C) The restaurant's food quality
(D) The details of a seminar

8. What does the woman ask Daren to do?

(A) To rent some chairs
(B) To buy some furniture
(C) To make a reservation
(D) To order more food

9. What will the woman provide?

(A) A credit card number
(B) A registration number
(C) A telephone number
(D) An address

Part 5&6 부사절 2

진단테스트

1. During the fire drill, employees were instructed to leave in a straight and orderly fashion when ------- the premise.
   (A) exit (B) exits
   (C) exited (D) exiting

2. ------- to last quarter's results, this month showed the company increased its sales by ten percent.
   (A) Compared (B) Comparing
   (C) Comparative (D) Comparison

3. First Tech Electronics sold 5 million mobile phones, ------- its position as the world's largest mobile phone manufacturer.
   (A) reconfirm (B) reconfirmed
   (C) reconfirming (D) be reconfirmed

4. You are entitled to compensation for time spent waiting ------- on duty.
   (A) while (B) during
   (C) after (D) still

5. All presentation documents for the regular monthly meeting are provided in PDF format unless ------- indicated.
   (A) somehow (B) otherwise
   (C) beside (D) else

★ 정답 및 해설은 〈Part 5&6 유형분석 – 부사절 2〉에서 확인하세요.

DAY 17

✔ 이것만은 꼭!

1. 분사구문

부사절 속에 나오는 주어와 동사는 주절과 같을 경우 주어를 생략하고 동사를 동사원형 + ing로 바꾼다.

Completing and signing it, please return the contract to us immediately.
부사
완성하여 사인한 후에 그 계약서를 우리에게 바로 돌려보내주십시오.

(1) 일반동사가 있는 분사구문

주어를 지우고 동사는 -ing로 바꾼다. 접속사는 있어도 없어도 상관없다. 접속사의 의미를 강조할 경우에 주로 쓴다.

When you send your questions by fax, please include your name and telephone number.
→ When sending your questions by fax,

(2) be동사 있는 분사구문

주어를 지우고 be 동사에 -ing를 붙이면 being이 되는데, 주로 생략한다. 접속사는 써도 되고 안써도 된다.

As it is located near the sea, the hotel has a great view.
→ (As) (being) located near the sea, the hotel has a great view.
→ As located near the sea, the hotel has a great view.

★ 부사절 속에 나오는 주어와 be동사는 주로 생략된다.

부사절 접속사 뒤에 S + be동사가 빠지면	
부사절 접속사 (S + be) 형용사	Although young, he is smart.
부사절 접속사 (S + be) ~ing	While studying English,
부사절 접속사 (S + be) p.p.	As scheduled,

(3) 관용구처럼 쓰이는 빈출 분사구문

Before/After + -ing~, S + V	~하기 이전/이후에
When/While + -ing~, S + V	~할 때 / ~하는 동안
Once + p.p., S + V	일단 ~되면
Unless + p.p., S + V	만일 ~되지 않으면
As + p.p., S + V	~된 대로

Unless otherwise noted, the seminar will be held at 3 o'clock Friday.
달리 적혀있지 않으면, 세미나가 금요일에 3시에 열릴 것이다.

As scheduled, the seminar will be held. 예정대로, 세미나가 열릴 것이다.

(4) 완료 분사구문은 본동사의 시제보다 한 시제 앞선 경우에 쓴다.

[Having p.p. + 목적어], 주어 + 동사 + 목적어
↳ 부사역할: ~하고 나서

After it had looked over all applications for the position of the assistant manager, the selection committee chose five prospective candidates.
선별위원회는 부매니저 직책을 위한 모든 지원서를 검토하고 나서, 다섯 명의 가능성 있는 다섯 명의 후보자를 선택했다.

= **Having looked over** all applications for the position of assistant manager, the selection committee chose five prospective candidates.

2. 접속부사

(1) 접속부사는 접속사가 아니다. (뜻만 접속사, 품사는 부사)

그런데 접속이라는 단어를 붙이는 이유는 뜻이 접속사와 유사해서 주로 절을 수식하기 때문이다.

I will have lunch early. **Otherwise**, I will be late for the meeting.
나는 내일 점심을 일찍 먹을 거야. 그렇지 않으면 회의에 늦을 거야.

(2) 접속부사의 위치

절과 절을 연결할 수 없다는 것을 염두해 두고 위치를 확인하자.

S V O. _____, S V O. → 절을 앞에서 수식
S V O, _____. → 절을 뒤에서 수식
S V O; _____, S V O. → 세미 콜론으로 연결된 절 앞에서 수식
↳ 세미콜론 (뜻이 없는 접속사)
S V O 접속사 S _____ V O. → 동사수식
S V O 접속사 _____ S V O. → 절을 앞에서 수식

The demands for the new products has risen significantly and the company has **therefore** (동사수식) decided to hire additional help.
새로운 제품에 대한 수요가 상당히 증가했고 회사는 그러므로 추가 지원을 고용하기로 결정했다.

(3) 접속부사의 종류

접속부사는 앞 문장의 내용을 부가 설명(추가, 대조, 전환, 결과)하는 기능을 하는 부사이다.

양보 (그럼에도 불구하고, 그러나)	however, nevertheless, nonetheless, still
결과 (따라서, 결과적으로)	accordingly, consequently, hence, therefore, thus, as a result, finally
부가 (더욱이, 게다가)	besides, furthermore, moreover, above all, in addition
추가 설명 (사실상)	indeed, in fact
대조 (반대로, 반면에)	contrarily, in contrast
순서 (그 다음에, 그 후에)	then, therefore
가정 (그렇지 않다면, 달리, 그와는 다르게)	otherwise
화제 전환 (그런데, 그건 그렇고)	(in the) meantime, meanwhile, by the way

Part 5&6 유형분석 | 부사절 2

출제유형 1 부사절 접속사 뒤에 주어가 없으면 동사를 ing로 바꾼다.

접속사 뒤에 주어 없이 동사만 나올 수 는 없다. 주어 동사가 모두 있거나, 주어가 없는 경우 동사를 V+ing 로 바꾸어야 한다.

During the fire drill, employees were instructed to leave in a straight and orderly fashion when ------- the premise.

(A) exit (B) exits
(C) exited **(D) exiting**

해설 접속사 when 다음에 주어와 동사가 있어야 하는데, 주어가 없다면 현재분사형을 찾으면 된다. 뒤에 나오는 the premise는 현재분사 existing의 목적어이다. 따라서 정답은 (D) exiting이다.

해석 소방 연습을 하는 동안에, 직원들은 건물을 나갈 때 질서정연하게 나가도록 지시받았다.

어휘 **exit** 나가다 **premise** 건물내, 구내 **fire drill** 소방 훈련

출제유형 2 부사역할을 하는 분사구문의 형태는 목적어의 유무로 결정한다.

부사자리에 올 수 있는 부사구는 부정사, 전치사구, 분사구문 등이 되는데, 분사구문의 형태는 뒤에 목적어가 있으면 -ing, 없으면 p.p.이다.

------- to last quarter's results, this month showed the company increased its sales by ten percent.

(A) Compared **(B) Comparing**
(C) Comparative (D) Comparison

해설 빈칸부터 콤마까지는 부사 자리이다. 따라서 부사상당어(to부정사, 전치사구, 부사절, 분사구문)가 빈칸에 와야 한다. 형용사 (C) Comparative(비교의)와 명사 (D) Comparision(비교)는 실격. 과거분사 (A) Compared와 현재분사 (B) Comparing 중 뒤에 목적어를 취할 수 있는 현재분사 (B) Comparing이 정답이다.

해석 지난 분기의 결과와 비교해서 이번 달은 회사가 10퍼센트까지 판매를 증가시켰음을 보여주었다.

어휘 **quarter** 분기 **compare** 비교하다

★ Check Point 부사 역할을 하는 부사 상당어들

________, 주어 동사 목적어.

① to 부정사	**To stay competitive**, Star Electronics will occasionally lower the prices of their laptop computers. 경쟁력을 가지기 위해, Star Electronics 사는 랩탑 컴퓨터의 가격을 때대로 낮출 것이다.
② 전치사구	**In conclusion**, our firm will have to pay more attention to the needs of customers. 결론적으로, 우리회사는 고객의 요구에 좀 더 많은 관심을 기울여야 할 것이다.
③ 부사절	**If you do not want to be included on our marketing list**, simply indicate that in the box provided below by checking it. 우리 마케팅 리스트에 포함되는 걸 원치 않으시면, 아래에 박스에 간단하게 표시해 주세요.
④ 분사구문	**Designing the marketing brochure**, be sure to use the new company logo instead of the old one. 마케팅 책자를 디자인 할 때, 예전 것 대신에 새로운 회사 로고를 사용하는 것 잊지마세요.

출제유형 3 분사구문이 뒤에 나올 땐 'and' 의 의미로 보자.

주어 동사 목적어 그리고 콤마 다음에 나오는 분사구문은 주절을 수식하는 부사의 의미로 보지 말고, '그래서, 그결과'의 의미로 해석해보자.

First Tech Electronics sold 5 million mobile phones, ------- its position as the world's largest mobile phone manufacturer.

(A) reconfirm　　(B) reconfirmed

(C) reconfirming　　(D) be reconfirmed

해설 문장의 동사가 sold이고 접속사가 없기 때문에 빈칸에 또다른 동사는 올 수 없다. 따라서 (A) reconfirm, (D) be reconfirmed는 실격. 빈칸 이후가 부사의 역할을 할 수 있으므로 부사절 축약 분사구문도 답이 될 수 있다. 따라서 현재분사 (C) reconfirming과 과거분사 (B) reconfirmed 중에서 답을 골라야 하는데, 빈칸 뒤에 목적어 (its position) 이 있으므로 정답은 현재분사 (C) reconfirming이다.

해석 First Tech Electronics 사는 5백만개의 무선 전화기를 팔았고, 그 결과 세계에서 가장 큰 무선전화기 제조업체의 입지를 재 확인했다.

어휘 **mobile** 이동할 수 있는 **manufacturer** 제조업자

The survey revealed more first-time customers today, **continuing** yesterday's trend that the manager gives credit to new renovations. **= and continued**

설문조사는 오늘 더 많은 새로운 고객들을 발표했고 그 결과, 매니저가 새로운 혁신 덕분이라고 했던 어제의 추세를 계속 이어갔다.

출제유형 4 (전치사/접속사) + p.p./전치사구/형용사, 주어 + 동사 ~

빈칸 뒤에 과거분사(p.p.), 형용사, 전치사구가 올 경우 대개는 짧은 단어라 전치사를 답으로 취하는 경우가 많다. 그러나, 부사절 접속사 뒤에 '주어 + be동사'가 생략될 수 있다는 점을 고려하면 빈칸은 접속사의 자리임을 알 수 있다.

You are entitled to compensation for time spent waiting ------- on duty.

(A) while　　(B) during
(C) after　　(D) still

해설 전치사는 전치사구를 취할 수 없으므로 전치사 (B) during은 실격이고, 부사 (D) still은 전치사구를 수식할 수 있고, (A) while과 (C) after는 부사절 접속사도 주어와 be 동사가 생략될 경우에 전치사구를 취할 수 있으므로, 해석해서 알맞은 답을 골라야 한다. '근무하는 동안에' 라고 해야 어울리므로 정답은 (A) while이다.

해석 당신은 근무하는 동안 기다리느라 쓰여진 시간에 대한 보상을 받을 자격이 있다.

어휘 **spend** 시간 **in ~ing** : ~하는 데 시간을 보내다

★ Check Point 접속사 + 전치사구, 형용사

접속사 + 전치사구
When in the market for purchasing a product, customer might be surprised because of an unexpected event.
물건을 사려고 가게에 있을 때, 고객들은 기대하지 않았던 이벤트 때문에 놀랄 것이다.

접속사 + 형용사
Many organizations require their employees to contact them **while absent** from work.
많은 기관들은 그들의 직원이 결근한 동안 계속 연락을 하도록 요구한다.

출제유형 5 접속사와 뜻이 비슷한 부사

접속부사는 접속사가 아니라서 절과 절을 연결할 수는 없지만 접속사와 뜻이 비슷해서 혼동하기 쉽다.

All presentation documents for the regular monthly meeting are provided in PDF format unless ------- indicated.

(A) somehow　　(B) otherwise
(C) beside　　(D) else

해설 빈칸 뒤에 나오는 indicated를 동사의 과거형이 아니라 분사형이다. 이유는 주어도 없고, 목적어도 없기 때문이다. 그렇다면 부사절 접속사 (주어+be) p.p.의 형태로 접근해야 하고, 보기에 나오는 품사들은 부사라서 얼마든지 절 앞에 올 수 있다. 따라서 해석해 보아야 한다. 의미상 '달리 지시되지 않는다면(=별도의 지시가 없는한) 서류는 pdf 파일로 제공된다'라고 해야 어울리므로 정답은 (B) otherweise(달리)이다.

해석 정기 월례 회의를 위한 모든 프리젠테이션 자료는 별도의 지시가 없는 한 PDF 형태로 제공된다.

어휘 **regluar** 정기적인, **format** 서식 **indicate** 나타내다 **otherwise** 달리, 그렇지않으면, 그와는 다르게

★ Check Point 의미가 유사한 접속부사와 접속사를 구분하자

의미	접속부사	접속사
~하지 않으면	otherwise	unless
그러나	however	but / although
그러므로	therefore	so

Although he went to the store, he did not buy anything. 〈종속접속사〉
그는 갔음에도 불구하고, 아무것도 사지 않았다.

= He went to the store, **but** he did not buy anything. 〈등위접속사〉

= He went to the store; **however**, he did not buy anything. 〈접속부사〉

Part 5 EXERCISE

1. When ------- with a challenge that can cause stress, try to direct your focus on solutions rather than on dwelling on the stress.

   (A) faces (B) face
   (C) facing (D) faced

2. ------- speaking, it is best not to include phone numbers in your commercials.

   (A) General (B) Generally
   (C) Generalize (D) Generalization

3. Recently -------, Mr. Levine is responsible for overseeing trading risk in his department.

   (A) promote (B) promoted
   (C) promoting (D) promotion

4. ------- all the items on the agenda at the beginning of the quarterly meeting, the CEO expressed his concern over the economic crisis the company is facing.

   (A) Covered (B) Covers
   (C) Cover (D) Covering

5. ------- with other businesses, Sun Mermaid experienced a significant increase in income and remuneration.

   (A) Compared (B) Comparing
   (C) Compares (D) Comparisons

6. Next semester, we will be closing the lab for the summer ------- we can clean up the lab.

   (A) so that (B) despite
   (C) when (D) because

7. The juvenile court work has grown ------- large during the last year that it requires the attention of three employees.

   (A) much (B) such
   (C) so (D) very

8. The New Chem pharmaceutical company earned 500 million dollars last year, ------- it to fund its upcoming expansion.

   (A) allowance (B) allowable
   (C) allowing (D) allowed

9. Once -------, the new company will not only be a premier company, but one of the largest U.S. public life insurance companies.

   (A) are merged (B) merged
   (C) merge (D) have merged

10. Groups are welcome to rearrange the tables and chairs, but must put them away afterwards ------- the meeting room is left clear for the next group.

   (A) in order to (B) so that
   (C) because of (D) just as

Part 6 EXERCISE

Questions 11-14 refer to the following email.

From: Ralf Golden, General Manager, Princess Coffee Chain
To: All store managers
Subject: Employee Training

We plan to ------- (11.) close our 3,500 U.S. stores on Tuesday for three hours due to employee training. The in-store training program, which ------- (12.) at 5:30 p.m. local time, will foster enthusiasm in our 8,300 U.S. employees and improve the quality of drinks made by Princess baristas. We believe that ------- (13.) is a bold demonstration of our commitment to our customers and a reaffirmation of our coffee leadership. Stores that normally stay open beyond 8:30 p.m. will resume service ------- (14.) the training session is finished.

Sincerely,

Ralf Golden
General Manager

11. (A) significantly
(B) habitually
(C) repetitively
(D) temporarily

12. (A) will begin
(B) began
(C) begin
(D) beginning

13. (A) another
(B) one
(C) this
(D) those

14. (A) since
(B) however
(C) so
(D) after

DAY 17

Questions 15-19 refer to the following article, e-mail, and directory.

Denver Business Daily - November

The Denver Beachwalk Mall is scheduled to open in the coming spring in early March. Already local businesses are filling up the space, and the building management expects the business to pick up fast. This is planned to be one of the biggest shopping malls in the area, and while there are other shopping malls in the city, this will be the first mall that is located right by the beach. The mall is expected to be home to variety of different businesses including retail stores, restaurants, and a movie theater.

While the rental space is almost filled up, there are still spaces open for businesses. The building management is hoping to get more out-of-town business owners to move. According to the rental manager Becky Long, this was by design. "We have more businesses that are new to the area than those who are local," she explained. "The Denver City Council offered a tax incentive for moving to the Denver Metropolitan Area. We are still a bit short of our goal to have 60% of our space rented out to out-of- town businesses. We are providing discount on the rent fees on businesses that are willing to move to our neighborhood."

The building management will be accepting applications for new businesses until the end of December. If you are a business owner interested in renting a space in the mall, you can contact Ms. Long at blong@beachwalkmall.com

To:	Becky Long <blong@personalmail.com>
From:	Tina Fern <tfern@denverbm.com>
Date:	November 29
Subject:	Space for rent

Dear Ms. Long,

I received your contact information from my friend Andrew Roberts, the owner of Camera Daily. He said he is going to rent a space in your Beachwalk Mall for his store. He mentioned that he was able to take advantage of great benefits that the mall is offering to out- of- town business owners who are interested in renting a space at the mall. I own a women's shoes business and currently have one retail store in the Michigan City, but I am considering expanding into the Denver area and renting a place near my friend's store if possible. If not available, I'd also be open to other areas as long as it's not next to a fashion retailer.

Could you please share a map or directory of the stores in the mall with information around availability as well as size and rental fees? That'll help me decide which location may best meet my needs. Thanks!

Tina Fern

Denver Beachwalk Mall Directory

Location 1 Camera Daily	**Location 3** 120m2 Rent Class A	**Location 5** 150m2 Rent Class A	**Location 7** Shoes Haven	**Location 9** Ice Cream Store
Entrance A	Walkway			
Location 2 Lora's Jeans	**Location 4** 120m2 Rent Class B	**Location 6** Cafe Bans	**Location 8** Lady's Fashion Boutique	**Location 10** 150m2 Rent Class A

15. What is the reason for writing this article?

(A) To explain why the opening of a mall is canceled
(B) To announce plans to stop construction of a new mall
(C) To learn about the new businesses that will open in Denver
(D) To invite nonlocal businesses to rent in a new mall

16. In the article, the phrase "pick up" in paragraph 1, line 3, is closest in meaning to

(A) increase (B) leave
(C) discount (D) open

17. What is true about the Denver Beachwalk Mall?

(A) It is the only shopping mall in Denver.
(B) It will be located directly next to the beach.
(C) It will include 75 businesses at launch.
(D) It will open for business at the end of December.

18. What can you infer about Mr. Roberts?

(A) He is friends with Mr. Long.
(B) His business will be closed for construction.
(C) He is renting at a reduced rate.
(D) His store is right next to a food restaurant.

19. What location will Ms. Fern most likely be interested in renting?

(A) Location 3 (B) Location 4
(C) Location 5 (D) Location 10

DAY 17

DAY 18

Part 4	• 구조별 문제 풀이법
Part 5&6	• 관계사절
Part 7	• 삼중 지문 (지시사항+편지+문제메시지)

Part 4 구조별 문제 풀이법

진단테스트

음성을 듣고 질문에 가장 알맞은 답변을 고르시오. 18-1.MP3

1. What is the report mainly about?
   (A) Weather report
   (B) Business news
   (C) Entertainment News
   (D) Traffic report

2. According to the report, what will happen tomorrow?
   (A) The weather will be rainy.
   (B) A new movie will be started.
   (C) A road work will be finished
   (D) The store will be closed

3. When will the next report occur?
   (A) In 15 minute
   (B) In 25 minute
   (C) In 30 minute
   (D) In 50 minute

4. What is the advertisement for?
   (A) An art museum
   (B) A furniture store
   (C) A grocery store
   (D) A clothing shop

5. What does the advertiser offer twice a year?
   (A) Free delivery
   (B) New products
   (C) Discounted prices
   (D) Free admission

6. When does the special offer end?
   (A) Monday
   (B) Friday
   (C) Saturday
   (D) Sunday

Flight schedule		
Flight	**Time**	**Destination**
KN011	18:30	New York
ANE2903	19:20	Los Angeles
NA189	20:00	Indianapolis
EM0090	21:20	Miami

7. Look at the graphic. Which flight does the announcement refer to?

(A) KN011 (B) ANE2903
(C) NA189 (D) EM0090

8. What is the cause of the problem?

(A) Bad weather
(B) Mechanical problems
(C) Heavy air traffic
(D) Delayed incoming flights

9. What is provided for these customers?

(A) Complimentary beverages
(B) Full refund
(C) Upgrading seats
(D) Hotel accommodations

진단테스트 해설

Questions 1 through 3 refer to the following traffic report.

And now, **the afternoon traffic update.** The traffic is heavily congested on highway 12. So if you're heading north, highway 33 will be a better choice. Looking now at the downtown area, Queen Street is still under construction and closed to all traffic at the moment. The good news is that **the construction is expected to be completed tomorrow** and the road will reopen by the day after tomorrow. You'd better choose a different route. **We'll come back with the updated traffic report in 15 minutes.**

자 그럼, 오후 교통 방송을 보내드리겠습니다. 12번 고속도로는 교통 체증이 심각합니다. 따라서 만약에 북쪽으로 가실 거라면 33번 고속도로가 더 나은 선택이 되겠습니다. 도심 지역을 살펴보면 Queen street이 여전히 공사중이어서 현재 모든 교통을 통제하고 있습니다. 좋은 소식은 이 공사가 내일 끝날 예정이어서 모레부터는 그 길이 다시 열린다는 것입니다. 다른 길로 돌아가시는 게 좋을 것 같습니다. 저희는 다음 교통방송으로 15분후에 찾아 뵙겠습니다.

1. (D)

What is the report mainly about?

(A) Weather report
(B) Business news
(C) Entertainment News
(D) Traffic report

리포트의 목적은 무엇인가?

(A) 날씨 방송
(B) 비즈니스 뉴스
(C) 오락 뉴스
(D) 교통 방송

해설 대화 맨처음에서 traffice update라고 말하고 있으므로 방송의 종류는 교통방송이란 것을 알 수 있다.

2. (C)

According to the report, what will happen tomorrow?

(A) The weather will be rainy.
(B) A new movie will be started.
(C) A road work will be finished
(D) The store will be closed

리포트에 따르면 내일은 어떤 일이 일어날 것인가?

(A) 비가 올 것이다.
(B) 새로운 영화가 시작될 것이다.
(C) 공사가 끝날 것이다
(D) 가게가 문을 닫을 것이다.

해설 tomorrow라는 시간 키워드 바로 앞에서 공사가 끝날 것이라고 했으므로 (C)를 정답으로 골라야 한다.

3. (A)

When will the next report occur?

(A) In 15 minute
(B) In 25 minute
(C) In 30 minute
(D) In 50 minute

언제 다음 리포트가 방송 되는가?

(A) 15분 후
(B) 25분 후
(C) 30분 후
(D) 50분 후

해설 다음 방송 간격은 대화 맨처음이나 맨 마지막에 나온다. 따라서 "15분 후에 돌아온다"는 마지막 말을 듣고 (A)를 정답으로 고른다.

Questions 4 through 6 refer to the following advertisement.

It's time for the **semi-annual sale** at **Morgan Furniture**. This week only everything in the store is 30 % off. 30 % off the **tables, beds, desks, closets**, and everything. All home furnishing is included like plates, tiles and so on. **The sale starts at 9 a.m. Monday and continues until 5 p.m. Sunday night.** Morgan Furniture is located on 5th avenue, near city hall. Hurry up. You cannot have this chance for another six months. This amazing deal only happens twice a year, so you don't want to miss the sale.

Morgan furniture 의 정기 세일 시간입니다. 단지 이번 주만 가게의 모든 물건들이 30% 세일합니다. 테이블, 침대, 책상, 옷장 그리고 모든 것들이 30% 세일입니다. 접시와 타일 등등을 포함한 모든 가구들이 포함되어 있습니다. 세일은 월요일 아침 9시에 시작해서 일요일 저녁 5시까지 계속됩니다. Morgan furniture 는 시청근처의 5번가에 위치하고 있습니다. 서두르세요. 우리는 앞으로 6개월동안 이번 기회를 가질 수 없습니다. 이 놀라운 가격은 단지 일년에 두 번만 일어납니다. 그러므로 이번 기회를 놓치지 마십시오.

4. (B)

What is the advertisement for?

광고는 무엇에 관한 것인가?

(A) An art museum
(B) A furniture store
(C) A grocery store
(D) A clothing shop

(A) 예술 박물관
(B) 가구점
(C) 식료품 가게
(D) 옷가게

해설 광고의 주제를 묻고 있으므로 대화의 처음에서 정답을 찾아준다. 대화의 첫부분에서 가구 가게라고 말하고 아래 가구들의 이름을 나열해 주고 있으므로 정답은 가구가 된다.

5. (C)

What does the advertiser offer twice a year?

광고하는 사람은 일년에 두번 무엇을 제공한다고 하는가?

(A) Free delivery
(B) New products
(C) Discounted prices
(D) Free admission

(A) 무료 배달
(B) 새로운 상품
(C)가격인하
(D) 공짜 등록

해설 일년에 두 번이라는 단어가 키워드가 될 것이다. 일년에 두 번이라는 단어는 semi annual 이나 혹은 every 6 months라는 단어와도 동의어라는 것을 기억하자. 일년에 두 번 세일이 있다고 했으므로 정답은 세일이 될 것이다. 세일과 같은 의미를 가지고 있는 discounting price가 정답이 된다.

6. (D)

When does the special offer end?

언제 특가 판매가 끝나는가?

(A) Monday
(B) Friday
(C) Saturday
(D) Sunday

(A) 월요일
(B) 금요일
(C) 토요일
(D) 일요일

해설 Special offer는 할인이나 혹은 무료 제공 등을 이야기 한다. 이 것이 끝나는 기간을 묻는 시간의 표현이므로 보기속에 나오는 시간들 중에서 끝나는 시간을 찾아주면 된다. 시작하는 날은 월요일 끝나는 날은 일요일이라고 했으므로 두개의 시간을 듣고 정답이 되는 것을 골라주면 된다.

Questions 7 through 9 refer to the following announcement.

Attention all passengers waiting to board to Los Angeles. All planned flights after 7 p.m. have been canceled, including 7:20 p.m. flight to Los Angeles, **due to current weather conditions**. The next available flight to LA will be tomorrow morning at 7 a.m. **Hotel accommodations and shuttle bus services will be provided.** Please speak to the check-in counter for further information. We sincerely apologize for your inconvenience.

Los Angeles로 가는 비행기 탑승을 기다리시는 승객 여러분 주목해 주십시오. Los Angeles로 가는 7시 20분 비행기를 포함한 7시 이후에 예정되어 있는 모든 비행기가 날씨 때문에 취소되었습니다. LA로 가는 다음 출발 가능 비행기는 내일 아침 7시 입니다. 호텔 숙박과 셔틀버스가 제공될 것입니다. 더 자세한 정보들은 check-in counter에 물어봐 주시기 바랍니다. 불편을 드려서 진심으로 죄송합니다.

7. (B)

Look at the graphic. Which flight does the announcement refer to?

(A) KN011
(B) ANE2903
(C) NA189
(D) EM0090

그래프를 보시오. 공지에서는 언급하는 것은 어떤 비행기인가?

(A) KN011
(B) ANE2903
(C) NA189
(D) EM0090

해설 그래프에서 보기속에 있는 직접적인 항공편이 아닌 주변의 정보를 듣고 정답을 찾아야 한다. 저녁 7시 20분에 출발하는 로스엔젤레스행 비행기가 결항이 되었다고 이야기하고 있으므로 해당 목적지와 시간을 19시 20분으로 변형 표기한 (B)번을 정답으로 골라야한다.

8. (A)

What is the cause of the problem?

(A) Bad weather
(B) Mechanical problems
(C) Heavy air traffic
(D) Delayed incoming flights

무엇 때문에 문제가 야기 되었는가?

(A) 나쁜 날씨
(B) 기계적 결함
(C) 공항 소통 정체
(D) 지연된 입국비행기들

해설 문제의 원인을 묻고 있는 질문의 형태이다. 보통 문제가 생긴 경우 문제를 언급한 바로 뒤에서 원인을 이유의 구문과 더불어 언급해 준다. 이유의 구문인 due to 뒤에서 weather condition 때문이라고 했으므로 정답은 (A) 번이 된다.

9. (D)

What is provided for these customers?

(A) Complimentary beverages
(B) Full refund
(C) Upgrading seats
(D) Hotel accommodations

이 손님들을 위해서 무엇이 제공되는가?

(A 무료 음료
(B) 전액 환불
(C) 좌석 승급
(D) 호텔 숙박

해설 이 손님들에게 제공되는 것을 찾는 문제이므로 보기 속에 언급된 이름들을 기억해준다. 보기 속 단어가 나올 때 귀를 기울인다. 보기 속에 나오는 단어 중에서 우리 귀에 들리는 것은 (D)번 밖에 없다. 또한 바로 뒤에서 provided라는 표현으로 제공된 것이라는 것을 언급하고 있으므로 정답이 된다.

Part 4 자주 나오는 구조 정복하기

Part 4의 자주 나오는 구조별 문제 풀이법을 살펴보자. 이미 주제 부분에서 주요 구조들을 살펴보았으므로 이 챕터에서는 자잘한 주제들 위주로 다룬다.

포인트 1 일기예보

▶ 우리나라말 예제로 보는 일기예보

❶ 오늘의 일기예보를 말씀드리겠습니다. ❷ 지난주부터의 맑고 화창한 날씨가 오늘 오후부터 서서히 흐려지며 오늘은 전국에 소나기가 내리겠습니다. ❸ 소나기는 저녁 늦게 부터 내릴 예정이므로 ❹ 출근시 우산을 챙기시기 바랍니다. ❺ 이 비는 모레까지 계속 되다가 주말부터 다시 맑고 화창한 날씨를 찾겠습니다. 이상으로 오늘의 날씨를 마치겠습니다. ❻ 계속해서 방송되는 뉴스를 들어주십시오. ❼ TTB일기예보는 매시간 정각에 방송됩니다. 감사합니다.

❶ 글의 종류를 보여주고 간혹 자신을 소개하는 부분이 언급되기도 한다.

❷ 지나간 날씨에 대한 언급을 시작으로 시간순으로 전개된다.

❸ 오늘의 날씨를 알려주고

❹ 날씨와 관련된 주의 사항을 보여준다.

❺ 미래의 시간과 관련된 날씨를 언급해준다.

❻ 다음 방송에 대한 언급을 한다.

❼ 방송간격을 언급한다. 방송 간격은 맨 앞부분에서 한 시간 간격이나 하루 간격이라는 것을 보여 주고 가기도 하므로 앞부분 역시 주의해서 들어야 한다.

| 예제 |

It is now 6o'clock, ❶ **time for KM Radio's daily morning** ❷ **weather report.** ❸ **Bring your umbrella with you** if you are planning to go out today. ❸ **The rain is expected to last throughout the day.** The weather will ❹ **clear tomorrow** morning and the temperature will be up to 15 degrees Celsius. ❹ **On the weekend, we will have another rainy day and it will be much cooler** than that of weekdays. So, when you leave home, don't forget to wear a warm jacket. That is for the morning weather report on KM Radio. ❺ **Now back to the regular news program.**

❶ 방송의 주제 소개

❷ 방송 간격 언급

❸ 오늘의 날씨와 주의사항 언급

❹ 미래의 특정 시간의 날씨 언급

❺ 다음 방송 언급

포인트 2 Tour guide

지도와 자주 연결된다. 지도로 연결되는 경우 출발점은 visitor's center가 압도적이다.

▶ 우리나라말 예제로 보는 관광안내

❶ 안녕하십니까. 뮤타트 국립공원을 방문해 주신 여러분 감사합니다. 저는 여러분의 tour guide 김진영입니다. ❷ 오늘 여러분이 방문하신 뮤타트 공원은 아름다운 계곡들과 다양한 야생동물들이 서식하는 중요한 생물학적 장소입니다. ❸ 잠시 후 10시부터 공원 투어를 시작해서 먼저 동물들이 있는 사파리를 구경하고 난 후 계곡들을 둘러보며 산 정상에 다다르겠습니다. ❹ 12시쯤 산정상에 이르러서 산에서 점심 식사를 한 후 하산을 하겠습니다. ❺ 공원 내에는 휴지통이 없으므로 쓰레기는 각자 챙겨서 내려오시기 바랍니다. 휴지통은 주차장에 있으므로 주차장내의 휴지통을 이용하시기 바랍니다. ❻ 잠시 후 투어를 시작합니다. 저희의 투어는 4시간 동안 지속될 예정입니다.

❶ 오늘 보게 될 장소 소개와 본인 소개를 해준다.

❷ 관람 장소에 대한 소개(역사나 특징 언급)를 해준다. Tour guide는 국립공원 같은 자연을 소개하는 trail guide(=hiking guide)와 curator도 포함한다

❸ 시작하는 시간/관람시간, 관람 포인트들을 설명한다.

❹ 특정 일정들을 소개한다. 자유시간이나 점심시간, 선물가게(souvenir shop/gift shop)이용 등에 대한 소개가 주를 이룬다.

❺ 주의 사항들이 나온다. 가장 많이 나오는 주의 사항은 (1) 쓰레기를 버리지 마세요, (2) 사진 찍지 마세요, 이다.

❻ 투어의 시간과 투어 후 만날 장소/ 투어 후에 일어날 일들을 설명한다.

| 예제 |

18-3.MP3

❶ **Good morning, I am Tillia, your guide for today.** It is 8.45 at the moment and ❷ **we'll start the tour of the galleries at 9 o'clock.** Before we go in, I need to give you instructions on the gallery regulations. ❸ **We do not permit any photo takings of the art works inside the gallery or any other use of equipment for similar activities.** ❹ **The guided tour will end at around noon, and after that, we will arrange free time for your gift shopping before the bus arrives for pick up.** If you have any questions you can ask me now or anytime during the tour. Thank you and your visit to our galleries is greatly appreciated. Have a nice tour.

❶ 본인소개

❷ Tour 시작 시간과 장소

❸ 주의 사항 – 사진 찍지 마세요

❹ 끝나는 시간과 투어 후 일어날 일

포인트 3 교통방송

▶ 우리나라말 예제로 보는 교통방송

❶안녕하십니까 청취자 여러분, 오늘의 교통정보를 알려드리겠습니다. ❷이 교통방송은 매 30분 마다 한번씩 업데이트 됩니다. ❸현재 시내로 나가는 도로 중 19번 고속도로는 도로 공사로 길이 막혀 있습니다. ❹이 길을 이용하시는 통행자들은 우회하는 21번 도로를 이용하시기 바랍니다. 잠시 후 1시부터는 시내에서 퍼레이드가 계획되어 있으므로 Park Avenue가 통제될 예정입니다. 이곳을 이용하시는 분들은 주의하시기 바랍니다. ❺계속해서 Miranda의 음악 방송을 청취해 주십시오. 저희는 30분 후에 뵙겠습니다.

❶ 방송의 주제/글의 내용을 언급한다.

❷ 방송의 간격을 보여준다.

❸ 문제가 되는 길을 언급해 주고 문제의 원인을 알려준다.

❹ 문제가 되는 곳을 지나가는 사람들을 위한 대안을 제시한다. 가장 많이 등장하는 대안은 우회하는 것이다.
Ex. 우회하다 = detour = take another route = take a different route

❺ 다음에 나오게 될 방송과 방송간격을 언급해 준다.

| 예제 |

And now for the latest ❶**radio traffic report**. Traffic is moving smoothly this morning but some areas where road work is causing problems. ❷**Drivers commuting north on the Canes road should expect traffic congestion between Simmer road and Queens street.** Heavy traffic there is heavy traffic ❸**because of road repair**. You'd better take a different route if you're heading north. ❷**Taipen bridge is also backed up** ❸**due to the regular maintenance work.** So, if you're heading South , ❹**Linken bridge will be a better choice.** ❺**Stay tuned for classical music program with Cynthia.** ❻**Another update will be in an hour.**

❶ 방송 주제 언급

❷ 문제가 되는 지역

❸ 문제 유발 이유

❹ 문제 해결을 위한 대안 언급

❺ 다음 방송 언급

❻ 방송 간격 언급

포인트 4 할인 광고

쿠폰과 더불어 자주 등장한다.

▶ 우리나라말 예제로 보는 할인광고

❶저희 쇼핑몰에서는 정기 여름 맞이 대바겐 세일을 시작합니다. ❷이번 세일은 17일에 시작해서 25일까지 계속될 예정입니다. ❸저희 쇼핑몰에서 취급하는 남성, 여성, 아동복의 모든 브랜드가 적게는 30%에서 많게는 70%까지 세일에 들어갑니다. 일년에 한번 밖에 없는 이 기회를 놓치지 마십시오. ❹저희 쇼핑몰은 University road 의 114번지에 있습니다. ❺버스 6번을 타고 오십시오. ❻저희는 월요일부터 금요일 10시에서 6시까지 영업합니다. 다시 한번 이 기회를 놓치지 마십시오.

❶ 할인 광고의 맨 앞부분에서는 할인의 이유와 할인이 시작됨을 알려준다.

- 할인의 이유를 보여 주는 할인이름

1) end-of-the-season sale 이월세일
2) clearance sale 재고정리
3) going-out-of-the-business sale 폐업 정리
4) grand opening sale 개업 기념 세일
5) holiday sale 공휴일 기념 세일

❷ 할인의 시작과 더불어 할인의 기간을 날짜로 알려주거나 혹은 ~ days 라는 기간으로 직접 보여준다.

❸ 할인 품목과 할인율을 보여준다.

❹ 할인 하는 장소의 구체적인 이름과 주소를 알려준다.

❺ 할인 장소까지 가는 교통 수단을 언급해 준다.

❻ 매일 매일의 영업시간을 알려주며, 특히 주말이 끼어 있는 경우 주말의 특별영업시간을 언급하는 경우도 많다.

| 예제 |

❶**Attention all NT furniture customers.** ❷**For this week only**, we are having ❸**our annual sale with fantastic bargains for all the items in our store.** All the ❹**desks are discounted 25% and children's furniture are on sale at 30% off regular prices.** We hope that you can use out of these bargain. As these prices are only available this week, you won't see this low price for another year. ❺**Our store will open 9 a.m. to 5 p.m. on weekdays, and 10 a.m. to 7 p.m. on weekends.** If you have any questions or need assistance finding suitable for your purpose, one of our sales representatives will be glad to help you. Thanks for shopping NT furniture.

❶ 청취자 소개
❷ 할인 기간
❸ 할인소개 / 할인의 이유
❹ 할인 품목 / 할인율
❺ 영업시간

포인트 5 구인 광고

▶ 우리나라말 예제로 보는 구인 광고

❶ 저희 회사에서 새로운 assistant chef를 모집합니다. ❷ 저희 회사는 다양한 음식들의 catering service(출장 음식 서비스)를 제공하는 회사입니다. ❸ 사람들과 어울리는 것을 좋아하고 음식에 대한 열정이 있으신 분들을 환영합니다. ❹ 지원하기 위해서는 관련 분야에서의 1년 간의 경험이 필요합니다. ❺ 관심이 있으신 분들은 저희 웹사이트에서 제공하는 지원서를 다운 받아 우편으로 5월 3일까지 이력서와 커버레터를 함께 보내주시기 바랍니다. ❻ 궁금한 사항이 있으시면 555-1342로 연락 주십시오. 감사합니다.

❶ 모집 분야와 직종에 대한 언급을 한다.
❷ 회사에 대한 소개와 특징 설명을 해준다.
❸ 직종에 필요한 여러 가지 요건들을 언급하고
❹ 필수 자격요건을 알려준다.
❺ 지원가능 기간과 지원 방법을 언급한다.
❻ 연락할 수 있는 가능한 연락처를 알려준다.

| 예제 |

Join ❶ **a staff of the world best seafood restaurant**, Stars. We are opening a new restaurant in Cleveland area this Fall and are searching ❷ **for energetic and friendly waiters** working with us. At Stars, we specialize in seafood bucket made with various seafood and fresh sushi. ❸ **More than a year experience in related field will be preferred.** If you're interested, ❹ **visit our website ,www.stars.com, to apply online.** If you want to have further details, ❺ **call us at 1-800-555-6600**.

❶ 모집 부문 언급
❷ 직종의 특징과 구인 분야 언급
❸ requirements(자격요건) 언급
❹ 지원 방법 언급
❺ 연락수단/연락처 언급

포인트 6 공항 방송

▶ 우리말 예제로 보는 공항방송

❶ 안녕하십니까 승객 여러분. 런던으로 가는 KE 101편의 지연 소식을 알려드립니다. ❷ 갑작스러운 기체의 기계적 이상으로 비행 시간이 지연될 예정입니다. 저희는 신속한 복구를 위해 최선을 다하겠습니다. ❸ 복구작업은 45분 정도 지속될 예정입니다. ❹ 저희는 계속해서 신속하게 소식을 전해드리겠습니다. 따라서, 공항 내에서 먼 곳으로 이동하지 마십시오. 다시 한번 불편을 드려 죄송합니다.

❶ 청취대상 언급 / 항공편 / 방송 이유
(1) delay (2) gate change가 맨 앞 부분에 등장한다.

❷ 문제를 유발하게 된 이유를 알려준다.

❸ 문제를 해결하는 데 걸리는 시간을 알려준다.

❹ 주의사항이나 방송을 듣고 난 후 passenger들이 취해야 할 행동들을 알려준다.

| 예제 |

❶ **Attention Eastwing Airline passengers.** ❷ **The flights are delayed** ❸ **because of the strong wind and unfavorable weather conditions.** Unfortunately, our flight schedule will be affected by this weather condition. The schedule for flight 227 to Miami, Florida has been changed. Therefore, it will ❹ **depart at 9 PM.** Flight 982 to Madison, Wisconsin has also been ❹ **delayed for an hour**. If you are planning to take one of those flights, feel free to use shops and cafes near your gates, ❺ **but please stick around here for further notices**.

❶ 청취대상 소개

❷ 방송 주제 – delay

❸ Delay의 이유

❹ delay 시간

❺ 주의사항 혹은 해야 할 일

DAY 18

포인트 7 자동응답기 인사말

▶ 우리말 예제로 보는 자동 응답 인사말

❶안녕하세요. 저는 한국 전기회사의 매니저 이유수입니다. ❷저는 사업상의 출장으로 지금 런던에 있습니다. ❸서울에는 6월 13일 오후에 돌아갈 예정입니다. ❹만약 그 사이에 긴급하게 연락할 일이 있으시다면, 제 비서인 Ms. Hong에게 메시지를 남겨주시거나 혹은 휴대폰으로 연락해주세요. 전화 주셔서 감사합니다.

❶ 어느 회사에서 일하는 어떤 직책의 누구인지를 밝혀준다.
❷ 부재중인 사유를 언급해 준다.
가장 흔한 사유는 (1) 출장 (2) 회의이다.
❸ 돌아오는 날짜와 시간을 알려준다.
❹ 급한 일이 있을 때 연락할 수 있는 사람이나 연락처 등 연락 방법을 알려준다.

| 예제 |

18-8.MP3

Hello, this is ❶**Robert Butler at Network Specialist**. I ❷**attend the convention in Hawaii**, and will be ❸**back in London on this Monday, March 22nd**. If you need to speak urgently, ❹**please leave a message with my assistant Diane**. Thanks for your call.

❶ 자기 소개
❷ 부재중 사유
❸ 돌아올 시간
❹ 긴급시 연락 방법 /연락처

포인트 8 직원의 퇴임(retirement) 및 기타 인사이동

▶ 우리말 예제로 직원의 퇴임

❶ 안녕하십니까. 직원 여러분. 저는 JSM 주식회사의 사장 Takeda 입니다. ❷ 오늘 여러분을 이렇게 모이게 한건 지난 30년간 저희 회사와 함께 했던 마케팅 이사 Hayashi 씨의 퇴임을 알리고 그를 기념하는 reception 에 대해 알려드리기 위해서 입니다. ❸ Hayashi 씨는 처음에 우리 회사의 Marketing assistant 로 2년간 일하다가 London 지사의 마케팅 매니저로 15년간 근무해 왔으며 그후 13년간 마케팅 이사로써 회사의 이윤을 높이는데 많은 공헌을 해왔습니다. ❹ 다음달 초 은퇴하는 hayashi 씨를 위해 미팅 직후 조촐한 reception 을 준비했으므로 모두 참석해 주시기 바랍니다. 자 , 그럼 처음으로 그의 오랜 동료인 London 지사 직원들의 선물 증정식이 있겠습니다.

❶ 청취대상을 언급하고 본인의 소개를 한다.

❷ 오늘 회의의 주제를 알려준다.

❸ 퇴임 혹은 인사이동하는 직원의 근무년수와 처음 근무했을 당시의 직책과 그동안의 업적, 마지막 직책 등을 언급해 준다. 주로 처음 직책과 마지막 직책이나 업적 등을 많이 묻는다.

❹ 식이 끝나고 난 후 일어나게 될 행사에 대해 알려주거나 그 다음 식순을 알려준다.

| 예제 |

❶ **Attention staff. I'm your president Jessica Lang.** We are here tonight ❷ **to celebrate the retirement of one of our most valued employees, Michael Clancy.** ❸ **Michael started working for Innovations** ❹ **as an assistant designer 25 years ago. He built up his career as a famous designer for 15 years.** ❺ **He's been our advertising manager where he's been working actively for advertising our innovative products.** We want to sincerely thank you Michael for your 25-year hardworking.

❶ 청취대상과 자기 소개

❷ talk의 목적

❸ 퇴임하는 사람의 경력/업적/직책

❹ 첫 직책

❺ 마지막 직책

포인트 9 지원자 혹은 인사 담당자의 전화 메시지

▶ 회사의 인사 담당자의 전화 메시지

❶ 안녕하세요. Linda 씨. 저는 Yokoyama electronics의 인사 담당 Rachel Brown 입니다. ❷ 제가 오늘 전화한 이유는 지난 목요일 Linda씨께서 보내 주신 지원서류와 관련해 인터뷰 약속을 잡기 위해서 입니다. ❸ 지원서와 이력서를 검토해 본 결과, Linda 씨의 경력과 배경이 저희가 찾는 인재와 일치한다는 생각이 들어 더 많은 질문을 하고 질문을 받기 위해 약속을 잡았으면 합니다. 이번 주 수요일은 어떠신지요? ❹ 메시지를 확인하시는 대로 저희 비서에게 연락해 편한 시간에 약속을 잡으시기 바랍니다. 전화번호는 777-1208이고 extension(내선번호) 310으로 전화 주십시오. 감사합니다.

❶ 전화한 사람의 직책과 이름을 밝혀준다.

❷ 전화한 목적을 말해준다.

❸ 전화 목적의 구체적인 시간언급이나 더 알고 싶은 사항 등 구체적 일정 등을 말해 준다.

❹ 전화를 받은 후 전화받은 사람이 연락할 번호나 취해야할 다음 행동에 대한 언급을 한다.

| 예제 |

❶ **Hello Mr. Sandra, this is Akiko Abe. I am a recruiter in the human resources department** at the Nihon motors. ❷ **We received your application for the position of marketing director.** And we are very impressed with your resume. ❸ **If you are available, we would like to** ❹ **interview you on Wednesday, June 9th at 11 o'clock.** ❺ **Please return my call** and let me know if you can be here that day. I will have a meeting after 3. So, ❺ **if you call me after 3, please leave a message in my voice mail**.

❶ 수신자와 발신자 소개

❷ 전화한 목적

❸ 채용과 관련된 구체적인 일정소개

❹ 인터뷰 날짜 언급

❺ 연락처와 연락방법 언급

▶ 회사 지원자의 전화

❶ 안녕하십니까 브래드 씨. 저는 안나 비숍입니다. ❷ 저는 이번에 신문에 광고가 난 사진기자 자리를 보고 전화 드렸습니다. ❸ 저는 지난 1년 동안 각종 유명한 잡지에서 프리랜서 사진작가로 일해 왔습니다. 따라서, 광고에 있는 자리가 저와 잘 맞는 것 같습니다. ❹ 제 이력서를 오늘 게재된 이메일로 보냈습니다. 빠른 연락 기다리겠습니다. 감사합니다.

❶ 전화 하는 사람을 밝힌다.
❷ 전화한 이유에 대해 언급한다.
❸ 지원한 이유와 자신의 자격요건에 대해 언급한다.
❹ 이력서를 보낸 방법을 언급한다.

| 예제 |

❶ **Hello, Mr. Bradly, this is Shila Bronz.** ❷ **I am calling to apply the waiter position** that's posted on today's paper. I think ❸ **this would be a good chance for me since I have 2 year working experience in the same field**. In my previous job, I got an award for the best serving staff. ❹ **I sent my resume with my current address and contact number by mail.** I hope to hear from you soon. Thanks very much.

❶ 전화한 사람 언급
❷ 전화한 목적과 지원분야 언급
❸ 지원 분야에 대한 자신의 자격요건 언급
❹ 이력서를 보낸 방법과 연락처 언급

DAY 18

포인트 10 ARS

▶ 우리말 예제로 보는 ARS

❶안녕하세요. 지금 전화거신 곳은 네튼 여행사입니다. ❷저희 고객 서비스 직원과 대화를 원하시면 0번을 눌러 주십시오. ❸저희 회사는 오늘 국경 공휴일을 맞이하여 업무를 진행하지 않습니다. ❹저희는 월요일부터 금요일 9시에서 6시, 토요일은 10시에서 5시까지 근무합니다. 일요일은 휴무입니다. ❺여행 예약을 원하시면 1번을 저희 프로그램 안내를 원하시면 2번을 눌러주십시오. 다시 듣고 싶으시다면 #버튼을 눌러 주세요.

❶ 전화 받는 회사이름/직종을 언급한다.
❷ 고객 서비스 연결을 위한 번호를 알려준다. 대부분의 경우 고객 서비스는 0번이고 처음에 나오기도 하지만 마지막에 나오는 경우도 흔하다.
❸ 업무를 진행하지 않는 사유를 언급한다.
❹ 영업시간이나 혹은 회사의 위치등을 언급한다.
❺ 번호 순서대로 나오는 내용을 언급한다.

| 예제 |

❶**Welcome to Norton Airlines automated telephone reservation system.** ❷**For airline schedules, press one. If you want to reserve tickets, press two**. ❸**Our working hours are 9am to 6pm, Monday to Friday. On weekends, our office is closed.** If at any time you wish to speak to one of our ❹**customer service agent, please press zero.** Please press the first three letters of the city to which you want to be traveling now.

❶ 회사의 이름 언급
❷ 번호 순서대로 기능 언급
❸ 회사의 영업시간 언급
❹ 고객 서비스 직원과 연락 방법 언급

▶ Part 4의 구조 활용 방법

- 한국말과 구조를 자꾸 읽으며 글의 흐름을 정리하고 자주 나오는 정답과 구문을 암기한다.
- 문제를 읽을 때 구조에 입각해 정답이 나올 위치를 파악하고 정답의 힌트구문 뒤를 공략한다.

바쁠 땐 이것만이라도 꼭! | **급하다. 시험에서 구조별 전략 활용하기**

1. refer to the following 뒤에서 글의 종류를 파악한다.
2. 잘못 듣거나 놓친 경우 이 챕터에서 익힌 자주 나오는 정답을 기억해서 활용한다.

Part 4 EXERCISE

음성을 듣고 질문에 가장 알맞은 답변을 고르시오. 18-13.MP3

1. How will the weather change tomorrow?
   (A) It will get colder.
   (B) It will start snowing.
   (C) It will become rainy.
   (D) It will be sunnier.

2. What does the speaker advise the people to do tomorrow?
   (A) Bring an umbrella
   (B) Drive carefully
   (C) Wear warm clothing
   (D) Listen to the radio

3. What will the listeners hear next?
   (A) A traffic report
   (B) Music
   (C) A news report
   (D) Some advertisements

---

4. Who is the speaker?
   (A) A gardener
   (B) A hiker
   (C) A trail guide
   (D) A history teacher

5. Why does the speaker say "The tour will take about 2 hours to the top of the mountain"?
   (A) He is trying to correct a mistake.
   (B) He is warning the listeners to get tired.
   (C) He is asking the listeners to help.
   (D) He is apologizing for the late notice.

6. What is the group asked to do?
   (A) Bring food and water
   (B) Carry their garbage with them
   (C) Meet in an hour
   (D) Stay on the path

---

7. What is the purpose of the talk?

(A) To check a budget report
(B) To come up with marketing ideas
(C) To announce a new staff
(D) To inform a new policy

8. According to the speaker, what happened yesterday?

(A) The directors made a decision.
(B) The client meeting was held.
(C) An advertising campaign began.
(D) A budget meeting was scheduled.

9. What is Tom Hopkins going to do?

(A) Join the board of trustees
(B) Attend an advertising convention
(C) Throw a farewell party for an employee
(D) Manage a publicity department

Part 5&6 관계사절

진단테스트

1. Audio books are invaluable for anyone ------- experiences reading difficulties for whatever reason.

(A) which (B) whose
(C) who (D) whom

2. As promised, please find attached a summary of the presentation ------- the personnel director gave at the meeting.

(A) then (B) what
(C) that (D) when

3. Social Education is an organization ------- mission is to educate newly hired employees about the economic and social contributions of the enterprises.

(A) what (B) which
(C) whose (D) that

4. Before you apply for a position with Sovo Disk, it is important that you understand ------- the job entails.

(A) which (B) what
(C) how (D) when

5. Ms. Camper paid a recent visit to Toronto ------- she delivered a presentation at Canada Blooms.

(A) when (B) where
(C) which (D) whom

★ 정답 및 해설은 〈Part 5&6 유형분석 – 관계사절〉에서 확인하세요.

이것만은 꼭!

관계대명사란?

관계대명사는 접속사와 대명사를 합쳐 부르는 말이다. 문장 속에서 형용사절을 이끄는 접속사의 역할을 하고, 자신이 이끄는 절에서 선행사를 대신하는 대명사로 쓰여서, 뒤에 나오는 절의 필수 성분인 주어, 목적어 역할을 한다.

관계부사란?

접속사와 부사를 합쳐 부른 말. 문장 속에서 형용사절을 이끄는 접속사의 역할을 하고, 자신이 이끄는 절 내에서는 부사역할을 한다.

1. 관계사의 종류

선행사가 사람이냐 사물이냐에 따라 크게 둘로 나뉘어지고, 관계사가 관계사절 안에서 하는 역할에 따라 또다시 아래와 같이 나뉘어진다.

(1) 관계 대명사

선행사의 종류	주격 관계대명사	목적격(생략 가능) 관계대명사	소유격 관계대명사
사람	who, that	who(m), that	whose
사물	which, that	which, that	whose

New employees **who** wish to attend the reception must sign up before the weekend.
환영회에 참가하기를 바라는 신입사원들은 주말전에 등록해야 한다.

We hire qualified candidates **whose** values reflect our company's goals.
우리는 가치가 회사의 목표를 반영하는 자격있는 후보자를 고용한다.

(2) 관계 부사

선행사 종류	관계 부사
시간	when 완전절
장소	where 완전절
이유	why 완전절

The business center **where** the reception is being held is situated close to the City Hall.
환영회가 열리고 있는 비즈니스 센터는 시청 근처에 위치해 있다.

Once the CEO has reviewed the cost estimates, she will determine **whose** proposal will be selected.
CEO가 비용 견적서를 검토하자 마자, 그녀는 누구의 제안서가 선택될 것인지 결정할 것이다.

DAY 18

2. 전치사 + 관계대명사

어떠한 전치사를 사용해야 하는가?

(1) 뒤에 나오는 단어의 일부와 결합하는 숙어표현인 경우

The department of human resource department has many tasks **for** which our staff must be **responsible**.
인사부서는 직원들이 지켜야 하는 많은 업무를 가지고 있다.

- Our staff must **be responsible for them**(=many tasks)에서 for them를 선행사 다음에 위치시킨 다음 접속사의 기능을 더해서 for which가 된 것이다.

Every association also needs a set of minimum rules **with** which each member must **comply**.
모든 협회는 각 회원들이 준수해야 하는 최소한의 규칙이 필요하다.

- Each member must **comply with it**(a set of minimum rules)에서 **with it**(= a set of minimum rules)를 선행사 뒤로 가져온 다음 접속사의 기능을 추가해서 with which가 된것이다.

(2) 해석이 필요한 경우

뒤에 나오는 표현과 관련이 없는 경우는 앞에서부터 해석해 본다.

According to the common law, a tree belongs to the owner of the land **on** which it grows.
일반 법에 따르면, 나무는 그것이 자라는 땅의 주인에게 속한다.

- which 뒤에 나오는 전치사와 관련된 표현이 없다. 앞에서부터 해석해본다. 관계대명사(which)는 앞에 나온 선행사와 같은 단어니까, which는 땅 (land)이고 땅 위에서 나무가 자란다 라고 해야 어울리므로 전치사 on이 온것이다.

The house **in** which I live is located in the commercial district. 내가 사는 집은 상업지구에 있다.

- which 뒤에 나오는 전치사와 관련된 표현이 없으므로 앞에서부터 해석해보면, which가 선행사를 대신하는 대명사니까, which는 집 (the house)이고 '집안에서 산다' 라고 해야 어울리므로 전치사 in이 which 앞에 온것이다.

3. 의문사와 관계사는 선행사의 유무로 구별한다.

접속사 ①	품사 ②	절의 구조	~~n~~ + 의문사절 = 명사절	ⓝ + 형용사절 = 관계사절
who	명사	불완전	누구	사람 + _____
what	명사	불완전	무엇	X
which	명사	불완전	어느것	사물 + _____
when	부사	완전	언제	시간 + _____
where	부사	완전	어디서	장소 + _____
why	부사	완전	왜	이유 + _____
how	부사	완전	어떻게	X

★ 의문사절은 명사절이라서 앞에 명사가 없고, 관계사절은 형용사절이라서 앞에 수식할 명사(선행사)가 나와야 한다.

Publications must be kept in designated **locations [where** students can access them.]
장소명사 + where → 관계부사절: ~는
출판물은 학생들이 이용할 수 있는 지정된 장소에 보관되어야 한다.

의문사절: 어디에서
The sound quality of the Tru Voice microphone system is variable depending on **where** it is used.
Tru Voice 마이크 시스템의 음향의 질은 어디에서 사용되는지에 따라 변동될 수 있다.

4. 뒤에 나오는 절의 구조가 따라 관계대명사인지 관계부사인지 결정된다.

(1) 관계대명사 + 불완전절

목적어가 없는 불완전절
Publications must be kept in designated **locations** [**which** students can easily find.]
출판물은 학생들이 쉽게 찾을 수 있는 지정된 장소에 보관되어야 한다.

(2) 관계부사 + 완전절

완전절
Publications must be kept in designated **locations** [**where** students can access them.]
출판물은 학생들이 책을 이용할 수 있는 지정된 장소에 보관되어야 한다.

5. 선행사 포함 관계 대명사와 의문사 what

명사 + what

선행사 포함 관계대명사 what은 'the thing which (that): ~는 것'과 같은 표현이다. 즉, 자체에 선행사가 포함되어 있기 때문에 앞에 명사가 나오면 안된다.

(1) 의문대명사 what과 선행사포함 관계대명사의 공통점

- 둘 다 선행사가 없다.
- 둘 다 뒤에 불완전 절이 나온다.
- 둘 다 명사절이다.

(2) 의문사 what과 선행사포함 관계대명사 what은 문법적으로 구별할 수 없으므로 해석해서 가려야 한다.

의문대명사
Nobody knows **what** will happen on his job interview. 아무도 면접에서 무슨 일이 일어날지 모른다.

➡ 앞에 명사가 없고, 뒤에 나오는 절이 불완전해서 의문대명사도 되고, 선행사포함 관계대명사도 된다. 의미상 '무슨일이 일어 날지 모른다'라고 해야 더 적절하므로 what은 의문 대명사이다.

선행사포함 관계대명사
What the two competing computers have in common is their ergonomic design.
두 개의 경쟁하는 컴퓨터들이 공통으로 가지고 있는 것은 인체공학적 디자인이다.

➡ 앞에 선행사가 없고 have의 목적어가 없는 불완전한 절을 이끌므로 의문대명사도 가능하고, 선행사포함 관계대명사도 가능하다. 따라서 해석해 보아야 한다. 이 문장에서는 무엇보다는 '것'이라는 해석이 더 자연스럽다.

선행사포함 관계대명사 or 의문사
The employee handbook explains **what** employees must know regarding company policies.
직원핸드북은 회사정책에 대해 직원들이 알아야 할 것[무엇을 알아야 할지]을 설명해준다.

➡ 해석상 둘 다 의미가 성립하므로 둘 다 가능하다.

DAY 18

Part 5&6 유형분석 | 관계사절

출제유형 1 주격 관계대명사는 뒤에 동사부터 나온다.

관계대명사는 뒤에 나오는 절이 불완전하다. 주어가 없으면 주격관계대명사가 답이고, 목적어가 없으면 목적격 관계대명사가 답이다.

Audio books are invaluable for anyone ------- experiences reading difficulties for whatever reason.

(A) which (B) whose
(C) who (D) whom

해설 빈칸 뒤에 동사 experiecmcs가 나오므로, 주격관계대명사가 답이고, 선행사가 사람이므로 (C) who가 답이다. .

해석 어떤 이유로든 읽기에 어려움을 경험한 사람은 누구한테나 오디오 북은 정말 가치가 있다.

어휘 invaluable 가치를 따질 수 없는, 매우 귀중한

★ 암기 미션 관계대명사절의 특징

① 형용사절을 이끄는 접속사 역할을 한다. (선행사(명사)를 뒤에서 수식)
② 대명사 역할을 한다. (반드시 선행사가 있어야 한다.)
③ 관계대명사 뒤에 나오는 절은 불완전하다.

출제유형 2 명사 + 관계대명사 목적격 + 주어 + 타동사

목적격 관계대명사는 관계사절에서 목적어 역할을 하므로 목적격 관계대명사 뒤에는 주어와 타동사가 나와야 한다. 사물은 which, 사람은 whom인데, whom 대신 who를 써도 된다.

As promised, please find attached a summary of the presentation ------- the personnel director gave at the meeting.

(A) then (B) what
(C) that (D) when

해설 절이 두개 이므로 접속사가 필요하다. 접속부사 (A) then(그리고 나서, 그러면, 그때)는 실격. 보기중 앞에 명사가 있으면 안되는 선행사 포함관계대명사 또는 의문사 (B) what도 실격, 남은 두가지 접속사는 빈칸 뒤에 나오는 절이 완전하느냐, 아니냐에 따라 구별된다. 빈칸 뒤에 타동사 gave의 목적어가 존재하지 않으므로 불완전 절이다 따라서 관계대명사 (C) that이 정답이다. when은 완전한 절을 수반한다.

해석 약속된 대로, 발 회의에서 인사부 과장이 했던 프리젠테이션의 요약본이 첨부되었으니 참조하시기 바랍니다.

어휘 **as promised** 약속한 대로 **please find attached** ~ ~을 첨부하오니 확인해주세요 **personnel director** 인사 관리자

★ Check Point 관계대명사 목적격은 생략이 가능하다.

관계대명사가 생략된 후의 형태를 알아보는 것이 중요하다.

명사1 + 명사2 + 동사 → 선행사 + [주어 + 타동사]

선행사

Write **the application** [you want] and submit it to be evaluated.

당신이 원하는 신청서를 작성하고 평가될 수 있도록 제출하세요.

선행사

This guidebook is about innovative **strategy** [business men currently need to develop and implement].

이 안내책자는 사업가들이 최근에 발전시키고 실행할 필요가 있는 혁신적인 전략에 대한 것이다.

선행사

We find **a leader** [the members can support in a newly designed procedure].

우리는 새로 고안된 절차에서 회원들의 지원을 받을 지도자를 찾고 있다.

출제유형 3 소유격 관계대명사는 한정사의 역할을 한다.

관계 대명사 whose는 소유격을 포함하고 있으므로 한정사 (관사, 소유격등) 역할도 겸한다 (Day 4 이것만은 꼭 참조). 따라서 한정사 없는 명사가 온다.

Social Education is an organization ------- mission is to educate newly hired employees about the economic and social contributions of the enterprises.

(A) what (B) which

(C) whose (D) that

해설 빈칸 앞에 선행사인 an organization이 있으므로 보기 모두 관계대명사로 보아야 한다. 빈칸 뒤 mission이라는 단어에 한정사가 없는것과 mission을 포함한 절의 구조는 완벽하다는 것이 이 문제의 핵심 포인트이다. 관계대명사 중 소유격 관계대명사가 답이다. 따라서 정답은 (C) whose이다. 사람 사물 관계 없이 소유격은 모두 whose이다.

해석 Social Education은 새롭게 고용된 직원들을 기업의 경제적, 사회적 기여에 대해 교육하는 것을 미션으로 하는 기관이다.

어휘 **social education** 사회 교육 **organization** 조직, 단체 **mission** (= **task**, **duty**) 임무 **social contribution** 사회 기여 **enterprise** 기업

출제유형 4 관계대명사 what은 앞에 선행사가 없다.

what은 선행사를 포함한 관계절이라서 명사절 취급한다. 따라서 의문대명사절과 문법적으로 구별할 수 없다. 이것만은 꼭 참조.

DAY 18

Before you apply for a position with Sovo Disk, it is important that you understand ------- the job entails.

(A) which (B) what
(C) how (D) when

해설 빈칸이 뒤에 나오는 절을 앞절과 연결해줄 접속사 자리 이고 빈칸 뒤에 나오는 동사 entail(수반하다) 의 목적어가 없으므로 두가지 (형용사절 접속사와 대명사) 역할을 동시에 하는 관계대명사를 떠올려야 한다. 그런데 앞에 꾸며줄 명사가 없으므로, 선행사 포함 관계대명사 또는 의문대명사 (B) what이 정답이다. 의미상 '직업이 무엇을 수반하는지'도 의미가 통하고 '직업이 수반하는 것' 이라고 해도 말이 된다. (A) which는 선행사가 필요하고, (C) how와 (D) when은 뒤에 완전한 절을 수반한다.

해석 당신이 Sovo Disk에 지원하기 전에, 그 직업이 수반하는 것을 이해하는 것이 중요하다.

어휘 **apply for** 신청하다, 지원하다 **entail** 수반하다, 포함하다

★ Check Point '~것'의 뜻을 가진 that과 what

명사절 that과 선행사 포함 관계대명사절 what의 구분

	선행사	형태	절	해석
명사절 that	없음	that + 완전한 절	명사절	~하는 것
what	없음	what + 불완전한 절	명사절	~하는 것

(**What** / **That**) is specially convenient about Beach Mall is its easy access to the seashore.

Beach Mall에 대해 특별히 편리한 것은 해변가로의 쉬운 접근이다.

뒤에 나오는 절이 불완전하므로 what이 답이다.

출제유형 5 관계대명사 + 불완전한 절 / 관계부사 +완전한 절

관계대명사는 '형용사절 접속사 + 대명사'이고, 관계 부사는 '형용사절 접속사 + 부사'이다. 둘 다 선행사를 수식해주는 형용사절 이지만, 뒤에 나오는 절이 완벽하면 관계부사, 불완전하면 관계대명사이다. (이것만은 꼭 참조)

Ms. Camper paid a recent visit to Toronto ------- she delivered a presentation at Canada Blooms.

(A) when (B) where
(C) which (D) whom

해설 앞에 선행하는 명사가 있으므로 보기는 모두 관계사로 보아야 하고, 빈칸 뒤에 나오는 절이 주어, 동사, 목적어를 갖춘 완전한 절이므로 관계부사 (A) when과 (B) where 중에서 골라야 하는데, 선행사가 장소 명사이므로 (B) where가 정답이다. 관계 부사 where는 선행사인 장소명사를 부연 설명한다. when은 선행사가 시간 명사일 때 사용한다. 나머지는 관계대명사라서 뒤에 불완전한 절이 와야 한다.

해석 Ms. Camper는 최근 캐나다 블룸에서 발표를 했던 토론토에 방문했다.

어휘 **recent** 최근의 **pay a vist** 방문하다 **deliver a presentation** 발표하다

★ Check Point 명사절/ 부사절 / 형용사절이 모두 가능한 when

I know **[when he came back].** 나는 그가 언제 돌아왔는지 안다.
↳ 타동사 know의 목적어 자리 → 명사절(의문사절) : 언제

I called him **[when he came back].** 그가 돌아왔을 때 나는 그에게 전화했다.
↳ 주절을 수식하는 부사절 → ~할 때

I remember the day **[when he came back].** 나는 그가 돌아온 그날을 기억한다.
↳ 시간 + when → 관계부사절(형용사절) : ~는

DAY 18

Part 5 EXERCISE

1. The exhibit ------- attracted the greatest attention at the Aeronautical Exposition, a few years ago, was a large map of the Northern Hemisphere.

   (A) who (B) whose
   (C) there (D) that

2. Digit Gamer offers a special free DVD to anyone who ------- the upcoming game pack before or after 1st of October.

   (A) purchaser (B) purchase
   (C) purchasing (D) purchases

3. We have received some very positive feedback to the changes we -------.

   (A) were made (B) make
   (C) made (D) being making

4. Ms. Anstine will be responsible for opening and operating the 100-bed Heart Hospital, ------- is scheduled to begin admitting patients in the fall.

   (A) who (B) which
   (C) where (D) that

5. Below is a summary of the process and a list of the topics, ------- have been discussed during the public meetings.

   (A) which (B) who
   (C) that (D) whose

6. A professor at the First Flag University is also an internationally renowned artist ------- paintings are on display at the Central Museum of Art.

   (A) who (B) whose
   (C) their (D) they

7. On this site, you will find all the information ------- you need on the most celebrated festivals of Seoul.

   (A) anyone (B) them
   (C) that (D) who

8. There are also accommodations available at the hotel ------- the reception is being held.

   (A) upon (B) where
   (C) in that (D) in it

9. Most loans have a grace period ------- there is no obligation to repay your loan.

   (A) how (B) which
   (C) that (D) when

10. There weren't many job openings ------- which Ms. Kling could apply.

    (A) for (B) against
    (C) among (D) with

Part 6 EXERCISE

Questions 11-14 refer to the following information.

ST. LOUIS, April 2, 2011, Daehan Company announced today its ------- (**11.**) to make an investment of up to $196 million over the next 18 months at its manufacturing facility in Luling, Louisiana. The investment ------- (**11.**) its global capacity to produce fertilizer and other herbicides.

Daehan's Luling plant expansion, ------- (**13.**) is expected to be completed in the first half of the company's 2013 fiscal year, should add new jobs to the Luling region and help boost its economy. The ------- (**14.**) is expected to employ approximately 30 new people directly and result in the hiring of approximately 300-350 people during the plant's construction period.

11. (A) intentionally
(B) intending
(C) intentional
(D) intention

12. (A) increases
(B) will increase
(C) has increased
(D) would have increased

13. (A) which
(B) who
(C) that
(D) when

14. (A) meeting
(B) training
(C) project
(D) asset

DAY 18

Questions 15-19 refer to the following instructions, letter, and text message.

Instructions for authors of the Apex Publishing Company

Apex Publishing Company is happy to publish your upcoming book. In order to ensure that production goes smoothly, please read the following instructions carefully when you are preparing and submitting your manuscript. Failure to follow directions may result in increased costs, delayed timeline, or both.

- Review the writer's checklist from www. apexpublishing.com/checklist
- Make sure that the text file includes both the title, content, and list of references
- Ensure you obtain signed permission forms for any digital artwork that you are referencing. (Permission forms can be found at www.apexpublishing.com/permissions)
- Save each graphs, images, and tables in separate files

Once you have all the materials ready, please send them to our editor via email.

Apex Publishing
593 Jackson Street
Austin, Texas 1251
www.apexpublishing.com

December 21

Ji Young Lee
13 Garak-dong
Songpa-gu, Seoul
Korea

Dear Dr. Lee,

I am pleased to inform you that your assistant just submitted all the remaining permission forms needed to publish "Art of Minimalism." That means your manuscript is ready to be published shortly!

Enclosed is a copy of the production schedule. We will be on track to meet the May release timeline. In order to ensure that there are no further delays, we recommend that you or your assistant have a publishing check list to ensure you don't miss any important steps, and also plan well enough to hit your target pub date. Your prompt response and action will be critical to ensuring that your book is released on schedule. As always, please don't hesitate to contact me if you have any questions.

I hope to see you during your visit in June for your book tour. We will first kick off the tour at our Apex Publishing Center here.

Best regards,
Jane Davis
Editor, Life Styles
857-2819 (ext. 11)
jdavis@apexpublishing.com

From:	Ji Young Lee
Received:	January 7th, 1:20 pm
To:	Anna Powers

Hi Anna, just wanted to let you know that I shared my feedback with Jennifer and Alex. They are supposed to email us back with the updated book copy by today. I need to provide immediate responses not to delay the publishing schedule, so I was wondering if you can make an on-going list for upcoming publication tasks. Thanks!

15. What are authors asked to do in the instructions?

(A) Review the release schedule
(B) Sign a permissions form
(C) Submit all materials via email
(D) Have all graphs and images saved in one file

16. What is indicated about "Art of Minimalism"?

(A) It is going to be an audio book.
(B) Its release schedule will likely be delayed.
(C) It includes digital artworks.
(D) Its materials are missing.

17. According to the letter, what is supposed to occur in June?

(A) A book will be published.
(B) Dr. Lee will travel to Texas.
(C) Dr. Lee will meet Ms. Powers.
(D) Ms. Powers will meet Ms. Davis.

18. In the text message, the word "shared" in paragraph 1, line 1 is closest in meaning to

(A) provided (B) stopped
(C) withheld (D) split

19. Who most likely is Ms. Powers?

(A) Dr. Lee's editor
(B) Dr. Lee's coauthor
(C) Dr. Lee's manager
(D) Dr. Lee's assistant

DAY 19

Part 3	• REVIEW TEST
Part 5&6	• 전치사
Part 7	• 삼중 지문 (일정+이메일+이메일)

Part 3 REVIEW TEST

진단테스트

음성을 듣고 질문에 가장 알맞은 답변을 고르시오.

19-1.MP3

1. Where most likely are the speakers?
   (A) In a travel agency
   (B) In a restaurant
   (C) In a museum
   (D) In an office

2. What will the woman most likely do next?
   (A) Book a tour program
   (B) Go to the bathroom
   (C) Order food and drinks
   (D) Go to the information desk

3. What does the woman ask the man about?
   (A) The tour schedule
   (B) The duration of the tour program
   (C) The tour guide's name
   (D) The location of the museum

4. What does the man want to order?
   (A) Business cards
   (B) Product catalogs
   (C) Company brochures
   (D) Restaurant menus

5. What does the woman offer to do?
   (A) Use a specific design
   (B) Deliver the products in a shorter time
   (C) Show him a sample.
   (D) Recommend other related businesses

6. What does Colin ask John to do?
   (A) Sign a contract
   (B) Send a file
   (C) Confirm an order
   (D) To make an appointment

DAY 19

7. What kind of work does the man most likely do?
(A) He leads advertising campaigns.
(B) He produces sports broadcasts.
(C) He designs new products.
(D) He coordinates training programs.

8. What are the speakers mainly talking about?
(A) A bike
(B) Sports drinks
(C) Safety equipment
(D) A camera

9. What does the man say will happen next week?
(A) A product will go on sale.
(B) A test will be conducted.
(C) A race will take place.
(D) An advertising campaign will end.

---

10. Where does the man probably work?
(A) At a hotel
(B) At a travel agency
(C) At a furniture store
(D) At a restaurant

11. Why did the woman contact the man?
(A) To make a complaint
(B) To change a reservation
(C) To confirm a reservation
(D) To make a new appointment

12. Why does the man say, " I have an idea."?
(A) To suggest a solution
(B) To give some feedback
(C) To discuss a strategy
(D) To explain an issue

---

13. What are the speakers talking about?

(A) Honoring an employee
(B) Hosting a party
(C) Sampling a famous dish
(D) Entertaining some clients

14. What does the man want to know about the restaurant?

(A) Its hours
(B) Its location
(C) Its menu
(D) Its prices

15. What does the woman mean when she says, "There's a computer in the break room."?

(A) To give the man a direction
(B) To suggest taking a break
(C) To give the man a solution
(D) To urge the man to do a task

---

16. Why is the man calling the woman?

(A) To offer a position
(B) To schedule an interview
(C) To request a food tasting
(D) To ask for rates

17. What does the man ask the woman to do?

(A) Give a presentation
(B) Decorate the cafeteria
(C) Complete some paperwork
(D) Attend a training session

18. What will the woman most likely do next Tuesday?

(A) Start new work
(B) Meet with clients
(C) Return from a business trip
(D) Submit a report

---

19. Why is the woman calling?

(A) To ask for the location
(B) To change a reservation
(C) To buy some groceries
(D) To organize an event

20. What caused the problem?

(A) There are no available tables left.
(B) There are not enough food options.
(C) There is no private meeting room.
(D) There are no vegetarian dishes.

21. What recommendation does the man give the woman?

(A) Arriving at a later time
(B) Calling back later
(C) Choosing another business
(D) Selecting a different day

---

22. What does the woman want to know?

(A) The address of the theater
(B) The lecture schedules
(C) The operation hours of a business
(D) The benefit of the membership

23. What is the theater going to offer during the holiday season?

(A) Free admission
(B) Special hours
(C) Classical music concerts
(D) Child care

24. What does the man recommend the woman to do?

(A) Arrive early to an event
(B) Subscribe to a newsletter
(C) Wait in line
(D) Buy tickets online

---

25. What are the speakers discussing?

(A) Hiring employees.

(B) A project report.

(C) Building renovation.

(D) A policy change.

26. What was the original deadline?

(A) Tomorrow.

(B) Next week

(C) Next month

(D) Next year.

27. What does the man imply when she says, "I was kind of expecting to have a new office soon."?

(A) He is disappointed with a delay.

(B) He is criticizing a coworker.

(C) He is pleased to have a new office.

(D) He is expecting the company's relocation.

----

28. Where are the speakers?

(A) At a restaurant

(B) At a bookshop

(C) At a grocery store

(D) At a community center

29. What is the woman concerned about?

(A) The shortage of staff

(B) The traffic congestion

(C) The menu option

(D) The scheduling conflict

30. What does the woman say she will do?

(A) Prepare some ingredients

(B) Reschedule some events

(C) Contact some staff

(D) Arrange free transportation

----

31. Where do the speakers work?

(A) At a software company
(B) At a manufacturing plant
(C) At a retail store
(D) At an accounting company

32. What are they talking about?

(A) A new accountant
(B) A quarterly report
(C) A sales presentation
(D) New software

33. What is Ned been asked to do?

(A) Order software
(B) Demonstrate a program
(C) Lead a training session
(D) Calculate some records

In Box
Unread Messages

Kinberly	Convention time table
Rachel	Template guidelines
Lena	Tanya special offer
Susan	This month sales figures

34. What most likely is the problem with the man's work?

(A) It did not have enough information.
(B) It was sent to the wrong team.
(C) It was not accurate.
(D) It was submitted late.

35. What does the man say he has to do this evening?

(A) Catch a train
(B) Meet with a vendor
(C) Have dinner at a restaurant
(D) Go on a business trip

36. Look at the graphic. Who is the woman?

(A) Rachel
(B) Kimberly
(C) Lena
(D) Susan

Train schedule in Oklahoma

Destination	Time
Prattville	07:20
Tulsa	No more service
Turley	07:50
Sand Springs	08:00
Tulsa	08:10
Turley	08:25
Sand Springs	09:00
Prattville	09:10

37. What are they talking about?

(A) A promotion
(B) A workshop
(C) A company relocation
(D) A work schedule

38. Look at the graphic. Which station is the man's office located?

(A) Prattville
(B) Turley
(C) Tulsa
(D) Sand Springs

39. What does the woman say regarding the request?

(A) He should leave work an hour later.
(B) He should come to work an hour earlier.
(C) It is difficult due to company policy.
(D) He should notify his colleagues.

Part 5&6 전치사

진단테스트

1. Ms. Stevens encouraged the entire staff to work together and complete the project ------- the weekend.

(A) by
(B) until
(C) since
(D) between

2. Mr. Harper has been a loyal advocate for the company and is committed to consulting the board of directors ------- the last year.

(A) at
(B) for
(C) since
(D) than

3. By expanding our facility, we were able to attract more customers ------- offering better service.

(A) during
(B) within
(C) of
(D) while

4. The handicap entrance is at the end of the mall ------- from the theater so please allow extra time.

(A) opposite
(B) across
(C) throughout
(D) upon

5. Orange triangles ------- the safety manual indicate that there are potential hazards.

(A) throughout
(B) through
(C) among
(D) with

★ 정답 및 해설은 〈Part 5&6 유형분석 – 전치사〉에서 확인하세요.

✔ 이것만은 꼭!

■ 시간의 전치사

~에	at + 시점	**at** 5:00, **at** 2:30, **at** Christmas, **at** lunch, **at** noon, **at** night, **at** the beginning of the year cf. **at** all times, **at** a time, **at** any time
	on + 하루 길이	**on** Monday, **on** a rainy day cf. **on** Monday morning, **on** the weekends, **on** time
	in + 년, 월, 계절	**In** 2011, **in** March, **in** winter
~동안	during + event (사건)	She heated the place **during** (=in) the winter with a huge wood furnace. / He had died **during** (in) the night. **during** the bad weather, **during** his visit, **during** the past two months
	for + 수사로 시작되는 시간	The toaster remained on **for** more than an hour. **for** the last 3 weeks
~이래로	since + 과거 시점, 현재완료	I've taught English **since** 1997.
~내내	through + 기간 명사 = throughout + 기간 명사	The themes of movie music are repeated **throughout** (=through) the day
~내에	within + 기간	I will be back **within** two weeks.
~까지	by + 시점 (완료)	Complete the assignment **by** 3 o'clock.
	until + 시점 (계속)	Stay there **until** 3 o'clock.
~후에	after + 시점	**after** 3 o'clock
~전에	before + 시점	**before** 3 o'clock

■ 장소의 전치사

~에	at + 지점, 장소	**at** the table, **at** the airport, **at** the bottom, **at** the top, **at** the end cf. **at** work, **at** home, **at** school
~에	on + 거리, 코너, 섬	**on** the corner of the street, **on** 24th street, **on** the island cf. **in** the corner

~안에	in + 넓은 장소, 막힌 공간	**in** Seoul, **in** the room
~내에	within + 장소	**within** the building
~을 지나	through + 장소	go **through** the village
도처에	throughout + 장소	**throughout** the building

■ 방향의 전치사

~반대편에	opposite = across from	the house **opposite** the church
~을 가로질러	across	walk **across** the street
빙 둘러, 주위에	around	the papers **around** her
~옆에	next to, by, beside	the house **next** to the church
		an umbrella **by** the door
		stand **beside** him
~근처에	near, close to, adjacent to	**near** the TV station
		close to the radio station
		adjacent to his house
~뒤에	behind	He's sitting **behind** a large desk.

Part 5&6 유형분석 | 전치사

출제유형 1 보기에 until과 by가 함께 있을 때

until과 by는 둘 다 뒤에 '시점'을 동반하고 '~까지'로 해석하기 때문에 혼동하기 쉽다. 그러나 until은 '~까지 계속'을 의미하는 반면, by는 동작의 '~까지 완료 시점'을 나타낸다. 따라서 어떤 동사가 쓰였는지를 보면 until이 들어가야 하는 자리인지, by가 들어가야 하는 자리인지 판단할 수 있다.

Ms. Stevens encouraged the entire staff to work together and complete the project ------- the weekend.

(A) by (B) until
(C) since (D) between

해설 '주말까지 프로젝트를 끝내도록 격려했다' 라고 해야 자연스럽다. '~까지'라는 의미를 가진 전치사 (A) by와 (B) until 중에서 선택해야 한다. '끝낸다' 는 완료의 의미를 갖고 있으므로 (A) by가 정답이다. 만약 동사가 do라면 '그때까지 계속' 일을 하는 것이므로 (B) until도 어울릴 수 있으나, '그때 까지 계속 끝낼' 수는 없으므로 실수하지 않도록 조심해야 한다.

해석 Mr. Stevence 는 모든 직원들이 같이 일해서 주말까지 프로젝트를 끝내도록 격려했다.

어휘 **encourge** 목적어 **to** 부정사 : 목적어 ~하도록 하다 **order** 주문하다 **manufacturer** 제조업자, 제조회사

★ Check Point 전치사 until vs. by

■ **until (계속의 의미)과 같이 쓰이는 동사는 '지속성, 다회성'을 가진 동사**

stay, wait , remain, last, ★postpone 등

Please stay here **until** tomorrow. 내일까지 (계속) 머물러 주세요.

○ 동작 stay가 내일까지'계속'유지되는 상황을 보여준다.

■ **by (완료의 의미)와 같이 쓰이는 동사는 '1회성' 동사이다.**

complete, return, arrive, submit 등

Please submit the paper **by** tomorrow. 내일까지 보고서를 제출하세요.

○ 내일까지 계속 제출 (submit) 할 수 는 없으므로 완료의 전치사 by와 어울린다.

출제유형 2 현재완료 시제와 잘 어울리는 since와 for

둘 다 현재완료와 어울리지만, since는 과거 시점이 나와야 하고, for는 기간 명사와 어울린다.

Mr. Harper has been a loyal advocate for the company and has been committed to consulting the board of directors ------- the last year.

(A) at (B) for

(C) since (D) than

해설 주절의 시제가 현재완료이고, 현재완료와 잘 어울리는 since와 for 중에서 답을 골라야 한다. since 다음엔 과거시점이 나와야 하고 for 다음엔 기간이 나와야 한다. 빈칸 뒤 the last year를 '지난해'라는 과거 시점으로 오해하면 안 된다. 앞에 관사가 나오면 지난 1년 동안 이라는 뜻이고, 관사 없이 last year가 나와야 '지난해' 라는 뜻이다. 빈칸 바로 뒤에 관사 the가 있으므로 '지난 1년 동안'과 어울리는 전치사 (B) for를 답으로 해야 한다.

해석 Ms. Harper 는 회사의 충성스러운 대변자였고 지난 1년 동안 이사회를 컨설팅 하는데 헌신해왔다.

어휘 **advocate** 옹호자, 대변인 **be committed to + n** ~에 헌신하다 **board of directors** 이사회

★ Check Point 전치사 since와 for의 구별

since + 과거시점	It's been raining **since** the beginning of the month. 이 달 이래로 비가 오고 있다.
for + 기간	It's been raining **for** weeks. 몇 주 동안 비가 오고 있다.

★ Check Point 전치사 for와 during의 비교

둘 다 '~동안'이라는 뜻을 가진 전치사이지만 분명한 차이가 있다.

for + 숫자로 시작되는 기간	I haven't seen him **for**[in] years. 나는 수 년간 그를 못봤다.	for 다음에 주로 수사로 시작되는 기간이 오며, during 다음에는 his stay, the vacation, winter 등 특정 기간을 나타내는 명사가 온다.
during + 숫자가 아닌 명사	My father was in hospital **during** the summer. 아버지는 여름동안 병원에 계셨었다.	

출제유형 3 during은 동명사를 취할 수 없다.

일반 전치사와 달리 during은 동명사를 목적어로 취할 수 없다. 이점을 이용한 분사구문 문제가 나오면 틀리지 않도록 주의 한다.

By expanding our facility, we were able to attract more customers ------- offering better service.

(A) during (B) within

(C) of (D) while

해설 '보기에 전치사와 부사절 접속사가 같이 있기 때문에 빈칸 뒤에 나오는 ing를 동명사로 볼 수 도 있고, 접속사 뒤에 주어와 동사가 축약된 분사구문으로 볼 수 도 있다. 문법적으로 둘 다 가능하므로 해석해 보아 적절한 답을 고른다. 의미상 ' 더 좋은 서비스를 제공하는 동안 새로운 고객을 유치할 수 있었다' 라고 해야 적절하므로 '동안' 이라는 뜻을 가진 전치사 (A) during과 접속사 (D) while로 좁힐 수 있다. 그런데 during은 동명사구를 취할 수 없다. 정답은 (D) while이다. 부사절 속에 나오는 주어와 be 동사는 생략이 가능하고, while 뒤에 나오는 주어와 be 동사가 생략된 형태이다.

해석 우리의 시설을 확장함으로써, 우리는 더 나은 서비스를 제공하는 동안 더 많은 고객을 유치할 수 있었다.

어휘 **expand** 확장하다 **attract** 유혹하다, 유치하다

★ Check Point 의미가 같은 접속사와 전치사 비교

접속사 + 주어 + 동사	의미	전치사 + (동)명사
while	~하는 동안	during
because, as, since, now that	~때문에	because of, owing to, due to
although, though,	비록 ~이지만,	despite, in spite of
in case (that)	~의 경우에 대비하여	in case of
in the event (that)	~의 경우에	in the event of
by the time	~까지 (완료)	by

출제유형 4 opposite (~의 반대편에) VS. across (~을 가로질러)

틀리기 쉬운 전치사 across(~을 가로질러) , across from (~의 반대편에), opposite (~의 반대편에), 의 쓰임과 뜻을 정확히 이해해야 한다.

The handicap entrance is at the end of the mall ------- from the theater so please allow extra time.

(A) opposite
(B) across
(C) throughout
(D) upon

해설 빈칸 뒤 전치사 from과 어울리는 전치사를 고르는 문제. across는 단독으로 쓰일 때는 '~을 가로질러' 라는 뜻이지만, ~의 반대편에' 라는 뜻으로 쓰일 때에는 across from이고, 전치사 opposite과 같은 뜻이다. 의미상 '장애인 출입구가 극장 반대편에 위치해 있다' 라고 해야 하므로 정답은 (B) across이다.

해석 장애인 출입구는 극장 반대편 건물 끝에 있으므로 약간 시간을 감안하세요.

어휘 **handicap** 장애 **entrance** 입구 **allwo** 참작하다 **opposite** ~의 반대편에 (= **across from**)

출제유형 5 시험에 잘나오는 전치사 throughout (도처에, 내내)

토익이 좋아하는 전치사 throughout은 뒤에 장소를 취할 경우 '도처에, 기간이 나올 때는 '내내' 라는 뜻으로 쓰인다. 이 때 장소는 꼭 물리적인 장소가 아닐 수 도 있다.

Orange triangles ------- the safety manual indicate that there are potential hazards.

(A) throughout (B) through
(C) among (D) with

해설 '안전 사용설명서 안에 들어있는 오렌지색 삼각형들'의 의미이다. 보기 중 뒤에 장소명사가 나오면 '도처에, 여기 저기에'라는 뜻을 가지게 되는 (A) throughout이 정답이다. 뒤에 나오는 the safety manual(안전설명서)가 장소의 개념으로 쓰였다. (B) through는 뒤에 장소가 나올 경우 '~을 통과하여'의 뜻으로 쓰인다. (C) among은 '~가운데'라는 뜻으로 뒤에 복수명사가 나와야 한다.

해석 안전 사용설명서 여기저기에 나와있는 오렌지색 삼각형들은 잠재적인 위험요소들이 있다는 것을 나타낸다.

★ Check Point throughout vs through

① throughout vs through + 장소

through + 장소	~을 지나, 통과하여
throughout + 장소	도처에

Go **through** the village 마을을 통과하다.

Smoking is prohibited **throughout** the building. 흡연은 건물 전역에서 금지된다.

★ through는 수단으로 쓰이기도 한다.

The registration fee for the conference can be paid electronically **through** our Web site.
컨퍼런스 등록비용은 웹사이트를 통해서 자동으로 지불될 수 있다.

② throughout = through + 기간

through / throughout + 기간	~내내 (처음부터 끝까지)

The themes of movie music are repeated **throughout (= through)** the film.
영화음악의 주제는 영화내내 반복되었다.

Throughout(= through) the training period, all newly hired accountants are expected to work alongside their supervisors.
훈련기간 내내 모든 새로 고용된 회계사들은 그들의 상사와 함께 일할 것으로 예상된다.

DAY 19

Part 5 EXERCISE

1. Oil prices plummeted ------- indications that the government was working to keep production levels steady during the high-demand summer months.

   (A) about (B) near
   (C) regarding (D) amid

2. You must inform us in writing of your desire to cancel ------- ten days starting on the day after the goods are delivered to you.

   (A) during (B) behind
   (C) within (D) in

3. Every vehicle must have a parking permit displayed in the approved position ------- parked on campus.

   (A) to (B) while
   (C) as (D) nearby

4. GAID is expected to work ------- fulfilling its mission by providing an inclusive global forum.

   (A) about (B) into
   (C) near (D) toward

5. It will be mandatory ------- all managers to attend the manager course and complete all assessment tasks.

   (A) at (B) on
   (C) for (D) from

6. The library in Tanner Hall will be closed on Thursday ------- 3 p.m. and 5 p.m.

   (A) nearly (B) upon
   (C) during (D) between

7. JaKa Tire has responded to the changing environment ------- enlarging and modernizing its stores to stay competitive.

   (A) throughout (B) for
   (C) such as (D) by

8. Our group was scheduled to leave the following day ------- 10 o'clock.

   (A) in (B) on
   (C) for (D) at

9. In order ------- the economic growth to be sustainable, we need to ensure that there is a supply of workers with relevant skills needed by the growing industries.

   (A) for (B) to
   (C) of (D) When

10. Employees will still be entitled to three weeks' annual leave ------- the completion of 12 months' continuous employment.

    (A) follow (B) following
    (C) followed (D) follows

Part 6 EXERCISE

Questions 11-14 refer to the following advertisement.

The flexibility and timeliness of monthly statements as both a payment vehicle and informational document is difficult to match. Customers get the information they want ------- (**11.**) a timely fashion without having to call. You have the ability to cross-sell other products and possibly combine otherwise separate mailings ------- (**12.**) a single envelope.

If you are not ------- (**13.**) receiving any of those benefits from your monthly statement, then you're not using Cool Payment Systems for your statement printing and mailing. At CPS we pride ourselves on the flexibility to coordinate a mailing that ------- (**14.**) delivers the information to your customer and allows you to promote up to 13 different marketing initiatives.

Try Cool Payment Systems today!

11. (A) in
(B) or
(C) for
(D) at

12. (A) between
(B) as
(C) with
(D) under

13. (A) ordinarily
(B) commonly
(C) lately
(D) currently

14. (A) such
(B) both
(C) between
(D) those

Questions 15-19 refer to the following schedule and e-mails.

Springstein Summer Carnival!

Saturday July 31

10:00 AM. Baking Competition at Baking Supply Co. – we will host a bake-off where each competitors will submit their pie. Judges will pick the winners based on shape, crust, flavor, and texture. The lucky winner will receive $150 certificate to the Baking Supply Co. $3 entry fee.

1:00 PM to 4:00 PM Flower Garden Contest – we will take you around to look at some of the most beautiful home flower gardens in the city. Garden entries will be judged on maintenance as well as a variety, color and design of plants. Springstein Gardening Association, contest sponsor, will give the town's best home gardener a $100.00 cash award.
Venue: to be announced

Sunday August 1

10: 00 AM 5K Run for life at JL Park – complete the 5k run around the beautiful JL Park and receive a $50 certificate to Tara's Sporting Goods Store. All racers will also receive a free "Get Healthy" T-shirt. Sponsored by Tara's Sporting Goods. The run will kick off at North Entrance of the park.

2:30 PM Marin Symphony at Topp College – Experience classical music played at its highest level. The internationally acclaimed violinist Alasdair Neal and the Marin Youth Orchestra will enrich the performance. All open to the public. Admission is FREE, with open seating. Doors open approximately 30 minutes prior to the concert.

From:	Sophia Park <spark@ springstein.org>
To:	Emily Austin <eaustin@personalmail.com>
Date:	July 28
Subject:	Weekend Carnival

Hi, Emily

Unfortunately, it seems like it will be raining on Saturday. Since Matthew Tara's event will be hosted outdoors, I was wondering if you could exchange dates with his so that your event is moved to Sunday morning instead. We will keep the festival website and posters updated. We'll also share this notice in an email to inform the attendees of this schedule change. Let me know what you think. Thanks a lot!

Sophia Park
Carnival Organizing Committee

From:	Mark Saratoga <msaratoga@therealty.com>
To:	Todd Meats <tmeats@therealty.com>
Date:	July 30
Subject:	Meeting Schedule

Hey Todd,

Of course, I can take your place tomorrow for your client meeting while you are gone. Surely, I will show them the properties and keep you posted if there are any action items when you're back in the office.

Wish you luck! Hope you come out of it $100 richer by next week!

Best,
Mark

15. What is true about the symphony performance?

(A) It requires attendees to pay a fee.
(B) There will be no ticket sales to the general public.
(C) It will be moved to a different location.
(D) It will end at 2:30 PM.

16. What is the reason for the first e-mail?

(A) To provide feedback about the poster design
(B) To advise festival attendees about the weather
(C) To request a change in activity schedule
(D) To announce an upcoming location for the festival

17. In the first e-mail, the word "notice" in paragraph 1, line 4 is closest in meaning to

(A) judgement (B) review
(C) announcement (D) realization

18. Who most likely will attend a festival activity on August 1?

(A) Ms. Park (B) Ms. Austin
(C) Mr. Tara (D) Mr. Saratoga

19. Why is Mr. Meats most likely not able to make the client meeting?

(A) He is the lead festival organizer.
(B) He is participating in the bake contest.
(C) He is judge for the bake contest.
(D) He is competing for the best gardener prize.

DAY 20

Part 4	• REVIEW TEST
Part 5&6	• 비교
Part 7	• 삼중 지문 (웹페이지+이메일+이메일)

Part 4 REVIEW TEST

진단테스트

음성을 듣고 질문에 가장 알맞은 답변을 고르시오.

20-1.MP3

1. What is the announcement about?
   (A) A computer system problem
   (B) An important client meeting
   (C) A change in the interview process
   (D) A training session

2. What is said about the event?
   (A) Every employee must be there.
   (B) There will be only one session.
   (C) Experienced employees don't have to attend it.
   (D) It will be held this week.

3. What do the listeners have to do?
   (A) Register for the session
   (B) Take an assessment test
   (C) Speak with a supervisor
   (D) Call the IT department

4. What is the meeting about?
   (A) Deciding on a sales goal for the company
   (B) Setting financial plans for the business year
   (C) Voting for board membership
   (D) Launching a new product

5. What does the speaker mention about the new project?
   (A) It has been delayed.
   (B) It will start next year.
   (C) It is against the board members' opinions.
   (D) It will be canceled.

6. What will the listeners most likely do next?
   (A) Watch at a presentation
   (B) Hold a discussion
   (C) Cast a vote
   (D) Write a report

7. What is the purpose of the message?
(A) To promote a gallery opening
(B) To announce a game schedule
(C) To provide information about a production
(D) To contact a director

8. According to the message, how can the listeners get tickets?
(A) By calling the ticket booth
(B) By visiting a nearby book store
(C) By visiting the website
(D) By visiting the theater

9. What is available for children?
(A) A special welcome event
(B) Discounted prices
(C) Special seating
(D) A free product

10. Who most likely is the speaker?
(A) A park official
(B) A janitor
(C) A history teacher
(D) A tour guide

11. According to the speaker, what will happen after the garden tour?
(A) Watch a movie
(B) Visit a history museum
(C) Eat lunch
(D) Go on a hike

12. What are listeners asked to do?
(A) Meet at the entrance in 30 minutes
(B) Bring your own lunch
(C) Purchase a ticket in advance
(D) Bring a water bottle

13. Where does the speaker work?

(A) At a hospital
(B) At a credit-card company
(C) At a pharmacy
(D) At a supermarket

14. What will Ms. Levine have to provide later?

(A) A doctor's referral letter
(B) A confirmation number
(C) A credit card
(D) A telephone number

15. Why does the speaker say "If you're extremely busy, then call us"?

(A) To encourage the listener to use the service
(B) To promote a new product
(C) To reassure the listener about the delay
(D) To support the listener as a backup

----

16. Who is Scott Ronald?

(A) District Attorney
(B) Government official
(C) Reporter
(D) Professor

17. What is Mr. Ronald famous for?

(A) Improving the public safety
(B) Securing funds for the city
(C) Constructing a new railway
(D) Designing an new school system

18. What will happen next?

(A) They will report about the city's criminal rate.
(B) They will broadcast a weather forecast.
(C) They will hold an interview.
(D) They will go onto the traffic report.

----

19. What type of organization is the speaker talking about?

(A) A cooking class
(B) A writer's group
(C) A teacher's association
(D) A tutoring program

20. What is mentioned about the monthly meetings?

(A) Anyone can join.
(B) Participants discuss stories about their experiences.
(C) School officials give presentations.
(D) Membership fee must be paid.

21. What does the woman mean when she says, "You can't miss it."?

(A) It's a rare event.
(B) It is easy to follow the direction.
(C) It's a mandatory event.
(D) It's unpleasant experience.

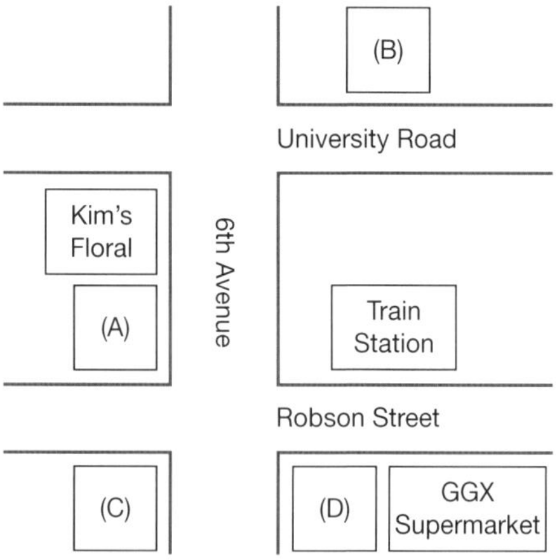

(B)
University Road
Kim's Floral
(A)
6th Avenue
Train Station
Robson Street
(C)
(D)
GGX Supermarket

22. What is being advertised?

(A) A beverage
(B) A supermarket
(C) A food product
(D) A microwave

23. According to the speaker, what can be found on the Web site?

(A) Customer comments
(B) Discount coupons
(C) A program schedule
(D) A list of recipes

24. Look at the graphic. Which one is advertised business?

(A) A
(B) B
(C) C
(D) D

Baggage claim

Flight	Carousel No.
ANA 1890	4
CAN 1198	17
KE 9909	19
AZ 089	21

25. What will happen in 10 minutes?

(A) The airplane will be landed.
(B) The boarding will begin.
(C) Some refreshments will be given.
(D) Inflight entertainment will start.

26. What should people traveling to Los Angeles do?

(A) Leave the show early
(B) Go to Gate 3
(C) Find another airline
(D) Purchase a ticket at the counter

27. Look at the graphic. Which flight are the listeners on?

(A) ANA 1890
(B) CAN 1198
(C) KE 9909
(D) AZ 089

Today's maintenance schedule

Time	Work
10AM-3PM	Parade preparation
11AM-4PM	Tunnel cleaning
1PM-5PM	Museum display change
4PM-6PM	Repainting road lines

28. Who is the talk intended for?

(A) City officials
(B) Commuters
(C) Board of directors
(D) Construction workers

29. What is the cause of the problem?

(A) Inclement weather
(B) Electrical power outages
(C) Preparations for an event
(D) Repair work

30. Look at the graphic. What time does the speaker recommend traveling?

(A) 3
(B) 4
(C) 5
(D) 6

Part 5&6 비교

진단테스트

1. Employees working in the Asia branch do not speak English nearly as ------- as those working in Europe.

(A) well
(B) far
(C) good
(D) near

2. Most education professionals would agree that managing parents is far ------- than managing students.

(A) more difficult
(B) difficult
(C) difficulty
(D) much difficulty

3. As part of our effort to provide you with the ------- quality health care in this region, we are asking for some feedback.

(A) high
(B) higher
(C) highly
(D) highest

4. Future cellular phones and other wireless communication devices are expected to be ------- more versatile.

(A) so
(B) much
(C) really
(D) very

5. The variety of products available in these large retailers is much ------- to smaller stores.

(A) improved
(B) better
(C) advanced
(D) superior

★ 정답 및 해설은 〈Part 5&6 유형분석 – 비교〉에서 확인하세요.

비교

형용사나 부사만 비교할 수 있다.

1. 원급 비교

(1) 원급의 구조

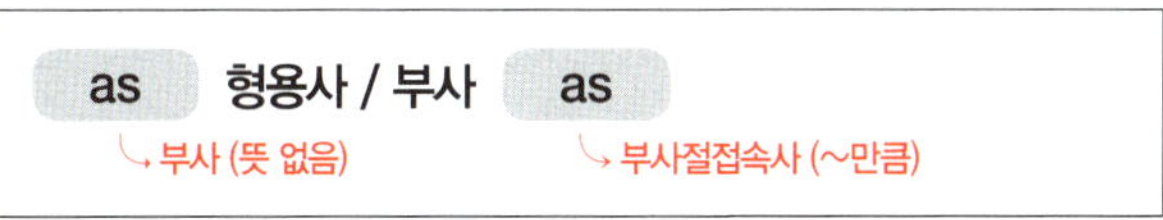

Desk top computers are (as) **reliable** [(as) laptops (are reliable).]
부사 / 부사절접속사 / 반복되므로 생략가능

우리 제품은 경쟁사의 제품만큼 믿을 만하다.

앞의 as는 뜻이 없는 부사이고, 뒤의 as는 '~만큼'이라는 뜻의 접속사이고, are reliable은 반복되면 생략 가능하다. .

(2) as와 as 사이에 들어갈 품사를 묻는다.

형용사와 부사 중 앞에 나오는 뜻이 없는 부사 as를 제거하고, 알맞은 품사를 찾는다.

All our staff are aware of the inconvenience and will be **as considerate as** possible.

우리의 모든 직원들은 불편을 잘 알고 있으며 가능한 한 신중할 것이다.

앞에 나오는 as를 제거하면, be 동사의 보어자리니까, 형용사 considerate(신중한)이 쓰였다.

Asian commercial banks did not function as (**properly** / **proper**) as those operating in some advanced countries.

아시아 상업은행은 몇몇 선진국에서 운영하는 은행들만큼 적절하게 기능하지 못했다.

앞에 나오는 as를 제거하고, 자동사 function 다음에 올 수 있는 품사는 부사이므로, properly가 어울린다.

2. 비교급 비교

(1) 비교급 비교의 구조

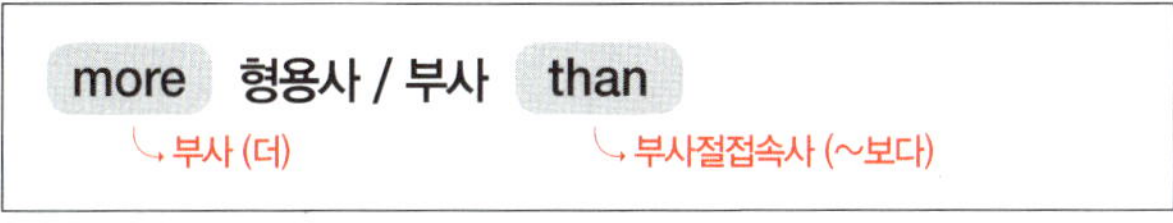

Desktop computers are (more) **reliable** [(than) laptops (are reliable).]
부사 (더) / 부사절접속사 (~보다) / 반복되므로 생략가능

PCs are lasting longer than (they lasted long) before according to new research.
자동사 / 부사 (1음절+er) / 반복되면 생략가능

새로운 연구에 따르면 PC는 더 오래 지속되고 있다.

형용사나 부사의 단어 길이가 1음절이명 more 대신에 -er를 붙인다. 자동사 last(지속되다) 뒤에 부사 long의 비교급인 longer가 than과 함께 쓰여서 '~보다 오래 지속된다'의 뜻으로 쓰였다.

(2) more와 than 사이에 들어갈 품사를 묻는다.

Desktop computers are still more **reliable** than laptops.
데스크탑 컴퓨터는 여전히 노트북보다 훨씬 더 믿을 만하다.

부사 more와, 부사 more를 수식해주는 부사 still을 제거하면 be 동사의 보어자리이므로 relialbe이 쓰였다

(3) 열등 비교

less 형용사 / 부사 than ↳ 음절에 관계없이

Online advertising is usually less **expensive** than print advertising (are expensive).
부사 (덜) 부사절접속사 (~보다)
온라인 광고가 보통 인쇄광고보다 덜 비싸다.

음절의 길이에 상관없이 less를 붙인다.

3. 최상급 비교

비교 대상이 2이어도 가능한 원급, 비교급과는 달리 최상급은 비교 대상이 3이상일 때 사용한다. '최고다'라는 표현은 3이상일 때 가능하기 때문이다. 최상급을 답으로 하려면, 3이상을 나타내주는 표현이 있어야 한다.

(1) 최상급 비교의 구조

① the + 형용사 + -est	The river is **the deepest** here. 그 강은 여기가 가장 깊다.
② the most + 형용사(2음절 이상)	This is **the most exciting** book (that) I have ever read.
③ 부사의 최상급은 '(the) most + 부사'로 나타낸다.	

(2) 3 이상을 나타내는 표현

① of	She received **the highest** salary of all the employees.
② in	The restaurant is known as **the most luxurious** in Seoul.
③ 현재완료, 과거완료 표현	What is **the highest** level of education you have completed? (현재완료) It was **the most difficult** assignment I had ever performed. (과거완료)
④ 그 밖의 표현	Richard Kim is a world-renowned investor who has achieved **the best** performance record in history. 리차드킴은 역사상 최고의 실적을 가진 유명한 투자가이다.

(3) 부사의 최상급 앞에 the는 생략가능하다.

The questions and answers that appear on this page are (the) **most** frequently asked questions.

이 페이지에 나오는 질문과 대답은 가장 자주 받는 질문입니다.

What is **the highest** level of education you have completed?

당신이 마친 최고 고등교육은 어느 정도입니까?

↳ 지금까지 마친 과정 중에서 → 비교대상이 3 이상임을 암시

ACS Publications provides listings of **the most highly** ranked research articles in four categories.

비교대상이 3 이상

ACS 출판사는 4가지 범주에서 가장 높게 순위에 오른 연구 기사 목록을 제공한다.

DAY 20

Part 5&6 유형분석 | 비교

출제유형 1 as ~ as 사이에 들어갈 품사는 형용사나 부사다

비교할 수 있는 품사는 '더 예쁜, 더 빨리'처럼 형용사나 부사다. 따라서 as와 as 사이에 들어갈 품사를 묻는다면 앞에 나오는 뜻이 없는 부사 as를 제거하고 찾아보자.

Employees working in the Asia branch do not speak English nearly as ------- as those working in Europe.

(A) well (B) far
(C) good (D) near

해설 빈칸 앞에 as 제거하고, 그 앞에 있는 부사 nealy도 제거하면, 'do not speak English'라는 동사와 목적어를 갖춘 완전 절이 나온다. 따라서 빈칸엔 부사 well(잘)이 와야 한다. 정답은 (A) well이다.

해석 아시아 지사에서 일하고 있는 직원들은 유럽에서 일하는 직원들 만큼 영어를 잘하지는 않는다.

어휘 branch 지사 nearly (= almost, about) 거의, 매우 가까이 well 잘, 훨씬, 충분히 far 멀리, 아주, 훨씬

★ Check Point 동등 비교

- **so ~ as는 부정문에서만 가능**

Low rate credit cards are not **so** beneficial **as** they are supposed to be.
낮은 이자율의 신용카드는 예상만큼 그렇게 혜택이 있지는 않다.

- **as well as는 두 가지로 해석될 수 있다.**

① ~만큼 잘

John speaks French **as well as** Tom does. 존은 톰 만큼 불어를 잘한다.

② A as well as B: B뿐만 아니라 A도

Vending machines can be found in office buildings **as well as** in schools and department stores.
자판기는 학교, 백화점뿐만 아니라 사무실 빌딩에서도 발견된다.

출제유형 2 than이 나오면 more가 답이다.

비교하고자 하는 형용사나 부사가 1음절이면 뒤에 -er를 붙이고, 2음절 이상이면 앞에 more를 쓴다. more 다음에 어떤 품사가 들어갈지 묻는 문제가 나오면 문장의 형식에 영향을 주지 않는 부사 more 를 제거하고 답을 찾는다. (이것만은 꼭 참조)

Most education professionals would agree that managing parents is far ------- than managing students.

(A) more difficult　(B) difficult
(C) difficulty　(D) much difficulty

해설 빈칸 뒤에 접속사 than이 있으므로, 앞에 more가 나와야 한다. 비교급 강조 부사 far를 제거하면, 빈칸은 be 동사의 보어로 쓰이는 형용사자리라는 것을 알 수 있다. 따라서 형용사의 비교급인 more difficult가 답이다.

해석 대부분의 교육전문가들은 학생들을 관리하는 것 보다 부모님을 관리하는 것이 훨씬 더 어렵다는 데 동의할 것이다.

어휘 **professional** 전문가, 전문적인 **manage** 관리하다

★ 암기 미션 than과 함께 쓰이는 빈출 관용표현

- **no later than: ~ 까지 (by)**

Employees wishing to attend the conference must register **no later than** Wednesday.
컨퍼런스에 참가하고 싶은 직원들은 수요일까지 등록해야 한다.

- **no more than: 오직, 다만 (only)**

The CEO is **no more than** an employee of the company. CEO는 다만 회사의 직원일 뿐이다.

- **rather than: ~라기 보다는**

Travel author Gina Twains prefers to travel by herself **rather than** with a tour group.
여행작가 Gina Twains는 투어그룹과 함께 하기 보다는 혼자서 여행하는 것을 선호한다.

출제유형 3 비교 대상이 셋 이상일 때 쓰는 최상급

'최고'라는 표현은 비교 대상이 셋 이상임을 나타내는 표현과 잘 어울린다. '~중에, ~에서'라는 전치사 in, of와 잘 쓰이고 '완료 표현'과도 잘 어울린다. (이것만은 꼭 참조)

As part of our effort to provide you with the ------- quality health care in this region, we are asking for some feedback.

(A) high　(B) higher
(C) highly　(D) highest

해설 정관사 the와 quality 사이에 형용사가 와야 하므로 부사인 (C) highly(매우)는 제외한다. 'in this region(이 지역에서)'은 '이 지역에 있는 의료서비스를 제공하는 기관들 중에서'라는 말을 내포하는 것이므로, 비교 대상이 셋 이상임을 알 수 있다. 정답은 (D) highest이다.

해석 당신에게 최고 품질의 의료 서비스를 제공하려는 노력의 일부로서 우리는 약간의 피드백을 요구합니다.

어휘 **provide A with B** A에게 B를 제공하다 **ask for** 요구하다 **feedback** 반응, 의견

★ Check Point 비교급 앞에 the를 붙이는 경우

① The + 비교급 + 주어 + 동사, the + 비교급 + 주어 + 동사. → ~하면 할수록, …하다

"The Sooner We Get Rid Of Cars, The Better This Planet Will Be."
"자동차를 더 빨리 없앨수록, 지구는 좋아진다."

절이 두 개인데, 접속사가 없는 것과, 비교급 앞에 the를 사용했다는 점에서, 문법상 파격이다. 따라서 관용적인 표현으로 이해해야겠다.

② the + 비교급 + of the two

The one downtown is the more expensive gym **of the two** in this area.
번화가에 있는 것이 이 지역에 있는 두 개의 체육관중에 더 비싸다.

of the two가 보이면, 비교급 앞에 the를 붙이는 것 또한 관용적 표현이다.

출제유형 4 비교급을 강조하는 정도를 나타내는 부사들을 알아두자.

정도 부사 중 일반 형용사나 부사는 so나 very가 강조하고, 비교급은 much(훨씬), (by) far(훨씬), even(훨씬), still(훨씬), a lot(훨씬), a little(약간)이 수식한다.

Future cellular phones and other wireless communication devices are expected to be ------- more versaile.

(A) so (B) much
(C) really (D) very

해설 be동사의 보어인 versatile(다재다능한, 다목적용의) 의 비교급 more(부사) 앞에 또 나올 수 있는 품사는 부사다. 보기가 모두 부사인데, (A) so나 (D) very는 일반 형용사나 부사를 강조할 때 쓰이므로 실격. 남은 부사 (B) much와 (C) really 둘 다 more를 수식할 수 있으므로 해석해서 더 어울리는 부사를 고르면 된다. 미래의 장치는 '정말로 더' 다재다능하다 보다는 '훨씬 더'라고 해야 어울리므로 정답은 (B) much(훨씬)이다.

해석 미래의 휴대전화와 다른 무선 통신 장치들은 훨씬 더 다목적으로 쓰일 것으로 기대된다.

어휘 cellular phone 휴대전화, 핸드폰 wireless 무선의 device (= gadget, machine) 장치, 고안 versatile (= all-purpose, variable) 다재 다능한, 다방면의

The speaker is **very** persuasive. 화자는 매우 설득력이 있다.

very가 일반형용사 persuasive(설득력있는)를 수식한다.

This new policy provides **even** greater flexibility on behalf of labor unions.
이 새로운 정책은 노동조합을 대신하여 훨씬 더 큰 유동성을 제공한다.

even이 비교급 형용사 greater를 수식한다. 비교급을 강조할 때 even은 '훨씬'이라는 뜻이다.

출제유형 5 -or로 끝나는 비교급은 접속사 than 대신에 전치사 to를 쓴다.

-or로 끝나는 라틴계 단어들은'~보다'라는 표현으로 than 대신에 to를 쓴다.

The variety of products available in these large retailers is much ------- to smaller stores.

(A) improved (B) better
(C) advanced **(D) superior**

해설 빈칸 뒤 전치사 to가 문제의 핵심이다. 전치사 to와 어울리는 단어를 보기에서 고르면, (D) superior(우수한)이다. 빈칸 앞 much는 비교급을 수식하는 부사 '훨씬'의 뜻이고, 'superir to + n'는 'n보다 우수한'의 뜻이다. (B) better는 비교급 구문에서 to가 아니라 than과 함께 쓰인다.

해석 이 큰 소매상들에서 이용 가능한 상품들의 다양함은 작은 가게들보다 훨씬 우수하다.

어휘 **available** (= **accessible**, **handy**) 이용 가능한, 쓸모가 있는 **retailer** 소매상인 **superior to** ~보다 우수한

★ 암기 미션 어미가 -or로 끝나는 라틴비교급은 than 대신 to를 쓴다.

superior to ~보다 우수한
prior to ~보다 전에
senior to ~보다 나이가 많은
inferior to ~보다 열등한
junior to ~보다 나이가 어린
prefer A to B B보다 A를 선호하다

Instructors may wish to distribute these handouts **prior to** (→ 전치사 (~보다 전에)) the presentation or following the discussion.
강사들은 프리젠테이젼에 앞서 또는 토론 이후에 3장의 유인물을 나누어주고 싶어한다.

Many young people prefer surfing the Internet **to** (→ 전치사 (~보다)) reading books.
많은 젊은이들은 책을 읽는 것 보다 인터넷 서핑하는 것을 더 선호한다.

★ prefer가 목적어로 to 부정사를 취할 수 있는 동사라는 것도 기억하자.

Mr. Muraz prefers **to travel** (→ to부정사) by car **rather than** (→ ~라기 보다는) by plane or train or ship.
Mr. Muraz는 비행기, 기차, 배보다 자동차로 여행하는 것을 좋아한다.

DAY 20

Part 5 EXERCISE

1. During the presentation, the product team insisted that the shape of the final copier was ------- than the previous design.
(A) most efficiently
(B) as efficient
(C) more efficiently
(D) more efficient

2. We would like to have a display that can produce the deepest possible and the ------- possible whites.
(A) brightens (B) brightness
(C) bright (D) brightest

3. The more bicyclists and pedestrians are on the road, the ------- drivers become attentive to them.
(A) many (B) much
(C) most (D) more

4. Solar energy becomes ------- more useful when we change it to another form.
(A) too (B) such
(C) much (D) very

5. Xess is the ------- competitor in the power tools division with 13.4 percent of the US market share.
(A) strength (B) strongly
(C) most strongly (D) strongest

6. Of all we have hired over the last ten years, Ms. Jennifer Carson is the ------- employee.
(A) more diligently
(B) most diligently
(C) more diligent
(D) most diligent

7. The study found that television was the most ------- medium for communicating an anti-smoking message.
(A) persuade (B) persuasion
(C) persuasive (D) persuasively

8. The number of people paying the ------- level of income tax in the country has almost doubled.
(A) higher (B) highly
(C) high (D) highest

9. Housing prices in Connecticut have increased ------- faster than in neighboring states, and more steeply than the national level.
(A) most (B) much
(C) many (D) more

10. The more ------- your resume is, the more desirable you will be as a prospective candidate.
(A) impressed (B) impress
(C) impressive (D) impression

Part 6 EXERCISE

Questions 11-14 refer to the following announcement.

Time is the most valuable currency.

Most people look at their bank accounts with great attention and assess how much money they have to spend, to invest, and to give away, but they don't look at their time the same way, and end up ------- (11.) this incredibly valuable resource.

In fact, time is ------- (12.) more valuable than money because you can use your time to make money, but you can't use money to purchase more time.

Time is the great equalizer - each day has only 24 hours - nobody has any more than anyone else. Everyone, from poets to presidents, fills those hours, one after the other, until they are all filled up. Every single minute is unique, and ------- (13.) gone, can never be regained.

To be able to create the life that you want, you have to ------- (14.) your life. Put the most important things in your life first and everything else as an option. How you spend your time tells the truth about who you really are.

11. (A) to waste
(B) wastes
(C) wasting
(D) wasted

12. (A) much
(B) so
(C) very
(D) well

13. (A) until
(B) while
(C) which
(D) once

14. (A) enrich
(B) prioritize
(C) appreciate
(D) save

DAY 20

Questions 15-19 refer to the following Web page and e-mails.

http://www.partynation.com

Party Nation

Planning the perfect event for your special day

Birthdays	Wedding Receptions	Corporate Events	Award Ceremonies

Help us plan the perfect birthday party for your family! We take care of everything from

- Booking a venue
- Decoration set up and clean up
- Food and beverage selections
  (we can accommodate both full meal and snacks)
- Music (we have live DJ)
- Games and activities
- Photobooth service (at additional cost)
- Giftbags for guests

We have two beautiful events spaces that you can rent at a discounted rate (Party City in Glendale accommodates up to 200 people and Party Grove in Rockford accommodates 50 people) or we'll be happy to set everything up in a venue of your choice.

Help us make your special day even more special!

From:	Ray Moore <rmoore@mymail.com>
To:	Cathy Dane <cdane@email.com>
Date:	March 10
Subject:	Party advice

Dear Ms. Dane,

Hi, I got your contact information from Party Nation who said that they recently helped plan for one of your event. I was wondering if I can ask for your honest feedback on the event planning service you received from Party Nation. I was really curious about the quality of the staff and the food, as well as the location selection. Also, do you think getting a photo booth at additional cost would be worth it? We are trying to plan our daughter Jessica's birthday party so any feedback or opinion you may have would be very helpful. Thanks in advance for your time!

Best,
Ray Moore

From:	Cathy Dane <cdane@email.com>
To:	Ray Moore <rmoore@mymail.com>
Date:	March 16
Subject:	RE: Party advice

Dear Mr. Moore,

Sure, I am happy to share my experience with Party Nations. We used them for our son Jason's high school graduation party and I was very satisfied with their services. We had over 100 guests attend the party. After reviewing different venue options, we decided to hold the party at Party Nation's venue due to its affordable cost and large space.

We also really enjoyed the live DJ music service they provided, as well as the food dishes that that were customized to fit our guests' dietary requests. I unfortunately did not use the photo booth option so I cannot speak for that part, but I know couple of my friends who've used their photobooth services for other parties and said they were very fun.

I highly recommend using Party Nations for any event planning needs you have!

Regards,
Cathy Dane

15. What is true about Party Nations?

(A) It does not provide full meals
(B) It requires down payment in advance
(C) It offers entertainment for guests.
(D) You can only make reservation through email

16. Why did Mr. Moore contact Ms. Dane?

(A) To ask about her experience with Party Nations
(B) To invite her to his daughter's birthday party
(C) To ask her to plan an upcoming event
(D) To make recommendations on a potential event venue service

17. In the first e-mail, in paragraph 1, line 2, the word "feedback" is closest in meaning to?

(A) response (B) aversion
(C) preference (D) advice

18. What does Ms. Dane mention that Mr. Moore did NOT specifically ask about?

(A) Food (B) Place
(C) Photo booth (D) Music

19. Where was Jason's graduation party most likely held at?

(A) At Party City
(B) At Party Grove
(C) At Glendale High school
(D) At Lancaster Restaurant

mozilge 

新토익도 모질게

중급자를 위한 가장 완벽한 新토익!

한권으로 끝내는 모질게 신토익 LC+RC

정답 및 해설

이명진 · 김진영 지음

新토익 출제유형 철저 대비

토익 Level Up 20일 프로젝트

신토익 출제유형 완전 분석

MP3 이용안내 청해학습용 MP3파일을 www.mozilge.com에서 다운로드 가능합니다.

한 권으로 끝내는 모질게 신토익 LC+RC

정답 및 해설

모질게

DAY 01

Part 1 | EXERCISE

1. (B) **2.** (C) **3.** (D) **4.** (C) **5.** (A)
6. (A)

Part 5 | EXERCISE

1. (D) **2.** (D) **3.** (C) **4.** (D) **5.** (D)
6. (B) **7.** (C) **8.** (C) **9.** (A) **10.** (D)

Part 6 | EXERCISE

11. (B) **12.** (D) **13.** (A) **14.** (A)

Part 7 | EXERCISE

15. (D) **16.** (A) **17.** (A)

Part 1 EXERCISE

1. (B) 영국

(A) They are staring at the schedule.
그들은 시각표를 보고 있다.
시각표가 아니라 기차가 올 방향을 바라보고 있다.

(B) They are waiting by the train track.
그들은 기차 트랙 옆에 서 있다.

(C) They are crossing the bridge.
그들은 다리를 건너고 있다.
다리가 사진 속에 보이지 않으므로 오답이 된다.

(D) They are performing outdoors.
그들은 야외에서 공연을 하고 있다.
perform과 platform을 이용한 발음의 함정이다. 공연하는 모습이 아니므로 오답이 된다.

2. (C) 호주

(A) They're sitting at a table. 그들은 테이블에 앉아 있다.
사진 속에 테이블이 보이지 않으므로 오답이 된다.

(B) They're fishing on the beach.
그들은 해변에서 낚시를 하고 있다.
낚시하는 동작이 아니므로 오답이 된다.

(C) They're looking at the ocean.
그들은 바다를 바라보고 있다.

(D) They're walking on the beach. 그들은 바닷가를 걷고 있다.
걷는 동작이 아니므로 오답이 된다.

| 주의 |
이 사진의 경우 더욱 흔하게 나오는 정답은 They are resting on the bench.(그들은 벤치에 앉아 쉬고 있다)이다. rest 대신 relax나 sit을 사용할 수도 있다. 또한 이런 사진에서 They are sitting high above the water 같이 위치를 보여주는 정답이 나오기도 한다는 것을 기억한다.

3. (D) 미국

(A) One of the airplanes has taken off.
비행기 중 한 대가 이륙했다.
하늘에 떠 있는 비행기가 안보이므로 오답이 된다.

(B) The planes are landed. 비행기들이 착륙한 상태이다.
비행기가 한 대뿐이므로 오답이 된다.

(C) There are buses at the airport. 공항에 버스가 있다.
버스가 보이지 않으므로 오답이 된다.

(D) Passengers are boarding the airplane.
승객들이 비행기에 탑승하고 있다.

4. (C) 미국

(A) They are walking a hall. 그들은 복도를 걸어가고 있다.

◐ 복도가 아니므로 오답이 된다.

(B) They are stepping up some stairs.
그들은 계단을 올라가고 있다.
◐ 계단이 안보이므로 오답이 된다.

(C) They are strolling toward some trees.
그들은 나무를 향해 걸어가고 있다.
◐ 나무 사이에서 앞쪽으로도 나무가 보이므로 정답이 된다.

(D) They are planting some trees. 그들은 나무를 심고 있다.
◐ 나무를 심는 동작이 아니다.

5. (A) 영국

(A) They are leaning on the railing.
그들은 난간에 기대어 있다.

(B) They are both carrying backpacks.
그들은 둘 다 배낭을 매고 있다.
◐ 한 사람만 매고 있으므로 오답이 된다.

(C) The lamppost is being turned off.
가로등이 꺼지고 있는 중이다.
◐ 가로등을 끄고 잇는 동작이 안보이므로 오답이 된다.

(D) They are boarding the boat.
그들은 보트에 타고 있는 중이다.
◐ 보트에 타는 동작이 아니므로 오답이 된다.

6. (A) 미국

(A) They are going up the steps.
그들은 계단을 올라가고 있는 중이다.
◐ 계단을 올라가는 모습이 맞으므로 정답이 된다.

(B) They are putting on shirts.
그들은 셔츠를 입고 있는 동작 중이다.
◐ 지금 현재 입고 있는 상태이므로 오답이 된다.

(C) They are holding a railing. 그들은 난간을 붙잡고 있다.
◐ 난간을 붙잡지 않고 있으므로 오답이 된다.

(D) They are resting on the stairs.
그들은 계단에서 쉬고 있는 중이다
◐ 계단을 올라가고 있는 동작이므로 오답이 된다.

Part 5 EXERCISE

1. (D)

해석 모든 자금지원을 신청하기 위해서는 당신의 프로젝트와 제안을 위한 필요성이 있다는 것을 보여주어야 한다.

해설 보기가 모두 단수 명사이므로 해석해 보아 답을 골라야 한다. 자금지원을 받기 위해서는 '필요가 있다'는 것을 보여줘야 하므로 (D) need가 적절하다.

어휘 **fund** 기금, 자금; 자금을 제공하다 **application** 적용, 지원, 신청 **proposal** 신청, 제안 **need** 필요, 의무

2. (D)

해석 다른 사람을 배려해주시고, 공연하는 동안에 문자 메시지는 삼가 주세요.

해설 동사원형 (B) consider(고려하다)를 제외한 나머지 모든 보기가 빈칸에 올 수 있으므로 해석해보아 적절한 단어를 골라야 한다. 의미상 '신중하다'라는 표현이 되어야 하므로 형용사 (D) considerate(신중한, 사려 깊은)이 be동사의 보어로 쓰인 (D) considerate이 정답이다. 명사 (C) consideration은 be동사의 보어로 쓰일 경우 주어와 동격일 때 사용한다. 그런데, patrons가 consideration은 동격관계가 아니므로 실격.

어휘 **refrain from** ~을 그만두다, 삼가다 **be consierate of** ~을 배려하다

3. (C)

해석 효과적으로 의사소통을 하기 위해 스피치를 할 땐 명료하게 말해야 한다.

해설 speak가 자동사이므로 뒤에는 부사나 부사에 해당하는 구나 절이 나와야 한다. 부사 (C) clearly가 정답이다.

어휘 **make a speech** 연설하다

4. (D)

해석 실업수당을 신청하는 사람들의 수가 최근에 줄었다.

해설 fall은 자동사라서 다음엔 부사나 부사상당어구가 나와야 한다. 보기 중 부사는 (D) sharply 뿐이다.

어휘 **unemployment benefit** 실업수당 **apply for** 지원하다, 신청하다

5. (D)

해석 2000년에 제조된 하이브리드 자동차의 판매가 지난 분기에 절정에 이른 이후로 하락추세다.

해설 빈칸 뒤에 문장의 형식에 영향을 끼치지 않는 전치사구 있으므로 빈칸엔 자동사가 와야 한다. 보기 중 자동사는 (D) peaked(절정에 이르다) 뿐이다.

어휘 **hybrid** 잡종, 혼성체 **peak** 절정에 이르다

6. (B)

해석 Sanford Soft Co. 직원들의 대략 반 정도는 버스로 통근한다.

해설 동사의 형태를 묻는 문제는 '수 → 태 → 시제'의 순서로 풀어야 한다. 주어가 half인데 'half of 명사'의 경우 뒤에 나오는 명사의 수에 따라 동사의 수가 결정된다. 직원들의 half이므로 복수 취급해야 한다. 따라서 (B) commute가 정답이다. 나머지 보기는 주어가 단수일 때 어울리는 형태이다. commute는 '통근하다'라는 뜻의 자동사이다.

어휘 roughly 대략 commute 통근하다

7. (C)

해석 두 병원의 임무는 환자들에게 질 좋은 관리를 제공한다는 점에서 견줄 만하다.

해설 동사원형 (B) compare를 제외한 모든 보기가 be동사 뒤에 올 수 있으므로 해석해 보아 의미상 적절한 답을 고르면 된다.
(A) comparing은 뒤에 목적어가 있어야 해서 실격.
(D) comparison은 의미상 주어과 동격관계가 되지 못해서 실격이다. 따라서 정답은 (C) comparable(견줄 만한)이다. '비교될 만한'이란 의미한 '비슷해서 견줄 만한'의 의미이다.

어휘 in terms of ~의 점에서 comparable 비교될 만한, 견줄 만한 comparison 비교

8. (C)

해석 이 시설물들은 무료, 저가, 사설 시설물 이렇게 3가지 종류로 나뉘어진다.

해설 be동사 뒤에는 명사, 형용사, -ing, p.p.가 올 수 있다. 워낙 자주 묻는 문제이니 암기해 두면 좋다. (A) divides는 실격이고, (B) division (D) divider는 주어인 facilities와 의미상 동격관계가 아닐 뿐더러 단독으로 쓸 수 없는 가산명사이다. 따라서 정답은 (C) divided이다. 타동사 divided가 수동의 형태로 쓰인 구문이다.

어휘 divide A into B A를 B로 나누다

9. (A)

해석 우리 Eco Pioneers 사는 높은 안전 기준을 유지하는 데 헌신합니다.

해설 remain은 뒤에 명사나 형용사 보어를 취할 수 있는 2형식 동사이다. 따라서 동사인 (C) commit과 (D) commits는 실격. (B) committing은 '헌신시키는' (A) committed는 '헌신하는'의 뜻이므로 (A) committed가 정답이다.

어휘 be committed to + 명사 ~에 헌신하다 standards 기준

10. (D)

해석 우리의 인수합병 전략은 성공적인 회사들을 인수하고, 그들의 브랜드이미지를 보유해서 지역경영진을 보호하는 것이다.

해설 빈칸 뒤 브랜드 이미지와 어울리는 타동사를 골라야 한다. 의미상 '브랜드 이미지를 보유하다'가 가장 어울리므로 정답은 (D) retain(보유하다)이다. (A) cooperate(협동하다)와 (B) persist(지속하다)는 자동사라서 실격. (C) practice(연습하다)는 의미상 실격.

어휘 cooperate 협동하다, 협력하다 persist 주장하다, 지속하다 practice 연습하다, 실행하다 retain 유지하다, 보유하다

Part 6 EXERCISE

Questions 11-14 refer to the following announcement.

프로그램: 데이비드 벌지, 〈NBC 투데이쇼〉 "오늘의 해설" 입상자

3월 8일 오전 11시 45분 – 오후 1시

서술: AMA 프로그램 공지사항

여행 일정 차질로 인해 3월 8일의 프로그램의 진행자가 바뀌었습니다.

〈NBC 투데이쇼〉 '오늘의 앵커' 입상자인 Mr. Chase Burge 자신이 입상할 때까지의 경험을 나누는 이 쇼에 함께 하세요. 네브라스카 링컨 대학의 학생 모집 담당자인 Chase Burgge는 〈NBC 투데이쇼〉의 객원 앵커가 되는 기회를 잡았습니다. 그는 3월 2일 앵커 Matt Laurer와 Meredith Vieira와 공동 호스트로서 〈투데이 쇼〉를 진행하기 위해 오디션 비디오를 오늘의 앵커의 콘테스트에 제출했습니다.

Mr. Burge는 최고의 NBC 아침 뉴스 프로그램의 정상의 자리를 두고 경쟁하기 위해 이메일이나 우편을 통해 참가를 신청한 수 천명의 경쟁자들을 물리쳤습니다

이 행사의 접수 마감기한은 3월 6일 화요일까지 입니다.

어휘 conflict 갈등 runner up 입상자 administrator 관리자, 행정인 recruitment 모집, 채용 prospective 장래의 community 공동체 beat out 물리치다 entry 참가, 출품 compete 경쟁하다

11. (B)

해설 빈칸 뒤에 목적어가 없고 의미상 '진행자가 바뀌었다'란 내용이므로 수동이 어울린다. 따라서 (A) was changing(바꾸고 있었다)은 실격. 단순 현재시제는 주로 '반복'되는 일이나 '일반적인 사실'을 나타낼 때 쓴다. 따라서 단순 현재시제인 (C) is changed(바뀐다)는 실격. 의미상 '3월 8일에 있을 프로그램 진행자가 여행일정과 겹쳐 바뀐 현재 변경된 상태'라는 의미가 되어야 하므로 현재완료 (B) has been changed가 적절하다.

12. (D)

해설 동사 어휘 문제는 목적어에 어울리는 보기를 먼저 찾아본다. 의미상 '우리와 같이 쇼를 함께하자'라는 의미가 되어야 하므로 정답은 타동사 (D) Join(함께하다, 가입하다) (A) attend(참가하다)는 목적어인 us와 어울리지 않는다. (B) sign up 역시 '(강좌 등에) 등록하다'라는 뜻으로 목적어가 us가 될 수 없다. (C) call 역시 '부르다, 전화하다'라는 뜻으로 us와 어울리지 않아 실격.

13. (A)

해설 대명사 문제는 팟6에 자주 묻는 문제이다. 바로 앞 문장만 보지 말고 위에서부터 문맥의 흐름을 놓치지 않아야 실수하지 않는다. 문맥상 Chase Burge가 오디션 비디오를 제출했다는 내용이어야 하는데, 지문 첫 번째 문장에서 Mr. Chace Burge라고 언급했으므로 정답은 (A) He이다.

14. (A)

해설 빈칸 뒤 목적어가 없으므로 자동사를 골라야 한다. 타동사인 (B) show와 (D) win은 실격. (C) account는 전치사 for를 취할 경우 '설명하다'의 뜻이고, 뒤에 숫자가 나오면 '차지하다'의 뜻이므로 의미상 실격. '아침 뉴스 프로그램의 정상의 자리를 두고 경쟁하다'라는 뜻의 (A) compete가 정답이다.

Part 7 EXERCISE

Questions 15-17 refer to the following letter.

Classic Couture
88 Oak St.
January 11
Quentin Low
17 Pine Street
Seattle, WA 98103

Mr. Quentin Low 씨께

Classic Couture의 모든 의류 제품에 대한 Q15 남성용 바지 사이즈를 42까지 갖추게 된 것을 고객님께 알려드리게 되어 기쁩니다. Q17 이는 고객님께서 저희 제품의 사이즈가 다양하지 않다고 말씀하신 10월 1일 자 편지 덕분입니다.

저희는 고객님들로부터의 의견을 항상 기쁘게 받습니다. Q16 저희 매장에서 사용하실 수 있는 50달러 상당의 무료 상품권을 고객님께 드립니다. 무료 상품권은 이 편지에 동봉되어 있습니다.

Q15 저희 매장이나 웹사이트에서 상품권을 사용하실 수 있으며 아동복부터 남성복에 이르는 다양한 제품을 판매중입니다. 저희 웹사이트는 www.couture.com입니다. 구입하실 때는 상품권 뒤에 있는 일련번호를 입력하시기만 하면 됩니다. 그러면 금액은 저희에게 청구될 것입니다.

저희 사보를 원하신다면 온라인에 등록하시면 발송해드립니다. 사용하신 금액의 100달러마다 한 달에 한 번 있는 추첨에 자격을 드립니다. 상품은 T.G. 패밀리 레스토랑에서 사용하실 수 있는 2인용 식사권입니다. 다른 질문이 있으시면 주저 마시고 연락주세요. 귀중한 고객이신 당신께 만족스러운 쇼핑이 되도록 최선을 다하겠습니다.

다시 한번 감사 드립니다.

David Koll

David Koll
고객 서비스 국장
Classic Couture
동봉물 있음

어휘 **couture** (불어에서) 유명 디자이너 제품, 고급 여성복 **stock** (상점에) (물건을) 들여놓다 **range** 종류, 범위; 가지런히 정렬시키다, 배치하다 **dated** ~일 자의 **highlight** 강조하다 **feedback** 의견, 평가 **customer** 고객 **complimentary** 무료의 **gift certificate** 상품권 **enclose** 동봉하다 **catalogue** (쇼핑) 카탈로그 **apparel** 의복 **serial number** 일련번호 **rear side** 뒷면 **credit** (얼마의 금액을) 대변에 기입하다 **account** 계좌 **would like to V** ~하고 싶다 **register** 등록하다 **draw** 추첨 **meal** 식사 **query** 문의사항 **satisfying** 만족스러운 **enclosure** 동봉

15. (D)

해석 Classic Couture는 무엇을 파는가?
(A) 신문
(B) 클래식 음악 CD
(C) 옷감
(D) 의류

해설 첫 번째 단락 첫 문장에 남성용 바지 사이즈를 42까지 매장에 입고시켰다고 말하고 있는 점, 또한 두 번째 문단에 '아동복에서 남성복에 이르기까지'라는 표현에서 의류를 판다는 것을 알 수 있다. 정답은 (D)이다.

16. (A)

해석 Mr. Low 씨는 Classic Couture 사로부터 어떤 보상을 받는가?
(A) 50달러짜리 상품권
(B) 성인복
(C) 봄 카탈로그
(D) T.G. 패밀리 레스토랑에서의 2인 식사

해설 두 번째 단락, 첫 번째 문장에서 Mr. Low가 'a complimentary gift certificate woth $50'이라고 되어 있다. 따라서 (A) A $50 voucher가 답이다. (D)의 2인용 식사는 한 달에 한 번 있는 추첨에서 주는 상품이다. gift certificate이 voucher로 재 표현되어 있다.

어휘 **voucher** 상품권, (현금 대용의) 할인권

17. (A)

해석 Mr. Low는 Classic Couture에게 무엇을 권하였는가?
(A) 더 큰 사이즈의 옷을 만들 것
(B) 가게를 개보수 할 것
(C) 웹사이트를 업데이트 할 것
(D) 아동복을 만들 것

해설 첫 문단에 보면 Classic Couture가 남성용 바지 사이즈를 42까지 갖추게(we now stock pant sizes up to 42 for men with all of our clothing lines) 되었는데 이것은 Mr. Low의 편지에 'our clothing lines do not have enough variety in sizes'이라고 되어 있기 때문이었다고 했으므로 정답은 (A) That they make larger-sized clothes이다.

| 재표현 확인하기 |

stock size up to 42 for men with all of our clothing lines
= carry larger-sized clothes

DAY 02

Part 1 | EXERCISE

1. (D) **2.** (A) **3.** (C) **4.** (A) **5.** (A)
6. (B)

Part 5 | EXERCISE

1. (C) **2.** (D) **3.** (C) **4.** (C) **5.** (C)
6. (B) **7.** (C) **8.** (D) **9.** (B) **10.** (B)

Part 6 | EXERCISE

11. (D) **12.** (B) **13.** (B) **14.** (D)

Part 7 | EXERCISE

15. (B) **16.** (B) **17.** (D) **18.** (A)

Part 1 EXERCISE

1. (D) 미국

(A) The lamp has been placed by the window.
램프가 유리창 옆에 놓여 있다.
○ 유리창이 보이지 않는다.

(B) The beds have been made. 침대정리가 되어 있다.
○ 한쪽 침대가 어지러져 있다.

(C) There's a window by each bed.
각각의 침대 옆에 창문이 있다.
○ 창문이 보이지 않는다.

(D) There is a lamp between the beds.
침대 사이에 램프가 있다.

어휘 make a bed 침대정리를 하다

2. (A) 영국

(A) The desk is stocked with supplies.
책상에 물건들이 있다.

(B) Someone is working on the computer.
누군가 컴퓨터로 작업중이다.
○ 사람이 보이지 않는다.

(C) All of the chairs in the office are occupied.
사무실에 모든 의자는 사용중이다.
○ 의자가 하나이고 사용 중이지도 않다.

(D) The shelves in the office are empty.
사무실의 선반은 비어있다.
○ 선반에 책들과 물건들이 올려져 있다

3. (C) 호주

(A) Cartons are piled by the fence.
종이상자들이 울타리 옆에 쌓여있다.
○ 종이 상자가 보이지 않는다.

(B) A train is entering the station.
기차가 기차역으로 들어오고 있다.
○ 기차가 보이지 않는다.

(C) The train track is empty. 기차길이 비어있다.

(D) The train is being fixed. 기차가 고쳐지고 있는 중이다.
○ 기차를 고치는 동작이 보이지 않는다.

4. (A) 호주

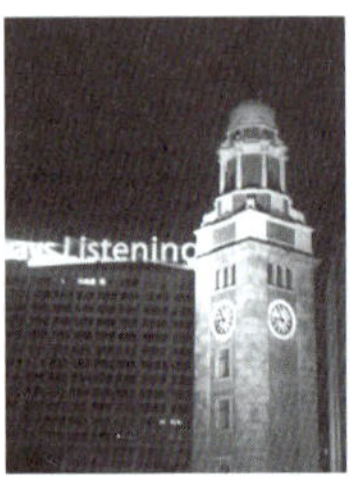

(A) The clock faces are round. 시계모양이 둥글다.

(B) The clocks are hanging on the wall.
시계가 벽에 걸려있다.
○ 시계탑이므로 오답이 된다.

(C) There are watches on the showcase.
진열대에 손목시계가 있다.
○ 손목시계는 보이지 않는다.

(D) Some people are checking time.
사람들이 시간을 확인하고 있다.
○ 사람이 보이지 않는다.

5. (A) 영국

(A) Most of the seats are unoccupied.
대부분의 좌석이 비어있다.

(B) People are sitting on the table.
사람들이 테이블에 앉아있다.
○ 테이블이 보이지 않는다.

(C) People are rowing a boat. 사람들이 노를 젓고 있다.
○ 노를 젓는 사람은 보이지 않는다

(D) There is no one on the ship. 배 안에는 사람이 하나도 없다.
○ 사람이 한 명 보인다.

6. (B) 미국

(A) Some chairs are being moved. 의자가 옮겨지고 있다.
○ 의자를 옮기는 동작이 보이지 않는다.

(B) Some chairs are arranged around the table.
의자들이 테이블 주변에 놓여있다.

(C) The plants are being sprinkled.
식물들에 물을 주고 있는 중이다.
○ 물주는 동작이 보이지 않는다.

(D) There is a plant by the table.
테이블 옆에 식물이 하나 있다.
○ 화분들이 많으므로 명사의 수가 맞지 않는다.

Part 5 EXERCISE

1. (C)

해석 필요한 것을 주저하지 말고 알려주시면 견적서를 보낼 수 있다.

해설 동사원형을 취하는 사역동사(5형식 동사)인 let이 있으므로 동사원형인 (C) know와 (D) be known 중에서 택해야 한다. 빈칸 뒤에 목적어인 what you need가 있으므로 능동의 (C) know가 어울린다.

어휘 **feel free to do** 맘껏 해도 된다 **estimate** 견적서

2. (D)

해석 고객들이 만족하도록 유지하기 위해서, 회사들은 그들과 장기적인 유대관계를 유지해야 한다.

해설 5형식 동사 keep은 형용사 목적격 보어를 취하는 동사이다. 따라서 (D) satisfied가 정답이다.

어휘 **business** 회사 (가산) 사업 (불가산)

3. (C)

해석 World Hospital은 자격있는 지원자들에게 경쟁력있는 보수를 지급한다.

해설 동사 is prepared가 있으므로 동사인 (A) offers와 (D) has offered는 실격이다. 수동태는 목적어가 주어로 나간 구조이므로 빈칸에는 부사에 해당하는 to부정사가 나올 수 있다. 정답은 (C) to offer이다.

어휘 **competitive** 경쟁력 있는, **compensation** (= **reimbursement**) 배상, 보상, 보수 **applicant** 응모자, 지원자

4. (C)

해석 고객을 만족시키는 것은 하나의 결과가 아니라 오래도록 정확히 실행된 팀의 노력의 결과이다.

해설 주어가 '고객이 만족되도록 유지하는 것'이 문맥상 적절하므로 (C) keeping이 가장 어울린다. 또한 문법적으로도, 목적격 보어로 형용사를 취하는 5형식동사는 keep 뿐이다.

어휘 **component** 부분, 구성 요소 **perform** 실행하다

5. (C)

해석 우리 Universal Consulting 사는 항상 안전 규정을 준수하려고 합니다.

해설 보기중 전치사 to와 어울리면서 '지키다, 준수하다'의 뜻을 가진 자동사는 (C) adhere 뿐이다. (A) observe와 (B) follow도 '준수하다, 따르다'의 뜻이 있지만, 타동사라서 실격이고, comply는 with와 함께 쓰여야 한다.

어휘 **comply with** 따르다, 준수하다 **observe** 관찰하다, 준수하다

6. (B)

해석 본사로 발령 신청을 했다는 사실을 직속상관에게 알려주세요.

해설 빈칸 뒤 the supervisor 명사절 that절이 연달아 나오는 것으로 보아 4형식 동사를 답으로 골라야 한다. 보기 중 that절을 직접목적어로 취할 수 있는 4형식 동사는 (B) notify 뿐이다.

어휘 **accept** (= **receive**, **agree**) 수락하다, 받아들이다 **deliver** 배달하다, 연설하다 **present A with B** A에게 B를 주다

7. (C)

해석 제안된 좌석 표를 검토하고 수정할 사안을 알려주세요.

해설 사역동사(let, make, have)는 목적격보어 자리에 to부정사가 오

는 다른 5형식 동사들과는 달리 to를 뺀 원형부정사가 온다. 그러므로 정답은 (C) know이다. 수동의 구조인 (D) be known은 뒤에 목적어인 what change should be made와 어울리지 않는다.

어휘 proposed 제안된

8. (D)

해석 직원들은 담배 제품을 주차장이나 개인 차량과 같은 지정된 곳에서 이용하도록 허가받는다.

해설 의미상 '지정된 곳에서 흡연하도록 허가된다'라는 뜻이 되어야 하므로 (D) permitted가 답이다. (A) associated(관련시키다) (B) decided(결정하다) (C) written은 의미상 부적합해서 실격.

어휘 designated area 지정된 장소 personal (= private) 개인의, 사적인 associate (= connect, join) 연합시키다, 관련시키다 permit (= allow) 허락하다, 허가하다

9. (B)

해석 경영진은 마케팅 계획을 성공적인 사업을 위한 주요 도구로 간주해야 한다.

해설 the marketing plan이라는 명사 뒤에 연달아 또 명사인 the main instrument가 나오므로 4형식이나 5형식을 생각해야 하는데, 이 두 명사의 관계가 '~에게 ~을'의 관계가 아니라, 동격관계이므로 5형식 동사인 (B) consider가 정답이다.

어휘 management 경영, 경영진 instrument 도구

10. (B)

해석 이 리베이트 판촉행사 고객들이 고급 상품으로 훨씬 더 좋은 가격에 업그레이드 하도록 가능하게 할 것이다.

해설 의미상 '고객들이 업그레이드하다'의 주체가 되어야 하므로 주어와 동사가 2세트가 들어있는 5형식 구조이고, 보기 중 to부정사를 목적격 보어로 취할 수 있는 (B) allows가 정답이다.

어휘 high-quality product 고급 상품 accept 받아들이다, 인정하다 promote 장려하다, 촉진하다 allow A to B A가 B하는 것을 가능하게 하다

Part 6 EXERCISE

Questions 11-13 refer to the following letter.

누젠트 씨에게

새로 구입한 귀하의 컴퓨터 제품에 대한 불만족스러움을 표한 10월 23일 자 편지를 접수했습니다. 컴퓨터 키보드의 엔터 키가 잘 작동하지 않다니 유감입니다. 컴퓨터를 구입하신지 3개월 미만이기 때문에 교환 또는 환불 해드릴 수 있습니다.

이 편지에 동봉된 무료 운송 라벨을 사용하여 귀하의 불량 컴퓨터를 사용 설명서를 포함하여 원래 포장 상태로 반송해주세요.
저희 엑셀 컴퓨터 사의 고객 서비스 담당자는 귀하에게 만족을 드리고 컴퓨터 요구 사항을 충족시키기 위해 헌신을 다하고 있습니다.
더 궁금한 사항이 있으시면 저희에게 언제는 편하게 연락해주세요.

진심을 담아
고객서비스 부장
Andrea Cho 드림

어휘 function 기능; 작동하다 properly 제대로 replacement 대체, 대체품 complimentary 무료의 enclosed 동봉된 delighted 기뻐하는 defective 결함 있는 complete with ~을 포함하여 feel free to do 자유롭게 ~하다

11. (D)

해설 빈칸 앞 부사인 not을 제외하면 be동사 다음에 나올 적절한 품사를 보기에서 고르면 된다. function은 명사, 동사 모두 가능하나 명사일 경우 주어(the ENTER key)와 해석상 어울리지 않고, be동사 다음엔 -ing나 p.p .의 형태만 나올 수 있으므로 (A) function과 (B) functions는 실격이다. function은 자동사이므로 수동태가 될 수 없다. 따라서 (C) functioned도 실격. 정답은 (D) functioning이다.

12. (B)

해설 빈칸 뒤에 나오는 두 개의 명사가 서로 같지 않으므로 4형식 동사를 골라야 한다. 보기 중 4형식 동사 (C) take는 4형식 동사로 쓰일 때 '시간, 노력 등이 들게 하다/데리고 가다'라는 뜻이므로 해석상 실격. 정답은 (B) offer(제공하다)이다.

13. (B)

해설 첫 단락부터 읽어보면 이 글이 편지이고, 이 글을 읽는 대상이 Mr. Nugent이므로 (B) you가 적절하다. 처음부터 읽다 보면 정말 자연스럽게 you임을 알 수 있는데, 빈칸이 들어있는 근처만 보게 되면 자칫 실수하기 쉬운 문제가 대명사 문제이다.

14. (D)

해설 feel free to do는 '자유롭게 ~하다, 거리낌 없이 ~하다'라는 뜻의 빈출 표현이다.

Part 7 EXERCISE

Questions 15-18 refer to the following e-mail.

고객 번호: 293354
수신인: Kenneth Brown 〈kb68@yahoo.com〉
발신인: Emily Sterling 〈emily0@booksrus.com〉

보낸 날짜: 2월 23일, 오후 3시 23분
주제: Q15 배송 지연

브라운 씨에게

저희 회사를 계속 이용해주셔서 감사합니다. 저희는 고객 모두를 소중하게 생각하고 있음을 알려드립니다. 또한 고객들이 만족스러운 쇼핑을 하실 수 있도록 최선을 다하고 있습니다. 그러나 때때로 우리가 예상치 못한 상황들이 일어나 고객에게 불편을 드리고 그 때문에 사과를 드려야 하기도 합니다.

Q15 저희는 귀하의 주문(참조번호 24536)을 받았지만 아직 처리해 드리지 못하고 있습니다. 귀하가 주문하신 앤토니 버지스의 〈시계태엽 오렌지〉와 잭 케루악의 〈온 더 로드〉 두 권이 현재 재고가 없는 관계로 배송이 약간 지연될 것입니다. 출판사에서 다음 주 초쯤엔 책이 도착하도록 보내준다고 약속을 하였고, Q16 늦어도 다음 금요일까지는 귀하께 배송될 것입니다. 이로 인해 발생될 문제에 대해 사과를 드립니다. 좋은 소식은, 폴 떼록스의 〈다크 스타 사파리〉와 이안 맥완의 〈어톤먼트〉는 오늘 아침에 발송이 되었고 내일이나 수요일쯤 받아보실 수 있습니다.

Q18 이 이메일을 받은 날로부터 30일 이내에 신간을 구입하시면 10% 할인 받으실 수 있다는 것을 알고 계세요? 저희는 다양한 종류의 현대 문학서를 아주 합리적인 가격에 보유하고 있습니다. 웹사이트에 오셔서 책 제목들을 한번 훑어보시기 바랍니다. 저희는 또한 Q17 게임, 퍼즐, 문구도 제공하고 있고, 책 제본까지도 해드립니다! 온라인 가게에서 그동안 모으신 쇼핑 포인트를 사용하실 수 있습니다. 고객 신원확인 번호를 이 페이지의 상단에 입력하십시오. 그러면 저희에게 있는 귀하의 포인트 점수를 확인해 보실 수 있습니다. 더 많이 사실수록, 더 많이 모으실 수 있습니다! (그러나 포인트로 구입하신 제품에 대하여는 포인트가 누적되지 않습니다.)

다시 한 번 귀하의 양해에 감사드리며, 모든 문학에 관계된 필요한 것들을 한번에 쇼핑할 수 있는 상점으로서 저희 북스 알 어스를 앞으로도 계속 이용하여주시기 바랍니다.

Q18 에밀리 스털링
고객 서비스
북스 알 어스

어휘 ensure 보장하다 quality 고급의, 양질의 clockwork orange 과학에 의해서 개성을 상실하고 로봇화된 인간을 일컫는 말 out of stock 재고가 없는 delay 지연 shipping 배송, 발송, 적하 finger crossed 행운을 비는 on the bright side 밝은 면, 낙관 Dark Star 아프리카를 일컫는 말이기도 함 safari 원정 여행 (사냥, 탐험 등의) Dark Star Safari 아프리카 여행 atonement 속죄, 보상, 죄값 new release 신간 be entitled to N ~에 자격이 되다 contemporary 현대의 literature 문학 reasonable price 합리적인 가격 browse through 훑어보다 stationery 문방구 (펜, 잉크, 종이 등) book binding 제본 accumulate 모으다, 축적하다 ID = identification 신원을 보증하는 것 (신분증 등) type in 입력하다 at the top of 상단에 one-stop shop 한번에 모든 상품을 구매할 수 있는 가게 literary 문학의

15. (B)

해석 이메일의 목적은 무엇인가?
(A) 브라운 씨에게 회사가 그를 소중히 여긴다는 것을 알려주기 위해
(B) 주문 중 몇 가지가 지연될 것이라고 브라운 씨에게 알려주기 위해
(C) 브라운 씨에게 물건을 구입하고 적립한 포인트를 어떻게 사용하는지 알려주기 위해
(D) 브라운 씨에게 특별 할인 행사를 알려주기 위해

해설 이메일의 주제 부분에 '배송지연'이라고 나와있는 것과, 두 번째 문단 앞 부분에 주문한 책 중 두 권이 재고가 없어서 발송이 지연될 것이라고 언급하고 있다. 따라서 정답은 (B)이다.

| 재표현 확인하기 |
there will be some delay in shipping.
= part of his order will be shipped later than expected

어휘 a special offer 특별 할인

16. (B)

해석 브라운 씨는 주문한 물건 중 받지 못한 나머지를 언제 받을 수 있는가?
(A) 다음 주 초
(B) 다음 주 금요일 까지
(C) 오늘 아침
(D) 내일이나 수요일

해설 두 번째 단락, 세 번째 문장에 'Our supplier promises they will be here by early next week, and fingers crossed, should arrive at your place by next Friday at the latest. (지연되는 물건은 북 알 어스에 다음 주에 도착하고, 브라운 씨는 늦어도 다음 주 금요일에는 받아볼 수 있을 것)이라 말하고 있다. 정답은 (B) at the latest가 by로 재표현 되었다.

17. (D)

해석 브라운 씨가 그의 포인트로 살 수 없는 물건은?
(A) 책들
(B) 복사 용지
(C) 책 제본 서비스
(D) 컴퓨터들

해설 세 번째 단락을 보면 네 번째 문장에 북 알 어스가 취급하는 내용들이 나온다. 컴퓨터는 언급되어 있지 않으므로 정답은 (D)이다.

어휘 file folder 서류를 철해놓을 수 있는 것

18. (A)

해석 에밀리 스털링은 어느 부서에서 일하는가?
(A) 고객 서비스
(B) 북스 알 어스
(C) 배송
(D) 기술 지원

해설 에밀리 스털링은 이메일을 보내는 사람으로 이메일 하단에 그 이름이 나온다. 보통 서신 제일 아래에 보내는 사람의 이름, 직책, 부서, 회사명 등을 언급하기도 한다. 고객 서비스라고 나와 있고, 회사 이름이 아니라 부서 이름을 물었으므로 정답은 (A)이다.

DAY 03

Part 2 EXERCISE

1. (A) **2.** (B) **3.** (A) **4.** (C) **5.** (A)
6. (A)

Part 5 EXERCISE

1. (C) **2.** (D) **3.** (D) **4.** (B) **5.** (D)
6. (B) **7.** (C) **8.** (D) **9.** (D) **10.** (B)

Part 6 EXERCISE

11. (A) **12.** (B) **13.** (B) **14.** (D)

Part 7 EXERCISE

15. (A) **16.** (C) **17.** (D) **18.** (A)

Part 2 EXERCISE

1. (A) 미국 호주

When is Mr. Swanson's last day at his position?
Swanson 씨가 그의 직위에서 마지막 날이 언제죠?

정확한 날을 물어보는 질문이므로 정확한 날을 말해 주어야 한다.

(A) I think it's this weekend. 제 생각엔, 이번주요.

이번주라는 정확한 날짜, 시간을 언급하므로 정답이 된다.

(B) He is positioned in advertising. 그는 광고부에서 일합니다.

position이라는 동일 발음 만을 이용한 오답.

(C) By Monday afternoon. 월요일 오후까지요.

미래의 시간은 맞지만 정확한 날을 물어보는 last day와는 어울리지 않는 시간표현이므로 시간이라 하더라도 오답이 된다. 언제까지 일하는가에 대한 정답표현이다.

2. (B) 영국 호주

When did they say the accountant would arrive?
언제 회계사가 도착한다고 이야기했나요?

이 질문의 경우 did they say라는 구문은 언제나 삽입구로 쓰이므로 그 뒷 문장의 동사에 포커스를 두고 듣는 것이 중요하다. 따라서 이 질문은 도착할 시간이 포인트가 된다.

(A) At the train station. 기차역에서.

장소에 대한 대답이므로 오답이 된다.

(B) He should be here by now. 그는 지금쯤 도착해야 해요.

그가 지금쯤 도착할 것이라는 시간에 대한 정보를 주고 있으므로 정답이 된다.

(C) Yes, he will count on it. 그는 그것에 의존할 것입니다.

accountant와 count를 이용한 발음의 오답이다.

어휘 accountant 회계사 by now 지금쯤은

3. (A) 영국 미국

Where is the coffee pot? 커피포트가 어디 있나요?

항상 질문의 맨앞에 나오면서 흘려들을 수 있는 의문사에 유의해야 한다.

(A) Ms. Graham took it to her office.
Ms. Graham이 그것을 그녀의 사무실로 가져갔습니다.

where에서는 흔하게 사람이 정답으로 나온다.

(B) She brought a cup of coffee for you.
그녀는 당신에게 커피 한 잔을 가져왔습니다.

대체로 질문에 나온 동일단어(coffee)가 보기에 반복 될 경우, 정답이 될 확률이 적다.

(C) By tomorrow. 내일까지.

When과 where의 혼동을 염두에 둔 오답.

4. (C) 미국 호주

Where do you plan to go on your vacation?
휴가로 어디에 갈 계획이니?

(A) In a week. 1주일 후에.

when으로 들었을 경우에 해당하는 답이므로 where와 혼동하지 않도록 주의해야 한다.

(B) No, it's not my destination.
아니요, 그것은 우리의 목적지가 아닙니다.

장소를 표현하는 듯한 단어 destination을 들려주어 혼동시키는 오답. 또한, yes, no는 wh의문사에 적절한 답이 될 수 없다.

(C) We're still thinking about it.
우리는 여전히 그것에 대해 고려중입니다.

장소를 아직 정하지 않은 상태이나 생각 중이라는 내용으로 정답.

5. (A) 영국 호주

Who is the new office manager?
누가 새로운 사무실 매니저인가요?

사람을 묻는 질문이므로 직위와 이름 직책에 집중한다.

(A) He will attend the staff meeting this afternoon.
그 사람은 오후 직원회의에 참석할 거예요.

대부분의 경우 he와 she가 나오면 정답으로 사용할 수 없지만 이 경우 오후 미팅에 참석하면 누구인지 소개가 있을 것이므로 정답으로 사용할 수 있음을 기억한다.

(B) I don't know where I should go.
저는 어디로 가야 할지 모릅니다.

'몰라요'라고 생각해서 답을 고르지 않도록 주의한다. 어디인지 모르는 것이지 누구인지 모르는 것이 아니므로 정답이 되지 않는다.

(C) Yes, John is our new supervisor.
네, john은 우리 새로운 매니저입니다.

의문사는 yes와 no를 정답으로 사용하지 않으므로 해석이 그럴듯해도 오답이 됨을 기억한다.

6. (A) 호주 영국

Who should I talk to about the broken window?
깨진 유리창에 대해 누구에게 이야기해야 하나요?

◎ 이야기할 대상을 찾는 문제이므로 의문사에 주의한다.

(A) You have to ask the maintenance office.
관리사무소에 연락해보세요.

◎ Who의 정답이 되는 부서, 직책이 등장했으므로 정답이 된다.

(B) I'll have to take a rest. 저는 쉬어야 합니다.

◎ break라는 단어의 동의어인 rest를 사용한 연상어의 오답이다.

(C) He didn't break the rules. 그는 규칙을 깨지 않았어요.

◎ broken과 break를 사용한 발음의 오답이므로 제거한다. 또한 특정 지칭하는 사람이 없이 쓰인 he도 오답이 된다.

Part 5 EXERCISE

1. (C)

해석 워크숍에 참가하는 직원들의 많은 수를 고려할 때, 우리는 주제를 더욱 효율적으로 다루기 위해서 좀더 소규모의 팀으로 나누어야 한다.

해설 조동사 다음엔 동사원형이 나와야 하므로 (C) divide가 정답이다. divide A into B의 타동사와 divide into의 자동사 둘 다 잘 쓰이므로, 자/타동사를 구분하여 암기하는 것보다 같이 사용하는 전치사 into를 묶어서 암기하는 것이 효과적이다.

어휘 considering ~을 고려할 때 divide 나뉘다, ~을 나누다 deal with 다루다, 처리하다 efficiently 효과적으로

2. (D)

해석 좋은 가구를 위한 국내 고객들의 요구사항을 만족시키기 위해서 홍보부와 생산부서는 매우 노련한 전문가들에 의해서 관리된다.

해설 be동사 뒤에는 보어, 즉 명사, 형용사가 올 수 있고, -ing가 와서 진행, p.p.를 동반하여 수동태를 이룰 수 있다. (A) management(경영, 경영진)가 오려면 앞에 있는 주어와 동격이어야만 가능하다. manage가 타동사 이므로 능동일 경우 뒤에 목적어가 와야 해서 (C) managing도 실격. 목적어가 없는 수동태 (D) managed가 적절하다.

어휘 satisfy 만족시키다 furniture 가구 public relations 홍보 experienced 경험 있는 expert 전문가 management 경영, 관리

3. (D)

해석 파티 준비팀은 매니저가 이벤트의 진행을 확인하러 왔을 때 흰색 식탁보로 테이블을 덮고 있었다.

해설 be동사 뒤에 동사 원형은 나올 수 없으므로 (A) drape는 실격. (B) drapable (드리워질 수 있는)이라는 형용사는 주어와 해석상 어색해서 실격. (C) draped는 be동사와 어울리기는 하지만 빈칸 뒤 목적어 때문에 수동의 형태가 불가능해서 실격. 따라서 정답은 the tables를 목적어로 취하는 과거진행형 (D) draping이다.

어휘 tablecloths 식탁보 progress 진행 drape 낙낙하게 덮다, 드리우다

4. (B)

해석 비록 이번에 나는 뉴욕으로 전근하기 않겠다고 결정했지만, 그 가능성을 염두에 둘 것이다

해설 have 동사 뒤에 나올 수 있는 동사의 형태는 p.p. 뿐이다. 따라서 정답은 (B) decided. 명사 (D) decision이 답이 되려면 앞에 관사가 와야 한다.

어휘 transfer (= relocation) 이동, 전근; 운반하다 keep in mind 염두에 두다 decidedly (= expressly, precisely) 단호히

5. (D)

해석 중국 경제의 현재 성장률과 고정된 자산 투자가 물가 폭등과 다른 위험들을 초래할 수 있다

해설 'lead to + 명사(~을 초래하다)'이므로 보기 중 명사 (D) inflation이 정답이다. (B) inflate는 '~을 부풀리다, 팽창시키다'의 의미를 가지고 있는 타동사로서 적절한 답이 될 수 없고, (C) inflating은 동사 inflate의 동명사로 명사의 역할을 하지만 inflate가 타동사이기 때문에 동명사로 쓰일 경우에는 뒤에 반드시 목적어를 취해야 한다.

어휘 fixed 고정된 asset 자산 risk 위험 요소

6. (B)

해석 대부분의 사람들은 오늘날 상점에서 이용가능한 음식이 상당히 가공처리가 되었고 방부제가 많다고 생각한다.

해설 that 절의 동사는 is이므로 동사 (A) avail(도움이 되다)는 실격. food 뒤에 와서 복합 명사의 가능성을 지닌 (C) availability(이용 가능성)도 동사 is processed(가공되다, 처리되다)와 어울리지 않아 실격. 남은 형용사와 부사중 해석해 보아 어울리는 품사를 골라야 하는데 의미상 '상점에서 이용 가능한 음식'이라고 후치수식해주는 형용사 (B) available이 정답이다.

어휘 process 처리하다, 가공하다 preservatives 방부제

7. (C)

해석 목소리를 낮추고 대화를 최소한으로 하여 다른 탑승객을 배려해주시기 바랍니다.

해설 be동사 뒤에 동사원형은 나올 수 없으므로 (A) consider는 실격. consider가 타동사라서 뒤에 목적어를 취하므로 (D) considering도 실격이고, 의미상으로도 '제발 하고 있으세요'라는 어색한 의미가 된다. (B) considered 역시 be동사 뒤에 나올 수 는 있으나, 의미상 '고려되세요'라는 어색한 뜻이 된다. 따라서 정답은 형용사 (C) considerate (사려깊은, 신중한)이 정답이다. 형용사 considerate은 전치사 of와 함께 쓰여 '~을 배려하다'의 뜻으로 쓰인다.

어휘 be considerate of ~를 배려하다 passenger 승객 conversation 대화 considering ~을 고려할 때

DAY 03

8. (D)

해석 올해의 혁신적인 교육 포럼은 세계적으로 저명한 식물 전문가들에 의한 매일의 프레젠테이션을 특징으로 할 것이다.

해설 빈칸 뒤 형용사를 수식하는 부사가 당연한 줄 알았는데, 보기에 부사가 없다. '부사 + 형용사 + 명사'의 구조가 흔한 형태이지만, 형용사가 연달아 나와서 명사를 수식할 수 도 있다. 즉, '형용사 + 형용사 + 명사'도 가능한 구조이다. 즉, '혁신적인 교육적인 포럼'이라는 뜻의 (D) innovative가 정답이다.

어휘 **educational** 교육적인 **feature** ~의 특색을 이루다 **presentation**발표, 증정 **renown** (= **famous**, **noted**) 유명한, 저명한 **expert** 전문가 **innovate** 혁신하다

9. (D)

해석 우리는 고객들을 대신해서 모든 자본금을 위탁하기 전에 모든 투자를 철저하게 분석한다.

해설 동사를 수식하는 부사자리이므로 (D) thoroughly(철저하게)가 답이다.

어휘 **analyze** (= **examine**, **investigate**) 분석하다 **investments** 투자 **commit** 위임하다, 위탁하다 **capital** (= **assets**, **funds**) 자본, 자산 **on behalf of** ~을 대신하여
thoroughly (= **completely**, **exhaustively**) 철저하게

10. (B)

해석 플러스 포 식품 체인점은 상했을지도 모르는 육류를 자발적으로 회수하였다.

해설 조동사인 have와 본동사 p.p.(과거분사) 사이에는 동사를 수식하는 부사 (B) voluntarily가 와야 한다.

어휘 **recall** 회수하다 **contaminate** 더럽히다, 오염하다 **volunteer** 지원자 **voluntarily** 자발적으로 **voluntary** 자발적인, 임의의

Part 6 EXERCISE

Questions 11-14 refer to the following email.

발신인: 스털링, 댁스 (dax77@online_security.net)
수신인: 쉬미트, 켄 (goken@enterp.org)
보낸 날짜: 5월 5일
관련: 워크숍 정보

쉬미트 박사께

이번에 10회를 맞는 반년마다 열리는 온라인 보안 소프트웨어에 관한 워크숍에 관심을 가져주셔서 감사합니다. 7월 3일 워크숍의 정확한 준비를 위하여 5월 20까지는 등록 신청서를 보내주시기 바랍니다.
잠정적인 워크숍 일정을 첨부해서 보냅니다. 기조 연설자가 선정되면 수정된 일정표를 이메일로 보내드리겠습니다.

점심은 무료로 제공되지만 활동비는 따로 내셔야 한다는 것을 알아두시기 바랍니다.

감사합니다.

댁스 스털링

어휘 **Re**: = **Regarding** ~에 관하여 **semiannual** 반년마다의 **security** 보안 **application** 적용, 컴퓨터 소프트웨어 프로그램 **registration** 등록 **proper** 적절한, 알맞은 **arrangement** 준비 **attach** 첨부하다 **tentative** 잠정적인 **keynote speaker** 주제 연설자, 기조연설자 **complimentary** 무료의 **separately** 별도로 **activities** 활동들 **involved** 관련된 **attachment** 첨부 파일

11. (A)

해설 보기가 품사만 다를 경우, 우선 빈칸 앞뒤를 빠르게 살펴본다. 전치사 for 뒤에 proper라는 형용사가 나와 있으므로 빈칸은 명사가 와야 한다. 정답은 (A) arrangement. 동명사형 (C) arranging은 형용사의 수식을 받을 수 없다.

12. (B)

해설 보기에 있는 형용사 모두 뒤에 나오는 schedule과 어울리지만, 전체적인 문맥을 고려해야 한다. 다음에 이어지는 문장에서 기조 연설가(the keynote speaker)가 정해지면 업데이트된 스케쥴을 이메일로 보낸다고 하였으므로 가장 현재 첨부된 스케줄은 (B) tentatve(임시의)이어야 가장 적절하다.

13. (B)

해설 'please + 명령문'의 형태이다. 명령문은 동사원형으로 시작해야 하므로 (B) note와 (C) be noted 중에서 답을 골라야 하는데, 빈칸 뒤에 목적어가 있으므로 정답은 (B) note이다.

14. (D)

해설 pay는 자동사와 타동사로 모두 쓰이는 동사이므로 해석해서 풀어야 한다. pay가 타동사로 쓰였다고 가정하고 separation을 넣어서 해석해보면 '분리를 지불하다'의 어색한 문장이 된다. 자동사 pay는 전치사 for를 취해서 '~을 위해 지불하다'의 뜻이다. 자동사 뒤에 부사 seperately가 와서 '각각 지불하다'의 형태로 쓰이는 것이 가장 적절하므로 (D) seperately가 정답이다.

Part 7 EXERCISE

Questions 15-18 refer to the following advertisement.

Q15 플라톤 카페

플라톤과 그 소유자인 잔과 마이클 와이트에 관하여:

Jan과 Michael White는 음식업에 30년이 넘는 경력을 갖고 있습니다. 마이클은 오클랜드 정박지에 그 유명한'항해'식당을 열고, 전국과 해외에 있는 많은 식당들에서 주방장으로 일해오고 있습니다. Q16 잔은 인도부터 모로코에 이르기까지 국제적인 요리 전문가로 인정받습니다. 둘은 함께 멋지고도 독특하지만 놀랍게도 단순하면서 군침을 돌게하는 메뉴를 개발했습니다. Q14&16 그들의 훌륭한 음식과 단순함에 대한 열정은 뱃사람들의 식당을 생각나게 하는 플라톤 카페의 장식에 아주 잘 나타나고 있습니다. 사실 그렇기도 합니다. 2005년까지 이 건물은 오타고 항구 소속이었고, 전 세계에서 오는 선원들을 위한 숙박시설과 식당으로 사용되었습니다. Q17 잔과 마이클은 선원들이 타고 다녔던 배에 있었던 유품들과 항구의 역사를 담은 사진들과 함께 바다 분위기를 유지하기로 결정하였습니다. 바다 공기를 느끼고, 바다 생활의 외로움도 느낄 수 있습니다.
해산물을 중심으로는 하지만 어떤 기호든 만족시킬 수 있는 지역농산물이나 음료 등 다양한 메뉴가 있습니다. 잔과 마이클의 목적은 편안한 분위기에서 좋은 서비스와 함께 좋은 음식을 제공하는 것입니다.

단순함이 열쇠입니다!

단골 방문객들에게 보답하기 위한 전략의 일환으로 열 번째 와인병 주문은 무료입니다. 구입할 때마다 도장 받는 것을 명심하세요. 이번 달에 그들은 놀라운 할인을 제공합니다. Q18 이 광고를 가져오시면 계산서에서 20% 할인과 함께 두 사람을 위한 무료 후식이 제공됩니다. 맛있는 음식을 먹기에 이보다 더 좋은 때가 없습니다. 오늘 예약하시려면 455-3540으로 전화하기만 하면 됩니다!

어휘 **proprietor** (상점 등의) 소유자 **culinary** 요리(의) **renowned** 유명한 **marina** (요트, 모터 보트의) 정박지 **establishment** 가게, 식당 **unique** 독특한 **mouth-watering** 군침이 도는 **passion** 열정 **décor** 장식 **seafarer** 뱃사람 **mess** 난잡, 엉망진창, 난잡해진 것 **hall** 넓은 방, 집회장, 복도 **mess hall** (군대, 공장 등의) 식당 **boardinghouse** (식사를 제공하는) 하숙집 **cafeteria** 셀프서비스 식당 **maritime** 바다의 **memorabilia** 사람들이나 사건을 기억나게 할 만한 추억의 유품 **vessel** 배 **wide selection** 다양한 선택 **produce** 농산물, 천연산물 **palate** 미각, 기호 **suit** (음식 등이 기호에) 맞다 **reward** 보상하다 **on the house** 무료의 **bill** 청구서 **complimentary** 무료의 **tastebud** 맛봉오리, 미뢰 (음식에 대한 정보를 뇌로 보내준다)

15. (A)

해석 이 글은 어디서 볼 수 있겠는가?

(A) 요리 잡지에서
(B) 역사책에서
(C) 배에서
(D) 낚시 잡지에서

해설 플라톤 카페는 제목(Plato Café)에서 알 수 있듯이 바다, 선원들의 분위기가 물씬 풍기는 해산물 중심의 식당이다. 따라서 정답은 (A) in a cloking magazine이다.

16. (C)

해석 Ms. Jan은 무엇으로 유명한가?

(A) 플라톤에 대한 지식
(B) 전 세계를 항해하는 것
(C) 국제적인 요리법
(D) 인도 철학에 대한 전문지식

해설 첫 번째 단락 세 번째 문장에 Jan is regarded as an expert in international cuisine, from Indian to Moroccan, 에서 그녀는 요리 전문가로 소개되고 있다. 정답은 (C) international culinary skills이다. cuisine이 culinary skills로 재표현 되었다.

어휘 **expert** 전문가 **Plato** 플라톤 (그리스의 철학자) **indigenous** 토착의, 그 지역 고유의 **philosophy** 철학

17. (D)

해석 언급된 식당의 특징은 무엇인가?

(A) 항구가 보이는 풍경
(B) 고급스런 가구와 분위기
(C) 바다 냄새
(D) 선원들과 배에 대한 향수

해설 두 번째 단락에서 카페의 분위기를 설명하고 있는데, 세 번째 문장부터 '선원들, 뱃사람들을 태웠던 배의 유품들과 항구의 역사를 담은 사진들로 카페를 장식했다(Jan and Michael decided to maintain the maritime theme, with memorabilia from the vessels which carried these ocean travelers and photographs from the port's history).' 고 되어 있으므로 정답은 (D)이다.

어휘 **harbor** 항구 **view** 풍경 **luxurious** 고급스러운 **surroundings** 환경, 주위 **nostalgia** 향수 **mariner** 선원

18. (A)

해석 무료 후식은 어떻게 받을 수 있는가?

(A) 식당에 이 광고지를 가져온다.
(B) 전통적인 바다 뱃노래를 노래한다.
(C) 이 식당에서 열 번 식사한다.
(D) 행운의 열쇠를 찾는다.

해설 앞서 설명했듯, 육하원칙 중 질문이 how로 시작하면 글의 하단 쪽 명령문이나 by, via와 같은 수단을 나타내는 전치사를 주목해야 한다. 네 번째 단락 세 번째 문장에서 이번 달에 이 광고를 가져오면 20% 할인과 함께 2인을 위한 무료 후식을 받는다(Simply bring in this advertisement and you will have 20% off from your bill and a complimentary dessert for two!)고 되어 있으므로 정답은 (A) By simply showing the advertisement이다. 식당을 열 번 이용해서 받는 것은 무료 와인이다. Just bring in이 simply show로 재표현 되었다.

어휘 **shanty** 뱃노래

DAY 03

DAY 04

Part 2 | EXERCISE

1. (B) **2.** (A) **3.** (A) **4.** (B) **5.** (B)
6. (A)

Part 5 | EXERCISE

1. (A) **2.** (D) **3.** (A) **4.** (D) **5.** (C)
6. (A) **7.** (D) **8.** (A) **9.** (A) **10.** (A)

Part 6 | EXERCISE

11. (B) **12.** (A) **13.** (D) **14.** (B)

Part 7 | EXERCISE

15. (B) **16.** (C) **17.** (A) **18.** (C)

Part 2 EXERCISE

1. (B) 미국 호주

Why is the meeting being postponed?
왜 회의가 연기된 겁니까?

(A) Yes, but it should be here by 2 o'clock.
네, 하지만 그것은 2시까지는 여기에 있어야 합니다.
- yes, no로 대답하고 있으므로 wh의문사로 시작한 질문에 맞지 않다.

(B) We want to prepare for the presentation better.
우리는 프리젠테이션을 더 잘 준비하길 원해서입니다.
- 회의에서 하게 될 프리젠테이션을 좀더 준비하기 위해 미뤄졌다는 것이 유추될 수 있어 답이 될 수 있다.

(C) Put it on the desk. 그것을 책상 위에 놓으세요.
- 동문서답. 보통 명령문은 Why don't you의 정답으로 많이 쓰인다.

2. (A) 영국 호주

Why isn't my assignment showing up in the file?
왜 내 과제가 서류철에 안보입니까?

(A) I'll check out and let you know.
제가 알아보고 알려드리겠습니다.
- 이유를 모르겠으니 알아봐주겠다는 응답을 하고 있으므로 정답이 될 수 있다.

(B) From the supply cabinet. 사무용품 비치함에서.
- where 또는 how 등의 의문사로 시작되는 질문에 적합한 답이 될 수 있는 보기이다.

(C) No, he did not show up. 아니요, 그는 나타나지 않았습니다.
- show up '~나타나다'라는 의미의 숙어를 반복해서 혼동시키는 오답형태.

어휘 assignment 임명, 할당된 일, 과제

3. (A) 영국 호주

Why are they so noisy? 그들은 왜 이렇게 시끄럽습니까?

(A) Is it bothering you? 그게 방해되나요?
- 시끄럽다는 불만에 대해 방해가 되는지 맞장구 치며 반문하므로 정답이 된다.

(B) Do you believe what they are saying?
그들이 말하는 것을 믿습니까?
- 이유가 되지 않으므로 오답이 된다.

(C) We're going to a trip. 우리는 여행을 갈 겁니다.
- they로 물어본 것은 they로 답해야 한다. 주어에서 이미 질문과 맞지 않는 오답.

4. (B) 미국 호주

Which is the fastest way to go to the park, Wagon Road or the express way?
Wagon Road와 고속도로 중, 어떠한 것이 공원으로 가는 가장 빠른 길입니까?
- Which는 '이 중에서 어떤'이라는 의미로 선택의 의미를 가지고 있다.

(A) There is a parking lot.
공원에 차 충돌사고가 있었습니다.
- park의 다의어 오답.

(B) I'd choose Wagon Road. 나라면 Wagon Road를 선택하겠어.

(C) I want to take the express train.
나는 고속열차를 타고 싶습니다.
- express라는 동일어를 나타내 혼동시키는 오답형태.

어휘 crash 충돌

5. (B) 미국 영국

What time are you arriving here today?
당신은 오늘 몇 시에 여기에 도착할 것입니까?
- what time = when으로 정확한 시간을 묻고 있는 질문이다.

(A) About two hours. 약 두 시간 동안.
- 보통 How long에 대한 대답 형태.

(B) The estimated time is 4 o'clock. 예상되는 시간은 4시입니다.
- 비행기, 기차와 같은 대중교통수단의 출도착 시간을 언급할 때, 많이 나오는 단어 ETA/ETD는 Estimated Time of Arrival/Departure(도착/출발 예상시간)로 이러한 어휘는 잘 알아두는 것이 좋다.

(C) Yes, today. 네, 오늘요.
- 질문이 yes, no로 대답할 수 없는 wh의문사였음을 유념.

6. (A) 영국 호주

What does Mrs. Bayer plan to do in her vacation?
Mrs. Bayer 씨는 그녀의 휴가기간동안 무엇을 할 계획입니까?

(A) She intends to go on a trip to Europe.
그녀는 유럽으로 여행을 갈 작정입니다.
➲ intend to는 '~을 할 작정이다, ~하려고 한다'라는 의미로 여기서 intend는 plan, mean과 뜻이 일맥상통한다. 따라서, 그녀의 휴가 계획을 말해주고 있어 정답.

(B) I'll talk to her about your plan.
나는 당신의 계획에 대해 그녀에게 얘기해보겠습니다.
➲ plan이라는 동일단어 반복을 이용한 오답형태.

(C) Yes, it's vacant. 네, 비었습니다.
➲ 이러한 보기에서 wh의문사는 yes, no로 대답할 수 없음을 다시 유념해야 하며, vacation과 vacant를 이용한 유사발음 오답이다.

Part 5 EXERCISE

1. (A)

해석 모든 참석자는 배표용 서류가 준비되어 있지 않을 것이기 때문에 직접 서류를 가져와야 한다.

해설 전치사 다음은 명사 자리. 명사가 아닌 (B) distributed와 (D) distribute는 실격. 앞에 한정사가 없으므로 가산 단수 명사는 쓸 수 없다. (C) distributor(배포자, 유통업자)는 실격. 따라서 정답은 (A) distribution(배포)이다. 이 단어가 불가산 명사라는 걸 한눈에 알아보고 정답을 맞추는 것이 이 문제의 의도가 아니라, 사람명사인 distributor를 소거해서 정답을 골라야 하는 것이 문제의 핵심이다.

어휘 **hard copy** 인쇄물 **distribution** 분배, 배급, 배포 **distributor** 분배자, 배급자, 판매자 **distribute** (= **hand out**, **allocate**) 분배하다, 배분하다, 배당하다 **documentation** 문서, 문서화

2. (D)

해석 연구에 따르면 온라인 공급이 교육적인 조언, 지도와 정보를 제공하는 효과적인 방법임이 증명되었다.

해설 한정사 an과 어울리는 명사를 골라야 한다. 보기가 모두 명사이므로 해석해 보아 정답을 골라야 한다. 특히 (D) means는 단수형과 복수형이 같으므로 여전히 정답이 될 수 있다는 것에 유의하자. 의미상 '온라인 서비스 제공이 교육적인 조언, 지도, 정보를 제공하는 효과적인 방법'이라고 해야 어울리므로 정답은 (D) means이다.

어휘 **prove** 증명하다 **guidance** 안내, 지도 **technique** 기술, 기법 **approach** 접근 **instrument** 기계, 기구 **means** 수단, 방법

3. (A)

해석 안전을 위해, 중장비를 설치할 때 다음의 안전 규정을 준수하세요.

해설 safety와 어울리는 복합명사를 고르는 문제. 동사 observe(준수하다)와 어울리는 목적어가 되려면 . safety rules(안전 규칙)이 가장 적절하므로 (A) rules가 정답이다.

어휘 **protection** 보호 **observe** (= **comply with**) 관찰하다, 준수하다 **following** 다음의, 이하의 **set up** 세우다, 창설하다, 준비하다

4. (D)

해석 Key Employment Office는 혁신적인 환경에서 번영하는 재능있는 사람들에게 훌륭한 취업 기회를 제공한다.

해설 보기가 모두 명사이므로 career와 어울리면서 동사 offer와 어울리는 명사를 골라야 한다. 의미상 '훌륭한 취업 기회를 제공한다'라고 해야 어울리므로 정답은 (D) opportunites이다.

어휘 **career opportunity** 취업 기회, 취업 전망 **thrive** 번영하다

5. (C)

해석 컨퍼런스 참가자들은 수료자격 신청서를 작성해야 한다.

해설 동사 complete (작성하다)의 목적어로 적절한 명사는 '참가 증명 신청서'라고 해야 어울리므로 정답은 (C) form(서식)이다.

어휘 **participant** 참가자 **complete** 완성하다, 끝내다 **certificate request form** 증명 요청서

6. (A)

해석 향상된 품질 기준과 기술의 업그레이드는 생산성과 새로운 시장으로의 접근성을 증가시킨다. .

해설 increase의 목적어자리므로 명사를 고르면 된다. 부사인 (C) productively(생산적으로)와 동사인 (B) produces도 실격. 빈칸 앞에 한정사가 없으므로 단수 가산 명사인 (D) producer도 실격. 따라서 정답은 (A) productivity(생산성)이다. productivity가 불가산 명사인 것을 꼭 알아야 풀 수 있는 문제는 아니다. 소거법에 의해서도 풀 수 있고, 또 해석으로도 풀 수 있다. 이렇듯 빈출 불가산 명사가 아닌 경우에는 다른 방법으로 풀 수 있으니까, 끝까지 포기하지 말 것.

어휘 **quality standards** 품질 기준 **technological upgrade** 기술 증진 **access** 접근, 접근 방법, 입수 **productivity** 생산성 **produce** 생산하다 **producer** 생산자

7. (D)

해석 우리 프로그램의 목적은 장기간의 고용을 통해 지원자들이 경제적 독립을 이루도록 돕는 것이다

해설 전치사 through의 목적어 자리에 들어갈 알맞은 표현을 골라야 한다. (C) employs와 (B) employed는 실격. 혹 employed가 뒤에서 long term을 수식할 수 있지 않나 하는 생각이 들수도 있겠지만, 의미상 '고용된 장기'라는 어색한 표현이 된다. 따라서 정답은 장기고용 (D) employment가 된다.

어휘 **goal** 목적, 목표 **participant** 참가자 **economic independence** 경제적 독립 **employer** 고용주 **employ** 고용하다 **employment** 고용

DAY 04

8. (A)

해석 이 할인티켓과 특별 할인 판촉 서비스는 언제든지 변경되거나 종료될 수 있다

해설 한정사의 일종인 지시형용사(these)가 복수형이므로 뒤에 나오는 명사도 복수형이어야 한다. 따라서 정답은 (A) tickets이다.

어휘 discount 할인 special offer 특별 할인 판촉서비스 at any time 언제든지

9. (A)

해석 차량이 수리시설에 맡겨질 때 반드시 서면 견적서가 제공되어야 한다.

해설 보기가 모두 명사이므로 해석해 보아야 한다. 문맥상 자동차 수리와 어울리는 단어는 a written estimate(서면 견적서)이다. 따라서 정답은 (A) etimate. 나머지 (B) guess(추측), (C) suggestion(제안), (D) judgment(판단)는 의미상 어울리지 않는다.

어휘 leave 남기다, 떠나다 repair facility 수리 시설 estimate 견적서 guess 추측 judgment 판단, 의견

10. (A)

해석 엔진 교체 부품을 구하려면, 제조업자에게 직접 연락하세요.

해설 the 다음의 명사 자리. 명사는 (A)manufacturer(제조업자)와 (D) manufacturing(제조)가 있지만 연락의 대상이 되어야 하는 (A) manuafacturer(제조업자)가 정답이다.

어휘 replacement 교체 contact 접촉하다, 연락하다 directly 직접 manufacturer 제조업자 manufacture 제조(업); 제조하다 manufacturing 제조업의; 제조 공업

Part 6 EXERCISE

Questions 11-14 refer to the following information.

고객 센터와 고객 서비스 담당자의 역할

고객 센터는 제품 서비스 또는 수리와 관련된 소비자 질문과 요청에 신속하고 정확하게 응대하며 동시에 제품 개발에 활용될 수 있도록 하기 위해서 소비자 의견을 관련 부서로 전달합니다.

일본 전역의 72개의 서비스 센터와 600개에 달하는 판매 제휴 업체의 광범위한 서비스 네트워크를 통해서 우리 고객 서비스 담당자들은 고객들에게 제품 지원서비스를 제공합니다. 고객들에게 제공되는 서비스의 가치를 향상시키기 위해서, 고객 서비스 담당자들은 고객의 입장에서 생각하고 행동하려고 노력하며 동시에 서비스 표준화 증진에 힘쓰고 있습니다.

그들은 또한 고객의 요구와 열망을 정확하게 이해하기 위해 필요한 의사소통 기술, 적절한 해결책을 제안하기 위해 필요한 문제 해결 능력, 그리고 쿄세라 미라 제품의 안전하고 믿을 수 있는 작동을 부여하기 위해서 필요로 하는 기술 능력을 습득하려고 노력하고 있습니다.

어휘 swiftly 신속히, 빨리, 즉시, 즉석에서 extensive 아주 넓은, 광범위한 enhance 높이다, 향상시키다 perspective 관점, 시각 standardization 표준화, 규격화 accurately 정확히, 정밀하게

11. (B)

해설 동사 responds는 전치사 to와 결합해서 ~에 응답하다, 반응하다의 뜻이다. 의미상 '고객의 문의와 요구에 빠르고 정확하게 응대하다'의 뜻이므로 정답은 (B) to이다.

12. (A)

해설 접속부사는 문제는 앞에 나오는 문장과 이어지는 문장의 흐름을 파악해야 풀 수 있는 파트 6에서 단골로 묻는 빈출 유형이다. 빈칸 앞까지의 내용이 '고객의 질문과 요청에 신속히 대응하고, 그들의 의견을 수렴해서 제품개발에 힘쓴다'는 내용이고, 빈칸 뒤는 72 service centers와 6000 sales partner companies와 같은 구체적인 사실을 언급하고 있으므로 (A) In fact가 가장 잘 어울린다.

13. (D)

해설 첫 문장에 고객의 문의와 요구에 신속하게 응한다 (The Contact Center responds swiftly and accurately ___ customer inquiries and requests)는 내용이 지문의 전반적은 흐름이므로 이 문장에서도 고객의 관점에서 행동한다고 해야 어울리므로 정답은 (D) perspectives(관점, 시각)이다.

어휘 performance 실적, 성능, 공연 properties 재산 presentation 발표

14. (B)

해설 보기 중 빈칸에 올 수 있는 단어는 형용사 (A) communicative와 (B) communication이다. 현재분사 (C) communicaitng은 같은 뜻의 형용사가 있을 경우는 쓰이지 않으므로 실격. 혹 동명사로 생각할 수 도 있지만, 동명사는 관사 뒤에 올 수 없다. 문법적으로 형용사, 명사 모두 가능하므로 해석해 보아 어울리는 정답을 골라야 한다. '의사소통 기술을 습득하다'가 적절하므로 (B) communication가 정답이다. 우리말로 하면 communicative도 될 것 같지만, 언어는 습관처럼 사용되는 거라서 하나의 복합명사로 인식해야 한다.

Part 7 EXERCISE

Questions 15-17 refer to the following letter.

드림비전스
카이코라이 밸리 가 224번지
더니든
뉴질랜드
웹: www.dreamvisions.com
이메일: info@dreamvisions.co.nz

관계자께

드림비전스는 Q15&Q16 탁월한 가격에 고품질 바닥 자재를 제공합니다. 부엌, 식당, 욕실, 테라스 등에 귀하가 요구하는 Q14&Q15 드림비전스는 당신이 원하는 높은 기준: Q16 시각적인 어필, 고성능의 실용성, 그리고 견고성을 충족시켜 드립니다. 드림비전스는 나무 바닥 종류로는 마호가니나 밤나무, 석재 종류로는 화강석과 인도산 슬레이트, 그리고 타일 종류로는 다양한 이탈리아 디자인 등과 같은 고품질 바닥 자재를 제공합니다. 우수한 경목의 고상함으로부터 대나무의 실용성에 이르기까지 '드림비전스'는 Q14 꼭 맞는 스타일을 제공합니다. 저희는 Q14 심지어 무료 견적 서비스도 제공합니다. 시공할 정확한 바닥 치수와 원하는 자재를 말씀해주시면 배송비를 포함한 가격을 산정해드리겠습니다.

Q17 이번 달에 드림비전스는 모든 신규 고객들에게 구입하신 날로부터 6개월 이내에 사용하실 수 있는 무료 바닥 광택권을 드립니다. 드림비전스에서 제공하는 다양한 종류의 바닥 자재들을 살펴보시고 오늘 무료 견적을 청하세요!
Q16 세부사항들은 지역 드림비전스 영업 직원들에게 상담하시기 바랍니다. 전화번호는 저희 웹사이트 www.dreamvisions.com에서 확인하실 수 있습니다. 드림비전스가 귀하의 건축이나 개조 계획에 함께 할 수 있도록 해주십시오.

안녕히 계세요.

존 카펜터
마케팅 이사
드림비전스

어휘 **unbeatable** 탁월한, 패배시킬 수 없는, 무적의 **patio** (스페인식 집의) 안뜰, 문밖 테라스 **high-performance** 고성능의 **practicality** 실효성, 실용성 **consistency** 견실성, 일관성 **mahogany** (식물) 마호가니 **chestnut** 밤나무 **category** 종류, 부문, 범주 **granite** 화강석 **Indian** 인도의 **slate** 천연 점판암의 얇은 석판, 슬레이트 **elegance** 우아, 고상 **hardwood** 경목 (오크, 벚나무, 에보니, 마호가니 등 활엽수에서 얻어지는 목재) **bamboo** 대나무 **estimate** 견적 **measurements** 치수 **calculate** 계산하다 **shipping** 배송 **polish** 윤을 내다, 광택을 내다, 닦다 **certificate** 증명서 **redeem** (쿠폰, 상품권 등을) 상품으로 바꾸다 **explore** 탐구하다, 탐험하다 **representative** 판매 대리인, 영업직원, 대표자, 대리인 **renovation** 개조

15. (B)

해석 이 편지의 목적은 무엇인가?
(A) 사람들이 꿈을 꾸도록 격려하는 것
(B) 드림비전스에서 쇼핑하는 이점을 설명하는 것
(C) 나무 바닥이 타일 바닥보다 나은 이유를 설명하는 것
(D) 고객들이 가격을 낮추게 만들도록 권하는 것

해설 편지의 첫 문단 전체가 드림비전스의 특징, 장점들을 설명하고 있다. 정답은 (B)이다.

어휘 **encourage** 격려하다, 권하다 **benefits** 이점, 혜택 **beat a price** 가격을 낮추다

16. (C)

해석 언급된 제품의 특징이 아닌 것은?
(A) 우수한 외관
(B) 훌륭한 품질
(C) 큰 폭의 할인
(D) 견고성

해설 첫 문단 앞 부분에 high-quality(고품질)은 Excellent quality로 visual appeal(시가적인 어필)은 Fine apperance로 consistency(견실성)는 durability(내구성)으로 재표현 되어 있다. 그러나 가격 할인에 대해서 언급된 곳은 없다.

17. (A)

해석 글을 읽는 사람은 무엇을 하도록 요청 되고 있나?
(A) 영업 직원에게 연락하는 것
(B) 가게를 방문하는 것
(C) 샘플을 이용해보는 것
(D) 카펜터 씨에게 전화하는 것

해설 전형적인 앞으로 해야 할 행동(당부, 요청)을 묻는 문제이다. 앞서 'Part 7 사실관계 확인 포인트 3'에서 자세히 설명했던 것처럼, 이런 전형적인 문제의 해답은 정해져 있다. 글의 하단에 Please ~, you must, you should… 과 같은 표현들을 찾아보아야 한다. 마지막 단락에 plesase consult a local Dreamvisions sales representative for more details. (세부사항을 알아보기 위하여 지역 영업직원에게 연락할 것)을 당부하고 있다. 따라서 정답은 (A) Contact a representative이다.

18. (C)

해석 이번 달에만 제공되는 것은?
(A) 무료 수리 서비스
(B) 무료 견적
(C) 무료 광택권
(D) 무료 샘플

해설 질문에'이번 달에만'제공되는 것을 묻고 있다는 것을 주의해야 한다. 첫 번째 문단 다섯 번째 문장에 We even offer a free estimate service(무료 견적을 해준다)고 라고 했으나, 문제에서 '이번 달'에만 제공되는 것을 묻고 있으므로 평상시에도 제공되는 무료 견적은 답에서 제외. 두 번째 단락 첫 문장에 'This month only(이번 달에만)로 시작하면서 무료 바닥 광택권을 준다고 말하고 있다. 정답은 (C) A free polishing voucher이다. complementary은 free로, certificate은 voucher로 재표현 되어 있다.

DAY 04

DAY 05

Part 2 | EXERCISE

1. (B) **2.** (A) **3.** (C) **4.** (B) **5.** (B)
6. (A)

Part 5 | EXERCISE

1. (B) **2.** (C) **3.** (A) **4.** (A) **5.** (A)
6. (D) **7.** (B) **8.** (D) **9.** (D) **10.** (B)

Part 6 | EXERCISE

11. (B) **12.** (A) **13.** (A) **14.** (A)

Part 7 | EXERCISE

15. (B) **16.** (A) **17.** (C) **18.** (C)

Part 2 EXERCISE

1. (B) 미국 호주

How did the interview go? 인터뷰는 어떻게 되었니?

How 뒤에 go동사가 들어가면 상황이나 상태를 묻는 질문이다.

(A) I'll take a look at it. 한번 봐야 돼.

지나간 과거의 상태를 물어보는 질문이므로 미래로 대답할 수 없다.

(B) I think it was pretty good. 나는 꽤 괜찮았다고 생각해.

꽤 괜찮았다는 상태를 언급하므로 정답이 된다.

(C) I plan to use bus number 5. 전 5번버스를 이용할 예정이예요.

how를 교통 수단으로 오인한 사람들을 위한 오답의 패턴

2. (A) 호주 영국

How many hours should we put in for the research project? 이 연구 프로젝트에 얼마나 많은 시간을 쏟아야 하는 거죠?

얼마나 많은 시간이 걸렸는지를 물어보는 질문이므로 숫자와 시간 단위가 같이 나와야 한다.

(A) I think we need more than three full weeks.
제 생각에는 3주 이상 걸릴 것 같습니다.

3주라는 시간이 등장한 정답

(B) The projector was already installed.
프로젝터는 이미 설치 되었습니다.

Project와 projector를 이용한 발음오답

(C) It's ours. 그것은 우리 것입니다.

Hours와 ours를 이용한 발음 오답

3. (C) 영국 미국

How do you like the new wall paper?
새로운 벽지가 어떠세요?

How do you like는 의견을 묻는 관용적 표현이다. 의견이 되는 것을 답으로 골라야 한다.

(A) On the wall. 벽에요.

Wall이라는 동일 발음을 이용한 오답이다.

(B) I already read it. 저는 이미 읽었습니다.

Paper를 신문으로 생각한다면 나올 수 있는 오답이다.

(C) It looks really fabulous. 멋져 보여요.

멋지다는 감정을 표현한 정답이다.

4. (B) 영국 호주

How was your trip to London? 런던으로의 여행은 어땠나요?

여행이 어땠는지 상태와 상황을 묻는 질문이다.

(A) We'll stay at a famous guest house there.
저희는 그곳의 유명한 게스트하우스에서 묵었어요.

여행이 나오니까 숙소가 나오는 연상어구 오답이다.

(B) I had a good time. 저는 즐거운 시간을 가졌습니다.

즐거운 시간이라는 상태를 보여주는 정답이다.

(C) By plane. 비행기로요.

How를 교통수단으로 들으면 틀릴 수 있는 오답이다.

5. (B) 미국 영국

What do you think of our new marketing plan?
우리의 새로운 영업계획에 대해 어떻게 생각하십니까?

What do you think of는 의견을 묻는 관용적 표현이다.

(A) It's in 30 minutes. 30분안에요.

When 의문사의 정답.

(B) It seems a perfect proposal. 완벽한 계획같아 보입니다.

proposal은 주로 서류상의 계획, 안(案) 등을 말하는 것으로 plan을 대신하는 단어로 여기서 쓰이고 있다. 의견을 말하는 정답.

(C) It's on the paper. 서류 위에 있습니다.

Where 의문사의 정답.

6. (A) 영국 호주

What should I do if there is any problem?
어떤 문제가 있을 때, 제가 어떻게 해야합니까?

What should I do는 방법을 묻는 관용적 표현이다.

(A) Call to Mr. Victor. Mr. Victor에게 연락하세요.

(B) That's a good solution. 그것은 좋은 해결책입니다.

동문서답을 하고 있으므로 오답. Yes/No와 동일한 의미이다.

(C) I suggest you do that. 나는 그렇게 할 것을 제안합니다.

여기서는 that에 대한 자세한 내용이 필요하나, 이 보기에서는 적합한 해결책을 제시해 주지 못하고 있으므로 오답.

Part 5 EXERCISE

1. (B)

해석 우리의 임무는 당신에게 식이요법과 운동에 관한 가장 정확하고 이용 가능한 최신의 정보를 제공하는 것이다.

해설 재귀대명사가 목적어 자리에 오려면 주어와 일치하여야 하는데 our mission과 yourself는 서로 일치하지 않는다. 그러므로 목적격 (B) you가 정답이다.

어휘 **mission** (= **task**) 임무 **provide A with B** (= **supply**) A에게 B를 제공하다 **accurate** (= **precise**) 정확한 **up-to-date** 최신식의 **available** 이용할 수 있는, 접근할 수 있는 **regarding** (= **concerning**) ~에 관해서

2. (C)

해석 만약 우리의 서신에서 어떤 실수를 발견하거나 당신의 개인 정보를 변경하고 싶다면 우리의 매표소에 연락해주세요.

해설 보기중 명사 correspondence 앞에 올 수 있는 것은 소유격이다. 정답은 (C) our이다.

어휘 **notice** 알아차리다, 주목하다 **correspondence** 서신 **personal information** 개인 정보

3. (A)

해석 석유와 천연가스 산업은 시설물을 안전하게 하기 위해서 추가적인 단계를 취하고 있다.

해설 타동사 secure(확보하다)의 목적어인 명사 facilities 앞에 나올 수 있는 소유격을 찾아야 하는데, 주어가 단수 (The oil and natrual gas industry)이므로 소유격 (A) its가 정답이다.

어휘 **step** 걸음, 방법 **secure** (= **make safe**, **obtain**) 안전하게 하다, 확보하다, 안전한

4. (A)

해석 당신은 직접 전화를 하거나 에딘버러 시립 도서관에 전화를 함으로써 책을 예약할 수 있고 직원이 물품을 확보해둘 것이다.

해설 소유격 (B) Your와 재귀대명사 (D) Yourself는 주어자리에 올 수 없으므로 실격. 소유대명사 Yours(너의 것)는 의미상 어울리지 않는다. 따라서 정답은 (A) You이다.

어휘 **in person** 직접 **reserve** 보유하다, 예약하다

5. (A)

해석 이것은 오디오/워크북 프로그램이고 시각적으로도 고무적인 132페이지의 워크북이 딸려 나온다.

해설 동사 comes의 주어자리이므로 소유격 (D) its는 실격. 선행사가 an audio/workbook program이므로 (A) it이 적절하다.

어휘 **come with** ~에 딸려있다, 부수하다 **stimulate** (= **encourage**, **provoke**) 자극하다, 격려하다

6. (D)

해석 에드와 미쉘은 전국적으로 아트 워크숍을 제공하고 우리와 실제 은세공 체험을 포함하는 새로운 수업을 함께 할 것이다.

해설 동사 will join의 주체가 될 수 있는 주어는 Ed and Michelle을 대신하는 인칭 대명사 (D) they 뿐이다.

어휘 **hands-on** 실제의, 실천의 **silversmith** 은세공

7. (B)

해석 JJ Consulting은 고객들에게 혁신적인 해결책을 제시하고 싶어하고 다른 서비스 회사들과 구별해주길 바란다.

해설 타동사 set의 목적어 자리. 소유대명사 (A) her(그녀의 것), (C) theirs(그들의 것)는 적절한 선행사가 없어서 실격. (D) its는 소유격이라서 목적어 자리에 올 수 없다. 혹, it의 소유대명사라고 생각할 수 도 있겠으나, it의 소유대명사는 없다. 따라서 정답은 (B) itself이다. set의 주체가 JJ consulting이고 대상도 그러하니 재귀대명사가 어울린다.

어휘 **present** (= **give**, **submit**) 주다, 제출하다 **innovative** 혁신적인 **set apart** (**from**) (= **separate**) 구별하다, 떼어놓다

8. (D)

해석 응답자들이 스스로 설문조사에 임하도록 하는 대신에 훈련된 면접관들을 쓰는 것이 장점들이 있다.

해설 전치사 by가 재귀대명사와 함께 쓰이면 '스스로'의 뜻이다. 여기서는 respondents(응답자들) 스스로 라고 해야 어울리므로 (D) themselves가 적절하다.

어휘 **advantage** (= **benefit**, **profit**) 이점, 이익 **train** 훈련하다, 가르치다 **interviewer** 면접관 **respondent** 응답자 **take the survey** 설문조사에 응하다

9. (D)

해석 물리학과 학생들의 그룹은 물리학과가 유지되어야 하는 이유를 설명하는 비디오를 만들었다고 말했다.

해설 that 절의 주어자리에 들어갈 명사는 (B) theirs와 (D) they 중 정답은 (D) they이다. theirs(그들의 것)는 적절한 선행사가 없다.

어휘 **outline** (= **summarize**, **plan**) 윤곽을 그리다, 약술하다

10. (B)

해석 날카로운 도구는 항상 쟁반이나 케이스에 넣고, 항상 당신으로부터 바깥쪽 방향으로 자르세요.

해설 명령문의 주어는 you이다. from 뒤에도 you라는 표현이 반복되어서 나오므로 재귀대명사 (B) yourself를 써야 한다.

어휘 **carry** 옮기다 **sharp** 날카로운, 예리한 **tray** 접시 **direction** 지시, 방향 **away** 떨어져

Part 6 EXERCISE

Questions 11-13 refer to the following advertisement.

미래의 상사에게 좋은 인상을 심어줄 수 있는 지원서

고용주들은 때로는 수백 통의 입사 지원서를 받습니다. 그래서 지원자를 전부 인터뷰하는 것은 결코 가능한 일이 아닙니다. 그러므로, 채용담당자는 입사지원서와 다른 문서들을 토대로 개별 면접 대상자들을 선별하게 됩니다. 효과적인 입사지원서는 밝은 미래로 통하는 문을 열 수 있게 해줍니다. 그와 반대로 비효과적인 지원서는 그 문을 닫게 합니다. 그러나 지원서 하나로 당신이 일자리를 구할 수 있는 것은 아닙니다. 분명히, 고용주는 당신을 채용할 것인지를 결정하기 위해서 지원서 그 이상의 무언가를 필요로 합니다. 그렇더라도 당신의 지원서가 다른 지원자들과 차별되게 할 수는 있습니다. 지원서의 주된 목적은 당신을 문앞에 서게 하는 것입니다. 당신의 편지가 당신만의 개성을 표현할 수 있게 하세요.

어휘 **application** 지원서 **recruiter** 신병 모집자 **rarely** 드물게, 좀처럼 ~하지 않는 **obviously** 확실히 **stand out** 두드러지다, 눈에 띄다 **personality** 성격, 개성 **clue** 단서

11. (B)

해설 보기가 인칭대명사로 구성되어 있을 때, 격을 먼저 파악한 후 수와 성을 따진다. 빈칸은 cannot interview의 주어 자리이므로 주격이 와야 하는 자리이다. 따라서 소유대명사인 (C) thiers와 소유격 (D) its는 오답. (A) it과 (B) they 중에 Employers를 대신할 수 있는 대명사는 복수형인 (D) they이다.

12. (A)

해설 빈칸의 앞 문장의 내용이 지원하는 모든 사람들을 실제로 인터뷰 할 수 없다는 내용이고 빈칸 뒤에 나오는 내용이 채용담당자가 입사 지원서와 다른 서류에 근거를 두고 결정한다고 했으므로 '인과관계'를 나타내는 (A) Therefore가 어울린다.

13. (A)

해설 뒤에 가산 단수 명사가 와야 하는 (B) another (또 하나)는 뒤에 나오는 written documents와 어울리지 않는다. (C) others (다른 것들)는 그 자체로 명사이므로 뒤에 또 다른 명사가 올 경우 명사 충돌이 되어 탈락, (D) 역시 뒤에 가산 단수 명사가 오므로 탈락된다. 따라서 정답은 (A) other(다른)이라는 형용사이다.

14. (A)

해설 select의 목적어가 되면서 빈칸 뒤의 관계대명사절의 수식을 받는 명사가 와야 하는 자리이다. 인칭대명사 (A) them과 (B) they는 적절한 선행사가 없어서 실격. 지시 대명사 (D) these 역시 선행사가 없다. 따라서 정답은 (A) those이다. those는 지시대명사 that의 복수형이기도 하지만, '사람들'이라는 관용적 표현도 가지고 있다.

Part 7 EXERCISE

Questions 15-18 refer to the following letter.

포틀랜드 면허 센터
Q17 자동차 부서
오클랜드 가
포틀랜드, 오레곤 97202

칼 씬트 씨
2 왈라 가
캠플릿타운

씬트 씨에게

귀하의 현재 화물 용량 20톤 추가 신청이 접수되어 검토되었습니다. 그러나 귀하의 트럭 면허가 올해 1월로 만료가 된 후 갱신되지 않았기 때문에 귀하의 추가 신청을 당장 처리해드릴 수가 없습니다. Q15 면허 갱신이 먼저 되어야만 추가 신청을 하실 수 있다는 것을 염두에 두시기 바랍니다.

기록에 따르면 귀하께서는 그 동안 한번도 갱신 수수료를 늦게 내신 적이 없기 때문에 이 편지를 받으시고 30일 이내에 갱신 수수료를 완납하신다면 이번 건에 대하여는 추가 연체료를 부과하지 않을 것입니다.

Q16 갱신된 면허를 받기 전까지는 어떠한 트럭도 운전하셔서는 안 된다는 것을 염두에 두시기 바랍니다. 면허증은 갱신료 완납 후 영업일 기준 5일 이내에 배송될 것입니다. 아니면 저희 사무실로 직접 오셔서 찾아가셔도 좋습니다. 이로 인해 발생될 불편에 대해 사과드립니다. 그러나 운전하실 때 유효한 면허를 소지하셔야 하는 것은 아주 Q18 중요합니다. 이 편지를 받으신 날로부터 30일 이내에 면허 갱신료와 추가 신청료를 완납하신다면 원하시는 20톤 추가 신청은 무리 없이 처리될 수 있을 것입니다.

갱신료는 165달러이고 추가 신청료는 110달러입니다. 빠른 연락 부탁드리며, 이로 인하여 불편함을 끼쳐드리지 않기를 바랍니다.

위 내용에 대해 궁금한 사항이 있으시면 234-2335로 연락주시거나 tp@licensing.com으로 저에게 직접 메일을 보내주세요.

안녕히 계세요.

Q17 톰 피크
Tom Peek
면허부 국장

어휘 **haulage** 화물 용량 **limit** 제한 **process** 처리하다 **license** 면허 **expire** 만기가 되다 **as of** ~일자로부터 **matter** 문제 **attend to** ~에 귀를 기울이다 **further** 추가의 **prompt** 즉시 하는, 신속한 **payment** 지불(금액) **penalize** 벌칙[벌금]을 부과하다 **oversight** 실수, 착오 **bear in mind** 염두에 두다 **pick up** 직접 찾아가다, 줍다 **inconvenience** 불편 **cause** 발생시키다 **imperative** 피할 수 없는, 필수적인 **look forward to** ~을 고대하다

15. (B)

해설 이 편지에서 공지된 내용은 무엇인가?

(A) 씬트 씨의 면허 업그레이드 신청이 취소되었다.
(B) 씬트 씨는 그의 트럭 면허를 갱신해야 한다.
(C) 피크 씨는 면허를 인증하려면 110달러를 내야 한다.
(D) 씬트 씨와 피크 씨는 서로 아는 사이다.

해설 본문 앞 부분에서는 현재 면허가 갱신되어 있지 않음을 알려주고, 면허 업그레이드 신청을 하려면 면허가 먼저 갱신되어야 한다고 말하고 있다. 정답은 (B)이다. (A)는 '취소되었다'에서 틀리고, (C)에서는 피크 씨가 갱신을 해야 하는 사람이 아니다.

어휘 **announce** ~을 발표하다 **reject** ~을 거절하다
each other 서로

16. (A)

해석 피크 씨는 씬트 씨가 무엇을 하도록 부탁하고 있는가?
(A) 그의 트럭 면허를 갱신하라고
(B) 그의 트럭 면허를 인증하라고
(C) 벌금을 납부하라고
(D) 그의 사무실에 들르라고

해설 전형적인 앞으로 취해야 할 행동(당부, 요청)에 대해서 묻는 문제이다. Day 4 Part 7 사실관계 확인질문 3. 에서 자세히 설명했듯 미래행동에 관한 언급은 지문의 하단에 나와있다. 질문의 잘 해석해보면 결국 'Mr. Cints는 앞으로 무엇을 해야 하는가'와 똑 같은 질문이다. 이런 류의 문제에 대한 답은 지문에 하단에 나와있다고 정리한 표현들도 다시 한번 복습하자. 여기에선 세번째 단락에 "Please bear in mind that you must not drive any truck until you receive your new license from our office."이 답이 되는 부분이다. 면허 센터 자동차 부문 국장인 피크 씨는 씬트 씨가 트럭 면허를 갱신할 것을 요구하고 있다. 정답은 (A) Renew his truck license이다. "receive your new license from our office"가 "renew your new truck license" 재표현되어 있다.

어휘 **fine** 벌금 **stop by** 잠깐 들리다

17. (C)

해석 피크 씨에 대하여 알 수 있는 것은?
(A) 그는 신입 직원이다.
(B) 그는 그의 면허를 인증하길 원한다.
(C) 그는 자동차 부문에서 일한다.
(D) 그는 씬트 씨가 트럭 면허를 갱신하도록 도와주었다.

해설 편지 하단에 피크 씨의 직책이 나온다. 국장이므로 (A) 신입직원은 아니다. (B) 면허를 업그레이드 하길 원하는 사람은 씬트 씨이다. 편지 상단의 보낸이의 주소를 보면 그는 자동차 부문에서 일한다는 것을 알 수 있다. 정답은 (C)이다. (D)는 혼동을 일으키고 있으나 아직 면허가 갱신된 것은 아니기 때문에 정답이 아니다.

어휘 **indicate** 나타내다

18. (C)

해석 셋째 단락의 네 번째 줄 imperative와 의미가 가장 가까운 것은?
(A) 진심의
(B) 일치하는
(C) 중요한
(D) 반대의

해설 imperative는 '피할 수 없는, 필수적인'의 뜻으로 (C) important와 비슷한 의미이다.

DAY 06

Part 2 | EXERCISE

1. (C) **2.** (B) **3.** (A) **4.** (C) **5.** (B)
6. (C)

Part 5 | EXERCISE

1. (B) **2.** (C) **3.** (B) **4.** (A) **5.** (B)
6. (C) **7.** (A) **8.** (B) **9.** (A) **10.** (B)

Part 6 | EXERCISE

11. (A) **12.** (B) **13.** (D) **14.** (C)

Part 7 | EXERCISE

15. (C) **16.** (C) **17.** (A) **18.** (D)

Part 2 EXERCISE

1. (C) 영국 미국

You paid it by bank transfer yesterday, did you check?
당신은 어제 은행(계좌) 이체로 그것을 지불했습니다, 확인했습니까?

- 이체가 잘 되었는지 확인을 해보았는지 물어보는 것이 질문의 핵심이다.

(A) I will open a bank account today.
오늘 은행 계좌를 개설할 것입니다.

- open/close a bank account는 은행과 관련하여 흔히 쓰이는 표현으로 "은행 계좌를 개설/해지하다"라는 뜻이다. 은행과 관련된 대응으로 적절한 보기 같으나, 내용상 이체확인에 대한 물음과 전혀 관계 없으므로 오답.

(B) You transferred to a new office yesterday.
당신은 어제 새로운 사무실로 발령났습니다.

- 질문의 transfer는 bank와 관련하여 "이체, 송금"을 뜻하고 있으나 보기에서 쓰인 동사의 transfer는 "~로 발령나다/이전하다"라는 다의어를 이용한 오답이다.

(C) Yes, it went through. 네 그것은 잘 되었습니다.

- go through는 "겪다/경험하다", "관통하다", "(법안) 통과하다/승인되다" 등의 다양한 뜻을 갖고 있으나, 여기서는 "(거래 등이) 잘되다, 완료하다"라는 뜻으로 쓰여 적절한 답이 될 수 있다.

어휘 **bank account** 은행계좌 **go through** 겪다

2. (B) 영국 호주

Have you handled this kind of equipment before?
당신은 전에 이러한 종류의 기기를 다뤄본 적 있습니까?

(A) I need the equipment soon. 저는 곧 그 기기가 필요합니다.

◎ equipment라는 동일어를 사용하여 청취자를 혼동시키는 오답.

(B) Yes, a couple of times. 네, 몇 번이요.

◎ a couple of ~는 "두서넛의/소수의"를 뜻하여 회화체 표현에서 자주 쓰이는 표현이므로 듣기에 익숙해지는 것이 좋다. 전에 다뤄본 적이 두어 번 있다는 표현으로 정답.

(C) After tomorrow.

◎ 동문서답.

어휘 a couple of times 두 번

3. (A) 호주 영국

Aren't the new phone lines going to be set up today?
새로운 전화선이 오늘 설치되기로 하지 않았나요?

(A) No, it will be installed tomorrow.
아니요, 그것은 내일 설치 될 것입니다.

◎ set up과 유사한 표현인 install(~을 설치하다)을 써서 적절한 대답을 하고 있다. 이렇게 질문에서 나온 단어와는 동일한 뜻을 가지지만 다른 단어를 사용해서 정답을 표현하는 경우가 많으므로 동의어를 함께 공부하는 것이 중요하다.

(B) Yes, they set up a store. 네, 그들은 가게를 냅니다.

◎ set up이라는 동일한 숙어를 썼으나, 동일단어 반복은 정답률이 낮다.

(C) It's in my room. 그것은 제 방에 있습니다.

◎ 전혀 상관 없는 내용의 답을 하고 있으므로 오답.

어휘 set up 세우다

4. (C) 영국 미국

Has Dr. Kang's surgery been operated?
Dr. Kang의 수술은 이행되었습니까?

(A) He is an excellent surgeon. 그는 훌륭한 외과의사입니다.

◎ surgery와 비슷하게 들릴 수 있으며 관련 단어인 surgeon을 넣어 답하게 유도한 오답의 보기이다. 의사 중에, a physician(내과의), a surgeon(외과의)를 뜻한다. 유사발음의 오답.

(B) He is healthy. 그는 건강합니다.

◎ 전혀 무관한 내용의 오답. Dr.가 나오므로 연상된 오답이다.

(C) No, I've scheduled it for tomorrow.
아니요, 저는 그것을 내일로 예정해놓았습니다.

◎ schedule은 여기에서 동사로 사용되어 it = the surgery를 특정 날짜로 "예정해놓았다"는 의미를 가진다. 결국, 수술은 아직 행해지지 않았으며 내일 행해질 것이라는 적합한 답이 될 수 있다.

어휘 surgery 수술 operate 수술하다 surgeon 외과의사

5. (B) 영국 호주

Won't we need to stand in the long line over there to get into the theater?
극장에 들어가려면 우리는 저쪽에 있는 긴 줄에 서 있어야 하지 않을까요?

◎ won't는 will not의 줄임말이나, 청취 시에는 want와 혼동해 들을 수 있으므로 주의해야 한다. 문장 맨앞에 나올 수 있는 것은 둘 중 won't이다.

(A) We were stood up. 우리는 바람맞았습니다.

◎ stand의 과거형 stood를 써서 혼동시키는 오답형태.

(B) No, that's for tickets. 아니요, 그것은 티켓을 위한 것입니다.

◎ that = the long line으로 그 줄은 표를 사기 위한 것이라는 대답으로 적합한 대답을 하고 있다.

(C) Right around the corner. 바로 코너를 돌아서.

◎ Where 의문사에 어울리는 장소표현 오답.

6. (C) 호주 영국

We have to hire a new engineer soon, don't we?
우리는 곧 새로운 기술자를 고용해야만 합니다. 그렇지요?

◎ 새로운 기술자를 조만간에 고용해야 함을 재확인하려는 부가의문문의 형태.

(A) The engine is overheated. 그 엔진은 과열되었습니다.

◎ engineer와 engine의 유사발음 오답. 질문의 핵심은 고용의 사유가 아니라 고용의 시기와 그것에 대한 동의임을 명확히 해야 한다.

(B) He was fired yesterday. 그는 어제 해고되었습니다.

◎ hire(고용하다) ↔ fire(해고하다) 반의어지만, 회사의 고용의 여부와 관련된 단어들로 질문과 관련이 된 내용처럼 들리게 만들므로 이러한 보기를 주의 하여야 한다. 내용상 새로운 기술자의 고용시기와 전혀 관계가 없으므로 오답.

(C) Yes, in a week. 네, 일주일 안에요.

◎ yes로 고용의 필요성에 대한 동의를 표시하면서 동시에 soon에 해당하는 고용기한의 명확한 시일을 알려주고 있으므로 정답.

어휘 hire 고용하다 overheated 과열된

Part 5 EXERCISE

1. (B)

해석 The Postal Service는 내 소포를 잘못된 주소로 보냈고 그것을 받은 사람은 그것이 자기것 이라고 생각했다.

해설 was의 주어인 it이 지칭하는 것이 무엇인지 파악하고 be동사의 보어를 찾아야 한다. it이 소포이므로 소포와 동격이 되려면 (B) his(그의 것)이 정답이어야 한다. his는 소유격과 소유대명사 역할을 모두 할 수 있다.

어휘 deliver 배달하다 package (= parcel) 소포

2. (C)

해석 모든 상인들은 지속적으로 공원에서 배정된 장소를 청소하도록 요구된다.

해설 복수 명사 vendors(상인들)와 어울릴 수 없는 (A) Every와 (B) Each는 실격. every, each 다음엔 가산단수명사만 나온다. (D)

Others는 복수형으로 쓰였으므로 뒤에 또 명사를 취할 수 없다. 따라서 정답은 (C) All이다. All은 가산복수, 불가산명사를 모두 취한다.

어휘 vendor 상인 require (= demand) 요구하다, 요청하다
clean up 청소하다 assigned area 할당된 장소
on an ongoing basis 지속적으로

3. (B)

해석 연구원인 Mr. Kim의 기술적인 논쟁은 나의 것과 유사하지만, 경제적인 것은 나와 다르다.

해설 전치사(to) 뒤에 명사가 와야 한다. 보기 중 소유격 (A) my는 실격. 나머지 모두 명사이므로 해석해서 답을 고른다. 비교 대상이 Mr. Kim의 기술적인 논쟁과 "나"가 아니라, "나의 논쟁 = 나의 것"이어야 하므로 정답은 (B) mine이다.

어휘 argument (= debate, discussion) 토론, 논쟁
quite 아주, 상당히

4. (A)

해석 이 보고서에서 표현된 의견은 저자들의 의견이고, 꼭 편집부의 관점을 반영하는 것은 아니다.

해설 '보고서의 의견이 작가들의 의견이다.'라는 내용이므로 빈칸엔 의견에 해당하는 대명사가 들어가야 한다. 그런데 뒤에 수식어가 나오면 they/them 대신 those를 사용하므로 정답은 (A) those이다.

어휘 reflect (= mirror, show) 반사하다, 반영하다 editing department 편집부

5. (B)

해석 정보를 원하시면, 거의 모든 부스에 집으로 가져갈 소책자, 팸플릿과 정보지가 있다.

해설 (A) all은 뒤에 가산 명사를 동반할 경우 반드시 복수형을 쓴다. (C) most(대부분의) 역시 뒤에 가산명사가 올 경우 복수형이다. 가산단수명사 (booth) 앞에선 항상 한정사가 와야 하는데, 보기중 (D) whole은 한정사가 아닌 일반 형용사라서 실격. 따라서 정답은 가산 단수명사 앞에만 쓸 수 있는 (B) every이다.

★ Power to the whole building was lost when the tree fell against the electric pole. 나무가 전신주 위로 쓰러졌을 때 전체 빌딩의 전력이 중단되었다.

➲ whole은 한정사 the와 가산 단수 명사 building 사이에 위치한 일반 형용사이다. 수량형용사로 오해하지 말 것 !!

어휘 would like (= hope, wish) 소망하다, 원하다
nearly (= approximately, about) 대략, 거의
booth 공중전화박스, 칸막이형 좌석 brochure 소책자

6. (C)

해석 만일 카트리지에 문제가 있다면, 환불해주거나 다른 카트리지와 즉시 교환해드리겠습니다.

해설 의미상 문제가 있는 카트리지를 또 하나의 새 건전지로 교체해준다는 내용이므로 (C) another가 정답이다. (B) other는 명사로 쓰이려면 관사를 붙이거나 복수형으로 써야 한다. (A) the other(나머지 하나)는 의미상 어울리지 않는다.

어휘 replace A with B A와 B를 교체하다 refund 환불하다
immediately 즉시

7. (A)

해석 어떤 치즈는 제철에만 먹을 수 있는 반면에 다른 것들은 일년 내내 먹을 수 있다.

해설 동사가 복수형이므로 복수명사인 (A) other(다른 것들)이 답이다.

어휘 available 이용할 수 있는, 접근할 수 있는
throughout the year 일년 내내

8. (B)

해석 질좋은 서비스의 공급이 이 기관의 주요 목표이고, 그것은 모든 직원의 업무에 반영되어야 한다.

해설 가산 단수명사인 기관 앞에 들어갈 한정사는 (C) this 뿐이다. some(몇몇의)는 가산명사일 경우 복수형을 취해야 하고, other 다음에 가산명사가 올 때는 복수형이 와야 한다. (D) most(대부분의) 역시 가산명사가 올 경우 복수형이 와야 한다.

어휘 quality 질좋은, 품질 proision 공급 organizatoin 기관
reflect 반영하다

9. (A)

해석 창업을 계획하고 있는 사업체에 적합한 반나절간의 워크샵이 5월에 열리기로 예정되어 있다.

해설 두 개의 절을 연결해주는 접속사(=관계대명사) who의 선행사를 찾아야 한다. 이미 접속사가 있으므로 접속사 (C) whose와 (D) whichever는 실격. 같은 절내에서 반복될 때 사용하는 (B) themselves는 선행사가 없어서 실격. 선행사 없이도 사용할 수 있는 "사람들"이란 뜻의 (A) those가 정답이다.

어휘 half-day 반나절 suitable (= appropriate) 적절한, 알맞은

10. (B)

해석 The Inventory Transfer 사는 의뢰인이 한 가게에서 또 다른 가게로 재고를 옮기도록 가능하게 해주는 서비스를 전문으로 한다.

해설 전치사 to 뒤에 명사가 와야 한다. (A) other는 명사를 수식해주는 형용사이므로 답이 될 수 없다. (B) another, (C) one, (D) one another(서로) 중에서 '또다른 하나의 계좌(another account)'를 의미하는 (B) another가 정답이다.

어휘 transfer 이동하다, 이체하다 essentially 수적으로 fund 자금
account 계좌, 계산, 설명

Part 6 EXERCISE

Questions 11-14 refer to the following article.

정부는 1번 주간 고속도로의 전체 길이를 업그레이드하기로 결정했다. 운전자들은 그 소식을 환영했다. 1번 주간 고속도로의 업그레이드는 2번 주간 고속도로와 동시에 진행될 것이다.

교통부 장관은 공사는 성공할 거라는 확신에 차 있으며, 만약 어떤 지연이 생긴다면 자신이 개인적으로 책임을 질 거라고 오늘 밝혔다.

교통부 장관은 또한 교통부는 자격을 갖춘 근로자들을 고용했고, 그들이 업그레이드를 일정대로 완료할 수 있을 것이라고 말했다.

새로 포장된 더 길어진 고속도로는 7월 4일부터 대중에게 이용가능할 것이다.

어휘 **coincide with** ~과 동시에 일어나다
Minister of Transportation 교통부 장관
hold A responsible A가 책임을 지다 **on schedule** 예정대로
Ministry of Transportation 교통부

11. (A)

해설 'Interstate 고속도로 1의 업그레이드는 Interstate 고속도로 2의 업그레이드와 동시에 진행된다'라는 뜻이 되어야 한다. The upgrade를 받는 대명사를 답으로 골라야 하므로 (A) that 또는 (B) it 중에 골라야 하지만, (B) it은 후치 수식을 받을 수 없는 대명사이므로 정답은 (A)가 된다.

12. (B)

해설 지문 첫 부분에 업그레이드의 결정이 났고, 'Interstate 고속도로 1의 업그레이드는 Interstate 고속도로 2의 업그레이드와 동시에 진행될 것이다'라고 미래시제로 쓰여있으므로 아직 공사는 시작되지 않은 미래일임을 짐작할 수 있다. 그런데 주절의 시제가 과거(said, had)이므로 이어지는 종속절의 시제도 과거 이어야 한다. 미래의 의미도 포함하면서, 과거라는 시제일치도 시켜야 하므로 정답은 (B) would be이다.

★ She says that she will study hard.
➡ 과거형: She said that she would study hard.

13. (D)

해설 'hold A responsible (A가 책임을 지다)'는 숙어이다. hold의 목적어 자리이므로 목적격이 와야 한다. 여기서는 주어인 she와 동사의 목적어가 동일인이므로 재귀대명사 (D) herself가 정답이다.

14. (C)

해설 could complete의 주어 자리이다. 주격이 와야 하므로 정답은 (C) they이다. 재귀대명사는 같은 절 내에서 반복될 때 사용하므로 주어자리에 올 수 없다. 빈칸은 that 절에 처음으로 나오는 주어자리이기 때문이다.

Part 7 EXERCISE

Questions 15-18 refer to the following e-mail.

날짜: 1월 2일
발신인: 켄 하드
수신인: 제니 강
주제: 바르셀로나 티켓 연장

제니에게,

Q15&Q16 저는 2010년 1월 14일에 귀하의 사무실로부터 1년 이내에 쓸 수 있는 티켓을 한 장 구입했고, 그 티켓으로 바르셀로나로 여행을 가고 싶었습니다. 그러나 일 때문에 여행은 지연이 되었고 2011년 1월 31일까지 출발할 수가 없습니다. 저는 티켓이 1년 이내에 사용되어야 한다고 알고 있습니다.

Q14 제가 알고 싶은 것은 티켓을 30일 더 연장할 수 있는가 하는 것입니다. 귀사께서 제공하여 주신 그 동안의 서비스에 진실로 감사드리며, 이번 사정도 고려해주신다면 더욱 고맙겠습니다. 월요일부터 금요일까지 오전 9시부터 오후 3시 사이에 435-2564번으로 전화 주시든가 아니면 언제라도 이메일로 연락주세요.

Q16 〈파인트래블 잡지〉 이번 달 호에 실린 귀사의 광고를 보았습니다. 왕복 항공권, 고급 호텔 숙박권, Q17 무료 아침식사, 공항에서의 마일리지 제한 없는 렌터카, 추가 요금이 없는 박물관이나 관광지 등의 안내원이 딸린 관광 등이 포함되어있는 하와이 특별 패키지였습니다. Q17 그 가격에 공항세도 포함되어 있나요? 저는 제가 잘못 보았을 거라고 생각했습니다. 그 가격은 믿을 수 없을 정도로 쌌으니까요. Q17 3박 4일에 1,220달러밖에 되지 않았습니다. 그 광고는 인쇄 오류인가요, 아니면 진짜 가격인가요? 그 패키지에 대해 좀 더 자세한 내용을 받고 싶습니다. 관심이 아주 많으니 저에게 결정된 여행 일정을 보내주시기 바랍니다.

감사합니다.

켄 하드

어휘 **extension** 연장 **valid** 유효한 **due to** ~때문에 **be under the impression that** ~라고 생각하고 있다 **allowance** 허용 **extend** 연장하다 **appreciate** ~을 감사히 여기다 **matter** 문제, 사정 (난처한 일) **reach** (전화 등으로) 연락하다 **edition** (판, 재판의) 판 **round-trip** 왕복 **airfare** 항공료 **luxury** 고급의 **accommodations** 숙박 **complimentary** 무료의 **rental** 임대 **with unlimited mileage** 마일리지 수 제한 없이 **guided tour** 안내원이 딸린 관광 **attraction** 가볼 만한 곳 **airport tax** 공항세 **mistaken** 틀린, 오해한 **unbelievably** 믿을 수 없게 **typo** 오식, 인쇄상의 오류 **deal** 거래 **complete** 완전한 **itinerary** 여행스케쥴 **definitely** 확실히 **interested** 관심이 있는

15. (C)

해석 편지에 따르면 하드 씨가 걱정하는 것은 무엇인가?
(A) 그는 너무 열심히 일한다고 생각한다.
(B) 그는 실수를 많이 한다고 생각한다.
(C) 그는 여행 계획을 지연하기를 원한다.
(D) 하와이행 티켓이 매진이다.

해설 첫 번째 단락과 두 번째 단락 첫 부분을 보면 하드 씨가 1년 전에 구입한 티켓 사용 기한의 만기가 다가오면서 한 달 더 연장할 수 있는가를 문의하고 있다. 두 번째 단락의 첫번째 문장 What I would like to know is if it is possible to extend the ticket for another 30 days.에서 extend the ticket이 (C)의 delay his travel plans로 재표현되었다.

어휘 **be concerned about** ~에 대하여 걱정하다
be sold out 매진되다

16. (C)

해설 하드 씨가 지금 가지고 있는 티켓은 언제 만기가 되는가?
(A) 2010년 1월 14일
(B) 2011년 1월 2일
(C) 2011년 1월 14일
(D) 2011년 1월 31일

해설 첫 번째 문단에서 하드 씨는 2010년 1월 14에는 1년 동안 유효한 티켓을 구입했다고 하였다. 따라서 만기는 2011년 1월 14로 봐야 한다. 정답은 (C)이다.

어휘 **expire** 만기가 되다

17. (A)

해설 강 씨가 일하는 곳은 어디일 것 같은가?
(A) 여행사
(B) 항공사
(C) 〈파인트래블 잡지〉사
(D) 렌터카 회사

해설 강 씨는 수신인이다. 강 씨가 일하는 곳으로부터 하드 씨가 여행 티켓을 구입했으며, 또한 세 번째 단락에 보면 강 씨가 일하는 곳에서 하와이 여행 패키지 광고를 냈다는 것을 알 수 있다. 따라서 강 씨는 여행사에서 일한다고 말할 수 있다. 정답은 (A)이다.

어휘 **work for** ~에서 일하다

18. (D)

해설 켄 하드 씨가 언급한 것에 따르면, 잡지에 실린 하와이 특별 패키지 광고에서 언급되지 않은 것은 무엇인가?
(A) 가격
(B) 기간
(C) 식사
(D) 출국세

해설 세 번째 단락을 보면 가격은 1,220달러, 기간은 3박 4일 (thre nights and four days)로 언급되고 있다. 또한 무료 아침식사 (complementary breakfast)가 패키지에 포함되어 있다고 말하고 있다. 그러나 출국세는 광고에 언급되지 않다. 따라서 정답은 (D)이다.

DAY 07

Part 2 | EXERCISE

1. (C) **2.** (A) **3.** (A) **4.** (B) **5.** (A)
6. (A)

Part 5 | EXERCISE

1. (A) **2.** (D) **3.** (B) **4.** (A) **5.** (B)
6. (B) **7.** (A) **8.** (C) **9.** (D) **10.** (C)

Part 6 | EXERCISE

11. (D) **12.** (C) **13.** (D) **14.** (A)

Part 7 | EXERCISE

15. (A) **16.** (D) **17.** (C)

Part 2 EXERCISE

1. (C) 호주 미국

Shouldn't you have finished your homework?
당신은 과제를 끝냈어야하지 않습니까?

- should have p.p ~는 "~을 했어야 했다. (하지만 하지 못했다)"는 유감의 표현을 나타낸다.

(A) I appreciate your help. 당신의 도움에 감사드립니다.
(B) No, we work at home. 아니요, 우리는 집에서 일합니다.
- 과제 마무리에 관한 질문에 적절치 못한 답이므로 오답.

(C) Yes, but I was so busy this afternoon.
네, 그렇지만 오늘 오후는 너무 바빴습니다.
- 숙제를 다 했어야하지만 너무 바빠서 못했다는 사유까지 이야기 해주고 있으므로 정답이 된다.

어휘 **appreciate** 감사하다, 감상하다, 평가하다

2. (A) 미국 호주

Why don't we arrange to have the staff meeting tomorrow morning?
우리 내일 오전에 직원회의를 하도록 하는 것이 어떨까요?

(A) Are you available then? 그때는 가능하십니까?
- available은 '(면담/일에 응할 수 있는) 시간이 있는, 여가가 있는' 뜻으로 내일 오전으로 잡아놓으면 회의에 응할 수 있겠냐는 되물음이 되어 적합한 답이 될 수 있다.

(B) Yes, we are short of staff. 네, 저희는 직원이 부족합니다.
- staff의 발음 오답.

(C) It's true, we can't. 사실입니다, 우리는 그럴 수 없습니다.

특정한 것을 지칭하지 않는 이러한 대답이 질문을 잘 이해하지 못한 청취자를 헷갈리게 할 수 있는 것이므로 묻고 있는 조동사(can/may/should 등), 의문사 등을 잘 들어두는 것도 오답을 제거하는 데 큰 도움이 될 수 있다.

어휘 arrange 약속을 정하다, 배열하다

3. (A) 미국 영국 호주

Can I book two seats for dinner tonight.
오늘 밤 저녁식사 두 자리를 예약할 수 있나요?

이와 같은 식당 좌석 예약 이외에도, musical, concert, movie 등과 같은 event에 예매할 경우에도 자주 나올 수 있는 표현으로, 여기서 book은 동사로서 "~예약하다"는 의미를 갖는다.

(A) May I have your name first? 먼저 이름을 알려주시겠어요?

전화상으로 예매할 경우, 식당에서 먼저 예약자의 성명을 요구하는 경우가 많다. 따라서 이러한 표현이 적절한 대응이 될 수 있다.

(B) The meal is fantastic. 음식이 환상적입니다.

dinner와 관련된 연상 오답이다.

(C) Twenty dollars for a book.

book이라는 동일단어를 이용하여 만든 오답패턴.

4. (B) 영국 호주

Do you mind if I smoke here?
제가 여기에서 담배를 피워도 괜찮습니까?

Do you mind if ~?는 "~해도 될까요?"라는 허락을 구하는 표현이다. 여기서 주의할 점은 mind는 "~을 꺼리다"는 뜻이므로 허락을 하는 응답을 하고자 할때는 반대로, "No, I don't mind.(아니요, 저는 꺼리지 않습니다/괜찮습니다)"로 표현됨을 알아두자.

(A) No, I'd like smoked salmon. 아니요, 저는 훈제 연어가 좋습니다.

smoke라는 같은 단어를 이용하여 발음혼동을 유발했다. 여기서는 "smoked"로 "훈제된" 것을 의미한다.

(B) Not a problem. 문제가 되지 않습니다.

No problem, Not at all 등으로 표현될 수도 있으며, 부정의 표현이지만, do you mind~?의 의문문에서는 허락을 하는 긍정의 표현이 된다.

(C) You lost your mind. 당신은 제정신이 아니었습니다.

lose one's mind는 "제정신이 아니다/미치다"는 뜻으로 질문에 전혀 부합하지 않은 응답. mind를 이용한 발음 오답.

어휘 smoked salmon 훈제된 연어

5. (A) 미국 영국

Can you tell me where Ms. Shin is working?
Ms. Shin이 어디에서 일하고 있는지 저에게 말씀해주시겠어요?

여기서 Can you tell/show me~?와 같은 표현은 뒤에 따라 나오는 질문이 묻고자 하는 질문이다. 따라서, 뒤에 "Ms. Shin이 어디서 일하느냐?"에 대한 적절한 답변을 찾는 것이 핵심이다.

(A) Room 315 on the third floor. 3층에 315호실입니다.

특정한 장소를 말해 Ms. Shin이 일하는 장소를 가리키고 있으므로 정답.

(B) Yes, from 9 a.m. to 6 p.m. 네, 오전 9시에서 오후 6시까지 입니다.

Where를 when으로 잘못 듣는 경우를 겨냥해 만든 오답의 보기.

(C) Oh, she is really working hard. 그녀는 정말 열심히 일합니다.

Ms. Shin을 she로 받으며 working이라는 단어를 반복하여 혼동시키는 오답형태.

6. (A) 호주 미국

Do you know if we have to report all these sales invoices?
당신은 우리가 이 모든 판매 송장을 보고해야 하는지 아닌지 알고 있습니까?

항상 Do you know/guess/think ~ 등으로 시작되는 간접의문문은 뒤에 따라 나오는 질문이 핵심임을 알고 잘 들어야 한다.

(A) I'll ask Joanna. Joanna에게 제가 물어볼게요.

yes, no의 정확한 답을 하고 있지 않으나, 그 질문에 대한 답을 담당자인 Joanna에게 물어봐주겠다는 적절한 대응을 하고 있으므로 정답.

(B) In the sales department. 판매부서에서.

where로 혼동하여 의문문을 들었을 경우를 겨냥한 오답의 보기이다. 마치 판매부서에 그 송장들을 보고하면 된다는 관련성있어보이는 표현을 썼으나 질문의 핵심과는 전혀 무관한 내용이므로 주의하자.

(C) We haven't sent the invoice yet.
우리는 그 송장을 아직 보내지 않았습니다.

invoice라는 동일어를 이용한 오답의 형태.

어휘 invoice 송장 (送狀) the sales department 판매부서

Part 5 EXERCISE

1. (A)

해석 통계학 연수 훈련은 다양한 대학들을 통해서 가능하고 크고 작은 회사들내에서 적용되는 많은 분야를 다룬다.

해설 보기 중 (A) various(다양한)과 (C) the number of가 복수 명사 앞에 가능하지만, 의미상 '대학들의 수'가 아니라 '다양한 대학들'이어야 하므로 정답은 (A) various(다양한)이다, various(= a variety of) 다음엔 항상 복수 명사가 나온다.

어휘 internship 연수 훈련 statistics 통계학 cover 포함하다, 보호하다 application 적용, 신청 various (= a variety of) 다양한

2. (D)

해석 여러 참가자들은 지금 조달과 상업화가 많은 문제의 중심에 있다는 것에 동의했다.

해설 several은 가산 복수 명사만 취하는 수량형용사 즉, 한정사이다. 따라서 정답은 (D) participants이다

어휘 several 몇몇의, 몇 개의 financing 자금 조달, 융자 commercialization 상업화 participant 참가자

3. (B)

해석 시정부는 앞으로 5년간 더 사회적인 그리고 경제의 진보를 기대한다.

해설 명사를 꾸며주는 형용사를 찾는 문제이다. 보기에 형용사는 (B) economic(경제의)과 (C) economical(경제적인 = 절약이 되는, 검소한)이 있는데, 의미상 '사회적, 경제의 진보'라고 해야 어울리므로 정답은 (B) economic이 된다.

어휘 **progress** 전진, 진보, 향상 **economic** 경제학의, 경제상의 **economical** 경제적인, 절약이 되는, 검소한 **economy** 경제, 절약, 검약 **economist** 경제학자

4. (A)

해석 앤디스 자동차 렌탈 회사는 고객 서비스에 헌신적인 방법을 통해서 사업을 확장하기를 바라는 신생의 진취적인 회사이다.

해설 보기가 모두 형용사이므로 to부정사와 결합하여 company를 꾸며줄 후치 형용사를 찾으면 된다. 의미상 사업을 확장하기를 갈망하는 신생의 진취적인 회사'라고 해야 가장 자연스러우므로 정답은 (A) eager(열망하는)이다. be eager to부정사는 '~하기를 갈망하다'의 뜻이다.

어휘 **progressive** 진취적인 **expand** 넓히다, 팽창하다 **operation** 사업, 운영 **committed** 헌신적인 **approach** 접근 방법 **common** 일반적인 **frequent** 빈번한, 잦은

5. (B)

해석 Sweet Home Interiors는 고객들에게 관리가 적고, 수리가 거의 필요 없는 타일 지붕을 추천한다.

해설 동사 require의 목적어인 repairs(수리)를 수식하는 형용사를 찾아야 한다. (A) quite(상당히, 꽤)와 (B) often(종종)은 부사로 실격. 수량 형용사 any는 가산단수, 가산복수, 불가산명사를 모두 취할 수 있고, (D) few(거의 없는)는 항상 가산 복수 명사만 동반하다. 둘 다 가능하므로 해석해 보아야 한다. '모든 수리를 필요로 한다'가 아니라 '수리가 거의 필요 없다'라고 해야 하므로 정답은 (D) few(거의 없는)이다.

어휘 **mainenance** 관리 **roof** 지붕 **repairs** 수리

6. (B)

해석 캠핑장비점은 지역에 대한 지식과 고객이 수많은 아웃도어 활동을 경험하고 즐길 수 있는 기회를 제공한다.

해설 '야외 활동'이라는 명사를 수식할 형용사를 찾아야 한다. 항상 뒤에 복수 명사를 취하는 (B) numerous(수많은)이 가장 적절하다. (C) numbering은 동사 number(~에 번호를 매기다, 페이지수를 적다)의 명사형이다. (D) numerously는 '다수로, 수없이 많이'란 뜻의 부사이다.

어휘 **outdoor** 집밖의, 야외의, 옥외의 **numerous** 수많은

7. (A)

해석 고객들은 우리의 제품을 중요한 거래에 사용하므로, 모든 시스템결함은 그들이 비즈니스에 데미지를 초래할 수 있다.

해설 접속사 as가 두 개의 절을 연결하므로 보기중 접속사 역할을 하는 (A) which는 실격이다. (C) every는 빈칸 뒤 복수 명사 system failures와 어울리지 않는다. (B) many는 항상 복수명사를 취할 수 있고, 평서문에 나오는 (D) any는 every나 all이 강조 표현으로 '누구나 / 누구라도 / 아무거나 / 어떤 ~라도'의 뜻이며, 가산단수, 가산복수, 불가산도 동반할 수 있으므로 해석해 보아 의미상 알맞은 답을 고른다. '많은 시스템 오류가 데미지를 가져온다' 보다는 '어떤 오류라도 생기면 고객들에게 데미지를 준다'라고 해야 적절하므로 정답은 (D) any이다.

어휘 **critical** 중요한 **transaction** 거래 **result in** (결과가) ~이 되다 **damage to + n** ~에 손상

8. (C)

해석 누구나 공공 장소에서는 크게 말하지 않음으로써 다른 사람들을 배려해야 한다.

해설 be동사 뒤에 나올 수 없는 부사 (B) considerably는 실격. 일반 사람을 의미하는 주어 one과 (D) considertion(고려)는 의미상 실격. (A) considerable(상당한)과 (C) considerate(신중한, 사려깊은) 중 '다른 사람들을 배려해야 한다'라는 의미로 (C) considerate을 써야 한다. 'be consdierate of ~'는 '~을 배려하다'의 의미이다.

어휘 **considerate** 신중한, 사려깊은 **aloud** 크게

9. (D)

해석 Nature Drop의 미네랄 워터의 기록적인 판매는 눈에 띄게 인식되었지만 판매수익은 할인된 가격 때문에 줄어들 것 같다.

해설 be liable to v는 '~하기 쉽다, ~할 것 같다'의 뜻이므로 가장 적절하다. (B) capable은 의미상도 어울리지 않지만 to부정사와 어울리지 않고, 전치사 of를 사용한다. 'be capable of'는 '~할 수 있다'의 뜻으로 쓰인다. (C) owing은 to와 함께 전치사 '~때문에'의 뜻으로 쓰인다.

어휘 **proper** 적절한 **liable** ~하기 쉬운

10. (C)

해석 이 웹사이트에 포함된 모든 이미지는 저작권보호를 받는 각각의 소유주들의 자산이다.

해설 보기가 모두 형용사이므로 해석해 보아 알맞은 어휘를 고른다. '모든 이미지는 저작권보호를 받는 각각의 소유주들의 자산이다'라고 해야 어울리므로 정답은 (C) respective(각각의)이다.

어휘 **respectful** 공손한, 정중한, 존중하는 **responsive** 반응하는, 민감한 **respective** 저마다의, 각자의 **responsible** 책임 있는 **copyrighted** 저작권의 보호를 받는

DAY 07

Part 6 EXERCISE

Questions 11-14 refer to the following notice.

런던 시내와 영국을 여행하기

런던 지하철, 튜브는 런던 곳곳을 여행할 수 있는 가장 빠르고 가장 경제적인 수단입니다. 일일, 주간, 월간, 그리고 연간 여행카드를 구입할 수 있는데 이것은 또한 버스를 이용할 때도 사용할 수 있습니다. 여행카드는 일련의 6개의 구역(zones)을 사용하는 시스템으로 작동하는데, 그래서 정확한 구역 티켓을 구입해야 합니다. 그렇지 않은 경우에는 벌금을 낼 수 있습니다.

버스는 런던 중심지를 벗어난 지역과 지하철도나 철도 서비스가 제공되지 않는 지역을 여행할 때 애용되는 대중교통수단입니다. 하지만 버스는 시내에서는 느린 교통수단이 될 수 있습니다. 심야 버스는 튜브 운용이 끝나는 밤 12시 후에 이용할 수 있습니다. 버스시간표와 일반적인 교통 정보는 웹사이트 www.tfl.gov.uk에서 확인할 수 있습니다.

런던 이외 지역

런던이 영국에 도착하는 많은 사람들에게 가장 명확한 목적지가 되더라도, 수도 런던 밖에는 더 보고 즐길 수 있는 것들이 많이 있습니다. 페이지 퍼스넬은 영국 전역에 사무소가 있는데, 그래서 만일 무언가를 조금 다르게 경험하고 싶다면, 런던 밖에 있는 지역들에 대해서 우리에게 문의하는 건 어떨까요?

어휘 **operate** 운영하다 **incur** 초래하다, 발생시키다 **fine** 벌금 **means** 수단 **transport** 교통수단 **timetable** 시간표 **destination** 목적지

11. (D)

해설 명사앞이 빈칸이므로 '형용사 + 명사'와 '명사 + 명사'의 구조가 가능하다. 의미상 가장 빠르고 가장 경제적인 수단이다'라고 해야 알맞다. 따라서 정답은 (D) economical(경제적인)이다.

12. (C)

해설 보기가 모두 접속부사이므로 빈칸 앞에 나오는 절과 빈칸 뒤에 나오는 절의 관계를 잘 파악해야 한다. 앞 절의 내용이 올바른 티켓을 구매해야 하고 뒤에 나오는 절의 내용이 벌금이 부과될 수 있다란 내용이므로 역접의 관계이다. 보기 중 (C) otherwise(그렇지 않으면)이 정답이다. (A) moreover(더욱이) (B) instead(대신에) (D) therefore(그러므로)는 앞뒤의 문맥을 자연스럽게 연결하지 못한다.

13. (D)

해설 빈칸이 들어 있는 문장이 however로 시작하는 것으로 보아 앞에 나오는 문장과 상반되는 분위기의 단어가 답이 어야 한다. 버스는 인기있는 수단이지만 '느린' 수단이다, 라로 해야 어울리므로 정답은 (D) slow(느린)이다.

14. (A)

해설 ' 야간 버스는 자정 이후에 이용 가능하다'라고 해야 가장 적절하다 (B) affordable(저렴한), (C) free(무료의), (D) considerable(상당한)은 문맥상 어색하다. available은 주어가 사물일 때, '이용 가능한', 사람일 때는 '만나서 얘기할 시간이 있는'의 뜻으로 쓰인다. 따라서 정답은 (A) available이다.

Part 7 EXERCISE

Questions 15-17 refer to the following advertisement.

맥켄지와 윌리스
대개장
7월 1일

집을 멋지게 보이게 하고 싶으세요? Q15 여기에 여러분이 필요로 하는 가정용 가구와 비품이 침구, 식탁용 식기류, 유리 제품부터 월아트, 가구, 장식, 양탄자, 조명에 이르기까지 모두 다 있습니다. 한번에 모든 것을 쇼핑하실 수 있습니다.

한번 와서 둘러보세요. 무엇이든 있습니다. 저희의 새 점포는 '버닝스 창고' 옆에 있는 캐웰 가 몰 안에 있습니다. 빨간색과 노란색으로 된 밝은 색 간판만 찾으시면 됩니다. 금방 찾으실 겁니다! 저희는 아침 10시부터 오후 8시까지 1주일 내내 일요일까지 문을 엽니다. 가격대는 1달러부터 2,000달러가 넘는 것까지 있습니다.

대개장 기념으로 몇 가지 제품들을 대폭 할인합니다. 모든 이불이 50% 할인되고, 양탄자는 30% 할인됩니다. Q17 100피스 짜리 만찬용 접시 한 세트가 500달러를 넘게 사용하신 고객들에게 제공됩니다. 첫 50분에게만 한정되어 있습니다. 할인이 너무 커서 오래 지속할 수 없습니다. Q16 저희의 개장 기념 할인 혜택을 받고 싶으시면 7월 16일 전까지 방문해주시기 바랍니다.

저희 제품에 관하여 궁금하시거나 질문이 있으시면 저희 웹사이트 www.mackenzieandwillis.com을 방문해주시기 바랍니다.

저희 가게에서 곧 뵙기를 바랍니다.

어휘 **spruce up** 모양을 내다, 멋을 부리다 **furnishings** 가구, 비품 **bedding** 침구 **tableware** 식탁용 식기류 **glassware** 유리 제품 **decor** 장식 **rug** 깔개, 양탄자 **lighting** 조명 **look around** 둘러보다 **mall** 몰, 여러 가게가 모여 있는 쇼핑센터 **warehouse** 창고 **look for** 찾다 **miss** 놓치다 **even** 심지어 **range** 범위 **celebrate** 기념하다 **comforter** 이불 **dinnerware** 만찬용 접시 **catch** 잡다 **make sure** ~을 명심하다 **general** 일반적인 **enquiry** 문의

15. (A)

해설 무엇이 광고되고 있는가?
(A) 가정용 가구 가게
(B) 철물점
(C) 주택 청소 대행 회사
(D) 서점

해설 첫 번째 단락 두 번째 문장에서 'We have all the home furnishings(집에서 필요한 모든 가구와 세간을 파는 가게)'라고 했으므로 맥켄지와 윌리스는 (A) A home furnishings store 이다.

16. (D)

해석 할인은 언제까지인가?
(A) 6월 7일까지
(B) 6월 30일까지
(C) 7월 1일까지
(D) 7월 16일까지

해설 세 번째 단락 뒤에, 할인을 받고 싶으면 7월 16일 전까지 가게로 방문하라(If you want to catch our opening specials, then make sure you come and visit us before the 16th of July)는 언급이 나온다. 따라서 정답은 (D) By July 16th이다. 'visit us before the 16th of July'가 'the last date'로 재표현 되었다.

17. (C)

해석 500달러를 넘게 사용하는 사람들에게는 무엇이 무료로 제공되는가?
(A) 이불
(B) 양탄자
(C) 만찬용 접시 세트
(D) 가구 한 점

해설 세 번째 단락에 '500달러를 넘게 사용하는 고객들에게는 100피스짜리 만찬 식기류 한 세트를 준다(One-hundred piece sets of dinnerware are being given out to those who spend over $500)'고 되어 있다. 정답은 (C) A dinnerware set이다.

DAY 08

Part 2 | EXERCISE

1. (A) **2.** (A) **3.** (B) **4.** (C) **5.** (C)
6. (A)

Part 5 | EXERCISE

1. (A) **2.** (C) **3.** (A) **4.** (D) **5.** (B)
6. (A) **7.** (A) **8.** (A) **9.** (D) **10.** (D)

Part 6 | EXERCISE

11. (D) **12.** (C) **13.** (A) **14.** (B)

Part 7 | EXERCISE

15. (C) **16.** (A) **17.** (C) **18.** (B) **19.** (A)

Part 2 EXERCISE

1. (A) 미국 영국

Excuse me, I don't see an expiration on this milk.
실례지만, 이 우유에 유통기한이 보이지 않는데요.

(A) It should be on the right side. 오른쪽에 있을 겁니다.
- 질문에 대해 '~를 보세요'라고 간접적으로 대답하는 최근 자주 나오는 정답 표현이다.

(B) It is expired. 그것은 만료되었습니다.
- expiration과 혼동발음을 이용한 오답.

(C) I don't like milk. 저는 우유를 좋아하지 않습니다.
- 동일 단어인 milk를 사용한 오답.

어휘 expired 만기된

2. (A) 영국 호주

I made 10 copies of the minutes. 저는 의사록 10부를 복사했어요.

(A) Isn't Julian joining us today?
줄리안이 참석한다고 하지 않았나요?
- 10부라는 말에 줄리안의 참석을 확인해서 부수가 충분한지 확인하는 정답.

(B) The printer is broken again. 그 프린터는 또 고장 났습니다.
- copy와 print는 전통적으로 많이 나오는 연상오답.

(C) Coffee sounds great. 커피 좋네요.
- copy와 coffee의 오답. 유사발음 오답.

DAY 08

3. (B) 영국 호주

You were supposed to be here a few hours ago.
당신은 몇시간 전에 여기 이미 와 있기로 되어 있었습니다.

(A) Sorry, I can't hear you. 죄송합니다만 당신 말이 잘 들리지 않습니다.
 ○ hear와 here를 사용한 대표적인 발음의 오답.

(B) I'm terribly sorry. 정말로 죄송합니다.
 ○ 늦은 것을 추궁하는 질문에 대해 사과하는 정답.

(C) I'm supposed to leave here. 제가 여기를 떠나기로 되어있습니다.
 ○ supposed를 사용한 발음의 오답.

4. (C) 미국 호주

Can I talk with Mr. Watanabe today or should I call him tomorrow?
제가 Mr. Watanabe와 오늘 통화할 수 있을까요? 아니면 내일 전화해야 하나요?

(A) It's really cold outside. 바깥은 꽤 추워요.
 ○ cold와 call을 이용한 전형적인 발음오답.

(B) There's a phone call for you. 당신에게 전화가 와 있습니다.
 ○ phone call을 언급하여 질문의 내용과 연관성 있게 들리게 했으나 내용상 전혀 관련이 없다. call만 이용한 발음 오답.

(C) We have to ask our manager. 매니저에게 묻는 게 어떨까요?
 ○ 아직 결정할 수 없다는 의미를 가진 다른 사람에게 확인하는 모른다는 의미의 정답. 제3자에게 물어본다는 답변은 최근 흔하게 등장하는 유형이다.

5. (C) 미국 영국 호주

Would you go to the business trip with me or should I pick someone else?
당신은 저와 함께 출장을 갈 겁니까? 아니면 제가 다른 사람을 고를까요?

 ○ pick은 여기서 select/choose의 의미이며, 상대방에게 출장 갈 의사를 묻고 있다.

(A) I will pick it up. 제가 그것을 가져갈게요.
 ○ pick up은 여기서 무언가를 "집어들고 가다"는 의미로, 동일 단어인 pick으로 헷갈리게 만들려는 의도의 발음 오답이므로 주의하자.

(B) Next week. 다음 주.
 ○ when에 해당될 수 있는 답으로 질문과 상관없는 대응이다.

(C) Certainly, I'd love to. 당연히 저는 좋습니다.
 ○ I'd love to go with you.의 줄임말로, 같이 가겠다는 적절한 답이 될 수 있다.

어휘 Certainly 물론

6. (A) 호주 미국

Should I tell Jim about the raise or do you?
제가 임금인상에 대해 짐에게 전할까요? 아님 당신이 하실래요?

(A) Well, it wasn't my decision. 흠, 그건 제 결정이 아니었어요.
 ○ 내 결정이 아니므로 네가 말하라는 간접적인 정답.

(B) There are many high rise buildings.
많은 고층 빌딩들이 있어요.
 ○ raise와 rise를 이용한 발음의 오답.

(C) Exercise is good for health. 운동은 건강에 좋아요.
 ○ Jim이라는 이름에서 gym과 혼동해 사용한 연상의 오답.

Part 5 EXERCISE

1. (A)

해석 임대회사는 고객에게 늦게 반환되고 있는 자동차로 인해 손실된 수입에 대해 요금을 청구할 권리를 가지고 있다.

해설 be returned라는 수동의 구조 다음에 나올 수 있는 품사는 부사뿐이다. (D) lateness를 제외한 모든 보기가 부사이므로 의미상 가장 알맞은 부사를 선택해야 한다. (A) late는 ' 늦게', (B) later는 '나중에, 뒤에', (C) lately는 '최근에'라는 뜻으로 해석상 '늦게 반환된 자동차로 인한 손실된 수익에 대해 고객들에게 부과시킬 권한을 보유하다'가 가장 자연스러우므로 정답은 (A) late이다.

어휘 **reserve** 보유하다, 예약하다 **right** 권리, 권한 **charge** 부과시키다, 청구하다 **revenue** 수익, 세입 **as a result of** ~의 결과로, ~로 인해 **return** 돌려주다 **late** 늦게 **later** 나중에, 뒤에 **lately** 최근에

2. (C)

해석 장애인 번호판이나 번호표가 있는 사람들만이 이 주차 공간을 사용할 수 있다.

해설 '장애인 번호판이나 번호표가 있는 사람들만이 주차 공간을 사용할 수 있다'가 가장 자연스럽다. 그러므로 '오직, 다만'의 의미를 갖는 (C) Only가 정답이다. only 모든 품사를 수식할 수 있다.

어휘 **plate** 문패, 번호표 **tag** 꼬리표, 번호표
entirely (= **absolutely**, **completely**) 완전히, 아주
only 오직, 다만 **almost** (= **nearly**, **about**) 거의

3. (A)

해석 오직 정식 직원들만이 출장수당에 대한 자격이 있다는 분명히 했다.

해설 보기가 모두 부사이므로 해석해 보아야 한다. 해석상 '정식직원들만이 여행수당에 대한 자격이 있다'라고 해야 어울리므로 '단지, 오로지'의 의미를 갖는 (A) only가 정답이다. (C) simply(단순하게)는 의미상 어색하고, (D) merely는 '한낱, 그저, 단지 (=and nothing more)'의 의미로 덜 중요한 것을 말 할 때 쓰는 표현이고, 부정적 뉘앙스를 가진다.
She was merely a minor player in that drama. 그녀는 한낱 조연에 불과하다

어휘 **permanent** (= **lasting**, **constant**) 영속하는, 영구적인
be entitled to 명사 ~에 대한 권리[자격]이 있다
allowance 허용, 허용치, 수당

4. (D)

해석 회의장에 도착하려면, 교통 상황에 따라서 대략 1시간이나 그 이상 걸릴 것이다.

해설 시간을 나타내는 어휘 앞에 적절한 부사를 찾아주는 문제. '(A) 충분히(enough) 1시간', '(B) 다소(somewhat) 1시간', '(C) 대단히(exceedingly) 1시간' 보다는 문맥상 '(D) 대략(approximately) 1시간'이 적절하다.

어휘 **depend upon** (= count on, rely upon) 의지하다, 믿다 **somewhat** 얼마간, 다소 **exceedingly** 대단히, 매우

5. (B)

해석 대학이 모든 관련된 정보를 이 주소로 보낼 것이기 때문에 이메일을 정기적으로 확인하는 것은 매우 중요하다.

해설 보기가 모두 부사이므로 해석해서 정답을 골라야 한다. '대학에서 보낼 이메일을 (B) regularly(정기적으로) '확인한다'는 의미가 적절하다.

어휘 **relevant (to)** (= appropriate, related) 관련된, 적절한 **timely** (= opportune, appropriate) 때에 알맞은, 시기 적절한 **evenly** 고르게, 공평하게

6. (A)

해석 이 프레젠테이션들은 책과 회사 소식지보다 훨씬 더 흥미진진하고 이해하기 쉽다.

해설 비교급 형용사 more exciting 앞에 나올 부사를 골라야 한다. 보기 중 비교급을 수식할 수 있는 부사는 (A) much(훨씬) 뿐이다. very, so, well의 특징은 '이것만은 꼭' 참조

어휘 **follow** 이해하다, (내용을) 따라잡다 **newsletter** 사보, 회보

7. (A)

해석 회사는 수수한 서비스 수준으로 잘 알려져 있고, 경쟁 업체들에 의해서도 높이 평가된다.

해설 동사 is regarded를 수식해주는 부사를 골라야 한다. 보기 중 '정도상의 높이'를 나타내는 (A) highly(상당히, 매우, 높이)를 제외한 나머지는 (B) high(높은, 높이) (C) hightest(가장 높은, 가장 높이) (D) higher(더높은, 더 높이)는 모두 '물리적인 높이'를 나타내는 단어들이다. 의미상 '상당히, 높이 평가된다'라고 해야 어울리므로 정답은 (A) highly이다.

어휘 **regard** (consider, look at) **A as B** A를 B로 여기다, 간주하다 **superior** (= excellent, better) 뛰어난, 우수한 **competitor** 경쟁자

8. (A)

해석 발칸스 골드 사는 새로운 라인의 금반지를 출시하기에 앞서 여전히 상당량의 작업이 남아 있다고 인정한다.

해설 admit과 it 사이에 접속사 that이 생략되어 있고, that절에서 주어 it과 일반동사 has 사이에 오는 빈칸에는 문맥상 적절한 부사가 와야 한다. '아직도, 여전히'의 의미로 문맥상 어울리는 (A) still이 정답이다.

어휘 **admit** (= let in, allow) 들이다, 인정하다 **considerable** (= plentiful, important) 상당한, 중요한

9. (D)

해석 직원 이직율을 낮춤으로써, 사업은 훨씬 더 수익성 있게 만들 수 있다.

해설 비교급 more를 강조해주는 부사 (D) even이 정답이다.

어휘 **lower** 낮추다 **turnover** 이직율 **profitable** 수익성 있는

10. (D)

해석 나노테크놀러지는 가장 과도하게 자금을 지원받고 가장 빠르게 성장하는 과학 분야 중 하나가 되었다.

해설 형용사 역할을 하는 과거분사 funded를 수식하는 부사 자리이다. 부사는 (D) heavily(과도하게) 뿐이다.

어휘 **fund** 자금을 제공하다 **heaviness** 무거움

Part 6 EXERCISE

Questions 11-14 refer to the following response.

최근의 스콧츠맨에서의 숙박과 관련하여 시간을 할애해서 긍정적인 평가를 해주신 당신께 대단히 감사드립니다.

우리 호텔 전반에 걸친 전문성, 편안한 환경과 서비스 제공에 대한 자부심을 가지고 있습니다. 우리는 귀하가 호텔에서 머무는 동안 이 우수한 서비스를 경험했다는 것과 즐거워했다는 것에 기쁘게 생각합니다.

귀하가 이야기 했던 대로, 안내팀의 앤디는 주변 관광명서들 대해 매우 잘 알고 있으며, 그가 귀하의 여행이 더욱 즐거울 수 있도록 도울 수 있었다는 것이 기쁩니다. 귀하의 친절한 칭찬을 앤디 뿐만 아니라 상사 앤드류에게 직접적으로 전달했습니다.

또한 도어에 있는 버저와 관련해서, 귀하가 여기서 머무는 동안 이 버저가 귀하를 불편하게 했다는 것에 대해 유감스럽게 생각합니다. 우리는 이 불편사항에 대해서 버저와 관련된 유지보수를 담당하는 매니저 폴 맥나마라 씨에게 이미 전달하였으며 현재 버저는 정상적으로 작동되고 있다고 합니다.

귀하가 여기서 숙박하는 동안 즐거워했다는 것과 다시 우리의 호텔 스콧츠맨으로 다시 숙박할 계획이라는 것을 들어서 매우 기쁩니다. 우리는 귀하가 미래에 다시 우리에 호텔에서 머물 수 있기를 고대합니다.

감사합니다.

토마스 그래햄

어휘 **respond** 응답하다, 답장을 보내다 **atmosphere** 대기, 공기, 분위기 **extremely** 극도로 **disturb** 방해하다, 건들이다

11. (D)

해설 knowledgeable(아는 것이 많은)을 수식할 수 있는 부사가 들어가야 할 자리이다. 물리적인 높이를 나타내는 (A) high는 실격. (B) just는 '바로, 틀림없이'라는 뜻으로 의미상 어울리지 않는다. (C) well은 부사로 쓰일 때 동사, 분사, 전치사, 부사 등을 꾸미고 형용

DAY 08

사는 수식하지 않는다. 따라서 정답은 (D) extremely로 extremely knowledgeable은 '매우 아는 것이 많은'이라고 해석된다.

12. (C)

해설 보기가 품사만 다를 경우, 우선 빈칸 앞/뒤를 빠르게 살핀다. 빈칸 앞의 문장을 보면 I(주어) have passed(동사) your kind compliments(목적어) 3형식의 완전한 구조 다음 빈칸에 올 수 있는 품사는 부사이다. 따라서 명사인 (A) director와 동사인 (B) direct는 탈락, (C) directly(직접적으로)와 (D) directively(지도적으로) 중에서 문맥상 (C) directly가 알맞다.

13. (A)

해설 '불편사항을 이미 매니저에게 전달했다'라고 해야 알맞다. (B) yet은 주로 긍정문에는 쓰이지 않고, 부정문이나 의문문에 쓰인다, 예외적인 표현으로 have yet to(아직 ~하지 못했다)가 있다. (C) still은 '나는 여전히 유지보수 매니저에게 말했다'라고 해석되어 문맥상 어색하다 과거 한때, 한번을 나타내는 (D) once 역시 부적절하다. 따라서 정답은 (A) already이다.

14. (B)

해설 앞 문장에서 이미 관리부장에게 말했고, 현재 is now working이라고 "확신시켰다"라고 해야 어울리므로 정답은 (B) has ensured이다. (C) ensure는 단수 주어와 수일치가 되지 않는다. 빈칸 뒤에 목적어가 있기 때문에 절 수동태 (D) was ensured는 답이 될 수 없다.

Part 7 EXERCISE

Questions 15-19 refer to the following advertisement.

오타고 박물관은 Q19 **오랫동안 근무해온 큐레이터 짐 마구 씨의 퇴직이 임박하여 현재 큐레이터 자리에 대한 지원서를 받고 있습니다.** 짐은 25년 동안 우리와 함께 일해오셨고 찾아보기 힘든 전문 기질과 열정이라는 유산을 남겼습니다. 오타고 박물관은 뉴질랜드에서 1875년에 개장된 가장 오래된 박물관이며, 남태평양 문화에 대한 가장 큰 상설 전시들 중 하나를 보유하고 있을 뿐만 아니라, 뉴질랜드의 초기 식민지 기간에 대한 기록자로서 뛰어난 평판을 유지해오고 있습니다. 이 외에도 자연 역사 부서는 중생대 기간으로부터 현재에 이르기까지 광범위한 화석 기록을 보유하면서 많은 국제 기관들의 부러움을 받고 있습니다.

큐레이터 지원자들은 박사 학위와 Q15 **박물관 연구 석사, 남태평양 역사 석사 학위가 있어야 합니다.** 데이터베이스 시스템, 저작권법, 그리고 보조금 신청에 대한 포괄적인 지식이 필수입니다. 훌륭한 글 솜씨나 프레젠테이션 능력 또한 상당히 요구됩니다. 물론 Q15 **어떤 것이든지 관련 경험이 크게 도움은 되겠으나, 꼭 필요한 요구조건은 아닙니다.**

합격자는 규칙적으로 때로는 좀 더 길게 출장을 다니게 될 것입니다. 전시회를 발전시키고, 기획하고, 유지하기 위하여 많은 기관들, 전문가들과 함께 할 것입니다. Q16 **정부 보조금 신청 또한 큐레이터의 책임입니다.** 마지막으로 합격자는 홍보와 워크숍, 다른 지역사회를 기반으로 한 프로젝트의 개발을 책임지게 될 것입니다. 이 일은 쉽지 않은 일이고 이 역할을 수행할 뛰어난 사람을 필요로 합니다. 첫 심사를 통과하면 보수에 대하여 말씀 드리겠습니다.

자기 소개서와 이력서 그리고 전 직장에서 두 통의 추천서를 받아 제출하시기 바랍니다. Q17 **서류는 이메일이나 우편을 통하여 보내시기 바랍니다.** 전화는 사절입니다. 후보자에 오른 분들은 1월 31일까지 통보 받을 것입니다. 인터뷰는 2월 첫 주에 시작할 것입니다.

지원서는 반환되지 않습니다. 최종 합격자는 늦어도 2월 28일까지는 저희 이사회에서 결정될 것입니다. Q18 **합격자는 3월부터는 일할 수 있도록 준비가 되어야 합니다.** 추가 정보는 저희 웹사이트 www.otagomuseum.govt.nz/applications/curator를 방문하시거나 personnel@otagomuseum.govt.nz로 문의하시기 바랍니다.

어휘 **submission** 제출, 제출된 것 **retirement** 퇴직 **legacy** 유산 **professionalism** 전문가 기질, 프로근성 **passion** 열정 **dating back to** ~로 거슬러 올라가는 **outstanding** 뛰어난 **reputation** 평판 **chronicler** 연대기 작자, (사건의) 기록자 **colonial** 식민지의 **house** 보유하다, 수납하다 **permanent** 상설의, (반)영구적인 **exhibit** 전시(회) **institution** 기관, 학회, 협회 **extensive** 광범위한 **fossil** 화석 **Mesozoic** 중생대(의) **comprehensive** 종합적인 **copyright law** 저작권법 **grant** 보조금 **desirable** 바람직한 **relevant** 관련 있는 **pre-requisite** 전제가 되는, 필수의 **extended** 연장된 **applicant** 지원자 **in charge of** ~을 책임지고 있는 **public relations** 홍보 **community** 지역사회 **challenging** 힘 드는, 자극적인, 능력을 시험하는 것 같은 **screening** (적격) 심사 **remuneration** 보수, 급료 **submit** 제출하다 **reference letter** 추천서 **short-list** 후보자 명단(에 올리다) **no later than** 늦어도

15. (C)

해석 일자리 대하여 언급된 필수 조건은 무엇인가?

(A) 고고학 석사

(B) 컴퓨터에 대한 종합적인 지식

(C) 저작권법에 대한 폭넓은 지식

(D) 관련 경험

해설 두 번째 단락에 두 번째 문단에 essential이 requirement로 재표현 되었다. 필수 조건에 저작권법에 대한 종합적인 지식이 요구되었으므로 a comprehensive knowledge를 broad familiarity로 재표현한 (C) Broad familiarity of copyright law가 정답이다. (D)의 관련 경험은 도움은 되나 필수 조건은 아니라고 했다. 필수 조건과 우대 조건을 잘 구별해야 한다. 우대 조건은 꼭 요구되는 것이 아니라는 점에서 문제를 잘 읽고 답해야 할 것이다. 따라서 정답은 (C)이다.

어휘 **archeology** 고고학 **broad familiarity** 폭넓은 지식

16. (A)

해석 언급된 책임들 중 관련이 없는 것은?

(A) 큐레이터 모집

(B) 전시회 홍보

(C) 자금 모금

(D) 전시회 개최

해설 세 번째 단락 세번째 문장에 큐레이터는 정부 보조금 신청을 책임져야 한다 (Applications for government grants will also be the curator's responsibility)고 언급하고 있으므로 (C) Rasing funds(자금 모금)은 옳고, 전시회를 발전시키고, 기획하고, 유지시키는 일을 한다고 말하고 있으므로 (D) 전시회 개최(Holding exhibitions)도 옳다. 또한 홍보 책임도 져야 한다고 말하고 있으므로 (B) 전시회 홍보(Publicizing exhibitons)도 큐레이터가 해야 할 일이다. 따라서 언급되지 않은 내용은 (A) 큐레이터 모집(Recruiting curators)이다.

어휘 **recruit** 모집하다 **publicize** 대중에게 알리다 **exhibition** 전시회 **raise** (돈을) 모금하다 **funds** 자금 **hold** (행사) 개최하다

17. (C)

해석 지원자는 어떻게 지원해야 하는가?

(A) 전화로

(B) 박물관을 방문해서

(C) 이메일로

(D) 친구에게 말해서

해설 지원방식은 글의 광고의 하단에 나온다. 네 번째 단락에서 서류는 이메일이나 우편을 통해서 제출하라고 말하고 있다. 전화는 사절이라고 말했으므로 정답은 (C)이다.

18. (B)

해석 합격자는 언제부터 일할 수 있어야 하는가?

(A) 2월

(B) 3월

(C) 4월

(D) 5월

해설 다섯 번째 단락, 세 번째 문장에 합격자는 3월부터 일할 준비가 되어야 한다 (The successful candidate should be prepared to start work from March)고 말하고 있다. the successful candidate가 future employees로 재표현 되었다. 정답은 (B)이다.

19. (A)

해석 짐 마구는 누구인가?

(A) 오타고 박물관의 현재 큐레이터

(B) 앞으로 지원자들을 인터뷰할 사람

(C) 오타고 박물관 이사회 회원들 중 한 사람

(D) 지원자들 중 한 사람

해설 첫 단락 첫째 줄에 보면 오랫동안 큐레이터로 근무해온 짐 마구 씨가 곧 퇴직한다(the upcoming retirement of our long-serving curator, Jim Magoo)는 언급을 하고 있다. 따라서 정답은 (A)이다.

DAY 09

Part 2 | REVIEW TEST

7. (A)	**8.** (B)	**9.** (C)	**10.** (B)	**11.** (C)
12. (A)	**13.** (C)	**14.** (A)	**15.** (B)	**16.** (B)
17. (C)	**18.** (B)	**19.** (B)	**20.** (B)	**21.** (A)
22. (B)	**23.** (A)	**24.** (C)	**25.** (A)	**26.** (C)
27. (C)	**28.** (C)	**29.** (C)	**30.** (A)	**31.** (C)

Part 5 | EXERCISE

1. (B)	**2.** (C)	**3.** (D)	**4.** (A)	**5.** (A)
6. (C)	**7.** (C)	**8.** (D)	**9.** (B)	**10.** (B)

Part 6 | EXERCISE

11. (B)	**12.** (D)	**13.** (A)	**14.** (D)

Part 7 | EXERCISE

15. (C)	**16.** (A)	**17.** (D)	**18.** (B)	**19.** (C)

Part 2 REVIEW TEST

7. (A) 미국 영국

How's our new fax machine working?

(A) It's faster than expected.

(B) In a week.

(C) I can fix it.

해석 우리의 팩스기는 어떤가요?

(A) 기대했던 것보다 더 빠르네요.

(B) 일주일 후에요.

(C) 제가 그것을 고칠 수 있습니다.

해설 팩스기에 대한 의견을 물었으므로, 기대보다 더 빠르다는 구체적 상태를 제시한 (A)가 정답이다. 의문사가 어울리지 않는 (B)나 fax-fix의 발음 오답을 이용한 (C)의 함정에 빠지지 않도록 한다.

8. (B) 영국 호주

Do you prefer to sit inside or outside?

(A) I put the files inside the cabinet.

(B) I'd say indoors.

(C) Yes, please.

해석 당신은 안쪽에 앉으시겠습니까, 아니면 바깥쪽에 앉으시겠습니까?

(A) 제가 책을 캐비닛 안쪽에 두었습니다.

(B) 저는 실내에 앉을게요.

(C) 네, 부탁드립니다.

DAY 09

해설 안쪽과 바깥쪽 둘 중 하나를 고르게 하는 선택의문문에서 (A)는 inside라는 단어를 질문과 보기에 그대로 중복해 사용한 발음의 오답이며, (C)는 안과 밖, 둘 중 하나를 선택해야 할 상황에서 "네"라는 Yes/No 대답을 했기 때문에 전형적인 오답 유형이 된다. 정답인 (B)는 안쪽에 앉겠다는 확실한 선택을 하였으므로 완벽한 대답이다.

어휘 **prefer** 선호하다, 더 좋아하다 **stay** 있다, 머무르다 **indoors** 실내에서, 실내로

9. (C) 영국 호주

Weren't we supposed to meet at three?

(A) I think two is enough.

(B) I met him yesterday.

(C) Yes, but there was a fender bender, sorry.

해석 저희 3시에 만나기로 되어 있지 않았나요?

(A) 제 생각에는 두 개면 충분합니다.

(B) 저는 그를 어제 만났습니다.

(C) 네, 하지만 작은 교통사고가 있었어요, 죄송합니다.

해설 세 시에 만나기로 한 사람이 늦어서 약속을 확인하는 상황이다. (A)는 3에서 2를 연상시킨 오답이며 (B)에서는 질문에 언급되지 않은 3인칭 him과 어제가 언급되었으므로 또한 오답. 마지막으로 (C)는 "네, (원래 3시에 만나는 것이 맞지만) 제가 교통 사고 때문에 늦었습니다. (그래서) 죄송합니다."라고 충분히 상황을 해명한 정답이 된다.

어휘 **be supposed to** ~ 하기로 되어 있다
fender bender 접촉사고와 같은 경미한 교통사고

10. (B) 영국 미국

When is Carmen leaving for Kyoto?

(A) No, from Osaka.

(B) Not until Friday.

(C) To sign a contract.

해석 언제 카르멘은 교토를 향해 떠날 건가요?

(A) 아니요, 오사카에서요.

(B) 금요일은 되어야 해요.

(C) 계약서에 서명하기 위해서요.

해설 'When + is ~ leaving ~?'으로 가까운 미래를 물어보는 의문사 질문에 (A)는 no로 대답을 했으므로 바로 소거, (C)는 시간이 아닌 가는 목적을 to부정사의 형태로 나타냈으니 역시 소거해준다. (B)는 금요일은 되어야 떠난다는 미래의 시간을 정확히 말해준 정답이다.

어휘 **leave for** ~를 향해 떠나다 **in + 시간 표현** ~ 후에
contract 계약서 **not unitl** ~는 되어야 한다

11. (C) 미국 영국

Where did you keep your receipt?

(A) Don't forget to bring the receipt.

(B) I purchased it yesterday.

(C) I don't remember.

해석 너는 영수증을 어디다 두었니?

(A) 영수증을 가져오는 것을 잊지 마세요.

(B) 저는 그것을 어제 샀어요.

(C) 기억이 안나요.

해설 어디다 보관했는지를 물어보는 질문에 '기억이 안난다'며 모른다고 말하는 (C)가 정답. (A)는 receipt라는 단어를 중복 사용한 오답 보기. (B)는 when이 아닌 where를 묻는 내용이었으므로 소거한다.

어휘 **receipt** 영수증 **keep** 보관하다

12. (A) 미국 호주

Who was on duty yesterday?

(A) I was.

(B) At 3.

(C) That's my duty.

해석 어제 누가 근무였죠?

(A) 저였어요.

(B) 3시요.

(C) 그것은 제가 할 일입니다.

해설 Who로 물어본 과거형 의문사에 대해 (A)는 나였다고 말하는 정답이다. (B)는 시간에 대해 대답하는 오답이므로 제거한다. (C) 보기는 자칫 '나의 근무였어요.'라고 잘못 해석할 수 있으나 duty에는 '할 일'이라는 뜻이 있으므로 '내가 할 일이에요.'라고 해석하는 것이 적절하다. 따라서, 오답이 된다.

13. (C) 호주 영국

Have you finished using the reference book that I lent you?

(A) It's quite hard.

(B) My rent has gone up.

(C) Yes, I'll send it back to you tomorrow.

해석 제가 빌려드린 참고 도서의 사용이 끝났나요?

(A) 그건 꽤 딱딱합니다.

(B) 내 집세가 올랐어요.

(C) 네, 제가 내일 돌려드릴게요.

해설 일전에 빌려준(that I lent you) 참고 도서의 사용을 끝냈는지 묻는 질문에 대해 (B)에서는 lend-rent 음도 비슷하지만 의미상으로도 '빌려주다, 임대하다' 비슷한 의미로 오답을 유도하고 있다. 정답은 (C)로, "그래(사용이 끝났고) 그러니 내일 돌려주겠다"는 정답이 된다. (A)는 전혀 상관없는 오답이다.

어휘 **rent** 임대하다, 집세 **go up** 오르다

14. (A) 미국 영국

How big is the main conference room?

(A) It's big enough for 100 or more.

(B) How about conference room A?

(C) Yes, it might be.

해석 메인 컨퍼런스룸은 얼마나 큰가요?

(A) 100명 혹은 그 이상 족히 들어갈 정도예요.

(B) 컨퍼런스룸 A는 어떨가요?

(C) 네, 그것은 그럴 거에요.

해설 회의실의 크기를 물어본 질문에 대해 (A)는 100명 이상은 거뜬히 수용하리라 답한 옳은 보기이다. 반면 (B)는 how를 이용한 발음 오답, (C)는 의문사에 대해 Yes/No 답변을 한 전형적인 오답 보기이다.

어휘 or more 혹은 그 이상

15. (B) 호주 영국

Are you going to drive or take a plane to Seattle?

(A) Yes, I've been there too.

(B) I will be taking my car.

(C) I need a screwdriver.

해석 당신은 시애틀에 운전해서 가실 건가요, 아니면 비행기로 가실 건가요?

(A) 네, 저도 거기에 가봤습니다.

(B) 저는 제 차를 가져갈 거예요.

(C) 저는 스크루드라이버가 필요합니다.

해설 Drive라는 단어를 take my car로 살짝 변형해준 (B)가 정답이다. (A)는 어울리지 않는 경험담이며, (C)는 drive-screwdriver 발음의 유사성으로 혼동을 준 전형적인 함정이다.

16. (B) 미국 영국 호주

Does Phoebe work in the shipping department?

(A) I already shipped it.

(B) No, she was transferred.

(C) I'm using it right now.

해석 피비가 배송부서에서 일하죠?

(A) 제가 이미 선적했습니다.

(B) 아니요, 그녀는 전근 보내졌어요.

(C) 저는 지금 그것을 사용하고 있는 중입니다.

해설 피비가 배송부에서 일하는지 물어보는 질문. 여기에 (A)는 shipping-ship 발음의 오답이다. (B)는 그곳에서 일하는 것이 아니라는 대답으로 정답이다. (C)는 의미상 전혀 다른 오답이다.

어휘 transfer 갈아타다, 이전하다, 전근 가다, 이전, 이동, 전근
be transferred 전근 보내지다

17. (C) 영국 호주

This is the human resources office, right?

(A) I prefer a sweeter sauce.

(B) I left it on the desk.

(C) No, that's on the third floor.

해석 여기가 인력자원부 사무실이죠, 그렇죠?

(A) 저는 더 달콤한 소스가 좋아요.

(B) 저는 그것을 책상에 두었어요.

(C) 아니요, 거긴 3층입니다.

해설 현재의 위치가 어딘지 확실하지 않은 상황에서 상대방에게 확인을 질문하는 장면이다. 맞다면 yes, 아니라면 no라 대답해주어야 하는데, (A)에서는 resource와 sauce를 이용한 발음의 오답이므로 정답이 되지 않는다. (B)에서는 right-left 반의어 관계를 이용하여 오답으로 유도하려 했다. (C)에서는 3층이라고 위치를 알려주고 있으므로 가장 적합한 정답이 된다.

18. (B) 미국 호주

Would you care to eat out for lunch with us?

(A) I didn't eat lunch yesterday.

(B) That's a great idea.

(C) He wants to join us.

해석 우리랑 같이 점심 먹으러 나갈래?

(A) 나는 어제 점심을 먹지 않았어.

(B) 좋은 생각이야.

(C) 그는 함께 하기를 원해요.

해설 같이 점심 먹으러 가지 않겠냐는 권유에 흔쾌히 수락하는 (B)가 가장 적절한 정답이다. 반면 (A)는 eat과 lunch를 반복적으로 사용했으며, 시제가 질문과 어긋나므로 소거해 주도록 한다. 지칭하는 것 없이 he를 등장시킨 (C)는 오답 보기로 역시 소거해 준다.

어휘 Would you care to = Would you like to ~할래? ~하는 게 어때? (권유의 표현으로 자주 사용) eat out 외식하다
That sounds fine. 좋아, 수락할게 join 함께 하다, (팀에) 끼다

19. (B) 영국 호주

Why is there a long line in the cafeteria?

(A) The meal was delicious.

(B) They're giving out free dessert today.

(C) A cup of coffee, please.

해석 카페테리아에 왜 이렇게 긴 줄이 있는 거지?

(A) 음식이 맛있었어.

(B) 오늘 공짜 디저트가 있어.

(C) 커피 한 잔이요.

해설 왜 특정 장소에 사람이 많은지 이유를 묻는 질문에 (A)는 과거형으로 대답했기 때문에 시제의 일치에 어긋나는 오답이 된다. (B)는 이유를 설명하기에 가장 적합하다. 특히, 토익에서 사람들이 많이 모이거나 차가 많은 이유 등이 등장할 때 행사에 관한 언급이 흔하다. (C)는 cafeteria를 이용한 연상의 오답이다.

어휘 meal 식사, 음식 delicious 맛있는 give out 나눠주다
free 무료의, 서비스의

20. (B) 영국 호주

Don't you want to visit the museum?

(A) Some famous paintings.

(B) I wish I could.

(C) He is a great curator.

해석 박물관에 방문하는게 어때요?

(A) 몇몇 유명한 그림들이요.

(B) 저도 그러고 싶지만 안되겠네요.

(C) 그는 훌륭한 큐레이터입니다.

해설 박물관에 방문해보라는 제안에 대해 하고 싶지만 할 수 없다고 대답하는 (B)가 정답이 된다. I wish는 대표적인 거절의 패턴임을 기억한다. Museum에서 유추할 수 있는 painting이나 curator를 사용한 나머지 보기들은 오답으로 소거한다. 또한, (C)의 경우 he에서도 이미 정답이 되지 않음을 기억한다.

어휘 Do you want to = Would you like to ~할래?

21. (A) 호주 영국

Why did you pull the fax machine's plug out?

(A) To move it closer to the copier.

(B) I'll fix it tomorrow.

(C) No, I didn't plug anything in.

해석 당신은 왜 팩스기의 전원을 뽑았죠?

(A) 그것을 복사기 더 가까이로 옮기기 위해서요.

(B) 제가 그것을 내일 고치겠습니다.

(C) 아니오, 저는 아무것도 전원을 연결하지 않았습니다.

해설 왜 특정한 행동을 했는지를 묻는 질문에 대해 to부정사의 형태로 '~하기 위해서'라는 목적을 정확히 얘기해 준 답변인 (A)가 정답이다. (B)에서는 fax – fix, (C)에서는 plug out – plug in 발음의 함정들이므로 두 보기를 모두 소거해준다. 특히나 각각 (B), (C)는 시제가 어긋나있거나, 의문사 질문에 Yes/No로 대답한 오류도 있으므로 절대 답이 된다고 오해하면 안된다.

어휘 plug 플러그, 전원선 pull out 뽑다 plug in 꽂다, 전원을 연결하다

22. (B) 영국 미국

They'll refund our tickets if it rains, won't they?

(A) It's a fundraising event.

(B) As far as I know, they will.

(C) It was sunny yesterday.

해석 그들은 비가 올 경우 티켓을 환불해주겠죠, 그렇죠?

(A) 그것은 모금 행사입니다.

(B) 제가 아는 한은 그렇습니다.

(C) 어제 날씨는 화창했어요.

해설 티켓을 환불해 줄것인지 묻는 질문에 대해 내가 아는 한은 그렇다는 yes의 의미를 가진 (B)를 정답으로 고른다. Refund와 fund를 이용한 (A)는 발음의 오답으로, rain에서 연상되는 sunny를 고른 (C)는 연상어의 오답으로 소거한다.

어휘 fundraising 모금, 기금 as far as ~하는 한은

23. (A) 영국 미국

Isn't there a revised manual?

(A) That's all we have right now.

(B) No, we don't need to revise one.

(C) It's been held annually.

해석 개정된 매뉴얼이 있지 않나요?

(A) 그것이 우리가 가진 모두 입니다.

(B) 아니오, 제 생각엔 이것은 개정된 것이 아닌 것 같습니다.

(C) 그것은 매년 열려왔습니다.

해설 개정된 매뉴얼이 있는지를 묻는 질문에 지금은 여기 있는 것이 다라는 (A)는 이게 우리가 지금 가진 것이 전부라고 말함으로 개정 메뉴얼이 없다는 정답이 된다. (B)는 revise를 반복사용한 오답이다. (C)는 manual과 annual의 전형적인 발음 오답이다.

24. (C) 호주 영국

Why isn't Mr. Sommer in the office?

(A) In Canberra.

(B) No, in the conference room.

(C) He's in Düsseldorf for the marketing conference.

해석 좀머 씨는 왜 사무실에 안 계신 거죠?

(A) 캔버라에요.

(B) 아니오, 회의실에요.

(C) 그는 마케팅 컨퍼런스 때문에 뒤셀도르프에 있습니다.

해설 좀머 씨가 사무실에 없는 이유를 물어보았으니, 지명이나 Yes/No 대답이 아닌 목적의 for가 들어간(C)를 골라야 한다.

25. (A) 호주 영국

Which position are you going to take?

(A) The one that Bain Incorporated offered.

(B) Not until tomorrow.

(C) It will take a long time.

해석 어떤 직책을 선택하실 건가요?

(A) 배인 사가 제안한 것이요.

(B) 내일까지는 아닙니다.

(C) 시간이 오래 걸릴 것입니다.

해설 구체적인 직책을 물어보았으므로 직책이되 the one으로 시작하는 명사구로 대답해준 (A)가 최선의 대답이다. 시간의 정답인 (B)나 take만 반복한 (C)는 오답으로 버린다.

어휘 position 직책 offer 제안하다, 제공하다
not ~ until ~까지는 아니다, ~나 되어야 가능하다

26. (C) 미국 영국

When would you like to go out for a cup of tea with me?

(A) At a café downtown.

(B) That's not my cup of tea.

(C) What about 4 in the afternoon?

해석 언제 차 한 잔 마시러 저와 함께 가시겠습니까?

(A) 시내 카페에서요.

(B) 그건 저의 적성이 아니예요.

(C) 오후 5시는 어떠세요?

해설 언제가 좋겠냐는 질문에 오후 4시라고 딱 집어 대답한 (C)가 정답이다. (A)는 where에 대한 대답이므로 소거, (B)는 cup of tea를 이용한 발음의 오답이다.

어휘 **would you like to ~?** ~ 하시겠습니까? (공손한 제안)
go out 나가다 **for a cup of tea** 차 한 잔 마시러
one's cup of tea 적성이 맞는 **what about ~?** ~는 어때?

27. (C) 미국 호주

How should I arrange the client folders?

(A) A new sales goal.

(B) Yes, could you help me?

(C) In alphabetical order.

해석 제가 이 고객 폴더들을 어떻게 정리해야 할까요?

(A) 새로운 영업 목표에요.

(B) 네, 당신이 저를 도와주시겠어요?

(C) 알파벳 순으로요.

해설 정리의 방법을 물었으므로, 정리 방법으로 대답한 (C)를 정답으로 고른다. (A)는 명사구 오답. how는 명사를 정답으로 잘 사용하지 않는다. (B)는 의문사 의문문에 Yes/No로 대답하였으므로 오답이다.

어휘 **arrange** 정리하다, 배열하다 **in order** 순서대로
alphabetical 알파벳의

28. (C) 영국 미국

You sometimes walk to work, don't you?

(A) Someday.

(B) I can't work late today.

(C) Actually, I always come by bicycle.

해석 당신은 때때로 걸어서 출근하죠, 그렇죠?

(A) 언젠가는요.

(B) 오늘 난 늦게까지 일할 수 없어요.

(C) 사실은 항상 자전거로 와요.

해설 때때로 걸어서 출근하는지를 묻는 질문에 대해 매일 자전거로 온다고 말하는 (C)가 정답이다. (A)는 미래의 시간인 동시에 some을 이용한 발음의 오답이며, (B)는 work와 walk를 이용한 발음의 함정이다.

29. (C) 미국 영국

Didn't you like the seminar?

(A) She's likely to be there.

(B) Take bus number 5.

(C) Yes, it was very informative.

해석 당신은 세미나가 맘에 들지 않았나요?

(A) 그녀는 거기에 갈 것 같아요.

(B) 5번 버스를 타세요.

(C) 네, 그건 매우 유익했어요.

해설 세미나가 마음에 들었고 도움도 많이 되었다는 뉘앙스로 얘기한 (C)가 정답이다. (A)는 like와 likely의 발음을 이용한 오답이며 교통수단을 이용한 (B)는 정답이 되지 않는다.

어휘 **be likely (to)** ~할 가능성이 있다 **informative** 유익한

30. (A) 영국 호주

How many boxes do you want to buy?

(A) We'll need to think about it.

(B) The books are very popular.

(C) 30 people there.

해석 당신은 몇 개의 상자를 사고 싶으십니까?

(A) 우리는 그것에 대해 생각을 해봐야 겠어요.

(B) 이 책은 매우 인기가 있습니다.

(C) 그곳에 30명이요.

해설 몇 개의 박스가 필요한지 묻는 숫자에 대한 대답으로 생각을 해봐야 한다며 모른다는 정답을 준 (A)를 정답으로 골라야 한다. Box-book을 발음 오답으로 준 (B)나 숫자만 듣고 함정에 빠지도록 유도한 (C)와 같은 오답에 빠지지 않도록 주의한다. How many는 언제나 뒤의 명사까지를 듣고 정답을 골라야 한다는 것을 기억한다.

31. (C) 영국 미국

We'd better leave early in the morning.

(A) I've lived in Florida for 7 months.

(B) I'd like some decent breakfast.

(C) Yes, if we want to avoid the rush hour.

해석 우리는 내일 아침 일찍 떠나는게 좋겠어요.

(A) 저는 플로리다에서 7개월 살았어요.

(B) 저는 좀 그럴 싸한 아침 식사를 원해요.

(C) 네, 만약 우리가 교통체증을 피하고 싶으면요.

해설 일찍 떠나자는 제안에 대해 동의하며 부가 설명을 붙이는 (C)를 정답으로 고른다. 아침에서 유추한 아침식사를 연상어로 등장시킨 (B)와 live-leave의 전형적인 발음 오답을 사용한 (A)는 오답으로 소거한다.

어휘 **decent** 괜찮은, 그럴 싸한

Part 5 EXERCISE

1. (B)

해석 북쪽행 Express Way에 있는 교차로 오른쪽 정지표지판이 나무에 의해 가려졌다.

해설 동사의 형태 문제는 수, 태, 시제의 순서로 풀어야 한다. 주어(A stop sign)가 단수이므로 수일치가 되지 않는 (C) obstruct는 실격. 빈칸 뒤에 목적어가 없으므로 수동태를 선택해야 한다. 자동사, 타동사의 구별이 어렵다면, 해석해 보아도 좋다. 정지 표지판이 가리는 것이 아니라 가려지는 것 이므로 정답은 (B) was obstructed가 된다.

어휘 **northbound** 북쪽행 **intersection** 교차로

2. (C)

해석 쓰레기 줄이기 프로젝트에 함께하는 점점 늘어나는 참가자들의 수는 환경캠페인이 성공적일 것이라는 것을 암시한다.

해설 동사의 형태 문제는 수, 태, 시제의 순서로 푼다. 주어와 수일치 되지 않는(A) imply와 (D) have implied는 실격. 빈칸 뒤에 목적어 역할을 하는 명사절 that절이 있어서 수동태는 불가능하다. 따라서 (B) was implied는 실격. 정답은 (C) implies이다.

어휘 **semester** 학기 **full time position** 정규직

3. (D)

해석 도서관 앞에 주차 공간이 모두 만차 이면, 방문객들은 대체 주차장을 이용해도 된다.

해설 be동사 다음엔 나오는 본동사의 형태는 -ing아니면, p.p.이다. 따라서 (A) take와 (B) took는 실격. 빈칸 뒤에 목적어가 없고, 주차 공간은 차지되는 것 이므로 수동태가 어울린다. 정답은 (D) taken.

어휘 **auxiliary** 부가의, 보조의

4. (A)

해석 이 송장은 수령 2주 이내에 지불가능하고, 10일 이내에 송금되면 5% 할인도 가능하다.

해설 타동사인 remit(송금하다) 뒤에 목적어가 없고, 주어인 지불금은 보내져야 하므로 수동태인 (A) remitted가 정답이다. 명사인 (B) remittance(송금)은 '학생들이 송금일 것이다'라는 어색한 의미가 되므로 실격.

어휘 **payable** 지불될 수 있는 **remit** 돈을 보내다, 송금하다

5. (A)

해석 모든 학생들은 이번 달 말에 졸업앨범과 학적부에 들어갈 사진을 찍게 될 것이다.

해설 '사진을 찍다(능동)'와 '찍히다(수동)'의 의미를 혼동하지 않도록 조심한다. photograph는 '~의 사진을 찍다'이므로 문맥상 수동태가 어울린다. 정답은 수동형인 (A) photographed이다.

어휘 **yearbook** 연감, 졸업앨범 **school record** 생활기록부, 성적표

6. (C)

해석 개인 복장이 부적절하면, 적절하게 차려 입을 때까지 작업장을 떠나도록 요구될 수 있다.

해설 be동사 다음에 나올 수 있는 동사의 형태는 -ing와 p.p.이며 타동사 dress 뒤에 목적어가 없으므로 수동태가 적합하다. 그러므로 정답은 (C) dressed가 된다.

어휘 **appearance** 외양, 겉모습 **inappropriate** 부적절한, 부적당한, 어울리지 않는 **properly** 적당히, 알맞게 **workplace** 작업장, 일터

7. (C)

해석 상기에 명시된 모든 필요한 서류는 마감 전까지 본 대학원 행정실로 제출되어야 한다.

해설 be동사 다음엔 명사, 형용사, -ing, p.p.의 형태가 올 수 있다. (A) submission은 be동사의 보어로 쓸 수 있으나, 주어 documents와 보어 submission이 동격이 아니므로 오답. (D) to submit은 '필요한 모든 서류는 제출하는 것이다'로 해석이 어색하다. submit은 타동사로 뒤에 목적어를 수반해야 한다. 빈칸 뒤에 목적어가 없으므로 수동형인 (C) submitted가 정답이다.

어휘 **specified** 명시된, 서술된 **administration office** 행정부, 행정실 **the graduate school** 대학원

8. (D)

해석 다음달부로 Mr. Eugene Cigas는 인력 자원서 부서에서 매니저로 50년간 근무를 하고 있을 것이다.

해설 조동사 will 다음엔 동사 원형이 나와야 하므로 (A) be worked와 (D) be working만 가능한데, work가 자동사라서 수동태가 불가능하므로 정답은 (D) be working이다.

어휘 **appear** 나타나다, 드러나다 **misinterpret** 오역하다

9. (B)

해석 Gallery Alpha는 내일 정기 관리상의 이유로 문을 닫을 것임을 숙지해 주세요.

해설 보기에 있는 동사가 간접 목적어 뒤에 that 절을 직접 목적어로 취할 수 있는 4형식 동사이다, 그런데 빈칸 뒤에 간접목적어가 없고 직접 목적어인 that 절이 있으므로 동사의 형태는 수동태이어야 한다. 간접목적어였던 주어(you)는 명령문이기 때문에 생략되었다. 따라서 (D) adivsed가 정답이다. Pleae be advised / informed / notified / convinced that은 "숙지해두세요"라는 하나의 관용적인 표현으로 암기해두는 것이 좋다.

어휘 **up-to-date** 최신의 **authoritative** 권위 있는, 믿을만한 **reference** 참고문헌

10. (B)

해석 A&C의 전문가들은 세금 비용을 줄이기 위해 그들의 폭넓은 경험과 지식을 여러분들과 나눌 만반의 준비가 되어 있다.

해설 be동사 다음엔, 명사, 형용사, ing, pp의 형태가 가능하다. (A) prepare, (C) prepares는 답이 될 수 없으며, 명사인 (D)

preparation은 be동사의 보어로 쓰일 수 있으나, 주어인 professionals(전문가들)와 해석상 동격 관계가 성립하지 않는다. 정답은 수동형인 (B) prepared가 적합하다.

어휘 extensive 넓은, 광범위한 cost 비용

Part 6 EXERCISE

Questions 11-14 refer to the following information.

나무 섬유, 어디에서 나오는가?

미국에서 종이를 만들기 위해 사용되는 원료의 약 1/3이 숲과 제재소에 남겨진 나무 조각이나 토막들과 같은 잔여물이라는 것을 알고 놀라실지 모르겠습니다. 이 잔여물은 종이산업에서 사용되지 않으면 아마도 태워지거나 버려질 겁니다.

원료의 또 다른 1/3은 재활용 종이입니다. 비록 일부 종이들은 100% 재활용된 섬유를 포함하지만, 종이생산자들은 원하는 질과 등급의 종이를 생산하기 위해서 종종 다양한 양의 재활용 섬유와 새로운 섬유를 혼합합니다.

미국에서 종이를 만들기 위해서 사용하는 섬유의 약 3분의 1만이 업계에서 '둥근 재목'이라 부르는 통나무에서 만들어집니다. 큰 통나무 목재로 쓰일 수 있는데, 종이를 만드는데 사용하는 것은 경제적이지 못합니다. 그러므로, 지름이 8인치 미만의 나무들이나, 원목제품용으로 적합하지 않은 큰 나무들만 일반적으로 제지를 위해서 사용됩니다.

어휘 raw material 원자재, 원재료 residue 잔여물 scraps 먹다 남은 음식, 찌꺼기 sawmill 제재소 burn 타다 discard 버리다, 폐기하다 fiber 섬유, 섬유질 papermaker 제지업자 log 통나무, 일지 diameter 지름, 배율 lumber 잡동사니 harvest 수확하다, 거둬들이다, 채취하다

11. (B)

해설 첫 문장에서 원자재의 3분의 1(one-third of the raw material)이 언급되었으므로, 두 번째는 또 다른 3분의 1 이어야 하므로, another third라고 해야 하고, 마지막 3분의 1은 the other third라고 해야 한다. 빈칸이 순서상 두 번째 이므로 (B) Another가 정답이다.

12. (D)

해설 수, 태, 시제의 순서로 파악하면, 주어가 복수이므로 (B) combines는 실격. 빈칸 뒤에 목적어(various amounts)가 있으므로 수동태 (C) are combined도 실격. 글의 내용이 나무 섬유가 만들어 지는 과정을 설명하는 것이므로 정답은 (D) combine이다.

13. (A)

해설 consider는 목적보어로 명사와 형용사를 취하는 동사이다. 동사 뒤에 형용사 보어(economical)가 나오는 경우는 2형식 동사이거나 5형식 동사의 수동태일 때다. 보기에 나온 동사가 5형식 동사 consider이므로 수동태인 (A) considered가 정답이다. consider는 3형식일 때는 '고려하다', 5형식일 때는 '간주하다'의 뜻이다.

14. (D)

해설 빈칸 앞에 나오는 내용이 '목재용으로 대신 사용될 수 있는 큰 나무들을 종이 만드는데 사용하는 것은 경제적이지 못하다' 내용이고, 빈칸 뒤 이어지는 내용은 '작은 나무들만 종이를 위해 사용된다'이므로 인과관계를 나타내는 (D) Therefore(그러므로)가 정답이다.

Part 7 EXERCISE 이중 지문

Questions 15-19 refer to the following announcement and letter.

2011년 퍼스 공예 퀼트 박람회
퍼스 컨벤션·전시장
싸우스 뱅크, 퀸즈랜드
매일 오전 10시에서 오후 5시까지 개장
Q18 2011년 4월 15일 – 5월 15일

오스트레일리아에서 첫째가는 공예 행사로서, 퍼스 공예 퀼트 박람회는 단순한 예술과 공예 전시 그 이상입니다.
공예에 관심이 있는 분이라면 누구에게나 독창적인 경험이 될 것입니다. Q15 오셔서 스크랩북 만들기, 구슬세공, 자수, 가정용 장식 작품을 만들어보시고 박람회에서 해볼 수 있는 수많은 다른 창조적인 경험들도 시도해보세요. 여러분 취향에 맞는 무엇인가가 꼭 있을 겁니다. 여러 가지 다른 공예품들을 전문으로 하는 소매상인들, 거의 모든 것을 만들 수 있는 최신 장비나 제품들 사용 방법을 보여주는 업계전문가들의 즉석 시연, 직접 만들어 가져갈 수 있는 워크숍들과 함께 퍼스 공예 퀼트 박람회는 여러분 안에 있는 창조적인 면을 발견하거나 새롭게 할 수 있는 완벽한 곳입니다.
간단히 말하면 이 박람회는 오스트레일리아에서 가장 큰 공예 가게입니다. 매일 열리는 워크숍에서 Q15 전문가로부터 배우시고 뛰어난 공예 작품들 전시도 구경하세요. 공예에 대한 당신의 열정이 무엇이던지 간에 우리 컨벤션에서 기쁨을 누려보세요. Q18-1 작은 장식품이 기념품으로 개장일 방문객들에게 제공됩니다.
추가 정보를 원하시면 우리 웹사이트인 www.perthcraftquilt.com을 방문해주세요. 질문은 334-6756으로 전화해주시던가 inquiries@perthcraftquilt.com으로 이메일을 보내주십시오. 저희 직원이 친절히 답해드릴 것입니다.

2011년 5월 21일

리사 씨에게

저희가 컨벤션에 방문했을 때 따뜻하게 맞아주셔서 감사합니다. 저희에게 연결해주신 가이드인 에브린 씨는 너무나 훌륭했습니다. Q16&Q17 우리가 센터로 걸어들어가는 순간부터 그녀는 스크랩북 전시가 우리의 최고 관심사인 것을 아는 것처럼, 저희를 제일 좋은 스크랩북 전시장으로 안내해주셨습니다. 제 아내는 Q19 다양한 디자인 조합과 결합된 대담한 색채와 패턴 조합을 보여주는 로레타 스테인의 작품을 특히 좋아했습니다. 아내가 베스트 스크랩북을 집으로 가져온 것은 당연합니다. Q15 내년 컨벤션뿐만 아니라 〈스크랩북 창작물〉 출판도 고대합니다.

DAY 09

Q18-2 박람회에서 받은 기념품도 감사합니다. 저희 집 식탁에 너무 잘 어울려요.

안녕히 계세요.

빌과 에이미

어휘 craft 공예 premier 1위의, 첫째의, 최초의 scrapbooking 스크랩북 만들기 beading 구슬세공 embroidery 자수 decorative 장식의 artwork 수공예품, 예술적 제작활동 countless 셀 수 없는, 무수한 multitude 다수, 수많음 retailer 소매상인 specialize in ~을 전문으로 하다 demonstration 시연, 보여주기 industry 업계 expert 전문가 destination 도착지, 목적지 rejuvenate 원기를 회복시키다, 다시 젊어지게 하다 superb 뛰어난 craftwork 공예품 whatever 무엇이던지 passion 열정 indulge 만족시키다, 기쁘게하다 hospitality 환대 assign 배정하다, 지정하다 exhibit 전시 bold 대담한 combination 조합, 결합 combined 결합된 eclectic 다양한 publication 출판

15. (C)

해석 박람회에 관해서 언급되지 않은 것은?

(A) 수공예품을 전시한다.

(B) 방문객은 직접 만드는 경험을 할 수 있다.

(C) 2년마다 열린다.

(D) 공예를 가르치는 수업이 있다.

해설 발표문(announcement) 두 번째 단락 앞부분에 전시되는 내용이 나온다. 자수도 전시가 된다. 또한'와서 해보라'던가, '당신 안에 있는 창조적인 면을 발견하거나 새롭게 할 것이다', 또는 '워크샵에서 전문가와 함께 배워라'등에서 직접 만드는 경험도 할 수 있음을 알 수 있다. 첫 번째 단락 뒤 부분에 소개된 전문가와 함께 배우는 워크숍에서 공예 수업도 있음을 또한 알 수 있다. 정답은 (C)이다. 편지(letter)의 뒷부분에 빌과 에이미가 내년 컨벤션도 기대한다 (I look forward to your publications in Scrapbook Creations, as well as next year's convention.)고 하고 있으므로 이 박람회는 매해 열리는 것임을 알 수 있다.

16. (A)

해석 빌과 에이미의 제일의 관심사는 무엇이었는가?

(A) 스크랩북

(B) 자수

(C) 구슬 세공

(D) 장식 예술

해설 편지 앞부분에 가이드가 빌과 에이미의 최고 관심사를 아는 것처럼 스크랩북 전시장으로 안내했다고 언급하고 있다. 정답은 (A)이다.

17. (D)

해석 에블린은 왜 훌륭한 안내자였는가?

(A) 공항으로 그들을 마중 나갔다.

(B) 스크랩북을 아주 잘 만들었다.

(C) 최고 스크랩북 상을 받았다.

(D) 최고의 스크랩북 전시로 그들을 안내했다.

해설 편지 앞 부분에 빌과 에이미가 전시장으로 들어갔을 때 가이드가 자기들을 자기들이 가장 관심있어 하는 최고의 스크랩북 전시장으로 안내해줬다 (From the moment we walked into the center she took us to the best scrapbooking exhibits, knowing they were our primary interest.)고 언급하고 있다. 정답은 (D)이다.

18. (B)

해석 빌과 에이미는 언제 박람회를 방문했는가?

(A) 언급되지 않았다.

(B) 4월 15일

(C) 5월 15일

(D) 5월 21일

해설 **연계문제** – 편지(letter) 뒤 부분 박람회에서 받은 기념품 감사하다 (Q18-2 Also, I'd like to thank you for the souvenir I received at the fair.)고 전하고 있다. 이 기념품은 박람회 개장일에 손님들에게 나누어진 것임을 박람회 알림글(announcement)의 두 번째 문단 끝 (Q18-1 Small ornaments will be given as a souvenir to those who visit the fair on opening day.)에서 알 수 있다. 박람회는 4월15일에 시작하는 것으로 알림글(announcement) 제목에 나와 있다. 정답은 (B)이다.

19. (C)

해석 편지에서 첫 번째 문단 다섯째 줄의 eclectic과 의미가 가장 비슷한 것은?

(A) 안전한

(B) 중요한

(C) 다양한

(D) 분명한

해설 eclectic은 '다양한, 다방면에 걸친 '이란 의미를 가지고 있다. 이 단어의 뜻을 모를 때에는 문맥을 가장 잘 연결하는 단어를 선택해야 할 것이다. 일단은 mix를 꾸며주는 단어여야 하고 an ~ mix of designs에 어울리는 말이어야 한다. 따라서 다양한 디자인이 섞였다라는 의미가 가장 잘 어울리므로 정답은 (C)이다.

DAY 10

Part 3 | EXERCISE

1. (B) **2.** (A) **3.** (B)

Part 4 | EXERCISE

4. (B) **5.** (D) **6.** (D) **7.** (C) **8.** (D)
9. (B)

Part 5 | EXERCISE

1. (B) **2.** (D) **3.** (B) **4.** (A) **5.** (B)
6. (C) **7.** (D) **8.** (C) **9.** (C) **10.** (B)

Part 6 | EXERCISE

11. (A) **12.** (B) **13.** (C) **14.** (B)

Part 7 | EXERCISE

15. (C) **16.** (A) **17.** (C) **18.** (B) **19.** (D)

Part 3 EXERCISE

Questions 1-3 refer to the following conversation.

미국 호주

M: Malcoms Bistro. How may I help you?

W: Hello, Q1 **I'd like to make a dinner reservation for tomorrow.**

M: Sure. How many people should we be expecting?

W: Eight, and we would like to start our meal at 7 if it's possible.

M: Q2 **I'm afraid tables at 7 are all taken at the moment.**

W: Oh..too bad.

M: Hmm. Here's what I can do for you. I'll reserve a table for you at 8 o'clock, and Q3 **if there's any cancellation before the end of the business today, I'll move you up to 7.**

남: Malcoms 식당입니다. 무엇을 도와드릴까요?

여: 안녕하세요. 당신의 식당에 내일 저녁 예약을 하고 싶습니다.

남: 네. 몇 명이나 될까요?

여: 8명이고 괜찮으면 7시에 식사를 시작 했으면 해요.

남: 죄송하지만 지금으로선 7시에는 이미 예약이 완료 되었습니다.

여: 이런. 안타깝네요.

남: 흠.. 제가 할 수 있는 것은, 8시에 예약하는 것이고 오늘 영업 종료 전에 취소분이 있으면 7시로 옮겨드리겠습니다.

1. (B)

해석 그 여자는 왜 전화했을까요?
(A) 친구를 초대하려고
(B) 레스토랑을 예약하기 위해서
(C) 주문하려고
(D) 예약을 변경하려고

해설 여자가 전화한 이유를 묻고 있으므로 여자의 말속에서 인사말 다음에 나오는 말을 바로 들어주면 된다. 인사말 바로다음에 I'd like to라는 하고 싶다표현을 사용해서 예약을 하고 싶다고 말하므로 예약한다는 정답으로 골라준다.

2. (A)

해석 남자가 무엇이 문제라고 이야기합니까?
(A) 여자의 요청을 들어줄 수 없다.
(B) 예약이 잘못되었다.
(C) 미팅이 연기되었다.
(D) 신용카드는 받을 수 없다.

해설 문제가 무엇인가를 묻고있으므로 부정적 어투나 혹은 직접적인 문제나 걱정이라는 단어의 언급을 듣는다. I' m afraid라는 부정어구 뒤에 나오는 정답을 고른다. 요청한 7시에는 자리가 없다고 했으므로 (A)번이 정답이 된다.

3. (B)

해석 남자가 제안한 것은 무엇입니까?
(A) 언젠가 방문하는 것
(B) 나중에 취소된 자리 확인해 보는 것
(C) 다른 장소를 알아 보는 것
(D) 다른 날에 예약하는 것

해설 남자가 제안하는 것을 묻고 있으므로 남자의 말속에서 정답을 찾는다. 마지막 문제이므로 남자의 마지막말에서 정답이 나올 가능성이 크다. 남자의 마지막 말에서 언제나 중요한 if가 나왔으므로 귀를 기울인다. If절 뒤에서 취소가 있으면 옮겨주겠다고 했으므로 취소를 확인해 보라는 것이다.

Part 4 EXERCISE

Questions 4-6 refer to the following introduction.

미국

Good morning everyone. Before we go on with our meeting today, Q4 **I would like to introduce our new colleague**, Anna Via. Anna will be working in the Home Improvement division as a marketing analyst. She was with Hallware International Q5 **Kitchen Product** for 5 years, and was stationed in South America to analyze the data on domestic trends. As you might already know, we are now affiliated with large retails in Argentina and Brazil to Q5 **sell our kitchen appliances**. We believe Anna's experience is a great asset to our company, and Q6 **she will help us better determine which of our kitchen appliances will appeal to the consumers overseas.**

여러분, 안녕하세요. 오늘 미팅을 시작하기에 앞서 새로운 직원인 Anna Via 씨를 소개하려 합니다. Anna씨는 Home Improvement 부서에서 마케팅 분석가로서 일하게 될 것입니다. Hallware International Kitchen Product에서 5년간 근무하였고, 현지 트렌드에 대한 데이터 분석을 위해 남아메리카에서 근무한 경험도 있습니다. 이미 알고들 계시다시피, 우리 회사는 주방용품 판매를 위해 아르헨티나/브라질에 있는 거대 소매상들과의 합병을 진행 중입니다. Anna 씨의 경험이 회사에 커다란 자산이 될 것으로 믿으며, 해외 소비자들에게 우리의 주방용품 중 어느 것이 어필할지 결정하는데 많은 도움을 줄 수 있을 것입니다.

어휘 affiliate 가입시키다 retail 소매

4. (B)

해석 이 발언의 목적은 무엇인가?
(A) 가게의 개업을 알리기 위해서
(B) 새로운 직원 소개를 위해
(C) 제품 설명을 위해
(D) 정보 분석을 설명하기 위해

해설 연설문의 주제를 묻는 문제이므로 대화의 첫부분에서 정답을 찾을 수 있다. 대화 첫부분에서 중요구문인 I would like 뒤에서 새로운 동료를 소개한다고 했으므로 새직원을 소개하기 위한 연설문이라는 것을 알 수 있다.

5. (D)

해석 화자의 회사에서는 어떤 종류의 상품을 생산하는가?
(A) 냉동식품
(B) 전자제품
(C) 여성의류
(D) 주방용품

해설 회사에서 생산하는 제품이므로 결국 대화 전체의 주제와 비슷하다고 할 수 있다. 보기속의 상품들은 고유명사로 바뀔수 없으므로 보기속의 단어가 들릴 때 주의한다. 대화 속에서 kitchen product와 sell out kitchen appliances라고 언급하는 것으로 보아서 주방용품을 파는 회사라는 것을 알수 있다. 또한 보기속의 다른 단어들은 언급되지 않고 있으므로 정답이 될 수 없다.

6. (D)

해석 회사에서는 Via양이 무엇을 하길 바라는가?
(A) 새로운 전기제품을 디자인한다
(B) 해외 지사 근무한다
(C) 회사 안내서(매뉴얼)을 번역한다
(D) 고객 선호도 알려준다

해설 회사가 Via씨한테 원하는 것을 찾는 것이므로 화자의 말속에서 제안의 표현을 들어줘야 한다. She will이라는 미래의 조동사 표현과 더불어 그녀가 회사가 해외 고객들이 무엇을 좋아하는지를 결정하는 것을 도와줄 것이라고 했으므로 고객의 선호도를 알려줄 것이라는 것을 알수 있다.

Questions 7-9 refer to the following recorded message.

영국

You've reached Gliter Theater. Q7 **Our theater is currently playing *Funny Zone*, a comedy starring a famous comedian Ril Meinz.** Performances run from Tuesday through Sunday, twice a day at 1 P.M. and 8 P.M. Q8 **You can't get tickets online. Tickets can only be purchased at our ticket booth located on the first floor of our theater.** Q9 **Discounts are available for children under 12 when they are with their parents.** If you would like to get more information about the prices, please hold the line and then one of our customer representatives will answer your questions.

글리터 극장에 전화 주셔서 감사합니다. 현재 유명한 코미디언 릴 마인츠를 주연으로 하는 연극 〈퍼니존〉이 공연중입니다. 공연은 화요일부터 일요일까지 하루에 두 번씩 오후 1시와 8시에 합니다.티켓은 온라인 구입이 안됩니다. 티켓은 회사 저희 극장의 1층에 위치한 티켓 부스를 통해서만 구매될 수 있습니다.12세 이하의 부모를 동반한 어린이는 가격 할인을 받을 수 있습니다. 할인가에 대한 더 많은 정보를 얻길 원한다면, 전화를 끊지 마세요, 그러면 저희 고객 서비스팀이 질문에 대답해 드릴 겁니다.

어휘 production 상영작, 작품 starring on ~을 주역으로 하는
discount 할인 hold the line 수화기를 들고 기다리다

7. (C)

해석 메시지의 목적은 무엇인가?
(A) 미술관 개업을 홍보하기 위해
(B) 게임 일정을 발표하기 위해

(C) 상영작에 관한 정보를 제공하기 위해

(D) 이사를 축하해주기 위해

해설 메시지의 목적은 자신들이 극장이란 것을 소개하자마자 나온 내용인 현재 상영작 〈퍼니 존〉에 대한 안내였으므로 정답은 (C)이다.

8. (D)

해석 메시지에 따르면, 청자들은 어떻게 티켓을 구할수 있는가?

(A) 티켓 부스에 전화를 함으로써

(B) 근처의 서점을 방문함으로써

(C) 웹사이트를 방문함으로써

(D) 극장을 방문함으로써

해설 청자들이 티켓을 살 수 있는 방법을 묻고 있으므로 티켓이라는 단어에 초점을 맞춰야 한다. 'You can't get tickets online. Tickets can only be purchased our ticket booth located on the first floor of our theater' 이 문장에서 처음의 온라인으로는 구매를 할 수 있는 것이 아니라 can't 할 수 없는 것임을 주의해야 한다. 언제나 not이 있는지 여부를 확인하는 것이 중요하다. 따라서 티켓은 직접 방문해서만 구매할 수 있으므로 정답은 (D)번이 된다.

9. (B)

해석 어린이는 무엇이 이용 가능한가?

(A) 환영 이벤트

(B) 할인된 가격

(C) 특별 좌석

(D) 공짜 상품

해설 마지막 문제에서 어린이들에게 제공되는 것을 묻고 있으므로 'Discounts are available children under 12 when they are with their parents' 부모를 동반한 어린이들이 할인을 받을 수 있다고 했으므로 (B)번을 정답으로 고른다.

Part 5 EXERCISE

1. (B)

해석 시설물은 난방 장치가 있는 식당과 휴게실, 24시간 PC를 사용할 수 있는 컴퓨터실을 포함하고 있다.

해설 동사의 형태 문제는 수, 태, 시제의 순서로 풀어야 한다. 주어가 복수이므로, (A) inclues는 실격. 목적어가 있으므로 수동태 (D) be included는 답이 될 수 없다. include는 상태 동사로 진행형이 불가능하다. (C) are including도 실격. 정답은 (B) include이다.

어휘 **facility** 시설, 설비 **common** 흔한, 보통의 **include** 포함시키다

2. (D)

해석 학기 나머지 기간 동안, 학급은 특정한 연구 프로젝트와 진행에 대해 논의하기 위해서 곧 곧 만날 것이다.

해설 soon은 '곧'이라는 미래시제를 나타내므로 (D) will meet이 어울린다.

어휘 **remainder** 나머지, 잔여분 **semester** 학기 **discuss** 논의하다, 토론하다 **specific** 특정한, 명확한 **research** 연구 **progress** 진행, 진보

3. (B)

해석 Daniel Yannick은 지난 3년이 넘도록 환경 캠페인에 관여해 왔다.

해설 문장의 동사는 현재완료(has been involved)이다. 의미상 '동안'이라는 전치사가 어울리므로 정답은 (B) for이다. 보기 중 현재완료와 어울리는 전치사는 (B) for이다. over는 숫자형용사인 three를 수식하는 부사 '이상'이라는 뜻으로 쓰였다.

어휘 **involve** 관련시키다, 연관시키다

4. (A)

해석 니콜은 은퇴했을 때까지 많은 신문과 잡지를 취한 스포츠 이야기를 썼었다.

해설 동사의 시제 문제는 주변의 시점 표현이 있는지, 다른 동사의 시제는 어떤지 살펴야 한다. 'util she retired(과거에 은퇴했을때까지)에서 시점을 알 수 있고, 그 이전 시제가 답이 되어야 하므로, 정답은 (A) had written이다.

어휘 **retire** 은퇴하다, 퇴직하다

5. (B)

해석 그녀가 65세에 은퇴할 때까지 이브의 희망 수입은 5만 달러에서 16만 달러로 오르게 될 것이다.

해설 이 'by the time she retires(그녀가 은퇴할 때 까지)' 기준 시점이 미래임을 짐작 할 수 있고, 미래에 시작된다는 내용이 아니라, 연봉이 5만 달러에서 16만 달러까지 오르는 게 완료가 된다는 개념이므로 정답은 미래완료 (B) will have risen이다.

어휘 **by the time** ~때까지 **retire** 은퇴하다, 퇴직하다 **desire** 소망하다, 바라다 **income** 수입

6. (C)

해석 직원들에게 일할 준비가 될 수 있도록 알리기 위해서 라인이 가동되기 5분 전에 벨이 울린다.

해설 벨이 라인 가동 5분전에 항상 울린다는 내용이므로 단순현재시제 (C) rings가 가장 어울린다. 동사 원형으로 시작하는 (A) be rung은 실격이고 나머지도 동사가 아니라서 (B) ringing과 (D) to ring도 실격.

어휘 **alert** (= **warning** , **signal** , **alarm**) 방심하지 않는, 경계하는, 주의하는 **be ready to V** (= **be willing to**) 언제든지 곧 ~하다 **ring** (= **sound**, **chime**) 소리가 나다, (종이) 울리다, 들리다

7. (D)

해석 새로운 가구 판매로부터 나온 수입은 지난 10개월 동안, 예상된 것보다 훨씬 더 높아왔다.

해설 over the last ten months(지난 10개월 동안)은 '10개월 전부터 지금까지'를 나타내므로 현재완료 (B) have been이 가장 어

DAY 10

울린다. (C) had been은 비교가 되는 과거 시점이 있고, 그 보다 먼저 일어난 사실을 강조 할 때 쓰인다.

어휘 revenue 수입 anticipate 예상하다

8. (C)

해석 이사회가 새로운 중역을 찾기 위한 계획을 짜기 위해서 다음 주 언젠가 모일 것이다.

해설 next week와 어울리는 시제는 미래 (C) will convene이다.

어휘 board (= committee) 위원회 director (= chief, manager) 지도자, 관리자 sometime (미래) 언젠가, 머지 않아 lay out 설계하다, 배치하다 chief executive 최고 경영 책임자 convene (= call) 소집하다, 회합하다

9. (C)

해석 내년이면 미츠 씨는 일한 지 10년째가 된다

해설 동사 형태를 선택하는 문제. next year(내년에)가 미래를 나타내고 for ten years(10년 동안)는 계속을 의미하므로 지금보다는 일한 지 10년이 되는 내년에 중점을 둔 미래완료 시제 (C) will have been이 정답이다.

어휘 work 일하다, 작동하다

10. (B)

해석 그녀가 휴가에서 직장으로 돌아왔을 때 시차로 인한 피로 때문에 고생하고 있었다.

해설 시제를 선택하는 문제. 접속사 when이 있는 절이 과거를 한정해주고 있으므로 주절의 시제도 과거를 나타내야 한다. 보기 중 과거를 나타내고 있는 것은 (B) was suffering뿐이다.

어휘 return 돌아오다 jet lag 시차로 인한 피로 suffer 고통을 겪다

Part 6 EXERCISE

Questions 11-14 refer to the following letter.

인사 부장님께

제가 일하는 마지막 날은 6월 30일이 될 것이며, 만약 그 날짜 전에 대체할 수 있는 누군가가 고용될 수 있다면, 저는 그 사람의 훈련을 기쁘게 도울 것입니다.

VIPS에서 근무하는 동안 제공되어왔던 기회들에 감사의 표현을 하고 싶으며, 저의 사임 결정은 순순히 개인적인 이유 때문이며 그리고 회사의 어떠한 불만족과 관련되지 않음을 알려드립니다.

VIPS에서 많은 일들을 배워왔으며 그리고 늘 그 경험에 감사할 것입니다.

감사합니다.

토드 밀러 드림

어휘 resign 사직하다, 사임하다 employment 직장, 취업 replacement 대체품, 교체 purely 순전히, 전적으로 dissatisfaction 불만

11. (A)

해설 글쓴이는 첫 단락에서 사임을 계획하고 있다는 것을 말하고 있다. my last day of employment는 글쓴이가 퇴직하는 미래의 일을 나타내고 있는 것이므로 정답은 (A) will be이다.

12. (B)

해설 빈칸 뒤에 목적어가 없으므로 수동태가 어울리므로 (C) offered와 (D) had offered는 실격, 남은 수동태중 Todd Miller가 'VIPS 사에 있는 동안 자기에게 제공되었던 기회'에 대해 감사한다는 내용이므로 정답은 (B) was offered이다.

13. (C)

해설 글의 첫 문장에서 'I plan to resign'이라고 밝혔으므로, 떠나려는 결정 이라고 해야 알맞다 따라서 정답은 (C) leave이다. part 6는 첫 문장이 모든 글의 흐름에 대한 주제문을 포함하고 있다. 따라서 첫 문장을 항상 염두해 두고 문제를 풀어야 한다.

14. (B)

해설 Part 6의 시제 문제는 '빈칸이 있는 문장 → 앞 문장 → 뒷 문장' 순서로 읽으며 단서를 찾는다. VIPS에서 일을 시작한 과거 어떤 시점부터 지금까지 많은 일을 배워왔다는 뜻이므로 과거시점부터 현재까지를 아우를 수 있는 현재완료 시제가 와야 한다. 따라서 정답은 (B) have learned이다. 빈칸 뒤에 목적어가 있으므로 수동태인 (A)는 탈락, 동사가 와야 하는 자리이므로 (D)도 답이 될 수 없다.

Part 7 EXERCISE 이중 지문

Questions 15-19 refer to the following e-mails.

발신인: 폴 포츠 〈mydream@u.washington.edu〉
수신인: Hezstyle.com
주제: 주문 배송

Q15&Q19 제가 주문한 것이 어떻게 되었는지 궁금합니다. 일주일 전에 Q16-1 50달러짜리 윈드 재킷을 주문했는데 아직 받지를 못하고 있습니다. Q16-1 익일 배송을 위하여 추가로 더 지불했으니까 4, 5일 전에는 받았어야 했습니다. 주문을 넣은 다음에 확인 메일은 받았지만 물건에 대한 운송장번호는 없었습니다. Q15 제 주문이 어떻게 된 것인지 알려주시기 바랍니다. 만약에 배송 중에 잃어버렸다면 저는 어떻게 해야 합니까? 다시 주문해야 하나요?

감사합니다.

폴

발신인: Hezstyle.com
수신인: 폴 포츠 〈mydream@u.washington.edu〉
주제: 주문 배송에 관하여

포츠 씨에게

Hezstyle.com에서 구입해주셔서 감사합니다. 고객님의 주문 번호는 #12W0PMW입니다. 참고로 이 페이지를 인쇄하시거나 적어 두시기 바랍니다. 이 주문은 영업일 기준으로 이틀 내에 도착할 것입니다.

Q17 고객님의 물건이 지연된 이유는 지난주 저희에게 시스템 오류가 발생했기 때문이었습니다. 주문 받는 시스템을 전부 새로 설치해야 했습니다. 그 결과로 많은 주문이 최대 5일까지 지연되었습니다.

Q16-2 지연 때문에 2달러를 환불드릴 것이고, Q18 또한 다음 번 Hezstyle.com에서 쇼핑하실 때 사용하시도록 10% 할인권도 드릴 것입니다.

추가로 저희의 도움이 필요하시면 custserv@Hezstyle.com 또는 1-800-222-5454로 연락주십시오. 저희의 고객 서비스 상담원이 하루 24시간 일주일 내내 대기하고 있습니다.

불편을 끼쳐드려 죄송합니다. 계속 Hezstyle.com을 이용해주시길 기대합니다.

안녕히 계세요.

Hezstyle.com 고객 서비스

어휘 **status** 상태 **place an order** 주문하다 **jacket** 자켓 **receive** 받다 **shipping** 운송 **confirmation** 확인 **tracking number** 운송장 번호 **reference** 참조 **business day** 영업일 **ship** 배송하다 **priority mail** 우선 취급 우편, 빠른 우편 **delay** 지연시키다 **experience** 겪다 **error** 오류 **reinstall** 재설치하다 **refund** 환불해주다 **include** 포함시키다 **assistance** 도움 **contact** 연락하다 **consultant** 컨설턴트

15. (C)

해석 첫 번째 이메일의 목적은 무엇인가?
(A) 재킷을 새로 주문하는 것
(B) 주문을 취소하는 것
(C) 주문의 상태를 묻는 것
(D) 주문의 운송장 번호를 알기 위한 것

해설 첫 번째 이메일 첫 줄에 보면 주문 상태에 대하여 궁금하다(I was wondering about the status of my order)라는 말로 시작한다. 따라서 정답은 (C) To ask for the status of an order이다. 'was wondering about'이 ask for로 재표현 되었다.

16. (A)

해석 포츠 씨는 총 얼마를 지불했는가?
(A) 52달러
(B) 50달러
(C) 192달러
(D) 40 달러

해설 **연계문제** – 첫번째 이메일에서 50달러 자리 아이템을 주문했고, 다음 문장에 추가로 익일 배송비를 주문했다고 했고(Q16-1 I placed an order for item # 192 ($50) about a week ago, but I haven't received it yet. I paid the additional fee for next-day shipping) 두번째 이메일에서 '지연 때문에 2달러를 환불해준다(Q16-2 Because of the delay, we will refund two dollars)고 했으므로, 총 52달러를 주문했다.

17. (C)

해석 무엇이 주문의 지연을 발생시켰는가?
(A) 네트워크 업그레이드
(B) 주문 받은 것을 어디에 두었는지 잊었다.
(C) 주문 접수 시스템 오류
(D) 잘못된 주문

해설 두 번째 이 메일의 세 번째 단락 첫 번째 문장에 고객의 물건 배송이 지연된 이유는 지난 주에 있었던 시스템 오류 때문(The reason your package was delayed was that we experienced system errors last week.) 이라고 말하고 있다. 시스템 오류로 주문 접수 시스템 전부를 새로 설치해야 했다는 말을 하고 있다. 정답은 (C) Order receiving system error이다.

어휘 **misplace** 둔 곳을 잊다 **receive** 받다

18. (B)

해석 지연을 보상하기 위하여 Hezstyle.com은 포츠 씨에게 무엇을 제공했는가?
(A) 무료 배송
(B) 다음 주문 시 할인
(C) 재킷 주문에 대한 할인
(D) 다음날 배송

해설 두 번째 이메일의 네 번째 단락을 보면 다음 번 주문에 쓸 수 있는 10% 할인권을 같이 보냈다(We've also included a coupon that will take 10% off the next time you order at Hezstyle.com)고 말하고 있다. 정답은 (B) A discount on his next order이다. 10% off가 a discount로 재표현되었다.

19. (D)

해석 첫 번째 이메일에서 첫 번째 문단의 첫째 줄 status와 의미가 비슷한 것은
(A) 사건
(B) 배송
(C) 오류
(D) 상태

해설 status는 '상태'를 의미하며, 이와 유사한 말은 (D) state이다.

어휘 **happenings** 우연히 일어난 일, 사건 **state** 상태

DAY 11

Part 3 | EXERCISE

1. (D) **2.** (B) **3.** (D)
4. (B) **5.** (C) **6.** (D)

Part 4 | EXERCISE

7. (A) **8.** (C) **9.** (C)

Part 5 | EXERCISE

1. (A) **2.** (D) **3.** (C) **4.** (D) **5.** (C)
6. (C) **7.** (D) **8.** (D) **9.** (B) **10.** (C)

Part 6 | EXERCISE

11. (A) **12.** (D) **13.** (B) **14.** (B)

Part 7 | EXERCISE

15. (C) **16.** (A) **17.** (A) **18.** (D) **19.** (B)

Part 3 EXERCISE

Questions 1-3 refer to the following conversation.

미국 영국

M: What's the status of the construction of Q1 **our new factory** in Minneapolis?

W: Everything's in order. In fact, the new factory is Q2 **about 2 weeks away from its completion**. All the assembly lines are installed and good to go.

M: Great! That means we are 2 weeks ahead of our original schedule. Q1 **We should get busy with the hiring then**. The plant might open sooner than we expected.

W: You wouldn't have to worry about hiring because Q1 **we've already hired 80 workers for production**. But Q3 **we need to conduct safety training before they start working in the assembly lines**.

남: Minneapolis의 공장 신축 공사는 어떻게 되고 있습니까?

여: 모든 것이 계획대로 되고 있기 때문에 새로운 공장은 2주 정도 후에 완공될 예정입니다. 작업 라인들 설치 중이며 가동하기에 문제가 없습니다.

남: 훌륭합니다. 우리의 최초 계획보다 2주 앞섰군요. 그럼 직원 구하는 일을 시작해야겠습니다. 공장은 우리가 기대했던 것 보다 일찍 가동될 것 같습니다.

여: 고용 관련해서는 걱정하실 필요가 없습니다. 벌써 생산을 위해 80명의 직원을 채용해 놓았습니다. 하지만 작업 라인에서 일을 시작하기 전에 안전 훈련을 수행할 필요가 있습니다.

1. (D)

해석 화자들이 근무하는 곳은 어디인가?
(A) 공공기관
(B) 고용 서비스
(C) 우체국
(D) 제조회사

해설 Who most likely do the speakers work for? 화자들의 직업을 묻는 질문이므로 대화 전체를 듣고 힌트가 되는 구문안에서 정답을 찾아준다. 새로운 공장과 새로운 직원의 고용에 대한 이야기를 하고 있으므로 공장과 관련된 일을 하는 사람들이라는 것을 알 수 있다. 보기 속에서 공장과 관련된 사람들은 제조 회사밖에 없으므로 (D)번이 정답이 된다.

2. (B)

해석 2주 후에 무슨일이 일어날 것인가?
(A) 건설이 시작된다
(B) 작업이 끝난다.
(C) 의제가 발표된다.
(D) 기계가 설치된다.

해설 What will happen in two weeks? 해당 시간에 일어날 일을 묻는 키워드 문제 유형이므로 in two weeks라는 표현을 듣고 앞 뒤에서 정답을 찾는다. 2주 후에 건설작업이 마무리가 된다고 이야기했으므로 정답은 (B)번이 된다. Construction만 듣고 (A)번을 정답으로 고르지 않도록 주의한다.

3. (D)

해석 여자에 의하면, 아직 완료되지 않은 것은 무엇인가?
(A) 제품 포장
(B) 직원 채용
(C) 장비 설치
(D) 직원 교육

해설 According to the woman, what has not been completed? 여자의 말에 따르면 이라고 말했으므로 여자의 말속에서 여자가 끝내지 못한 것을 골라 준다. 'We need to라는 필요하다/하고 싶다'라는 구문으로 아직 끝내지 못한 것을 이야기하고 있으므로 아직 안전교육이 끝나지 않았다는 것을 알 수 있다.

어휘 install 설치하다

Questions 4-6 refer to the following conversation.

호주 영국

W: Isn't it hot here?

M: Yes, it's getting annoyed.

W: Is the [Q4] **air conditioner** properly working?

M: No. It stopped working a couple of hours ago. [Q5] **I called for a technician right before**, but he told me [Q4] **tomorrow morning** is the earliest he could come.

W: Well, there's nothing much we can do about it, then. [Q6] **We'll just have to open up the windows to cool down a bit until the technician gets here**.

여: 여기 덥지 않나요?

남: 네, 점점 짜증이 나네요.

여: 에어컨이 제대로 작동하나요?

남: 아니오. 몇 시간 전에 작동을 멈춰서 바로 기술자에게 전화를 했습니다만 가장 빠른 방문시간이 내일 오전이라고 합니다.

여: 그럼 우리가 할 수 있는 일은 아무것도 없겠네요. 우선은 기술자가 방문하기 전까지 창문을 열어 열기를 식혀야겠어요.

4. (B)

해석 화자들은 어디에 있나?

(A) 공원에

(B) 사무실에

(C) 자동차에

(D) 집에

해설 대화의 장소를 묻는 일반적 질문이므로 대화 전체에 들리는 힌트구문들을 듣고 정답을 골라준다. 에어컨, 유리창, 내일아침 등의 단어가 나오는 걸로 보아서 어딘가 실내이고 매일 오는 곳이라는 것을 알 수 있다. 당연히 사무실일 수밖에 없다.

5. (C)

해석 남자는 누구에게 연락을 했나?

(A) 회계사

(B) 관리인

(C) 수리공

(D) 유리창 청소부

해설 남자가 연락했던 사람은 누구인가를 묻고 있으므로 남자의 말속에서 보기 속에 나오는 사람이 나올때를 잘 들어준다. 남자가 방금 전 technician한테 전화를 했다고 했으므로 에어컨을 고치기 위해 수리공에게 전화했음을 알 수있다.

6. (D)

해석 여자는 무엇을 할 예정인가?

(A) 수리점 방문

(B) 새로운 전기제품 구입

(C) 미팅 취소

(D) 창문 열기

해설 다음번에 여자가 할 일을 묻고 있으므로 마지막 사람의 말을 잘 듣는다. 여자가 마지막 사람이라면 미래형으로 남자가 마지막 사람이라면 여자에게 제안하는 형태로 정답을 줄 것이다. 여자가 마지막 말에서 미래형으로 이야기하고 있으므로 정답은 유리창을 연다는 것이다. 기억할 것은 we'll이나 I'll은 결국 둘다 말하는 사람을 포함 하는 것이므로 본인이 하겠다는 말이라는 것을 기억한다.

Part 4 EXERCISE

Questions 7-9 refer to the following announcement.

영국

Good afternoon. I'm Jen Kim, the director of the White home and property. [Q7&Q8] **I appreciate you all for coming in and joining this informative meeting on buying and renting properties.** Today, we will have two speakers here to explain in details why White is such a wonderful place to live. First, we will hear from Jonathan Cole , a famous architect, about the public parks and other recreational facilities here. Following Jonathan, we will then hear from [Q9] **Mayor Jane Smith** about the local business in the area and how active it is. In the afternoon, we will take a tour around the area to actually see some of our available homes and apartments. [Q8] **We will return to this office at 2 p.m.**

안녕하세요 저는 White home and property의 Jen Kim입니다. 여러분이 부동산을 사고 세놓는 데에 있어 정보를 주는 이 회의에 참석하신 것에 감사드립니다. 오늘 우리는 이곳에서 두명의 발표자가 나와 왜 White지역이 살기에 왜 환상적인 장소인지는 세부적으로 설명하도록 할 것입니다. 먼저, 유명한 건축가인 Jonathan Cole로부터 여기 대중 공원과 다른 레크리에이션 시설들에 대해 들을 것입니다. Jonathan에 이어, 시장인 Jane Smith는 이 지역에 있는 지역 사업과 얼마나 활동적인지에 대해 들어볼 것입니다. 오후에는 실질적으로 둘러볼 수 있는 몇몇 가정과 아파트를 보면서 지역을 둘러보는 관광을 할 것입니다. 우리는 이 사무실로 오후 2시에 되돌아오게 될 것입니다.

어휘 **property** 재산, 소유물 **mayor** 시장

7. (A)

해석 회의의 목적은 무엇인가?

(A) 정보를 제공하기 위해서

(B) 문제를 언급하기 위해서

(C) 새 정책을 논의하기 위해서

(D) 동료를 소개하기 위해서

해설 회의의 목적을 묻는 질문이므로 대화의 첫 세문장을 잘 듣는다. 대화의 첫부분에서 this informative meeting이라고 언급하고 있는 것을 들으면 이 대화가 정보를 주기 위한 것이라는 것을 알 수 있다.

8. (C)

해석 어디에서 회의는 이뤄지고 있는가?

(A) 공원에서

(B) 식당에서

(C) 사무실에서

(D) 호텔에서

해설 미팅이 열리는 장소 즉, 대화가 일어나는 장소를 묻고있는 질문이므로 대화첫부분을 잘 들어주고 첫부분에서 언급되지 않는다면 대화를 다듣고 정답을 찾는다. 첫부분에서는 특별히 장소에 대한 언급이 없다. 따라서 대화를 끝까지 잘 들어주어야한다. 대화의 마지막에 이 사무실로 돌아오라는 말이 있으므로 이 대화가 열리고 있는 곳이 사무실이라는 것을 알 수 있다.

9. (C)

해석 Jane Smith가 누구인가?

(A) 교수

(B) 전무

(C) 시 공무원

(D) 작가

해설 사람의 직업을 묻는 문제는 이름 바로 앞뒤를 잘듣는다. Mayor Jane Smith에서 정답을 찾아야 한다. 시장 역시 시의 공무원이므로 city official로 paraphrasing 된다는 것이 포인트이다. 또한 local politician이라는 단어로도 간혹 전환됨을 기억한다.

Part 5 EXERCISE

1. (A)

해석 회사가 Newark로 이동한다면 한 달에 100달러까지 통근 수당을 받을 자격이 있을 것이다.

해설 절이 두 개라서 접속사가 필요한데, so는 등위접속사라서 가운데 나와야 하므로 실격. 의문사 (B) whom은 어울리지 않을 뿐더러 명사절을 이끌어서 실격. if와 whenever 중 해석해 보고 어울리는 답을 고른다. '회사가 뉴욕으로 이사오면, 통근 수당에 대한 자격이 있을것이다'라고 해야 하므로 정답은 (A) if이다.

어휘 **move** 옮기다, 이동하다 **be entitled to** + 명사 ~에 자격이 있다 **commute** 통근하다 **allowance** 수당, 지급액 **up to** 최대

2. (D)

해석 대학의 공식 기록들은 학생들의 동의 없이 인가 받지 못한 사람들에게 노출되지 않는다.

해설 문장의 동사가 없으므로 동사가 아닌 (D) having been은 실격. 주어 (records)와 수일치가 되지 않는 (C) was도 오답. ' 개인기록은 동의 없이 공개되지 않는다'는 항상 지켜야 규칙이므로 현재시제가 가장 어울린다. 정답은 (A) are이다.

어휘 **official** 공식적인 **release** 노출시키다 **unauthorized** 인가받지 않은 **consent** 동의

3. (C)

해석 만일 더많은 조언을 필요로 한다면, 헬프 데스크의 내선번호 207로 언제 든지 전화하세요.

해설 주절의 시제가 please 동사원형이다. 명령문은 현재, 미래 모두 가능하므로 if절엔 미래를 대신하는 현재동사가 어울리지만, 보기에 없으므로 가정법 미래도 생각해 보아야 한다. 'If + 주어 + should + 동사원형, 명령문'이므로 정답은 (C) should need이다.

어휘 **advise** 충고, 조언 **feel free to** + 동사원형 맘껏 ~해라 **extension** 내선 번호 **need** 필요로 하다

4. (D)

해석 최근에 전례 없던 더 많은 전세계 팀들이 K-Pop Star 대회에 참가해 오고 있다.

해설 recently(최근에)는 현재완료, 과거 모두 잘 어울리는 부사이다, 과거형 이기는 하지만 자동사라서 수동태가 불가능한 (A) were participated는 실격. 따라서 정답은 (C) have been participating이다.

어휘 **competition** 경쟁, 대회

5. (C)

해석 만일 구매자들이 우리의 새로운 정보 처리 프로그램에 대해 더 자세히 알고 있다면, 그들은 경재업체의 제품보다 우리제품을 더 많이 구입할 텐데.

해설 if절에 과거 동사가 있으면, 주절은 would 동사원형이므로 정답은 (C) would purchase가 된다.

어휘 **in detail** 자세하게, 상세히 **competitor** 경쟁 상대, 경쟁자 **purchase** 구입하다, 얻다

6. (C)

해석 사무엘 씨가 선출되었다면, 정부는 가정 내 폭력에 대한 자각을 높이기 위해서 새로운 캠페인에 착수했을 텐데.

해설 절이 2 개인데, 접속사가 없는 것이 가장 큰 특징이다. 그렇다면, 가정법이 도치된 형태이다. 주절의 시제가 would have launched이므로 if절엔 had p.p.가 있어야 한다. 도치된 형태는 Had 주어 p.p.일 것이므로 빈칸엔 과거 분사가 와야 하는데, 빈칸 뒤에 목적어가 없으므로 수동태인 (C) been elected가 정답이다.

어휘 **launch** 출시하다, 착수하다 **raise awareness** 자각을 높이다 **domestic violence** 가정 내 폭력 **elect** 선출하다, 선거하다

7. (D)

해석 새롭게 임명된 대통령은 국내 정부 구성을 확실히 하기 위해서 즉각

적인 조치가 취해져야 된다고 요구했다

해설 알맞은 동사 형태를 선택하는 문제. demanded는 주장, 명령, 제안, 요구의 타동사로 that절을 목적어로 취할 경우 '~해야 한다'의 의미가 성리되면 that절의 동사는 '(should) + 동사원형'의 형태를 취해야 한다. 빈칸 뒤에 목적어가 없으므로 (D) be taken이 정답이다.

어휘 newly elected 새롭게 임명된 demand (= require, request) 요구하다 immediate 즉각적인, 직접의 ensure 확실하게 하다, 보증하다 formation 구성, 형성 take steps 조치를 취하다

8. (D)

해석 Mr. Jones는 그가 탄 기차가 20분 늦게 떠났었기 때문에, 기공식에 정시에 도착하지 못했다.

해설 주절이 과거면 종속절도 과거이어야 하므로 (B) have left와 (C) leave는 실격. 과거를 시점에서 미래의 일을 말할 때 쓰는 'would 동사원형'인 (D) would leave도 실격. 정답은 (A) had left이다.

어휘 detailed 자세한 description 설명, 묘사 refer to 참조하다, 언급하다 annotated 설명이 있는, 주석이 달린

9. (B)

해석 만일 오류를 발견하거나, 문제를 경험한다면 담당자에게 즉시 알리세요.

해설 빈칸엔 if와 should 둘 중 하나가 오면 가능하다. 그냥 if 조건문으로 보아도 좋고, 'if 주어 should'가 있어도 문법적으로 맞다. 보기에 if가 없으므로 단순 조건문은 아니다. 가정법 미래 (If + 주어 + should + 동사원형)의 경우 if를 생략하고 주어와 동사를 도치할 수 있으므로 'Should + 주어 + 동사 원형, please 명령문~'의 형태가 답이어야 한다. 정답은 (B) Should이다.

어휘 inaccuracy 틀림, 부정확
right away (= directly, immediately) 곧바로, 즉시

10. (C)

해석 어떤 아이에게도 부모님의 서면 허락이 없다면, 처방약, 처방전 없이 살 수 있는 약등 그 어떤 약도 주어지지 않을 것이다.

해설 절이 두 개이므로 접속사가 필요하다. 보기가 모두 접속사 역할을 할 수 있으므로 해석해 보아야 한다. 의미상 '부모님의 허락이 없다면, 약을 주지 않을 것이다'라고 해야 어울리므로 접속사 (C) unless(~하지 않는다면)가 정답이다. unless가 조건 부사절을 이끌기 때문에 미래 시제 대신 현재 시제인 is given이 쓰였다.

어휘 medication 약, 약물치료 prescription 처방, 규정
over the counter 처방전 없이 살수 있는 약
written permission 서면 허가
as if (= as though) 마치 ~처럼

Part 6 EXERCISE

Questions 11-14 refer to the following announcement.

2011년 12월 30일

정보기술과의 린다 카펜터 씨 축하합니다.

정보기술과 직원인 카펜터 씨가 2011년 12월 15일 위원회 미팅에서 '2011년 올해의 직원상'을 받았습니다.

카펜터 씨는 3년째 시티 직원으로 일해오고 있습니다. 현재 그녀는 정보기술과의 고객 지원 서비스에서 일하고 있습니다. 고객지원 서비스는 '헬프 데스크'로도 잘 알려져 있는데, 정보기술과로 걸려오는 문제 해결 전화를 처리하고 있습니다.

그녀의 '할 수 있다'는 태도에 대해 여러 동료들이 추천하여 2011년 7월엔 '이달의 직원상'을 받기도 했습니다. 직원 인정위원회는 2011년 '올해의 직원'에 카펜터 씨를 선정했습니다.

어휘 award ~에게 상을 주다 the employee of the year 올해의 직원 commission 위원회 troubleshooting 분쟁조정, 고장수리 nomination 지명, 추천 co-worker 동료 attitude 태도 recognition 인정

11. (A)

해설 동사의 형태 문제는 수 → 태 → 시제의 순서로 푼다. 수일치는 모두 가능하고, 보기에 있는 동사가 전형적인 4형식 동사이므로 뒤에 목적어 있어도 수동태가 가능하므로 해석을 잘 해보고 답을 골라야 한다. 상을 받는 사람인 Ms. Carpenter가 주어라서 수동태가 되어야 하고, 상을 받는 시점이 이 글을 쓴 12월 30일 보다 이전 시점인 12월 15일이므로 정답은 (A) was awarded이다.

12. (D)

해설 뒤에 for three years(3년 동안)란 표현이 나오므로 현재완료 시제가 어울린다. 현재완료는 과거의 어느 시점부터 지금까지를 나타내는 표현으로, 3년 동안이란 표현에는 3년 전부터 지금까지의 의미가 포함되어 있다. 따라서 정답은 (D) has been이다. for three years가 과거의 3년을 나타낼 수도 있겠지만 카펜터 씨는 지금 일하고 있는 사람이므로 과거의 일만은 아니다.

13. (B)

해설 전치사 문제. known as는 '~로서 알려져 있다'는 뜻. as는 '~로서'라고 해석이 되는 전치사이다. '헬프 데스크로도 알려져 있는'이라고 해석되므로 정답은 (B) as이다.

어휘 known to ~에게 알려져 있는 known for ~로 유명한
known by ~에 의해서 알려져 있는

14. (B)

해설 첫문장에서 이미 the Employee of the Year 2011 수상자라고 밝힌 내용을 마지막 문장에서 수상한 주체를 언급하면서 끝맺음하고 있다 정답은 (B) selected이다.

Questions 15-19 refer to the following advertisement and letter.

미드타운 맨해튼에 있는 바쁜 고품격 보험 회사가 Q15&Q18 고객 관리팀에 합류할 고객 서비스 직원을 찾고 있습니다. 한 번에 여러 임무를 해낼 수 있고 훌륭한 의사전달 기술을 가지고 있는 직원을 찾습니다.

업무:

- 전화로 고객 청구를 접수하고 처리하기
- 고객 청구가 해결되도록 보험 대리점에 전달하기
- 현재 접수 상태를 정리해서 보관하기
- 발생되는 모든 고객 불평 처리하기

요구조건:

- 학사 학위 소지 또는 Q16-1&Q19 과거 고객 서비스 경력이 있어야 함
- 컴퓨터를 잘 다룰 줄 알아야 함
- 용모 단정하고 압박감 속에서도 일을 잘 해야 함
- 유동적인 업무 일정을 상당히 선호할 수 있어야 함

이 자리는 전임자리이고 의료혜택을 제공합니다. 봉급은 경력에 따라 3만 달러에서 4만 달러 사이입니다. 관심이 있으시면 Q17 이력서와 자기 소개서를 인사부의 마이클 우드슨에게 팩스로 보내주십시오. 팩스번호는 (212) 845-2245입니다.

고용 담당자에게

오늘날 고객 서비스 지향 사회에서는 미래 기업 성장을 강화시키기 위하여 때에 맞는, 친절한, 미래 지향적인 서비스를 추구하고 있습니다. 고객 충성은 귀사의 소중한 고객을 도울 때 귀사를 대신하기 위하여 고용하는 올바른 서비스 소매 전문가에 의하여 항상 강하게 영향을 받습니다.

Q16-2 저희 서비스 업계에서의 오랜 기간 경험은 제가 파는 서비스를 가지고 어떻게 하면 Q16 고객의 기대를 그 이상으로 만족시킬 수 있는지를 가르쳐 주었습니다. 저는 전문적인 동시업무처리 기술로 모든 경우의 모든 종류의 고객들을 도왔습니다. 저는 충성스런 고객들의 입을 통하여 귀사를 소개하는 것뿐만 아니라 반복하여 재계약을 맺는 충성스런 기업을 얻고 유지하는 것이 모든 회사에게 있어서 Q19 가장 중요하다는 것을 깨닫고 있습니다. 회사를 고객들이 더 잘 알 수 있도록 하고 더 시장성이 있도록 하는 것이 제가 이제까지 여러 번 성공적으로 해온 일입니다.

Q16 저는 제 팀에게 사기를 고취시키고, 자신감을 갖게 하고, 대인 기술을 개발시켜 판매를 증가시키도록 훈련하는 것 등을 통하여 제 팀과 지속적인 성공을 이루어내는 훌륭한 트레이너 입니다. 저의 Q16 제 팀과의 효과적인 의사소통 능력은 전반적인 팀 성공에 중요한 요소가 되고 있습니다. 귀하와 인터뷰를 하게 된다면 큰 기쁨이겠습니다. 소식 기대하겠습니다.

안녕히 계세요.

린다 슈워츠

어휘 **upscale** (사회적 지위가) 평균 이상의 **insurance** 보험 **representative** 직원 **candidate** 후보자 **multi-task** 한 번에 여러 업무를 하는 **communication** 의사 전달 **claim** 청구, 요구 **communicate** (정보 등을) 전달하다 **organize** 정리하다 **track** 지나간 자취, 흔적 **resolve** 해결하다 **complaint** 불평 **requirements** 요구조건 **bachelor's degree** 학사 학위 **personable** 용모 단정한 **pressure** 압박 **flexible** 유동적인 **benefit** 혜택 **human resources** 인사 **oriented** ~지향의, ~경향의 **timely** 적시의 **proactive** 앞을 내다보고 행동하는 **enhance** 강화시키다 **growth** 성장 **loyalty** 충성 **impact** 강한 영향을 주다 **represent** 대표하다 **exceed** 초과하다 **acquire** 획득하다 **maintain** 유지하다 **patron** 단골고객 **utmost** 아주, 최고의 **position** ~에 위치시키다 **exposure** 드러내놓음 **marketability** 시장성 **ongoing** 진행 중인 **morale** 사기 **self-confidence** 자신감

15. (C)

해석 어떤 일자리가 게시되고 있는가?

(A) 보험사 외판원

(B) 통신 담당관

(C) 고객 관리 직원

(D) 이상적인 후보자

해설 광고 첫 번째 단락에 고객 관리 팀에서 일할 고객 서비스 직원을 찾고 있다(seeking a Customer Service Representative to add to its Customer Care team.)고 언급하고 있다. 정답은 (C)이다.

어휘 **job posting** 일자리 공시 **communication** 통신, 보도 **officer** (고위) 공무원, 관리

16. (A)

해석 지원자는 광고에서 열거된 일자리 요구 조건들을 만족시키는 것들 중 어떤 기술을 소유하고 있는가?

(A) 서비스 업계에서의 오랜 기간의 경험

(B) 다중 업무 능력과 의사소통 능력

(C) 다중 업무 능력과 고객의 기대를 뛰어넘는 능력

(D) 사기와 팀 자신감을 고취시키는 것

해설 **연계문제** – 보기는 모두 지원자인 린다가 자신에 대하여 언급한 것들이다. 그러나 광고에 언급한 내용을 보면 학사 학위나 경력 (Q16-1 Must have a bachelor's degree or previous Customer Service experience.), 컴퓨터 기술, 용모 단정, 압박하에서도 일을 잘 하는 것, 유동적인 일정을 선호하는 것 등이다. 린다의 자기소개서(cover letter) 두 번째 단락의 첫 문장에 서비스 산업 분야에 오랜 경험이 있다 (Q16-2 my long-term experience in the service industry)고 했으므로 따라서 린다가 말하는 것들 중 광고에 나오는 필수조건들과 맞는 것은 정답은 (A) Long-term experience in the service industry이다.

어휘 **possess** 소유하다 **fulfill** (조건을) 준수하다

17. (A)

해석 지원 시 반드시 제출해야 하는 서류는?

(A) 이력서와 자기 소개서

(B) 처리된 청구들

(C) 이력서와 사명 선언서

(D) 추천서들

해설 광고 마지막 단락에 이력서와 자기 소개서를 마이클 우드슨 씨에게 팩스로 보내라는 언급이 있다. 이외에 다른 언급은 나와 있지 않다. 정답은 (A) Resume and cover letter이다.

어휘 **process** 처리하다 **claim** 청구, 요구 **mission statement** 사명 선언서

18. (D)

해석 지원자는 회사의 어느 부분에서 일하겠는가?
(A) 보험사 외판원팀
(B) 청구 부서
(C) 컴퓨터 관리팀
(D) 고객관리팀

해설 광고에 고객관리팀에서 일할 고객 서비스 직원을 찾는다고 하였다. 정답은 (D)이다.

19. (B)

해석 자기 소개서의 두 번째 문단 다섯째 줄의 utmost와 가장 가까운 의미는?
(A) 충성스러운
(B) 가장 중요한
(C) 독창적인
(D) 넓은

해설 utmost는 '가장, 최대한도의, 최선' 등의 뜻으로 문맥에서 is of the utmost importance는 '가장 중요하다'는 의미로 쓰였다. 같은 의미를 주는 것은 primary로 is of the primary importance(가장 중요하다)는 비슷한 의미를 줄 수 있다. 정답은 (B)이다.

어휘 **utmost** 최대한도의, 가장 **loyal** 충성스러운 **primary** 주요한, 가장 중요한, 기본적인, 초기의 **original** 독창적인, 원본의

DAY 12

Part 3 | EXERCISE

1. (A) **2.** (C) **3.** (B)
4. (A) **5.** (A) **6.** (A)

Part 4 | EXERCISE

7. (A) **8.** (D) **9.** (C)

Part 5 | EXERCISE

1. (C) **2.** (C) **3.** (C) **4.** (D) **5.** (A)
6. (A) **7.** (B) **8.** (A) **9.** (A) **10.** (C)

Part 6 | EXERCISE

11. (C) **12.** (C) **13.** (D) **14.** (B)

Part 7 | EXERCISE

15. (B) **16.** (A) **17.** (D) **18.** (C) **19.** (B)

Part 3 EXERCISE

Questions 1-3 refer to the following conversation.

영국 미국

W: Excuse me, I'm setting tables for an opening ceremony tomorrow. Q1 **I am looking for some disposable knives. Do you have any?**

M: Q2 **Oh, we were supposed to get some today, but the delivery is running late this morning.** I'm so sorry we don't have any disposable ones left in the store at the moment.

W: I think there are too many anticipated participants to use silver cutlery. Is there any way I can get those today?

M: Q3 **Well, I'll call our store in Ann Arbor and see if they have some to send us.**

여: 저기요, 저는 내일 개막행사를 위해서 테이블을 준비 중이에요. 일회용 나이프를 찾고 있는데, 가지고 계세요?

남: 아, 오늘 좀 들어오기로 되어 있었는데, 오전에 배송이 늦어지고 있어요. 그래서 정말 죄송하지만 지금 가게에는 남아 있는 일회용 제품은 하나도 없네요.

여: 제 생각엔 은으로 된 식기구를 쓰기에는 너무 참석자가 많을 거 같아요. 오늘 좀 얻을 방법은 없을까요?

남: 음, 앤 아버에 있는 저희 가게에 전화해서 우리에게 보낼 것이 있는지 알아보겠습니다.

어휘 **set a table** 테이블을 준비하다 **opening ceremony** 개막행사 **disposable** 일회용의 **be supposed to** ~하기로 되어 있다 **cutlery** 식기구 (포크, 나이프류)

1. (A)

해석 이 대화는 어디에서 이루어지는가?

(A) 주방용품 가게

(B) 호텔 프런트 데스크

(C) 여행사

(D) 출장 연회 요리 업체

해설 현재 대화의 장소를 묻고 있으므로, 나이프를 찾을 만한 장소인 (A) 주방용품 가게를 고르면 가장 좋은 답이다.

2. (C)

해석 무엇이 문제인가?

(A) 직원이 부재중이었다.

(B) 행사가 취소되었다.

(C) 배송이 제때에 되지 않았다.

(D) 고객이 불만을 표했다.

해설 문제점이 구체적으로 무엇인지 묻고 있으므로 상황 중 부정적인 어휘나 표현을 골라준다. 남자의 첫 번째 문장을 보면 but으로 시작하는 부분에서 배송이 늦어지고 있어 문제가 됨을 알 수 있으므로 정답은 (C)를 택한다.

3. (B)

해석 남자는 무엇을 하겠다고 하는가?

(A) 고객에게 전화한다

(B) 다른 가게에 물품을 요청한다

(C) 주문을 취소한다

(D) 지연되는 것을 사과한다

해설 남자가 하겠다고 하는 일을 찾아보면, 가장 마지막 문장에서 'I'll call our store in Ann Arbor and see if they have some to send us.'라고 하고 있으므로 다른 가게에 물건을 전화로 요청하겠다고 한 (B)를 선택하면 된다.

Questions 4-6 refer to the following conversation.

미국 영국

M: Hello, Jane. This is Michael Kim calling from Davis Architects. Q4 **I wanted to thank you for visiting our office this morning to conduct the training session on the new finance software.**

W: No problem! I just hope it was helpful to your employees. I know the system can be a bit difficult to navigate in the beginning.

M: Yes, it was very helpful indeed. Everyone at the session said it was very useful.

W: Great!

M: But unfortunately, some of our salespeople couldn't attend the meeting due to a sales conference. Q6 **I was wondering if you might be able to come back next week to teach the same training class to those who've missed today's.**

W: Q5&Q6 **I'd be happy to come back, but unfortunately, I'll be on a business trip all of next week.**

M: 안녕하세요, 제인. 저는 다비스 건축사무소에 있는 마이클 김입니다. 오늘 오전에 새로운 재무 소프트웨어에 대한 연수를 해주기 위해 저희 사무실에 방문해주셔서 감사합니다.

W: 별 말씀을요! 당신의 직원들에게 도움이 되었길 바랄 뿐입니다. 초반에는 그 시스템이 좀 다루기가 어렵다는 것을 알고 있습니다.

M: 네, 실제로 매우 도움이 되었습니다. 연수에 있었던 모든 사람이 매우 유용했다고 말합니다.

W: 잘됐네요.

M: 하지만, 안타깝게도, 저희 영업직원들 중 몇 명이 회의 때문에 연수에 참석할 수가 없었습니다. 그래서 다음 주에 다시 오셔서 오늘 교육을 놓친 사람들에게 똑같은 연수를 해주실 수 있는지 궁금합니다.

W: 다시 가고 싶지만, 제가 다음 주 내내 출장을 갑니다.

어휘 **conduct** 하다, 지휘하다, 안내하다 **finance** 재정 **facility** 시설 **evaluate** 평가하다, 감정하다

4. (A)

해석 오늘 여자는 무엇을 했는가?

(A) 연수를 담당했다.

(B) 새로운 프로그램을 설치했다.

(C) 소프트웨어를 업데이트했다.

(D) 설비시설을 검사했다.

해설 오늘 여자가 오늘 했던 일은 오늘에 해당하는 시점 중 this morning이 언급된 남자의 말인 'I wanted to thank you for visiting our office this morning to conduct the training session on the new finance software.'로 알 수 있듯, conduct the training session에 해당하고 따라서 답은 (A)이다.

5. (A)

해석 일부 직원들에게 무슨 문제가 있는가?

(A) 그들은 교육에 참여할 수 없었다.

(B) 그들의 비행기가 취소되었다.

(C) 그들은 판매 데이터를 분석하지 않았다.
(D) 그들은 다음 주까지 돌아오지 않는다.

해설 some employees와 같이 일부를 말하는 경우 특정집단과 관련된 내용을 찾아야 한다. 일부 직원이 회의 때문에 교육에 참여할 수 없다고 했으므로 정답은 (A)가 된다.

6. (A)

해석 왜 여자는 "다음주 내내 출장을 갑니다"라고 말했을까?
(A) 요청을 거절하기 위해
(B) 그녀의 부재를 설명하기 위해서
(C) 그녀의 스케쥴을 설명하기 위해서
(D) 미팅 날짜를 바꾸기 위해서

해설 여자가 다시 교육을 맡아줄 수 있는지를 묻는 질문에 대해 "다음주 내내 출장이 있다."라고 말하고 있으므로 이 말을 꺼낸 의미는 요청을 거절하기 위한 것임을 알 수 있다.

Part 4 EXERCISE

Questions 7 through 9 refer to the following announcement.

미국

Good afternoon, ladies and gentleman. [Q7] **Thank you for coming and joining us in honoring the retirement of John Brady.** [Q8] **After serving 30 years with us at GT Motors, now he can finally spend more time for his hobby.** He has played an instrumental role in reorganizing our company to be the global leader that we are today, by aggressively targeting international expansion and launching new car models in developing countries. To honor his hard work and dedication, I am happy to present him with a special gift from the GT Motors Employee Association. [Q9] **Before giving him a gift, let's hear from John about his feelings of retiring.**

신사 숙녀 여러분, 좋은 오후입니다. 이렇게 오셔서 저희와 함께 존 브래이디의 은퇴식을 축하해주셔서 감사합니다. GT 자동차에서 30년 간 근무한 뒤, 그는 이제 더 많은 시간을 그의 취미에 드디어 사용할수 있게 되었습니다. 그는 공격적으로 국제적인 확장과 개발도상국에 새로운 차 모델들을 출시하도록 목표를 잡음으로써, 우리 회사가 오늘날처럼 글로벌 리더가 될 수 있도록 다시 구성하는데 중요한 역할을 했습니다. 그의 노고와 헌신을 치하하기 위해, GT 자동차 직원회에서 그에게 특별한 선물을 드리게 되어 행복합니다. 선물을 증정하기 전에 존의 은퇴느낌을 들어보겠습니다.

어휘 retirement 은퇴 instrumental 중요한 aggressively 공격적으로 expansion 확장 dedication 헌신

7. (A)

해석 담화의 목적은 무엇인가?
(A) 직원을 예우해주기 위해
(B) 새 제품을 출시하기 위해
(C) 새 직원을 환영하기 위해
(D) 새 직원들을 교육하기 위해

해설 담화의 주제를 묻는 문제는 정답이 대화의 첫 세 문장에서 대부분 등장한다. 대화의 두 번째 문장에서 퇴임을 축하한다는 말이 가장 큰 힌트가 되어서 직원을 예우하고 명예를 준다는 의미의 honor가 들어간 (A)를 정답으로 골라야한다.

8. (D)

해석 어떤 산업군에서 존 브래이디가 아마도 일했을 것 같은가?
(A) 재무
(B) 에너지
(C) 제약
(D) 자동차

해설 John Brady의 일의 분야를 묻는 질문이므로 사람의 이름 주변을 잘 들어야 한다. 이름 바로 뒤에서 GT motors에서 25년 간 일했다고 했으므로 정답은 (D)가 된다.

9. (C)

해석 다음에는 아마도 무엇이 일어날 것 같은가?
(A) 선물이 증정된다.
(B) 비디오가 상영된다.
(C) 연설이 시작된다.
(D) 인터뷰가 열린다.

해설 Part 4에서 다음번에 일어날 일은 대부분 대화의 마지막 부분에서 나오므로 대화를 끝까지 듣고 대답한다. 마지막에 나와서 선물을 받으라고 했으므로 선물을 증정한다는 것을 알 수 있다.

Part 5 EXERCISE

1. (C)

해석 이 공지는 당신에게 250만 달러의 상금이 수여되었음을 알리기 위한 것이다.

해설 be동사 뒤에 동사 원형은 나올 수 없으므로 (B) inform은 답이 될 수 없다. 명사 (A) information은 뒤에 나오는 you와 어울리지 않는다. you 있기 때문에 수동태 (D) informed도 실격이다. 따라서 명사 보어 역할을 하는 (C) to inform가 정답이다.

어휘 notice 공지 award (= prize, present) 수여하다
cash prize 상금 information 정보
inform (= notify, tell) 알리다, 통보하다

DAY 12

2. (C)

해석 해당 사무실과 연결이 되면 세금 문제를 다룰 수 있는 직원과 통화할 것을 요청하세요.

해설 ask는 목적어로 to부정사를 취하는 타동사이다. 동사형인 (A) spoke와 (B) has spoken은 이미 동사 ask가 있으므로 빈칸에 올 수 없다. (D)는 동명사로 목적어 자리에 올 수는 있지만 ask는 동명사를 목적어로 취할 수 없다. 정답은 (C) to speak이다.

어휘 **connect** (전화) 연결하다, 연결시키다, 연관시키다 **appropriate** (= **suitable**, **relevant**) 적당한, 적절한 **handle** (= **deal with**, **treat**) 다루다, 취급하다 **tax issue** 세금 문제

3. (C)

해석 국내에서 제품 판매량을 향상시키기 위한 노력으로, 혁신적인 마케팅 방법을 사용하기로 회사는 결심했다.

해설 in an effort to부정사(~하기 위한 노력으로, ~하기 위해서)라는 표현을 알고 있으면 좀 더 쉽게 풀 수 있다. 문장안에 동사 has decided가 있어서 동사 (D) has improved는 답이 될 수 없다. (A) improved는 과거동사는 여기서 불가능하고, 과거분사일 경우 양쪽에 명사가 있기 때문에, 동시에 수식할 수가 없어서 실격이다. (C) to부정사나 현재분사 (B) improving은 뒤에 나오는 sales를 목적어로 취해서 앞에 나오는 명사를 수식할 수는 있으나, '수식할 때 주어와 동사의 관계가 성립되어야 하는 현재분사는 실격. (출제유형3 참조) 따라서 정답은 후치 수식할 경우 미래의 뜻으로 쓰이는 (C) to improve이다.

어휘 **sale** 판매 **country** (= **nation**, **state**) 나라, 국가, 지역 **innovative** 혁신적인 **method** (= **manner**, **way**) 방법, 방식

4. (D)

해석 모든 직원들이 기입한 출근부를 확인과 승인을 위해 그들의 상관에게 제출하는 것이 의무이다.

해설 진주어인 to부정사의 의미상의 주어를 따로 명시할 경우는 to부정사 앞에 전치사 for를 넣어준다 정답은 (D) for

어휘 **mandatory** (= **compulsory**) 의무적인, 강제적인 **submit** (= **hand in**) 제출하다 **complete** 완료하다, 완성하다 **time sheet** 출퇴근 용지 **supervisor** (= **manager**) 상관, 감독자 **verification** 확인, 증명 **approval** (= **agreement**, **sanction**) 승인, 찬성 **Payroll Department** 급여 부서

5. (A)

해석 좋은 가구를 만들기 위해 고운 사포질이 접합 부분을 자르기 전에 당신이 해야만 하는 다음 단계이다.

해설 처음부터 콤마까지는 부사 (구,절) 자리이다. 보기중 빈칸 뒤 목적어를 취하면서 부사역할을 할 수 있는 것은 (A) To부정사 뿐이다. 부사 상당어는 to부정사, 전치사구, 부사절 등이 있다.

어휘 **fine** 좋은, 최고의 품질의; 고운 **sanding** 사포질 **undertake** (행동을) 취하다 **joint** 접한 부분

6. (A)

해석 작업은 복잡한 기술적 문제를 해결할 효과적인 전화 통화 기술 이외에도 우수한 분석 능력을 요한다.

해설 빈칸 앞 동사 requires가 있기 때문에 동사 (B) reslove는 실격. 과거동사로도 실격이지만, 양쪽의 명사를 동시에 수식할 수 없어서 과거분사로 보아도 (D) resolved는 오답. 앞에 있는 명사 ability를 후치수식하는 (A) to resolve가 정답이다.

[오답설명] 혹시 require는 목적격 보어로 to부정사를 취하는 5형식 동사니까, to부정사가 답이라고 생각할 수 도 있겠으나. 'require 목적어 to부정사'는 '목적어가 ~하도록 요청하다'의 뜻이다. 그런데 'abillity (목적어)가 해결하도록 요청하다'라는 해석이 통하지 않으므로 이 문장에선 5형식구조가 아닌 것으로 보아야 한다. 참고로 거의 모든 5형식 동사는 3형식이 가능하다.

어휘 **analytical** 분석적인, 분해의, 해부적인 **resolve** 결정하다, 해결하다 **complex** 복잡한, 복합의 **technical** 기술의, 기술적인

7. (B)

해석 화장품 산업 투자에 대한 이익이 정말 있을지 없을지는 두고 볼 일이다

해설 remain은 주격보어로 명사나 형용사, to부정사를 취할 수 있는 2형식 동사다. (이것만은 꼭 참조) 따라서 (B) to be seen과 (C) to see 중에서 정답을 골라야 한다. see는 타동사이므로 뒤에 목적어가 와야 하는데 목적어가 없는 경우는 수동태로 전환된 경우다. 따라서 답은 (B) to be seen이고 remain to be seen은 직역하면' 보여질 상태로 남아 있다'의 뜻. 주어와 연결해서 해석해 보면 whether가 이끄는 명사절,' ~인지 아닌지는 앞으로 두고 볼 일이다'의 뜻이다.

어휘 **return** 수익(률), 이익, 귀환, 귀가 **cosmetics** 화장품

8. (A)

해석 우리는 다양한 일정을 소화하기 위해, 훈련을 위한 다양한 시간과 날짜를 제공한다.

해설 'in order to + 동사원형'은 '~하기 위해서'라는 뜻을 가진다. 보기 중 동사원형은 (A) accommodate뿐이다.

어휘 **offer** 제공하다 **a variety of** (= **a wide range of**) 다양한, 수많은 **schedule** 일정 **accommodate** 숙박시키다, 수용하다, 충당하다 **accommodation** 숙박시설, 적응

9. (A)

해석 카드를 사용하기 전에 적당한 계획을 세우는 것이 필수적이다.

해설 문두에 있는 it은 가주어, 빈칸 앞에 있는 to는 to부정사로 빈칸에는 동사원형이 들어가야 한다. 보기 중에 동사원형은 (A) make와 (D) be made가 있다. 하지만 (D) be made는 수동태로 목적어 a proper planning을 취할 수 없기 때문에 답에서 제외된다. 그러므로 정답은 (A) make가 된다.

어휘 **essential** 필수적인 **proper** 적당한, 알맞은 **planning** 계획 **make a plan** 계획을 세우다

10. (C)

해석 기계 생산이 내년에 소비를 능가한다고 예상되기 때문에 주식은 지난 세션에서 거의20%까지 증가할 것이다.

해설 be동사 뒤에 동사원형 (A) expect와 (B) expects는 나올 수 없다. 동사 expect가 목적어와 목적격 보어로 부정사를 취할 수 있기 때문에 (D) expecting도 가능하고 (D) expected도 가능하다. 문법적으로 둘 다 가능하면 해석해 보아야 한다. '기계 생산이 기대하고 있다'라는 해석은 어색하므로 (D) expecting은 실격. '기계 생산이 소비를 초과를 예상된다'라고 해야 어울리므로 정답은 (C) expected이다. 'expect 목적어 to부정사 (5형식)' 구조의 수동태 이다.

어휘 **machine** 기계, 기계 장치 **exceed** (= **surpass**, **pass**) 초과하다, 넘다 **consumption** (= **spending**, **exhaustion**) 소비, 소모 **stock** (= **share**) 재고품, 주식 **nearly** (= **about**, **approximately**) 거의, 약

Part 6 EXERCISE

Questions 11-14 refer to the following letter.

리버 대학
열대농업 및 인력자원부 단과대학
인체 영양 · 음식 및 동물과학부

친애하는 인터쉽 제공자분께,

이 인터쉽 프로그램을 통해서 우리의 학생들에게 직업경험을 제공해주기로 동의한 것에 대해 감사드립니다. 전문적인 영역에서 우리 학생들의 준비를 위해서 열대농업 및 인력자원부 단과대학의 동물 과학 인턴쉽 프로그램을 함께 작업하는 것에 대해 기꺼이 동의해준 점에 감사드립니다.
이 편지를 통해서 우리는 귀하의 직원이나 에이젠트들의 행동이나 과실로 인해 발생할 수 있는 어떠한 행위나 손실에 대해서 책임져야 한다는 것에 동의를 구하고 싶습니다.
동시에 하와이 대학은 우리의 고용인 또는 에이젠트들의 행동이나 과실이 야기하는 어떠한 행위나 손실에 대해서 책임을 질 것입니다. 학생들은 하와이 대학의 고용인이나 에이젠트가 아니라는 사실에 유념해주시기 바랍니다.
우리는 생산적인 경험을 기대하며, 우리의 인턴프로그램 참가에 감사드립니다.

할리나 M. 젤레스키 박사 드림

어휘 **willingness** 기꺼이 하는 마음 **expertise** 전문지식 **omission** 생략, 누락 **negligence** 부주의, 태만 **anticipate** 기대하다, 예상하다 **fruitful** 생산적인, 유익한

11. (C)

해설 agree는 3형식 동사로 쓰일 때, to부정사를 목적어로 취하므로 정답은 (C). agree는 자동사로 쓰일 때, 전치사 with/about/on과 함께 쓰이며, 타동사로 쓰일 때 목적어로 to부정사를 취한다는 사실을 기억하자!

12. (C)

해설 willingness는 to부정사의 수식을 받는 대표적인 명사다. willingness + to do 기꺼이 ~해야 함. 따라서 정답은 (C). to 부정사가 명사를 수식할 경우에는 명사 뒤에 오며 '~할' 또는 '~하기 위한'이라는 미래의 뜻으로 해석된다. 시험에 잘 나오는 to부정사의 꾸밈을 받는 명사로는 ability, attempt, authority, chance, opportunity, right, time, way 등이 있다.

13. (D)

해설 빈칸은 동사 asked의 목적보어가 나와야 할 자리이다. ask는 목적보어로 to부정사를 취하는 대표적인 동사이다. ask(5형식 동사) + you(목적어) + to부정사(목적보어)이다. 따라서 정답은 (D)이다.

14. (B)

해설 보기가 모두 대명사 이므로 선행사를 찾아야 한다. 글 전체의 내용이 대학교가 학생들을 'on the job experience(현장경험)을 위해 쓰는 편지이고, 직전 단락에서 인턴십제공자 (intership provider)가 학생들의 행동에 책임을 져야 한다는 내용이 나오므로, 빈칸이 들어있는 문장도 우리의 학생들이 '인턴십제공자 (intership provider)의 직원인 것처럼 대해야 한다는 것으로 연결되는 것이 적절하다. 정답은 (B) they이다.

Part 7 EXERCISE 이중 지문

Questions 15-19 refer to the following memorandums.

Q18 발신인: 정보 기술 부서
수신인: 모든 직원
주제: 서비스 공지

인터넷 광대역 서비스를 한층 더 강화하기 위하여 Q16 2008년 5월 20일 오전 6시에서 오전 7시까지 광대역 네트워크에 여러 번의 업그레이드를 수행합니다. Q17-1 앞서 말한 기간 동안은 광대역 네트워크를 통한 인터넷 사용이 대략 5분에서 10분 간격으로 간헐적으로 중단될 것입니다.

다음이 업그레이드 될 것입니다.

- SMTP 이메일 서버의 업그레이드
- Q17-a 광섬유 네트워크의 설치
- Q15&Q17-a 인터넷 방화벽 업그레이드

이로 인해 발생할 불편에 대하여 사과 드립니다. 네트워크 업그레이드에 관하여 질문이 있으시면 또는 이 불편 때문에 도움이 필요하시면 내선번호 23으로 우리 부서 직원에게 연락주세요. 불편을 최소화 하기 위하여 최선을 다하겠습니다.

정보 기술 부서

발신인: 인사부
수신인: 모든 직원
주제: 서비스 공지

Q16&Q18 기술자인 밥 캐스틸이 2008년 5월 20일 오전 6시부터 오전 7시까지 일련의 네트워크 시스템 업그레이드를 수행합니다. 이 기간 동안 네트워크 이용이 5분에서 10분 간격으로 중단된다는 것을 아시기 바랍니다. Q17-d 그러나 BUSI 시스템은 계속 작동할 것이므로 컴퓨터로 고객 계좌를 보실 수 있습니다. 모든 다른 시스템에는 주기적인 중단이 있을 것이니 그에 따라 준비하시기 바랍니다.

추가로 모든 직원들에게 드리는 공지입니다.
고용 기준 규약에 의하면 직원들은 출산 휴가나 신생아 양호 휴가를 갖기 위해서는 현재 고용되어 있는 곳에서 52주를 연속해서 근무하셔야 합니다. Q19 이 요구조건은 전임이나 파트 타임 직원들 모두에게 해당됩니다. 그러나 임신한 직원이 연속해서 52주 근무가 안 되는 경우에 임신이나 출산으로 인하여 고용주가 그 직원을 일시 해고한다던가, 고용을 종료하거나 또는 사임하도록 종용할 수 없습니다. 이것만이 이 규약에 있어서 허용 가능한 예외입니다.

감사합니다.

인사부

어휘 **enhance** (질, 능력등을) 높이다, 강화하다 **broadband** (통신) 광대역의 **conduct** (업무를) 수행하다 **interrupt** (일을) 중단하다 **intermittently** 간헐적으로 **installation** 설치 **fiber optic** 광섬유 **fiber** 섬유 **optic** 광학(상)의 **firewall** 방화벽 (컴퓨터망 보안시스템의 일종) **IT** = **information technology Dept** = **Department** 부서 **representative** 직원 **interval** 간격 **periodic** 주기적인 **interruption** 중단 **accordingly** 그에 따라서 **reminder** 상기시켜 주는 것, 공지 **under** ~하에 **employment** 고용 **standard** 기준, 표준 **consecutive** 연속한 **be eligible for** ~에 자격이 되다 **maternity leave** 출산휴가 **parental leave** 신생아 양호 휴가 **apply to** ~에게 적용되다 **lay off** (일시적으로) 해고하다 **terminate** 종료시키다 **resign** 사임하다

15. (B)

해석 다음 중 어떤 것이 업그레이드 되는가?
(A) 직원 컴퓨터
(B) 네트워크 방화벽
(C) 직원 기준 규약
(D) BUSI 시스템

해설 첫 번째 사내공지 중간에 업그레이드되는 것들이 따로 언급되어있다. 정답은 (B)이다. 네트워크 컴퓨터와 혼동해서 (A)라고 해서는 안 된다.

16. (A)

해석 업그레이드는 언제 시작하는가?
(A) 오전 6시
(B) 오전 7시
(C) 오후 6시
(D) 오후 7시

해설 첫 번째 사내공지의 첫 단락에 오전 6시부터 오전 7시까지라고 명시되어 있다. 정답은 (A)이다.

17. (D)

해석 네트워크 업그레이드에 관한 내용으로 맞지 않는 것은?
(A) 방화벽이 업그레이드 될 것이다.
(B) 광섬유 네트워크가 설치될 것이다.
(C) 업그레이드 기간에 인터넷 이용이 되었다 안 되었다 할 것이다.
(D) 직원들은 어떠한 컴퓨터 시스템도 이용할 수 없다.

해설 **연계문제** – 첫 번째 사내공지 첫 단락 끝에 광대역 네트워크를 통한 인터넷 이용이 대략 5~10분마다 간헐적으로 중단될 것 (Q17-c Internet access via the broadband network will be interrupted intermittently approximately every 5 to 10 minutes.)이라고 언급되고 있다. 따라서 (C) Internet access will be turned on and off during the upgrade.는 true이다. be interrupted intermittently가 turned on and off로 재표현 되었다.
또한 중간에는 업그레이드 되는 내용이 나오는데 방화벽 업그레이드와 광섬유 설치가 있다 (• Q17-b Installation of a fiber-optic network • Q17-a Upgrade of Internet firewall)
두 번째 지문 첫 단락 중간에 보면 BUSI 시스템은 이용 가능하다고 나온다 (Q17-d The BUSI system will, however, be in operation, so you can still access client accounts via your computer. 따라서 어떠한 컴퓨터 시스템도 이용할 수 없다는 것은 틀리다. 정답은 (D)이다.

18. (C)

해석 밥 캐스틸은 어디서 일하는가?
(A) 인사부
(B) 고객 서비스
(C) 정보통신 기술
(D) 보수 관리 부서

해설 두 번째 첫 문장에서 밥 캐스틸이 네트워크 업그레이드를 수행할 것이라고 말하고 있다. 첫 번째 이메일은 정보 기술부가 보내는 공지로 이 부서에서 업그레이드를 수행할 것이라는 것을 알리고 있다. 따라서 네트워크 업그레이드는 정보 기술부에서 주관하는 것이므로 밥은 정보통신 기술부에서 일한다고 말할 수 있다. 정답은 (C)이다.

19. (B)

해석 다음 중 고용 기준 규약에 관한 것으로 사실인 것은?
(A) 고용된 지 1년이 안 된 직원은 임신으로 인하여 해고될 수 있다.
(B) 직원들은 고용된 지 1년이 지나면 육아 휴가나 출산 휴가를 가질 자격이 있다.
(C) 파트타임 직원들은 고용된 지 1년이 지났다 하더라도 육아 휴가에 자격이 안 될 수 있다.
(D) 고용주들은 임신한 여성을 해고할 수 있다.

해설 두 번째 사내공지의 뒷부분에 고용 기준 규약이 언급되어 있다. 임신한 직원은 1년이 안되었다 하더라도 임신으로 인하여 해고되거나 해고가 종용될 수 없다고 언급되어 있다. 전임 직원이나 파트타임 직원 모두 1년이 지나면 출산휴가나 육아 휴가를 가질 수 있다 (Q19 This requirement applies to both full-time and part-time employees)고 되어 있다. 따라서 정답은 (B)이다.

DAY 13

Part 3 | EXERCISE

1. (A) **2.** (D) **3.** (B) **4.** (C) **5.** (A)
6. (A)

Part 4 | EXERCISE

7. (C) **8.** (B) **9.** (A)

Part 5 | EXERCISE

1. (D) **2.** (D) **3.** (D) **4.** (D) **5.** (D)
6. (D) **7.** (C) **8.** (C) **9.** (C) **10.** (D)

Part 6 | EXERCISE

11. (B) **12.** (C) **13.** (A) **14.** (C)

Part 7 | EXERCISE

15. (D) **16.** (B) **17.** (D) **18.** (A) **19.** (C)

Part 3 EXERCISE

Questions 1-3 refer to the following conversation.

영국 호주

W: The construction is progressing very well as we expected.

M: You're right. All things are on schedule.

W: If it stays at this pace, we will probably complete it on time. It's about time we started [Q1] **searching for a landscape designer**. We should hire one no later than this month.

M: Why so soon? We [Q2] **still have a year to go even if we complete our construction on time.** And there [Q1] **can't be any planting until then.**

W: But I want us to be more proactive. And a year isn't that much time at all, because [Q3] **we should start planning on planting shade trees around the building.** In two years, we may be able to reduce the cost of our summer air-conditioning.

여: 건축은 우리가 예상한대로 잘 진행되고있습니다.

남: 맞아요. 모든게 스케쥴대로 되었어요.

여: 이런 속도로 나간다면, 우리는 아마도 제 때에 완공할 수 있을겁니다. 이제, 조경설계사를 찾기 시작해야 할 때인 것 같군요. 이달까지는 설계사를 고용해야합니다.

남: 왜 그렇게 빨리 (해야 하나요)? 우리가 제때 완공하더라도, 1년정도가 더 남아있는데요. 그때까지는 어떤 식물도 자라지 않을 겁니다.

여: 하지만, 저는 우리가 미리 대책을 강구하길 원합니다. 그리고, 빌딩 주변에 그늘을 만들어 줄 나무심기를 계획해야하기 때문에 1년이라는 시간은 그리 많지 않아요. 2년동안, 여름냉방비도 줄일 수 있을 거구요.

1. (A)

해석 화자들은 주로 무엇을 의논하고 있습니까?

(A) 조경사를 고용하는 것
(B) 더 많은 자재를 주문하는 것
(C) 새로운 에어컨을 구입하는 것
(D) 건설부지를 안전하게 하는 것

해설 대화의 주제를 묻는 문제이므로 대화의 첫부분에서 정답을 골라준다. 여자는 조경을 할 때가 되었다고 하고 남자는 아직 나무 심을때가 아니라고 하므로 조경과 관련된 이야기를 한다는 것을 알 수 있다.

2. (D)

해석 언제 새로운 건물은 완성될 것인가?

(A) 다음 주
(B) 다음 달
(C) 두달 안에
(D) 1년 안에

해설 새로운 건물이 완성될 시간을 묻고 있으므로 보기에 나오는 시간들이 따라 나올 때 건물이 끝나거나 완성된다는 표현이랑 함께 들리는 시간을 골라서 정답을 찾아준다. 건설이 제대로 끝난다면 1년이 더 있다고 이야기 했으므로 1년이 정답이 된다.

3. (B)

해석 여자는 무엇을 제안하고 있습니까?

(A) 건설을 멈추는 것
(B) 그늘을 위해 나무를 심는 것
(C) 더 많은 식물을 주문하는 것
(D) 새로운 자재들을 지불하는 것

해설 여자가 제안하는 것을 고르는 마지막 문제이므로 여자의 마지막 말에서 제안의 표현을 듣고 정답을 골라준다. We should 라는 제안의 표현을 듣고 뒤에 나오는 그늘 나무를 심는다는 것을 듣고 정답이 나무를 심는다는 것을 정답으로 고른다.

Questions 4-6 refer to the following conversation.

영국 미국

W: Huntington library. How may I help you?

M: Hi, I'm calling to inquire about the late fees at the library. I borrowed a few books earlier this month and they are due to be returned today. Q4 **The problem is, I am away on a business trip out of town and I don't think I'll be able to drop by the library until the day after tomorrow.**

W: I see. Well, there is no need to worry too much. Q5 **I can renew your loans for you now so that you don't have to pay the late fines.**

M: Really? Oh, that's very convenient.

W: Sure, I just need your library card number. Do you have it with you?

M: I have my card here. The number is 12947. Thank you very much. I wasn't aware that the library had a telephone renewal system.

W: Just to let you know, you could also renew all reserved books online. Q6 **However, in order to use the online renewal system, you need to get a personal identification number by visiting the library in person.**

여: Huntington 도서관입니다. 무엇을 도와드릴까요?

남: 안녕하세요. 도서관 연체료에 대해 물어보려고 전화했습니다. 제가 이번 달 초에 몇 권의 책을 빌렸는데 오늘까지 반납하는 것으로 되어 있습니다. 문제는 제가 출장으로 다른 도시에 있어서 내일모레까지는 도서관에 갈 수 없을 것 같습니다.

여: 알겠습니다. 많이 걱정하시지 않아도 됩니다. 연체금을 지불하지 않도록 전화로 제가 당신의 대출들을 연장해드릴 수 있습니다.

남: 정말입니까? 매우 편리하군요.

여: 당신의 도서관 카드번호만 알면 됩니다. 지금 갖고 계십니까?

남: 여기에 카드를 갖고 있습니다. 번호는 12947입니다. 정말 감사합니다. 도서관에 전화 (대출)연장 시스템이 있는지 몰랐네요.

여: 한가지 알려드리자면, 온라인에서도 모든 예약된 책들을 연장하실 수 있습니다. 그렇지만 온라인 연장 시스템을 사용하시기 위해 당신은 직접 도서관에 방문하셔서 개인식별번호를 받으셔야 합니다.

어휘 **inquire** 묻다, 알아보다 **late fee** 연체료 **be due to** 예정되다 **renew** 갱신, 연장하다 **loan** 대출, 빌려주는 것 **fine** 벌금 **convenient** 편리한 **aware** 알고 있는, 인식하는 **renewal system** 갱신 / 연장 시스템 **reserved** 예약된 **in order to** ~하기 위해서 **personal identification number** 개인식별번호 **issue** 발급하다 **arrange** 마련하다, 처리하다

4. (C)

해석 무엇이 남자에게 문제를 야기했는가?

(A) 도서관 카드를 잃어버렸다.

(B) 비밀번호를 잃어버렸다.

(C) 그는 시외에 나와 있다.

(D) 도서관의 웹사이트에 접근이 안된다.

해설 문제의 원인을 물어본 7번 문제는 맨 처음 시작부터 'The problem is ~' 이하를 확인하면, 출장을 가있기 때문에 책을 늦게 반납하게 된 것이므로 정답은 (C)이다.

5. (A)

해석 여자는 무엇을 해주겠다고 하는가?

(A) 전화로 그의 대출을 연장하기

(B) 새로운 도서대출 카드를 주문하기

(C) 책을 예약해놓기

(D) 남자에게 가입 서류를 주기

해설 여자가 무엇을 해 주겠다고 제안하는지 묻고 있으므로 여자의 말을 찾되, 본인이 해주겠다는 뉘앙스의 표현을 공략한다. 따라서, 'I can renew your loans'라고 얘기한 여자의 말에서 정답은 (A)가 된다.

6. (A)

해석 여자는 왜 남자에게 도서관을 방문하라고 요청하는가?

(A) 개인식별번호를 받기 위해

(B) 단골 고객 프로그램에 등록하기 위해

(C) 기한을 연장하기 위해

(D) 더 많은 정보를 찾기 위해

해설 남자가 개인식별 번호를 받으려면 도서관으로 직접 오라고 했으므로 도서관에 오라는 이유는 (A)가 된다.

Part 4 EXERCISE

Questions 7-9 refer to the following announcement

미국

May I have your attention please? This is Kenneth Ryu, Q7 **your building operation manager** making announcement. Q8 **The plumbers accidentally activated the water sprinkler on the top floor**, during their work on water pipe. Good news is that there is no electric equipment on that floor. However, the water might leak down to the lower floor if it escapes the top floor. In case the water leaks down to the lower floors, Q9 **I would like all of you to shut down all the electric devices and cover them** up with plastic or other waterproof materials for your safety. Thank you.

주목해주시겠어요? 여러분들의 건물 운용 매니저인 Kenneth Ryu가 말씀드립니다. 배관공들이 배수관 작업을 하는 동안 사고로 꼭대기 층에 있는 살수장치를 가동시켰습니다. 다행인 소식은 그 층에 어떠한 전기 기기도 없다는 것이지만, 물이 꼭대기층에서 나와 아래층들로 새나갈 수 있을지도 모릅니다. 물이 아래층으로 새나갈 경우를 대비해서, 여러분 모두가 모든 전자 기기들을 끄시고 안전을 위해 비닐이나 다른 방수제품으로 그것들을 덮으시길 바랍니다. 감사합니다.

7. (C)

해석 화자는 아마도 누구일까?
(A) 컴퓨터 기술자
(B) (수도, 가스) 배관공
(C) 빌딩 관리인
(D) 전기설비업자

해설 말하는 사람이 누구인지를 묻고 있는 질문이므로 대화의 처음에서 정답을 찾거나 혹은 대화 전체를 듣고 힌트가 되는 단어들안에서 정답을 찾아준다. 대화의 맨 처음에서 building 의 operation manager이라고 말하고 있으므로 (C)번을 정답으로 찾는다.

8. (B)

해석 무엇이 문제인가?
(A) 배관공들이 문제를 찾지 못한다.
(B) 스프링클러가 작동되었다.
(C) 직원들이 컴퓨터에 로긴할 수 없다.
(D) 폭풍이 온다.

해설 문제점을 묻는 질문은 대부분 주제와 같으므로 대화의 첫부분을 듣고 정답을 찾아주면 된다. 대화 첫부분에서 실수로 배관공들이 sprinkler를 켰다고 이야기했으므로 정답은 (B)번이 된다. 배관공이라는 단어만 듣고 (A)번을 정답으로 고르지 않도록 주의한다.

9. (A)

해석 직원들은 무엇을 하도록 조언받았는가?
(A) 컴퓨터를 덮어씌우는 것
(B) 건물을 떠나는 것
(C) 물을 잠그는 것
(D) 꼭대기 층으로 가는 것

해설 무엇을 하라고 제안 받는지를 묻고 있는 질문이므로 대화의 마지막 부분에서 제안의 표현을 듣고 정답을 찾아줘야 한다. 대화의 마지막에서 "하고싶다" 구문인 would like to와 제안의 표현인 명령문이 들리고 있으므로 정답은 제안 표현 뒤에 나오는 동사와 같은 cover를 포함한 (A) 번이 된다.

Part 5 EXERCISE

1. (D)

해석 항공사는 승객들에게 미리 알리지 않고 비행기 번호를 종종 변경한다.

해설 전치사 without에 대한 목적어를 선택하는 문제이다. 보기 중 (C) notification과 (D) notifying만이 명사 역할을 할 수 있다. 명사 (C) notification은 빈칸 뒤 명사와 어울리지 않는다. passengers를 목적어로 취하는 동명사 (D) notifying이 정답이다.

어휘 **change** 변화하다, 변경하다 **without** ~없이 **in advance** 미리 **notify** 알리다, 통보하다

2. (D)

해석 전무이사는 남은 기간 동안 면밀히 출장 요청을 관리할 것이다.

해설 관사 다음엔 동명사를 쓸 수 없다. 따라서 명사형인 (D) remainder (나머지)가 정답이다.

어휘 **executive director** 전무이사 **closely** 면밀히 **monitor** 감시하다, 관리하다 **travel request** 출장 요청 **remain** ~한 상태로 남아 있다, 머무르다 **remainder** 나머지

3. (D)

해석 설문 조사 결과가 보여주듯이, 응답자 중 거의 60%가 기존의 IT 계약을 재협상할 것을 고려한다.

해설 consider의 목적어인 명사 역할도 하면서, 뒤에 나오는 their existing IT contracts라는 명사까지 취할 수 있는 동명사 (D) renegotiating이 정답이다. consider는 to부정사를 목적어로 취할 수 없으므로 (C) to renegotiate는 실격.

어휘 **demonstrate** 증명하다, 설명하다 **respondent** 응답자 **existing** 기존의, 현존하는 **renegotiate** 재협상하다, 재조정하다

4. (D)

해석 Brenda Loube는 직원들이 매일 근무시간에 30분 동안 운동하도록 허락한다.

해설 spend + 시간 + (in) -ing'는 '~하면서 시간을 보내다'의 뜻이다. 전치사 in은 생략 가능하므로 빈칸엔 반드시 동명사가 와야 한다. (D) exercising가 정답.

어휘 **allow** 허락하다, 인정하다
spend + 시간 + (in) -ing ~하면서 시간을 보내다
working day 근무 시간 **exercise** 운동하다, (일을) 행하다

5. (D)

해석 사장은 모든 판촉용 자료가 협회 위원회에 의해 승인을 받아야 한다고 말한다.

해설 'be subject to + 명사'는 '명사 해야 한다, 명사하기 쉽다'라는 두 가지 의미로 쓰인다. 전치사 to 다음에 나올 명사를 골라야 하므

DAY 13

로 정답은 (D) approval이다. 뒤에 목적어가 있다면 approving를 쓰겠지만, 뒤에 목적어가 없으므로 동명사를 쓰면 안 된다.

어휘 state 진술하다, 말하다 promotional material 판촉용 자료 be subject to + 명사 ~하기 쉽다, ~에 영향 받기 쉽다

6. (D)

해석 자기소개서는 당신의 이력서에 있는 경력에 집중시킴으로써 당신이 두드러지도록 돕는데 중요하다.

해설 관사 다음엔 명사가 나와야 한다. 동명사는 관사 the를 취할 수 없기 때문에 답에서 제외된다. 정답은 명사인 (D) accomplishments가 된다.

어휘 be critical to + 명사 ~에 중요성을 두다 stand out 돋보이다, 두드러지다 draw 끌어내다, 그리다, 작성하다 attention 주의, 주목 resume 이력서 accomplish 성취하다, 이루다 accomplishment 성과, 업적, 성취 draw[attract, arrest] attention to ~에 주의를 끌다

7. (C)

해석 Miracle Skin Clinc의 의사들은 시술 1주전과 시술 후 3주간 햇빛 노출을 피하도록 제안한다.

해설 suggested는 동명사를 목적어로 취할 수 있는 타동사이다. 정답은 (C) avoidding이다.

어휘 suggest 제안하다 exposure 노출

8. (C)

해석 세계 최고의 투자자들은 부동산에 투자함으로써 재산을 벌어왔다.

해설 전치사 by에 대한 목적어를 선택하는 문제. (C) investing만 명사 역할을 할 수 있으므로 정답이 된다. 나머지 보기는 동사이므로 전치사의 목적어가 될 수 없다. 동사 invest는 자동사로 뒤에 명사를 취할 경우 전치사 in을 쓴다.

어휘 investor 투자자 make a fortune 돈을 벌다 by -ing ~함으로써 real estate 부동산 invest 투자하다

9. (C)

해석 Brooklyn Society for Ethical Culture는 12월 20일까지 아이들의 옷의 기부를 받고있다.

해설 동사 is accepting의 목적어 자리. 빈칸 뒤에 목적어가 없으므로 동명사가 아닌 명사를 답으로 해야 한다. (C) donations가 정답

어휘 ethical culture 윤리 문화 accept 수용하다, 받아들이다 donate 기부하다, 기증하다

10. (D)

해석 우리 피어슨 국제공항은 당신에게 서비스를 제공하기를 고대하고 있고, 당신이 즐거운 비행을 하기를 바란다.

해설 동명사의 관용표현 문제. 빈칸 앞에 있는 look forward to(~을 기다리다, 고대하다)에서 to는 전치사이므로 빈칸은 명사 자리이다. 명사 역할을 할 수 있는 것은 (C) service와 (D) serving인데, 빈칸 뒤에 목적어 you가 있으므로 동명사 (D) serving이 정답이다.

어휘 look forward to + 명사 ~을 기다리다, 고대하다 serve ~에게 공급하다, ~을 접대하다

Part 6 EXERCISE

Questions 11-14 refer to the following information.

Bollington Health & Leisure

알지 못 할 수도 있으시겠지만 Bollington Health & Leisure는 자체 기금확보 공인 자선단체입니다. 이것은 우리는 벌어들이는 모든 돈은 우리의 친절하고 도움이 되는 스태프와 귀중한 시설물에 재투자된다는 것을 의미합니다. 이것은 최선의 레저 시설물 권리와 책임을 가지고 있는 귀하와, 우리의 회원들, 그리고 소비자들이 우리의 성공으로부터 이익을 가질 수 있도록 하기 위해서 입니다.

자선단체가 되는 것은 우리의 지역 주민들과 특별한 관계를 맺도록 했습니다. 우리는 여러분을 위해 존재합니다. 우리의 목적은 귀하가 누구인지 혹은 귀하가 원하는 것이 무엇이든지 관계없이, 귀하의 건강을 개선하기 위해서 귀하가 필요로 하는 모든 것을 제공하는데 있습니다.

만일 귀하가 우리에 대해서 더 자세히 알고 싶다면, 우리는 새로운 사람들을 만나는 것을 환영하며, 언제든지 방문해주시고 인사해주시고 시설을 둘러보시길 바랍니다. 우리는 또한 귀하가 우리의 시설을 어떻게 생각하는지 알기를 원하며, 그 방식으로 우리는 우리의 시설과 서비스를 지속적으로 개선할 수 있고 귀하가 원하는 서비스와 시설들을 제공할 수 있기 때문입니다. 그래서 언제든지 이메일을 보내주세요.

어휘 charity 자선단체 superb 최상의 benefit from 혜택을 입다 doorstep 계단 feel free to-v 자유롭게 ~하다

11. (B)

해설 바로 직전 문장에서 a self-funding charity(자체기금확보 자선단체)라고 하였으므로 모든 수입이 다시 시설로 재 투자 되어야 한다고 해야 적절하다. 따라서 정답은 (B) reinvented이다. (D) repented(회계하다)) (A) repaid(다시 지불되다) (C) reentered(다시 들어가다)는 우리말로 그럴 뜻 하지만 오답이다.

12. (C)

해설 전치사 + _____ + 관사 + 명사]의 형태에서는 빈칸 자리에 동명사만 정답이 될 수 있다. 그 이유는 관사 앞에 형용사가 올 수 없고 [명사 + 관사 + 명사]도 틀린 형태이며, 따라서 빈칸에는 [관사 + 명사]를 목적어로 갖는 동명사 형태가 적절하기 때문이다. 또한 by ~ing는 '~함으로써'라는 의미의 숙어 표현으로 시험에 여러 번 출제된 형태이므로 꼭 기억하도록 하자. 따라서 정답은 (C) having이다.

13. (A)

해설 [_____ a charity]까지가 주어자리이다. [to부정사/동명사/that

절/ if/whether절/의문사절]이 명사상당어로 주어자리에 올 수 있다. 따라서 동사인 (B) Be와 전치사구인 (C) To being는 자동으로 탈락되며, 동명사 (A) Being과 의문사절 (D) What is 중에 알맞은 것을 찾아야 한다. (A) Being a charity(자선단체가 되는 것은), (D) What is a charity(자선단체는 무엇인가) 중에서 해석상 알맞은 것은 (A)이다. 따라서 정답은 (A) Being이다.

14. (C)

해설 feel free to do something은 '자유롭게 ~하다, 마음 놓고 ~해도 괜찮다'라는 뜻의 숙어구문이다. 따라서 정답은 (C) to drop이다.

Part 7 EXERCISE 이중 지문

Questions 15-19 refer to the following article and letter.

캐설몰 지역의 새로운 모습

크라이스트처치: 우리 시의 카지노가 현재 비어 있는 토비아스 거리의 리전트 극장으로 이전할 것이라는 발표 후에, 시장실에서는 Q16 캐설몰에 있는 카지노 자리의 새로운 용도에 관한 제안서를 적극적으로 받아오고 있습니다. 최적의 위치이기 때문에 위원회는 지역 또는 전국 단위의 개발자들로부터 많은 제안서를 받았고, Q15 여러 달에 걸친 검토 끝에 두 곳으로 좁혀졌습니다.

한 곳은 그 부지에 Q16 사무실 건물을 지을 계획을 가지고 있는 애로우 건설입니다. 이것은 아마도 그 지역에 새로운 비즈니스의 발전을 자극해서 많은 새로운 일자리를 창출해낼 수 있을 것입니다. 한 가지 내재되어 있는 결점은 완성하는 데 3년이 걸릴 것이라고 추측되고 있는 건설의 규모입니다. Q17 게다가 교통체증은 벌써 그 지역의 중요한 문제가 되고 있습니다. 애로우는 추가되는 교통 흐름을 어떻게 해결할지 아직 말하지 않고 있습니다. Q19 이 작은 회사는 현재 비슷한 빌딩 프로젝트를 오클랜드에서 진행중이고 상업용 건물의 가장 큰 개발업체인 웰링톤 풀톤 호간이 나머지 경쟁사 입니다.

Q16 그들은 새로운 쇼핑센터와 오락 부지를 만들겠다는 대담한 계획을 제출했습니다. 이 프로젝트는 백화점, 식당, 영화관을 포함하고 있습니다. 쇼핑과 오락 구역을 한 곳에 모으는 것은 현재 밖으로 뻗어만 나가려는 도시의 불편함 때문에 많은 거주자들에게는 매력적인 선택입니다. 훌톤 호간은 웰링톤의 와슨만을 바꾼 것으로 가장 유명합니다.

최근 설문조사에서, 크라이스트처치 거주자들은 어떤 계획을 더 선호하는지 질문을 받았습니다. 조사에 참여한 1,000명 중 60%가 사무실 건물보다는 쇼핑센터를 선택한다고 응답했습니다. 그러나 일반적인 여론은 두 계획 모두 시에 도움이 된다는 것이었습니다. 하지만 거주자들 중 한 그룹은 어떤 것이라도 상업적인 개발은 강력히 반대하고 있습니다. 대신 Q16 시민공원을 위한 공간으로 확보해달라고 시에게 청원하고 있습니다.

– 다니엘 루이스

이것은 다니엘 루이스가 쓴 기사에 대한 반박이다. (1월 10일)
Q18 이 기사는 판단을 그르치게 하고 있기 때문에 저는 이 기사를 공개적으로 반드시 바로잡아야 한다고 느꼈습니다.

애로우 건설의 사무실 계획은 완성하는 데 기사에 나온 것처럼 Q18 3년이 아니라 2년이 걸릴 것으로 추정됩니다. 그것뿐만 아니라, 공사가 진행되는 동안 건물의 1층은 1년 내에 사용 가능하게 될 것입니다.
기사가 언급한 것과 같이, 도시에서 주차공간의 필요가 큰 문제입니다. 그러나 기사는 애로우가 이 문제를 해결하기 위하여 만든 여러 개의 긴급 시 대책을 가지고 있으며, 이것들을 승인 받기 위하여 위원회에 제출했다는 사실을 언급하지 않았습니다.

안녕히 계십시오.

Q19 스티븐 딕슨

애로우 건설 사장

어휘 look 모습 mall 여러 가게가 한꺼번에 모여있는 쇼핑공간 following ~후에 announcement 발표 unoccupied 사용되지 않고 있는 mayor 시장 actively 적극적으로 proposal 제안서 prime 첫째의, 가장 중요한 numerous 많은 narrow 좁히다 competitor 경쟁자 stimulate 자극하다 potential 잠재되어있는 drawback 결점 estimate 어림잡다 traffic congestion 교통체증 major 중요한 issue 문제 address 다루다 flow 흐름 fledgling 풋내기, 애송이 commercial 상업 tender 부드러운, 어린, 미숙한 bold 대담한 entertainment 오락 venue 개최지 centralize 중심에 모으다 district 구역 attractive 매력적인 option 선택 resident 거주자 due to ~때문에 inconvenience 불편 nature 성질 renovation 개조 bay 만 survey 설문조사(하다) consensus 여론 oppose 반대하다 petition 청원(하다) reserve (어떤 목적을 위하여) 떼어두다 community 공동 사회 mislead 판단을 그르치게 하다 publicly 공개적으로 not only A but B A뿐만 아니라 B도 fail to V ~하지 못하다 contingency plan 긴급 시 대책 outline 윤곽을 잡다 approval 승인

15. (D)

해석 이 기사의 목적이 무엇인가?
(A) 스포츠 행사를 발표하는 것
(B) 캐설 몰에 들어선 새로운 가게들을 설명하는 것
(C) 지역 주민들이 기사에 대하여 편지를 쓰도록 권면하는 것
(D) 가능성이 있는 새로운 건물 프로젝트에 관한 정보를 알려주는 것

해설 기사 첫 단락에 카지노가 이전하면서 시는 그 자리의 새로운 사용에 관한 제안을 찾고 있다는 내용이 나오고 있다. 여러 제안을 받았는데 두 가지로 좁혀졌다고 말한 뒤 뒤따라 나오는 단락에서 두 가지 제안을 각각 설명하고 있다. 따라서 정답은 (D) To provide some information on a possible new building project이다.

16. (B)

해석 캐설몰 지역의 새로운 용도로 언급되지 않은 것은?
(A) 시민 공원
(B) 카지노
(C) 쇼핑센터
(D) 사무실 빌딩

DAY 13

해설 두 번째 단락 에서는 애로우 건설이 제안한 사무실 빌딩, 세 번째 문단 에서는 훌톤 호간이 제안한 쇼핑센터, 그리고 마지막 문단에서는 어느 한 시민그룹이 청원하고 있는 공원이 언급되어 있다. 카지노는 원래 있었던 비즈니스이고 카지노가 이전을 하면서 제안된 대체 사용에 대한 정보를 주고 있는 기사이다. 정답은 (B) A casino이다.

17. (D)

해석 크라이스트처치 시에 관하여 알 수 있는 것은?
(A) 크라이스트처치 시는 재개발이 필요하다.
(B) 애로우 건설이 이 시에서 일한 적이 있다.
(C) 큰 쇼핑센터 지역으로 유명하다.
(D) 교통 흐름에 문제가 있다.

해설 두 번째 단락, 네 번째 문장에 이 도시는 교통체증이 큰 문제 (Q17 In addition, traffic congestion is already a major issue in this area)라고 말하고 있다. 따라서 정답은 (D)이다. 카지노가 있었던 자리의 새로운 사용이 필요한 것이지 도시 전체가 재개발이 필요한 것은 아니다. 애로우 건설회사가 크라이스트처치 시에서 일했다는 이야기는 언급되고 있지 않다. 이 도시에는 아직 큰 쇼핑센터가 없다는 것을 세 번째 단락 에서 유추해볼 수 있다.

어휘 **imply** 함축하다 **renovation** 재개발

18. (A)

해석 딕슨 씨의 기사에 대한 주된 불만은 무엇인가?
(A) 부정확한 건설예정표를 제시했다.
(B) 그의 말을 잘못 인용했다.
(C) 여론조사에 대한 결과를 제공하지 않았다.
(D) 회사의 계획이 갖는 이점들에 대하여 말하지 않았다.

해설 딕슨 씨가 쓴 편지에서 딕슨 씨는 공사가 마무리되는 데는 기사에서 언급된 3년이 아니라 2년이며, 공사 시작 후 1년이면 건물의 1층은 사용 가능하게 된다 라고 반박하고 있다. 따라서 정답은 (A)이다. 기사에서 잘못 언급된 내용들을 바로잡는 것이 편지의 목적이지 사무실 계획의 이점을 말하지 않았다는 불평은 아니다.

어휘 **complaint** 불평 **inaccurate** 부정확한 **timetable** (행사) 예정표, 시간표 **misquote** 잘못 인용하다 **poll** 투표, 설문조사

19. (C)

해석 딕슨 씨에 대하여 알 수 있는 것은?
(A) 그는 크라이스트처치 시에 사무실을 가지고 있다.
(B) 그는 최근에 쇼핑센터를 지었다.
(C) 그는 오클랜드에 있는 프로젝트에 관여하고 있다.
(D) 그는 이전에 다니엘 루이스를 위하여 일했었다.

해설 **연계문제** – 두 지문을 연결하여 정답을 유추하는 연계 질문이다. 딕슨 씨는 편지에서 애로우 건설의 사장이란 것을 알 수 있다. 기사 두 번째 단락 은 애로우 건설회사의 사무실 계획을 소개하고 있는데 끝에 보면 이 회사가 오클랜드에서 비슷한 건물 프로젝트를 끝내고 완성 중에 있다 (Q19 The fledgling firm is currently completing similar building projects in Auckland)고 말하고 있다. 따라서 회사의 사장인 딕슨 씨가 오클랜드 프로젝트에 관련된 것은 당연할 것이다. 정답은 (C)이다.

DAY 14

Part 3 | EXERCISE

1. (C) **2.** (D) **3.** (D)

Part 4 | EXERCISE

4. (C) **5.** (A) **6.** (D)
7. (B) **8.** (A) **9.** (C)

Part 5 | EXERCISE

1. (C) **2.** (B) **3.** (A) **4.** (A) **5.** (B)
6. (C) **7.** (D) **8.** (D) **9.** (A) **10.** (C)

Part 6 | EXERCISE

11. (C) **12.** (B) **13.** (A **14.** (C)

Part 7 | EXERCISE

15. (B) **16.** (B) **17.** (A) **18.** (A) **19.** (A)

Part 3 EXERCISE

Questions 1-3 refer to the following conversation with three speakers.

미국 영국 호주

M: Hey Sandra and Monica, Q1 **I hear you are rebuilding your old shoe factory.** I thought you already tried to do it 5 years ago.

W1: Yes, but this time, it's completely different from before. Q2 **We're planning to specialize only in custom made athletic shoes.**

M: Sounds great!

W2: Yes, and we are already taking orders now. We are expecting more than a thousand pairs of shoes a month in sales.

M: Wow. Then I guess you should start hiring a lot of workers.

W1: Not now, but Q3 **we will in 6 months.**

M: 헤이 Sandra, Monica, 제가 듣기로 당신은 당신의 오래된 구두 공장을 복구할 거라던데요. 5년 전에 이미 그것을 시도했던 것으로 알고 있는데요.

W1: 네, 그러나 이번엔 전과 전혀 달라요. 우리는 주문형 운동화에 전문적으로 주력할 계획입니다.

M: 와우 대단한데요.

W2: 네 그리고 이미 저희는 주문을 받기 시작했고 한 달에 천 켤레 이상의 판매를 기대하고 있습니다.

M: 와우. 그러면 많은 직원들을 고용하기 시작해야겠군요.

W: 지금은 아니고 6개월후에 (고용할) 생각이에요.

어휘 rebuild 재건축하다 custome-made 맞춤/주문

1. (C)

해석 화자들은 무엇에 대해 논하고 있는가?

(A) 회사대출
(B) 고용 결정
(C) 건설 계획
(D) 고객의 주문

해설 화자들이 이야기하는 주제를 묻고 있는 질문이므로 대화의 첫부분에서 정답을 찾아준다. 대화 첫부분에 rebuilding a factory라고 말하고 있으므로 건설계획이라는 것을 알 수 있다.

2. (D)

해석 여자는 어떤 변화를 언급하고 있는가?

(A) 생산 공장이 옮겨질 것이다.
(B) 생산 가능한 운동화의 종류가 적어질 것이다.
(C) 주문들이 전보다 더 일찍 준비될 것이다.
(D) 상품들이 맞춤제작 될 것이다.

해설 여자가 언급한 변화를 묻고 있으므로 여자의 말속에서 정답을 찾는다. 이런 경우 변화를 언급하는 change가 키워드가 될 수는 있으나 워낙 다양한 말로 전환될 수 있으므로 보기 속의 나오는 문장을 다 읽고 이해하는 경우에만 문제를 해결할 수 있다.

[주의하자] 이런 문제의 경우 보기를 미리 다 읽어두지 못한다면 문제를 해결하는 것 자체가 어려울 수 있다. 따라서, 보기를 읽지 못했다면 어쩔수 없이 버려야 하는 문제이다.

이번에는 주문형 신발들만 만들것이라고 여자가 only라는 단어를 이용해 강조하고 있다. only라는 단어는 강조를 위해 사용하는 단어이므로 들릴때는 꼭 주의해서 들어준다. 따라서, 주문형의 신발만 만든다는 것을 언급하고 있는 (D)번이 정답이 된다.

3. (D)

해석 여자에 따르면 6개월후에는 무슨일이 일어날 것인가?

(A) 건설이 끝날 것이다.
(B) 예산이 감소될 것이다.
(C) 사무실을 이전할 것이다.
(D) 더 많은 직원들이 고용될 것이다.

해설 앞으로 6개월 후에 일어날 일을 이야기하는 표현이므로 시간이 되는 in six months가 키워드가 되어서 그 앞뒤의 문장을 듣고 정답을 골라야 한다. 마지막 여자의 말에서 we will in 6 months 라고 시간의 키워드가 등장한 부분에서 정답을 찾아야 하는데 동사가 생략되어 있으므로 바로 전에 나왔던 동사가 정답이 된다. 따라서, 남자의 말에서 등장한 직원 고용을 시작하겠다는 부분을 정답으로 찾아서 (D)번을 정답으로 골라야 한다.

Part 4 EXERCISE

Questions 4-6 refer to the following advertisement.

미국

Are you tired of drinking same old beverage? Or are you looking for something healthy to replace your junk drink? Well, [Q4] **Health Aid is exactly what you need. This drink will fortify your body with vitamins, protein, including 15% of real fruit juice.** Plus, the [Q5] **conveniently designed package will make it easy for you to carry it to anywhere.** Health Aid goes with all kinds of eateries. Try Sundawn's Health Aid and you'll feel the difference. [Q6] **Visit our website www.Sundawn.com and get further details about this new beverage.**

오래된 똑 같은 음료에 지치셨나요? 혹은 당신의 단 음료수를 대체할 건강한 음료를 찾고 계십니까? 자, Health Aid가 당신이 딱 원하는 그것 입니다. 15% 진짜 과일 주스를 포함한 이 음료는 당신의 신체에 비타민, 단백질을 강화 시켜줍니다. 게다가, 편리하게 디자인된 팩은 당신이 이것을 어디든 가져가기 편하게 만들어 줍니다. Health Aid는 모든 종류의 먹거리와 잘 어울립니다. sundawn의 Health Aids를 드셔보세요 그리고 차이를 느껴보세요. 우리회사 웹사이트인 www.Sundawn.com을 방문하셔서 우리의 새로운 음료에 대한 더 많은 정보를 가져가세요.

4. (C)

해석 이 광고는 무엇에 관한것인가?

(A) 비스켓
(B) 건강보조제
(C) 새로운 음료수
(D) 즉석 식품

해설 광고의 주제를 묻고 있는 질문의 형태이므로 광고에서 사람들의 관심을 끌기 위한 몇가지 질문의 바로 뒷부분에서 정답이 등장한다. 광고품은 항상 광고하는 물건의 고유한 이름과 더불어 기능이 나온다. 두개의 질문 뒤에서 고유명사가 나오므로 Health Aid라는 단어의 바로 뒤에 나오는 drink라는 단어에서 힌트를 얻을 수 있다. 또한 preview 에서 보았던 것 처럼 두번 이상 들린 단어들은 언제나 정답이 되므로 계속해서 들리는 beverage 를 정답으로 골라야 한다는 것도 기억하자. 상품이름인 Health Aid만 듣고 (B)를 고르지 않도록 주의한다.

5. (A)

해석 이 상품의 편리한 점은 무엇인가?

(A) 가지고 다니기 편하다.

DAY 14

(B) 쉽게 준비할 수 있다.
(C) 자판기에서 팔린다.
(D) 먹기 편하다.

해설 이 상품의 가장 편리한 점이 무엇인지를 묻고 있으므로 광고품이 나온후의 바로 뒤쪽의 장점들 중에서 보기속에 해당하는 것을 골라준다. convenient 라는 단어를 직접 사용해서 package가 편리하게 되어 있음을 언급했으므로 들고 다니기 좋다는 것이 정답이 된다.

6. (D)

해석 왜 청자들은 웹사이트를 방문해야 하는가?
(A) 상품을 주문하기 위해서
(B) 불만을 제기하기 위해서
(C) 길안내를 얻기 위해서
(D) 더 많은 정보를 얻기 위해서

해설 Why 문제는 뒷문장 전체가 키워드역할을 한다 따라서 visit a website라는 구문을 듣고 앞뒤에서 정답을 찾아야 한다. 마지막 문장에서 visit a website 뒤 문장에서 이 새로운 음료에 대한 더 많은 정보를 얻고 싶으면 이라고 말하고 있으므로 정답은 (D)번이 된다.

Questions 7-9 refer to the following announcement and pie chart.

영국

Hello, I am Martha Graham, and I'm a sales representative here. Thank you for coming out here today and giving me the chance to explain our outstanding products to you. Q7&Q9 **As you can see from the chart, we are now the world's fourth largest manufacturer in the PC market.** Still the largest company is Tulan, but we are regarded as the most prestigious in the after sales services. Q8 **As a proof, we have won the Most Outstanding Customer Service Award this year for providing the best customer support service.** Now, before moving on to the next session, I would like to ask everyone to answer a few questions on how we can best satisfy your demands.

안녕하십니까. 저는 이곳의 영업 사원인 Martha Graham입니다. 오늘 이 자리에 오셔서 우리가 우리의 놀라운 제품들을 여러분께 설명해 드릴 기회를 주신 것을 감사드립니다. 차트에서 보시듯 우리 회사가 컴퓨터 시장에서 세계에서 4번째로 큰 회사라는 것을 알고 계실 것입니다. 여전히 가장 큰 회사는 Tulan 입니다만 우리는 애프터 서비스에서는 가장 뛰어난 것으로 간주되고 있습니다. 증거로 우리는 가장 뛰어난 고객 지원 서비스로 올해의 Most Outstanding Customer Service 상을 수상했습니다. 이제, 다음 세션으로 넘어가기 전에 제가 여러분 모두에게 어떻게 여러분의 요구를 만족시킬수 있는지 몇가지 질문을 드리겠습니다.

7. (B)

해석 화자는 어떤 종류의 회사에서 일하는가?
(A) 통신회사
(B) 컴퓨터 제조업체
(C) 자동차 제조 업체
(D) 건설회사

해설 화자가 일하는 사업을 묻는 것이므로 결국은 말하는 사람이 누구인가를 묻고있는 질문이다. 이런 질문의 경우 대화의 처음을 듣거나 처음에서 답이 나오지 않는다면 전체를 듣고 힌트들을 연결해 문제를 푼다. 대화 첫부분에서는 회사의 이름만 언급하므로 어떤 종류의 회사인지를 알 수 없다. 따라서 전체를 다 듣고 정답을 찾아준다. 대화를 듣는 중간에 Civil이라는 회사가 PC를 만드는 회사라고 했으므로 정답은 B)번이 된다.

8. (A)

해석 이 회사는 왜 상을 탔는가?
(A) 고객 서비스 덕택에
(B) 창의적인 디자인 덕택에
(C) 장학금 덕택에
(D) 직원 만족도 덕택에

해설 문제속의 키워드는 award 이다. 이 단어는 다른 말로 거의 전환되지 않으므로 이 단어가 들리면 바로 주변에서 이유를 찾아준다.대화 중반에 won the most outstanding customer service award를 수상했다고 award라는 키워드가 등장하므로 바로 뒤에 나오는 이유의 구문인 for뒤의 best customer service 를 정답으로 골라줘야 한다.

9. (C)

해석 그래픽에 따르면 어떤 회사에서 화자는 일을 하고 있는가?
(A) Tulan
(B) Phili
(C) Hacker
(D) Morten

해설 대화 중반에서 우리가 4번째로 큰 회사라고 했으므로 정답은 (C)가 된다.

Part 5 EXERCISE

1. (C)

해석 업계 분석 보고서에 따르면, Pinnacle Automotive Technology 사는 지난 분기때 인상적인 수익을 발표했다.

해설 빈칸 뒤에 명사 profits을 수식하는 형용사를 골라야 한다. 형용사 impressive(인상적인, 감동을 주는)가 있어서 굳이 비슷한 의미의 분사 impressing을 만들어 쓸 필요는 없다. imperssed '감동받은' 의미이다. 따라서 impressive와 impressed 중 해석해 보아 알맞은 답을 고르면 된다. 단 순수 형용사와 분사가 의미가 다를 경우는 의미에 맞는 단어를 골라 써야 한다. 피수식어인 profits

가 감동받은 것을 아니라, 감동적이고, 강한 인상을 준 것이므로 정답은 (C) impressive이다.

어휘 **facilities** 편의시설 **impressive** 인상적인 **versatile** 다양한, 다재 다능한 **seating** 좌석 **delegate** (= **representative**) 대표, 대리인 **impress** 강한 인상을 주다, 감동시키다 **impressive** 인상적인, 감명을 주는

2. (B)

해석 이 학교 관리 시스템은 최근에 임명된 학교 행정직원들을 위해 특별히 만들어 졌다.

해설 appoint가 타동사이고 전치수식이므로 해석해 보아 알맞은 답을 골라야 한다. 문맥상 '학교 행정직원들을 임명하다'라는 '동사와 목적어 관계'가 어울리므로 정답은 (B) appointed이다.

어휘 **institute** (= **association**, **system**) 협회, 제도 **specifically** 명확하게, 특히 **recently** (= **lately**, **currently**) 최근에, 요즈음 **administrator** (= **manager**, **executive**) 관리자, 이사, 집행자 **appoint** (= **assign**, **nominate**) 지명하다, 임명하다, 고안하다 **appointment** (= **nomination**, **assignment**, **engagement**) 약속, 지정, 임명

3. (A)

해석 고용주는 상해와 재난을 방지하기 위해서 작업 공간을 안전하고 위생적으로 유지하는 것에 헌신해야만 한다.

해설 보기가 모두 동사이므로 빈칸 뒤 committed는 형용사로 보아야 한다. 형용사와 어울리는 동사는 2형식 동사이고 보기중 2형식 동사는 (A) remain뿐이다.

어휘 **commit** (= **devote**, **dedicate**) 위탁하다, 범하다, 헌신하다 **keep** (= **reserve**) 유지하다, 보유하다 **workplace** 작업장 **healthful** 건강한, 위생적인, 유익한 **prevent** (= **stop**, **avoid**) 막다, 예방하다 **injury** (= **harm**, **wound**) 상처, 상해 **fatality** (= **disaster**, **misfortune**) 재난, 불행

4. (A)

해석 초기의 검토 후에, 각 부서의 대표자들로 구성된 그룹은 잠재적인 협조가 필요한 지역을 논의하기 위해서 회의중이다.

해설 동사 is meeting이 있으므로 동사는 답이 될 수 없다. 따라서 (C) consists와 (D) will consist는 실격. to부정사가 후치수식을 할 수는 있으나 consist는 자동사라서 be p.p.의 형태를 취하지 않는다. 따라서 (B) to be consited도 오답. 자동사의 현재분사형인 (A) cosisting이 정답이다.

어휘 **consist** (**of**) 이루어져 있다 **representative** (= **delegate**) 대표자, 대리인 **collaboration** (= **teamwork**, **cooperation**) 협동, 협조 **in collaboration with** ~와 협력하여

5. (B)

해석 많은 임차인들이 그들 소유의 집으로 이사하는 데 더 어려운 시기를 겪고 있고 오르는 임대료에 그들 수익으 더 많은 부분을 지불해야 한다.

해설 보기가 모두 자동이므로 rent를 목적어로 볼 수 없고, 빈칸 뒤 rent를 수식하는 형용사가 필요하다. rise는 자동사이고 자동사의 현재분사는 능동 진행의 뜻이 있으므로 (B) 'rising' (점점 오르고 있는)이 정답이다.

어휘 **have[has] a harder time -ing** ~하는 데 힘든 시간을 겪다 **rise** (= **stand up**, **ascend**) 일어서다, 떠오르다 **arise** (= **happen**, **result**) 일어나다, 기인하다

6. (C)

해석 우리는 / 재능 있고 의욕에 찬 출력과 웹 디자인 둘 다에 흥미를 가지고 있는 그래픽 예술가를 찾고 있다.

해설 talented와 함께 graphic artist를 수식해주는 형용사를 고르면 된다. 보기중 형용사는 (A) motivating과 (C) motivated인데, motivate가 감정유발타동사이며 graphic artist는 사람 명사이므로 p.p.형인 (C) motivated가 정답이다.

어휘 **be looking for** ~을 찾고 있다 **motivate** (= **impel**, **inspire**) 동기를 주다, 자극하다

7. (D)

해석 재정적 문제 이외에도, 학문적 기준이 재능 있는 학생들을 유치시키기엔 너무 절망적이었다.

해설 be동사 was의 보어자리에 들어갈 분사를 찾아야 한다. 보기에 있는 frustrate(~를 좌절시키다)는 감정유발타동사이다. 푸는 방식은 기준이 사물이면 -ing, 사람이면 p.p. 이다. 빈칸이 보어자리 이므로 주어인 the academic standard가 기준이고 사물이므로 답은 (D) furstraing이다. 명사 (C) frustration도 보어자리에 올 수 있느나, 주어와 동격 관계가 성립되지 않고, 앞에 나오는 부사 too와도 어울리지 않는다.

어휘 **besides** (= **barring**, **also**) ~이외에, 게다가 **frustrate** (= **thwart**, **defeat**) 좌절시키다, 방해하다

8. (D)

해석 간헐적인 폭우가 주변 지역에 지속되고 있는 동안 돌풍에 의해 동반된 폭우가 도시와 교외지역을 휩쓸었다.

해설 동사 lashed가 있으므로 동사는 답이 될 수 없다. 따라서 (A) will accompany는 오답. (B) accompanying과 (C) to accompany 둘 다 명사를 후치 수식할 수는 있지만, 목적어가 없어서 실격이다. 정답은 (D) accompanied다. 타동사가 후치 수식할 경우 목적어가 없으면 p.p. 형태를 써야 한다.

어휘 **gusty winds** 돌풍 **lash** 몰아치다 **suburb** 교외, 시외 **intermittent** 간간이 일어나는, 간헐성의 **rainfall** 폭우 **continue** 계속하다, 지속하다 **surrounding areas** 주변 지역 **accompany** 동반하다, 수반하다

9. (A)

해석 감소하고 있는 현재의 판매는 재정과 경제의 시장에 걱정스러운 영향을 줄 수 있다.

해설 빈칸은 'could have pp'에서 본동사(p.p.)일 수도 있고, could have의 목적어인 impacts를 수식하는 형용사 자리 일 수 도 있

DAY 14

다. 만약 첫 번째 경우라면 즉, worry가 동사로 쓰였다면 뒤에 '감정유발타동사(~을 걱정시키다)'라서 사람 목적어를 취해야 하는데, 빈칸 뒤 impacts가 사람이 아니라서 오답이다. 두번째 경우로 접근하면, 빈칸 뒤 impacts가 사람이 아니라서, worrying(걱정시키는)의 형태로 쓰여야 한다. 따라서 정답은 (A) worrying이다.

어휘 declline 감소하다 impact 영향 financial 재정적인 economic 경제의

10. (C)

해석 DC Electronics 사의 창립자인 Denis Cooper는 50번째 기념식을 축하하는 최고의 이벤트에서 기조 연설을 하도록 초대되었다.

해설 the와 명사 event 사이이므로 형용사 자리. (B) culminated와 (C) culminating이 형용사로 사용될 수 있는데, culminate(절정에 이르다)는 자동이므로 현재분사를 형용사로 해야 한다. 따라서 정답은 (C) culminating이다.

어휘 culminate (= climax, end up) 최고점에 달하다 oral (= spoken, verbal) 구두의, 구술의

Part 6 EXERCISE

Questions 11-14 refer to the following excerpt.

교내 주차

IU 사우스 이스트는 2,000개가 넘는 교내 주차 공간을 가지고 있습니다. 교내 주차를 하시려면 허가증이 필요합니다.

학생 주차 (레드 허가증)

모든 IU 사우스 이스트 학생들은 레드 주차 허가증을 구입할 수 있습니다. 이 허가증으로, 빨간색으로 '학생 주차 허가'라고 쓰여 있는 곳이면 어디든 주차할 수 있습니다. 학생들은 유효한 '학생' 허가증을 차 안에 잘 보이는 곳에 두셔야 합니다.

학생 한 학기 허가증 – 21달러

교수/직원 주차 (블루 허가증)

교수/직원 주차장은 파란색 사인으로 표시되어 있고, '교수/직원' 허가증이 있는 차량들에게만 제한됩니다. 모든 전임과 파트 타임 직원과 교수들은 블루 주차 허가증을 구입할 수 있습니다.

교수/직원 1년 허가증 – 69달러
교수/직원 한 학기 허가증 – 23달러

어휘 on-campus 캠퍼스 내에 있는 space 공간 permit 허가증 parking 주차 be eligible to V ~에 자격이 되다 access to ~로의 접근, 이용 marked with ~라고 표시되어 있는 display 잘 보이는 곳에 두다 valid 유효한 vehicle 차량 faculty 교직원, 교수단 staff 직원 be restricted to N ~로 제한되다

11. (C)

해설 보기 모두 뒤에 나오는 to부정사와 어울려서 해석이 가능하므로 뒤에 나오는 내용을 파악해서 올바른 답을 고르도록 한다. 'These permits'가 학생들에게 모든 주차장을 이용할 권한을 준다고 했으므로 권리나 자격을 나타내는 형용사 (C) eligible(자격있는)이 정답이다.

어휘 be eager to v ~하기를 열망하다 legal 법적인 be likely to v ~하기 쉽다

12. (B)

해설 주어 동사 목적어로 이루어진 완전한 절이므로 빈칸에는 수식어구가 나와야 한다. 보기 중 수식어 역할을 할 수 있는 것은 (A) marking, (B) marked, (C) to mark가 있는데 mark는 동사는 타동사인데 빈칸 뒤에 목적어가 없으니 뒤에 목적어가 나와야 한다. 따라서 목적어가 필요 없는 과거분사 (B) marked가 정답이다.

13. (A)

해설 뜻이 모두 다른 단어로 구성되어 있으므로 해석해야 한다. "그들의 차에 유효한 '학생' 허가증을 진열해야 한다"라고 해야 하므로 정답은 (A) display. (B) report는 '알리다, 발표하다'는 뜻으로 해석상 알맞지 않고 '차 안에 허가증을 진열해야 한다'는 내용이므로 '주다, 건네주다, 제출하다'라는 뜻인 (C) present 역시 오답이다.

14. (C)

해설 '주어 + 동사 + 목적어'로 이루어진 완전한 절이므로 빈칸에는 수식어구가 나와야 한다. 보기 중 수식어 역할을 할 수 있는 것은 (A) displayed, (C) displaying, (D) to display가 있는데 빈칸 뒤에 a ~permit이라는 빈칸의 목적어 역할을 해주는 명사가 나왔으므로 (A) displayed는 탈락. '허가증을 진열하기 위해서' 역시 해석상 어색하므로 탈락. 정답은 (C) displaying이다.

Part 7 EXERCISE 삼중 지문

Questions 15-19 refer to the following e-mail, notice, and order form.

발신: Anna Powers <apowers@apfamily.com>
수신: Q16 Steve Jones <sjones@freshstorenco.com>
날짜: 1월 2일
주제: Q15 배송회사

안녕하세요, Mr. Jones

우리와 함께 일하는데 동의해 주셔서 감사합니다. 지역에서 생산되는, 모두 천연으로 만들어진 유기농 세제를 구하게 되어서 기쁩니다. 귀하와 귀하의 고객들 모두 우리의 상품과 서비스 질에 완벽하게 만족할 것입니다.

우리는 이웃에 있는 많은 회사들과 가깝게 일해 오고 있지만, 귀하의 상점은 우리가 아직 들어가지 못한 장소입니다. 우리 배송기사들은 Soma에 본사를 두고 있고 Q16 Oakland 지역에서는 영업을 하지 않습니다. Q15 우리가 사용하도록 추천해 줄 수 있는 선호하는 배송회사가 혹시 있나요? 기존의 같이 일하고 있는 배송업체가 없다면, 걱정하지 마세요. 우리가 가능한한 완벽하게 물건 배송을 보장합니다. 어떤 제안이라도 환영합니다.

안부를 전하며,
Anna Powers

Fresh Store & Co에서 우리와 쇼핑하세요.
이번 주 새소식
2월 16일

Powers Family 사로부터의 반가운 소식

고객님은 요청하고 우리는 배송합니다. 아시다시피, 우리 가게 직원들은 '그린 라이프 철학'을 가지고 있고, 항상 안전하고, 화학적 독성을 제거한 모두 자연의 재료를 제공하기 위해 최선을 다합니다. 마침내 우리는 모든 자연 소재 유기농 세제를 생산하는 Sun Set 지역에 있는 Powers Family Company를 찾았습니다. 그들의 제품은 환경 친화적이고, 유기농이며, 화학물질이 전혀 없습니다.

공급을 시작할 일부 제품은 다음과 같습니다.
Q19 멀티 표면 세제
Q19 핸드 솝
Q19 식기 세제
Q19 세탁 세제
Q19 바디 클렌저

Q17 우리는 또한 여름에 Paloma에 있는 이웃 농장 Sunrise Orchards로부터 유기농 지역 농산물 사과를 취급할 것입니다.

Powers Family Company 주문서

Q16 고객: Fresh Store & Co.
주문일: 2월 27일
배송일: 3월 3일

배송 설명:

아래 변경사항만 빼고 지난달 주문과 똑같이 주문합니다.

- Q19 아로마 오일 디퓨져 10개 주문
- Q19 핸드솝과 바디 클렌저는 금주에 꼭 필요
- Q18&Q19 액상 타입 세탁세제 대신, (지난주에 보여주셨던 샘플과 같은) 파우더 타입의 세제로 교체 요청합니다.

또한, Huns Delivery 회사에 관해 의견 물어보셨는데, 지금까지 좋은 점만 있었습니다. 시간도 잘 지키고, 기사님도 전문적이시고, 모든 제품들도 최상의 상태였습니다.

이름: 스티브 존스, 상품 관리자
서명: *Steve Jones*

어휘 **sign up** 서명하다 **source** 공급자를 찾다 **assure** 보장한다 **particular** 특정한 **penetrate** 꿰뚫다, 침투하다 **preferred** 선호되는 **ensure** 확실히 하다 **seamless** 흠없는 **aware** 잘 알고 있는 **ingredient** 재료, 성분 **eliminate** 제거하다 **chemical toxin** 화학적 독성물질 **diffuser** 공기 확산기 **laundry** 세탁 **detergent** 세제 **punctual** 시간을 잘지키는 **mint** 완벽한

15. (B)

해석 Ms. Powers는 왜 이메일을 썼는가?
(A) 그녀 회사의 장소를 업데이트 하기 위해
(B) 추천을 요청하기 위해
(C) 늦은 배송에 대한 불만을 알리기 위해
(D) 새로운 사업 계약에 서명하기 위해

해설 이메일의 제목(Delivery Company)에서 배송회사를 언급했으므로 관련 표현이 나오는 두번째 단락에서 주제가 언급되고 있다. 첫 문장에 나오는 부정적 표현인 but은 항상 주의깊게 봐야 하는 키워드 이다. 내용인즉, 선호하는 배송업체가 있다면, 추천해달라는 (Would you have a preferred delivery service that you'd recommend we use? If so, please let us know so we can work with that business.) 것이므로 정답은 (B) To ask for a recommendation이다.

어휘 **ask for** 요청하다

16. (B)

해석 Fresh Store & Co는 아마도 어디에 있을 것인가?
(A) In Soma
(B) In Oakland
(C) In Paloma
(D) In Sun Set

해설 **연계문제** – 지문의 관계를 잘 파악해보면, 첫번째 이메일에서 수신자인 Mr. Jones는 Fresh Store & Co의 merchandising manager임을 세번째 주문서 알 수 있다. 따라서 Fresh Store 소속의 Mr. Jones에게 보낸 이메일에서 물건을 배송해야 하는데 Oakland 지역까지 가지 못하니 추천해달라 (Our drivers are based in Soma and do not operate in Oakland area)는 내용이 나오므로 Fresh Store & Co는 Oakland에 있다는 것을 알 수 있다.

you = Mr. Jones = merchandising manager of Fresh Store & Co

17. (A)

해석 공지로부터 Sunrise Orchards에 대해 무엇을 유추할 수 있는가?
(A) 식료품점 근처에 위치해 있다.
(B) 그들의 지역 농산물은 비싸다
(C) 내년부터 팔기 시작할 것 이다.
(D) 여름에 판촉을 시작할 것이다.

해설 두번째 지문 (공지)의 맨 마지막 문장에서 이웃 농장인 Sunrise Orchards라고 언급했으므로 (We will also start carrying organic locally-produced fruits from our neighboring farm Sunrise Orchards in Paloma in the summer.) 정답은 (A) It is located near the grocery store.이다. neighboring이 near로 재표현 되었다.

어휘 **grocery store** 식료품점

DAY 14

18. (A)

해석 Mr. Jones는 주문서에 무엇을 언급했나?

(A) 그는 지난 주에 보았던 제품 샘플을 좋아했다

(B) 그는 Huns Delivery의 서비스에 만족 하지 않는다.

(C) 식기용 세제는 예상한 것 만큼 잘 팔리지 않는다.

(D) 제품이 배달되는 동아 손상되었다.

해설 세 번째 지문 (주문서)에서 나열된 세 번째 항목에서 '지난주에 당신이 보여준 샘플과 같은 것으로 대체해달라 (replace it with powder type (like the sample you showed us last week)고 했으므로 정답은 (A) He liked the product samples that he saw last week이다.

어휘 damaged 손상된

19. (A)

해석 Fresh Store & Co는 3월 3일에 무엇을 받았는가?

(A) 식기용 세제

(B) 액상타입 세탁세제

(C) 핸드 솝

(D) 바디 클렌져

해설 **연계문제** – 세 번째 지문(주문서)에 3월3일에 배송해 달라고 하고, 몇가지 빼고는 지난번과 똑같다고 했으므로 지난번 주문내용을 알 수 있는 두 번째 지문 (공지)와 비교해 보아야 한다. 그런데 핸드솝이나 바디클렌저라고 했으므로 어느것이 올지는 모른다. 그래서 (C) 핸드솝과 (D) 바디 클렌저는 오답. (B) 액상 타입 세탁세제는 파우더로 대체해달라고 했으므로 오답. 나머지 (A) Dish Washing Soap가 정답이다.

DAY 15

Part 3 | EXERCISE

1. (A) **2.** (C) **3.** (D)

Part 4 | EXERCISE

4. (C) **5.** (B) **6.** (D) **7.** (B) **8.** (B) **9.** (D)

Part 5 | EXERCISE

1. (B) **2.** (B) **3.** (C) **4.** (A) **5.** (A)
6. (D) **7.** (D) **8.** (C) **9.** (B) **10.** (A)

Part 6 | EXERCISE

11. (D) **12.** (A) **13.** (C) **14.** (A)

Part 7 | EXERCISE

15. (B) **16.** (B) **17.** (D) **18.** (B) **19.** (D)

Part 3 EXERCISE

Questions 1-3 refer to the following conversation and floor plan.

미국 영국

M: [Q1] **Building Security**, How may I help you?

W: Hi, I'm Ja In Yoon from the Ken Travel Agency. I happened to lock myself out of my office. [Q2] **Could you come over and open up the door for me, please?**

M: Certainly, can you tell me the location of your office, please?

W: [Q3] **It's office on the 5th floor. It's on the right from the elevator. You have to past the meeting room A and my office isn't a corner office.**

남: 보안팀입니다. 어떻게 도와드릴까요?

여: 안녕하세요. 저는 Ken 여행사의 Ja In Yoon입니다. 어떻게 하다 보니 제가 열쇠를 놓고 나와 사무실에 밖에서 들어갈 수 없게 되었는데요. 이쪽으로 오셔서 문좀 열어주시겠어요?

남: 당연하지요. 당신의 사무실이 어디에 위치해있는지 알려주시겠어요?

여: 제 사무실은 5층에 있구요. 엘리베이터에서 오른쪽에 있는 사무실인데 미팅룸 A는 지나치셔야 합니다. 그리고 제 사무실은 코너에 있지 않아요.

1. (A)

해석 남자는 누구인가?

(A) 보안팀직원

(B) 청소직원

(C) 여행사 직원

(D) 수리공

해설 화자가 누구인지를 묻고 있으므로 대화의 첫부분에서 정답이 나오거나 첫부분에서 나오지 않는다면 전체를 다듣고 문제를 풀어준다. 대화의 처음에서 남자가 building security라고 말했으므로 남자가 security officer라는 것을 알 수 있다.

2. (C)

해석 여자는 무엇을 요구하는가?

(A) 사무실의 주소

(B) 여행사로 가는 길안내

(C) 문을 여는 것에 도움

(D) 건물 보안팀의 전화번호

해설 여자가 요구하는 것을 묻고 있는 질문이므로 여자의 말에서 정답이 나올 것이다. 또한 require나 request는 제안의 정답과 같은 패턴의 정답을 가지고 온다는 것을 기억한다. 여자의 말속에서 제안의 표현인 could you 가 나왔으므로 뒤에 있는 문을 열어달라는 말을 정답으로 찾아야 한다.

어휘 direction 방향, 감독, 지시, 방침

3. (D)

해석 시각정보를 보시오. 여자의 사무실은 어디인가?

(A) office 1

(B) office 2

(C) office 3

(D) office 4

해설 평면도에서 여자의 사무실을 묻고 있으므로 방향을 설명하는 내용을 잘 듣고 정답을 찾아야 한다. 여자의 말에서 엘리베이터 오른쪽은 3번과 4번 사무실이고 코너에 있지 않다고 했으니 정답은 (D)이다.

Part 4 EXERCISE

Questions 4-6 refers to the following announcement.

호주

May I have your attention, please? As you know already, Q4 **our offices** were to be repainted tomorrow, but apparently, it seems like it's going to be delayed. Q5 **The painters are still working on payroll offices on the third floor right now**, and they expect to start painting Q6 **our accounting office** from Thursday a day after originally planned. I'm sorry for the inconvenience, but we'll all have to work here until the painters are done with the previous work. Make sure you secure all your documents and computers on Wednesday before you leave the office. You should cover your computers, store your files in the cabinet, and do not leave any documents on the desks.

주목해주시겠습니까? 이미 아시다시피, 우리의 사무실이 내일 다시 페인트를 칠할 예정이었으나, 이것이 지연될 것으로 보입니다. 페인트공들이 아직 3층 총무부를 페인트칠하고 있습니다. 그들은 예정된 하루 뒤인 목요일부터 우리 회계 사무실을 페인트 칠할것으로 예상합니다. 이런 불편을 끼쳐 죄송합니다만, 페인트공들이 이전 작업을 끝낼때까지 우리는 사무실에서 일해야합니다. 수요일에 퇴근하시기 전까지 모든 서류와 컴퓨터를 점검하시기 바랍니다. 컴퓨터에 커버를 씌우시고, 파일들은 캐비닛에 넣으시고, 책상위에 어떤 서류도 두지 마십시오.

어휘 inconvenience 불편

4. (C)

해석 화자의 이야기의 대상은 누구인가?

(A) 화가

(B) 의사

(C) 사무실 직원들

(D) 사서들

해설 다음 공지는 사무실 직원들에게 사무실 페인트칠이 연기되어 있다는 것을 알리기 위한 공지이다. 글에 직접적으로 사무실 직원에게 알린다는 표현은 없으나, our office와 같은 표현이나, you leave the office와 같은 표현을 통해 청자가 사무실 직원이라는 것을 알 수 있다. 정답은 (C)

5. (B)

해석 지연은 왜 생겼는가?

(A) 이사짐 센터 사람들이 아직 도착하지 않았다.

(B) 다른 장소의 일이 아직 끝나지 않았다.

(C) 몇몇의 컴퓨터들이 손상되었다.

(D) 사무실이 문을 닫았다.

해설 페인트공들이 여전히 의료실에서 작업중이라고 말하고 있으므로 정답은 (B)이다.

6. (D)

해석 시각정보를 보시오. 어떤 층에서 화자가 일하는가?

(A) 2층

(B) 3층

(C) 4층

(D) 5층

해설 화자의 사무실이 회계 사무실이고 원래 예정된 하루 뒤인 목요일에

DAY 15

페인트칠을 해야 한다고 했으므로 회계 사무실이 있는 층인 5층을 정답으로 찾는다.

Questions 7-9 refer to the following talk and graph.

영국

Thanks for coming to this staff meeting on such short notice. Today I want to talk about our recent sales decrease. Q7 **Our new line of laptop sales** dived last month. Q8 **It's been declined since the discount event was ended.** Therefore, we have to think about effective ways to promote our product sales. Q9 **So next two hours we'll come up with some ideas for marketing and find some ways to solve these problems. Is there any idea you want to share?**

갑작스러운 직원회의에도 참석해 주셔서 감사합니다. 오늘은 우리 최근의 판매 감소에 대해서 이야기하고자 합니다. 우리의 새로운 노트북 컴퓨터의 판매가 지난달 급락했습니다. 우리 할인 이벤트가 끝난 이후로 지속적으로 판매는 감소하고 있습니다. 따라서, 우리는 우리 상품 판매를 촉진할 수 있는 효과적인 방법을 생각해야만 합니다. 그래서 다음 두시간 동안 우리는 마케팅의 아이디어들을 생각해보고 이 문제들을 해결할 방법을 찾아보도록 하겠습니다. 이야기하고 싶은 아이디어 있으신가요?

7. (B)

화자는 어디에서 일하는가?
(A) 광고회사에서
(B) 전자제품가게에서
(C) 공장에서
(D) 연구회사에서

해설 대화 초반에서 최근 노트북의 판매가 감소하고 있다고 말했으므로 노트북을 판매하는 장소인 전자제품 가게를 정답으로 골라야 한다. 따라서, 정답은 B번이 된다.

8. (B)

해석 시각정보를 보시오. 언제 할인 행사가 끝났는가?
(A) 1월
(B) 2월
(C) 3월
(D) 4월

해설 그래프에서 할인 행사가 끝난 날짜를 이야기하고 있으므로 그래프의 특성을 살펴보아야 한다. 대화 속에서 할인행사가 끝난 이후 지속적으로 판매가 감소하고 있다고 말했으므로 감소 직전의 날짜인 2월을 정답으로 골라야한다.

9. (D)

해석 다음에 일어날 일은 무엇입니까?
(A) 연회에 참석한다
(B) 물건을 찾는다
(C) 사무실로 돌아간다
(D) 아이디어를 이야기한다.

해설 다음에 일어날 일은 대화의 마지막까지 잘 듣고 찾아야 한다. 대화 마지막에서 마케팅 아이디어와 문제 해결방법을 찾자고 제안하며 아이디어를 이야기해 보라고 했으므로 다음에 일어날 일은 (D)번이다.

Part 5 EXERCISE

1. (B)

해석 그 결정에 대한 평가는 각각의 경우가 독단적으로 결정되지 않았고 대신에 합법적인 분석에 기초를 두고 있음을 나타낸다.

해설 보기 중 과거분사 decided와 based를 문법적으로나, 의미상으로 연결하는 할 수 있는 것은 (B) but 뿐이다 등위 상관 접속사 not A but B(A가 아니라 B)의 쓰임을 묻는 문제.

어휘 **review** 검토, 비평 **indicate** 나타내다, 보이다 **arbitrarily** 제멋대로, 독단적으로 **instead** 대신에 **be based on** ~에 기초를 두다 **legal** 법적인, 합법적인 **analysis** 분석

2. (B)

해석 시험 동안 흡연이나 음식물 섭취 둘 다 허용되지 않는다.

해설 neither A nor B 형태로 'A도 아니고 B도 아니다'. 정답은 (B) nor이다.

어휘 **permit** (= **allow**, **consent**) 허가하다, 허락하다

3. (C)

해석 직업을 고려하는 사람은 임금뿐만 아니라 직장 자체와 근무 조건에서 얻을 수 있는 만족감도 중시해야 한다.

해설 not only A but also B 형태로 'A뿐만 아니라 B도'라는 의미로 쓰일 수 있으므로 정답은 (C) not only가 된다.

어휘 **consider** 고려하다, 참작하다 **weigh** 무게가 나가다, 고려하다 **salary** (= **wage**, **pay**) 임금 **working condition** 근무 조건 **as well as** ~뿐만 아니라 **though** 주어 + 동사 ~ 비록 ~일지라도

4. (A)

해석 광고와 물가 정책 둘 다 청소년의 알코올 소비를 꽤 줄이는 가능성을 가지고 있는것으로 보여진다.

해설 both A and B 형태로 'A, B 둘 다' 정답은 (A) and

어휘 **price policy** 물가 정책 **potential** (= **possibility**, **capability**) 잠재력, 가능성 **substantially** 꽤, 매우 **adolescent** 미숙한, 청소년의 **consumption** 소비, 소진

5. (A)

해석 비싸지 않은 가구는 구매되거나 임대될 수 있지만, 그것을 집으로 옮

기기 위해 차가 필요하거나 배송을 위해 소정의 비용을 내야 한다.

해설 동사 두개를 나란히 연결할 수 있는 것은 보기 등위 접속사 (A) or 뿐이다. 종속접속사 (B) when은 주어 동사를 갖춘 완전한 절을 동반하거나, -ing나 p.p.의 형태의 분사구문을 수반할 수 있다. (C) besides는 전치사 (~이외에도), 부사 (게다가) (D) also 역시 부사로 동사 2개를 나란히 연결할 수 없다.

어휘 **inexpensive** 비싸지 않은, 비용이 조금 드는 **rent** (= **borrow**) 임대하다

6. (D)

해석 회사들은 그들의 활동이 특정한 법이나 규정을 위반하는지 안 하는지를 결정하는 데 종종 어려움을 겪는다.

해설 빈칸은 타동사 determine의 목적어 자리다. 빈칸 이하에 '주어 + 동사' 형태를 이루고 있으므로 목적어 역할을 할 수 있는 명사절을 이끌 수 있는 접속사가 와야 한다. 보기 중 이에 해당하는 것, 즉 명사절을 이끌 수 있는 것은 (D) if(~인지 아닌지) 뿐이다. 나머지는 명사절 접속사가 아니다.

어휘 **often** (= **frequently**) 종종 **have difficulty in -ing** ~하는 데 어려움을 겪다 **contravene** 위반하다, 반대하다 **particular** 특별한, 특정한 **law** 법 **regulation** 규칙, 규정

7. (D)

해석 감독은 장래의 교대 근무 현장이 안전 또는 건강 면에서 적당한지 어떤지에 대해서 관심이 있다.

해설 전치사 as to(~관하여) 다음에는 명사(구, 절)이 와야 한다. 보기 중 명사절 접속사는 (D) whether 뿐이다.

어휘 **prospective** (= **promising**) 가망 있는, 장래의 **alternate** 번갈아 일어나는, 교대의 **work site** 근무 현장 **adequate** 알맞은, 적당한 **in terms of** ~에 관하여, ~에 의해 **safety** 안전

8. (C)

해석 회사는 주로 주어진 제품에 대한 고객의 관심을 측정하기 위해 시장 조사를 하고 그 제품을 언제 출시할지에 대해 결정한다.

해설 전치사 about 다음에 나올 명사를 골라야 한다. 보기 중 빈칸 뒤 to부정사와 함께 명사로 쓰일 수 있는 것은 (A) which와 (C) when 뿐이다. 의미상 '언제 제품을 출시할지'라고 해야 어울리므로 정답은 (C) when이다.

어휘 **survey** 설문조사 **gauge** 측정하다 **consumer interest** 소비자 관심 **allocate** 할당하다, 배분하다 **fund** 기금, 자금

9. (D)

해석 부서 책임자는 웹사이트가 비 전문적이고 부적절해 보여서, 어느 직원이 웹사이트를 디자인했는지 알고 싶어한다.

해설 빈칸 뒤 가산명사인 employee가 한정사 없이 단독으로 쓰였다는 것이 가장 눈에 띄는 점이다. 의문형용사(what, whose, which)는 한정사 역할을 할 수 있다. 따라서 한정사 역할도 하고 명사절 접속사의 역할도 하는 의문형용사 (D) which가 정답이다.

어휘 **employee directory** 직원 명부 **unprofessional** 비전문적인 **inappropriate** 부적당한, 타당하지 않은, 어울리지 않는

10. (A)

해석 부장은 새로운 사무실 빌딩을 둘러보다가 누가 건물관리 책임자인지 물었다.

해설 타동사 ask 뒤에 들어갈 명사(구/절)을 골라야 한다. 명사절 접속사 중 was의 주어 역할까지 할 수 있는 의문사 (A) who가 정답이다.

어휘 **browse** 둘러보다, 구경하다 **in charge** (**of**) ~를 맡고 있는, 담당의 **maintenance** 관리

Part 6 EXERCISE

Questions 11-14 refer to the following advertisement.

소책자 메이커

소책자 메이커의 다양한 선택사항에 대해 최저가 보장

수많은 종이시트들을 수용할 수 있으며, 가운데에 스테이플을 하고 그 후에 소책자를 접을 수 있게 디자인되었습니다. 우리는 MBM, 마틴 예일과 아킬레스에서 생산된 여러 개의 서로 다른 소책자 메이커들과 소책자 메이킹 시스템 소유하고 있습니다.

스프린트 시리즈 소책자 메이커 모델은 제본산업에서 고성능과 신뢰성으로 인해 좋은 명성을 얻고 있습니다. 또한 귀하는 아킬레스 북렛맥 소책자 메이커나 혹은 뉴 마틴 예일 세미 오토북 소책자를 원할지도 모릅니다.

귀하가 선택하는 소책자 메이커가 무엇이던 간에 관계없이, 확실히 손으로 소책자들을 접는 것보다 훨씬 빠르고 쉽습니다. 소책자 메이킹 기계를 오늘 확인해보세요.

어휘 **design** 고안하다 **staple** 스테이플러로 고정하다 **fold** 접다 **solid** 단단한, 견고한 **reputation** 명성 **dependability** 믿을 수 있음 **certainly** 분명히

11. (D)

해설 보기가 모두 명사이므로 Booklet making과 어울려 복합명사로 쓸 명사를 골라야 한다. 따라서 (B) the equipment는 오답. equipment는 시험에 잘나오는 불가산 명사다. 관사 an을 붙이거나 복수형으로 쓸 수 없다. 정답은 (D) equipment이다.

12. (A)

해설 to부정사의 일부인 동사원형 take, staple, fold를 연결해줄 알맞은 접속사는 (A) and (B) but이 있지만, 순서별 나열이므로 (A) and가 정답이다. so는 주어와 동사를 동반해야 한다. (D) then은 부사라서 동사원형을 나란히 연결해 줄 수 없다.

13. (C)

해설 the Akiles Bookletmac booklet maker와 the new

DAY 15

Martin Yale BM101 semi automatic booklet maker를 연결해주는 접속사가 들어가야 할 자리이다. '아킬레스 북렛맥 소책자나 메이커 또는 뉴 마틴 예일 세미 오토북 소책자를 원할지 모른다'고 해야 알맞다. 따라서 정답은 (C) or. (A) but은 해석상 알맞지 않고, (B) for과 (D) so는 등위접속사중 절과 절만을 연결할 수 있다.

14. (A)

해설 글의 제목, 소제목은 주제와 연결이 되어 있으므로, 항상 염두해 두고 글을 읽는다. 소제목이 "다양한 선택을 할 수 있는 소책자 메이커에 대한 가장 낮은 가격을 광고 하고 있고, 빈칸이 들어 있는 문장의 직전 문장 역시 다양한 소책자 메이커들을 언급하고 있으므로, "폭넓은 선택"에 중점을 두어야 한다. 따라서 정답은 (A) collection(모음)이다.

Part 7 EXERCISE 삼중 지문

Questions 15-19 refer to the following information, e-mail and parking permit.

해밀턴 평생 교육

6월 학급 교육과정

Q16-b, c 해밀턴 평생 교육과정은 18세 이상의 해밀턴 카운티의 모든 주민들에게 열려있습니다. 우리 교육과정은 별도의 지시가 없는 한 해밀턴 시의 메인 캠퍼스에서 열립니다. 만약 등록 일정, Q16-a 등록비 그리고 등록할 수 있는 과정에 대한 정보를 원하시면, 이 소책자의 3페이지를 참조하세요.

포토샵 이용방법
매주 월요일, 오후 5시~6시
Stranton Building, 201호
Q17-1 강사: IT Associates 소속 M. Amber,

개인 재정 관리: 단계별 가이드
매주 월요일, 오후 8시 ~10시
Gregory Hall, 102호
강사: J. Lawrence, 공인회계사

강아지 길들이기 101
매주 화요일 오후 8시~10시
Stranton Building 201호
강사: B. James, Pets & Co 소속 책임강사

매일 묵상
6월 18~20일
Marriott 대학 체육관
Q15 강사: Lots Yoga Studio 소속 C. Tran

To: Jessica Olay ⟨jolay@mymail.com⟩
From: Scott Taylor ⟨taylor@hamilton.edu⟩
Date: 6월 21일
Subject: 수업 재조정 알림

모두에게

불행하게도, Q17-2 Ms. Amber가 개인적인 급한일로 계획대로 Q18 더이상 과정담당을 할 수 없습니다. 가능한 한 빨리 수업을 재조정하도록 하겠습니다. 일정이 업데이트되면, Q16-d 현재의 주차허가증은 더이상 유효하지 않으므로, 업데이트된 날짜와 Q19-2 주차허가증를 이메일로 알려드리겠습니다. 불편을 드려 죄송합니다.

From, Scott

익스프레스 주차 - 1일 주차권

A 주차구역
Q19-2 유효기간: 6월30일
시간: 6시 45분

* 밖에서 보이도록 이 주차권을 자동차 앞 유리에 놓으세요.

어휘 curriculum 교육과정 otherwise 달리, 그렇지 않으면
registration 등록 dashboard 자동차 앞 유리창
visible 눈에 보이는

15. (B)

해석 C. Tran은 누구일 것 같은가?
(A) IT 전문가
(B) 헬스강사
(C) 대학교수
(D) 재정 정문가

해설 첫번째 지문 (information) 맨 마지막 교육과정에 '매일묵상'을 담당하고 소속은 Lots Yoga Studio이므로 '건강관련 강사'이다. 따라서 정답은 (B) A health instructor이다.

16. (B)

해석 평생 교육 과정 수강생에 대해 나와 있지 않은 것은?
(A) 등록비를 낸다.
(B) 해밀턴 스쿨의 학생이다
(C) 18세 이상이어야 한다.
(D) 주차허가증이 필요하다.

해설 첫번째 지문 (information) 첫 문장에서 모든 해밀턴 카운티의 주민들에게 열려있다(Hamilton School of Continuing Education courses are open to all residents of Hamilton County who are 18 years or older.)고 했으므로 정답은 (B) They are students of Hamilton School.

17. (D)

해석 Ms. Olay는 무엇을 가장 배우고 싶어 하는가?
(A) 애완동물 관리
(B) 재정
(C) 명상
(D) 포토샵

해설 **연계문제** – Ms. Olay에게 보낸 두 번째 지문(이메일) 첫 문장에 Ms. Amber가 더 이상 과정담다을 할 수 없어서 유감이다(Q17-2 Unfortunately Ms. Amber can no longer make the course as planned due to a personal emergency. We will try to reschedule the class as soon as possible.)라고 했으므로 첫 번째 지문(information)에서 Q17-1 Ms. Amber를 찾으면 '포토샵'에 관심이 있음을 알 수 있다. 정답은 (D) Photoshop이다.

18. (B)

해설 이메일 첫 번째 단락 첫 번째 줄 "make"의 동의는?

(A) 참가하다

(B) 창조하다

(C) 취소하다

(D) 발견하다

해설 make the course는 과정을 담당한다는 말이니까, 보기 중에서는 과정에 참가하다가 가장 가깝다. 정답은 (A) attend이다.

19. (D)

해설 몇일에 변경된 클래스가 열리는가?

(A) 6월 18일

(B) 6월 20일

(C) 6월 21일

(D) 6월 30일

해설 **연계문제** – 두 번째 지문(e-mail)에서 변경된 날짜와 주차 허가증을 다시 보내준다 (Q19-2 Once we have an updated schedule, we will email you with the dates as well as send you an updated parking sticker)고 했으므로 마지막 지문(parking permit)에 나와 있는 날짜가 Q19-2 변경된 날짜일 것이다. 따라서 정답은 (D) June 30이다.

DAY 16

Part 3 | EXERCISE

1. (A) **2.** (D) **3.** (C)
4. (D) **5.** (B) **6.** (B)

Part 4 | EXERCISE

7. (B) **8.** (C) **9.** (C)

Part 5 | EXERCISE

1. (B) 2 (C) **3.** (D) **4.** (A) **5.** (B)
6. (C) **7.** (A) **8.** (B) **9.** (A) **10.** (B)

Part 6 | EXERCISE

11. (D) **12.** (A) **13.** (A) **14.** (B)

Part 7 | EXERCISE

15. (A) **16.** (B) **17.** (C) **18.** (B) **19.** (A)

Part 3 EXERCISE

Questions 1 through 3 refer to the following conversation.

미국 영국

M: So, Mary, you've been here for a few weeks now. Q1 **What is your take on our new office building?**

W: I love this space. It has a great view, plenty of meeting rooms and convenient work stations. Q2 **However, I think we should have more parking lots.** Every morning I have trouble finding a parking place. Even today, all the space is full, so I had to park my car in the curb parking area.

M: You can say that again. Q3 **The management team is considering running a shuttle from public parking lot next to the station to this building.** It can also encourage people to use the subway.

W: Oh, that's good to know! Then, I'll try to use the subway. Do you know when it will start?

남: Mary, 이제 여기에서 일한 지 몇 주 되었는데, 우리의 새로운 건물에 대한 당신의 의견은 어떤가요?

DAY 16

여: 이 공간은 좋아요. 좋은 전망, 많은 회의실 그리고 편리한 작업장소를 가지고 있어요. 그러나 저는 우리는 더 많은 주차장이 있어야 한다고 생각해요. 매일 아침 저는 주차공간을 찾는 데 어려움을 겪어요. 오늘도, 모든 공간이 차있어서, 제 자동차를 주차장의 경계에 주차해야 했어요.

남: 정말 그래요. 경영진이 역 옆 공공주차장부터 이 건물까지의 셔틀 운행을 고심 중이에요. 그것은 또한 사람들이 지하철을 이용하도록 독려할 수도 있어요.

여: 오, 알게 되어서 좋네요! 그런다면, 저는 지하철을 이용할 거에요. 언제 시작하는 지 아시나요?

1. (A)

해석 화자들은 무엇에 관해 얘기하는가?

(A) 사무실 건물
(B) 회의 일정
(C) 근무 일정
(D) 취직자리

해설 두 사람이 이야기하는 주제를 찾는 문제에서 건물에 대해서 남자가 의견을 묻고 여자가 사무공간은 좋다고 이야기를 했으므로 두 사람은 일하는 공간에 대해서 이야기하고 있다는 것을 알 수 있다.

2. (D)

해석 남자가 "정말 그래요" 라고 말했을 때 무엇을 의미하는 가?

(A) 그는 그녀가 말한 것을 듣지 못했다.
(B) 그는 그녀가 경영진에게 그 아이디어를 제안하길 원한다.
(C) 그는 그녀가 무엇을 말했는지 다시 한번 말하길 원한다.
(D) 그 또한 그곳에는 충분한 주차공간이 없다고 생각한다.

해설 두번째 질문은 여자가 주차장소의 협소함을 이야기하는 이야기에 대해 남자가 맞장구를 치고 있는 표현이므로 정답은 주차 문제를 언급하는 (D)번을 골라야 한다.

3. (C)

해석 경영진은 무엇을 제공할 예정인가?

(A) 카풀
(B) 지하철 표
(C) 무료 이동수단
(D) 또 다른 주차장

해설 경영진이 제공하는 마지막 문제는 경영진이 키워드가 된다. 경영진이란 단어 뒤에서 셔틀버스 운행을 언급했으므로 정답은 무료 교통수단을 골라야 한다.

Questions 4-6 refer to the following conversation.

미국 영국 호주

M: Good morning, Madam, my name is Adam Jackson. I am here to see Q4 **Ms. Parker, the human resources manager.** I will be joining here from today.

W: Well I'm Jane Parker. It's my pleasure to finally see you Adam. Before I walk you around the building, I'll take you to your desk first. Q5 **Do you know your access code yet?**

M: Nope. What's it for? To enter the building?

W: No, Q5 **it's your personal password to log on to our computer system.**

M: Then, Q6 **what should I do to get one?**

W: The workers at the technical support are on the way. Q6 **They are assigned to help you out to set up your computer system.**

남: 안녕하세요. 저는 아담 잭슨입니다. 저는 인력지원부의 파커 씨를 만나러 왔는데요. 저는 이 회사에 오늘부터 출근했습니다.

여: 저는 제인 파커입니다. 마침내 만나서 반가워요 아담. 제가 빌딩투어를 시켜드리기 전에 당신 자리부터 안내해 드릴게요. 접근코드는 알고계신가요?

남: 아뇨. 뭐 할 때 쓰는 거죠? 건물 들어오기 위한 거요?

여: 아뇨. 컴퓨터 시스템에 접근할 때 쓰는 개인 비밀번호입니다.

남: 그렇다면 그걸 받으려면 어떻게 해야 하죠?

여: 기술 지원부 사람들이 여기 오는 중이에요. 그들이 컴퓨터 시스템 설치를 도와줄 거예요.

4. (D)

해석 제인 파커는 누구인가?

(A) 기술지원부
(B) 인력지원부 매니저
(C) 유지보수팀
(D) 신입사원

해설 사람의 이름을 묻는 문제의 경우 이름의 앞뒤를 듣는 것이 매우 중요하다. 따라서 이름 뒤의 human resources를 듣고 정답을 찾으면 되므로 따라서 정답은 (B)가 된다.

5. (B)

해석 남자는 왜 접근 코드가 필요한가?

(A) 개인 정보를 회수하기 위해서
(B) 컴퓨터 시스템에 로그인하기 위해서
(C) 새로운 소프트웨어를 설치하기 위해서
(D) 근무시간을 시스템에 입력하기 위해서

해설 키워드인 access code를 듣고 주변에서 정답을 찾아야 한다. 시스템 접근을 위한 비밀번호라고 했으므로 정답은 (B)가 된다.

6. (B)

해석 "기술지원부 사람들이 지금 오고 있는 중이에요"라고 여자가 말했을 때 무엇을 의미하는가?

(A) 그들은 지금 시간이 없다.

(B) 그들은 기술 지원부 사람을 기다려야 한다.

(C) 그들은 한시간안에 남자의 컴퓨터를 설치할 것이다.

(D) 남자는 책상으로 가야 한다.

해설 문제의 " "가 나오는 문제는 주변을 듣고 정답을 찾아야 한다. 남자에게 문제가 생겼고 그 문제 해결을 묻는 질문에 대해서 기술지원부에서 올 것이라고 말했으므로 기술 지원부를 기다려야 한다는 (B)번이 정답이 된다.

Part 4 EXERCISE

Questions 7 through 9 refer to the following talk.

미국 영국 호주

Q7 **Welcome everyone to attend 10th annual Starville food festival.** We're fortunate to have this beautiful weather for today. Today, we'll begin our festival with a special performance with a famous local band "Vivid kids", two times award winning country music band. Q8 **As you may know, this years' theme is health.** Therefore, we prepare some great events about our theme. First, after finishing the band's performance, there will be a great cooking show by a renowned chef Charles Winston. He is famous for healthy vegetarian dishes. First 100 people who register for the event can receive Mr. Winston's new recipe book "Vegans". Q8 **Now there's even more.** You can check our website to find further details of upcoming events. Q9 **If you want to attend one of the events, please visit our information booth in front of main building.**

제 10회 Starville food festival에 참석하신 모두 환영합니다. 우리는 오늘 좋은 날씨라 다행입니다. 오늘 우리는 우리의 축제를 두 번 상을 받은 컨트리 뮤직 지역 밴드 "Vivid Kids"의 특별한 공연과 함께 시작 할 것입니다. 당신이 알 수 있듯, 이번 년도 주제는 건강입니다. 그러므로, 우리는 몇몇의 우리의 주제에 맞춘 큰 행사들을 준비 했습니다. 먼저, 밴드의 공연이 끝난 후, 저명한 셰프인 Charles Winston의 요리 쇼가 있을 것입니다. 그는 건강한 채식주의자 요리로 유명합니다. 먼저 그 행사에 등록한 100명의 사람들이 Winston 씨의 새로운 요리책, "Vegans"를 받을 수 있습니다. 이게 다가 아닙니다. 당신은 우리의 웹사이트에서 다가오는 행사들에 대한 더 자세한 정보를 찾을 수 있습니다. 만약 당신이 그 행사들 중 하나를 참석하길 원한다면, 본관 앞에 있는 안내 부스를 방문해 주세요.

7. (B)

해석 어떤 종류의 행사가 열리고 있는가?

(A) 영화 상영

(B) 음식 관련 축제

(C) 토론 대회

(D) 자선 행사

해설 행사의 종류는 주제이기 때문에 언제나 대화 첫 세 문장을 듣고 푼다. 대화 첫 세 문장에서 food festival에 오신 것을 환영한다고 말했으므로 정답은 (B)번이 된다.

8. (C)

해석 그가 "더 많은 것들이 있죠."라고 말했을 때 화자가 의미하는 바는 무엇인가?

(A) 채식주의자에 관한 더 많은 책이 있다.

(B) 더 많은 사람들이 행사에 참여하고 있다.

(C) 건강에 관련된 더 많은 행사가 있다.

(D) 행사 참석자들을 위한 더 많은 상품들이 있다.

해설 5번 문제의 경우 더 많은 것이 있다는 말로 만은 어떤 주어지는 혜택들이 있는지 알 수 없으므로 앞뒤를 잘 듣고 정답을 찾아야만 한다. 해당 문장의 뒤쪽에서 앞으로 다가올 이벤트에 대해서 웹사이트를 참고하라고 말했으므로 건강 관련된 앞쪽 대화와 연결시켜서 건강 관련 행사가 있다는 (C)번을 정답으로 골라야 한다.

9. (C)

해석 사람들은 이벤트에 어떻게 등록할 수 있는가?

(A) 책을 구매해서

(B) 온라인 등록

(C) 본관에 가서

(D) 에이전시에 전화해서

해설 마지막 문제 속의 이벤트 등록방법의 경우 등록을 원하면 본관의 안내부스로 가라고 했으므로 정답은 (C)번이 된다.

Part 5 EXERCISE

1. (B)

해석 비록 지역 사회 일원들은 일반적으로 자연 생태계의 가치를 알지만, 생태계를 위협하는 과정에 대한 이해는 잘 못하는 듯 하다.

해설 동사가 are과 have로 두 개이므로 접속사가 필요하다 전치사 (D) Despite를 제외한 나머지 보기 모두 부사절 접속사를 이끌기 때문에 해석해서 정답을 골라야 한다. 의미상 '생태계의 가치는 잘 알고 있지만, 태계를 위협하는 과정에 대한 이해는 잘 못하는 듯 하다."라고 해야 어울리므로 역접의 접속사 (B) Although가 어울린다.

어휘 **be aware of** ~을 인식하다, ~을 알다 **ecosystem** 생태계 **understanding** 이해, 이해력 **process** 진전, 전진, 경과, 변화 **threaten** 위협하다, 협박하다

DAY 16

2 (C)

해석 고객들이 만족했는지를 알아내기 위한 가장 좋은 방법은 직접 묻는 것이다.

해설 빈칸은 타동사 find our 목적어를 찾는 자리. 따라서 명사절을 이끌 수 있는 접속사가 와야 한다. 보기 중 명사절을 이끄는 접속사 역할을 할 수 있는 (C) whether 뿐이다. whether는 명사절, 부사절을 모두 이끌 수 있다.

어휘 **way** 방법, 수단 **find out** 발견하다, 알아내다 **satisfy** 만족시키다, 채우다 **ask** (= **request**, **inquire**) 요청하다, 묻다 **after** ~후에 **then** 그때에

3. (D)

해석 교직원들이 재임 자격을 얻기 위해 만족스러운 발전을 보인다면, 계약은 3년 더 갱신될 수 있다.

해설 절과 절을 연결하는 접속사를 찾는 문제. contract 앞의 that은 지시형용사(한정사)이다. '교직원 회원들이 만족스러운 발전을 보인다면 계약을 갱신할 수 있다'로 해석되므로 조건의 의미를 가지고 있는 (D) assuming that이 정답. 조건의 뜻을 가진 접속사는 if뿐만 아니라 assuming (that), considering (that), providing (that), provided (that) 등이 있으므로 함께 외워두자!

어휘 **renewable** 재생할 수 있는, 갱신할 수 있는 **faculty** 교직원 **satisfactory** 만족스러운 **make progress** 향상하다, 진보하다, 진행하다 **tenure** 재직 **as if** 마치 ~처럼 **whereas** 반면에 **whether** ~인지 아닌지 **assuming that** 만일 ~라면

4. (A)

해석 데이빗 그린은 1992년에 DAQ 사에 합류했고, 2005년 이래로 회사의 사장으로서 역할을 해왔다.

해설 빈칸 뒤에 the company's president라는 명사만 있으므로 전치사를 선택하는 문제이다. 'serve as + 명사'는 '~로서 종사하다, ~로서 역할을 하다'라는 의미로 쓰이므로 정답은 (A) as이다. as는 전치사, 접속사로 모두 쓰일 수 있으므로 주의해야 한다.

어휘 **join** 참가하다, 결합하다, 합류하다
serve as + 명사 ~로서 종사하다, ~로서 역할을 하다

5. (B)

해석 비록 요즘 직장에서 입는 복장이 평상복이라고 알고 있어도, 당신은 정장을 입어야 한다

해설 (D) In such(그런 식으로)를 제외한 모든 보기가 접속사 역할이 가능하다. 등위접속사 (A) Yet은 문두에 올 수 없다. '당신은 직장에서의 의상이 요즘은 평상복임을 안다', 주절은'당신은 정장을 입어야 한다'고 역접의 관계를 나타내고 있으므로 정답은 (B) Even if다.

어휘 **casual** 약식의, 간편한 **dress up** 잘 차려 입다 **yet** (= **but**) 하지만 **even if** 마치 ~처럼 **considering (that)** ~을 고려하면

6. (C)

해석 대부분의 제조업자들은 가격이 낮을 때, 싼 담배 원료의 공급품을 많이 축적하기 위한 충분한 자본을 가지고 있지 않았다.

해설 Most manufacturers did not have sufficient capital ~과 the price was low라는 두 개의 절이므로 빈칸은 접속사를 선택해야 한다. '대부분의 제조업자들은 충분한 자산을 갖고 있지 않았다. 가격이 낮았을 때'가 가장 알맞으므로 정답은 시간의 부사절 접속사인 (C) when이다.

어휘 **manufacturer** 제조업자 **sufficient** (= **enough**, **adequate**) 충분한 **capital** 자본금, 수도, 대문자 **accumulate** (= **collect**, **gather**) 모으다, 쌓다

7. (A)

해석 대부분의 지역 사업체들은 사업상의 불확실함이 증가했고 대기업과 중소기업간의 차이 또한 커졌기 때문에 확장하고 일자리를 추가하는 것을 꺼렸다.

해설 접속사 역할을 할수 있는 (A) as와 (C) if 중,' 대부분의 지역사업체들은 확장하거나 더 많은 일자리를 추가하는 것을 꺼린다'의 이유가' 사업상의 불확실함이 증가했고 대기업과 중소기업 간의 차이도 커졌다'이므로 이유를 나타내는 (A) as가 정답이다.

어휘 **be reluctant to** + 동사원형 ~하기를 꺼리다
uncertainty 불확실성, 불안정
mount (= **increase**, **accumulate**) 오르다, 증가하다

8. (B)

해석 만일 당신이 집을 사거나 팔고 있다면, 부동산 중개 회사를 통해서 동의서에 사인하기 전에 당신은 변호사를 만나야 한다.

해설 문장의 맨앞이 빈칸이고 주어 동사 뒤쪽으로 콤마가 있으면, 부사절 접속사가 답ㅇㅣ다. 보기중 부사절 접속산는 (B) If뿐이다. (A) Due to는 전치사이고, (C) So는 등위접속사로 가운데 위치한다. 명사절 (D) That 역시 부사의 자리에 올 수 없다. .

어휘 **real estate** 부동산

9. (A)

해석 상황이 더 나빠지고 있고, 만약 무언가를(조취를)하지 않으면 계속해서 악화될 것이다

해설 절이 세 개이므로 접속사는 2개가 필요한데 빈칸 앞 절에서 and가 제시되어 있으므로 빈칸은 나머지 한 개의 접속사 자리. '만일 무엇인가 끝나지 않는다면 상황은 더욱 나빠지고 계속해서 악화될 것 같다'가 자연스러우므로 조건의 접속사 (A) unless가 정답이다.

어휘 **get worse** (= **deteriorate**) (상황, 상태가) 나빠지다, 악화되다

10. (B)

해석 비록 판매수치가 게임의 탁월함을 진정으로 반영하지 않았지만 우리의 새로운 대화형 게임은 중요한 성공이었다.

해설 절과 절을 연결하는 접속사를 선택하는 문제. that 절은 주어, 목적어, 보어 자리에 와야 하므로 실격.남은 (B) even though와 (D) so 중 해석해서 답을 골라야 한다. 주절은 '우리의 새로운 대화형 게임은 결정적인 성과였다'이고, 종속절은 '판매 수치가 게임의 탁월함을 반영하지 않았다'이므로 양보 부사절인 (B) even though가 정답.

어휘 **interactive** 상호형의, 상호간의 **sales figure** 판매 수치 **reflect** 반영하다 **brilliance** 탁월함

Part 6 EXERCISE

Questions 11-14 refer to the following information.

일자리 찾기

일자리를 찾는 데 있어서 회사들에게 직접 연락하는 것은 가장 성공적인 방법들 중 하나이다. 도서관이나 인터넷 검색을 통해서 당신이 일하고 싶은 분야에서 가능성이 있는 회사들의 목록을 작성하라. 그리고는 이 회사들에 전화를 하고, 일자리 공고가 있는지 그들의 웹사이트를 확인해라. 웹사이트들은 어떻게 자리에 지원을 하며 누구와 연락해야 할지를 알려준다.

비록 공고된 일자리가 없다 하더라도, 회사에 연락하는 것을 주저하지 마라. 언제 일자리가 날지 모르는 일이다. 당신이 더 배우고 싶어하는 분야에서 일하고 있는 사람들과 정보를 얻기 위한 인터뷰를 요청하는 것을 고려해봐라. 그들에게 어떻게 그 일을 시작을 했고, 그 일에 대하여 좋아하는 것과 싫어하는 것은 무엇이고, 그 일에는 어떤 종류의 자질들이 필요한지, 그리고 어떤 종류의 성격이 그러한 자리에서 성공을 하는지를 물어봐라. 당신에게 직업에 관한 정보를 주는 것 외에도 그들은 당신을 고용할 수 있는 다른 사람들을 연결해줄 수 있을 지도 모른다. 그리고 자리가 날 때 그들은 당신을 염두에 둘 수도 있다

어휘 **job hunting** 일자리 찾기 **employer** 고용주, 회사 **means** 수단(들) **through** ~을 통해서 **research** (신중한) 탐구, 조사 **potential** 가능성 (이 있는) **desired** 바랐던 **field** 분야 **job opening** (직장의) 빈 자리 **even if** 비록 ~일지라도 **post** 게시하다 **hesitate** 주저하다 **career** (전문적인) 직업 **qualification** 자격, 자질 **personality** 성격 **succeed** 성공하다 **in addition to** ~에 덧붙여서

11. (D)

해설 바로 앞문장에 같은 형식의 명령문 develop a list(목록을 작성해라) 다음에 이어질 있는 가장 자연스러운 부사는 (D) Then(그리고 나서)이다.

어휘 **besides** 부사(게다가), 전치사 (~이외에도)

12. (A)

해설 do not hesitate ~ 이하가 주절이고(명령문이므로 주어가 없다), 빈칸은 no open positions are posted라는 의미상 ' 자리가 없어도 연락해라'라고 해야 어울리므로 정답은 부사절을 이끄는 접속사인 (A) Even if이다.

어휘 **even if** 비록 ~라고 할지라도 **moreover** 게다가 **despite** ~에도 불구하고

13. (A)

해설 빈칸 ~ available까지가 know의 목적어가 되는 자리이다. (A), (B), (C), (D) 모두 명사절로 빈칸 자리에 올 수 있으므로 해석해서 풀어야 한다. '언제 일자리가 날지 모른다'는 뜻이 가장 알맞다. 따라서 정답은 (A) when이다.

14. (B)

해설 '만약 자리가 난다면 그들은 당신을 염두에 둘 수도 있다'라는 뜻이 되어야 한다. 따라서 정답은 (B). (C) that과 (D) how는 해석상 알맞지 않고 (A) That은 명사절 접속사나 관계대명사로 쓰이기 때문에 빈칸 자리에 올 수 없다.

Part 7 EXERCISE 삼중 지문

Questions 15-19 refer to the following credit-card statement and e-mails.

Jason Hsiao

계정번호 XXXX XXXX XXXX 1928 1월 3일 ~2월 2일

거래 요약		
날짜	상호명	금액($)
1월 4일	Q15 Tartine Bistro	25.19
1월 4일	Code Hair Salon	45.24
1월 5일	Q15 Wako Sushi Restaurant	123.19
1월 15일	Mary Electronics Co.	Q16-1 85.25
1월 23일	Max Digital Shop	9.75
1월 28일	Q15 Arirang Barbeque	35.10
2월 1일	Office Depot Store	88.45

수신: customersupport@maryelectronics.com
발신: jhsiao@email.com
날짜: 2월3일
주제: 부과금액에 대한 질문

관계자분께

크레딧 카드 내역서를 보다가 잘못된 것을 발견했습니다. 지난달에 귀사에 카메라를 온라인으로 구매했습니다. Q16-2 카메라 가격이 80달러였는데, Q18-1 추가 5달러 25센트가 잘못 부과되었습니다. 10달러의 배송비가 있다는 것을 알지만, 50달러를 넘는 모든 주문은 무료배송을 제공하는 특별 쿠폰을 사용했습니다. 5달러 25센트를 환불해 주실 수 있나요?

감사합니다.
Jason Hsiao

DAY 16

수신: jhsiao@email.com
발신: slimon@maryelectronics.com
날짜: 2월 4일
주제: 질문에 대한 답변

Hi Jason,

이 이메일은 2월3일자 이메일에 대한 응답입니다. 주문에 관해 연락 주셔서 감사합니다. 기록을 확인해봤더니, 귀하께서 빠른 배송을 요청하신 것 같더군요. 일반 배송비는 쿠폰에서 삭감되었으나, Q18-2 당일 배송을 요청했기 때문에, 추가요금을 부과했습니다. 오해의 소지가 있었다면, 죄송합니다. 빠른 배송요금은 웹사이트와 주문서에 정확히 나와있습니다. 그러나, 혼란에 대한 Q17 보상을 해드리기 위해, 우리는 귀하께 다음번 50달러 이상의 구매를 하실 때 사용할 수 있는 10달러의 포인트를 적립해드리겠습니다. Q19 이 할인을 사용할 준비가 되었을 때 이 이메일에 응답하세요. 그러면 사용하실 수 있도록 온라인 쿠폰 코드를 보내드릴 수 있습니다. 저희 상점을 이용해 주셔서 감사드리고 앞으로도 계속해서 고객으로 모실 수 있기를 바랍니다. 감사합니다.

안부 전하며
Sarah Limon
고객지원담당

어휘 **bistro** 작은 식당 **depot** 창고 **discrepancy** 불일치
reach out 연락하다 **expedite** 신속히 처리하다
make up for 보충하다 **confusion** 혼란

15. (A)

해석 무엇을 위해 가장 자주 Mr. Hsiao는 1월에 신용카드를 사용했는가?
(A) 식사
(B) 전자제품
(C) 자기관리
(D) 사무용품

해설 첫 번째 지문 카드 내역서에 보면 1월 4일 에 Tartine Bistro(작은식당). 1월 5일 Wako 스시 레스토랑, 그리고 1월 28에 아리랑 바비큐라고 되어 있으므로 (A) Dining에 가장 많은 지출을 했음을 알 수 있다.

16. (B)

해석 Mr. Hsiao는 카메라를 언제 샀는가?
(A) 1월4일
(B) 1월15일
(C) 1월23일
(D) 2월 1일

해설 연계문제 – 두 번째 지문 (이메일) 두 번째 문장 Q16-2 Even though the price of the camera was $80, I was incorrectly charged the additional $5.25'에서 총 85.25달러가 청구되었다고 했으므로 첫 번째 지문(내역서)에서 85.25달러를 부과한 상점을 찾으면 된다. Q16-1 1월 15일 Mary Electronics Co.에서 구입했으므로 정답은 (B) Jan 15 이다.

17. (C)

해석 두 번째 이메일에서, 첫번째 단락 여섯째 줄 "make up" 이라는 단어와 가장 가까운 뜻은?
(A) 제공하다
(B) 논쟁하다
(C) 보상하다
(D) 확인하다

해설 6번째 문장(However, in order to make up for any confusion, we would like to offer you a $10.00 credit towards your future purchases)에서 알수 있듯이 make up for는 '보상하다'의 의미이다. 정답은 (C) compensate이다.

18. (B)

해석 빠른 배송은 얼마인가?
(A) 5달러
(B) 5달러 25센트
(C) 10달러
(D) 50달러

해설 **연계문제** – 두 번째 이 메일, 세 번재 문장에 당일배송을 요청했기 때문에 추가요금이 부과된것이라고 나와있고 (Q18-2 because you asked for same-day delivery, we added the additional charge.) 첫 번째 이메일 세 번째 문장에서 5달러 25가 추가 부과되었다 (Q18-1 I was incorrectly charged the additional $5.25.)고 했으므로 빠른 배송 비용은 (B) $5.25이다. same-day delivery가 expedited shipping으로 재표현되었다.

어휘 **expedite** 신속히 처리하다

19. (A)

해석 Ms. Limon은 Mr. Hsiao가 무엇을 하도록 요청하는가?
(A) 쿠폰이 활성화 되기를 원할 때 알려주는 것
(B) 어떤 웹사이트로부터 주문했는지 알려주는 것
(C) 그가 배송에 만족했는지 표시하는 것
(D) 어느 온라인 쿠폰을 그가 사용했는지 말해주는 것

해설 전형적인 글을 읽은 사람이 앞으로 해야 할 행동을 묻고 있다. (Day 4 – Part 7 포인트 3. 전형적인 문제 마스터하기 참조) 이런 문제에 대한 답은 글의 중반부 이후에 나오는 Please를 찾으면 쉽게 알 수 있다. Ms. Limon이 쓴 두 번째 이메일 첫단락 마지막 문장에서 할인 받고 싶으면 이메일에 답장을 보내라(Please just respond to this email when you are ready to use this discount)고 되어 있으므로 정답은 (A) Let her know when he wants the offer activated이다.

어휘 **activate** 활성화 하다 **indicate** 나타내다

DAY 17

Part 3 | EXERCISE

1. (B) **2.** (A) **3.** (A) **4.** (D) **5.** (C)
6. (B) **7.** (D) **8.** (A) **9.** (C)

Part 5 | EXERCISE

1. (D) **2.** (B) **3.** (B) **4.** (D) **5.** (A)
6. (A) **7.** (C) **8.** (C) **9.** (B) **10.** (B)

Part 6 | EXERCISE

11. (D) **12.** (A) **13.** (C) **14.** (D)

Part 7 | EXERCISE

15. (D) **16.** (A) **17.** (B) **18.** (C) **19.** (A)

Part 3 EXERCISE

Questions 1-3 refer to the conversation with three speakers.

미국 호주 영국

M1: Hey, What is going on here?

M2: There is a notice on our website about John, the [Q1] vice president's retirement. Actually, there was a rumor about his leave, but I didn't even think it is true.

M1: No way!

W: I was shocked, too. [Q2] **When is the last day of his work?**

M2: According to the notice, [Q2] **it will be this Friday.**

M1: [Q1] **Why don't we throw a farewell party that day? Having a small party would be good.**

W: [Q3] **How about in India near our office? He loves the food!**

남1: 안녕. 여기 무슨 일 있어?

남2: 존 부사장의 은퇴에 대해서 웹사이트에 공지가 났어. 사실 그 사람이 그만둔다는 루머가 있기는 했는데. 사실이라고는 생각도 못했어.

남1: 이런!

여: 나도 진짜 충격 받았어. 언제가 마지막 날이래?

남2: 공지에 따르면 이번 주 금요일이래.

남1: 우리 그날 송별파티를 하는 건 어떨까? 작은 파티 좋을 것 같은데

여: 우리 사무실 근처 인디아 어때? 존이 거기 음식 좋아하잖아.

1. (B)

해석 화자들은 무엇에 대해 이야기하고 있는가?

(A) 새 직원을 환영하는 것
(B) 직원을 축하하는 것
(C) 연례 파티를 준비하는 것
(D) 가족 행사를 준비하는 것

해설 화자들이 부사장의 은퇴에 대해 이야기하면서 파티를 열어주자고 했으므로 정답은 (B)이다. 은퇴는 직장에서의 기간을 다 채우고 그만두는 축하할 일이라는 것을 기억한다. 이 주제의 경우 처음에는 은퇴 이야기만 나오기 때문에 대화를 끝까지 듣고 정답을 찾아야 한다.

2. (A)

해석 금요일에는 무슨 일이 일어나는가?

(A) 파티가 열릴 것이다.
(B) 중대 발표가 있을 것이다
(C) 사무실이 일시적으로 이벤트 때문에 문을 닫을 것이다.
(D) 남자들이 인도로 출장을 갈 것이다.

해설 금요일에 일어날 일을 찾는 2번과 같은 문제는 키워드가 되는 금요일을 잘 들어야 정답을 찾을 수 있다. 금요일에 일어날 일은 존의 은퇴이고 그날 파티를 열어주자고 했으므로 정답은 (A)번이 된다.

3. (A)

해석 행사는 어디에서 열릴 것인가?

(A) 식당
(B) 호텔
(C) 사무실
(D) 회의실

해설 행사가 일어날 장소의 경우 마지막 여자의 말에서 인디아라는 레스토랑을 제안하면서 대화가 마무리 되었으므로 식당에서 행사를 개최할 것이라는 것을 알 수 있다.

Questions 4 through 6 refer to the following conversation with three speakers.

영국 미국 호주

W1: [Q4] **Hello Jannet and Hyunseo. Have you seen Marley today? Even her computer is off.**

M: I haven't seen her today.

W2: I heard she takes a day off. She is moving into a new apartment.

W1: Oh, I didn't know that. [Q5] **I have some glitches on my laptop so I just want to ask her to check my computer.**

DAY 17

W2: You know, [Q6] **Hyunseo used to work at the tech support.**

M: If you want to, I have some free time now so I can check it.

여1: 안녕하세요 Janet, Hyunseo. 혹시 오늘 Marley 보았나요? 그녀의 컴퓨터도 꺼져 있더라구요.

남: 저는 못 봤어요.

여2: 그녀가 휴가를 낸다고 들었던 것 같아요. 그녀는 새로운 아파트로 이사 간대요.

여1: 아 그걸 몰랐네요. 저 노트북에 조금 문제가 있어서 그녀가 확인해 주길 바랬거든요.

여2: 아 Hyunseo가 예전에 기술지원부에서 일했었어요.

남: 만약에 원하신다면 저는 지금 시간이 있어서 확인해 드릴 수 있어요.

4. (D)

해석 대화를 나누고 있는 곳은 어디인가?

(A) 식당
(B) 주차장
(C) 전자제품 매장
(D) 사무실

해설 대화의 장소가 특별히 명시되어 있거나 어디인지 찾아낼 힌트가 없는 경우는 사무실이다. 지금 대화의 경우 Marley가 회사에서 보이지 않음을 이야기하고 있고 컴퓨터도 꺼져 있다고 이야기하므로 4번의 정답은 (D)번이 된다.

5. (C)

해석 여자의 문제점은 무엇인가?

(A) 그녀의 아파트가 너무 오래되었다.
(B) 그녀는 휴식을 충분히 취하지 못했다.
(C) 그녀의 노트북 컴퓨터가 작동이 잘 안 된다.
(D) 그녀는 새 컴퓨터가 필요하다.

해설 여자의 문제점은 여자의 말에서 부정적인 구문을 들어야 한다. 여자가 컴퓨터에 glitches가 있다고 말하고 glitches는 자잘한 기술적인 문제점을 이야기하는 표현이므로 정답은 노트북이 제대로 작동을 하지 않는다는 (C)번이 된다.

6. (B)

해석 자넷이 "Hyunseo가 예전에 기술지원부에서 일했었어요"라고 말한 이유는?

(A) 여자에게 현서의 업무를 알려주려고
(B) 현서가 도움을 줄 수 있음을 제안하려고
(C) 현서를 수상 후보자로 지명하려고
(D) 새 직위를 제안하려고

해설 Janet이 말한 의도를 묻는 마지막 문제에서 여자가 컴퓨터 문제가 생겼다는 말에 대해 현서가 기술지원부에서 일했다고 말하는 것은 현서가 컴퓨터를 잘 안다는 것을 의미하므로 정답은 현서가 도와줄 수 있다고 말하는 (B)번이 된다.

Questions 7 through 9 refer to the following conversation.

미국 호주 영국

M1: [Q7] **Do you have the number of registered people for our Saturday's sales seminar?**

M2: Sue made all the arrangement.

W: We have 150 people registered so far. That's already a lot more than we expected. I think the food is still enough for everyone, but I'm worried more about the chairs. I don't think the chairs we have right now are not enough for even 150 people.

M1: Oh, you don't need to worry about that. [Q8] **Do you remember last time we used a rental service for extra chairs? We can use that service again.**

W: Oh yeah. Why didn't I think of that? [Q8] **Daren, could you take care of the chairs?**

M2: Sure. [Q9] **Just give me the number of the company.** I'll order them right now.

남1: 토요일에 있을 판매 세미나에 몇 명이나 등록을 했습니까?

남2: Sue가 모든 예약을 담당했습니다.

여: 지금까지 150명이 등록했습니다. 우리가 기대했던 것보다 훨씬 많은 숫자입니다. 음식은 충분할 것 같지만 의자가 걱정입니다. 우리가 지금 가지고 있는 의자가 150명의 참석자들이 다 앉기에는 충분하지 않습니다.

남1: 그것에 대해서는 걱정할 필요 없습니다. 지난번 우리가 여분의 의자를 빌리기 위해 렌탈 서비스를 이용했던 것을 기억하나요? 그 서비스를 다시 이용할 수 있습니다.

여: 아, 그래요. 왜 그 생각을 하지 못 했을까요? Daren, 이 일 좀 처리해 주실래요?

남2: 물론이죠. 그 회사 전화번호만 주세요. 지금 바로 의자 주문을 하겠습니다.

7. (D)

해석 화자들은 무엇에 대해 이야기하고 있나?

(A) 상점 운영시간
(B) 택시 요금
(C) 식당의 음식의 질
(D) 세미나의 세부항목

해설 대화의 주제를 묻는 문제이므로 대화의 첫부분에서 정답을 고른다. 대화의 첫부분에서 세미나의 참석 인원을 묻고 있으므로 세미나와 관련된 이야기를 하고 있다는 것을 알 수 있다.

8. (A)

해석 여자가 Daren에게 무엇을 부탁하는가?

(A) 의자 빌리기
(B) 가구 사기
(C) 예약하기
(D) 음식 더 주문하기

해설 여자가 대런에게 부탁하는 것을 물어보는 문제이므로 대런의 이름과 여자 말속의 제안 구문을 찾는다. 남자들과 여자가 의자 렌트에 대해 이야기 하다가 여자가 대런에게 의자를 take care of 해 달라고 했으므로 대런에게 의자 렌트를 부탁함을 알 수 있다.

9. (C)

해석 여자가 무엇을 줄 것인가?

(A) 신용카드 번호
(B) 등록 번호
(C) 전화 번호
(D) 주소

해설 여자가 제공할 것을 찾는 문제이므로 여자의 말에서 주다라는 표현이나 혹은 남자가 요청하는 것을 찾는다. 남자가 여자에게 전화번호를 달라고 요청하고 있으므로 여자는 남자에게 번호를 줄 것임을 알 수 있다.

Part 5 EXERCISE

1. (D)

해석 스트레스를 야기할 수 있는 어려움에 직면했을 때 스트레스를 갖고 있기 보다는 해결책으로 눈을 돌리세요.

해설 접속사 when 다음에 주어가 없기 때문에 동사가 -ing 형태로 바뀌거나 s + be가 생략된 형태의 p.p.가 빈칸에 와야 하는데, 빈칸 뒤에 목적어가 없고 전치사 with가 나오기 때문에 분사구문으로 축약되기 전 수동태 였음을 알 수 있다. 따라서 답은 과거분사 (D) faced이다. 'When you are faced with a challenge ~ 가 축약 되기 전의 형태 이다.

어휘 **challenge** 도전, 어려움 **cause** (= **bring**, **lead**) 야기시키다, 일으키다 **direct** 지시하다, (노력, 주의를) 쏟다, 기울이다
A rather than B B보다는 A하는 것이 오히려 낫다
dwell on 유지하다, 유의하다 **face** 직면하다

2. (B)

해석 일반적으로 말해서, 당신의 광고에 전화번호를 넣지 않는것이 최선책이다.

해설 부사자리에 나온 -ing는 부사절을 축약한 것이므로 부사다. 부사를 꾸며주는 품사 역시 부사이므로 답은 (B) Generally이다.

어휘 **include** 포함하다 **commercial** 광고 (방송) **general** 일반적인
generally 일반적으로 **generalize** 일반화하다, 개괄하다
generalization 일반화, 보편화

3. (B)

해석 최근에 승진되어서, Levine은 그의 부사에 무역상의 위험을 감독하는데 책임을 지고 있다.

해설 빈칸이 부사자리이므로 to부정사, 전치사구, 부사절, 분사구문 들을 떠올려야 한다. 보기중 분사구문에 해당하는 (B) promoted와 (C) promoting이 분사문인데, 뒤에 목적어가 없으므로 과거분사인 (C) prmoted가 답이다.

어휘 **promote** (= **advance**) 증진하다, 촉진시키다, 승진시키다
oversee 감독하다, 조사하다 **trade** 거래, 무역
risk (= **hazard**, **danger**) 위험
department (= **section**, **division**) 부분, 부서, 학과

4. (D)

해석 의제에 있는 모든 항목들을 다루면서, CEO는 회사가 처하고 있는 경제 위기에 대해 우려를 표했다.

해설 처음부터 콤마까지가 부사자리이므로, 빈칸엔 부사상당어가 오야 한다. 빈칸 뒤 목적어를 포함해서 분사구문으로 만들면 부사역할을 하게 된다. 따라서 정답은 (D) covering이다.

어휘 **express** 표현하다, 나타내다 **concern** 관심, 우려 **economic crisis** 경제 위기 **face** 직면하다, 마주치다 **cover** 보상하다, 포함하다, 보호하다, 감싸다, 다루다

5. (A)

해석 다른 사업체들과 비교됐을 때, Sun Mermaid 사는 소득과 보상 면에서 상당한 증가를 경험했다.

해설 처음부터 콤마 까지가 부사자리 라서 명사 (D) comparisons와 동사 (C) compares는 답이 될 수 없다 보기중 분사 역할을 할 수 있는 (A) Compared와 (B) Comparing 중에 빈칸뒤 목적어가 없으므로 과거분사인 (A) compared를 답으로 해야 한다.

어휘 **discover** 발견하다, 알아내다 **significant** 상당한, 중요한
increase 증가, 상승 **income** (= **earning**, **revenue**) 소득, 수입 **remuneration** 보수, 보상 **comparative** 비교의, 상대적인
comparison 비교, 필적

6. (A)

해석 다음 학기에, 여름기간 동안 실험실을 치우기 위해, 실험실을 닫을 것이다.

해설 (B) despite는 전치사로 제외. 실험실을 닫는 목적이 '우리는 실험실을 치울 수 있도록'이 되어야 하므로 (A) so that이 정답이다.

어휘 **semester** (= **term**) 학기 **close** (= **complete**, **finish**) 닫다, 끝나다 **lab** (= **laboratory**) 실험실, 연구실
clean up (= **tidy away**) 청소하다, 치우다

7. (C)

해석 청소년법원의 업무가 지난 일년동안 너무 많아져서 세 명의 직원들의 주의를 필요로 한다

해설 동사 has grown에 형용사 보어(large)가 결합된 완벽한 2형식

문형이다. during the last year(지난 1년 동안)은 수식어(부사 역할을 하는 전치사구)이므로 문장의 형식에 영향을 끼치지 않으나, 바로 뒤에 나오는 that 절의 성분이 모호하다. 따라서 보기중 that 절과 어울리면서 수식어가 될 수 있는 것을 찾아보면 정답은 (C) so이다. 'so + 형용사 or 부사 that 절'은 '너무 형용사나 부사 해서 that 절 하다'의 뜻의 부사절 접속사이다. (B) such라는 형용사는 뒤에 명사가 동반될 때 쓰일 수 있다.

어휘 **juvenile court** 소년 심판소 **attention** 관심, 유의

8. (C)

해석 New Chem 제약회사는 5억달러를 지난해 벌어드려서, 다가오는 확장에 대한 자금지원이 가능해졌다.

해설 주어와 동사 목적어가 모두 있는 완벽한 절 다음에 콤마가 나오면 콤마 이후의 자리는 당연히 부사가 되어야 한다. 보기 중 부사 역할을 할 수 있는 분사구문 (C) allowing과 (D) allowed 중 뒤에 목적어가 있으므로 (C) allowing이 답이 되어야 한다. 콤마 뒤에 나오는 분사구문은 주로 'and'의 의미로 해석된다.

어휘 **pharmaceutical** 제약의 **expansion** 확장

9. (B)

해석 일단 합병되면, 새로운 회사는 최고의 회사가 될 뿐만 아니라, 미국의 가장 큰 공공 생명 보험 회사 중의 하나가 될 것이다

해설 부사절 접속사 다음에 주어가 없으므로 동사는 분사형태가 되어야 한다. 빈칸 뒤에 목적어가 없으므로 과거분사인 (B) merged가 정답이다. (C) merge와 (D) have merged, (A) are merged는 주어도 없이 동사 형태만 올 수 없다. 정답은 (B) merged이다. 나머지 보기는 모두 동사라서 주어 없는 부사절에 나올 수 없다.

어휘 **premier** 최고의, 최상의 **merge** 합병하다

10. (B)

해석 그룹들은 책상과 의자를 마음껏 재배치 할 수 있지만, 다음 그룹을 위해, 회의실이 깨끗한 상태로 남겨져야 해서 회의 후에 치워놓아야 한다.

해설 동사의 개수가 곧 절의 개수이다. 절이 총 3개 (are welcome, must put, is left)이므로 두개의 접속사가 필요하다. 하나는 but이고 또 하나의 접속사가 빈칸에 와야한다. 따라서 뒤에 동사 원형이 오는 (A) in order to와 전치사 (C) because of는 실격. 남은 접속사중 의미에 맞는 것을 골라 보면, 목적의 부사절(~하기 위하여)의 뜻을 가진 (B) so that이 정답이다. (D) just as는'꼭~처럼 / 마침~ 할 때'로 해석되어 어색하다.

어휘 **be welcome to + 동사원형** 맘껏 ~하다, 자유롭게 ~하다, ~하는데 기꺼이 받아들이다 **arrange** 배열하다, 정리하다 **put away** 치우다, 제쳐두다 **afterwards** 후에, 나중에

Part 6 EXERCISE

Questions 11-14 refer to the following email.

발신인: 랄프 골든, 총 지배인, 프린세스 커피 체인
수신인: 모든 지점 매니저들
주제: 직원 연수

미국 전역에 있는 3,500개의 지점들이 직원 연수로 인해 화요일에 3시간 동안 임시로 문을 닫습니다.

지역 시간으로 오후 5시 30분에 시작하는 지점 내 연수 프로그램은 8,300명 미국 직원들의 열정을 불러일으키고, 프린세스 바리스타들이 만드는 음료의 질을 향상시킬 것입니다. 이것은 고객들에 대한 우리의 헌신을 분명하게 보여주며 커피업계의 리더임을 재확인시키게 될 것입니다. 평소에 오후 8시 30분 이후에도 영업하는 지점들은 연수가 끝나고 다시 서비스를 개시할 것입니다.

안녕히 계십시오.

랄프 골든
총 지배인

어휘 **temporarily** 일시적으로 **local time** 지역시간 **foster** 육성하다, 조성하다 **enthusiasm** 열의, 의욕 **barista** 카페에서 커피를 끓이는 사람 **bold** 대담한, 과감한 **demonstration** 증명, 시연 **commitment** 헌신 **reaffirmation** 재확인 **beyond** ~을 지나서 **resume** 다시 시작하다 **session** 기간

11. (D)

해설 동사 close(닫다)를 수식하는 부사가 필요하다. 글의 내용상 일시적으로 직원연수를 위하여 3시간 동안만 문을 닫는 것이므로 정답은 (D) temporarily이다.

어휘 **significantly** 중요하게, 상당히 **habitually** 습관적으로 **repetitively** 반복적으로 **temporarily** 일시적으로

12. (A)

해설 빈칸은 주격 관계대명사가 이끄는 관계사절 내에서 동사 자리이다. 의미상의 주어는 선행사 training program이다. 따라서 주어가 단수이므로 (C) begin는 안 되고 (D) beginning는 동사가 아니라서 실격. 연수 프로그램은 아직 시작되지 않았으므로 정답은 (A) will begin이다.

13. (C)

해설 앞 문장에 나오는 내용은 '상점 내 트레이닝 프로그램의 진행시간과 목표이다' 그리고 이것은 우리 신념을 확고이 보여주는 것이 라고 해야 어울린다. 즉, 앞에 나오는 the – instore training program을 대명사로 대신한다면, it, this, that, 모두 가능하므로 정답은 (C) this이다. (B) one은 앞에 나오는 명사가 아닌, 정해지지 않은 명사 (부정대명사)이고, (A) another는 또 다른 하나의 뜻이라 어울리지 않고, that의 복수형인 (D) those는 동사 is와 수일치가 되지 않는다.

14. (D)

해설 빈칸 뒤에 나오는 절을 연결할 접속사가 필요하다. '교육 기간이 끝난 후에 서비스를 재개하다'라고 해야 어울리므로 정답은 (D) after 이다.

어휘 **since** ~이후로, ~이니까 **however** 그러나 **so** 그래서

Part 7 EXERCISE 삼중 지문

Questions 15-19 refer to the following article, e-mail, and directory.

Denver 비즈니스 데일리 - 11월

The Denver Beachwalk Mall은 3월 초 이번 봄에 오픈될 예정이다. 이미 지역 업체들이 그곳을 채우고 있으며, 건물 경영진은 곧 빠르게 Q16 번창할 것으로 본다. 지역에게 가장 큰 쇼핑몰중의 하나가 될것이고, 이미 다른 쇼핑몰들도 있지만, Q17 이곳은 해변옆에 바로 위치한 첫번째 몰이다. 소매점, 식장, 극장을 포함한 다양한 비즈니스들의 중심지로 기대되고 있다.

임대공간이 거의 찼지만, 아직도 임대를 위한 공간이 있다. 건물관리팀은 시외 사업자들이 유입되기를 바라고 있다. 임대관리인인 Becky Long에 따르면, 이것은 의도된 것이다. "현재 지역회사들보다 새롭게 지역에 유입되는 업체들이 더 많습니다" 라고 설명했다. "Denver 시의회가 Denver Metropolitan 지역으로 이사하면 세금 혜택을 제공했습니다. 현재 타지역 업체들에게 우리 공간의 60%가 임대되도록 하려는 우리의 목표에 약간 못 미칩니다. Q15&Q18-1 우리는 이 지역으로 들어올 의향이 있는 업체들에게 임대료 할인을 제공하고 있습니다."

건물 관리팀은 12월 말까지 새로운 비즈니스를 위한 신청서를 받을 것 입니다. Q15 만약 몰내에 임대에 관심이있는 사업주라면, Ms, Long에게 blong@beachwalkmall.com.으로 연락할 수 있다.

To: Becky Long
From: Tina Fern
Date: November 29
Subject: Space for rent

안녕하세요. Mr. Long 씨.

저는 Camera Daily의 사장인 친구 Andrew Roberts로부터 귀하의 연락처를 받았습니다. 그는 귀하의 Beachwal Mall에 가게를 차릴거라고 하더군요. 그러면서 Q18-2 그는 몰에서 사업하는게 관심이 있는 타지역 업체 소유주들에게 제공하는 큰 혜택들을 받았다고 했습니다. 저는 여성 신발 사업을 하고 있고 현재 Michigan City에 소매점을 하나 운영하고 있으나, Denver 지역으로 확장을 고려하고 있고, 가능하다면 친구의 근처 가게를 하나 임대하고 싶습니다. Q19-1 만약 여의치 않다면, 패션 소매점 옆이 아니라면 다른곳도 괜찮습니다.

몰안에 있는 상점들의 안내도나 지도를 규모와 임대표, 그리고 이용가능성에 대한 자료를 보내줄 수 있나요?

Tina Fern

Denver Beachwalk Mall 안내도

장소1 Camera Daily	Q19-2 장소3 120m2 Rent Class A	장소5 150m2 Rent Class A	장소7 Shoes Haven	장소9 Ice Cream Store
Entrance A	보도			
장소2 Lora's Jeans	장소4 120m2 Rent Class B	장소6 Cafe Bans	장소8 Lady's Fashion Boutique	장소10 150m2 Rent Class A

15. (D)

해설 이 기사를 쓴 목적은 무엇인가?
(A) 몰의 개장이 왜 취소 되었는지 설명하기 위해
(B) 새로운 몰의 건설을 중지한다는 계획을 발표하기 위해
(C) Denver에 오픈할 새로운 사업체에 대해 알아보기 위해
(D) 타지역 업체들이 새로운 몰에 임대하도록 권장하기 위해

해설 행사참여나 등록, 배송불만, 환불요청 같은 내용이 주제일 때는 글의 목적이 후반부에 나오는 경우가 많기 때문에 글의 주제나 목적을 묻는 문제는 맨 마지막에 풀어야 한다. 마지막 단락에 '임대에 관심이 있는 사람은 연락할 수 있다 (If you are a business owner interested in renting a space in the mall, you can contact Ms. Long at blong@beachwalkmall.com)라는 내용이 나오고 두번째 단락 역시 타지역 업체들이 임대하면 얻을 수 있는 혜택에 대해 언급하고 있으므로 이 글의 주제는 (D) To invite nonlocal businesses to rent in a new mall

16. (A)

해설 기사에서, 첫번째 단락 세 번째 줄에 "pick up"과 가장 가까운 뜻은?
(A) 증가하다
(B) 떠나다
(C) 할인하다
(D) 열다

해설 '건물 경영진은 임대 사업이 빠르게 좋아질것으로 예상한다 (the building management expects the business to pick up fast.)'의 뜻이다. pick up은 improve, become better의 의미가 있다. 보기중 가장 가까운 표현은 (A) increase이다.

17. (B)

해설 Denver Beachwal Mall에 대해서 사실인 것은?
(A) Denver에 있는 유일한 쇼핑몰이다.
(B) 해변 바로 옆에 위치해 있다.
(C) 개장시, 75개의 업체들을 가지게 될 것이다.
(D) 12월 말에 영업을 시작할 것이다.

DAY 17

해설 첫 번째 지문 (기사) 3번째 문장에 해변가 바로 옆에 위치할 첫 번째 쇼핑몰이다 라고 되어 있으므로 정답은 (B) It will be located directly next to the beach. 이다.

18. (C)

해석 Mr. Roberts에 대해 무엇을 추론할 수 있는가?

(A) 그는 Mr. Long과 친구다.

(B) 그의 사업은 현재 공사 때문에 쉬는 중이다.

(C) 그는 할인된 가격으로 임대하고 있다.

(D) 그의 상점은 음식점 바로 옆이다.

해설 **연계문제** – 두 번째 지문 (이메일) 두번째 문장에 Mr. Roberts가 친구인데 Beachmall을 임대하면서, 그가 많은 혜택을 받고 있다고 되어 있고 (Q18-1 he was able to take advantage of great benefits that the mall is offering to out- of-town business owners) 첫 번째 지문 (기사) 두 번째 단락 마지막 문장에 우리지역으로 이사오는 업체들에게 임대료 할인을 해주고 있다 (Q18-2 We are providing discount on the rent fees on businesses that are willing to move to our neighborhood)라고 했으므로 정답은 (C) He is renting at a reduced rate.

19. (A)

해석 Ms. Fern이 가장 임대할 장소로 흥미 있어할 곳은?

(A) 장소 3

(B) 장소 4

(C) 장소 5

(D) 장소 10

해설 **연계문제** – 두 번째 지문(이메일) 첫 번째 단락 마지막 문장에서 친구 가게의 근처를 원하지만, 여의치 않으면 패션 업종 옆이 아니면 좋겠다(Q19-1 If not available, I'd also be open to other areas as long as it's not next to a fashion retailer.)고 했고, 세 번째 지문 (directory)를 보면 Q19-2 Location 4, 5, 10은 모두 패션업종 옆이므로 답이 될 수 없다. 정답은 (A) Location 3 이다.

DAY 18

Part 4 | EXERCISE

1. (A)	**2.** (B)	**3.** (D)	**4.** (C)	**5.** (B)
6. (B)	**7.** (C)	**8.** (A)	**9.** (D)	

Part 5 | EXERCISE

1. (D)	**2.** (D)	**3.** (C)	**4.** (B)	**5.** (A)
6. (B)	**7.** (C)	**8.** (B)	**9.** (D)	**10.** (A)

Part 6 | EXERCISE

11. (D)	**12.** (B)	**13.** (A)	14 (C)

Part 7 | EXERCISE

15. (C)	**16.** (C)	**17.** (B)	**18.** (A)	**19.** (D)

Part 4 EXERCISE

Questions 1-3 refer to the following broadcast.

영국

Good Morning. I hope everyone enjoyed the warm weather today because, for the next few days, we can hardly see the sunshine. Q1 **The temperature will drop dramatically tomorrow, and we will have strong wind with hail.** The roads will be slippery, Q2 **so please drive slowly on your way to work, and keep extra car length.** The sun will be out on Sunday, and it should be a great day for outdoor sports like skating. But it looks like another big snowstorm is heading on Monday. We will keep you updated. Q3 **Now stay tuned for international news update right after the commercial break.**

안녕하세요. 저는 모든 분들이 오늘의 따뜻한 날씨를 즐기셨기를 바랍니다. 앞으로 며칠간은 햇살을 보기가 힘드실 것 같습니다. 내일은 온도가 급격히 떨어지고 우박을 동반한 강풍이 불겠습니다. 길이 미끄러울 것이므로 출근길에 천천히 운전하시고 차간거리를 더 넓게 유지하시기 바랍니다. 일요일에는 다시 맑은 날이 되겠으며 스케이트 타기와 같은 야외활동을 하기에 적합한 날씨가 되겠습니다. 그러나 월요일에는 또다시 눈보라가 예상됩니다. 저희는 계속해서 새로운 날씨를 업데이트 해드리겠습니다. 이제 광고가 끝난 후 세계 뉴스가 계속됩니다. 채널을 고정해 주십시오.

어휘 **hail** 우박 **dramatically** 드라마틱하게

1. (A)

해석 내일의 날씨는 어떻게 바뀔 것인가?

(A) 더 추워질 것이다.

(B) 눈이 오기 시작할 것이다.

(C) 비가 오기 시작할 것이다

(D) 너 날씨가 좋아질 것이다.

해설 내일 이라는 키워드와 보기 속에 나오는 날씨들이 바뀔 수 없는 키워드가 되므로 두 개의 키워드가 연결되어 한꺼번에 나올 때 정답을 찾을 수 있다. 내일이라는 단어 앞에서 온도가 급격하게 떨어질 것이라고 했으므로 정답은 추워진다는 (A)번을 고르면 된다.

2. (B)

해석 화자는 사람들에게 내일 무엇을 하라고 충고하는가?

(A) 우산을 가지고 가세요

(B) 운전 조심 하세요

(C) 따뜻한 옷을 입으세요

(D) 라디오를 들으세요

해설 내일의 주의사항을 이야기해주고 있으므로 위의 1번 문제와 연결된다는 것을 알 수 있다. 위에서 언급된 날씨에 따라 내일 주의해야 할 사항들도 바뀌게 될 것이다. 또한 제안을 이야기 하는 표현이므로 제안의 표현에서 정답을 찾아준다. 제안의 표현인 'please, 명령형' 뒤에서 천천히 운전하고 차간거리를 길게 유지하라고 했으므로 운전과 관련된 (B)번이 정답이 된다.

3. (D)

해석 청취자들은 다음에 무엇을 들을 것인가?

(A) 교통방송

(B) 음악

(C) 뉴스

(D) 광고

해설 다음에 듣게 될 방송은 언제나 대화의 마지막에 나온다. 마지막 문장을 듣고 정답을 찾아준다. 대화의 맨 마지막에 뉴스가 나온다는 것을 잘못 듣고 정답을 고르면 안 된다. 바로 뒤에 광고가 끝나고 나서 뉴스가 나온다고 했으므로 바로 들리는 것은 광고라는 것을 기억하자.

Questions 4-6 refer to the following announcement.

미국

Welcome to Incheon National Park. Q4 **My name is Sue and I will be your hiking guide on the walk to the top of the Incheon point today.** I will tell you about the history of the park's unique sculpture and flowers. The tour will take about 2 hours to the top of the mountain, so we will take several short breaks on the way including Sculpture garden near Fond fall. Q5 **We can have our lunch around noon at the top of the park.** Q6 **Please don't throw your garbage on the pathway, and bring it to the parking lot.** There is no trash can on the trail. Now let's begin our tour.

인천 국립공원에 오신 것을 환영합니다. 제 이름은 Sue이고 오늘 여러분과 함께 인천 포인트의 꼭대기까지 함께 갈 하이킹 가이드입니다. 오늘 저는 공원의 독특한 조각들과 꽃들의 역사에 관해서 말씀드릴 것입니다. 산 꼭대기까지의 투어는 2시간 가량 계속될 것이므로 저희는 Fond 폭포의 조각공원을 포함해서 가는 길 중간 중간에 몇 번의 짧은 휴식을 가질 것입니다. 우리는 정오쯤에 공원 꼭대기에서 점심을 먹을 것입니다. 가는 길에 쓰레기를 버리지 마시고 주차장에 가지고 오시기 바랍니다. 가는 길에는 쓰레기통이 없습니다. 자 이제 오늘의 투어를 시작합니다.

4. (C)

해석 화자는 누구인가?

(A) 수위

(B) 도보 여행가

(C) 여행가이드

(D) 역사교수

해설 화자를 묻는 문제는 대화의 첫 부분에서 정답이 나오는 경우가 대부분이지만 간혹 숨겨져 있는 경우도 있으므로 끝까지 들어준다. 대화의 처음에서 본인이 hiking guide라고 이야기 하므로 정답은 동의어인 trail guide가 된다.

5. (B)

해석 왜 화자는 "여행은 산의 꼭대기까지 2시간이 걸릴 것이다"라고 말했을까요?

(A) 그는 실수를 수정하고자 시도한다.

(B) 그는 청자들에게 피로해질 수 있음을 주의 주려고 한다.

(C) 그는 청자들에게 도와달라고 요청한다.

(D) 그는 너무 늦게 알린 것을 사과한다.

해설 관람이 2시간 정도 걸릴 것이라고 이야기하면서 따라서, 중간중간 휴식을 취할 것이라고 이야기했으므로 피곤할 수 있음을 주의 준다고 말하는 (B)번을 정답으로 골라야 한다.

6. (B)

해석 이 그룹은 무엇을 하도록 요청 받는가?

(A) 음식과 물을 가지고 오세요

(B) 쓰레기를 가지고 오세요

(C) 1시간 후에 만나요

(D) 길에 머물러 계세요

해설 그룹이 제안 받고 있는 것을 고르는 것이므로 화자가 말하는 제안의 표현을 들어야 한다. 제안의 질문이 마지막에 나오는 경우는 대화의 마지막 부분에서 정답을 찾아주어야 한다. 대화 맨 마지막에 제안의 표현으로 명령형이 등장한다. 명령형의 동사형인 don't throw와 bring을 듣고 정답을 골라준다. 쓰레기를 버리지 말고 주차장에 가지고 오라고 했으므로 정답은 (B)번이 된다.

DAY 18

Questions 7-9 refer to the following announcement. 호주

Thank you all for sparing time to attend our budget meeting today. First of all, [Q7&Q8] **I'd like you to know that the board of directors decided yesterday, to hire a new manager for the publicity department.** There were three final candidates competing for the position, and Mr. Tom Hopkins was the board of director's choice yesterday. [Q9] **Mr. Hopkins has ten years of advertising and marketing experience which will be a great help to the department.** He'll start working from July, and I'm pretty sure he'll feel welcomed here.

오늘 예산 미팅에 참석할 시간을 내주셔서 감사합니다. 첫 번째로 이사진들이 어제 홍보부서의 새로운 매니저를 고용하는 것을 결정 했다는 것을 알려드립니다. 그 자리를 놓고 경쟁하던 3명의 지원자중에서 이사진들은 어제 Mr. Tom Hopkins를 선택했습니다. Hopkins 씨는 홍보부서에 커다란 도움이 될 수 있는 광고와 마케팅 분야의 10년간의 경험을 가지고 있습니다. 그는 7월부터 일을 시작하게 될 것이고 여기서 환영 받는다고 느낄 것이라고 생각합니다.

7. (C)

해석 이 대화의 목적이 무엇인가?

(A) 예산 보고서를 확인하기 위해

(B) 마케팅 아이디어를 생각해 내기 위해

(C) 새로운 직원을 발표하기 위해서

(D) 새로운 정책을 알리기 위해서

해설 대화의 목적을 묻는 문제이므로 대화의 첫 부분에서 정답이 나올 것이다. 대화 처음에서 "하고 싶다" 구문과 더불어 새로운 매니저를 고용했다는 것을 알려주고 싶다고 했으므로 정답은 (C)번이 된다.

8. (A)

해석 화자에 따르면, 어제 일어난 일은 무엇인가?

(A) 이사들이 결정을 했다.

(B) 손님들과의 미팅이 열렸다.

(C) 광고 캠페인이 시작되었다.

(D) 예산 미팅이 계획되었다.

해설 어제 일어난 일을 묻는 것이므로 시간의 표현인 어제라는 단어가 키워드가 될 것이다. 어제라는 말이 들릴 때 주의해서 듣는다. 어제라는 단어 앞에서 이사회들이 어제 결정을 했다고 했으므로 정답은 (A)번이 된다.

9. (D)

해석 Tom Hopkins는 무엇을 할 것인가?

(A) 이사회에 참여한다.

(B) 광고 컨벤션에 참가한다

(C) 직원을 위한 환송 파티를 열어준다

(D) 홍보부서를 이끈다

해설 Tom Hopkins라는 사람의 이름을 주의해서 들으면서 이 사람이 무엇을 하는 사람인지 이 사람과 관련해 어떤 이야기가 나오는지를 듣고 문제를 해결한다. 새로 뽑힌 Hopkins라는 사람의 이름을 언급하고 홍보부서를 도와줄 것이라고 했으므로 이 사람이 맡게 될 직책이 홍보부의 매니저라는 것을 알 수 있다. 따라서 정답은 (D)번이 될 것이다.

Part 5 EXERCISE

1. (D)

해석 몇 년 전에 항공 전시회에서 많은 관심을 끈 전시품은 북반구의 대형 지도였다.

해설 절이 두 개(attract, was)이므로 접속사가 필요하다. (C) there는 실격. 선행하는 명사 the exhibit이 있으므로 나머지 보기는 모두 관계대명사로 보아야 한다. 선행사가 사물이고, 빈칸 뒤에 동사부터 나오므로 관계대명사 주격이 나와야 한다. 정답은 (D) that이다. (A) who는 선행사가 사람이어야 하고, (B) whose는 뒤에 한정사가 없는 명사가 나와야 한다. (이것만은 꼭 참조) 관계대명사 that은 전치사와 콤마 뒤에 쓸 수 없다는 것도 기억하자.

어휘 **exhibit** 전시, 전시품 **attract** 끌다, 매혹시키다 **attention** 관심, 주목, 유의

2. (D)

해석 Digit Gamer는 곧 공개될 게임 팩을 10월 1일 전이나 후에 구입하는 모든 사람에게 특별 무료DVD를 제공한다.

해설 관계대명사 who는 접속사이므로 빈칸엔 동사가 와야 한다. 따라서 (A) purchaser와 (C) purchasing은 실격. 선행사 anyone은 대신하는 관계대명사도 역시 단수취급 해야 하므로 정답은 (D) purchases이다.

어휘 **offer** (= **present**) 제공하다 **special** (= **particular**) 특별한 **upcoming** (= **future**, **approaching**) 다가올, 공개될

3. (C)

해석 우리는 우리가 만든 변화에 대한 매우 긍정적인 몇 개의 피드백을 받았다.

해설 명사 다음에 주어와 동사가 나오면, 목적격 관계대명사가 생략된 구조이다. (출제유형 2 참조) 따라서 빈칸 엔 목적어가 생략된 타동사의 능동태가 나오면 된다. 따라서 수동태(A) were made와 동사가 아닌 (D) being making은 실격. '과거에 만든 변화에 대해 지금까지 긍정적인 반응을 얻었다'라고 해야 하므로 정답은 (C) made.

어휘 **positive** 확실한, 적극적인, 호의적인 **feedback** 의견, 반응

4. (B)

해석 Mr. 앤스타인은 가을에 환자를 받기 시작할 것으로 예정된 100개의 병실이 있는 하트 병원을 개원하고 운영하는 것을 책임질 것이다.

해설 빈칸 뒤에 동사부터 나오므로 관계대명사 주격이 필요하다. 콤마와 전치사 뒤에 (D) that을 쓸 수 없으므로 실격. 정답은 (B) which 이다.

어휘 **be responsible for** + 명사 ~에 책임이 있다 **operate** (= **manage**) 운영하다, 관리하다 **be scheduled to + 동사원형** (= **be supposed to + 동사원형**) ~할 예정이다
admit (= **allow**, **agree**) 허락하다, 인정하다

5. (A)

해석 아래는 공개 회의에서 토론되어왔던 절차의 요약본과 주제의 목록이다.

해설 두 개의 절을 이어주는 접속사이자, 동사 have been discussed의 주어가 될 수 있는 보기를 선택해야 한다. 주격 관계대명사 역할을 할 수 있는 (A) which와 (C) that 중에 답을 선택해야 한다. 관계대명사 (C) that은 콤마 뒤에 쓸 수 없으므로 정답은 (A) which이다.

어휘 **summary** (= **abridgment**) 요약, 개요
public meeting 공개 회의

6. (B)

해석 First Flag University의 한 교수는 또한 그의 그림이 메트로폴리탄 미술박물관에서 전시중인 국제적으로 유명한 화가이다.

해설 절이 두 개이므로 접속사가 필요하고 빈칸 뒤에 나오는 절이 완전하므로 정답은 (B) whose이다.

어휘 **internationally** 국제적으로 **renowned** (= **famous**, **noted**) 저명한, 명성있는 **on display** 진열 중인, 전시 중인

7. (C)

해석 이 사이트에서, 서울에서 가장 유명한 축제에 대해 당신이 필요한 모든 정보를 찾을 수 있다.

해설 절이 2개라서 접속사가 필요하다. 따라서 (A) anyone과 (B) them은 실격. 빈칸 뒤 you need의 목적어가 없으므로 관계대명사 목적격을 답으로 해야 한다. 선행사가 사물이므로 (C) that이 정답이다.

어휘 **celebrated** (= **distinguished**, **prominent**) 유명한, 저명한

8. (B)

해석 환영회가 열리고 있는 이 호텔에서 숙박시설도 이용 가능하다

해설 빈칸 뒤에 나오는 주어, 동사를 이끌어줄 접속사를 찾는 문제. 뒤에 절이 나오므로 접속사가 필요하다. (B) where는 장소 명사 뒤에 붙어 관계부사로 쓰이며 뒤에 완전한 절이 동반되므로 정답이다.

어휘 **accommodation** 숙박시설 **available** 이용 가능한
reception 환영회 **upon** ~위에, ~하자마자
in that ~라는 점에서

9. (D)

해석 대부분의 대출은 대출금을 되갚을 의무가 없는 유예기간을 가지고 있다.

해설 빈칸 뒤에 완전한 절이 나오고, 빈칸 앞 선행사가 시간명사 이므로 관계부사 (D) when이 정답이다. There is /are는 주어가 뒤에 나오는 '주어가 있다'라는 뜻의 1형식 문형이다.

어휘 **grace period** 유예기간 **obligation** 의무 **loan** 대출

10. (A)

해석 Ms. Kling이 지원할 수 있는 많은 일자리가 많지는 않다.

해설 관계 대명사 앞에 전치사를 묻는 문제가 나오면 두가지 방식으로 접근해야 한다. (이것만은 꼭 참조) 먼저, 뒤에 나오는 단어의 일부와 관련이 있는지 보고, 관련 없으면, 앞에서부터 해석해서 푼다. 빈칸 뒤에 apply와 어울리는 전치사 for가 답이다. Ms. Kling could apply for them (many job openings) 문장에서 for them을 선행사 바로 뒤에 위치시킨 다음 접속사의 기능까지 추가한 것이 관계대명사 for which이다.

어휘 **job opening** 공석, 빈자리 **apply for** 신청하다, 지원하다.

Part 6 EXERCISE

Questions 11-14 refer to the following information.

세인트 루이스, 2011년 4월 2일 – 대한 회사는 루이지애나, 룰링에 있는 이 회사의 제조 시설에 향후 18개월에 걸쳐 1억 9,600만 달러까지 투자할 것이라고 오늘 발표했습니다. 이 투자는 비료와 제초제 생산의 총량을 증가시킬 것입니다.

2013년 회계연도 초반에 완성될 것으로 예상되는 대한의 룰링 공장 확장은 룰링 지역에 새로운 일자리를 추가하고 경제를 활성화 시키게 될 것입니다. 이 프로젝트는 대략 30명의 새로운 사람들을 직접 고용하게 되며, 공장을 짓는 동안에는 대략 300-350명 정도의 고용을 유발할 것으로 예상됩니다.

어휘 **intention** 의도 **investment** 투자 **up to** ~까지
manufacturing 제조 **facility** 시설 **global** 전체적인
capacity 용량 **fertilizer** 비료 **herbicide** 제초제
region 지역 **approximately** 대략 **result in** ~을 초래하다
plant 공장

11. (D)

해설 소유격(its) 다음엔 명사가 와야 한다. 정답은 (D) intention(의도)이다.

어휘 **intentional** 고의적인

12. (B)

해설 빈칸이 있는 문장만 봐서는 형태상 모두 쓸 수는 있으나 회사가 투자를 하기로 결정하였고 그 투자가 앞으로 전체적인 총량을 늘릴 것이

DAY 18

란 의미로 미래의 일을 말하고 있으므로 미래시제 (B) will increase가 정답이다.

13. (A)

해설 빈칸부터 2010 fiscal year까지는 plant expansion을 수식하는 형용사절로 빈칸은 주격 관계대명사 자리이다. 선행사가 expansion으로 사람이 아니므로 that이나 which가 가능한데 that은 콤마(,)와 전치사 다음에 쓸 수 없으므로 정답은 (A) which 이다.

14 (C)

해설 글을 처음부터 읽으면 정말 쉬운 문제 인데, 답만 찾기 위해 빈칸의 근처만 읽으면 어려울 수 있다. 첫문장의 intention to make an investment가 두 번째 문장에서 The investment로 세 번째 문장에서는 plant expansion으로 재표현 되었다. 그럼, 마지막 문장에서는 "The project " 라고 해야 정답이다. (C) project이다. (D) asset(자산)은 뒤에 나오는 대략 30명의 새로운 직원들을 고용하다'의 주체로 어울리지 않는다.

Part 7 EXERCISE 삼중 지문

Questions 15-19 refer to the following instructions, letter, and text message.

Apex 출판사의 작가를 위한 지침

Apex Publishing Company는 당신의 다가오는 책을 출판하게 되어서 기쁩니다. 출판이 순조롭게 진행되게 하기 위해, 원고를 준비하고 제출할 때 다음의 지침을 주의깊게 읽어 주세요. 안내사항을 따르지 않으면 비용상승, 출고일 연기, 또는 둘다라는 결과를 낳게 됩니다.

- www. apexpublishing.com/checklist에서 작가 체크리스트를 검토하세요.
- 문서 파일이 제목, 내용, 참고문헌목록을 포함하고 있는지 확인하세요.
- Q16-1 참고하고 있는 디지털 이미지가 있다면 서면허가증을 확보하세요. (허가양식은 www.apexpublishing.com/permissions에서 찾을 수 있습니다.)
- 모든 그래프, 이미지, 도표를 분리된 파일로 저장하세요.

Q15 모든 자료가 준비가 되자 마자, 편집자에게 이메일로 보내세요.

Apex Publishing
593 Jackson Street
Q17 Austin, Texas 1251
www.apexpublishing.com

12월 21일

Ji Young Lee
13 Garak-dong
Songpa-gu, Seoul
Korea

Lee 박사님 귀하

Q16-2 방금 당신 보조가 "Art of Minimalism"을 출판하기 위해 요구되는 남은 허가양식을 막 제출했다는 소식을 알리게 되어 기쁩니다.

동봉된 것은 출판 스케쥴입니다. 5월 발매일에 맞추기 위한 일정을 따를것입니다. 더 이상의 지연이 없다는 것을 확실히 하기 위해, Q19-1 우리는 당신이나 보조가 어떤 중요한 단계라도 놓치지 않도록 출판 체크리스틀 만들도록 추천합니다. 또한 출판 목표 날짜를 맞출 정도로 충분히 잘 계획을 세우도록 권합니다. 당신의 신속한 응답과 조치가 예정대로 발매될 것을 확실히 하는데 중요할 것입니다. 항상, 질문이 있으면, 주저하지 말고 연락주세요.

Q17 당신의 6월에 북투어를 위해 방문할 때 뵈겠습니다. 우리는 그 투어을 여기 Apex Publishing Center에서 처음으로 시작할 예정입니다.

진심을 담아

Jane Davis
편집자, Life Styles
857-2819 (ext. 11)
jdavis@apexpublishing.com

발신: Ji Young Lee
받은 날짜: 1월7일, 1:20 pm
수신: Anna Powers

안녕, Anna, 내가 Jennifer랑 Alex와 피드백을 Q18 공유했다는 사실을 알려주고 싶었어요. 그 들이 오늘까지 업데이트된 책 표지를 가지고 다시 이메일 줄거예요. 출판 스케쥴을 지연시키지 않기 위해 즉각적인 답변을 해야 해서, Q19-2 혹시 Anna가 다가올 출판업무를 위한 진행표를 만들 수 있는지 궁금해요. 고마워요.

15. (C)

해설 작가들은 지시사항에서 무엇을 하도록 요청 받았는가?

(A) 발매 일정을 검토하도록
(B) 허가증에 서명하도록
(C) 이메일을 통해서 모든 자료를 보내도록
(D) 모든 그래프와 이미지를 하나의 파일로 하도록

해설 전형적인 글을 읽은 사람은 앞으로 무엇을 해야 하는가에 대한 질문이다. Day 4의 Part 7(3. 전형적인 문제 마스터 하기)에서도 설명했듯이 이런 종류 문제들은 글의 하단에 정답을 알려주는 표현들과 질문의 패턴들이 거의 정해져 있다. 이 지문에서도 마지막에 모든 자료가 준비되자마자, 이메일로 보내라(Once you have all the materials ready, please send them to our editor via email)고 했으므로 정답은 (C) Submit all materials via email이다.

16. (C)

해설 "Airt of Minimalism"에 대해 나타나 있는 것은?

(A) 오디오 북으로 나올 것이다.
(B) 발매 일정이 아마도 연기될 것 같다.
(C) 디지털 이미지를 포함한다.
(D) 관련 자료들이 빠져있다.

해설 **연계문제** – 두 번째 지문 (letter) 첫 문장에 '당신의 보조가 모든 남은 허가양식을 방금 제출해줘서 기쁘다(Q16-2 I am pleased to inform you that your assistant just submitted all the remaining permission forms needed to publish "Art of Minimalism.)'라고 했고, 첫 번째 지문 (instructions)의 세 번째 지침에 '디지털 이미지를 포함하려면, 서명된 허가양식이 있어야 한다 (● Q16-1 Ensure you obtain signed permission forms for any digital artwork that you are referencing.) 라고 했으므로 Art of Minimalism에는 디지털 이미지가 포함됨을 알 수 있다. 따라서 정답은 (C) It includes digital artworks.이다.

17. (B)

해석 편지에 따르면, 6월에 무슨 일이 일어날 예정인가?
(A) 책이 출간될 것이다.
(B) Dr .Lee가 Texas로 여행할 것이다.
(C) Dr. Lee가 Ms.Powers를 만날 것이다.
(D) Ms. Powers가 Ms. Davis를 만날 것이다.

해설 편지에서 재빠르게 키워드인 June을 찾는다. 마지막 단락의 첫 번째 문장에서 '6월에 있을 당신의 북투어 방문을 고대하고 있고 북투어의 첫 번째 장소는 Apex Publish Center(I hope to see you during your visit in June for your book tour. We will first kick off the tour at our Apex Publishing Center here.)라고 했다. 편지 상단에 Apex Publishing의 주소가 Austin Texas라고 되어 있으므로, (B) Dr. Lee will travel to Texas. Dr. Lee는 6월에 Texas로 여행할 것이다.

18. (A)

해석 문자 메시지에서 첫 번째 단락 첫 번째 줄의 "shared"와 가장 뜻이 가까운 것은?
(A) 제공했다
(B) 중단했다
(C) 보류했다
(D) 분리했다

해설 보기에 있는 단어들은 제시된 단어의 사전상의 의미와 맞는 것들이 제시된 경우가 많다. 따라서 문맥을 살펴 해석해 보아 맞는 답을 골라야 한다. "I shared my feedback"라는 뜻은 '나의 의견을 제공했다'로 볼 수 있으므로 정답은 (A) provided이다.

19. (D)

해석 Ms. Powers는 누구일 가능성이 큰가?
(A) Dr. Lee의 편집자
(B) Dr. Lee의 공동저자
(C) Dr. Lee의 매니저
(D) Dr. Lee의 보조

해설 **연계문제** – 두 번째 지문 (letter)의 두 번째 단락 세 번째 문장에 'recommend'라는 단어가 나온다. 꼭 이 문제가 아니더라도 편지에 나오는 '제안하다'의 표현은 다분히 중요한 내용을 포함할 수 밖에 없으므로 중요표현으로 기억해 놓아야 한다. '당신 또는 당신의 보조가 중요한 단계를 놓치지 않고, 목표 출판일을 지킬수 있도록 하기 위해, 출판 체크 리스트를 만들 것을 추천한다(Q19-1 we recommend that you or your assistant have a publishing check list to ensure you don't miss any important steps, and also plan well enough to hit your target pub date)'라고 했고, 세 번째 지문(text message)에서 Ji Young Lee(Dr. Lee)가 Anna Powers에게 출판관련 체크리스트를 만들어 달라고 부탁(Q19-2 I was wondering if you can make an on-going list for upcoming publication tasks)하고 있으므로 Anna Powers는 Dr. Lee의 보조 임을 알 수 있다. 정답은 (D) Dr. Lee's assistant.

DAY 18

DAY 19

Part 3 REVIEW TEST

1. (C)	**2.** (D)	**3.** (A)	**4.** (B)	**5.** (C)
6. (B)	**7.** (C)	**8.** (D)	**9.** (B)	**10.** (A)
11. (B)	**12.** (A)	**13.** (D)	**14.** (C)	**15.** (D)
16. (A)	**17.** (C)	**18.** (B)	**19.** (B)	**20.** (A)
21. (A)	**22.** (C)	**23.** (B)	**24.** (D)	**25.** (B)
26. (C)	**27.** (A)	**28.** (A)	**29.** (A)	**30.** (C)
31. (C)	**32.** (D)	**33.** (B)	**34.** (A)	**35.** (C)
36. (A)	**37.** (D)	**38.** (C)	**39.** (A)	

Part 5 EXERCISE

1. (D)	**2.** (C)	**3.** (B)	**4.** (D)	**5.** (C)
6. (D)	**7.** (D)	**8.** (D)	**9.** (A)	**10.** (B)

Part 6 EXERCISE

11. (A)	**12.** (C)	**13.** (D)	**14.** (B)

Part 7 EXERCISE

15. (A)	**16.** (C)	**17.** (C)	**18.** (B)	**19.** (D)

Part 3 Review Test

Questions 1-3 refer to the following conversation.

영국 호주

W: Q1 **Hello, I am here for the tour around the Museum of Art**. I was told that the tour group will meet here at the gate for the 3 o'clock tour. Has anyone else arrived yet?

M: It seems like you and I are the only ones so far. The tour guide left for a quick errand and he said he would be back in five minutes. The tour program will begin at 3 P.M. whether more people come or not. Q2 **If you'd like, there is a museum guidebook that you can take with you on the tour, available at the information desk**.

W: Oh, thank you for letting me know. Q2 **I will definitely get a copy of that.** Q3 **Do you also happen to know about the tour program schedule?**

M: Yes, it's included in the guidebook, but I heard that we will begin with the Asian arts section first.

W: 안녕하세요. 저는 여기 미술 박물관을 관람하려고 왔습니다. 3시 투어를 위해 관람객들이 여기 출입구에서 만난다고 들었습니다. 이미 도착한 사람이 있나요?

M: 지금까지는 당신과 저만 온 것 같네요. 가이드가 여기 있었는데 급한 볼일 때문에 자리를 떴고, 5분 안에 돌아올 거라고 했습니다. 사람들이 더 오든 안 오든, 관람프로그램은 오후 3시에 시작할 거예요. 괜찮으시면, 관람 중에 가지고 다닐 수 있는 박물관 가이드북이 안내 데스크에 마련되어 있습니다.

W: 알려주셔서 감사합니다. 당연히 그거 하나 받아야겠네요. 혹시 관람 프로그램 스케줄에 대해서도 아십니까?

M: 네, 가이드북에 포함되어 있습니다만, 저는 우리가 아시아 미술부문부터 시작한다고 들었습니다.

어휘 **tour around** 관광/관람하다 **gate** 문, 출입구 **quick** 신속한 **errand** 심부름, 일 **whether A or B** A 또는 B이더라도 **available** 이용 가능한 **copy** 복사본 **include** 포함하다

1. (C)

해석 화자들은 아마도 어디에 있는 것 같은가?
(A) 여행사
(B) 식당
(C) 박물관
(D) 사무실

해설 화자들이 있는 장소를 물어본 1번 문제의 답은 맨 첫 문장 'Hello, I am here for the tour around the Museum of Art.'을 통해 (C)임을 알 수 있다.

2. (D)

해석 여자가 아마도 다음에 할 일은 무엇인가?
(A) 여행프로그램을 예약하기
(B) 화장실에 가기
(C) 음식과 음료를 주문하기
(D) 안내 데스크에 가기

해설 여자가 다음에 할 일은 아마도 본인이 관심 있어 하던 guidebook을 가지러 안내 데스크로 갈 것이므로 정답은 (D)이다.

3. (A)

해석 여자가 남자에게 물어보는 것은 무엇인가?
(A) 관람 스케줄
(B) 관람 프로그램의 기간
(C) 관람 가이드의 이름
(D) 박물관의 위치

해설 마지막에서 여자가 투어 프로그램의 스케줄을 물어보았으므로 (A)를 선택한다.

Questions 4-6 refer to the following conversation with three speakers.

미국 호주 영국

M1: [Q4] **Hello, This is John from LSY Electronics about ordering 5,000 catalogs for our new products.** One of my coworkers printed his brochures there, and he was very satisfied with the quality of your work.

W: I'm so happy to hear that your coworker liked our work. [Q5] **Why don't you have a look at our sample catalogs for available designs?**

M1: Actually, I want to use our own design that has my company's logo on it. Is it possible to make a special request like that?

W: Of course. No problem. Colin, why don't you tell him our customizing process?

M2: Sure, you can put your company logo the catalog. However, it takes a few more days and will add 10% of the total cost of the fee. [Q6] **If that is okay with you, please send your company logo via email.**

M1: 안녕하세요. LSY 전자의 John입니다. 새로운 제품 카탈로그 5000부 때문에 전화 드렸습니다. 저의 동료 한 명이 거기서 브로슈어를 프린트했었는데 작업의 품질에 아주 만족했다고 합니다.

W: 저도 당신의 동료가 저희 작업을 좋아했다니 기쁩니다. 이용가능한 디자인에 대한 견본 카탈로그를 한번 보시는 게 어떻습니까?

M1: 저는 사실 회사 로고가 위에 있는 저희 고유의 디자인을 사용하고 싶은데요. 그렇게 특별 주문을 하는 것도 가능할까요?

W: 물론이죠. 문제없습니다. Colin, 이 분께 우리 맞춤 서비스에 대해서 설명 좀 해줄래요?

M2: 물론이죠, 회사의 로고를 카다로그에 넣으실 수 있습니다. 하지만 시간이 더 오래 걸리고 전체 비용에서 10%가 더 추가될 것입니다. 그것이 괜찮으시면, 저에게 이메일로 회사의 로고를 보내주세요.

어휘 **order** 주문하다 **product** 제품 **coworker** 동료 **brochure** 소책자 **be satisfied with** ~에 만족하다 **available** 이용할 수 있는 **possible** 가능한 **request** 요청 **add** 덧붙이다, 더하다 **cost** 비용 **contract** 계약서

4. (B)

해석 남자는 무엇을 주문하고 싶어하는가?

(A) 명함

(B) 제품 카탈로그

(C) 회사 소책자

(D) 식당 메뉴판

해설 남자가 전화한 목적은 지문이 시작하자마자 등장한 'I'm calling ~' 이후의 내용, 즉, 'I'm calling from LSY Electronics about ordering 5,000 catalogs for our new products.'에서 (B) 카탈로그 주문 때문임을 알 수 있다.

5. (C)

해석 여자는 무엇을 해주겠다고 이야기하는가?

(A) 특정한 디자인을 사용하기

(B) 더 짧은 시간 내에 제품을 전달하기

(C) 그에게 견본 보여주기

(D) 다른 관련 사업을 추천하기

해설 여자가 'Why don't you have a look at our sample catalog for available designs?'라고 하며 샘플 디자인을 보여주려 하였으므로 정답은 (C)이다.

6. (B)

해석 Colin은 John에게 무엇을 하라고 하는가?

(A) 계약서에 사인한다

(B) 파일을 보낸다

(C) 주문을 확인한다

(D) 예약을 잡는다.

해설 Colin이라는 사람의 이름이 매우 중요한 키워드가 된다. 여자가 Colin에게 부탁한 것을 듣고 John에게 회사의 로고를 보내달라고 했으므로 파일을 보내달라고 요청했다는 (B) 번이 정답이 된다.

Questions 7-9 refer to the following conversation.

영국 미국

W: Hi, Kevin.

M: Hi, Ann. How's everything going?

W: [Q7&Q8] **Good, How is the new design of the camera coming along?** I noticed that your team has been working really hard these past few weeks on that project.

M: It's going great! We actually designed a camera that can be mounted onto helmets so that people who do physical activities like skating or biking can take great photos, even when they're moving at a high speed. So far, the sample testing results have been good!

W: That's an amazing idea! I'm actually a biker myself, and I'd certainly like to have a camera like that. When will the product be ready for launch?

M: [Q9] **We are going to have a big prototype testing next week.** Once we make the necessary adjustments based on the feedback we get from the testing, we should be able to launch early next month!

W: 안녕하세요, 케빈.

M: Ann, 안녕하세요. 잘 지내시죠?

W: 잘 지내요. 카메라의 새로운 디자인이 어떻게 되어 가고 있습니까? 당신의 팀이 그 프로젝트에 지난 몇 주 동안 정말 열심히 일해오고 있다는 것을 알고 있습니다.

M: 정말 잘되고 있습니다! 저희는 카메라를 헬멧에 고정시킬 수 있도록 디자인 하고 있습니다. 그렇게 해서 스케이트나 자전거를 타며 운동하는 사람들이 빠른 속도로 이동할 때도 좋은 사진을 찍을 수 있게 해줍니다. 지금까지는 샘플 테스트 결과가 좋았습니다!

W: 놀라운 생각이네요! 저도 자전거를 타는데 그런 카메라 하나 갖고 싶네요. 그 제품은 언제 출시됩니까?

M: 다음 주에 시험용 테스트를 하려고 합니다. 그 테스트에서 저희가 받는 피드백을 기반으로 필요한 수정을 가하고 나서 다음 달 초면 출시할 수 있게 될 겁니다.

어휘 **notice** 알아차리다 **mount** 올리다, 고정시키다
physical activity 신체활동 **launch** 출시하다, 개시하다
prototype 원형 **necessary** 필요한 **adjustment** 수정, 보완

7. (C)

해석 남자는 어떤 종류의 일을 하는 것 같은가?
(A) 광고 캠페인을 만든다.
(B) 스포츠 방송을 제작한다.
(C) 새로운 제품을 디자인한다.
(D) 교육 프로그램을 편성한다.

해설 7번에서 남자의 직업을 물었으므로, 시작에서부터 계속 언급되는 카메라의 디자인이라는 단어에 착안하여 (C)를 선택한다.

8. (D)

해석 화자들은 주로 무엇에 대해 말하는가?
(A) 자전거
(B) 스포츠 음료
(C) 안정장비
(D) 카메라

해설 8번에서는 전체 대화의 주제를 묻고 있는 셈이므로 역시 처음부터 반복 등장하는 카메라인 (D)가 정답이다.

9. (B)

해석 남자는 다음 주에 무슨 일이 일어난다고 하는가?
(A) 제품이 판매될 것이다.
(B) 테스트가 있을 것이다.
(C) 경주가 있을 것이다.
(D) 광고 캠페인이 끝날 것이다.

해설 9번 문제는 다음 주에 일어날 일을 묻고 있으니 구체적으로 next week가 언급된 남자의 끝에서 두 번째 문장 'We are going to have a big prototype testing next week.'을 듣고 (B)를 선택하면 되겠다.

Questions 10-12 refer to the following conversation.
미국 영국

M: Good morning! Q10 **This is Brightly Hotel & Resort.** How may I help you?

W: Hi, Q11 **I made a reservation for my husband and I this weekend in the King bedroom. However, it seems that our daughter will also be joining us.**

M: Let me check our records...Unfortunately, we are all out of extra beds that weekend.

W: Q11 **Is there any way she can stay with us?**

M: Hmm. I have an idea, Q12 **I can upgrade you to a suite with double beds if you'd like.** It will just be 20 dollars extra per night, and you'll get two beds and two bathrooms.

W: That works too! Can you just add the extra charge to my original credit card?

M: 좋은 아침입니다. 브라이틀리 호텔 앤 리조트입니다. 어떻게 도와드릴까요?

W: 안녕하세요. 저와 제 남편을 위해 이번 주말에 예약을 했었는데요. 저희 딸이 저희와 함께 갈 것 같습니다.

M: 제가 잠시 기록을 살펴보겠습니다. 안타깝게도 그 주말에는 모든 여분의 침대가 떨어졌습니다.

W: 딸이 함께 머물 수 있는 다른 방법이 있나요?

M: 이건 어떨까요? 만약에 원하신다면 더블베드가 있는 스위트룸으로 업그레이드를 해드리겠습니다. 하룻밤에 단지 20불만 추가됩니다. 그리고 두 개의 침대와 두 개의 욕실이 있습니다.

W: 그것도 괜찮겠네요. 제 원래 카드에 추가 요금을 더할수 있나요?

어휘 **suite** 방, 스위트룸 **extra** 추가의 **original** 원래의, 원본의

10. (A)

해석 남자는 아마도 어디에서 일을 하는가?
(A) 호텔에서
(B) 여행사에서
(C) 가구점에서
(D) 식당에서

해설 화자의 직업은 대화의 초반부에 나온다. 대화 첫 문장에서 'This is Brightly Hotel & Resort.'이라고 말했으므로 남자가 호텔에서 일한다는 것을 알 수 있다.

11. (B)

해석 왜 여자는 남자에게 전화를 걸었는가?
(A) 불평을 토로하기 위해
(B) 예약을 변경하기 위해
(C) 예약을 확인하기 위해
(D) 새로운 약속을 하기 위해

해설 전화의 목적 역시 대화의 초반부에서 나오므로 여자의 첫 번째 말에서 'I made a reservation for my husband and I this weekend in the King bedroom. However, it seems that our daughter will also be joining us. Is there any way we can get an extra bed for the room so she can stay with us?' 부분을 듣고 정답을 찾아야 한다. 여자가 이미 예약을 한 상태이고 추가 침대를 원하는 것이므로 예약을 확인하는 (C)가 아니라 변경을 원하는 (B)를 골라야 한다는 것에 주의한다.

12. (A)

해설 남자는 왜 " 저에게 생각이 있어요."라고 말하는가?

(A) 해결책을 제시하기 위해서

(B) 피드백을 주기 위해서

(C) 전략을 의논하기 위해서

(D) 문제점을 설명하기 위해서

해설 남자가 할 일을 남자가 말할 것이므로 12번 문제는 남자가 저에게 생각이 있다고 말하는 앞뒤를 잘 듣고 문제를 풀어야 한다. 해당 문장 앞에서 문제점이 등장했고 해당 문장 바로 뒤에서 남자가 제안을 하고 있으므로 해결책을 제시하기 위함이었음을 유추할 수 있다. 따라서 정답은 (A)가 된다.

Questions 13-15 refer to the following conversation. 미국 호주

W: Q13 **Matthew, why don't we make some plans for the clients from Taiwan?** I heard all the scheduled visits are over by Friday night, and that's the only night we don't have any meetings scheduled.

M: Why don't we take them to dinner? Do you have any idea?

W: Q14 **What do you think about having dinner at the Middleton Sushi House?** Also, enjoying a musical after dinner would be great.

M: The musical sounds good, and I've also heard from my secretary that sushi place serves some excellent dishes. Q15 **But I'd like to know what else is on their menu in case some of the people coming don't like sushi.**

W: Well, I know they have wonderful noodles, including some Japanese ramen dishes that I tried last time. And I think they also serve rice, beef, and salads. Q13 **We should check their menu online to be sure.** There's a computer in the break room.

W: 매튜, 타이완에서 온 고객들을 위한 계획을 짜는 게 어때요? 금요일 밤까지 모든 방문 일정이 끝난다고 들었어요. 그리고 그날이 아무 회의 일정이 없는 유일한 밤이에요.

M: 같이 저녁을 먹으러 가면 어떨까요? 좋은 생각 있나요?

W: 미들턴 스시 하우스에서 저녁을 먹는건 어떨까요? 그리고 저녁을 먹은 후에 뮤지컬을 보면 좋을 것 같아요.

M: 뮤지컬 좋네요. 그리고 저도 그 스시집이 훌륭한 음식을 제공한다고 제 비서에게서 들었어요. 하지만 혹시 몇 명의 사람들이 초밥을 안 좋아할 것에 대비해 메뉴에 어떤 것들이 있는지 알고 싶습니다.

W: 제가 알기로는 제가 지난번에 맛 본 일본 라멘 메뉴들을 포함하여 맛있는 국수들이 있어요. 그리고 밥과 소고기, 샐러드도 제공합니다. 음, 확실히 하기 위해 온라인 상에서 메뉴를 체크해 봐야겠어요. 휴게실에 컴퓨터가 있어요.

어휘 **secretary** 비서 **serve** 제공하다 **excellent** 훌륭한 **in case** ~의 경우에 대비하여 **entertain** 즐겁게 해주다

13. (D)

해설 화자들은 무엇에 대해 이야기하는가?

(A) 직원을 축하해 주는 것

(B) 파티를 여는 것

(C) 유명한 음식을 맛보는 것

(D) 고객을 즐겁게 해주는 것

해설 대화의 주제는 타이완에서 온 고객들을 위한 계획을 짜는 것으로 저녁을 먹고 공연을 보는 것에 대한 이야기라는 것을 알 수 있다. 이렇게 손님들의 남는 시간을 즐겁게 해주는 것을 entertain한다고 하므로 정답은 (D)가 된다.

14. (C)

해설 남자는 레스토랑에 대해 무엇을 알길 원하는가?

(A) 영업시간

(B) 위치

(C) 음식 종류

(D) 가격

해설 남자가 구체적으로 식당에 관해 궁금해하는 내용을 질문한 14번은 좋은 생각이나 잘 알아보아야 한다는 뉘앙스의 표현이 등장한 but 이하, 'But I'd like to know what else is on their menu in case some of the people coming don't like sushi.'에서 정답을 (C)로 고른다.

15. (D)

해설 여자는 왜 "휴게실에 컴퓨터가 있어요."라고 말하는가?

(A) 남자에게 안내를 해주기 위해서

(B) 휴식을 취하도록 권하기 위해서

(C) 남자에게 해결책을 주기 위해서

(D) 남자에게 일을 할 것을 촉구하기 위해서

해설 여자가 메뉴를 온라인으로 찾아봐야 하겠다고 이야기를 하면서 휴게실에 컴퓨터가 있다고 말하므로 지금 컴퓨터로 찾아보자라는 의미임을 알 수 있다. 따라서, 일을 하도록 하자라는 의미를 가진 (D)가 정답이 된다. task는 모든 종류의 할 일에 대해 사용할 수 있다.

Questions 16-18 refer to the following conversation.

미국 호주

M: Hi, Ms. Lee. This is Derek Sholas from Daily Method, Inc. We did sample your food last week, and in fact, we were very impressed. Q16 **We would love to hire you as our caterer for our corporate cafeteria.**

W: Oh, that's wonderful! I'm catering for many corporate clients, and I look forward to working with your company as well. When do you want me to get started?

M: Ideally, we would like you to begin in two weeks, since the construction of our new cafeteria building will be completed by then.

W: Alright.

M: Q17 **You'll have to come in and fill out some paperwork first, though.**

W: That's not an issue. Q18 **I actually have a meeting with potential clients in your neighborhood Tuesday.** I can drop by your office on Tuesday around 3 P.M. on that day if that works for you.

M: 안녕하세요, 리 씨. 저는 데일리 메써드 사의 데렉 숄라스입니다. 우리는 지난 주에 당신의 음식을 시식해 보았는데, 사실 매우 인상적이었어요. 우리는 당신을 우리 회사 카페테리아의 출장 요리사로 채용하고 싶습니다.

W: 오, 아주 좋습니다! 저는 여러 기업 고객들을 상대로 음식을 제공하고 있으며, 당신의 회사와 일하게 되기를 기대하고 있습니다. 제가 언제부터 일을 시작하길 원하시는지요?

M: 2주 뒤에 시작해주셨으면 좋겠어요. 우리의 새 카페테리아 건물과 관련된 공사가 그 때쯤이면 끝날 거라서요.

W: 좋습니다.

M: 그렇지만 먼저 오셔서 서류를 좀 작성해주셔야 합니다.

W: 문제 없습니다. 저는 사실 다음 주에 그 동네에서 제 잠재 고객과 회의가 있습니다. 만약 괜찮으시다면, 제가 화요일 오후 3시쯤에 당신의 사무실에 들를 수 있습니다.

어휘 **sample** 시식하다 **caterer** 음식공급자, 음식공급회사 **catering** 출장 요리 (업체) **position** 일자리, 직업 **rate** 가격 **decorate** 장식하다, 꾸미다

16. (A)

해석 남자는 왜 여자에게 전화를 하는가?

(A) 일자리를 제안하기 위해서

(B) 면접 일정을 잡기 위해서

(C) 시식을 요청하기 위해서

(D) 가격을 물어보기 위해서

해설 남자가 전화한 목적은 초반에 'We would love to hire you as our caterer for our corporate cafeteria.'에서 분명히 드러났듯 이미 시식을 마친 후에 채용을 권하는 것으로 정답은 (A)이다.

17. (C)

해석 남자는 여자에게 무엇을 하도록 요청하는가?

(A) 발표하기

(B) 카페테리아 장식하기

(C) 서류작업 끝내기

(D) 교육 과정에 참석하기

해설 남자가 여자에게 요청한 바는 'You'll have to come in and fill out some paperwork first, though.'에서 알 수 있듯, 출근은 2주 뒤에 하더라도 미리 와서 서류 작업을 해달라는 정답 (C)를 선택한다.

18. (B)

해석 여자는 다음 주 화요일에 무엇을 할 것 같은가?

(A) 새로운 작업 시작하기

(B) 고객 만나기

(C) 출장에서 돌아오기

(D) 보고서 제출하기

해설 여자가 다음 주 화요일에 할 일을 묻고 있으므로, next Tuesday라는 표현 주변을 공략한다. 'I actually have a meeting with potential clients in your neighborhood next week. I can drop by your office on Tuesday around 3 P.M. if that works for you.'라고 두 문장에 걸쳐 답이 나오며 정답은 (B)를 골라준다.

Questions 19-21 refer to the following conversation.

호주 미국

W: Q19 **Hi, I am calling about a dinner reservation I made for this Friday.** It should be under the name Josie Dion.

M: Yes, Ms. Dion, we have you booked at 6 P.M. for a party of two. Is there anything I can help with regarding your reservation?

W: Yes, actually, some of my friends are visiting from out of town so I wanted to invite them to dinner as well. Can I change the party size from two to six people?

M: Q20 **Oh, the seats are already fully taken on Friday night so we won't be able to accommodate any more diners at that time.** Q21 **However, if you could come after 9 P.M. when the main dinner time ends, we will still be serving drinks and snacks till after midnight.**

W: Oh. That sounds okay!

W: 안녕하세요, 이번 금요일에 예약한 저녁 식사 때문에 전화 드렸어요. 조시 디온이란 이름으로 예약했습니다.

M: 네, 디온 씨, 두 명으로 저녁 6시에 예약해드렸는데요. 당신의 예약에 관해 제가 무엇을 도와드릴까요?

W: 실은 제 친구 몇 명이 지방에서 방문을 와서 저녁에 초대하고 싶습니다. 제가 인원을 2명에서 6명으로 바꿀 수 있을까요?

M: 오, 금요일 밤에는 이미 좌석이 완전히 꽉 차서 저희는 그 시간에 손님을 더 받을 수가 없답니다. 하지만, 만약 메인 디너 시간이 끝나는 9시 이후에 오시는 것도 괜찮다면, 저희는 자정을 넘어서까지 음료와 간단한 식사를 제공할 것입니다.

W: 아, 그거 좋네요!

어휘 **reservation** 예약 **under the name** ~라는 이름으로 **party** (여행, 방문 등을 함께하는) 단체 **regarding** ~에 관해서 **invite** 초대하다 **book** 예약하다 **accommodate** 수용하다 **diner** 식사 손님 **midnight** 자정 **reasonable** 합리적인, 괜찮은

19. (B)

해석 여자는 왜 전화하는가?
(A) 위치를 물어보기 위해
(B) 저녁 예약을 변경하기 위해
(C) 식료품을 사기 위해
(D) 행사를 계획하기 위해

해설 여자의 전화 목적은 'Can I change the party size from two to six people?'에서 알 수 있듯 원래의 예약 인원에서 추가 인원 유입이 가능한지 묻고 있으므로 (B) 예약 변경이 답이다.

20. (A)

해석 무엇이 문제를 야기했는가?
(A) 사용가능한 좌석이 남지 않았다.
(B) 충분한 음식 종류가 없다.
(C) 사적인 미팅 공간이 없다.
(D) 채식주의자를 위한 음식이 없다.

해설 남자가 그 시간에는 모두 예약이 되어 있다고 말했으므로 테이블이 남아있지 않다는 (A)를 정답으로 골라야 한다.

21. (A)

해석 남자는 여자에게 어떤 제안을 하는가?
(A) 더 늦은 시간에 오는 것
(B) 나중에 다시 전화하는 것
(C) 다른 레스토랑을 선택하는 것
(D) 다른 날을 고르는 것

해설 남자가 여자에게 제안하는 것은 반전 이후에 나오는 'However, if you could come after 9 P.M. when the main dinner time ends, we will still be serving drinks and snacks till after midnight.'를 통해 알 수 있듯, 늦은 시간도 마다하지 않을 경우 자정 넘어서까지 서비스 한다는 내용으로 (A)를 선택하면 된다.

Questions 22-24 refer to the following conversation.

영국 미국

W: [Q22] **Hi, I am calling to inquire about the theater's hours.** I heard that during the holiday season, you'll stay open later than usual.

M: [Q23] **Yes, from December 1st until New Year's Eve, we will be open till midnight every night.**

W: That sounds great. So do I have to buy special tickets for those late-night shows then?

M: No. All of our tickets' prices are the same regardless of the time. [Q24] **Just make sure that you book the tickets in advance on our website, since during the year-end season the shows tend to sell out pretty quickly.**

W: 안녕하세요. 저는 극장 시간에 대해 물어보고 싶어서 전화 드렸습니다. 휴가 시즌 동안 평소보다 늦게까지 연다고 들었습니다.

M: 네, 12월 1일부터 새해 전날까지 저희는 매일 밤 12시까지 엽니다.

W: 잘 됐네요. 늦은 밤 공연을 위한 특별 티켓을 구매해야 할까요?

M: 아니요. 저희의 모든 티켓 가격은 시간에 관계없이 같습니다. 연말 시즌에는 공연이 꽤 빨리 매진되기 때문에 저희 웹사이트에서 미리 티켓을 예매하시길 바랍니다.

어휘 **inquire** 묻다, 알아보다 **midnight** 한밤중, 자정 **regardless of** ~에 상관없이 **arrange** 마련하다, 주선하다 **admission** 입장

22. (C)

해석 여자는 무엇을 알고 싶어 하는가?
(A) 극장의 주소
(B) 강연 일정
(C) 한 업체의 영업 시간
(D) 멤버십의 혜택

해설 알고 싶은 것은 결국 여자가 한 질문과 동일하다. 극장의 영업 시간에 대해 묻고 있으므로 (C)를 선택한다.

23. (B)

해석 휴가 시즌 동안 극장은 무엇을 제공하는가?
(A) 무료 입장
(B) 특별 영업시간
(C) 클래식 음악 콘서트
(D) 어린이 돌보기

해설 holiday season을 맞이한 극장의 변화가 무엇인지를 찾아내는 것이 관건이었고, 이것은 여자가 시간이 바뀌었음을 먼저 얘기한 뒤 남자가 구체적으로 영업 시간을 알려준 것으로 미루어 정답은 (B)가 된다.

24. (D)

해석 남자는 여자에게 무엇을 추천했는가?
(A) 행사에 일찍 도착하기
(B) 뉴스레터를 구독하기
(C) 줄을 서서 기다리기
(D) 온라인으로 티켓을 구매하기

해설 남자가 여자에게 하라고 추천하는 것은 공손한 명령형으로 말한 'Just make sure that you book the tickets in advance on our website'로, 여자의 편의를 위해 웹사이트에서 티켓 구입을 권장한 (D)를 선택하면 된다.

Questions 25-27 refer to the following conversation.
영국 호주

M: Ms. Kim, Q25 **do you know when the renovations of the building will be completed?** Q26 **I thought the deadline was next month.**

W: Q25 **Yes, it was, but it's taking more time than we expected.**

M: Then how long it will take?

W: Now, the expected completion won't be until another two months. This whole project has been very slow. Apparently, they didn't have enough workers to speed up the renovation.

M: Aw, Q27 **I was kind of expecting to have a new office soon,** but I guess I'll have to wait.

W: Yes, that's what I thought, too. I'm a little annoyed to hear all the construction noise. It's really irritating, and it's really hard for me to concentrate on my work.

M: Ms. Kim, 빌딩 개조가 언제쯤 완성되는지 아시나요? 제 생각에 다음달이 마감기한이었는데요.

W: 네, 그랬습니다만, 우리가 예상한 것보다 오래 걸리네요.

M: 그럼 얼마나 더 걸리나요?

W: 지금 예상하는 완성시기는 앞으로 두세 달 후입니다. 이번 전체 프로젝트가 매우 느리네요. 분명히, 그들이 개조공사를 빠르게 완성할 만큼 인부들이 충분치 않은 것 같네요.

M: 저는 곧 새 사무실을 가질 거라 기대했었는데요. 근데 아마 좀더 기다려야 할 것 같네요.

W: 네, 제 생각에도 그렇네요. 다음해까지 공사소음을 들어야만 할 거 같아 좀 짜증스럽군요. 그 소음은 정말 거슬리고 제 일에 집중할 수 없게 만들 거든요.

어휘 renovation 혁신 completion 완성

25. (B)

해석 화자들은 무엇을 논하고 있는가?
(A) 직원 고용
(B) 프로젝트보고
(C) 건물 개조
(D) 정책변화

해설 대화의 주제를 묻는 질문이므로 대화의 처음을 듣고 정답을 찾아준다. 대화의 처음에서 건물 레노베이션의 기한에 대한 이야기를 하고 있으므로 정답이 (B)번이라는 것을 알 수 있다.

26. (C)

해석 원래의 마감시한은 언제였는가?
(A) 내일
(B) 다음주
(C) 다음달
(D) 다음해

해설 Original이라는 말이 나온 건 나중에 바뀌었다는 것을 의미하는 것이다. 이런 경우 보통은 대화의 처음에 나온 날짜나 숫자가 정답이 되는 경우가 대부분이라는 것을 기억한다. 또한 이 문제의 보기 속에 시간들이 나왔으므로 보기 속 시간들이 키워드가 된다. 대화 속에서 처음에 deadline이 next month인 줄 알았다고 했으므로 정답은 (C)번이 된다.

27. (A)

해석 남자가 "저는 곧 새로운 사무실을 가질 것이라고 기대했어요."라고 말한 것은 무엇을 암시하는가?
(A) 그는 연기 때문에 실망했다.
(B) 그는 동료를 비난하고 있다.
(C) 그는 새로운 사무실을 가지게 될 것이 기뻐하고 있다.
(D) 그는 회사의 이전을 기대하고 있다.

해설 남자가 말하는 말의 의도를 묻는 문제이므로 해당 문장의 앞뒤를 잘 들어야 정답을 찾을 수 있다. 해당 문장 뒤에서 남자가 더 기다려야 한다고 실망스럽게 말하고 뒤이어 나오는 여자의 말에서 소음이 거슬린다고 했으므로 정답은 (A)번이 된다.

Questions 28- 30 refer to the following conversation.
미국 호주

W: Q28 **Why don't we prepare some more vegetarian dishes for the weekend?**

M: Q28 **Why? Is there any group reservation?** I couldn't see any on our calendar.

W: Don't you remember? The annual parade is this Saturday! Tens of thousands of people will visit this town to attend the event. Q29 **I think we could be understaffed that day as well.**

M: Oh, You're right. We definitely need more servers, if it's busy like last year. Are there any servers who're willing to work extra hours?

W: Q29 **I have to check with Diane and Joss.**

여: 우리 더 많은 채식 음식을 주말을 위해 준비해 두는 게 어때?

남: 왜? 그룹 예약이라도 있어? 스케줄에서 못 봤는데.

여: 기억 안나? 연례 퍼레이드가 이번 주 토요일이야. 수만 명의 사람들이 이 행사에 참석하기 위해서 이 도시를 방문할거야. 내 생각엔 우리가 그날 일손도 부족할 것 같아.

남: 아, 네 말이 맞아. 정말 작년만큼 바쁘다면 우리는 진짜로 더 많은 서버가 필요해. 초과근무를 기꺼이 할 서버가 있을까?

여: Diane과 Joss에게 연락해 봐야겠어.

어휘 **work extra hours** 초과 근무를 하다
understaffed 일손이 부족한

28. (A)

해석 화자들은 어디에 있는가?
(A) 식당에
(B) 서점에
(C) 식료품점에
(D) 커뮤니티 센터에

해설 음식을 준비하고 예약을 받고 추가 서버들에 관한 이야기를 하고 있으므로 식당이 정답이 된다.

29. (A)

해석 여자는 무엇을 걱정하는가?
(A) 직원 부족
(B) 교통 체증
(C) 메뉴 옵션
(D) 스케줄 겹침

해설 여자가 understaffed 할 것 같다고 이야기 했으므로 직원이 부족하다는 의미를 가진 (A)번을 정답으로 골라야 한다.

30. (C)

해석 여자는 그녀가 무엇을 하겠다고 말하는가?
(A) 음식 자료를 준비한다
(B) 이벤트 날짜를 재조정한다
(C) 직원들에게 연락한다
(D) 공짜 교통수단을 준비한다

해설 여자의 말에서 무엇을 할 것인지 미래의 의미를 가진 정답을 골라야 한다. 마지막 문장에서 여자가 두 명의 서버에게 연락을 해봐야겠다고 말했으므로 정답은 (C)번이 된다.

Questions 31- 33 refer to the following conversation with three speakers.

영국 미국 호주

W1: Thanks, Lindsey and Ned. You did a great job analyzing quarterly sales data. Q31 **This quarter's clothing sales of our store increase more than 15%.**

W2: Q31 **There is a new software calculating records, so it's easier than before.**

W1: **Interesting! Can you tell me more about the program?**

W2: Sure, but Ned knows much about it. Q32 **Ned, can you show her how to use it?**

M: No problem. Do you want me to explain it right away?

여1: Lindsey, Ned 분기 판매 자료를 너무 잘 분석해 줘서 고마워요. 이번 분기의 우리 가게 의류 판매는 15퍼센트 이상 증가했어요.

여2: 자료를 계산하는 새로운 소프트웨어가 있어서 전보다 쉬웠어요.

여1: 흥미롭네요. 그 프로그램에 대해 더 이야기해 주실래요?

여2: 물론이죠, 하지만 Ned가 그것에 대해 더 잘 알아요. Ned, 어떻게 그걸 사용하는지 알려주실래요?

남: 물론이죠. 지금 설명해 드릴까요?

어휘 **quarterly** 분기의 **calculate** 계산하다

31. (C)

해석 어디에서 화자들이 일하는가?
(A) 소프트웨어 회사에서
(B) 제조 공장에서
(C) 소매점에서
(D) 회계 회사에서

해설 소프트웨어라는 말이 많이 들렸다고 해서 (A)를 정답으로 고르지 않도록 한다. 여자가 옷의 판매가 늘었다고 이야기하고 있으므로 정답은 옷을 파는 가게를 의미할 수 있는 (C)번이 된다.

32. (D)

해석 그들은 무엇에 대해 이야기하는가?
(A) 새로운 회계사
(B) 분기 보고서
(C) 판매 보고
(D) 새로운 소프트웨어

해설 두 사람이 이야기하는 대화의 주제를 묻고 있는 질문이므로 대화 내내 지속되는 내용을 골라야 한다. 처음에 분기 판매 량에 대해 이야기하는 것을 듣고 (B)번을 정답으로 고르지 않도록 한다. 두 번째 이야기부터 새로운 소프트웨어와 그 사용법에 대한 이야기를 하고 있으므로 정답은 (D)번이 되어야 한다.

33. (B)

해석 Ned는 무엇을 하라고 요청 받는가?

(A) 소프트웨어를 주문해라

(B) 프로그램을 시연해라

(C) 교육을 담당해라

(D) 기록을 계산해라

해설 사람의 이름이 등장하는 3인 대화의 경우 질문 속에 이름이 등장하게 되면 그 이름이 나온 뒤에서 정답을 가지고 온다. 따라서, Ned라는 이름이 아주 중요한 키워드가 된다. Ned의 이름 뒤에서 어떻게 사용하는 지 알려달라고 했으므로 show how to의 동의어인 demonstrate이 들어가 있는 (B)번을 정답으로 골라야 한다.

Questions 34-36 refer to the following conversation and email inbox.

미국 영국

M: Hey, I have a quick question for you. Did you submit your vendor analysis report to the finance team yet? I sent mine last week, but it didn't get approved. Q34 **They said I had to submit more information about the vendor's past performance.**

W: Yeah, I got the same feedback as well. Apparently, it's a new finance policy. Don't worry about it. It only took me 30 minutes to update the report.

M: Really? How did you get it done so fast? Q35 **I need to get out of here in about an hour or I will be late for my dinner reservation. Do you think you can help me?**

W: Sure. Q36 **I have a vendor analysis template that another colleague sent me, so I'll forward it to you via e-mail.** Just follow the guidelines in the template and you'll be done in no time.

M: Thanks!

W: I just sent it. Check it out!

M: 안녕하세요. 간단한 질문이 있는데요. 재무팀에 판매자 분석보고서를 제출했어요? 난 지난주에 제출했는데 승인을 못 받았어요. 판매자들의 지난 정보들에 대한 더 많은 정보를 포함해야 한대요.

W: 네, 저도 그런 피드백을 받았어요. 사실, 그건 새로운 재무 규정이에요. 걱정마세요. 보고서를 고치는데 30분 정도 밖에 안 걸렸어요.

M: 진짜요? 어떻게 그렇게 빨리 했어요? 전 한 시간 후에 나가야 해요. 그렇지 않으면 저녁 약속에 늦어요. 절 좀 도와주실래요?

W: 물론이죠. 다른 직원이 저한테 준 판매자 분석 양식을 가지고 있어요. 제가 그걸 이메일로 전달해드릴게요. 양식의 가이드라인을 따라 하시면 금방 끝날 거예요.

M: 고마워요.

W: 보냈어요. 확인해보세요.

어휘 **vendor** 상인, 판매자 **approve** 승인하다 **apparently** 분명히, 명백하게 **template** 양식 **forward** 전달하다

34. (A)

해석 남자가 한 업무의 문제는 무엇인 것 같은가?

(A) 충분한 정보를 가지고 있지 않다

(B) 다른 팀으로 보내졌다.

(C) 정확하지가 않다.

(D) 늦게 제출되었다.

해설 남자 업무에의 문제점을 이야기할 때 work라는 단어가 아주 광범위하게 모든 일에 쓰인다는 것을 아는 게 가장 중요하다. 남자가 한 일의 문제점이므로 주로 초반부에 부정적인 단어와 더불어 나올 가능성이 크고 'but it didn't get approved. They said I had to submit more information about the vendor's past performance.' 부분에서 정보의 부족으로 승인을 받지 못 한 것이므로 정답은 (A)가 된다.

35. (C)

해석 남자는 오늘 저녁에 무엇을 해야 한다고 말하는가?

(A) 기차를 타기

(B) 판매자를 만나기

(C) 레스토랑에서 저녁 식사하기

(D) 출장을 가기

해설 남자가 저녁에 할 일을 말한 것이므로 남자의 말에 집중을 한다. 남자가 저녁 약속이 있다고 했으므로 정답은 (C)가 된다.

36. (A)

해석 시각정보를 보시오. 여자는 누구입니까?

(A) Rachel

(B) Kimberly

(C) Lena

(D) Susan

해설 시각정보 문제의 경우, 보기 속에 나오지 않는 다른 정보들을 이용해서 문제를 풀어야 한다. 여자가 template 관련 가이드라인을 보내준다고 했으므로 첨부 파일중의 guidelines가 포함되어 있는 (A)번의 Rachel 이 여자임을 알 수 있다.

Questions 37-39 refer to the following conversation and the list.

호주 미국

M: Hi Lucy. Thanks for agreeing to see me today.

W: No problem. Please have a seat. Q37 **You mentioned that you wanted to discuss some scheduling issues today.**

M: Yes. I was wondering if I could change my start time at work from 9:00 A.M. to 10:00 A.M. instead. Q38 **The train schedule out of town has changed due to the rack of passengers. Therefore, there is no train service before 8 A.M.**

W: I see. In that case, feel free to come in by 10:00 A.M. Q39 **However, please remember that since we have an 8 hour work day policy, you have to make up the time in the evening.**

M: 안녕, 루시. 오늘 만나주기로 해주어서 고마워요.

W: 문제 없습니다. 앉으세요. 당신이 오늘 일정 문제로 얘기하길 원한다고 했었죠?

M: 네, 저는 근무 시작 시간을 오전 9시에서 10시로 조절할 수 있는지 궁금합니다. 교외로 나가는 기차 시간표가 승객의 부족으로 바뀌었습니다. 그래서 8시 이전에는 기차 서비스가 없어요.

W: 네, 알겠어요. 그런 경우라면 오전 10시까지 부담 없이 오세요. 그렇지만, 우리는 하루 8시간 근무 규칙이 있으므로, 당신이 저녁에 그 시간을 보충해야 합니다.

37. (D)

해석 그들은 무엇에 대해 이야기하는가?

(A) 승진

(B) 워크숍

(C) 회사 이전

(D) 근무 일정

해설 대화의 주제는 전반부에 등장한다. 첫 여자의 말에서 여자가 일정에 관해 이야기하고 싶은지 묻고 있고, 남자가 yes라고 답했으므로 여자의 말이 정답이 된다는 것을 기억해준다.

38. (C)

해석 그래프를 보시오. 어떤 정류장에 남자의 사무실이 위치하는가?

(A) Prattville

(B) Turley

(C) Tulsa

(D) Sand Springs

해설 32번의 시각정보 문제에서는 남자의 사무실이 있는 역을 찾는 것이 문제의 포인트이므로 역이 아닌 남자가 타는 기차의 시간을 듣고 문제를 푸는 것이 포인트이다. 남자가 8시 이전의 기차가 더 이상 운행하지 않는다고 이야기 했으므로 8시 이전 기차가 없는 Tulsa가 정답이 된다. 따라서 정답은 (C)가 된다.

39. (A)

해석 여자는 요청에 관해 무엇이라 하는가?

(A) 그는 1시간 늦게 퇴근해야 한다.

(B) 그는 1시간 일찍 출근해야 한다.

(C) 그것은 회사 규정 때문에 어렵다.

(D) 그는 그의 동료들에게 알려야 한다.

해설 마지막 여자가 남자의 요청에 대해 추가적으로 이야기하는 것을 골라주는 문제에서 however, but 등의 분위기가 반전되는 단어가 나오면 그 뒤에서 주로 정답이 나온다는 것을 기억하고 바로 뒤에 있는 일찍 와야 한다는 말을 정답으로 골라두면 된다. 따라서, 정답은 (A)가 된다.

Part 5 EXERCISE

1. (D)

해석 정직원의 수가 심각한 기술 부족의 징후가 보이는 가운데 4월에 0.9% 상승했다.

해설 (B) near는 전치사일 경우'~의 근처에', (A) about과 (C) regarding은 둘 다'~에 관하여', (D) amid는 문어체로'~이 한창일 때에 (= in the middle of or during something) 뜻으로 '한창 심각한 기술 부족을 겪을 때에 정직원 수가 상승했다'로 해석해보면 가장 적절하다. 정답은 (A) amid

amid → Interest rates are expected to rise this year amid indications of new economic growth.

새로운 경제 성장의 징조들 가운데 올해 이자율이 오를 것이 전망되고 있다.

어휘 **indication** 지시, 징조, 조짐 **amid ~** ~이 한창일 때에 (in the middle of or during something)
severe (= **strict**) 심각한, 엄한 **shortages** 부족 결핍

2. (C)

해석 상품이 배달된 날로부터 시작해서 10일 이내에 취소 요청을 서면으로 우리에게 통보해야 한다.

해설 '서면으로 10일 이내에 알려야 한다'가 가장 알맞으므로 정답은 (C) within이다. in은 뒤에 기간이 나올 경우 '동안에'의 뜻이라서 실격이다.

어휘 **inform** (= **notify**) 알리다, 통지하다 **in writing** (글로) 써서, 서면으로 **desire** 요구하다; 욕구 **deliver** 배달하다, 이행하다, 연설하다 **within** ~이내에

3. (B)

해석 모든 차량은 캠퍼스에 주차되어 있는 동안에 주차 허가증이 허가된 위치에 보이도록 해야 한다.

DAY 19

해설 빈칸 뒤 parked는 목적어가 없으므로 과거 동사가 아니라, 목적어가 없이 수동의 의미를 나타내는 '주차된'의 의미를 가진 과거분사이다. 부사절 속에 나오는 주어 + be동사는 생략이 가능하므로 while (every vehicle) is parked라는 표현이 가능하다. 따라서 정답은 (B) while. (A) to는 전치사 라서 실격. (D) nearby는 형용사 라서 실격. 부사절 접속사로 쓰일 수 있는 (C) as는 p.p.와 동반될 경우 '~된 대로'의 의미를 지니다. as scheduled 예정대로

어휘 aproved 승인된 vehicle 차량 displayed 진열된

4. (D)

해석 GAID 사는 포괄적인 세계적 포럼을 제공함으로써 목표를 충실히 이행할 것으로 기대된다.

해설 해석상 '임무를 충실히 하기 위해서 일하기를 기대한다'가 자연스러우므로 정답은 (D) toward가 된다. (D) toward는 그밖에 '~를 향하여, ~ 으로'등 방향성을 나타내는 전치사로 목표를 향해 나아가다 의미 일때도 자주 쓰인다. 의미상 (B) into(안으로)는 실격.

어휘 expect 기대하다, 예상하다 fulfill 실행하다, 충족시키다
mission 임무, 직무 provide 제공하다
inclusive ~을 포함하는, 총괄적인

5. (C)

해석 모든 매니저들이 매니저 과정에 참가하고, 모든 평가 업무를 마치는 것이 의무가 될 것이다. .

해설 to부정사 앞에 나오는 전치사 문제는 의미상의 주어를 묻는 경우가 많다. 따라서 해석해 보아 주어이면 for가 답이다. 의미상 '모든 매니저들이 참가하는 것이 맞으므로 (C) for가 답이다.

어휘 mandatory (= obligatory) 강제의, 의무의, 명령의
course 학습 과정 (課程), 교육 과정, 강좌, 코스, 학과 과목

6. (D)

해석 태너홀에 있는 도서관은 목요일 오후 3시와 5시 사이에 문을 닫을 것이다

해설 목적어로 3 p.m. and 5 p.m.을 취할 수 있는 전치사를 찾는 문제.'3시와 5시 사이에'와 어울리는 (D) between이 정답. (A) nearly는 숫자 앞에서'거의'라는 부사로 쓰이고, (B) upon은 종종 전치사 on과 같은 뜻이고, (C) during은'~동안에'이다.

어휘 library 도서관, 장서, 문고, 서재
nearly (=about, approximately, around) 거의, 대략

7. (D)

해석 자카 타이어는 경쟁력을 갖추기 위해 매장들을 현대화하고 확장함으로써 변화하는 환경에 대처했다.

해설 'by + 동명사'는 '~함으로써'이며 '경쟁력을 갖추기 위해 점포들을 확장하고 현대화함으로써'라고 할 때 가장 자연스러우므로 (D) by가 정답이다. (A) 'throughout + 장소 명사'는'~도처에, 구석구석까지', (B) for는'~을 위하여', (C) such as는'~와 같은'이다.

어휘 enlarge 크게 하다, 넓히다 modernize 현대화하다, 현대적으로 하다 competitive 경쟁의, 경쟁적인

8. (D)

해석 우리 그룹은 다음날 10시에 떠나기로 예정되어 있었다.

해설 시점 앞에 '~에'라는 뜻의 전치사를 사용할 때 하루보다 긴 길이 앞에는 in, 하루 길이 앞에는 on, 하루보다 짧은 길이 앞에는 at을 쓰면 된다. 정답은 (D) at. (C) 'for + 기간 명사'는 '~동안'으로 쓰인다.

어휘 be scheduled to부정사 ~하기로 예정되어 있다
leave 떠나다, 남기다, ~을 향해 떠나다

9. (A)

해석 경제적 성장이 유지되기 위해서, 성장하고 있는 산업에 요구되는 관련 기술자들이 공급이 꼭 있어야 한다는 것을 확인할 필요가 있다.

해설 in order만 보고 to를 답으로 하면 절대 안 된다. '~하기 위해서'는 in order to v인데, 빈칸 뒤 명사가 나오니까 to는 실격이다. in order 다음에 for + 명사 가 위치 할 수 있음을 확인하는 문제이다. in order to be sustainable(지속적이기 위해서는)의 주체인 for 명사가 to 바로 앞에 오게 되면, in order for n to v (n가 v 하기 위해서)의 구조를 띄게 된다. 정답은 (A) For이다.

어휘 sustainable 지속할 수 있는, 유지할 수 있는
ensure ~을 확실하게 하다, 보증하다, 보험 들다 supply 공급하다; 수요에 대한 지급, 공급 relevant 관련된, 적절한

10. (B)

해석 직원들은 12개월을 연속해서 근무한 후에, 여전히 1년에 3주간의 휴가에 대한 자격이 주어질 것이다.

해설 문장의 동사 will be entitled가 존재하고 접속사가 없으므로 빈칸에 동사는 올 수 없다. 따라서 (A) follow (D) follows는 실격. 남은 보기 중 뒤에 나오는 명사를 목적어로 취할 수 있는 형태는 현재분사 (B) following이다. following은 전치사화 된 분사이다. '~한 후에'라는 전치사로 알아두자.

어휘 be entitled to + 명사 ~대한 자격이 있다 annual leave 연례 휴가 completion 완성, 성취, 도달 continuous 끊임없는, 연속적인, 그칠 줄 모르는 following ~한 후에

Part 6 EXERCISE

Questions 11-14 refer to the following advertisement.

지불 수단과 정보 제공 문서로서의 월별 내역서가 유연성과 시기 적절함을 동시에 만족시키는 것은 힘든 일이다. 고객들은 전화할 필요 없이 원하는 정보를 적시에 받습니다. 당신은 다른 제품들을 교차 판매할 수도 있고, 개별이 될 우편물을 한 봉투로 모을 수도 있습니다.

만약 귀하가 현재 월별내역서로부터 위에서 언급한 혜택들 중 어느 것도 받아보지 못하고 계신다면, 귀하는 월별 내역서 출력과 메일발송을 위한 Cool Payment System을 사용하고 계시지 않은 겁니다. 저희 CPS는 귀하의 고객들에게 정보를 제공함과 동시에 최고 13개의 다른 마케팅을 하실 수 있도록 우편물을 조정해드릴 수 있는 유연성에 대하여 긍

지를 가집니다.

Cool Payment System을 오늘 사용해 보세요!

어휘 **flexibility** 융통성, 유연성, 적응성 **timeliness** 적시 **statement** 명세서 **payment** 지불, 납입 **vehicle** 전달 수단, 매체, 탈것 **timely** 때에 알맞은 **fashion** 방법 **cross-sell** 교차 판매하다 **combine** 결합하다 **otherwise** 다르게는 **separate** 개별의 **mailing** 우송, 우편물 **coordinate** 통합하다, 조정하다 **promote** 판촉하다 **up to** ~까지

11. (A)

해설 in a timely fashion (=in a timely manner, in a timely way 적절한 시간에, 시기에 맞게)는 business에 자주 나오는 표현이므로 꼭 알아두자. 정답은 (A) in이다.

12. (C)

해설 문제는 해석하기 전에 1. 한눈에 들어오는 숙어가 있는지 2. 동사와 연결된 전치사가 있는지 확인해본다. 빈칸 앞/뒤로 눈에 보이는 전치사 숙어가 없으므로 동사를 확인해본다. 동사는 combine이므로 combine A into(with)B를 적용해서 문제를 풀 수 있어야 한다. 따라서 정답은 (C) with이다.

13. (D)

해설 당신이 현재 월별 내역서로부터 위에 언급된 혜택들을 받고 있지 않다면 '이란 의미가 되어야 한다. 따라서 정답은 (D) currently이다. (A) ordinarily(평범하게, 보통은), (B) commonly(보통은, 일반적으로), (C) lately(최근에)는 모두 해석상 알맞지 않다.

14. (B)

해설 빈칸 뒤에 동사가 있으니 빈칸에 주어가 나와야 할 것 같은데 보기에 주어 역할을 할 만한 명사가 없다. (A) such는 형용사이고, (C) between은 전치사, (B) both와 (D) those는 각각 '둘 다'와 '사람들'이라는 대명사로 쓰일 수는 있으나, 복수라서 이어지는 동사가 deliver이어야 한다. 즉, 수일치가 되지 않아 실격. 그러면, 자연스럽게 앞에 that이 주격관계대명사가 되고, delivers가 동사이어야 하며, and allows와 대등하게 연결되는 구문이다. 따라서 등위상관 접속사 both A and B가 가장 어울린다. 정답은 (B) both.

Part 7 EXERCISE 삼중 지문

Questions 15-19 refer to the following schedule and emails.

Springstein 여름 축제

7월 31일 토요일

오전 10시 Baking Supply Co. 에서 베이킹 대회 – 우리는 각 경쟁자가 파이를 제출할 빵굽기 콘테스트를 진행할 예정입니다. 심판들의 파이의 모양, 크러스트, 맛, 그리고 질감에 근거해서 우승자를 뽑을 것입니다. 행운의 우승자는 150 달러 가치의 Baking Supply Co.의 상품권을 받을 것입니다. 참가비 3달러

오후 1시부터 4시 까지 꽃 정원 콘테스트 – 우리는 시에서 가장 아름다운 가정 꽃 정원을 보여 드릴 것입니다. 정원 콘테스트 참가자는 식물의 다양성, 색깔, 디자인, 관리에 관하여 심사될 것입니다. 콘테스트 후원자인 Springsten Garening 협회는 Q19-1 최고의 정원사에게 100달러 현금을 상으로 수여할 것입니다. 장소는 추후 발표

Q18-1 8월 1일 일요일

오전 10시 JL 공원에서 5킬로 경주 – 아름다운 JL 주변을 뛰는 5킬로 경주를 완주하세요 그러면 Tara's Sporting Goods 상점에서 쓸 수 있는 50달러 상품권을 드립니다. 모든 참가자들은 Tara's Sporting Goods의 후원으로 무료 Get Healthy 티셔츠를 받을 것입니다. 경주는 공원 북쪽 입구에서 시작할 것입니다.

2시 30분 Topp College에서 Marin 교향악 – 최고의 실력으로 연주되는 클래식 음악을 경험하세요. 국제적으로 호평받는 바이올리니스트 Alasdair Neal과 Marin Youth Orchestra가 공연을 풍요롭게 할 것입니다. Q15 대중에게 열고 있고, 입장료는 무료이며, 좌석은 정해져 있지 않습니다. 개장은 콘서트 시작 약 30분전 입니다.

발신 Sophia Park ‹spark@ springstein.org›
수신 Emily Austin ‹eaustin@personalmail.com›
날짜 7월 28일
주제 주말 축제

안녕, Emily

불행하게도, 토요일에 지가 올 것 같아요. Q16 Matthew Tara의 행사가 실외에서 열릴 예정이어서 그의 행사와 당신이 날짜를 바꿔서 대신에 Q18-2 일요일 아침으로 할 수 있는지 궁금해서요. 모든 축제 웹사이트와 포스터에 업데이트 할 예정이예요. 또한 이메일로도 참가자들에게 일정 변화를 알리기 위해 이 Q17 공지를 공유 할 거예요. 의견 주세요. 감사해요.

Sophia Park
축제 기획 위원회

발신 Mark Saratoga (msaratoga@therealty.com)
수신 Q19-2 Todd Meats (tmeats@therealty.com)
날짜 7월 30일
주제 미팅 일정

안녕, Todd

물론, 내가 당신이 없는 동안 고객미팅을 대신 해 줄 수 있어요. 확실히 부동산을 보여주고, 당신이 돌아올 때 할일이 생기면 알려줄께요.

행운을 빌어요. Q19-2 다음 주까지 100달러 만큼 더 부자가 되어 나오시길 빌어요.

Mark

어휘 **bake-off** 빵굽기 경연대회 **judge** 심판, 심사위원, 심사하다 **entry** 참가(작) 출품(작) **certificate** 증명서 **acclaim** 환호하다, 호평하다 **enrich** 풍요롭게 하다 **prior to** + 명사 명사보다 앞서 **host** 주최하다 **property** 부동산, 소유물

15. (A)

해석 교향곡 공연에 관해 다음 중 사실인 것은?

(A) 참가들에게 요금을 부과한다.

(B) 일반 대중에게 티켓 판매를 하지 않는다.

(C) 다른 장소로 옮길 것이다.

(D) 2시 30분에 끝날 것이다.

해설 키워드 Symphony를 찾으면 첫 번째 지문 (schedule) 마지막 단락에 세 번째 문장에 '대중에게 열려있고, 입장료는 없다 (All open to the public. Admission is FREE,)'라고 하였으므로 정답은 (B) There will be no ticket sales to the general public. 이다. Free라는 단어를 no ticket sales로 재표현 하였다.

16. (C)

해석 첫 번째 이메일을 쓴 이유는 무엇인가?

(A) 포스터 디자인에 대한 피드백을 제공하기 위해

(B) 축제 참가자들에게 날씨에 대해 알리려고

(C) 행사 일정의 변화를 요청하려고

(D) 축제 장소를 알리려고

해설 두 번째 지문 (e-mail)의 두 번째 문장에 전형적인 글쓴이의 의도가 드러나는 표현 (Day 2 Part 7 주제찾기 참조)인 'I was wondering'이라는 표현이 나온다. 바로 이 부분이 글의 목적과 연관된 것이다. 장소를 바꿀 수 있는지 궁금하다고 했으므로 (I was wondering if you could exchange dates with his so that your event is moved to Sunday morning instead.) 정답은 (C) To request a change in activity schedule이다

17. (C)

해석 첫 번째 이메일에서 첫 번째 단락 4 번째 줄에 나오는 notice와 가장 가까운 단어는?

(A) 판단

(B) 검토

(C) 발표

(D) 인식

해설 notice는 공지이외에도, 알아차리다의 뜻도 있어어 (D) realization도 사전적 의미의 가능성은 있지만, 문맥에 어울리는 뜻은 (C) announcement이다.

18. (B)

해석 누가 8월 1일에 축제 행사에 참가할 것 같은가?

(A) Ms. Park

(B) Ms. Austin

(C) Mr. Tara

(D) Mr. Saratoga

해설 **연계문제** – 두 번째 지문 (e-mail)에서 Sopia Park가 Emily Austin에게 '행사를 일요일 아침으로 해달라 (Q18-2 I was wondering if you could exchange dates with his so that your event is moved to Sunday morning instead)'고 요청했고 첫 번째 지문 (schedule) 중간에 보면 일요일이 8월 1일 (Q18-1 Sunday August 1)이므로 8월1일에 있을 행사에 참가할 사람은 (B) Ms. Austin으로 추론된다.

19. (D)

해석 왜 Mr. Meats는 고객미팅에 나가지 못할 것 같은가?

(A) 그가 책임 축제 기획자이다.

(B) 그가 빵굽기 콘테스트에 참여한다.

(C) 그가 빵굽기 콘테스트 심사위원이다.

(D) 그는 최고의 정원사 상에 도전한다.

해설 **연계문제** – Mr. Meats는 세 번째 지문에 처음 등장한다. 따라서 세 번째 지문에 단서가 있다. Mr.Meats는 지문에서 you이므로 you이고 지문 맨 마지막 문장에 '다음주까지 100달러 더 부자가 되어서 나와라(Q19-2 Hope you come out of it $100 richer by next week!)'라고 했으므로 이 내용을 단서로 첫 번째 지문 (schedule)으로 가서 100달러를 찾아본다. 두 번째 단락 마지막 문장에 '최고의 정원관리사에게 100달러 현금을 수상한다(Q19-1 Springstein Gardening Association, contest sponsor, will give the town's best home gardener a $100.00 cash award.)'고 했으므로 Mr. Meats는 Flower Garden Contest에 참여할 것이다. 따라서 정답은 (D) He is competing for the best gardener prize.이다.

DAY 20

Part 4 | REVIEW TEST

1. (D)	**2.** (A)	**3.** (A)	**4.** (B)	**5.** (A)
6. (C)	**7.** (C)	**8.** (D)	**9.** (B)	**10.** (D)
11. (C)	**12.** (A)	**13.** (C)	**14.** (B)	**15.** (A)
16. (B)	**17.** (A)	**18.** (C)	**19.** (C)	**20.** (B)
21. (B)	**22.** (C)	**23.** (B)	**24.** (D)	**25.** (A)
26. (B)	**27.** (D)	**28.** (B)	**29.** (C)	**30.** (A)

Part 5 | EXERCISE

1. (D)	**2.** (D)	**3.** (D)	**4.** (C)	**5.** (D)
6. (D)	**7.** (C)	**8.** (D)	**9.** (B)	**10.** (C)

Part 6 | EXERCISE

11. (C)	**12.** (A)	**13.** (D)	**14.** (B)

Part 7 | EXERCISE

15. (C)	**16.** (A)	**17.** (A)	**18.** (D)	**19.** (A)

Part 4 REVIEW TEST

Questions 1-3 refer to the following talk.

미국

Q1 **I wanted to make sure that everyone is aware of the training session that is coming up next Monday.** As you know, this is a very important event for us, since we will be completely changing our reporting process from paper to online. This change will significantly increase our efficiency and reduce error rates. I know some of you have already tried using the online reporting system to make reports. Q2&Q3 **However, this training session is mandatory for everyone, so even if you have used the program before, please make sure that you sign up for one of our three sessions scheduled next week.** If for whatever reason you cannot make it to any of the sessions, please write an e-mail to the IT director so the IT team can schedule a make-up session.

다음 주 월요일에 있을 교육 세션에 대해 모두들 다 알고 있길 바랍니다. 아시다시피, 우리의 보고 절차가 서면에서 온라인으로 완전히 바뀔 것이므로, 이것은 우리에게 매우 중요한 행사입니다. 이 변화는 우리의 효율성을 엄청나게 높이고 오류 비율을 줄일 것입니다. 저는 여러분들 중 일부가 보고서를 만드는 데 온라인 리포팅 시스템을 써본 것을 알고 있습니다. 그러나, 이 교육 세션은 모두에게 필수 과정입니다. 그러므로, 비록 당신이 이 프로그램을 이전에 써봤을 지라도, 반드시 다음 주에 잡힌 셋 중 하나의 세션에 등록해야 합니다. 그 어떤 이유로라도 어떤 세션에도 참여할 수 없는 경우, IT 이사에게 이메일을 보내서 IT 부서가 보충 세션을 잡을 수 있도록 하세요.

어휘 **significantly** 엄청나게 **efficiency** 효율성 **reduce** 줄이다 **mandatory** 의무적인

1. (D)

해석 공지의 주제는 무엇인가?
(A) 컴퓨터 시스템 문제
(B) 중요한 고객 미팅
(C) 인터뷰 절차의 변화
(D) 교육 세션

해설 주제는 주로 대화의 초반부에 등장한다. 첫 문장에서 training에 대해 다시 확실히 하고 싶다고 했으므로 이것이 정답이 된다.

2. (A)

해석 행사에 대해 무엇이 언급되었는가?
(A) 모든 직원들이 가야 한다.
(B) 세션은 하나만 있을 것이다.
(C) 경험이 많은 직원들은 참석하지 않아도 된다.
(D) 이번 주에 열릴 것이다.

해설 2번에서는 event라는 단어가 모든 형태의 행사를 받는 다는 것을 기억한다. 따라서, training session도 event이다. 그리고 또 하나 중요한 팁은 질문 속에서 'the 명사'가 나오는 경우 그 명사가 대부분 문장 전체의 중심 소재가 된다. 'Say about ~'이 문제에서 나오는 경우 보기를 완벽하게 이해해야 한다. 전환어구인 however 뒤에서 mandatory라는 단어를 듣고 (A)를 정답으로 고를 수 있어야 한다.

3. (A)

해석 청자들은 무엇을 해야 하는가?
(A) 세션에 등록하기
(B) 평가 시험을 보기
(C) 상사와 얘기하기
(D) IT 부서에 전화하기

해설 3번의 청자들이 해야 할 일은 대부분 요청의 구문 특히 명령문이나 should, have to 등의 강한 조동사와 함께 정답이 나온다. 명령문 뒤에서 다음 주에 세 개의 session 중에 하나를 선택하라고 했으므로 정답은 (A)가 된다.

Questions 4-6 refer to the excerpt from a meeting.

호주

[Q4] **Welcome to our annual budget meeting.** Today the first thing to discuss is our office renovation project. [Q5] **As you all know, the plan to add two more meeting rooms has been delayed for a couple of months due to budget issues.** However, we can no longer put this off since there's a significant demand for more meeting space. Therefore, I suggest that we set aside the budget for this project at the beginning of the year and go ahead with the project as soon as possible. [Q6] **I need more than half of the board members' consent to make this happen.** So if you agree with this idea, please raise your hand.

우리의 연례 예산 회의에 오신 것을 환영합니다. 오늘 첫 번째 논의 사항은 우리의 사무실 레노베이션 프로젝트입니다. 여러분 모두가 알다시피, 예산 문제 때문에 두 개의 회의실을 추가하기로 한 계획이 두 달 간 연기되었습니다. 그러나, 우리는 더 많은 회의 공간을 요구하는 엄청난 요구 때문에 이를 더 이상 미룰 수가 없습니다. 그래서, 저는 우리가 연초에 이 프로젝트를 위해 예산을 따로 떼어서 최대한 빨리 착수하길 바랍니다. 이 일이 가능하도록 하기 위해, 저는 이사회 과반수 이상의 찬성이 필요합니다. 그러니 이 의견에 찬성하시면 손을 들어주세요.

어휘 **budget** 예산 **demand** 요구 **set aside** 따로 떼어놓다

4. (B)

해석 회의의 주제는 무엇인가?

(A) 회사의 영업 목표를 정하는 것

(B) 사업연도를 위한 재무 계획을 짜는 것

(C) 이사진에 대한 투표를 하는 것

(D) 새 제품을 출시하는 것

해설 회의의 주제를 묻는 질문이므로 4번의 정답이 대화의 첫 세 문장에서 나올 가능성이 가장 크다는 것을 기억한다. 첫 문장에서 annual budget meeting이라고 했으므로 재정 관련 회의라는 것을 알 수 있고 따라서 정답은 (B)가 된다.

5. (A)

해석 새로운 프로젝트에 대해 화자는 무엇이라 언급하는가?

(A) 그것은 연기되었다.

(B) 그것은 내년에 시작될 것이다.

(C) 그것은 이사회원들의 의견과 반대이다.

(D) 그것은 취소될 것이다.

해설 새로운 프로젝트에 대한 맞는 말을 고르는 5번 문제의 경우 일단 mention about이라는 질문이 나왔으므로 보기를 모두 파악하고 있어야 한다. 또한 앞서 설명했듯 'the 명사'가 질문 속에 나오면 대부분 중심 소재를 언급하는 것이므로 이 대화가 전체적으로 새로운 프로젝트와 관련된 것이라는 것을 알 수 있다. 따라서, 난이도가 있는 문제임을 예측해야 한다. However라는 반전 구문 뒤에서 더 이상 미룰 수 는 없다는 표현을 듣고 지금까지 미루어져 왔음을 예측할 수 있다.

6. (C)

해석 청자들은 아마도 다음에 무엇을 할 것 같은가?

(A) 발표를 보기

(B) 토의를 하기

(C) 투표를 하기

(D) 보고서를 쓰기

해설 마지막 6번 다음에 일어날 일을 묻는 문제는 마지막 두 문장에 결정적 힌트가 있다는 것을 기억하고 끝까지 들어준다. 맨 마지막에서 동의하는 사람은 손을 들어달라고 했으므로 투표한다는 것을 알 수 있다.

Questions 7-9 refer to the following recorded message.

You've reached Gliter Theater. [Q7] **Our theater is currently playing *Funny Zone*, a comedy starring a famous comedian Ril Meinz.** Performances run from Tuesday through Sunday, twice a day at 1 P.M. and 8 P.M. [Q8] **You can't get tickets online. Tickets can only be purchased at our ticket booth located on the first floor of our theater.** [Q9] **Discounts are available for children under 12 when they are with their parents.** If you would like more information about the prices, please hold the line and then our customer representatives will answer your questions.

글리터 극장에 전화 주셔서 감사합니다. 현재 유명한 코미디언 릴 마인츠를 주연으로 하는 연극 〈퍼니존〉이 공연중입니다. 공연은 화요일부터 일요일까지 하루에 두 번씩 오후 1시와 8시에 합니다. 티켓은 온라인에서 구입하실 수 없습니다. 티켓은 회사 저희 극장의 1층에 위치한 티켓 부스를 통해서만 구매될 수 있습니다. 12세 이하의 부모를 동반한 어린이는 가격 할인을 받을 수 있습니다. 할인가에 대한 더 많은 정보를 얻길 원한다면, 전화를 안 끊으면 저희 고객 서비스팀이 질문에 대답해 드릴 겁니다.

어휘 **production** 상영작, 작품 **starring on** ~을 주역으로 하는 **discount** 할인 **hold the line** 수화기를 들고 기다리다

7. (C)

해석 메시지의 목적은 무엇인가?

(A) 미술관 개업을 홍보하기 위해

(B) 게임 일정을 발표하기 위해

(C) 상영작에 관한 정보를 제공하기 위해

(D) 이사에게 연락하기 위해

해설 7번 메시지의 목적은 자신들이 극장이란 것을 소개하자마자 나온 내용인 현재 상영작 〈퍼니 존〉에 대한 안내였으므로 정답은 (C)이다.

8. (D)

해석 메시지에 따르면, 청자들은 어떻게 티켓을 구할 수 있는가?
(A) 티켓 부스에 전화를 함으로써
(B) 근처의 서점을 방문함으로써
(C) 웹사이트를 방문함으로써
(D) 극장을 방문함으로써

해설 8번은 청자들이 티켓을 살 수 있는 방법을 묻고 있으므로 티켓이라는 단어에 초점을 맞춰야 한다. 'You can't get tickets online. Tickets can only be purchased our ticket booth located on the first floor of our theater' 이 문장에서 처음의 온라인으로는 구매를 할 수 있는 것이 아니라 can't 할 수 없는 것임을 주의해야 한다. 언제나 not이 있는지 여부를 확인하는 것이 중요하다. 따라서 티켓은 직접 방문해서만 구매할 수 있으므로 정답은 (D)번이 된다.

9. (B)

해석 어린이는 무엇이 이용 가능한가?
(A) 환영 이벤트
(B) 할인된 가격
(C) 특별 좌석
(D) 공짜 상품

해설 마지막 문제에서 어린이들에게 제공되는 것을 묻고 있으므로 'Discounts are available children under 12 when they are with their parents' 부모를 동반한 어린이들이 할인을 받을 수 있다고 했으므로 (B)번을 정답으로 고른다.

Questions 10-12 refer to the following tour information.

미국

[Q10] **Hi, I'm Joon from Stardust Tours, and I would like to welcome everyone to our historic walking tour of San Francisco.** Today, we will start off the tour by visiting the Japanese Tea Garden. We will take a stroll around this beautiful garden as I share some interesting background stories about the garden and the family that used to live here. [Q11] **After our walk in the garden, we are going to take a short break for lunch.** After lunch, we will be heading to the Golden Gate Park, where you can see the beautiful view of the Marin Headlands as well as take pictures by the iconic Golden Gate Bridge. [Q12] **We will regroup in front of the main entrance of the garden at 9:30 A.M, so please meet us here in 30 minutes.**

안녕하세요, 저는 스타더스트 투어즈의 준입니다. 샌프란시스코의 역사 워킹 투어에 오신 것을 환영합니다. 오늘 우리는 일본식 차 정원을 방문하는 것으로 투어를 시작하겠습니다. 우리는 그곳을 이용했었던 가족들와 정원에 관련된 흥미로운 배경 이야기들을 들으면서 아름다운 정원을 산책하겠습니다. 정원산책이 끝난 후 , 우리는 점심을 위해 짧은 쉬는 시간을 가질 것입니다. 점심을 먹은 후, 마린 헤드랜드의 아름다운 광경을 보고 골든게이트 다리의 상징적인 골든게이트 다리의 사진을 찍을 수 있는 골든게이트 공원으로 갈 것입니다. 우리는 정원의 정문에서 9시 30분에 다시 모이겠습니다. 그러므로 30분 후에 여기서 만납시다.

어휘 stroll through ~를 거닐다 entrance 입구 in advance 미리 iconic 상징적인

10. (D)

해석 화자는 누구일 것인가?
(A) 공원 직원
(B) 관리인
(C) 역사 교사
(D) 투어 가이드

해설 10번은 화자의 정체를 물어보고 있으므로, 처음 시작하자마자 나온 'I'm Joon from Stardust Tours'를 통해 (D) 투어 가이드임을 고른다.

11. (C)

해석 화자에 따르면, 정원 투어 이후에는 무엇이 있을 것인가?
(A) 영화를 보기
(B) 역사 박물관을 방문하기
(C) 점심을 먹기
(D) 하이킹을 가기

해설 11번은 정원 투어가 끝나고 일어날 일을 물어보았으므로, 정원 투어가 끝난다는 내용이 나올 때까지 기다렸다가 답을 선택한다. 따라서 'After our walk in the garden, we are going to take a short break for lunch.'를 듣고 점심을 먹는다는 내용인 (C)를 택한다.

12. (A)

해석 청자는 무엇을 하도록 요구되는가?
(A) 입구에서 30분 후에 만나기
(B) 각자 점심을 가져오기
(C) 미리 티켓을 구매하기
(D) 물병을 가져오기

해설 12번에서 청자들이 하도록 부탁 받는 내용은 'so please meet us here in 30 minutes'에서 보건대, 30분 뒤 자신을 만나러 이곳으로 나오라는 것이므로 (A)를 답으로 선택한다.

Questions 13-15 refer to the following telephone message.

This message is for Laura Levine. [Q13] **This is Regina calling from CVC Pharmacy.** Your prescription is filed and ready to pick up.

Because you open your credit card information, so your order is already paid for. [Q14] **You just need to come to our counter, show us your ID, and let us know the confirmation number.** The confirmation number is 89772. We are open from 6 A.M. till 9 P.M. on weekdays, and from 6 A.M. to 5 P.M. on weekends. [Q15] **And one more thing, our pharmacy just started to deliver the order for who open their credit card information. If you're extremely busy, then callus.**

이 메시지는 로라 레빈 씨를 위한 것입니다. 저는 CVC 약국의 레지나입니다. 당신의 처방전은 이미 조제되어 가져갈 준비가 되어 있습니다. 당신의 신용카드로 정보를 공개해 주셨으므로 , 제품은 이미 결제되었습니다. 당신은 단지 저희 카운터에 오셔서 당신의 신분증을 보여주고 저희에게 확인 번호를 알려주시면 됩니다. 확인 번호는 89772입니다. 저희는 평일에 오전 6시부터 오후 9시까지 열며, 주말에는 오전 6시부터 오후 5시까지 엽니다. 한가지 더 저희 약국은 신용카드 정보를 공개한 손님들에게 배달서비스를 시작했습니다. 너무 바쁘시면 전화주세요.

어휘 **pharmacy** 약국 **permission** 허가 **charge** 요금을 청구하다 **confirmation** 확인 **weekdays** 평일 **referral letter** 소개서 **refill the prescription** 약을 재조제 하다

13. (C)

해석 화자는 어디서 일하는가?

(A) 병원에서

(B) 신용카드 회사에서

(C) 약국에서

(D) 슈퍼마켓에서

해설 13번은 화자가 일하는 곳, 즉, 화자의 직업이나 직장을 찾으면 된다. 'This is Regina calling from CVC Pharmacy.'라 하였으므로 정답은 (C) 약국이다.

14. (B)

해석 레빈 씨는 후에 무엇을 제공해야 하는가?

(A) 의사의 소개서

(B) 확인 번호

(C) 신용카드

(D) 전화 번호

해설 14번에서 나중에 레빈 씨가 제공할 것으로 'You just need to come to our counter, show us your ID, and let us know the confirmation number.'라 한 화자의 말에서 ID와 confirmation number 둘 중 하나에 해당하는 (B)를 선택한다.

15. (A)

해석 왜 화자는 "만약에 당신이 너무 바쁘다면, 우리에게 전화하세요" 라고 말하는가?

(A) 청자에게 서비스를 사용하라고 격려하기 위해서

(B) 신상품을 홍보하기 위해서

(C) 연기에 대해 청자를 안심시키기 위해서

(D) 청자의 일을 대신해줌으로 청자를 도와주기 위해서

해설 사업체에서 최근에 'our pharmacy just started to deliver the order for whom they open their credit card information'.에서 보여지듯 배달 서비스를 시작했다고 하면서 너무 바쁘면 전화하라고 했으므로 앞의 말에서 유추해서 서비스를 이용하라고 홍보하는 것임을 알 수 있다. 따라서 정답은 (A)가 된다.

Questions 16-18 refer to the following news report. 미국

[Q16] **Today, Calgary elected its new mayor Scott Ronald. Mr. Ronald, who previously served as a District Attorney for Calgary for almost a decade, will now assume a new role as the leader of our city.** [Q17] **During his years as the District Attorney, he successfully brought the criminal rate of our city down by 10% and also greatly improved the overall safety of our community.** We expect Mr. Ronald to continue his advocacy for building a safer community for our families and children. [Q18] **We have Mr. Ronald on the phone right now, so we will ask him about his plans for the city's future and detailed timeline for the coming year.**

오늘 켈거리는 새로운 시장인 스캇 로날드를 선출했습니다. 거의 10년 간 캘거리의 지역검사로 일한 로날드 씨는 이제 시의 리더로서 새로운 역할을 맡게 될 것입니다. 지역구 변호사로 일하는 동안, 그는 성공적으로 우리 시의 범죄율을10퍼센트까지 낮췄고, 또한 우리 지역 사회의 전반적인 보안을 크게 개선했습니다. 우리는 로날드 씨가 우리 가족과 아이들을 위한 더 안전한 지역 사회를 만드는 것에 대한 지원을 계속 하길 바랍니다. 우리는 지금 전화상으로 로날드 씨를 연결해서, 시의 미래의 계획과 다가오는 해의 구체적인 일정을 물어보겠습니다.

어휘 **attorney** 변호사, 대리인 **assume** 가정하다, (권한, 책임을) 맡다 **advocacy** 지지, 변호

16. (B)

해석 스캇 로날드는 누구인가?

(A) 지역검사

(B) 국가 공무원

(C) 리포터

(D) 교수

해설 사람의 직업을 묻는 문제가 나오면 사람의 이름 주변에서 정답을 찾는다. Scott Ronald의 이름 바로 앞에서 new mayor가 등장했으므로 정답은 (B)가 된다. 이때 정말 주의할 것은 보통 보기 속에 city official 혹은 local politician과 같은 단어가 나오면

mayor를 지문 속에서 많이 들려준다는 것을 기억한다. Mayor라는 단어는 워낙 사운드가 짧고 특히 영국 발음으로 들리는 경우 /메여/ 정도로 나오기 때문에 잡아내기가 쉽지 않다. 또한, 이름 뒤보다 압도적으로 앞쪽에서 등장해서 난이도를 높인다는 것도 기억한다.

17. (A)

해석 로날드 씨는 무엇으로 유명한가?
(A) 공공의 안전을 개선한 것
(B) 도시를 위한 자금을 확보한 것
(C) 새로운 철도를 짓는 것
(D) 새로운 학교시스템을 디자인한 것

해설 17번의 be known for 이라는 단어는 be famous for 과 동일한 표현으로 무엇으로 유명한지를 묻고 있는 질문이다. 따라서 이 사람의 업적에 해당하는 범죄율을 낮추고 치안을 개선한 것에 적합한 (A)를 정답으로 고르면 된다.

18. (C)

해석 다음에 일어날 일은 무엇인가?
(A) 그들은 시의 범죄율에 관해 보도할 것이다.
(B) 그들은 일기예보를 방송할 것이다.
(C) 그들은 인터뷰를 할 것이다.
(D) 그들은 교통 방송으로 넘어갈 것이다.

해설 다음번에 일어날 일을 묻는 질문은 지문의 맨 마지막에 주로 등장한다. 따라서 맨 뒤에서 로날드에게 질문을 하겠다고 했으므로 동의어인 interview를 정답으로 고르면 된다. Interview와 ask questions가 동의어라는 것을 잘 기억한다.

Questions 19-21 refer to the following recorded message.

영국

Q19 Thank you for contacting the Bay Area Teacher's Association. Q20 We are one of the biggest teacher's organizations in the region, and we host monthly meetings to share our experiences, tips, and other teaching materials. You must be a registered member of our association to attend our monthly meetings. If you'd like to know more about the club, please visit our website at www.bayareateachingclub.com. Signing up for a membership is easy. Q21 You just need to submit an application through our Web site with a copy of your teaching license. If you log on, you can see red button on the right bottom, just click it and attach the file. You can't miss it. Once you join, you'll not only have access to our monthly meetings, but also get unlimited access to all our teaching materials online.

베이 지역 교강사 협회에 연락 주셔서 감사합니다. 우리는 지역 교육인들의 조직에 속하는 가장 큰 단체 중의 하나이며, 경험, 정보, 그리고 다른 교육 자료를 공유하기 위해 매월 모임을 엽니다. 우리의 월간 모임에 참석하기 위해서는 협회의 등록된 회원이어야 합니다. 협회에 대해 더 알고 싶으면, www.bayareateachingclub.com으로 웹사이트에 방문해주세요. 멤버십 등록은 쉽습니다. 교사 자격증과 함께 웹사이트를 통해 지원 서류만 보내시면 됩니다. 로그인을 하시면 오른쪽 아래에 빨간 버튼이 보이고 그것을 클릭하고 파일을 첨부하시면 됩니다. 아마 쉬우실 거예요. 일단 합류하고 나면, 우리의 월간 모임에 참여할 수 있을 뿐 아니라, 온라인 상의 모든 교육 자료에도 무제한으로 접속할 수 있습니다.

어휘 application 지원서 unlimited 무제한의

19. (C)

해석 어떤 종류의 조직에 대해 화자는 이야기 하는가?
(A) 요리 교실
(B) 작가 모임
(C) 교육자 협회
(D) 과외 프로그램

해설 talking about ~'은 주로 주제와 중심 소재를 묻는 질문이므로 담화 첫 세 문장을 잘 들어야 한다. 대화 초반에 Bay Area Teacher's Association 를 듣고 (C)를 정답으로 고를 수 있다.

20. (B)

해석 월간 모임에 대해 무엇이 언급되었는가?
(A) 누구나 참여 가능하다.
(B) 참석자들은 그들의 경험에 대해 이야기한다.
(C) 학교 직원들이 발표를 한다.
(D) 회원비를 내야 한다.

해설 Weekly meeting이라는 단어를 키워드로 주는 20번 문제에서는 질문 속 키워드의 앞뒤 부분을 잘 듣고 문제를 해결해야 한다. 문제가 쉬운 경우 동일한 문장 에 정답이 있지만 어려운 경우는 대명사를 이용해 키워드와 멀리 있는 문장에서 정답을 주기도 한다. 두번째 문장의 weekly meeting이라는 키워드 옆에서 각자 가진 경험과 팁, 자료 등을 공유한다고 했으므로 정답은 (B)가 된다.

21. (B)

해석 여자는 "너는 그것을 놓치지 않을 거야" 라고 말할 때 무엇을 의미하는가?
(A) 그것은 흔하지 않은 행사이다.
(B) 그 안내를 따르는 것은 쉽다.
(C) 그것은 필수로 참여해야 하는 이벤트이다.
(D) 그것은 즐겁지 못한 경험이다.

해설 Share 뒤에 정보가 나오면 discuss와 동일한 '말하다'의 의미가 된다는 것을 기억한다. 질문 속의 available은 '~이 있다, 사용할 수 있다' 정도로 해석하면 무난하다. You can't miss it은 앞에서 주어진 direction을 수행하기 쉬울 때 사용하는 표현이다. 따라서 앞에서 멤버가 되는 법을 안내한 것이 쉽다는 의미이므로 정답은 (B)가 된다.

Questions 22-24 refer to the following advertisement.

미국

[Q22] **Are you looking for a meal that is both easy to make and healthy for you?** Then look no further than Lean Meal. It's delicious and so quick to make, you just need to microwave the entire package. But wait, it gets even better. The best thing about Lean Meal is that it has only 198 calories! [Q23] **We are hosting a special promotion during the holiday month, so if you visit our website today at www.leanmeal.com, you can get a 20% discount coupon.** Starting next week, we will also be introducing our newest dessert products as well. [Q24] **Visit us on the corner of Robson Street, right next to the GGX supermarket. It's just across from the train station. All of our great samples are free.**

당신은 만들기도 쉽고 건강한 식사를 찾고 계신가요? 그러면 린 밀 외에는 더 찾을 필요가 없습니다. 이것은 맛있고 너무도 빨리 만들 수 있습니다. 그냥 패키지 전체를 전자레인지에 데우면 됩니다. 하지만 잠깐, 더 좋은 것이 있습니다. 린 밀의 가장 좋은 점은 198칼로리 밖에 나가지 않는다는 것입니다. 우리는 연휴을 맞이하여 특별 판촉 행사를 하며, www.leanmeal.com 웹사이트에 오늘 방문하면, 20 퍼센트 할인 쿠폰을 받을 수 있습니다. 다음 주부터 우리는 새로운 디저트 제품도 소개할 것입니다. GGX 수퍼마켓 바로 옆 Robson 가의 코너에 있는 우리 가게를 방문하세요. 기차역 바로 맞은편이며 우리의 모든 샘플은 공짜입니다.

22. (C)

해석 무엇이 광고되고 있는가?

(A) 음료
(B) 슈퍼마켓
(C) 음식물
(D) 전자레인지

해설 22번 광고의 주제는 지문이 시작되자마자 등장하는 'Are you looking for a meal that is both easy to make and healthy for you?'에서 알 수 있듯, 'meal' 즉, (C) 음식물 광고가 정답이다.

23. (B)

해석 화자에 따르면, 웹 사이트에서 무엇을 찾을 수 있는가?

(A) 고객의 의견들
(B) 할인 쿠폰들
(C) 프로그램 스케쥴
(D) 요리법 리스트

해설 23번 문제에서는 웹사이트에서 찾을 수 있는 것을 물어보았으니 웹사이트라는 표현이 들리는 주변까지 인내한다. 'so if you visit our website today at www.leanmeal.com, you can get a 20% discount coupon.'에서 할인 쿠폰이 제공됨을 공략하여 (B)를 선택한다.

24. (D)

해석 그래프를 보시오, 어디가 광고되는 사업체인가?

(A) A
(B) B
(C) C
(D) D

해설 24번은 위치를 묻는 지도 문제이다. 대화 마지막 부분에서 Robson street 에 있고 기차역 맞은 편에 GGX supermarket 옆이라고 했으므로 모든 위치를 만족시키는 D가 정답이 된다.

Questions 25-27 refer to the following announcement.

[Q25] **Attention, passengers. We'll be landing at San Francisco Airport in 10 minutes.** Please make sure you have all your belongings with you when you leave the plane. [Q26] **For passengers who are transferring to another plane to Los Angeles, you will need to go to Gate 3 for your connecting flight.** [Q27] **For those of you whose final destination is San Francisco, we were supposed to pick up our luggage at baggage claim area 5 but due to problems with a carousel, you can now pick up your bags at baggage claim area 21.** Thank you for choosing our airline to travel with you today.

승객 여러분, 주목 바랍니다. 우리는 샌프란시스코 공항에 10분 뒤 도착합니다. 비행기에서 내리면서 반드시 모든 짐을 챙겨주세요. 로스엔젤레스로 가는 또다른 비행편을 타는 승객들은 연결편을 타기 위해 3번 게이트로 가주세요. 샌프란시스코가 최종 목적지인 분들은 우리는 원래 수하물 찾는 곳 5번에서 가방을 찾도록 되어 있었지만 수하물 벨트의 문제로 21번 수하물 찾는 곳에서 여러분의 가방을 찾을 수 있습니다. 오늘 함께 비행할 수 있도록 우리를 선택해주셔서 감사합니다.

어휘 **belongings** 짐, 소지품 **transfer** 갈아타다

25. (A)

해석 10분 후에 무슨 일이 일어나는가?

(A) 비행기가 착륙할 것이다.
(B) 탑승이 시작될 것이다.
(C) 음식이 제공될 것이다.
(D) 기내 엔터테인먼트가 시작될 것이다.

해설 25번 공지의 장소는 지문의 가장 첫 번째 부분인 'Attention, passengers. We'll be landing at San Francisco Airport in 10 minutes.'에서 10분후 착륙할 것임을 알 수 있다.

26. (B)

해석 로스엔젤레스로 여행하는 사람들은 무엇을 해야 하는가?

(A) 공연에서 일찍 나가기

(B) 3번 게이트로 가기

(C) 다른 항공사를 찾기

(D) 카운터에서 티켓을 사기

해설 26번은 로스엔젤리스로 가는 승객들은 'For passengers who are transferring to another plane to Los Angeles, you will need to go to Gate 3 for your connecting flight.'에서 알 수 있듯, (B) 게이트 3번으로 가야 한다.

27. (D)

해석 그래프를 보시오. 청자들은 어떤 비행기 안에 있는가?

(A) ANA 1890

(B) CAN 1198

(C) KE 9909

(D) AZ 089

해설 최종 목적지에 도착한 승객들은 수하물 찾는 곳 5번에서 21번으로 바뀌었다고 하므로 (D) AZ089가 정답이 된다.

Questions 28-30 refer to the following broadcast.

호주

This is the 11 o'clock Traffic Report. Q28 **There is some good news for drivers this morning.** Repair work on Route 55 and highway 7 heading north finally had been finished yesterday, and the traffic is flowing smoothly now. Q29 **However, most of the roads in Kangaroo Point are backed up due to the preparation for tomorrow's parade.** Q30 **Those planning to pass through the area should put off your travel until the preparations end.** Stay tuned for our next traffic report in 30 minutes.

11시 교통 방송입니다. 오늘 아침 운전자들에게 좋은 소식이 있습니다. 55번 도로와 북부로 향하는 7번 고속도로의 공사가 어제 드디어 끝났고, 교통은 지금 매끄럽게 흘러갑니다. 하지만, 캥거루 포인트의 대부분의 도로들은 내일의 퍼레이드 준비 때문에 막혀 있습니다. 그 지역을 지날 분들은 준비가 끝날 때까지 이동을 미루어야겠습니다. 30분 후 우리의 다음 교통 방송을 위해 채널 고정하세요.

28. (B)

해석 이 담화는 누구를 위한 것인가?

(A) 시 공무원들

(B) 출퇴근자들

(C) 이사진들

(D) 공사장 인부들

해설 Who 뒤에 intended 가 나오면 청자를 묻는 질문이고 청자는 대부분 대화의 첫 문장에서 등장한다. 교통 방송의 청자는 차를 가지고 출퇴근 하는 사람들 즉, commuter와 driver라는 것을 알고 있다면 28번의 정답은 쉽게 (B)로 고를 수 있다.

29. (C)

해석 문제점의 원인은 무엇인가?

(A) 나쁜 날씨

(B) 정전

(C) 행사 준비

(D) 도로 공사

해설 29번의 문제점을 묻는 질문은 대부분 주제와 관련이 있으므로 초반부를 잘 듣는다. 교통 방송의 문제점은 길이 막히는 것이므로 막히는 이유를 찾으면 된다. Backed up은 차가 막힐 때 쓰는 표현이므로 parade 준비가 원인이 됨을 알 수 있고 따라서 정답은 (C)를 골라준다.

30. (A)

해석 그래프를 보시오. 몇 시에 가라고 화자가 제안하는가?

(A) 3

(B) 4

(C) 5

(D) 6

해설 무엇을 추천하는 지 묻는 마지막 퍼레이드 준비가 끝난 후 출발하라고 했으므로 퍼레이드 준비가 끝나는 시간인 3시 즉, (A)번을 정답으로 골라야 한다.

Part 5 EXERCISE

1. (D)

해석 발표하는 동안, 생산팀은 마지막 복사기의 모양이 이전 디자인보다 더 효율적이라고 주장했다.

해설 빈칸 뒤에 than이 나왔으므로 빈칸에는 more 또는 -er의 표현이 나와야 하는데 be동사의 보어자리이므로 형용사 efficient의 비교급인 (D) more efficient가 답이다.

어휘 copier 모방자, 복사기

efficient (= effective, competent) 효과적인, 유능한

2. (D)

해석 우리는 가능한 한 가장 깊고 밝은 흰색을 만들어낼 수 있는 전시품을 원합니다.

해설 possible이라는 표현은 '가능한 것 중에서' 라는 뜻이어서 주로 최상급과 잘 어울리는 표현이다. 또한 등위접속사 and의 앞뒤고 동일하게 최상급이 사용되었으므로 참고해도 좋다. 따라서 최상급 (D) brightest가 정답이다.

어휘 would like to부정사 ~하고 싶다, 원한다

3. (D)

해석 길에 자전거 타는 사람과 보행자가 늘어날수록, 더 많은 운전자들이 그들에게 주의를 기울인다

해설 동사의 개수가 절의 개수이므로 동사가 2개(are, become), 곧 절도 2개임을 알 수 있다. 절이 2개이면 접속사가 있어야 하는데, 접속사가 없고 비교급 앞에 정관사 the가 나왔으므로 'the + 비교급 + (주어 + 동사), the + 비교급 + (주어 + 동사): ~하면 할수록 ~하다' 구문이 떠올려야 한다. 따라서 정답은 (D) more이다. 형용사 many와 much의 비교급은 따로 more나 -er를 붙이지 않고, 그냥 more로 변형시키다. 따라서 부사 more(더)가 아니라 형용사 more(더많은)로 쓰인 것이다.

어휘 **pedestrian** (= **walker**, **foot-traveller**) 보행자, 도보 여행자
attentive 주의 깊은, 친절한

4. (C)

해석 태양 에너지는 그것을 또 다른 형태로 바꿀 때 훨씬 더 유용해진다.

해설 2형식 동사 become 뒤에 형용사 보어 useful의 비교급 more useful을 강조해주는 부사를 고르면 (C) much이다. 의 비교급이 와서 필수 성분을 모두 갖춘 문장이다. 빈칸에는 수식어구인 부사나 부사 상당어구만이 올 수 있다. 비교급 more useful을 강조해주는 (C) much가 정답이다.

어휘 **solar energy** 태양 에너지 **change A to B** A를 B로 바꾸다

5. (D)

해석 제스는 전기 장비 부분에서 13.4%의 미국 시장 점유율을 가진 가장 강력한 경쟁사이다.

해설 'in + 분야(~중에서)'는 비교대상이 3이상임을 내포하고 있으므로 최상급과 잘 어울리는 구문이다. 또한 이 자리는 명사를 수식하는 형용사 자리이다. 형용사로서 최상급인 것은 (D) strongest이다. (D)가 정답이다.

어휘 **competitor** (= **contestant**, **rival**) 경쟁자
division (= **partition**, **separation**) 구분, 분할
market share 시장 점유율

6. (D)

해석 우리가 지난 10년 동안 고용했던 모든 직원들 중에서, Ms. Jeffinfer Carson이 가장 부지런하다.

해설 of all은 비교대상이 셋 이상임을 나타낸다. 최상급과 잘 어울리는 표현이다. employee을 수식하고 있으므로 형용사를 선택해야 한다. 정답은 (D) most intelligent이다.

어휘 **hire** (= **employ**, **rent**) 고용하다, 빌려주다
diligent 근면한, 성실한

7. (C)

해석 연구는 텔레비전이 금연 메시지를 전달하기 위한 가장 설득력 있는 매체라는 것을 밝혔다.

해설 the most 뒤에 알맞은 2음절 이상의 형용사 또는 부사를 넣어서 최상급을 만들어주는 문제이다. 명사 medium이 왔으므로 빈칸에는 적절한 형용사를 넣어주면 된다. 정답은 (C) persuasive가 된다.

어휘 **persuasive** (= **convincing**, **telling**) 설득력 있는 **medium** (= **means**, **average**) 수단, 매체, 중간의 **communicate** (= **impart**, **contact**) 전달하다, 의사 소통하다
persuade 설득하다 **persuasion** 설득

8. (D)

해석 전국에서 가장 높은 수준의 소득세를 내는 사람들의 수가 거의 두 배가 되었다.

해설 명사 level을 수식하는 형용사 자리이므로 부사인 (B) highly는 제외한다. 'in the country: in + 분야'는 최상급과 잘 어울리는 구문이다. 정답은 (D) highest이다.

어휘 **income tax** 소득세
double (= **duplicate**, **twin**) 두 배가 되다, 겹치다

9. (B)

해석 Conneticut 주에서 집값이 이웃 지역에서보다 훨씬 더 빠르게 그리고 전국 수준보다 더 가파르게 상승했다.

해설 비교급 faster 앞에 비교급을 강조해주는 부사가 필요하다. 정답은 (B) much이다. 비교급 강조 부사로는 이 외에도 even, far, still, a lot, a little 등이 더 있다. (이것만은 꼭 참조)

어휘 **neighboring** 이웃의, 근접한
steep (= **sheer**, **sharp**) 가파른, 경사가 급한

10. (C)

해석 당신의 이력서가 인상적일수록, 당신은 유망한 후보자로서 더 바람직해 질것이다.

해설 '더 ~할수록, 더 ~하다'의 구문이므로 빈칸은 your resume의 주격보어 역할을 할 수 있는 형용사 (C) impressive가 정답이다.

어휘 **desirable** (= **advantageous**, **attractive**) 바람직한, 매력적인
prospective (= **expected**, **potential**) 예상된, 기대되는
candidate (= **contender**, **applicant**) 후보자, 지원자

Part 6 EXERCISE

Questions 11-14 refer to the following announcement.

시간은 가장 가치 있는 통화이다

대부분은 사람들은 그들의 은행 계좌를 주의 깊은 관심과 자세히 들여다 보게 되는데, 얼마나 많은 돈을 그들이 사용해야 하는지, 투자해야 하는지, 그리고 소비해야 하는지를 평가합니다. 그러나, 사람들은 그들의 시간은 이런 식으로 바라보지는 않습니다. 결국 엄청나게 소중한 자원을 낭비하는 것으로 끝이 나지요. .

사실, 시간은 돈보다 훨씬 귀중합니다 왜냐하면 당신은 돈을 벌기 위해서 시간을 쓸 수는 있지만, 더 많은 시간을 갖기 위해서 돈을 쓸 수는 없기 때문입니다.

시간은 누구에게나 균등합니다. 하루는 24시간을 가지며, 그 이상을 가질 수 있는 사람은 어느 누구도 없습니다. 모두 사람은 시인부터 대통령까지 시간들이 완전히 채워질 때까지 주어진 시간들을 순차적으로 사용합니다. 매 1분은 유일하고, 그 1분이 사라지면, 그 시간을 다시 얻을 수 없다는 것입니다.

당신이 원하는 삶을 만들기 위해서, 당신의 삶을 우선순위별로 정해야 합니다. 먼저 가장 중요한 일들을 처음으로 하고, 그 밖의 나머지들은 옵션으로 두어야 합니다. 당신이 어떻게 시간을 쓰느냐가 정말로 당신이 누구인지에 대한 진실을 말해줍니다.

어휘 **bank account** (예금) 계좌 **assess** 평가하다 **end up** ~으로 끝나다 **resource** 자원 **valuable** 귀중한 **poet** 시인

11. (C)

해설 end up ~ing는 '결국 ~하게 되다'라는 뜻의 숙어구문이다. 따라서 정답은 (C) wasting

12. (A)

해설 보기 붕 비교급을 수식할 수 있는 부사는 (A) much이다. (B) so와 (C) very는 일반 형용사나 부사를 수식하고, (D) well은 'well worth(훨씬 가치가 있는)'과 같이 일부 형용사만 수식할 수 있고, 의미상 어울리지도 않는다. 비교급을 강조 할 수 있는 부사로는 much, even, still, far, a lot, a little이 있다

13. (D)

해설 보기가 접속사로 구성되어 있고, 빈칸 뒤에 gone이라는 p.p형이 온 것으로 봐서 and 뒤에 접속사 + (주어 + be동사) + p.p 형태가 삽입된 구문이다. '매 1분이 유일하고, 그 1분이 사라지면'이라고 해석되어야 하므로 정답은 (D) once이다. (A) until은 사라질 때까지라고 해석되므로 해석상 어색하다. (B) while은 사라지는 동안, 사라지는 반면에 모두 해석상 어색하므로 탈락, 빈칸 앞에 선행사가 없으므로 관계대명사인 (C) which 역시 오답이다. 따라서 정답은 (D) once(일단 ~하면, ~하자 마자)이다.

14. (B)

해설 빈칸이 들어있는 문장이나 그 앞 문장을 보아도 뚜렷이 답이 보이지는 않으므로 뒤에 나오는 나머지 부분을 읽어야 한다. 가장 중요한 일을 first로 놓고, 그 밖의 모든 일은 option(선택사항)으로 두라고 했으므로 (B) prioritize(우선순위를 정해야 한다)가 (A) enrich(풍요롭게 하다) 보다 더 적절하다.

Part 7 EXERCISE 삼중 지문

Questions 15-19 refer to the following Web page and e-mails.

http://www.partynation.com

Party Nation
특별한 날을 위한 이벤트를 준비하세요.

생일	결혼 피로연	기업 행사	시상식

우리가 당신의 가족을 위한 완벽한 생일파티를 계획하도록 도와주세요. 우리는 모든 것을 준비합니다.

- 장소예약
- 장식세팅과 청소
- 음식과 음료 선택 (식사와 스낵 모두 수용할 수 있습니다)
- Q15 음악 (라이브 DJ)
- Q15 게임과 활동
- 사진촬영장소 서비스 (추가비용)
- 손님을 위한 선물가방

우리는 할인된 가격으로 당신이 빌릴 수 있는 두개의 아름다운 이벤트 장소가 있습니다. Q19-1(최대 200명을 수용할 수 있는 Glendale의 Party City와 50명을 수용할 수 있는 Rockford에 있는 Part Grove) 아니면 귀하께서 선택하신 장소에 모든 것을 세팅해 드릴 수 있습니다.

특별한 날을 더 특별하게 만들어 드립니다.

수신: Cathy Dane <cdane@email.com>
발신: Ray Moore <rmoore@mymail.com>
날짜: 3월 20일
주제: 파티 조언

Dane 씨께

안녕하세요. 당신의 이벤트 계획을 최근에 도왔다고 말한 Party Nation으로부터 당신의 연락처를 받았습니다. Q16 Party Nation으로부터 받은 이벤트 기획서비스에 관한 솔직한 Q17 의견을 요청할 수 있는지 궁금합니다. Q18-1 직원들과 음식의 질, 뿐만 아니라 위치 선택도 알고 있습니다. Q18-1 또한, 추가요금을 내고 사진촬영장소 서비스를 받는 것이 가치가 있나요? 저희 딸 제시카의 생일파티를 계획중이어서 당신의 솔직한 의견과 피드백이 정말 도움이 될 거예요. 시간 내주셔서 미리 감사드립니다.

안부 전하며
Ray Moore

수신: Ray Moore <rmoore@mymail.com>
발신: Cathy Dane <cdane@email.com>
날짜: 3월 16일
주제: RE: 파티 조언

Moore 씨께

그럼요. Party Nations와의 경험을 기꺼이 공유해드릴께요. 우린 아들 Jason의 졸업식 파티를 위해서 그들을 고용했었는데요. 그들의 서비스에 아주 만족했습니다. Q19-2 100명 이상의 손님들이 파티에 참석했었고, 다른 장소 옵션들을 본 후에, Party Nation 장소를 저렴한 가격과 Q18-2 넓은 장소 때문에 이용하기로 결정했습니다.

우리 손님들의 Q18-2 다이어트식 요구에 맞게 준비된 요리뿐만 아니라, 또한 그들이 제공한 Q18-2 라이브 DJ 음악 서비스도 정말 좋았습니다. 불행하게도 Q18-2 촬영장소 서비스는 이용하지 않았습니다. 하지만 다른 파티를 위해 그 서비스를 이용한 몇몇 친구들의 말로는 아주 재미있었다고 합니다.

DAY 20

어떤 행사를 계획하시건 Party Nations를 강력하게 추천합니다.

안부 전하며
Cathy Dane

어휘 **reception** 피로연 **venue** 모임장소 **accommodate** 수용하다 **curious about** ~에 대해서 궁금하다 **be worth** 명사 ~할 가치가 있다 **in advance** 미리 **share** 공유하다 **affordable** 저렴한 **be customized** 맞춤제작되다 **fit** 적합하다 **dietary** 규정식의, 식이요법의

15. (C)

해석 Party Nations에 대해 사실인 것은?
(A) 식사를 제공하지 않는다.
(B) 미리 계약금을 요구한다.
(C) 고객을 위한 오락을 제공한다.
(D) 이메일을 통해서만 예약할 수 있다.

해설 첫 번째 지문 (Web page)에 나열된 항목 중 4 번째 (music)와 5 번째 (Games and activities)가 오락에 관련된 활동이므로 정답은 (C) It offers entertainment for guests.이다.

16. (A)

해석 왜 Mr. Moore는 Ms. Dane에게 연락했는가?
(A) Party Natoins를 이용한 경험을 물어보기 위해
(B) 그녀를 그의 딸 생일 파트에 초대하기 위해
(C) 그녀가 다가오는 행사를 계획하도록 요청하기 위해
(D) 잠재적인 이벤트 장소 서비스에 관한 추천을 하기 위해

해설 두 번째 지문 (첫 번째 e-mail)에 두 번째 문장에 나오는 wonder if를 글쓴이의 의도를 정중하게 나타내는 전형적 표현이다. (Day 4 Part 7-주제찾기 참조) 따라서 한눈에 주제문장임을 알아 낼 수 있어야 한다. 'Party Nation으로 받은 이벤트 기획 서비스에 대한 당신의 솔직한 의견을 요구할 수 있는지 궁금하다 (I was wondering if I can ask for your honest feedback on the event planning service you received from Party Nation.)'로 했으므로 의견을 묻기 위해 이메일을 보냈음을 알 수 있다. 정답은 (A) To ask about her experience with Party Nations이다.

17. (A)

해석 첫 번째 이메일 첫 번째 단락, 두 번째 줄 "feedback"이라는 단어와 가장 가까운 뜻은?
(A) 반응
(B) 반감
(C) 선호
(D) 조언

해설 이벤트 기획 서비스에 관한 솔직한 '의견'과 가장 비슷한 뜻은 (A) response(반응)이다.

18. (D)

해석 Ms. Dane은 Mr. Moore가 구체적으로 물어보지 않은 무엇을 언급했는가?
(A) 음식
(B) 장소
(C) 사진촬영장소
(D) 음악

해설 **연계문제** – 먼저 Mr. Moore가 물어본 내용들을 두 번째 지문 (첫 번째 e-mail)에서 살필 필요가 있다. 세 번째 (Q18-1 I was really curious about the quality of the staff and the food, as well as the location selection)와 네 번째 문장 (Q18-1 Also, do you think getting a photo booth at additional cost would be worth it?)에서 '직원, 음식, 장소, 포토부스'에 관한 내용을 물었다. 이제 Ms. Dane이 답장한 세 번째 지문(두 번째e-mail)에서 물어보지 않았는데, 언급한 내용을 찾아야 한다. 첫 번째 단락 두 번째 문장 (Q18-2 as well as the food dishes that that were customized to fit our guests' dietary requests)에서 음식을 언급했고, 첫 번째 단락 마지막 문장에서 (Q18-2 we decided to hold the party at Party Nation's venue due to its affordable cost and large space) 장소 언급을 했고, (C) photo booth에 대한 내용도 사용하지 않았다고 두 번째 단락 두 번째 문장(Q18-2 I unfortunately did not use the photo booth option so I cannot speak for that part, but I know couple of my friends who've used their photobooth services for other parties and said they were very fun.)에 언급되어 있다. 그러나, 음악에 대한 내용은 묻지 않았는데, 두 번째 단락 첫 문장 (Q18-2 We also really enjoyed the live DJ music service they provided)에 언급되었으므로 (D) Music이 정답이다.

19. (A)

해석 Jason의 졸업식 파티는 어디서 열렸을 것 같은가?
(A) Party City에서
(B) Party Grove에서
(C) Glendale 고등학교
(D) Lancaster 식당

해설 **연계문제** – Jason의 이름은 세 번째 지문 (두 번째 이메일)에서 등장하고, Ms. Dane의 아들이며 그의 졸업식을 위해 Party Nation을 이용했고, 100명 이상의 사람들이 파티에 왔다 (Q19-2 We had over 100 guests attend the party.)고 되어있다. 따라서 첫 번째 지문(Web page) 하단에서 최대 200명까지 수용할 수 있는 Party City in Glendale(Q19-1 Party City in Glendale accommdates up to 200 people)이라고 유추할 수 있다. 따라서 정답은 (A) Party City이다.

하루 2시간 20일 토익 Level Up 프로젝트

20일 동안 하루 2시간만 투자하면
LC와 RC의 기본을 마스터할 수 있는 Day별 학습 구성